華嚴經 槪要

보살마하살은

중생이 욕하고 헐뜯고 치고 때리거나,

팔다리를 절단하고 코나 귀를 베고,

눈을 후벼파든가 머리를 베더라도

이러한 모든 것을 다 능히 참고 받아

끝끝내 이로 인해 해치려는 마음을 내지 않고

말로 할 수 없이 말로 할 수 없는 무수한 겁 동안

보살행을 닦아 중생을 거두어 주면서 늘 버리지 않는다.

왜냐하면 보살마하살은 이미 온갖 법이 둘이 아님을 잘 관찰하여

마음이 동요되지 않고 자신을 버려 고통을 참기 때문이다. 〈이세간품〉

나는 보살이 남에게 성내는 것보다

더 큰 허물이 되는 것을 하나도 본 적이 없는데,

성 한번 낸 것이 백만의 장애가 된다. 〈보현행품〉

힘들게 애쓸 땐 처지가 부족한 줄로만 알다가

공을 되돌려 주고 나면 여유를 아는데,

보살도 마찬가지로 부지런히 힘써 행을 쌓을 땐 여유를 모르다가

중생에게 회향하고야 이에 스스로 만족함을 안다.

또 욕계 6천에서 도솔천이 그 중간에 있으니

자비와 지혜가 고르고 평평하여 가운데 처함을 나타냈다.

또 이 하늘에 태어나려면 보시·지계·선정의 세 가지 복을 닦아야 하는데,

여타는 다 갖추지 못하였거나 고르지 못하고 치우치기만 하기에

이 곳에 머물면서 설하신 것이다.

〈청량소 - 승도솔천궁품의 이름 풀이〉

華嚴經 概要

【清凉疏 · 通玄論 · 搜玄記 · 探玄記의 要旨와 간추린 經文】

清凉 · 通玄 · 智嚴 · 賢首 撰
如天無比 監修
玄　　碩 譯註

우리출판사

序 文

華嚴經의 須彌頂上偈讚品에 이르기를 "마치 어둠 속에 있는 보배는 등불이 없으면 볼 수 없듯이 불법도 설하는 이가 없으면 비록 지혜가 있어도 잘 알 수 없다"라고 하였습니다. 이를 淸凉疏에서는, "善知識이 攀緣이 되어 줌은 등불과 같고, 智慧가 원인이 됨은 눈과 같으니 因과 緣이 갖추어져야 비로소 어둠 속의 보배를 볼 수 있다"고 부연 설명하였습니다.

예로부터 화엄경을 공부하는데 註釋書로 舊譯은 探玄記로 등불을 삼고, 新譯은 淸凉疏로 善友를 삼아 왔습니다. 여기에다가 華嚴學의 토대를 이룩한 智儼 스님의 搜玄記와 禪門에서 좋아하는 通玄論은 화엄경에 숨겨진 보물을 찾을 수 있는 좋은 指南입니다. 이 중에 淸凉疏는 아직 完譯이 되지 않았는데 화엄학림에서부터 줄곧 화엄 사상에 젖어 있다가 은해사에 와서도 놓을 줄 모르던 玄碩 스님이 今番에 淸凉疏와 通玄論, 搜玄記와 探玄記에서 各品의 要旨와 경문을 간추려서 ≪華嚴經 槪要≫로 내놓게 되었습니다. 이 부분은 經文 解釋 이전에 祖師들의 註釋에서 거의 必須的으로 서두를 차지하고 정형화가 될 정도로 대물림을 해왔으니 각 품의 현담격으로 화엄경을 공부하는 데에는 기본 필수 과정이라고 할 수 있습니다.

이 책으로 因해 華嚴經의 效率的인 槪要를 認知하고 華嚴大宗匠들의 뛰어난 註釋과 독창적인 해석법을 비교·검토할 수 있는 指南이 되리라고 봅니다.

아무쪼록 많은 사람들에게 두루 읽혀질 수 있기를 바라며 책이 나오기까지 애쓰신 분들의 노고를 치하하고 앞으로 더 좋은 연구서들이 나오기를 바라마지 않습니다.

佛紀 2546年
前 銀海寺 僧伽大學院 初代 院長
現 曹溪宗 敎育院長 如天 無比 識

激　勵　辭

　　華嚴經이 중국에 전래된 남북조 시대에서 근대에 이르기까지 수많은 화엄종장이 생겨나 화엄경을 연구하여 자기 나름대로 새로운 각도에서 화엄경을 이해하고 그것을 저술로 남겼습니다. 그 중에서도 특히 유명한 것이 60권본 화엄경의 註釋書로는 華嚴宗의 제2조로 추앙 받는 智儼의 華嚴經搜玄記와 華嚴宗의 제3조로 추앙 받는 法藏의 華嚴經探玄記를 으뜸으로 삼고, 80권본 華嚴經의 註釋書로는 華嚴宗의 제4조로 추앙 받는 澄觀의 華嚴經疏鈔와 方山居士 李通玄의 華嚴經論을 으뜸으로 삼아 왔습니다.

　　그러나 華嚴經의 중요한 부분이나 의심스러운 곳에 이르러 四家의 見解를 함께 참조하여 보기는 쉽지 않습니다. 때마침 은해사 종립 승가대학원의 현석 스님이 舊譯과 新譯 華嚴經 全品의 본문 해석에 들어가기 전, 즉 각품의 현담에 해당하는 釋名·來意·宗趣 등과 經文을 抄譯하여 四家의 異同을 비교·검토하기 편리하게 하였으니, 이 책이 화엄경을 연구하는 사람들에게 많은 도움이 될 것으로 믿습니다. 譯註者의 노고를 치하하며 앞으로 더욱 노력하여 부족한 점은 보충하고 불법의 동량이 되길 기대하여 마지않습니다.

佛紀 2545年 10月
銀海寺 宗立 僧伽大學院長 中山 慧南 識

推 薦 辭

千江之月이라는 말이 있습니다.

흐르는 천 강 물 속에 비치는 달빛이라는 말입니다.

물이 없으면 달빛이 드러날 수 없고,

달이 없으면 물이 있어도 달이 물 속에 나타나지 않을 것입니다.

體와 用이 具足하고 圓融하여야 功德華가 필 것입니다.

山僧이 동화사에 강원을 개원하여 海月 스님을 講主로 모시고

靈圓 스님과 玄碩 스님을 講師로 모시어 삼보의 가르침이 끊이지 않도록 外護하였더니

과연 잘 삼보를 받드시고 삼보를 가르쳐서 어진 學人들이 따름이 물과 달 같았습니다.

講師 玄碩 스님은 宗眞 和尙을 스승으로 모시고 출가하여

삼보의 말씀과 행을 목숨과 같이 하니, 淸淨한 덕을 지니고 품격이 원만하고

대나무의 푸르름이 있고 蘭처럼 깨끗하고 올곧은 수행자입니다.

평소에 방문을 걸어 잠그고 경학에 몰두하더니 ≪화엄경 개요≫를 들고 와서

읽기를 청하기에 여러 날을 옆에 두고 앞뒤를 보니 이것은 한 점 맑고 밝은 빛이

진흙에서 나와서 사방을 비추는 신령스러움이었습니다.

화엄경은 불타의 깨달음의 세계를 直說吐露하시는 경전으로

規模와 綱格은 타의 추종을 불허하는 광대하고 심오한 경전인데

시작과 끝의 큰 줄기를 명료히 분명하고 확실하게 눈앞에 내놓으니

어찌 눈 있는 이가 보지 않을 수 있겠습니까?

스님의 원력이 향내나는 佛燈으로 빛나니 三明의 蒼生福田입니다.

더불어 사는 法緣으로 화엄의 길을 인도하는 이 소중한 책을 권합니다.

辛巳年 冬安居 結制 中

第九 敎區 禪敎根本 大本寺 桐華寺 住持

紫湖 性德 合掌

차 례

일 러 두 기

1. 청량소의 저본은 대만 신문풍(新文豐)에서 간행한 화엄경소초를, 통현론과 수현기·탐현기는 신수대장경을 기준으로 했다. 신수대장경의 경우 방점 처리가 우리말과 차이점이 있으나 아주 맞지 않는 경우 외에는 그대로 두는 것을 원칙으로 했다.

2. 간추린 경문은 청량소와 통현론·수현기·탐현기에서 인용된 구절을 중심으로 탄허 스님의 ≪신화엄경 합론≫과 무비 스님의 ≪현토 화엄경≫·≪한글 화엄경≫을 참고했다.

3. 오자 교정은 대일본속장경과 비교·검토하여 했다.

4. 화엄경 주석서에서 인용되는 논서들은 한글대장경을 참고 했고, 신수대장경이나 대일본속장경의 원문과 비교·검토하여 수정할 부분들은 번역에서 첨삭을 했다.

5. 인용된 구절들은 신수대장경을 중심으로 대만 신문풍(新文豐)에서 간행한 화엄경소초와 대일본속장경에서 전거와 출처를 제시했다.

6. 출처의 약기(略記)는 다음과 같이 했다.

   대만 신문풍(新文豐) 간(刊) 화엄경소초 – ㊥

   신수대장경 – ㊂

   대일본속장경 – ㊚

   불교대사전 – ㊝

   불광대사전 – ㊠

   현담 – ㊛

해 제

一. 찬술자와 주석서

1. 청량 국사와 청량소

(1) 청량 국사(738~839)

청량 국사는 당대(唐代)의 스님으로 화엄종의 제4조인데 법명은 징관(澄觀)이다. 청량은 스님의 호이고, 자(字)는 대휴(大休)로 화엄 보살·화엄소주(華嚴疏主)라고도 한다. 스님은 월주(越州) 산음(山陰 : 浙江省 紹興) 사람이고 속성은 하후(夏候)씨며 당(唐) 현종 개원(開元) 무인년(26)에 태어났다. 신장은 9척 4촌이요, 손을 내리면 무릎까지 닿았고 입안의 치아는 40개이며, 낮에는 눈빛을 깜박이지 않고 밤에는 빛이 났다.

천보(天寶) 7년(A.D. 748) 11세에 보림사(寶林寺) 패(霈) 선사에 의지해 출가하여 14세에 득도하고 숙종 2년(757)에 구족계를 받았다.

건원(乾元) 원년(758) 이후, 윤주(潤州) 서하사(棲霞寺) 예(醴) 율사에게 상부율(相部律)을, 또 본주(本州) 담일(曇一) 율사께 의지해 남산율(南山律)을 배우고, 금릉(金陵 : 남경)의 현벽(玄璧)에게 이르러 구마라습이 번역한 삼론을 배웠다. 대력(大曆) 때는 와관사(瓦官寺)에 있으면서 대승기신론과 열반경을 배웠다. 우두산(牛頭山)의 혜충(慧忠 : 682~769)과 경산(徑山) 도흠(道欽 : 714~792) 선사에게 남종선법(南宗禪法)을 궁구하고, 다시 혜운(慧雲)에게서 북종선법(北宗禪法)을 배웠다. 이밖에도 베다·오명(五明)·비주(祕咒)·의궤(儀軌)·유가경과 해설서·제자서(諸子書)·사서(史書)의 학문을 겸통했으며, 천축(天竺)산 경도(京都) 법선(法詵) 선사에게 나아가 화엄 원교를 전수 받은 뒤로 법장의 화엄교학에 깊이 들어갔다. 대력(大曆) 3년(768)에는 대종(代宗)의 조칙으로 입궐하여 대변정(大辯正) 삼장과 더불어 역경의 윤문(潤文) 대덕이 되었고, 대력(大曆) 7년(772) 섬계(剡溪)의 혜량(慧量)에게 삼론을 다시 익히고, 소주(蘇州)에 이르러 담연(湛然)에게 천태마하지관·법화경·유마경 등의 경과 소를 익혔다.

대력 11년(776)에 오대산·아미산을 다니다가 다시 오대산 대화엄사에 머물면서 오로지 방등참법(方等懺法)을 닦다가 일찍이 대화엄사와 숭복사에서 화엄의 종지를 강론했는데 명성이 수도에 떨치고 황제까지 듣게 되었다.

정원(貞元) 12년(796) 덕종의 부름에 응해서 장안에 들어가 계빈국의 반야 삼장과 더불어 오다국 왕이 바친 40권 화엄경을 같이 번역하다 조정에 나아가 칙령을 받들고 화엄 대종의 물음에 답하니 황제가 크게 기뻐하여 자줏빛 가사와 교수 화상의 호를 내렸다. 또 명을 받들어 종남산 초당사(草堂寺)에서 신화엄경소 10권을 지은 것이 바로 정원신역화엄경소(貞元新譯華嚴經疏)이다. 15년 덕종의 탄신일에 부름을 받고 입궐하여 화엄 종지를 천양했는데 황제가 분명하게 깨치고는, "묘법으로써 짐의 마음을 시원스럽게 했다"고 하여 청량 국사란 호를 하사했다. 스님이 지덕(至德) 초(756~757)에 열 가지 원을 세워 스스로 책려한 것을 이 하사 받은 호에 의해 '청량 십원'이라고 일컬었다. 청량 십원은 이른바 "몸은 사문의 표상을 버리지 않고, 마음은 여래께서 제정하신 것을 어기지 않으며, 앉아서는 법계(화엄)경을 등지지 않고, 성품은 정애(情礙)의 경계에 물들지 않으며, 발은 비구니 절의 먼지도 밟지 않고, 옆구리는 거사의 평상에 닿지 않으며, 눈으로는 위의가 아닌 채색은 보지 않고, 혀로는 정오가 지난 이후 음식을 먹지 않으며, 손에는 원명(圓明)의 염주를 놓지 않고, 잠잘 때는 발우와 가사 곁을 떠나지 않으리라"고 한 등이다.

순종이 즉위하고도 또한 국사로서 예우를 하고 조야가 모두 고풍을 흠모했다. 원화(元和) 5년(810)에 헌종의 물음에 답하여 화엄 법계의 뜻을 술회하셨는데 황제의 뜻을 아주 만족스럽게 하여 승통청량국사(僧統淸涼國師)라고 호를 더했다. 개성(開成) 4년(839)에 세수 102세로 입적하니〔일설에는 원화(元和) 년에 입적하여 70여 수를 누렸다고 한다〕 종남산의 석실에 장례를 치르고 상국(相國) 배휴(裴休)가 비문으로 찬했다.

　　스님은 9대의 임금을 보내면서 앞뒤로 일곱 황제를 위해 경을 강했으며 화엄경강요(華嚴經綱要) 3권·오온관(五蘊觀)·삼성원융관문(三聖圓融觀門) 등 30여 종을 찬술했다.

　　제자로는 종밀(宗密)·승예(僧叡)·법인(法印)·적광(寂光) 등이 있고 그밖에 법을 얻은 이들이 100여 사람이나 됐다.

(2) 청량소

　　대방광불화엄경소(大方廣佛華嚴經疏)는 60권으로 당대(唐代) 징관(澄觀)이 찬술하였는데, 화엄경소(華嚴經疏)·신화엄경소(新華嚴經疏)·청량소(淸涼疏)·화엄대소(華嚴大疏)·대소(大疏)라고 불리기도 한다. 청량소는 신역 화엄경(80권)의 강요와 경문의 뜻을 풀이하고 있는데 당시의 화엄종 승려들 다수가 법장의 교설에 위배된 데 관련해 일침을 놓고 조사의 본지를 부흥시켰다.

　　스님은 역경의 윤문을 마치고 난 뒤에 사임하고 오대산 대화엄사에 들어가 깊이 화엄을 생각하면서, "5지의 성인도 몸이 부처의 경계에 깃들고 마음은 진여를 체달하였으되, 여전히 후득지에서 세속심을 일으켜서 세간의 학문을 배웠다"고 여겼다. 이로 말미암아 육예(六藝)·도사(圖史)·구류(九流)의 이학(異學)·중국의 훈고(訓詁)·불경의 범자·4베다·오명(五明)·성교(聖敎)·세전(世典) 등의 서적을 널리 열람하여 해박하게 흡수했다.

　　건중(建中) 4년(783)에 화엄경소를 저술하면서 먼저 상스러운 감응을 구하던 중, 어느 날 밤 꿈에 부처님 몸이 양산(陽山) 꼭대기에 서리면서 빛이 환하게 비치거늘 손으로 받들고 입으로 삼켰는데 깨고 나서는 기뻐하면서 "광명이 두루 비추는 징조를 얻었다"고 하였다. 이로부터 붓을 내림에 생각이 머묾이 없었고, 신·해·행·증(信解行證)의 네 과목으로 화엄경을 나누니 이치에 포함되지 않음이 없었다. 스님은 매양 옛날 소의 경지(經旨)가 미진함을 개탄하고 오직 현수 대사만이 연원을 섭렵했다고 하여 드디어 조종으로 계승하고 소를 지으니 4년이 지나 글이 완성되었다.

　　또 꿈에 몸이 용이 되어 머리는 남대에 곧추세우고 꼬리는 북대에 똬리를 틀면서

빙빙 돌아 허공을 날아오르니 비늘과 지느러미가 햇빛에 반짝이더니 순식간에 백천 마리로 변해 푸른 하늘에 꿈틀거리다가 사방으로 분산해 갔는데 식자들은 이를 유통의 표상이라 하였다. 처음 대중을 위해 강의를 하니 밝은 구름이 강당 뜰 앞의 공중에 머무름을 감득하였다. 또 승예(僧叡) 등을 위하여 수소연의 40권과 수문수경(隨文手鏡) 100권을 저술하였다고 한다.

송나라 홍각범(洪覺範 : 1071~1128)은 임간록(林間錄)에서 이르기를 "조백(棗栢) 대사와 청량 국사가 모두 화엄경을 홍포하고자 화엄경소초와 신화엄경론을 지었으니 천하에 으뜸이다. 그러나 두 분의 제행(制行)이 모두 같지 않으니 조백 대사는 맨발로 다니면서 허리띠도 하지 않은 채 초연하고 호방했으며 스스로 여여하여〔超放自如〕 사사무애(事事無礙)로 행하였고, 청량 국사는 엄정하기가 옥이 선 듯하였으며 오욕번뇌를 꺼려 하여 열 가지 서원으로써 몸을 다스렸다. 평자가 다분히 조백 대사의 탕탕함〔坦宕〕을 좋아하고 청량 국사의 속박을 비웃어 화엄종지에 맞는 바가 아니라고 하나 나는 이것이 크게 그르다고 생각한다. 조백 대사도 머리를 깎고 비구가 되었으면 청량 국사의 행을 하였으리라. 대개 이 화엄경은 연을 만남에 따라 종에 걸맞고 법에 부합하니 다른 경에 국한된 양이 있는 것과 같지 않다"고 하였다.

송고승전 5권 징관의 전기에 의하면 본서의 찬술은 당나라 덕종 흥원(興元) 원년(784)에 시작하여 정원(貞元) 3년(787)에 완성되었다고 한다.

청량소의 주소(注疏)로 징관의 자작인 수소연의초(隨疏演義鈔) 90권, 소연의초(疏演義鈔) 30권과 정원(淨源)의 소주(疏注) 120권, 현욱(賢昱)의 약주경(略注經) 100권 등이 있다.

청량소는 크게 열 부문으로 나눌 수 있다.
(화엄소 1~3권, 소초 1~16 - 1권)
1) 부처님께서 가르침을 설하시게 된 인과 연〔敎起因緣〕
   법이 마땅히 그러한 등의 열 가지 인과 연으로 화엄을 설하셨다.
2) 삼장이나 이장, 십이분교로 거둠〔藏敎所攝〕
   장은 경·율·론의 삼장이나 성문·보살의 이장을 말하며, 십이분교는 불타

교설의 부류 학인데 경(經)·중송(重頌)·수기(授記)·게송(偈頌, 孤起頌)·무문자설(無問自說)·본사(本事, 如是語)·본생담(本生譚)·방광(方廣)·미증유법(未曾有法)·인연담(因緣譚)·비유(譬喩)·논의(論議) 등이다. '화엄경을 삼장·이장·십이분교로 거둠'은 보리유지, 구마라습, 담무참, 혜원(慧遠), 인(印) 법사, 유알(劉虫乙), 급(炭) 법사, 진제, 혜관(慧觀), 혜광(惠光), 길장(吉藏), 법운(法雲), 지의(智顗), 원효, 혜원(慧苑) 등의 교판 이론에 기록 서술되어 있다. 아울러 화엄종의 소승교·대승시교·대승종교·돈교·원교 등 5교판설을 드러내어 풀이하고 있으며, 화엄경은 원교에 속한다고 주장했다.

3) [별교 일승원교] 의리(義理)의 분제를 밝힘[義理分齊]

별교 일승을 사(事)·리(理) 및 이사(理事)·사사(事事) 무애의 네 법계로 나타내고 이를 각기 십현문으로 해석하였다.

4) 가르침을 받는 자의 근기[教所被機]

5) 가르침의 바탕이 얕거나 깊음[教體淺深]

부처님의 음성과 언어, 명(名)·구(句)·문(文) 등이다.

6) 화엄경 종취의 전체적인 것과 국한적인 것[宗趣通局]

전체적으로 일대불교(一代佛教)를 아법구유종(我法俱有宗)이나 법유아무종(法有我無宗) 등의 십종으로 나누었고, 다음에 개별적으로 광통 율사나 현수 등의 종취 열 가지를 들었다.

7) 화엄경의 부류와 39품 7처 9회 및 지류(支類)[部類品會]

화엄경의 약본·하본 등 부류와 60권 화엄경의 7처 8회 34품과 비교, 별행본 등을 밝히고 있다.

8) 화엄경 번역과 유통과정의 상서러운 감응[傳譯感通]

불타발타라가 화엄경을 번역할 때 푸른 옷의 두 동자가 연못에서 나와 향을 받들고 꽃을 뿌린 등의 상서를 말한다.

9) 경의 제목을 전체적으로 풀이함[總釋經題]

(화엄소 4~60권, 소초 16-2~90-2,

'대방광불화엄경입부사의해탈경계보현행원품별행소초회본 1권' ㉻ 68~160)

10) 개별적으로 경문의 뜻을 풀이함〔別解文義〕

① 경의 서문을 풀이한다.〔釋經序〕

② 경문을 풀이한다.〔釋經文〕

ㄱ. 전체적인 과판〔總科判〕

ㄴ. 정식으로 경문을 풀이한다.〔正釋經文〕

여기에서부터 청량소는 크게 신·해·행·증 넷으로 나누어 전체 품을 풀이한다. 경문 풀이는 수현기에서부터 탐현기·통현론·청량소 등에 이르기까지 대체적으로 이름 풀이〔釋名〕·설하는 까닭〔來意〕·주제와 취지〔宗趣〕·경문 풀이〔釋文〕의 넷에 의하는 것이 정형적인데 청량소는 설하는 까닭을 먼저 내세웠다. 본 ≪화엄경 개요≫에서는 매 품의 현담 격인 이름 풀이·설하는 까닭·주제와 취지의 순서에 따르고 각 주석서에서 인용되는 경문을 발췌하여 '간추린 경문'으로 넣어 이해를 돕고자 하였다.

2. 통현 장자와 통현론

(1) 통현 장자(635~730)

당대(唐代)의 화엄학자로 왕족 출신이라 하기도 하고, 창주(滄州 : 河北滄縣)에서 출생했다고도 한다. 통현(通玄)은 이장자(李長者)의 휘(諱)인데 조백(棗柏) 또는 방산(方山) 대사라고도 불린다. 후에 송 휘종(徽宗)은 현교묘엄장자(顯教妙嚴長者)라고 호를 하사했다.

신장은 7척 2촌에 눈썹이 길고 눈은 샛별 같으며, 붉은 입술에 수염은 무성하고 긴 팔이 곧으며, 머리털빛은 감색이고 털끝은 우측으로 말렸으며 질감은 비할 데 없고, 풍채가 특이하여 절묘한 모습을 구족하였다. 머리엔 자작나무 껍질 관을 쓰고 몸엔 삼베옷을 입었으며 긴 하의와 너른 소매로 가죽띠도 없이 허리를 풀어 다니며, 일상에는 늘 맨발로 다녔고 사람 교제에 힘쓰지 않았으며 인천(人天)에 활달하여 구애받음이 없었다.

비범하게 타고난 기품에다 유·불 두 경전에 정통했는데 도심의 시끄러움을 멀리 떠나 은거했으며 어려서 역경에 통하고 40세에 내전에 전심했다. 일찍이 화엄의 대의를 얻어 무후 때 신역 화엄경 80권이 이루어지자 논을 지어 이를 풀이했다.

(2) 통현론

통현 장자는 개원(開元 : 당 현종의 연호) 7년(719) 3월 보름에 지팡이를 짚고 책 꾸러미를 가지고 태원(太原) 우현(孟縣) 서쪽 40리의 동영향(同穎鄕) 대현(大賢)이란 촌락의 고산노(高山奴) 집에 갔다. 이 사람은 덕을 숭상하고 선비를 좋아하여 접대를 게을리 함이 없었는데 장자를 자세히 보고는 범상한 그릇이 아님을 알고 극진히 예우하여 안거하길 청했다.

장자는 매일 아침 큰 대추 열 개와 숟가락 크기의 잣나무 잎 떡 한 개를 들면서 외부인과 교류를 끊고 문을 닫아 홀로 붓을 잡고는 일찍이 허송 세월을 하지 않았다. 3년을 이렇게 하고 하루는 아침에 고산노와 헤어져 남으로 5~6리 쯤에 있는 마씨의 고불당에 이르러 스스로 토굴을 얽어 그 곁에 부치고 단정히 머물렀다. 고요히 10년 동안 침묵한 뒤에 다시 경서를 싸 짊어지고 20리쯤 가서 한씨의 별당에 이르니 지금의 관개촌(冠蓋村)이다.

문득 길에서 범 한 마리와 마주쳤는데 순종하며 기대하는 바가 있는 것 같아서 장자가, "내가 장차 논을 지어 화엄경을 풀이하려 하니 머물 곳을 정해라"고 말한 뒤 범을 살살 어루만졌다. 그러자 범이 경이 든 자루를 등에 싣고 신복산(神福山) 언덕을 바라보고 곧장 아래로 30여 리를 내려가서 한 토굴 앞에 당도하여 꿇어앉는데 장자가 자루를 거두어 토굴에 두자 범이 돌아보곤 하다가 꼬리를 끌고는 어디론가 사라졌다.

토굴은 깨끗하고 둥근데 넓이가 8~10척이 되도록 자연적으로 되어 있었다. 토굴 사방에는 옛부터 샘이나 계곡 물이 없다가 장자가 처음 온 저녁 천둥이 크게 쳐서 고송 한 그루가 뽑혔는데 높이가 300여 척이나 되었다. 동이 틀 때 소나무 뿌리 아래가 하나의 못이 되었는데 깊이가 몇 자나 되었고 둘레는 50여 보(步)요, 단맛은 감로

수보다 낮고 색은 유리를 압도했다. 그 때 사람들이 '장자의 샘'이라고 불렀으며, 지금까지 맑고 밝아서 일찍이 증감이 없이 크게 가문 해에도 기도하면 반드시 응한다고 한다. 장자가 논을 찬술하는 저녁엔 마음으로 현묘하고 심오함을 다해 입으로는 백색 광명을 내고 토굴 속을 비추어 등불과 촛불을 대신했다.

산에 머문 뒤로 홀연히 15~6세쯤 되는 두 절세가인이 굵은 베옷을 입고 머리에 흰 수건을 쓰고 성씨와 거처도 한마디 없이 늘 장자를 위해 물을 긷고 향을 사루며 지필을 공급하였다. 묘시와 진시 때쯤엔 문득 감미로운 진수를 다 갖춘 채식을 장자 앞에 두었고 그릇을 치우고 난 뒤는 거처를 알 수 없었다. 5년이 지나도록 한 때도 빠뜨리지 않더니 논이 다 완성되자 드디어 자취를 끊었다.

삼가 화엄 구전(舊傳)을 살피자면, "동진(東晉)의 삼장 불타발타라가 강도(江都) 사사공사(謝司空寺)에서 역경을 하는데 푸른 옷의 두 동자가 홀연히 정원 연못으로부터 나와 스님께 시중들되 향을 사루며 물병을 채우고 좌우(座右)를 떠나지 않다가 매일 저녁이 되면 도로 못으로 들어갔다. 매일 그러면서 일상사로 삼더니 번역이 끝나고는 고요히 자취가 없었다"고 하니 장자의 감통(感通)이 예전 일과 꼭 같다.

하루는 홀연히 산에서 나와 옛날 머물던 마을을 방문해 시골 사람들에게 "잘 있으라. 나는 돌아가고자 한다"고 하니 여러 사람들이 놀라 서로 돌아보면서 모두 다 슬퍼하다가 눈물을 흘리며 머물기를 간청했다. 장자가 이르되, "비록 100년을 있더라도 마침내는 돌아가야 한다"고 했다. 이에 온 대중이 장자를 전송해 토굴에 이르니 다시 말씀하길 "가고 머무는 것이 항상 그러하니 너희들은 각기 집에 돌아가거라"고 했다. 대중이 발길을 돌리는 순간 안개가 사방에서 일어나서 풍경을 분간치 못했다. 길 가던 사람들이 다같이 괴이하게 여기다가 이튿날 다들 모여서 산에 올라 인사차 방문을 하는데 장자는 이미 자태와 용모를 단엄하게 하고 앉아 토굴에서 입적한 뒤였다. 때는 개원 18년(730) 3월 28일이니 세수 96세였다. 큰 뱀 한 마리가 토굴 밖에 서리고 있으면서 눈을 부릅뜨고 입을 벌리고 있어 접근할 수 없었는데 대중들이 장자의 전신을 거두어 장례를 치르고자 하니 비켜달라고 정성껏 빌자 뱀이 사라졌다. 노장들이 눈물을 흘리면서 상여를 메고 장지를 대산(大山)의 북쪽에 정해 돌을 쌓아 무덤을 만들었는데 바로 신복산(神福山)의 서다란야(逝多蘭若)니 지금의 방산(方山)

이다. 처음에 장자가 입적하던 날과 석분을 쌓을 때 구름이 가득 끼고 골짜기가 진동하며 두 백학이 공중에서 슬피 울고 두 사슴이 밤새도록 서로 울부짖었으며 나머지 날짐승과 길짐승도 산을 메우며 슬피 울었다. 마을 사람들이 부모를 잃은 것같이 추모했는데 매번 재를 지낼 때는 석분 위에 구름이 일어나서 49일 동안 한결같았으니 실로 기이했다.

장자는 평상시에 늘 매년 3월 말 사이에 시방 현성께 공양을 베풀었는데 여인이 음식을 만들지 못하게 하고 매사에 정성을 다하였다. 대추씨와 쌀뜨물도 버리지 못하게 하다가 재를 마치면 마음대로 쓰게 하여 개와 돼지에게도 은택을 미치게 하였으니 지금까지 이 같은 모임이 계승되어 끊어지질 않는다.

대력(大歷) 9년 2월 6일에 광초(廣超) 스님이 서다란야에서 장자가 지은 논 두 부를 얻으니 대방광불신화엄경론 40권과 십이연생해미현지성비십명론(十二緣生解迷顯智成悲十明論) 1권이다. 이를 베껴 써서 병주(并州 : 山西省 太原의 異名)와 분주(汾州 : 山西省 汾陽일대)에 두루 유포했는데 광초 스님의 문인 도광(道光)이 스승의 뜻을 잘 계승하여 두 논을 짊어지고 연(燕)·조(趙) 두 나라에 다니면서 회남(淮南)과 사수(泗洙)에 분명히 제시하니 후대의 남북 학인으로 하여금 다 논문을 참고하여 살피게 해서 장자를 전승케 함이 다 광초와 도광 두 스님의 유포 공덕이다.

그 논 됨이 경의 뜻을 다 꿰뚫고 법신을 드러내 끝없는 진여의 바다를 열고 먼지 수만큼 많은 국토를 지나되 움직이지 않고 여러 교〔藏·通·別·圓〕로 나누어 저 원류를 다하며 상승(上乘)을 통합해 이 화장에 회통하여 길을 잃은 자로 하여금 길을 얻게 하고 가르침에 막힌 자로 하여금 분별심을 잊게 하니 가히 비로자나의 지귀(指歸)요, 화엄의 일월이라고 할 것이다. 만일 성인이 세상을 연민히 여기고 강생하여 어둠을 이끌어 가르치지 않으시면 누가 대전(大典)을 자세히 풀이하여 대심(大心) 범부에게 지시해 주겠는가? 장자의 종적이 현미(玄微)하여 진실로 궁구키 어려우니 허공으로도 측량치 못하는데 하물며 끝을 헤아려 구하겠는가?

근년에 원첨(元覘) 스님이 특별히 방산에 이르러 장자의 유적을 구하여 처음 석분에 예배하고 다음으로 토굴을 찾았는데 토굴 앞에 소나무 세 그루가 있었다. 하나는 이미 그루터기만 서 있는데 다 장자가 손수 심으신 것으로 장자가 서거하려 하던 달에 한 그루는 말라죽고 지금 두 그루에는 항상 아름다운 학이 꼭대기에 집을 짓고 있다. 또한 수양(壽陽) 남쪽 해수촌(解愁村)에 이사원(李士源)이라는 이를 만났는데 논을 전한 광초 스님의 조카였다. 장자의 초상화를 보여주어 예배하고 돌아오니 이로써 원이 만족되었다.

지금까지 말한 것은 대개 사실만을 들었지 번다하게 문장을 꾸민 것은 없다.

홍각범(洪覺範) 선사가 송을 설해 장자의 일상 행위를 찬탄해 이르길, "범을 부린 것은 마음과 경계가 공한 것이요, 천녀가 시중든 것은 미움과 사랑을 잊은 것이며, 대추와 잣나무 잎의 채식〔素食〕은 염부제에 온 것이 맛에 탐착한 때문이 아닌 것이다"라고 했다. 또 장자의 논을 찬탄해, "성현의 제호(醍醐)가 범부의 우유 가운데서 남이여, 다만 관조하는 선정과 지혜의 힘을 말미암는구나. 색공관(色空觀)으로써 모든 경계에 드니 칼이 살과 뼈 사이를 지나가도 소의 온전한 모습이 없도다"고 했는데 이와 같이 어떠한 경계라도 공혜(空慧)가 현전하여 사사무애하기 때문에 경계의 장애를 받지 않는다는 말이다.

또한 보조 국사가 이르되, "화엄론은 깨달은 대성 이통현 장자가 지은 것인데 글이 질박하고 이치에 나아가서 상규(常規)에 탁월하기 때문에 세인이 아는 이가 드물다. 내가 숙겁에 연이 있어 대승경전 사이에서 찾아 얻고 만남을 경사로 여겨 음미해 싫어하지 않고 그 지취(旨趣)를 궁구하니 오직 말을 잊고 뜻을 요달하며 뜻을 잊고 마음을 요달한 자라야 우러러 믿을 수 있다"고 하였다.

석대방광불화엄경논주이장자사적(釋大方廣佛華嚴經論主李長者事迹)

– 운거산인마지찬록(雲居散人馬支纂錄) 續 4권 7, 上

신화엄경론(新華嚴經論)은 40권으로 실차난타가 번역한 신화엄경의 현묘한 지취를 밝히고 경문을 따라 풀이함으로써 이루어졌는데 열 가지 부문은 다음과 같다.

【신화엄경론 1~9권 (大 36권 721~774 中)】

1) 가르침에 의해 종을 나눔〔依教分宗〕

반야교에서 공을 설하여 실(實)을 드러냄으로써 종을 삼거나, 열반경에서 불성을 밝힘으로써 종을 삼는 것 등이다.

2) 종에 의해 가르침이 다름〔依宗敎別〕

소승을 설한 제1시에서 유(有)의 가르침, 유를 타파해서 공(空)을 밝히는 반야경의 제2시 등 열 가지로 분류했다.

3) 교의(敎義)의 차별〔敎義差別〕

경의 교주나 광명으로 법을 나타낸 현상이 다른 것 등이다.

4) 성불의 같거나 다름〔成佛同別〕

지혜의 몸이 텅 비고 끝없이 넓어 만상을 총괄하여 몸을 이루고, 만상은 형체가 없이 지혜의 몸과 같다. 단지 근본을 어겨 상(相)이 다르게 되었으니 성불하신 몸이나 시기 등 열 가지 다른 교화의 의식을 보였다.

5) 부처님 친견의 차별〔見佛差別〕

인간계에서 친견하는 32상이나 천상계에서 친견하는 80종호 등 열 가지 부문을 들고 있다.

6) 가르침을 설하신 시기의 구분〔說敎時分〕

역사경(力士經)에서 설해진 성도 후 처음 칠일 간 사유하신 뒤의 녹야원 전법이나 법화경에서 설해진 3·7일 만의 녹야원 전법 등 열 가지 부문을 들고 있다.

7) 정토의 방편법과 진실법〔淨土權實〕

아미타경의 정토나 무량수관경(無量壽觀經)의 정토, 유마경의 정토 등 열 가지로 보이고 있다.

8) 교화의 경계〔攝化境界〕

인간이 단지 하나의 염부제 중생만 교화함을 보는 것이나, 온갖 하늘이 단지 자기가 보는 경계에 응해서 보는 것 등이다.

9) 인과의 늦거나 빠름〔因果延促〕

근기에 의해서 1생에 아라한과를 얻거나 3아승지겁이 지난 뒤 불과를 이루거나 선재가 1생에 성불한 것 등 열 가지를 보였다.

10) 가르침의 시종을 회통함〔會敎始終〕

비로자나불이 처음으로 정각을 이룸을 밝히는 것이나 불과를 제시해 수행을 권함을 밝히는 것 등 열 가지를 들었다.

【신화엄경론 9~40권 (⼤ 36권 774 中~1008 中)】

다음으로 경문 해석이다.

1) 먼저는 전체적으로 경의 의미를 서술함

2) 경의 종취를 밝힘

3) 교체(教體)를 밝힘

4) 전체적으로 회수(會數)를 진술하며 뒤에 경문의 뜻을 풂

경문 풀이는 대체적으로 품의 이름 풀이〔釋品名〕·설하는 까닭〔來意〕·경문을 따라 해석함〔隨文釋義〕의 순으로 구성하고 있다. 주제와 취지는 전체 화엄경이나 정행품·현수품·십주품·승도솔천궁품 등에서 일부 나타난다.

통현론은 청량소나 탐현기 등과 비교가 되면서 특이한 곳이 많다. 법장 등은 화엄경을 설한 곳·설한 회·품의 수를 7처 9회 39품으로 삼았는데 비해 본서는 10처 10회 40품으로 보았다. 법장의 주된 뜻은 사사무애를 이루는 데 있고, 본서는 범부가 일생 동안 마음 안의 이지(理智)가 둘이 아닌 부처를 감득함을 드러내는 데 있다.

대중(大中) 연간에 개원사(開元寺) 지령(志寧) 스님이 경과 논을 합하여 대방광불신화엄경합론(大方廣佛新華嚴經合論)이라고 제목했는데 전부 120권이다.

송나라 건덕(乾德) 5년(967) 혜연(慧研)이 황제의 뜻을 받들어 누락된 곳을 교정하고 새롭게 작업을 했다.

3. 지엄 대사와 수현기

(1) 지엄 대사(602~668)

지엄 대사는 당대(唐代)의 스님으로 화엄종의 제2조이다. 천수(天水 : 甘肅) 사람인데 속성은 조(趙)씨요, 호는 지상(至相) 대사·운화(雲華) 존자라고 한다. 어릴 때부터 민첩하고 영리하여 학문을 좋아했다. 불도에 뜻이 있어 즐겁게 놀면서도 항상 돌을 쌓아 탑을 만들었으며, 혹 친구들은 청중으로 하고 자기는 법사를 맡기를 좋아

했다.

12세에 제심(帝心) 존자 두순(杜順)을 따라 종남산(終南山) 지상사(至相寺)에 이르러 두순의 제자 달(達) 법사에게서 수학했다. 일찍이 범승을 좇아 그 어문을 배우고는 빨리 능통하였으며 밤낮으로 정근하다가 14세에 머리를 깎고 난 뒤 법에 의지하면서 늘 섭대승론(攝大乘論)을 청강하였다. 20세에 구족계를 수지하고는 사분율·아비달마·성실론·십지경·보살지지경·열반경 등의 경론을 배우고 뒤에는 지정(智正) 스님으로부터 화엄경을 익히고 아울러 장경을 두루 열람했다. 장경 앞에서 화엄경을 탐구하여 종신토록 받들어 지니겠다고 서원을 세우기까지에 이르렀는데 여러 풀이를 찾다가 십지론 육상원융(六相圓融)의 지취를 연구하여 깊이 들어가서는 크게 깨쳐 열린 바가 있었다.

27세에 화엄경수현기를 찬술하여 화엄종의 견본을 이루고는 늘 화엄을 강설하였는데 교화하여 이끎에 권태롭게 여기지 않았다. 일찍이 지상사에 주석한 것으로 인해 세간에서 지상 대사라고 불렀고, 만년에는 운화사(雲華寺)에 머물렀기에 또한 운화 존자라고 불렀다. 고종 총장(總章) 원년(668) 10월에 입적하니 세수 67세였다.

저술로는 대방광불화엄경수현분제통지방궤(大方廣佛華嚴經搜玄分齊通智方軌) 10권·화엄경내장문등잡공목(華嚴經內章門等雜孔目) 4권·화엄오십요문답(華嚴五十要問答) 2권·화엄일승십현문(華嚴一乘十玄門) 1권·금강반야바라밀경약소(金剛般若波羅蜜經略疏) 2권·무성의 섭론소(攝論疏) 4권 등이 있다.

제자로는 회제(懷齊, 懷齊)·법장(法藏)·원효(元曉)·의상(義湘)·박진(薄塵)·혜효(慧曉)·도성(道成) 등이 있는데 그 가운데 현수 법장이 화엄학설을 전승하고 아울러 빛을 드날려 실제적인 화엄종을 창립했다.

(2) 수현기

화엄경수현기(華嚴經搜玄記) 다섯 권의 완전한 이름은 대방광불화엄경수현분제통지방궤(大方廣佛華嚴經搜玄分齊通智方軌)인데 간략히 화엄경약소(華嚴經略疏)라고 일컫기도 한다. 본 책은 60권 화엄경의 강요와 경문의 뜻을 해석하였는데 전부 다섯 부문으로 나누어 화엄경의 뜻을 분별하고 있다. 법장이 저술한 화엄경탐현기 등은 본서에 의거한 것이다.

【수현기 1권 (⧓ 35권 13 中~14 下)】

1) 성인께서 중생들에게 임해주시는 덕량(德量)의 연유를 찬탄함
〔歎聖臨機 德量由致〕

2) 삼장에 거두어지는 분제〔明藏攝之分齊〕
경·율·논 삼장에 거두어지는 분제를 밝힌다.

3) 화엄경에서 설해지는 종취와 설하는 교체(敎體)를 밝힘
〔辨敎下所詮之宗趣 及能詮之敎體〕
전체적인 종취는 인과·연기·이실이요, 개별적인 것은 첫째, 교(敎)가 종이
요, 의(義)는 취이며 둘째, 경(境)은 종이요, 행(行)이 취이고 셋째, 사(事)는
종이 되고, 이(理)는 취가 되며 넷째, 인(因)은 종이 되고, 과(果)는 취가 된다.
설하는 교체는 실제 음성이나 진여 음성의 명(名)·구(句)·미(味) 등이다.

【수현기 1~5권 (⧓ 35권 14 下~106 上)】

4) 경의 제목을 풀이함〔釋經題目〕
'대'는 국한되지 않게 밖이 없이 나열하는 것이요, '방'은 이치가 바르고 삿되지
않은 것이며, '광'은 비었지만 그윽하고 미세하지만 고원하며 깊고 넓은 것이
다. '불'은 깨달은 이요, '화엄'은 법신 행덕의 아름다움을 비유한 것이며, '경'은
진실되고 청정한 가르침과 항상한 본보기를 가르치고 논의하는 것이다.

5) 경문을 나누어 해석함〔分文解釋〕
앞의 네 부문은 수현기의 현담이요, 다섯째 부문의 세간정안품부터 입법계품
등에 이르는 34품은 매 품마다 대체적으로 이름 풀이〔釋名〕·설하는 까닭〔來
意〕·주제와 취지〔宗趣〕·경문 풀이〔釋文〕 등의 네 과단으로 나누어 현묘한
취지를 말하고 있다.

4. 현수 대사와 탐현기

(1) 현수 대사(643~712)

　현수 대사는 당대(唐代)의 스님으로 화엄종의 제3조라고 하나 화엄종교를 현수종교라고 하듯이 실질적인 화엄종의 수립자이다. 본래 강거(康居 : 월지국 북쪽에 있던 서역의 나라)국 사람으로 속성은 강씨인데 강장(康藏) 국사 또는 향상(香象) 존자라고 일컬으며 조부 때 부족 사람들이 다 중국 장안으로 옮겨와 거주했다.

　어려서부터 민첩하고 영리했으며 풍채가 출중하였으니 지엄 대사를 모시고 화엄경을 배우면서 현묘한 취지에 깊이 들어갔다. 지엄이 입멸한 뒤 28세에 박진(薄塵) 스님을 의지하여 머리를 깎고 지엄의 유교를 이었다. 처음에 서역의 여러 국어와 범서에 능통하여 명을 받들고 의정(義淨) 스님의 역장에 참예하여 신화엄경(新華嚴經)·대승입능가경(大乘入楞伽經) 등 10여 부를 번역했다. 일찍이 측천무후를 위해서 화엄 십현 연기의 깊은 뜻을 강론할 때 궁전 모퉁이의 금사자를 비유하여 무후가 활연히 깨치게 하였는데 뒤에 이로 인해서 금사자장(金獅子章)을 찬술하였다.

　스님은 일생 동안 화엄을 30여 회에 강론하여 펴고는 있는 힘을 다해 화엄 교학을 조직적으로 대성하였다. 또 대승입능가경·대승밀엄경·범망경·기신론 등의 경론을 주석하였으며, 천태의 예에 견주어 불교의 각종 사상 체계를 오교 십종으로 분류하였다. 화엄 조직의 최고로 추존되고 화엄 철학을 현실 세계 가운데서 이상 세계를 실현하는 것에 속하게 했다. 현수(賢首)라는 호를 하사 받고 항상 신경(新經)을 강의하여 학인들을 두루 이롭게 하니 많은 사람들이 귀의했다. 현종 선천(先天) 원년 11월에 대천복사(大薦福寺)에서 세수 70세로 입적했다.

　저작이 매우 많은데 화엄경탐현기 20권·화엄요간·화엄오교장·대승밀교경소 4권·범망경소·대승기신론소·화엄강목·화엄현의장 20여 부로 헤아려 볼 수 있다. 주 제자로는 굉관(宏觀)·문초(文超)·지광(智光)·종일(宗一)·혜원(慧苑) 등이 있다.

(2) 탐현기

　화엄경탐현기(華嚴經探玄記)의 약칭으로 화엄경의 현묘한 뜻을 탐색해 낸다는 뜻
인데 화엄경소(華嚴經疏)·탐현(探玄)이라고도 불린다. 불타발타라가 번역한 60권
화엄경의 대요와 경문 풀이를 20권으로 주석하여 화엄종의 교리를 체계화하고 있는
데 그의 스승인 지엄의 '화엄경수현기'를 본받았다.

　탐현기의 주소(注疏)로는 탐현기초(探玄記鈔 : 尊玄)·탐현기통유초(探玄記洞幽
鈔 : 凝然)·화엄경탐현기발휘초(華嚴經探玄記發揮鈔 : 普寂)·화엄경탐현기남기
록(華嚴經探玄記南紀錄 : 芳英)·화엄경탐현기강의(華嚴經探玄記講義 : 秀存)·화
엄경탐현기회록(華嚴經探玄記會錄 : 雲溪) 등이 있다.

　지취는 화엄종의 중심 교의를 천술(闡述)함에 있는데 열 부문으로 나눌 수 있다.

【탐현기 1권 (㊞ 35권 120 下~122 上)】

1) 화엄경이 일어난 연유〔敎起所由〕

　전체적으로는 열 가지의 한량없고 헤아릴 수 없는 백천 아승지의 인연으로써
등정각을 이루어 세상에 출현하여 일어난 때문이라고 했다.

　개별적으로는 '법이 그러하기 때문'이거나 '서원의 힘, …때문' 등의 열 가지가 있다.

2) 삼장이나 십이부로 거둠〔藏部所攝〕

　삼장(三藏)·이장(二藏)·십이부(十二部)로 거두는 것이다. 삼장은 경·율·
론이요, 이장은 보살과 성문이며, 12부는 청량소의 12분교와 같은데 십이부경
(十二部經)이라고도 한다.

3) 교(敎)를 세운 차별〔立敎差別〕

　교판론으로 보리유지의 일음교나 광통율사의 삼종교 등을 들었다.

4) 가르침을 받는 자의 자격〔敎所被機〕

　진(眞)을 어기거나 바른 법을 등지면 그릇이 못 된다. 또한 모든 평범하고 어리
석은 사람이나 외도·천제에게도 다 불성이 있지만 업장이 무겁기에 오래 수행
해야 이 법에 들 수 있다고 했다.

5) 능히 설명하는 교체(敎體)를 밝힘〔能詮敎體〕

명(名)·구(句)·문신(文身)으로써 교체를 삼는다고 한 것 등이다.

6) 화엄경에서 설명되는 종취를 밝힘〔所詮宗趣〕

말로 나타나는 것을 종이라 하고, 종이 돌아가는 곳을 취라고 한다.

연(衍) 법사는 걸림 없는 법계로써 종을 삼고, 광통 율사는 인과와 이실로써

종을 삼았다.

7) 경의 제목을 풀이함〔釋經題目〕

양역 섭대승론석에서 화엄경을 백천경이라고 이름한다는 수명(數名)과 보왕여

래성기품 끝에 열 가지 수승한 덕에 나아가 명명한 덕〔德名〕 등 열 가지 이름

풀이가 있다.

8) 화엄경의 종류·주석·전역(傳譯)·이본 별역·감응의 전기〔部類傳譯〕

화엄경의 항본(恒本)·대본(大本)·상본(上本)·중본(中本)·하본(下本)·

약본(略本)과 논석(論釋)·번역(飜譯)·지류(支流)·감응(感應) 등을 말한다.

9) 〔화엄경〕의리(義理)의 분제〔文義分齊〕

뜻이 깊고 넓으며 정밀하고 미묘한 말씀이 호한(浩汗)하므로 동시구족상응문

등의 십현문을 들어 강요를 밝혔다.

【탐현기 2~20권 (⊛ 35권 125 上~492 中)】

10) 경문을 따라 해석함〔隨文解釋〕

여기서 앞의 아홉은 바로 60권 화엄경의 현담으로 탐현기 1권에서 드러냈고, 마지

막 경문 해석을 2~20권에 걸쳐 밝히고 있다.

경문 해석은 매 품마다 대체적으로 이름 풀이〔釋名〕·설하는 까닭〔來意〕·주제와

취지〔宗趣〕·경문 풀이〔釋文〕 등의 네 과단으로 나눈다.

二. 화엄경의 종류와 유통, 80권 신역 화엄경의 구성, 각품의
　　요지

가. 화엄경의 종류와 유통

화엄경지귀(華嚴經旨歸)에 의하면 화엄경에는 이설경·동설경·보안경·상본경·중본경·하본경·약본경·주반경·권속경·원만교 등의 열 가지 종류가 있다.

1. 이설경(異說經)

나무 모양 등의 세계가 이미 다르니, 그 가운데 중생이 받은 과보가 각각 다름에 따라 여래가 그들에게 몸을 나투어 가르침을 세웠다. 근기에 따라서 가르침을 베푸는 방법이 차별되게 다름이 허공계와 같기에 오직 여래의 지혜로만 알 수 있다. 그러므로 노사나불품에서 나무 모양·강물 모양·수미산 모양 내지 일체 중생 모양의 세계해를 자세히 밝히고는 "모두가 노사나 부처님께서 법륜을 굴리시는 곳이다"고 하였다.

2. 동설경(同說經)

허공계와 털끝 등의 장소가 두루한데, 언성으로써 법을 설함도 다함이 없는 것이다. 일체 미래겁이 다하도록 항상 법륜을 굴려 여래의 음성은 변함 없고 끊어짐도 없어 다함이 없다.

3. 보안경(普眼經)

입법계품에서 해운비구(海雲比丘)가 수지한 경인데, 수미산 덩어리의 붓과 사대해(四大海) 먹물로 한 품의 수다라를 서사해도 다 쓸 수 없다.

4. 상본경(上本經)

용수 보살이 용궁에 들어가서 본 대부사의해탈경(大不思議解脫經)의 세 가지 본 가운데 하나로 십 삼천대천 세계 미진수 게송과 사천하 미진수 품이 있다.

5. 중본경(中本經)

용수 보살이 본 중본경인데, 사십 구만 팔천 게송과 일천 일백 품이 있다. 상·중 두 본은 모두 용궁에 비밀스럽게 있어 염부제 사람의 능력으로 지닐 것이 아니기에 전하지 않는다.

6. 하본경(下本經)

용수 보살이 본 하본경으로 십만 게송이 있는데, 현재 천축국에 전하고 있다. 양섭론에서는 '백천경(百千經)'이라고 했으니 곧 십만 게요, 대지도론에서도 '부사의해탈경(不思議解脫經)'이라고 하여 십만 게가 있다고 했다.

7. 약본경(略本經)

중국에 전하여진 60권 본 화엄경으로 범본(梵本)은 삼만 육천 게송이 있다. 인도의 삼장법사 불타발타라(佛馱跋陀羅)가 번역했는데 일찍이 도솔천에 가서 미륵보살에게 문의하였다고 한다.

8. 주반경(主伴經)

노사나불께서 설하신 화엄경으로 비록 법계에 두루하지만 나머지 다른 부처님께서 설하신 경과 서로 주반(主伴)이 되는데 낱낱의 주경(主經)은 반드시 한량없는 동류의 권속을 갖추고 있다.

하나의 성기(性起) 수다라가 시방에 각기 팔십불가설백천억나유타불찰 미진수 수다라가 있어 권속으로 삼음을 알 것이다. 한 곳의 성기가 이미 그러한 것과 같이 나머지 다른 온갖 곳의 성기도 각각 그러한 권속을 거두어 서로 법계에 두루하다.

9. 권속경(眷屬經)

그릇이 작아 이렇게 시방에 통하는 법을 듣거나 믿을 수가 없기에 저들의 근기를 따라 마땅히 들을 만한 법을 설하니, 나머지 일체의 권교·삼승·소승 등의 경과 같다. 이미 시방에 전부 통하는 같은 설이 없기에 주경(主經)은 아니다.

주반경은 주체이면서도 동반자이기에 주반경이라 하였고, 이는 오직 반이지 주가 아니기에 권속경이라 하였다. 주반경과 같지 않기에 두 종류로 나눈 것이다.

10. 원만교(圓滿教)

이상의 여러 본은 하나의 다함없는 대 수다라가 전부 뒤섞인 것인데 그 가운데 하나의 회·품·문장·구절을 따라서 모두가 일체와 하나 하나의 문구를 전부 거두어, 일체에 두루 들어감을 말한다.

이것은 보편적인 법이 일정한 한계가 없기 때문이요, 원만한 교법의 이치가 마땅히 그러한 때문이며, 인다라망의 제한된 영역이 없기 때문이요, 모든 부처님께서 교화

하시는 끝없는 경계이기 때문이다.〈大 45권 592 下~594 上〉

우리가 보고 있는 화엄경은 열 가지 가운데 약본으로, 동진 때 불타발타라가 번역한 60권 구역과 측천무후 때 실차난타가 번역한 80권 신역이 있으며 입법계품에 해당하는 반야 역의 40권 본이 있다. 이는 처음부터 현재의 형태로 결집된 것이 아니고 각 장이 독립된 경전으로 유통되다가 후에 화엄경으로 성립되었는데, 중앙아시아에서 4세기 경 집대성된 것으로 알려지고 있다. 그러나 이전의 1~2세기 경에 이미 십지품이 성립되어 입법계품과 함께 산스크리트 원전이 남아 있다고 한다.

나. 화엄경의 구성[1]과 각 품의 요지

【주】───────────────

> 1. 화엄경의 구성 : 통현 장자는 칠처구회(七處九會)의 설에 대해 십처십회(十處十會)를 주장했다. 첫째는 보리장회(菩提場會)요, 둘째는 보광명전회(普光明殿會)이며, 셋째는 승수미산정회(昇須彌山頂會)이다. 넷째는 승야마천회(昇夜摩天會)요, 다섯째는 승도솔천회(昇兜率天會)이며, 여섯째는 승타화자재천회(昇他化自在天會)이다. 일곱째는 승삼선천회(昇三禪天會)요, 여덟째는 급고독원회(給孤獨園會)이며, 아홉째는 각성동대탑묘처회(覺城東大塔廟處會)요, 열째는 '일체국찰급진중허공법계일체회(一切國刹及塵中虛空法界一切會)'이다.

Ⅰ. 보리장회 : 불과를 들어 믿게 하는 부분 / 11권 6품

〈서분〉

1. 세주묘엄품

   땅과 보리수·궁전 등이 장엄되고, 보현 보살·집금강신·신중신 등에서 대자재왕에 이르는 41 부류의 대중들이 부처님을 수호하고 덕을 찬탄하였으니 바로 기·중생·지정각의 삼종 세간이 장엄되어 화엄의 큰 가르침이 전개된다.

   〈정종분〉(여래현상품 ~ 입법계품 본회)

2. 여래현상품

   앞 품에서 모인 보살과 세간주들이 여쭌 부처님의 지위와 경계 등 37질문에

대해 세존께서 입과 미간으로 광명을 놓아 부처님의 끝없는 경계와 신력을 얻
게끔 하신다.

3. 보현삼매품

보현 보살이 비로자나여래장신 삼매에 든 것은 시방 제불께서 함께 가피하신
것이요, 비로자나불의 본원력과 보현 보살이 부처님의 가르침을 잘 지니고 행과
원을 잘 닦은 때문인데 삼매에서 나올 때 대중들은 여러 가지 이익을 얻었다.

4. 세계성취품

부처님의 신력과 법이 마땅히 그러하며, 중생들의 행과 업 등 열 가지 인연으로
세계가 이루어졌음을 밝히고 세계의 모양과 체성(體性) 등을 드러냈다.

5. 화장세계품

화장장엄세계해는 비로자나불이 옛날 보살 인행시에 무수한 부처님을 친견하
고 대원을 청정하게 닦아서 장엄하신 것으로 큰 연꽃 가운데 있는데 화장장엄
세계의 온갖 경계가 낱낱이 다 세계의 한없이 청정한 공덕으로 장엄하여 불가
사의하다.

6. 비로자나품

비로자나불의 전신인 대위광 태자가 과거에 네 부처님을 친견하고 찬탄, 공양
하면서 법을 깨치는 것을 나타낸다.

Ⅱ. 보광명전회 : 믿고 덕을 이루는 부분 / 4권 6품

7. 여래명호품

보살들이 마음으로 부처님의 세계와 머무심 등을 궁금해하자 문수 보살이 그
런 것은 불가사의한데 모든 부처님들께서 중생들의 좋아함이 같지 않음에 따
라 설법하여 조복하고 사바 세계의 갖가지 몸과 이름 등으로써 제각기 보게
하시기 때문이라고 하셨다. 부처님을 사천하에서 원만월·석가모니·제칠선
등이라고 하니 이 같은 이름의 수가 일만으로 제각기 보게 하며 시방 세계의
부처님 명호도 같지 않다고 하셨다.

8. 사성제품

문수 보살이 시방 세계에서 고·집·멸·도의 사성제를 말하는데 백억만

가지의 이름이 있으니 다 중생들의 마음에 좋아함을 따라 조복케 하는 것이라
고 하셨다.

9. 광명각품

부처님께서 두 발바닥으로 백억 광명을 놓아 삼천대천 세계를 비추시자 백억
염부제와 울단월·대해 윤위산 등이 드러났고, 이어서 보살의 태어나심·출
가·성불·전법륜·반열반이 각각 나타났다.

10. 보살문명품

문수 보살이 각수 등 아홉 보살에게 심성은 하나인데 어째서 좋고 나쁜 차이가
있는지, 중생이 중생 아닌데 어째서 그 때를 맞추고 마음에 좋아함을 따라서
교화하고 조복하는지 여쭌다. 그리고는 끝으로 아홉 보살이 다같이 문수에게
부처님의 경계를 여쭈었다.

11. 정행품

지수 보살이 어떻게 하면 허물이 없고 지혜가 선도하는 몸과 말과 뜻의 업을
얻을 수 있는지 여쭈자 문수 보살이 "마음을 잘 쓰면 온갖 수승하고 묘한 공덕
을 얻어서 악을 끊고 선을 갖추게 된다"고 하면서 액난에 처하거나, 발을 들
때, 길을 가거나, 가시나무를 볼 때, 꽃을 볼 때 등 일거수 일투족에서 내야
할 원을 141 가지로 들고 있다.

12. 현수품

문수 보살이 청정한 행의 대 공덕을 설하고 나서 보리심의 공덕을 나타내 보이
고자 현수 보살께 여쭈자 발심의 덕·발심의 행상·믿음의 수승한 힘·삼현
십지 지위 등을 밝힌다.

Ⅲ. 도리천궁회 : 삼현(三賢) 중 초현(初賢) 십주(十住) / 3권 6품

13. 승수미산정품

부처님께서 보리수 아래를 떠나지 않고 수미산 정상에 올라 제석궁으로 향하
시자, 제석천이 머무시길 청하면서 찬탄한다.

14. 수미정상게찬품

시방의 법혜 등 십대 보살이 무수한 보살들과 함께 와 부처님의 위신력을 찬탄

하였다. 설법자를 어둠의 등불에 비유했다.

15. 십주품

법혜 보살께서 삼매에서 나오신 뒤 초발심주·치지주·수행주·생귀주·구
족방편주·정심주·불퇴주·동진주·법왕자주·관정주 등 십주 법문을 설하셨다.

16. 범행품

정념 천자가 출가 행에 대해 여쭈자 법혜 보살께서 신(身)·구(口)·의(意)
와 신업·구업·의업과 불·법·승·계율로 반연을 삼고 뜻을 내어 관찰할
것을 말씀하셨다. 또한 위없는 업을 행하고도 과보를 구하지 말 것이요, 경계
가 환상과 같고 꿈 등과 같음을 분명히 알도록 강조하였다.

17. 초발심공덕품

법혜 보살께서 제석 천왕에게 초발심의 공덕이 삼세의 모든 부처님과 동등하
고, 부처님의 경계와 같다고 찬탄하셨다. 또한 법혜 부처님들께서 보리심을
낸 보살들이 미래에 성불하여 세상에 나거든 청정심 여래라 할 것이라고 수기를
주셨다.

18. 명법품

법혜 보살께서 정진혜 보살에게 계율을 지키거나 어리석음을 떠나고 보리심
을 청정케 하거나 마음이 솔직하여 기만을 버리거나 하는 등 열 가지 법에
머물면 방일하지 않는다고 했다.

Ⅳ. 야마천궁회 : 삼현 중 중현(中賢) 십행(十行) / 3권 4품

19. 승야마천궁품

부처님께서는 모든 보리수 아래와 수미산 정상을 떠나지 않고 야마천궁의 보
배로 장엄한 궁전으로 향하셨는데, 야마천왕이 멀리서 보고는 숱한 장엄을
다하여 모시고 부처님 공덕을 찬탄하였다.

20. 야마궁중게찬품

그 때 부처님의 위신력으로 시방의 공덕림 등 십대 보살이 각기 수많은 보살들
과 함께 부처님께 이르러 게송으로 찬탄하였다. 마음을 화가에 비유한 게송이
여기에서 나온다.

21. 십행품

공덕림 보살이 '보살선사유 삼매'에 들어 부처님의 가피를 받고 나와서 보살의
십행을 말씀하셨다. 첫째는 기뻐하는 행이요, 둘째는 유익한 행이며, 셋째는
어기지 않는 행이다. 넷째는 굽히지 않는 행이요, 다섯째는 어리석음과 산란
을 떠나는 행이며, 여섯째는 잘 나타나는 행이다. 일곱째는 집착없는 행이요,
여덟째는 얻기 어려운 행이며, 아홉째는 법을 잘 말하는 행이고, 열째는 진실한
행이다.

22. 십무진장품

공덕림 보살께서 다시 여러 보살들에게 십무진장을 말씀하셨다. 이른바 믿음
의 장·지계의 장·속으로 부끄러움의 장·밖으로 부끄러움의 장·많이 들음
의 장·보시의 장·지혜의 장·기억의 장·지님의 장·말씀의 장이다.

Ⅴ. 도솔천궁회 : 삼현 중 상현(上賢) 십회향(十廻向) / 12권 3품

23. 승도솔천궁품

부처님께서는 다시 신력으로 보리수 아래와 수미산 정상과 야마천궁을 떠나
지 않고 도솔천으로 가시어 온갖 절묘한 보배로 장엄한 궁전으로 향하셨다.
도솔천왕이 보고 무한한 공양구를 마련하여 머무시길 청하고는 찬탄했다.

24. 도솔궁중게찬품

시방에서 금강당 등 십대 보살들이 무한한 보살들과 함께 부처님 처소에 이르
러 절하고 게송으로 찬탄했다. 비옥한 밭에서 심은 것은 잘 자라듯이 깨끗한
마음 밭에서 좋은 불법이 나온다고 강조하셨다.

25. 십회향품

금강당 보살이 부처님의 신력을 받아 보살지혜광명 삼매에 들어간 뒤, 모든
금강당 부처님들로부터 마정 수기를 받고는 삼매로부터 나와 보살의 십회향
을 말씀하셨다. 하나는 '많은 중생을 구호하면서도 중생이라는 상을 떠나는
회향'이요, 둘은 '멸하지 않는 회향'이고, 셋은 '모든 부처님과 평등한 회향'이
다. 넷은 '온갖 곳에 이르는 회향'이요, 다섯은 '다함이 없는 공덕장' 회향이며,
여섯은 '모든 평등한 선근에 들어가는 회향'이다. 일곱은 '일체 중생을 평등하

게 따라주는 회향'이며, 여덟은 '진여의 모양인 회향'이요, 아홉은 '속박도 집
착도 없는 해탈의 회향'이며, 열은 '법계에 들어가는 무한한 회향'이다.

VI. 타화자재천궁회 : 성위(聖位) 십지(十地) 부분 / 6권 1품

26. 십지품

금강장 보살이 부처님의 신력을 받아 보살의 '대지혜 광명 삼매'에 들어 시방
세계 수많은 금강장 부처님들의 가피를 받고 삼매에서 나와 보살 십지를 말씀
하셨다. 하나는 [비로소 법의 맛을 알아] 환희심을 내는 지요, 둘은 [계를
범한] 더러움을 멀리 떠난 지며, 셋은 [지혜의] 광명을 내는 지이다. 넷은
[번뇌의 땔나무를 태우는] 지혜의 불꽃 지요, 다섯은 [지혜가 지극하여]
더 수승하기가 어려운 지이며, 여섯은 [진리를 관하는] 지혜가 앞에 드러나
는 지이다. 일곱은 원대하게 수행하는 지요, 여덟은 [온갖 번뇌의 행에] 움직
이지 않는 지이며, 아홉은 최고 수승한 지혜의 지요, 열은 [허공처럼 광대한 장
애를 덮는] 법 구름 지이다.

VII. 중회 보광명전회 : 인과 원이 원만한 부분 - 등각지(等覺地) · 묘각지(妙覺
地) / 13권 11품

【등각지(等覺地 : 십정품~제보살주처품)】

27. 십정품

보안 보살이 "보현 보살과 보현행원에 머문 보살 대중들이 얼마만큼의 삼매와
해탈을 이루었기에 보살의 삼매에 들고 남이 자재하고 신통 변화가 쉬지 않습
니까?"하고 여쭈자 부처님께서 말씀하셨다. "모든 보살이 십대 삼매를 설함으
로써 생사를 벗어나게 하는데 하나는 '보광 대 삼매'요, 둘은 '묘광 대 삼매'며,
셋은 '차제로 여러 불국토에 두루 가는 대 삼매'다. 넷은 '청정하고 깊은 생각의
대 삼매'요, 다섯은 '과거에 장엄한 가르침을 아는 대 삼매'며, 여섯은 '지혜
광명의 가르침인 대 삼매'다. 일곱은 '모든 세계의 부처님 장엄을 아는 대 삼매'
요, 여덟은 '중생들의 차별 몸인 대 삼매'다. 아홉은 '법계에 자재한 대 삼매'이
며, 열은 '막힘 없는 바퀴인 대 삼매'이다."

28. 십통품

보현 보살께서 여러 보살들에게 열 가지 신통을 말씀하셨다. 첫째는 남의 마음을 아는 지혜의 신통', 둘째는 '자재하게 청정한 하늘 눈 지혜의 신통', 셋째는 '과거사를 아는 지혜의 신통', 넷째는 '미래가 끝날 때까지 아는 지혜의 신통', 다섯째는 '막힘 없이 청정한 하늘 귀로 듣는 지혜의 신통', 여섯째는 '자체 성품과 동작이 없이 모든 불국토에 가는 지혜의 신통', 일곱째는 '온갖 언사를 잘 분별하는 지혜의 신통', 여덟째는 '무한한 아승지 몸의 장엄을 내는 지혜의 신통', 아홉째는 '일체 법 지혜의 신통', 열째는 '온갖 법이 멸해 없어지는 삼매에 들어가는 지혜의 신통'이다. 이것이 보살의 열 가지 신통이니, 보살이 만약 이 신통에 머물면 모든 삼세에 막힘 없는 지혜의 신통을 얻는다고 하셨다.

29. 십인품

보현 보살께서 여러 보살에게 열 가지로 인지하면 모든 보살이 막힘 없이 인지함에 이르러 온갖 불법에 막힘 없고 다함이 없다고 하셨다. 이른바 첫째는 '음성을 인지'하고, 둘째는 '따라서 인지'하며, 셋째는 '생사 없음을 인지'한다. 넷째는 '환상과 같음을 인지'하며, 다섯째는 '아지랑이와 같음을 인지'하고, 여섯째는 '꿈과 같음을 인지'한다. 일곱째는 '메아리와 같음을 인지'하며, 여덟째는 '그림자와 같음을 인지'하고, 아홉째는 '마술과 같음을 인지'하며, 열째는 '허공과 같음을 인지'한다.

30. 아승지품

심왕 보살이 어떤 것이 아승지며, 내지 말로 할 수 없이 말로 할 수 없는 것인지 여쭈자 부처님께서 말씀하셨다. "백 낙차가 한 구지고, ……지(至)에 지 곱이 한 아승지요, …… 말로 할 수 없음에 말로 할 수 없는 곱이 한 말로 할 수 없는 제곱이고, 말로 할 수 없는 제곱에 말로 할 수 없는 제곱이 한 말로 할 수 없이 말로 할 수 없음이다……."

31. 수량품

심왕 보살께서 대중 가운데서 말씀하셨다. "사바 세계 석가모니 부처님 나라의 한 겁이 극락 세계 아미타 부처님 나라에서는 만 하루고, 극락 세계의 한 겁이 가사당 세계 금강견 부처님 나라에서는 만 하루이다. ……."

32. 제보살주처품

심왕 보살께서 대중 가운데서 여러 보살에게 말씀하셨다. "동방의 선인산에 옛적부터 보살들이 계셨는데 지금은 금강승 보살께서 그의 권속 삼백 보살 대중과 함께 계시면서 설법하신다. 내지 북방의 향적산에도 옛적부터 보살들이 계셨으며 지금은 향상 보살이 그의 권속 삼천 보살 대중과 함께 계시면서 설법하신다."

33. 불부사의법품

【묘각지(妙覺地 : 불부사의법품 ∼ 여래수호광명공덕품)】

회상의 보살들이 '모든 부처님들의 국토와 본래 소원 등이 왜 부사의한가'하고 생각하자 세존께서 아시고 청련화장 보살에게 가피를 주어 설하게 하셨다. "부처님께 열 가지 법이 있어 무한한 법계에 두루 하시니, 부처님께는 끝없이 청정한 몸이 있어 온갖 갈래에 두루 들되 집착하지 않으시고, 끝없이 막힘 없는 눈이 있어 온갖 법을 확실히 아신다. 내지 끝없는 보살행원이 있어 원만한 지혜를 얻고 자재하게 유희하여 온갖 불법을 다 통달하신다."

34. 여래십신상해품

보현 보살께서 부처님의 대인상을 말씀하신다. 머리 위에 보배로 장엄한 32 대인상이 있어 갖가지 광명으로 서른 두 가지 작용을 하고, 미간과 눈·코·혀·입·치아 내지 장딴지와 발꿈치 등에 이르기까지 아흔 일곱이다. 비로자나불께서는 이러한 십 연화장 세계에 무수한 대인상이 있으시니, 신체 부분에 따로따로 온갖 보배의 뛰어난 모습으로 장엄하셨다.

35. 여래수호광명공덕품

32 대인상의 덕이 생각키 어려움을 80 종호에서 반대로 나타냈다. 세존께서 보수 보살에게 말씀하셨다. "여래께 '원만하신 왕'이란 미세한 대인상이 있어 '치성함'이란 대광명이 나온다. 내가 보살로 있을 때 도솔천궁에서 대광명을 놓았으니 '광명 당기왕'으로 지옥 중생으로서 이 광명을 만난 이는 온갖 고통이 쉬고 명이 다하고는 도솔천에 태어났는데, 그 하늘에 '대단히 사랑스러움'이란 북이 소리를 내어 말했다.

'여기 '잘 비침'이란 유리 거울이 있어 끝없는 국토에 있는 온갖 산천과 중생과 내지 지옥·축생·아귀들의 영상이 그 속에 나타날 때, 저 영상들이 거울 속에 드나든다고 하겠는가? 온갖 업도 마찬가지로 비록 업의 과보를 낸다 하나, 오고 감이 없는데 마치 마술사가 사람들의 눈을 속이는 것과 같다. 만약 이같이 알면 진실한 참회요, 모든 죄악이 다 청정해질 것이다.' 이런 법을 설할 때에 도솔 천자들은 무생법인을 얻었다."

36. 보현행품

보현 보살께서 삼독 중에서도 진심(瞋心)에 대해 심도 있게 강조를 하셨다. "나는 보살이 남에게 성내는 것보다 더 큰 허물이 되는 것을 하나도 본 적이 없는데, 성을 낸 것이 백만의 장애가 된다. 이 때문에 온갖 보살행을 빨리 만족하고자 하면 열 가지 법을 부지런히 닦아야 하니 이른바 마음으로 많은 중생에게 무관심하지 않고 보살에게 부처님이라는 생각을 내는 것 등이다."

37. 여래출현품

세존께서 '여래출현'이라는 이름의 미간 백호 광명을 놓으시니 무수한 보살 대중을 깨우치고 여래성기묘덕 보살의 머리 위로 들어갔으며, 또 입으로 '막힘 없고 두려움 없음'이란 대광명을 놓으시니 보현 보살의 입으로 들어갔다. 이때 여래성기묘덕 보살이 부처님께서 나타내 보이시는 광대한 신통 변화가 어떤 길조인지 여쭈자 보현 보살께서 부처님께서 출현하시는 법과 신업·어업·의업·경계·행·정각·법륜·열반·선근 등 열 가지를 말씀하신다.

Ⅷ. 삼중회 보광명전회 : 보현대행분(普賢大行分) / 7권 1품

38. 이세간품

보혜 보살이 법을 청하자 보현 보살께서 "열 가지 선지식이 있는데 이른바 보리심에 안주하게 하는 선지식이요, 선근을 내게 하는 선지식 등이다"라고 말씀하신다. 이와 같이 보혜 보살의 2백 가지 물음 하나하나에 보현 보살께서 열 가지씩 2천 가지를 대답하셨다. 이 품에서는 또한 "누군가 나의 손발을 자르고 눈을 도려내더라도 능히 참아야 하고 이로 인해 끝끝내 해칠 생각을 내지 말 것이며, 말로 할 수 없는 겁에 보살행을 닦아 중생을 거두어 주어야

지 버려서는 안 된다"고 했는데 이는 모든 법이 차별상이 없음을 관찰한 때문이다.

Ⅸ. 서다림회 / 21권 1품

39. 입법계품

문수 보살이 사리불 등 비구들을 권하여 보리심을 내게 하고는, 점점 남으로 가면서 세상을 지나다가 복성의 동쪽에 이르러 장엄당 사라숲에 머물자 복성인들이 모였다. 문수 동자가 자재한 몸을 나투어 선재를 살피면서 무슨 인연으로 그런 이름을 갖고 있는지 살피니 입태시 집안에 자연히 칠보 누각이 생기고 갖가지 보배와 재물들이 창고에 가득하였기에 부모 친족과 관상가가 선재라고 부른 줄을 알았다. 이 동자는 일찍이 과거에 여러 부처님께 공양하여 선근을 많이 심었고, 믿고 이해함이 광대하여 늘 여러 선지식을 가까이 했다. 몸과 말과 뜻으로 짓는 일이 허물이 없이 보살도를 깨끗이 하고 온갖 것을 아는 지혜를 구하여 불법의 그릇이 되었으며, 마음이 청정하기가 허공과 같고 보리에 회향하여 장애가 없음을 알았다.

선재 동자가 보살도에 대해 여쭈자 문수 보살께서 "온갖 지혜 가운데 최상의 지혜를 이루려거든 결정코 선지식을 구해야 할 것이며, 선지식을 구함에 고달퍼하거나 게으름을 내지 말고 보고는 싫증내지 말 것이요, 선지식의 가르침은 다 따르고 정교한 방편에 허물을 보지 말라"고 하시면서 선지식의 중요성을 강조하셨다. 그리고는 덕운 비구를 소개하면서 선재 동자의 남방 구도 여행이 전개되도록 인연을 맺어 주신다.

〈별행본〉

40. 보현행원품 : '대방광불화엄경입부사의해탈경계보현행원품'의 약칭으로 별행본이다. '부사의해탈경계'는 들어가는 대상이요, '보현행원'은 들어가는 주체이며, '입'은 둘 다에 통한다. 말과 생각을 초월했기에 '부사의'라고 하니 바로 해탈경계를 말한다. ⓑ의 ⓗ과 ⓦ은 새의 두 날개와 같으니 둘 다 갖추어야 비로소 허공을 날 듯 부사의한 해탈의 경계로 들 수 있는 것이다.

보현 보살께서 부처님의 수승한 공덕을 찬탄하시고는 여러 보살과 선재에게 부처님의 공덕을 이루고자 하면 마땅히 열 가지 광대한 행원을 닦아야 한다고 말씀하셨다. 첫째는 '모든 부처님께 예경함'이요, 둘째는 '부처님을 칭송함'이며, 셋째는 '널리 공양함'이다. 넷째는 '업장을 참회함'이며, 다섯째는 '남의 공덕을 따라 기뻐함'이요, 여섯째는 '법륜을 굴리시길 청함'이다. 일곱째는 '부처님께서 세상에 머무르시길 청함'이요, 여덟째는 '늘 부처님을 따라 배움'이며, 아홉째는 '항상 중생을 따름'이요, 열째는 '두루 다 회향함'이다.

大方廣佛華嚴經

Ⅰ. 화엄경의 이름 풀이 　　　　　Ⅱ. 화엄경을 설하는 열 가지 인연

　　【청량소·초】　【통현론】　　　　　【청량소】

　　【수현기】　　　【탐현기】

Ⅲ. 화엄경의 주제와 취지

　　【청량소】　　　【통현론】

Ⅰ. 대방광불화엄경의 이름 풀이

대방광불화엄경은 크고 바르고 두루한 묘각을 깨치신 부처님의 꽃으로 장엄한 영원의 본보기이다.

대 : 〔마음의〕 본체가 허공과 같이 넓어서 끝이 없고 항상하며 밖이 없이 모든 성현·범부와 미물까지도 다 포함한다.

방 : 〔마음의〕 형상이 법계와 같아서 반듯하고, 정법을 지녀 삿되지 않으며 평등하여 옮겨지거나 움직이지 않는다.

광 : 〔마음의〕 작용이 본체에 걸맞게 하늘과 같이 두루하고 너그러이 용납함에 장애될 것이 없다.

불 : 심오하고 미묘한 마음〔화엄법계의 이치·묘각〕을 깨친 분이다.

화 : 〔깨달음의 불과(佛果)를 맺는〕 모든 수행 공덕〔因行〕을 꽃에 비유한 것이다.

엄 : 법을 장엄하여 사람〔마음〕을 이루는 것이다. 인행의 꽃으로써 불과를 장엄하되 마음도 잊고 비춤도 없어서 장엄도 장엄 아님도 없다.

경 : 마르지 않고 솟아나는 샘에서 흐르고, 오묘한 뜻을 꿰었으며, 끝없이 바다와 같은 대중을 거두고, 영구히 변하지 않는 〔마음의〕 본보기를 지은 것이다.

【청량소[1]】 題稱大方廣佛華嚴經者. 卽無盡修多羅之總名. 世主妙嚴品第一者. 卽衆篇義類之別目. 大以曠兼無際. 方以正法自持. 廣則稱體而周. 佛謂覺斯玄妙. 華喩功德萬行. 嚴謂飾法成人. 經乃注無竭之涌泉. 貫玄凝之妙義. 攝無邊之海會. 作終古之常規.

【청】 제목을 '대방광불화엄경'이라고 일컬음은 다함없는 경전의 전체적 이름이며 '제1 세주묘엄품'이라고 함은 뜻으로 분류한 여러 편 중 별도의 제목이다. 대(大)는 넓어서 끝이 없는 것이고, 방(方)은 정법을 지닌 것이며, 광(廣)은 본체에 걸맞게 두루한 것이다. 불(佛)은 심오하고 미묘함〔화엄법계의 이치〕을 깨친 이며, 화(華)는 온갖 수행 공덕을 비유하고, 엄(嚴)은 법을 장엄하여 사람을 이루는 것이다. 경(經)은 마르지 않고 솟아나는 샘에서 흐르고, 오묘한 뜻을 꿰었으며, 끝없이 바다 같은 대중을 거두고, 영구히 변하지 않는 본보기를 지은 것이다.

【주】 ────────────────

1. 청량소 : 왕복서(往復序) 부분이다.

【청량초】 題稱大方廣佛華嚴經下. 略釋名題. 以下第九門[1]廣釋. 故此云略. 於中有三. 先雙標經品二目. 先標經目. 謂若從略至廣. 展演無窮. 難思敎海 不離七字. 故云無盡 修多羅之總名. 標經題也. 後世主妙嚴品第一者. 卽衆篇義類之別目者. 標品目也. 衆篇卽三十九品. 品者. 義類不同. 今當其一. 故云別目.

【청】 '제목을 대방광불화엄경이라고 일컫는다'는 다음은, 간략히 표제를 푸는 것이 다음의 제9 문에 자세히 해석하기로 하고 여기서는 줄여서 말한다. 그 가운데 셋이 있으니 먼저는 양쪽으로 경과 품의 두 제목을 표한다. 먼저 경의 제목을 나타내니, 만약 간략한 데서부터 자세히 하면 펴서 연설함이 무궁하나 생각으로 어려운 가르침이 일곱 글자를 떠나지 않기 때문에 다함없는 경전의 총칭이라고 하여 경의 제목을 표한 것이다.

뒤에 '제1 세주묘엄품 곧 뜻으로 분류한 여러 편의 별도의 제목'이라는 것은 품목을 나타낸 것이다. 여러 편은 곧 39 품이요, 품은 뜻의 분류가 같지 않은 것이며, 이제 그 하나에 해당하기에 별도의 제목이라고 한 것이다.

【주】────────────────

1. 하제구문(下第九門) : 첫 번째 교기인연(敎起因緣) 등 화엄경의 뜻을 전체적으로 열 부문으로 나눈 정종분 가운데 아홉 번째인 총석경제(總釋經題)를 말한다. → 해제 참조 〈⊗ 5권 707 中, 7권 615 下〉

【청량초 2】大以曠兼下. 二雙釋二目. 先釋總題. 後釋品目. 今初下有十門. 釋其七字. 字各十義. 今但略擧當字釋之. 然此七字 略有六對 一經字是敎. 上六是義. 卽敎義一對. 二嚴字是總. 上五是別. 卽總別一對. 三華爲能嚴. 上四皆所嚴. 卽能所一對. 四佛是所嚴 所成之人. 上三皆所嚴之法. 卽人法一對. 五廣者是用. 上二皆體. 卽體用一對. 六方者是相. 大者是性. 卽性相一對. 故此七字卽大性. 大者體大. 方者相大. 廣者用大. 佛者果大. 華者因大. 嚴者智大. 經者敎大. 則七字皆大. 七字皆相等. 今各以二義釋之. 大以曠兼無際者. 曠兼明其包含. 約廣徧釋大. 涅槃[1]云. 所言大者. 其性廣博 猶如虛空. 故下經[2]云. 法性徧在一切處. 一切衆生 及國土三世 悉在無有餘. 亦無形相 而可得也. 二無際者. 約其竪論 則常故名大. 涅槃[3]云所言大者. 名之爲常. 故下經云 法性無作無變易. 猶如虛空本淸淨. 諸佛境界亦如是. 體性非性離有無. 然淵府不可以擬其深妙故. 寄大以目之. 實則言思斯絶. 故下經[4]云. 法性不在於言論. 無說離說恒寂滅. 諸佛境界不可量. 爲悟衆生今略說.

청 '대는 넓어서 끝이 없는 것' 다음은, 두 번째에 쌍으로 두 가지 제목을 해석한다. 먼저는 총 제목을 해석하며 뒤는 품의 제목을 풀이하는데, 지금은 처음으로 다음에 10 문이 있어서 그 일곱 자를 푸니 글자에 각각 열 가지 뜻이 있되 이제 다만 해당되는 글자를 간략히 들어서 풀이한다. 이러한 일곱 자에는 대략 여섯 쌍이 있다.

1. '경' 자는 가르침이고 위〔대방광불화엄〕의 여섯 자는 뜻이 되니 가르침과 뜻의 한 쌍이다.

2. '엄' 자는 전체며 위〔대방광불화〕의 다섯 자는 개별이니 전체와 개별의 한 쌍이다.

3. '화'는 장엄하는 것이며 위〔대방광불〕의 넷은 다 장엄되는 것으로 능동과 수동의 한 쌍이다.

4. '불'은 장엄되고 성취된 사람이며 위〔대방광〕의 세 자는 다 장엄된 법이니, 곧 사람과 법의 한 쌍이다.

5. '광'은 작용이며 위〔대방〕의 두 자는 다 본체이니, 본체와 작용의 한 쌍이다.

6. '방'은〔반듯한〕형상이며 '대'는〔넓어 끝이 없는〕성질이니, 성질과 형상의 한 쌍이다. 이 일곱 자가 넓어 끝이 없는 성질이니 '대'는 본체가 넓어 끝이 없는 것이요, '방'은 형상이 넓어 끝이 없는 것이며, '광'은 작용이 넓어 끝이 없는 것이다. '불'은 과(果)가 넓어 끝이 없는 것이요, '화'는 인(因)이 넓어 끝이 없는 것이다. '엄'은 지혜가 넓어 끝이 없는 것이요, '경'은 가르침이 넓어 끝이 없는 것이다. 일곱 자가 다 넓어 끝이 없으며, 일곱 자가 다〔반듯한〕형상 등이다.

이제 각각 두 가지 뜻으로써 해석한다.

첫 번째, '대(大)는 넓고 겸하여 끝이 없다'고 한 것에, '넓고 겸하여'란 것은 그 포함하는 것을 밝히니 널리 두루함에 의해서 '대'를 해석했다. 그러므로 열반경에, "크다고 말한 것은 그 성품의 썩 넓음이 허공과 같다"고 하였다. 다음의〔십회향품〕경문에는 "법의 성품이 온갖 곳에 두루 있으며 갖가지 중생들과 국토와 삼세에 다 있어 남음이 없지만 그래도 그 형상은 얻을 수 없네"라고 한다.

두 번째, 무제(無際)라는 것은 그 시간〔竪〕에 의해 논하면 항상하기 때문에 '대'라고 이름하는데 열반경에, "말한 '대'라는 것은 항상함이라 이름한다"고 했다. 다음의〔여래출현품〕경문에는, "법의 성품 지음도 없고 변하여 바뀌지도 않으니 허공이 본래 청정함과 같다. 모든 부처님의 경계도 또한 이와 같아서 체성이 본 성품도 아니고 있고 없음을 떠났네"라고 하였다. 깊은 곳은 오묘함을 헤아리지 못하기 때문에 '대'에 의지해 이를 지목했으나 실로 말과 생각이 끊어진 것이다. 그러므로 다음의〔여래출현품〕경문에, "법의 성품은 언론에 있지 않으니, 말이 없고 말을 떠나 항상 고요하네"라고 하는데 모든 부처님의 경계는 헤아릴 수 없으나 중생을 깨우치기 위하여 지금 간략히 설하는 것이다.

    1. 열반(涅槃) : "부처님께서 가섭에게, '크다고 말한 것은 그 성질이 넓고 풍부하여 마치 어떤 사람의 수명이 한량 없으면 대장부라 하고, 이 사람이 만약 정법에 안주하면 사람 가운데 수승하다고 이름함과 같다'고 하셨다."(佛告迦葉. 所言大者 其性廣博. 猶如有人 壽命無量 名大丈夫. 是人若能安住正法 名人中勝.)〈大般涅槃經 5권, 如來性品, Ⓚ12권 391 中〉

    2. 하경(下經) : → 간추린 경문〈화엄경 제25 십회향품 중 6 수순견고일체선근회향의 게송, Ⓚ10권 156 下〉

    3. 열반(涅槃) : "선남자야, 말한 '대'라고 하는 것은 이름하여 '항상함'이라고 하니 여덟 큰 강이 다 넓은 바다로 돌아감과 같다."(善男子. 所言大者 名之爲常. 如八大河悉歸大海.)〈대반열반경(大般涅槃經) 명자공덕품(名字功德品) 제6, Ⓚ12권 624 下〉

    4. 하경(下經) : → 간추린 경문 (～十力境界性亦然 一切文辭莫能辨)〈화엄경 제37 여래출현품, Ⓚ10권 265 中〉

【청량초 3】方以正法自持者 亦二義. 一方者正也. 二方者法也. 並持自性. 通上二義. 謂恒沙性德 卽是相大. 並無偏僞 故稱爲正 皆可軌持 目之爲法. 故下經云. 凡夫無覺解. 佛令住正法. 諸法無所住. 悟此見自身. 廣則稱體而周者. 此卽用大. 用如體故無不周徧. 然亦二義. 由體有二義故. 一者能包. 二者能徧. 猶如虛空 包含萬象 徧至一切色非色處. 今用稱體 一稱體之包 則一塵受世界之無邊. 二稱體之徧. 則刹那彌法界而無盡. 上之三字. 卽體相用 無有障碍. 爲所證之法界也.

囹 '방은 정법을 지녔다'는 것도 또한 두 뜻이다. 첫째는 '방'은 바른 것이요, 둘째는 '방'은 법이니 자성을 같이 지녀서 위의 두 뜻에 통한다. 무수한 성덕(性德)이 바로 형상이 넓어서 끝없음[相大]이니 아울러 편벽되고 거짓됨이 없기에 '정(正)'이라 하고 모두 궤지(軌持)할 수 있기에 '법'이라고 조목했다. 그러므로 다음의 [수미정상게찬품] 경문에, "범부가 깨달음의 이해가 없어 부처님께서 정법에 머물게 하고, 온갖 법에 머묾이 없게 하시니 이를 깨치면 자신을 보리라"고 하셨다.

    '광은 본체에 걸맞게 두루하다'는 것은 작용이 넓어서 끝이 없음인데 작용은 본체와 같기 때문에 두루하지 않음이 없으나 또한 두 뜻이 있으니 본체에 두 뜻이 있음을 말미암기 때문이다. 처음은 포함하는 것이고, 다음은 두루하는 것이니 허공이 만상을 포함하여 두루 온갖 물질과 물질 아닌 곳에 미치는 것과 같다. 이제 작용이 본체에 걸맞음은, 처음은 본체에 걸맞게 포함하니, 한 먼지에 헤아릴 수 없는 세계를 거둔다. 다음은 본체에 걸맞게 두루하니 찰나에 법계에 가득하여 다함이 없는 것이다. 위의 〔대방광〕 세 자는 본체·형상·작용이 걸림 없으니 깨쳐지는 법계가 된다.

【청량초 4】佛謂覺斯玄妙者. 亦有二義. 一者能覺. 佛陀梵言. 此云覺者故. 二者所覺. 卽大方廣. 斯爲玄妙之境. 故云覺斯玄妙. 斯卽此也. 卽此上大方廣耳. 若別說者. 覺上用者. 覺世諦也. 覺上體者. 覺眞諦也. 覺上相者. 覺中道也. 三諦相融. 三覺無碍. 爲妙覺也. 華喩功德萬行者. 此亦二義. 一感果華. 喩於萬行. 成佛果故. 或與果俱. 或不與俱. 俱如蓮華 表因果交徹故. 不俱如桃李. 不壞先因後果故. 二嚴身華 喩諸位功德. 必與位果俱故. 故下經[1]云. 若見華開. 當願衆生 神通等法 如華開敷. 若見樹華. 當願衆生 衆相如華 具三十二.

청 '불은 심오하고 미묘함〔화엄법계의 이치〕을 깨친 이를 말한다'는 것에 또한 두 뜻이 있다.

1. 깨우치는 주체인데 범어인 불타는 이쪽 말로 '각자'이다.

2. 깨쳐지는 것으로 '대방광'이다. 이는 심오하고 미묘한 경계가 되기에 '심오하고 미묘함을 깨친다'고 한 것이고, 사(斯)는 '이것'이니 이 위의 '대방광'이다. 만약 따로 설하면 위의 작용을 깨달음은 세속제를 깨닫는 것이고, 위의 본체를 깨침은 진제를 깨닫는 것이며, 위의 형상을 깨달음은 중도를 깨닫는 것이다. 삼제(三諦)가 서로 융합하여 세 가지를 깨달음에 걸림 없음을 '묘각'이라고 한다. '화는 많은 수행의 공덕을 비유한다'는 것에 또한 두 뜻이 있다.

1. 열매를 얻는 꽃이니 비유하면 많은 수행으로 불과를 이루는데 혹 과(果)와 함께 하거나 혹은 함께하지 않는다. 함께함은 연꽃과 같이 인〔꽃〕과 과〔열매〕가 서로 같이함을 나타내고, 함께하지 않음은 복숭아나 자두와 같아 먼저의 인과

뒤의 과〔따르는 순서〕를 무너뜨리지 못한다.

2. 몸을 장엄하는 꽃이니 비유하면 여러 지위의 공덕이 반드시 지위의 결실을 주기 때문이다. 그러므로 다음의 〔정행품〕 경문에, "꽃이 핀 것을 보거든 마땅히 중생의 신통 등의 법이 꽃과 같이 피기를 원할지어다. 꽃이 핀 나무를 볼 때에는 마땅히 중생의 여러 상호가 꽃과 같아져 32상을 갖추기를 원할지어다"라고 하였다.

1. 하경(下經) : → 간추린 경문 〈화엄경 제11 정행품, ㉐10권 71 上〉

【청량초 5】 嚴謂飾法成人者. 嚴亦二義 一以萬行 飾其本體. 即嚴上大方廣. 如瑩明鏡. 鏡雖本淨 非瑩不明. 二以萬行功德. 成佛果之人. 若琢玉成器. 又飾本體. 如鑄金成像. 以行成人. 如巧匠成像. 經乃注無竭之湧泉下. 唯經舉四義. 然亦唯二. 謂貫與攝. 涌泉即是所攝義味. 常乃通於上三. 一注無竭之湧泉者. 此言猶通諸教. 二貫玄凝之妙義. 以總就別. 別貫華嚴 玄妙義故. 凝謂凝湛. 嚴整之貌也. 三攝無邊之海會者. 即是攝義. 無邊海會 局在此經. 主伴大衆 揀餘衆故. 四作終古之常規者. 即是常義. 餘處釋云 常乃道軌百王. 今亦以通就別. 別屬此經. 法眼常全 無缺減故. 常恒之說 非隨宜故. 終古無忒 可得稱常.

㉛ '엄은 법을 장엄하여 사람을 이룬다'는 것은 '엄'에 또한 두 뜻이 있다.

1. 온갖 행으로써 그 본체를 꾸미니 곧 위의 대방광을 장엄하는 것이다. 닦아서 밝은 거울과 같으니 거울은 본래는 비록 깨끗하나 갈고 다듬지 않으면 밝지 못한 것이다.

2. 많은 행의 공덕으로써 불과를 이룬 사람이니, 옥을 다듬어 그릇을 만드는 것과 같다. 또 본체를 꾸밈은 마치 금을 주조하여 형상을 이룸과 같고, 행으로써 사람을 이룸은 마치 명장이 상(像)을 만드는 것과 같다.

'경은 마르지 않고 솟아나는 샘에서 흐르는 것'의 다음은 경에 네 가지 뜻을

들었지만 둘뿐이니 꿰고 거둠을 말한다. 용솟는 샘물은 거두어지는 뜻이요, 항
   상함은 위의 세 가지에 통한다.

1. '마르지 않고 용솟는 샘에서 흐름'은 그대로 모든 가르침에 통한다.

2. '오묘한 뜻을 꿰었다'는 것은 전체로써 개별에 나아가니 화엄의 심오하고 미묘
   한 뜻을 별도로 꿰기 때문이다. 응(凝)은 맑고 잠잠함을 말하니 매우 〔질서〕
   정연한 모습이다.

3. '끝없이 바다 같은 대중을 거둔다'는 것은 섭렵의 뜻이다. 끝없는 바다와 같은
   대중은 이 경에 국한되니 주도자와 동반 대중이 나머지 대중과 구별되기 때문
   이다.

4. '영구히 변하지 않는 본보기를 짓는다'는 것은 항상하다는 뜻인데 다른 곳〔법화
   소서〕에서는 풀이하여, "항상함은 많은 임금들의 법도다"라고 하니 지금 또한
   통하는 것으로써 별개에 나아가면, 별개는 이 경에 속한다. 법안(法眼)이 늘
   온전하여 결함이 없으며, 영구한 말씀은 편의에 맞추지 않고 길이 어긋남이
   없기에 항상하다고 할 수 있다.

【통현론】大者無方義. 方者法則義. 廣者理智[1]遍周義. 佛者智體 無依住義. 智自在
義. 華者遍法界 無盡行義. 以行能開敷 自他果故. 華是感果義. 開敷義. 嚴是莊飾義.
明初發心住位. 以十信中 有作行華. 開敷十住位中 妙理智慧果故. 復生無作 十種行
華. 常以法行互嚴. 用淨自利 利他之道故. 行爲嚴飾義.

통 '대'는 무제한의 뜻이고, '방'은 법칙의 뜻이며, '광'은 이지(理智)가 두루한 뜻이
다. '불'은 지혜의 본체가 의지해 머묾이 없으며 지혜가 자재한 뜻이다. '화'는 법계에
두루하여 다함없는 행의 뜻이니, 행으로써 자타의 결실을 열기 때문에 꽃이 열매를
얻거나 열리게 하는 뜻이다. '엄'은 장엄의 뜻인데 초발심주 지위의 십신에서 지음이
있는 행의 꽃으로써 십주 지위의 묘한 이치와 지혜의 과를 열리게 하고, 다시 지음이
없는 열 가지 행의 꽃을 내어 항상 법과 행으로써 서로 장엄하고 자리와 이타의 도를
깨끗이 하기 때문에 행이 장엄의 뜻이 됨을 밝히고 있다.

【주】————————————

1. 이지(理智) : 청량소에서는 지혜가 진여에 그윽히 부합함〔智與理冥, 智契於理〕
으로 표현했다.〈⑪ 41권 35, 46, 127〉

【수현기】大謂體相用 莫過故也. 謂平等不增減體. 具足性功德相. 生世出世 善因果
用故. 方者理正非邪 廣者法門 理敎具德 盡其邊也. 佛者覺也. 此通十佛[1] 及三身佛.
華有二種. 一集果華 不與果俱. 如生死爲道具等 乃至因位善根等也. 二莊果華 與果同
時. 如七淨華[2]等 及滿果位諸德. 修生本有[3] 互嚴可知. 嚴者莊飾也. 又言大者 標以勝
極之都目. 故論云. 大勝高廣 一體而異名 乘旨道富. 參羅無外. 謂之大本. 非局然矣.
言方者圓通之致. 處無不善 觸緣斯順. 不擇物而施. 故曰方. 言廣者 沖而幽 微而遠 淵
而且博. 謂之廣也. 言佛者中國 正音云佛陀. 此方稱覺者. 以其朗遠窮源. 塵習永亡.
懷明獨曜. 暉光大夜. 啓導群惑. 自覺覺人 故曰佛陀. 言華嚴者. 此況法身 行德之美
故. 體非眞無 以彰其妙. 功非極無 以顯其勝. 互相瑩發 義並超殊. 可謂自體 圓通勝妙
之極然矣. 其猶衆綵 奇珍纖飾金顔. 特甚環麗 世之無比. 故就斯喩標名. 故曰華嚴. 經
者眞淨之敎. 訓議常則. 文詮理緯. 顯用行心. 故曰經也.

㊜ '대'는 본체·형상·작용을 넘지 않으니 이른바 평등하여 증감치 않는 본체,
성품의 공덕을 갖춘 형상, 세간과 출세간의 좋은 인과를 낳는 작용이다.

'방'은 이치가 바르고 삿되지 않으며, '광'은 법문의 이교(理敎)와 덕을 갖춤이 그
끝을 다한 것이다. '불'은 깨달음이니, 여기서는 십불(十佛)과 삼신불(三身佛)에 통
한다.

'화'는 두 종류가 있으니 첫째는 열매를 만들어 내는 꽃으로 열매와 함께하지 않는
데 마치 생사가 도구가 되는 등 내지는 인행 지위의 선근 등과 같다. 둘째는 열매를
장엄하는 꽃으로 열매와 동시인데 마치 칠정화(七淨華) 등과 만과위(滿果位)의 온
갖 덕과 같으니 수생(修生)과 본유(本有)가 서로 장엄함을 알 수 있다. '엄'은 장엄하
는 것이다.

또 '대'는 지극히 수승한 것을 전부 지목하여 표한 것이기에 〔십지경〕논 〔제1권〕에

서, "크다, 수승하다, 높다, 넓다는 것은 동일한 본체지만 이름이 다른 것이니 〔법의 모습인 뜻이며, 일체의 법은 법이 그러하기 때문이다〕"라고 하였다. 법의 의의가 풍부한 것이고, 밖이 없이 나열함이 대(大)의 근본이니 국한되지 않는다.

'방'은 원만히 통하는 이치가 처함에 좋지 않음이 없고 반연에 부딪힘에 순응해서 중생을 가리지 않고 베풀기 때문에 '방'이라고 했다. '광'은 비었으나 그윽하고, 미세하나 고원하며, 깊고도 넓기에 광이라고 하는 것이다.

'불'은 중국의 정식 음으로는 '불타'인데 중국말로 '깨달은 사람'이다. 궁극의 근원을 통달하고 세속의 습기를 길이 없애 밝음을 품어 홀로 빛나며, 빛나는 광명이 캄캄한 밤을 밝히고 많은 미혹을 계도하여 나와 남을 깨치게 하기에 '불타'라고 한다.

'화엄'은 이것이 법신 행덕의 아름다움을 비유하는데 본체가 진실로 없는 것은 아니니 그 묘함을 드러내고, 공은 극히 없는 것이 아니어서 그 수승함을 나타낸다. 서로서로 밝게 발함으로써 뜻이 모두 탁월하여 자체가 원만히 통하고 뛰어남의 극치라고 할 수 있다. 그것은 마치 여러 채색의 기이한 보배가 여래의 얼굴을 섬세하게 장식해서 매우 수려함이 세상에 비할 것이 없음과 같다. 그러므로 이런 비유에 나아가서 이름을 표해 화엄이라고 한 것이다.

'경'은 진실되고 청정한 가르침과 항상한 본보기를 가르치고 논의하는 것이니, 글이 다스리는 이치를 말해서 마음을 지어감을 나타내기 때문에 경이라고 한 것이다.

【주】

1. 십불(十佛) : ① 해경십불(解境十佛), 보살이 참된 지혜로써 관할 때는 법계가 다 부처님이다. 중생신·국토신·업보신·성문신·벽지불신·보살신·여래신·지신·법신·허공신 등이다. ② 행경십불(行境十佛), 수행을 완성한 뒤 얻은 부처님 경계이다. 정각불·원불·업보불·주지불·화불·법계불·심불·삼매불·성(性)불·여의불 등이다. ㉫

2. 칠정화(七淨華) : 일곱 가지의 청정한 덕을 꽃에 비유했다. ① 계정(戒淨), 몸과 입으로 지은 것이 미세한 악도 없는 것이다. ② 심정(心淨), 삼승의 번뇌를 조복한 마음이다. ③ 견정(見淨), 법의 참된 성품을 보아 망상이 일어나지 않는 것이다. ④ 단의정(斷疑淨), 견도에 들어가 의혹을 끊는 것이다. ⑤ 분별도정(分別道淨), 수도에 들어가 시비를 잘 분별하니 도에 합당하면 마땅히 행하고 도가 아니

면 응당 버린다. ⑥ 행단지견정(行斷知見淨), 이미 사혹을 끊어서 지혜의 행이
청정한 것이다. ⑦ 열반정(涅槃淨), 번뇌를 끊어서 배울 것이 없고 지견이 청정하
여 열반의 과를 증득하는 것이다. ⑱ (유마경 중권 불도품)

   3. 수생본유(修生本有) : 수생은 수행이나 후천적으로 얻는 것이고, 본유는 본래부
      터 갖추어 있는 것이다.

【탐현기】 大以包含爲義. 方以軌範爲功. 廣卽體極用周. 佛乃果圓覺滿. 華譬開敷萬
行. 嚴喩飾玆本體. 經則貫穿縫綴. 能詮之教著焉. 從法就人寄喩爲目. 故云大方廣佛
華嚴經.

[탐] '대'는 포함하는 것으로써 뜻을 삼으며, '방'은 법도로써 기능을 삼고, '광'은 본
체와 걸맞게 작용이 두루한 것이다. '불'은 불과가 원만하고 깨달음이 가득한 것이요,
'화'는 만행을 꽃피움에 비유하고, '엄'은 본체를 장엄함에 비유한다. '경'은 꿰뚫고
기워서 능히 전하는 가르침이 드러난 것이다. 법을 따르고 사람에 나아가고 비유에
의해 제목을 삼아 '대방광불화엄경'이라고 했다.

II. 화엄경을 설하는 열 가지 원인과 조건 [因 · 緣]

【청량소[1]】 夫聖人設教 必有由致. 若須彌巨海 大因方爲搖動. 今搖如來 融金之德山
動深廣之智海 非小緣矣. 故下經[2]云. 非以一緣 非以一事 如來出現 而得成就. 出現[3]本
爲大華嚴故. 先因後緣 各開十義 以顯無盡. 因十義者. 一法應爾故. 二酬宿因故. 三順
機感故. 四爲教本故. 五顯果德故. 六彰地位故. 七說勝行故. 八示眞法故. 九開因性
故. 十利今後故. 因上十義 故此教興. 發心品[4]中 有十所因. 彼云. 以佛神力故 世尊本
願力故等. 因緣相參. 對會因緣 可以意得. 明說經緣者 一切經首. 說時方人等[5]. 皆是
緣起. 今有十緣. 一依時. 二依處. 三依主. 四依三昧. 五依現相. 六依說者. 七依聽者.
八依德本. 九依請者. 十依加[6]者.

[청] 부처님께서 가르침을 베푸심에는 반드시 연유가 있다. 마치 수미산과 대해가 큰 인연으로 비로소 요동하듯이, 지금 여래께서 금덩이와 같은 덕의 산을 움직이고 깊고 넓은 지혜의 바다를 흔드는 것이 작은 인연이 아니다. 그러므로 다음의 〔여래출현품〕 경문에, "한 가지 인연이나 일로써 여래께서 출현하여 이루심이 아니고, 〔십무량 백천 아승지 일로써 성취하신다〕"라고 하니 출현은 본래 대 화엄을 위한 것이다.

먼저는 직접적인 원인〔因〕이요, 다음은 간접적인 조건〔緣〕인데 각각 열 가지 뜻을 열어 다함이 없음을 나타내고자 한다.

1. 〔화엄경을 설하는〕 열 가지 원인

(1) 법이 당연히 그러한 〔드러날 인연이 있기〕 때문이다.

(2) 원력〔宿因〕에 부응하기 위함이다.

(3) 중생의 소질에 맞추어 감응하기 위함이다.

(4) 불교의 근본이 되기 때문이다.

(5) 불과의 덕(德)을 나타내기 때문이다.

(6) 〔부처님 자리에 오르는〕 수행의 지위를 나타내기 때문이다.

(7) 수승한 행을 설하기 위함이다.

(8) 진실한 법을 보이기 위함이다.

(9) 인성(因性)〔불성〕을 열어 보이기 위함이다.

(10) 금후〔중생〕를 이익 되게 하기 위함이다.

위의 열 가지 뜻으로 인하여 이 가르침 〔화엄경〕이 시작된 것이다. 초발심공덕품에 열 가지 원인이 있으니 저에는, "〔설법하는 이는 같은 법혜이니〕 부처님의 위신력인 때문이며, 세존의 본래 원력인 때문 ……"이라고 하였다. 인과 연이 서로 어울린 것이니 인과 연을 대하여 회통하면 쉽게 뜻을 알 수 있다.

경을 설하는 연을 밝힘은 모든 경의 머리에 때와 장소와 설법자 등〔六成就〕을 말한 것이 모두가 〔경이 일어난〕 연기이다.

지금 열 가지 연이 있다.

2. 〔화엄경을 설하는 열 가지 부수적 조건〕

(1) 때에 의한다.

(2) 장소에 의한다.

(3) 교주에 의한다.

(4) 삼매에 의한다.

(5) 현상에 의한다.

(6) 설법자에 의한다.

(7) 〔법문을〕 듣는 이에 의한다.

(8) 선근〔德本〕에 의한다.

(9) 〔가르침을〕 청하는 이에 의한다.

(10) 가피하는 이에 의한다.

【주】────────────────

1. 청량소 : 현담(玄談) Ⅲ. 개장석문(開章釋文) 중 제1. 교기인연(敎起因緣) 〈綱
   7권 615 下〉

2. 하경(下經) : 보현 보살이 여래성기묘덕(如來性起妙德)과 여러 보살 대중에게
   여래가 출현하는 법에 대해 답한 내용이다. (~ 以十無量百千阿僧祇事 而得成就)
   〈화엄경 제37 여래출현품, ⊗10권 263 上〉

3. 출현(出現) : 또한 법화경에 "일대사인연으로 세간에 나오셨다"고 함은 부처님의
   지견(知見)을 열어 보여 깨쳐 들게 하시니 중생은 〔불성을〕 평등하게 갖고 있기
   때문에 오직 하나〔一大事因緣〕라고 말한 것이다.(亦如法華經云 唯以一大事因緣
   故 出現於世 所謂開示悟入佛之知見 衆生等有 故言唯一)〈법화경 제2 방편품,
   ⊗9권 7 上. 玄談, 綱5권 713 上〉

4. 발심품(發心品) : → 간추린 경문 〈초발심공덕품, ⊗10권 92 上〉

5. 설시방인등(說時方人等) : 모든 경전의 머리에 '여시아문(如是我聞)' 등의 말씀
   이 육성취를 이룬 것이다. ⊛

6. 의가(依加) : 가피하는 이에 의한다는 것은 무릇 부처님은 항상 응하지 않고,
   지극한 정성에 응하시니 마음이 지극하여야 부처님의 가피를 얻는다. (依能加者
   夫聖無常應 應於克誠 心冥至極 故得佛加)〈玄談, 綱5권 727 下〉

Ⅲ. 화엄경의 주제와 취지

【청량소】一切諸經 各自有宗[1] 今此別明此經宗趣. 然楞伽[2]云 一切法不生 不應立是宗者. 斯言遣滯. 若無宗之宗 則宗說兼暢[3]. 略以二門分別. 先敍異解. 後申今義. 前中略擧十說 一衍法師 以無障碍法界爲宗. 二裕法師 以甚深法界心境爲宗. 謂法界門中義分爲境 諸佛證之 以成淨土. 法界卽是一心 諸佛證之 以成法身. 是故初品[4]中云. 無盡平等妙法界 皆悉充滿如來身. 末後明入法界品. 故知唯以法界爲宗.

[청] 모든 경이 각자의 종이 있으니, 지금 여기서는 별도로 이 경의 종취를 밝힌다. 능가아발다라보경(楞伽阿跋多羅寶經)〔제3권〕에, "일체 법이 생함이 없기에 응당 종을 세우지 않는다"고 했는데 이 말은 막힌 것을 푸는 것이다. 만약 종 없는 가운데 종이라면 종통과 설통을 겸하여 편다. 간략히 두 부문으로 분별하니 먼저 다른 견해들을 나타내고, 뒤에 지금의 뜻을 펴겠다. 먼저로는 간략히 열 가지 설을 드니 첫째, 연(衍) 법사는 막힘 없는 법계로 종을 삼았다. 둘째, 유(裕) 법사는 매우 깊은 법계의 심·경(心境)으로 종을 삼았는데 이르자면 법계문 가운데 뜻을 나누어 경계를 삼았으니 모든 부처님께서 이를 증득하신 것으로 정토를 이루고, 법계가 바로 일심이니 일체 부처님께서 증득하신 것으로 법신을 이루었다. 이 때문에 초품에, "다함없이 평등하고 묘한 법계에 다 여래의 몸이 충만하시네"라고 했고, 마지막에 입법계품을 밝혔으니 오직 법계로써 종을 삼았음을 알 것이다.

【주】 ─────────────

1. 각자유종(各自有宗) : 법화경은 일승(一乘)으로 종을 삼고, 열반경은 불성상주(佛性常住) 등으로 종을 삼았다. 〈鈔, ⊕ 6권 112〉
2. 능가(楞伽) : 〈능가아발다라보경(楞伽阿跋多羅寶經) 3권 ㊐16권 502 上〉
3. 종설겸창(宗說兼暢) : 종통은 자기가 수행한 것이요, 설통은 깨닫지 못한 중생에게 현시하는 것이라고 했다. 또 옛사람이, "종은 통하고 설이 통하지 못함은 해가 구름에 가리운 것과 같고, 종과 설이 통함은 해가 허공에 있는 것과 같다"고 했다.

이미 종과 설이 통하니 종(宗)이 없는 것이 아니다. 바로 종이 없는 가운데 종이니, 세우되 세우지 않음이 종과 설을 겸해서 드러내는 것이요, 해가 바로 허공에 있는 것이다. (宗通說不通 如日被雲矇 宗通說亦通 如日處虛空 旣有二通則非無宗矣 是爲無宗之宗 立而無立 爲宗說兼暢 是日處空耳)〈鈔, ⊞ 6권 112〉

4. 초품(初品) : 구역 세간정안품 중 선광해대자재천왕(善光海大自在天王)의 게송이다. 하반은, "취함도 없고 생멸도 없이 아주 적멸하나 일체를 구하기 위해 나타나셨네"라고 하였다. (無取無起永寂滅 爲一切歸故出世) → 제1 세주묘엄품의 간추린 경문 참조.〈鈔, ⊞6권 114. 세간정안품, ⊛ 9권 397 中〉

【청량소 2】 三有說以緣起爲宗. 法界緣起 相卽入故. 四有云以唯識爲宗. 經說[1]三界唯一心現. 心如工畫師[2]故. 五敏印二師 同以因果爲宗. 謂此經 廣明菩薩 行位之因 及顯所成果德. 下文不離此故. 六遠法師 以華嚴三昧爲宗. 謂因行之華 能嚴佛果故. 七笈多三藏 以四十二賢聖觀行[3]爲宗. 說其行位 令成觀故. 八有說言 以海印三昧爲宗. 逆順[4]理事 乃至帝網 如海波澄 一時現故. 九光統律師 以因果理實爲宗. 以因果是所成行位 理實是所依法界故. 十賢首以前各互闕故 總以因果緣起理實法界以爲宗趣. 謂前之二師 但得所依法界. 三四二師 但明緣起. 五六唯明因果. 七唯因修. 八唯果用. **並**皆互闕. 故賢首 意取光統 而加緣起法界之言. 由光律師 以因果卽緣起 理實卽法界 故不開之. 賢首以因果 是緣起中別義 理實是法界中別義 故加總名. 以法界有事理 及無礙故. 緣起體上之用故. 所以加之.

[청] 셋째, 누군가 연기로 종을 삼는다고 설했는데, 법계와 연기가 상즉상입하는 연고다. 넷째, 어떤 이는 유식으로 종을 삼는다고 하니 경문〔십지품〕에서, "삼계는 오직 일심에서 나타난 것이다"고 하고, 〔야마궁중게찬품〕에서, "마음은 교묘한 화가와 같다"고 한 것이다. 다섯째, 민(敏)과 인(印) 두 법사는 같이 인과로써 종을 삼았는데, 말하자면 이 경이 보살 행위의 인행임을 널리 밝히고 이루어진 과덕을 나타내니 다음 경문은 이를 떠나지 않는다. 여섯째, 원(遠) 법사는 화엄 삼매로 종을 삼았으니 말하자면 인행의 꽃이 능히 불과를 장엄하는 것이다. 일곱째, 급다 삼장은 사십이 현성의 관행으로 종을 삼았으니 수행의 지위를 설하여 관을 이루게 했다. 여덟째,

누군가 설하되 해인 삼매로 종을 삼는다 하니 역순(逆順)의 이사(理事)와 내지 제석망이 바다의 파도가 맑고 잔잔하면 일시에 나타남과 같다. 아홉째, 광통 율사는 인과와 이실(理實)로 종을 삼았으니 인과는 이루어지는 수행의 지위요, 이실은 의지되는 법계이다.

열째, 현수는 앞에 것들이 각각 서로 부족하다고 하여 인과·연기·이실·법계 전부로 종취를 삼았다. 말하자면 앞의〔衍·裕〕두 스승은 다만 의지되는 법계를 취했고, 셋째와 넷째의 두 스님은 다만 연기를 밝혔다. 다섯째와 여섯째는 오직 인과를 밝히고, 일곱째는 오직 인을 닦으며, 여덟째는 오직 과의 덕용이니 서로 모두 부족했던 것이다. 그러므로 현수가 광통 율사의 뜻을 취하되 연기와 법계의 말을 추가했다. 광통 율사는 인과가 바로 연기고, 이실이 바로 법계라 함을 말미암아 이를 나누지 않았지만 현수는 인과가 연기 가운데 별도의 뜻이요, 이실(理實)은 법계 가운데 다른 뜻이라 하여 전체 이름을 더한 것이다. 이는 법계에 사리(事理)가 있고, 걸림 없기 때문이며, 연기는 본체상의 작용이기에 이를 추가한 것이다.

【주】————————————————

1. 경설(經説) : 제26 십지품〔제6 현전지〕의 간추린 경문 참조.〈⑧ 10권 194 上〉
2. 심여공화사(心如工畵師) : 제20 야마궁중게찬품〔각림 보살〕의 간추린 경문 참조.〈⑧ 10권 102 上〉
3. 사십이현성관행(四十二賢聖觀行) : 삼현·십지와 등각·묘각지인 42 성현의 관심수행(觀心修行)을 말한다. ⑲〈보살영락본업경(菩薩瓔珞本業經) 상권(上卷) 현성명자품(賢聖名字品), ⑧ 24권, 1011 中〉
4. 역순(逆順) : 역(逆)은 수행해서 불성에 올라가는 것이고, 순(順)은 중생으로 흘러나오는 것이다.

【청량소 3】 二申今解者 依後二師 而頗爲改易. 若取言略攝盡 應言法界緣起不思議 爲宗. 若取言具[1] 於第十師 加不思議. 此則攝一總題. 理實卽大方. 緣起卽方廣. 法界 總該前二. 因果卽佛華嚴. 觀其總題 已知別義. 而法界等言 諸經容有. 未顯特異 故以 不思議貫之. 則法界等 皆不思議. 故爲經宗. 所以龍樹指此 爲大不思議經. 斯良證也.

 둘째로 지금의 견해를 편다는 것은 뒤의 두 스승을 의지하면서 자못 고치니 만약 다 거두어 간략히 말하면 응당 법계·연기·부사의로 종을 삼는다고 할 것이요, 혹 갖추어 말하면 열째의 스승에 '부사의'를 더한다. 이는 즉 총제목〔대방광불화엄경〕을 거두는 것인데, 이실은 곧 '대방'이요, 연기는 바로 '방광'이다. 법계는 앞의 둘을 다 갖춘 것이요, 인과는 바로 '불화엄'이다. 그 총제목을 관함에 이미 개별적 뜻은 알 것이다. 법계 등의 말은 여러 경에도 혹 있거니와, 특이함을 나타내지 않기에 부사의로써 이를 꿰니 법계 등이 다 부사의다. 그러므로 경의 종이 된다. 이 때문에 용수가 이를 가리켜서 '대부사의경'이라 했으니 이를 진실로 증득한 것이다.

【주】 ────────────────

1. 언구(言具) : 자세히 설하자면 '부사의'가 빠졌는데 앞의 뜻을 취하면 응당 인과연기이실법계부사의(因果緣起理實法界不思議)로써 종을 삼고, 순서를 취하면 응당 법계이실연기인과부사의(法界理實緣起因果不思議)로 종을 삼아야 할 것이다.
   〈⊕ 6권 115〉

【통현론】 此經名毗盧遮那大智法界. 本眞自體 寂用圓滿. 果德法報 性相無礙. 佛自所乘爲宗. 如法華經[1]云. 乘此寶乘 直至道場. 又此經[2]云. 有樂求佛果者. 說最勝乘 上乘無上乘 不思議乘等. 是還令初發心者 爲志樂廣大故. 還得如是 如來大智之果. 與自智合一無二故. 此經宗趣 甚深難信. 若有信者. 勝過承事十佛刹 微塵數諸佛. 盡於一劫 所得功德. 不如信此經中 如來大智境界 佛果法界門 而自有之. 信此福勝彼. 如賢首品 下文頌云. 有以手擎十佛刹. 盡於一劫空中住. 彼之所作未爲難. 能信此法甚難. 十刹塵數衆生所. 悉施樂具經一劫. 彼之福德未爲勝. 信此法者爲最勝. 十刹塵數如來所. 悉皆承事盡一劫. 若於此品能誦持. 其福最勝過於彼. 又前頌云. 一切世界諸群生. 少有欲求聲聞乘. 求獨覺者轉復少. 趣大乘者甚希有. 趣大乘者猶爲易. 能信此法倍甚難. 爲明此經宗趣 甚深難信.

 이 경을 '비로자나대지혜의 법계'라고도 이름하는데 진여 자체의 적용이 원만하고, 과덕인 법보의 본체와 현상〔性相〕이 걸림 없는 부처님께서 스스로 타시는 것으로 주제를 삼는다. 법화경 〔제3 비유품〕에, "〔여러 보살과 성문 대중 등이〕 이 보배 수레를 타면 바로 도량에 이른다"고 했고, 또 이 〔여래출현품〕 경문에는, "불과를 쾌히 구하는 자에게 가장 수승한 수레·높은 수레·위없는 수레·부사의한 수레 등을 설한다"고 하니 이는 도리어 초발심자로 하여금 뜻을 크게 하여 이같은 여래대지혜의 과가 자기의 지혜와 둘이 없이 합일함을 얻게 하기 위한 것이다.

이 경의 주제와 취지는 매우 깊어 믿기 어려운데 만일 누군가 믿으면, 십 불국토의 미세한 먼지 수만큼 많은 모든 부처님을 받들어 모시길 일 겁이 다 지내도록 하여 얻은 공덕보다 빼어나다. 〔시중드는 공덕이〕 이 경 가운데 여래의 대지혜의 경계인 불과의 법계문이 저절로 있음을 믿음만 못하니 이를 믿는 복이 저보다 수승한 것이다.

저 현수품의 다음 경문 게송에는 "손으로 십 불국토를 떠받치고서 일 겁이 다하도록 공중에 머물더라도 그런 것은 어려운 것이 아니요, 이 법을 믿는 것이 더욱 어렵다. 십 세계의 먼지 수 같은 중생의 처소에 생필품〔樂具〕을 보시해 일 겁이 지나더라도 저의 복덕이 뛰어나지는 않고 이 법을 믿는 것이 가장 수승하다. 십 세계의 먼지 수 같은 여래의 처소에서 일 겁 동안 다 시중 들어도 만일 이 품을 잘 지송하면 그 복이 최고로 수승하여 저보다 훨씬 낮다"고 하였다. 또 〔같은 현수품〕 그 앞의 게송에, "모든 세계의 많은 중생이 성문승을 구하고자 하는 이는 적으며, 독각을 구하는 이는 더더욱 적고, 대승에 향해 나아가는 이는 매우 희귀하다. 대승을 향해 나아가는 것이 오히려 쉬운 것이나, 이런 법을 믿음이 곱절이 심히 어렵다"고 하니, 이 경의 주제와 취지가 너무 깊어 믿기 어려움을 밝힌 것이다.

【주】────────────

　　1. 여법화경(如法華經) : 〈법화경 제3 비유품, Ⓣ 9권, 15 上〉
　　2. 우차경(又此經) : 〈화엄경 제37 여래출현품, Ⓣ 10권, 268 下〉

　【통현론 2】 修空觀者. 息妄修禪 垢淨情存. 聲聞獨覺 六通菩薩 未迴心者 無如是分 如經下文[1]云. 設有菩薩 經無量百千 那由他劫 行六波羅蜜 得六神通. 猶名假名菩薩 不

眞菩薩. 設聞此經 不信不入. 如法華經[2]. 亦是爲迴三乘人 令歸一乘故. 迴彼門外三車 權引諸子. 令歸如來 大智法界 眞實門故. 破彼几案 所依法故. 令得如來 無依住智 本自在故. 華嚴經卽是始成正覺時 頓爲上根者說. 法華經卽是 佛出世後. 四十年中. 爲 迴三乘者說. 又佛乘三乘 一時總說. 但隨根自應. 一音法門 各有差別. 總別義生. 爲眞 體無時 無可作前後故.

⑧ 공관(空觀)을 닦는 자가 망령된 생각을 쉬고 참선 수행을 하면서도 더럽다거나 깨끗하다는 사량 분별이 여전히 있거나, 성문과 독각과 육통 보살(六通菩薩)이 마음을 돌리지 못한 자는 이 같은 분수가 없다. 다음 〔여래출현품〕 경문에, "설사 어떤 보살이 한량없는 백 천 나유타겁을 지나도록 육바라밀을 행하고 육신통을 얻었더라도 만약 이 경을 듣고 믿지 못하고 들어가지 못한다면 여전히 가명 보살이라고 하지 참된 보살이라 하지 못한다"고 했다.

법화경도 또한 이 삼승인을 되돌려 일승에 돌아가게 하니, 문 밖의 세 수레를 되돌려 방편으로 여러 자식을 이끌어 여래의 대지혜의 법계인 진실한 문에 돌아가게 했는데 저 문자에 의지하는 법을 깨뜨림으로써 여래의 의지하거나 머무름 없는 지혜가 본래 자재함을 얻게 한 것이다.

화엄경은 처음 정각을 이루신 때에 단번에 상근기를 위해 설하신 것이요, 법화경은 부처님께서 세간에 나오신 뒤 40년 동안의 삼승인을 돌이키기 위해 설하신 것이다. 또 불승과 삼승을 한때에 다같이 설하신 것이나, 다만 소질에 맞춰 스스로 응하신 때문에 동일한 말씀의 법문이 각기 차별이 있어서 전체와 개별의 뜻이 생긴 것이요, 참된 모습은 때가 없기에 앞뒤로 나눌 수 없는 것이다.

【주】 ————————————

1. 하문(下文) : → 여래출현품의 간추린 경문 참조. 〈화엄경 제37 여래출현품, ㊤ 10권, 277 下〉
2. 법화경(法華經) : "사리불이여, 저 장자가 처음 세 수레로써 여러 자식들을 유인한 연후에, 다만 보물로 장엄하고 편안하기 제일인 큰 수레만을 주었다. 이 장자가 허물이 없는 것과 같이 여래 또한 이와 같이 허망함이 없다. 처음에 삼승을

설하여 중생을 인도한 연후에 다만 대승으로써 구하게 했으니 무슨 까닭인가?
여래는 한량없는 지혜와 힘과 두려움 없는 온갖 법의 창고가 있어서 여러 중생에
게 대승법을 주셨건만, 다만 잘 받지 못했다. 사리불은 이런 인연으로써 응당 모
든 부처님께서 방편력으로 일불승에 삼승으로 분별 연설하신 것을 알 것이다"고
하였다.(舍利弗 如彼長者 初以三車 誘引諸子然後 但與大車 …… 當知諸佛 方便
力故 於一佛乘 分別說三)〈제3 비유품, ㊅ 9권, 13 下〉

【통현론 3】 如法華經[1]云. 十方佛土中. 唯有一乘法. 無二亦無三. 除佛方便說. 但
以假名字. 引導於衆生. 又云. 唯此一事實. 餘二卽非眞. 餘二者. 但以十方諸佛共所乘
門爲實. 三乘爲餘二. 但權施未眞者是餘二. 故以一實對諸權. 皆是餘二. 爲法華經 責
聲聞緣覺 不退菩薩三乘等. 皆未能信一乘法故. 爲權敎菩薩 雖有一分 求菩提之心 猶
有怖生死故. 得離染不退. 未得稱眞 染淨平等不退. 如修空觀菩薩. 樂空增勝. 及假眞
如觀 一向離纏. 皆有欣厭. 及樂生淨土等. 諸菩薩衆 皆能離生死. 出纏不退 不入法界
性海一眞 無欣厭門故. 望此佛乘 樂生死者. 及厭生死者. 二俱是退. 設觀空增勝 修假
眞如門. 行六波羅蜜 得六神通. 是離生死不退. 非是生死涅槃 一性中不退故.

⑤ 법화경에, "시방의 불국토에는 오직 일승법만 있지 이승이나 삼승은 없는데
부처님의 방편설은 제외하니 다만 가명으로써 중생을 인도하신 것이다"고 하였다.
또 "오직 하나의 일만이 진실하지 다른 둘은 참되지 않다"고 하였다. 다른 둘이란,
다만 시방의 모든 부처님께서 동승하시는 문으로써 진실을 삼는데 삼승이 다른 둘이
되고, 다만 방편으로 베풀어 참되지 않은 것이 다른 둘이니 하나의 진실로써 온갖
방편에 대하면 모두가 다른 둘이다. 그래서 법화경에는 성문·연각·불퇴전 보살의
삼승 등이 다 일승법을 믿지 못함을 꾸짖은 것이다. 권교 보살은 비록 깨달음을 구하
는 마음이 한 푼이라도 있지만 여전히 생사를 두려워하기 때문에 더러움을 떠난 불퇴
전을 얻었을 뿐 진실에 걸맞게 더럽고 깨끗함이 평등한 불퇴전을 얻지 못했다.
또 공 도리를 깨치고자 하는 보살은 공을 좋아함이 더하고 가진여관으로 한결같이
얽매임을 벗어나기에 모두 좋거나 싫어함이 있다. 정토에 나기를 즐기는 모든 보살
대중은 다 생사를 떠나고 얽매임에서 벗어나는 불퇴전이지만 법계의 본성이 절대

진리인 좋고 싫음이 없는 문에는 들어가지 못한다. 이 불승에 비교하면 생사를 좋아하는 자나 싫어하는 자 둘 모두 퇴전하니, 설사 공을 관함이 더하고 가진여문을 닦아서 육바라밀을 행해, 육신통을 얻더라도 이는 생사를 떠난 불퇴전이지, 생사와 열반이 동일한 성품의 불퇴전은 아니다.

【주】 ─────────

  1. 법화경(法華經) : "……부처님의 지혜를 설하기 위해 모든 부처님께서 세상에 출현하셨네. 오직 한 가지 일만이 진실이고 나머지 둘은 참됨이 아니니 소승으로서는 끝끝내 중생을 제도할 수 없다"고 했다. (……說佛智慧故 諸佛出於世 唯此一事實 餘二則非眞 終不以小乘 濟度於衆生)〈제2 방편품, ㊛ 9권, 8 上〉

【통현론 4】 以是義故. 華嚴及法華經. 得六神通菩薩 不聞不信 此經典故. 如法華經云. 若持八萬四千法藏 十二部經. 爲人演說. 得六神通. 亦未爲難. 暫讀此經 是則爲難. 唯此智境界 違情所解 故甚難信也. 三乘信解 順情所欣. 何以故. 說佛果卽在三僧祇之後. 佛淨土在於他方 此娑婆是穢土. 修菩提者 厭垢欣眞 樂生淨國. 設有住世菩薩. 亦言留惑潤生. 爲濟衆生故. 非由法爾 根本智自在力 合如斯故. 如是菩薩 皆是順情之法 法易信故 非如此經 說入佛果 不逾刹那 但隔迷悟. 說無量劫 總不移一時故. 說從凡夫地 創見道時. 因果一時 無前後際. 不見未成佛時. 不見成正覺時. 不見煩惱斷. 不見菩提證. 畢竟不移毫念. 修習五十位. 滿一切種智 悉皆成就. 總別同異成壞[1] 一時自在. 皆非世情所見故. 是故難信也.

⬚ 이 때문에 화엄경과 법화경에서는 "육신통을 얻은 보살이라도 이 경전을 듣지도 믿지도 못한다"고 설한 것이며, 법화경에서는 "만약 팔만사천 법장의 십이부경을 지송하여 남을 위해 연설하거나, 육신통을 얻음이 또한 어렵지 않으나 잠시라도 이 경을 읽는 것이 더 어렵다"고 하니, 오직 이 지혜의 경계는 사량분별로 알 것이 아니기 때문에 심히 믿기 어려운데, 삼승의 믿고 앎은 사량분별의 기뻐함을 따른다. 왜냐하면 불과가 삼아승지 뒤에나 있다고 설하며 부처님의 정토가 타방에 있고 이 사바는 예토라 하니, 보리를 닦는 자가 더러움을 싫어하고 참됨을 좋아해서 정토에 나기를

즐기기 때문이다.

설사 세상에 머무는 보살이 미혹에 머물러 중생을 윤택케 한다고 말해도 이는 중생을 건지기 위한 것이지, 으레 근본지의 자재력이 이 같음에 합당함을 말미암는 것은 아니다. 이러한 보살은 다 사량분별을 따르는 법이라서 법을 쉽게 믿으나 이 경에 설한 "불과에 들어감은 찰나에 지나지 않되, 다만 어리석음과 깨달음이 현격하기에 한량없는 겁에 설한 것이지 전체적으론 한때도 옮기지 않는다. 따라서 범부지에서 처음 깨달을 때로부터 인과가 한때여서 먼저와 나중이 없기 때문에 성불하지 못한 때거나 정각을 이루었다는 때를 보지 못하고 번뇌를 끊었다거나 보리를 깨달음도 보지 못한다. 결국에는 털끝만큼의 생각도 옮기지 않으면서 오십 지위를 익숙히 수행하여 온갖 것을 아는 지혜를 모두 원만히 성취한다"는 것만 같지 못하다. 총(總)·별(別)·동(同)·이(異)·성(成)·괴(壞)〔六相〕가 일시에 자재하여 다 세인의 견해로 볼 것이 아니기 때문에 믿기 어려운 것이다.

【주】 ────────────────

　　1. 총별동리성괴(總別同異成壞) : 만유의 모든 법에 낱낱이 있는 육상을 말한다.
　　　→ 부록(六相) 참조.

【통현론 5】 其所信者. 如經下文 十信之位. 金色世界 不動智佛. 上首菩薩 名文殊師利. 此云妙德. 云金色者. 明白淨無垢. 卽法身之理. 不動智佛者. 卽理中智也. 一切凡聖身 等共有之故 一切處文殊師利 一切處金色世界 一切處不動智佛. 今之信者. 當信自心無依住. 性妙慧解脫. 是自文殊. 於心無依住中. 無性妙理 有自在分別. 無性可動. 名不動智佛. 理智無二 妙用自在. 是故號曰 妙德菩薩 是故一切諸佛 從此信生. 故號文殊 爲十方諸佛之母. 亦號文殊 爲童子菩薩. 爲皆以信爲初生故.

[통] 그 '믿는 것'이란 것은 경의 다음 글에 십신의 지위가 금색 세계이고 부동지불이며, 상수 보살은 문수사리라 이름하니 이쪽 말로 하면 '묘덕'이다. 금색은 희고 깨끗해 더러움이 없음을 밝힌 것으로 법신의 이치며, 부동지불은 이치 가운데 지혜이니

모든 범부와 성인의 몸에 평등히 공유하고 있다. 따라서 "온갖 곳이 문수사리요, 금색 세계이며, 부동지불이다"고 한 것이다. 그러니 지금 믿는 자는 의당 자기 마음에서 의지하거나 머무름 없는 성품의 묘한 지혜의 해탈은 스스로의 문수이고, 마음이 의지 하거나 머무름 없는 가운데 성품 없는 묘한 이치가 자재하게 분별하면서도 성품에는 움직임이 없음이 부동지불이며, 이지(理智)가 둘이 없어서 묘한 작용이 자재하기에 묘덕 보살이라고 함을 믿을 것이다. 이러한 이유로 일체 부처님께서 이 믿음으로부터 생겨나시기에 문수를 시방 모든 부처님의 어머니라고 부르는 것이다. 또 문수를 동자 보살이라고 부름은 다 믿음으로써 처음 태어남을 삼기 때문이다.

【통현론 6】信心成就. 卽以定慧 觀智力印之. 相契一念相應. 名十住初心 便成正覺. 取能行處. 號曰普賢. 取妙慧無依處. 號曰妙德. 取善能分別 知根之智. 號之爲不動智佛. 自契相應 名爲正覺. 且能信處 號曰信心. 自契相應 名爲住心. 爲住佛所住. 妙慧解脫 相盡無生法故. 若心外有佛 不名信心. 名爲邪見人也. 一切諸佛 皆同自心. 一切衆生 皆同自性. 性無依故. 體無差別. 智慧一性. 應如是知. 以此同體妙慧. 知諸佛心 及衆生心. 應如是信解. 不自欺誑. 是故此經宗趣 爲大心衆生. 設如斯法 諸佛自所乘門 一乘妙典 法界道理. 令大心衆生 入佛根本智佛果故. 一念契眞 理智同現. 卽便佛故. 爲法界道理見 則無初中後故. 異彼三乘 劣解者. 宜聞三無數劫 登佛果故. 宜說釋迦淨土 在於他方 此娑婆是穢土故.

〖통〗 신심을 이루고는 선정과 지혜의 묘관찰지력으로써 날인하여 서로 일치해 일념 이 상응함을 '십주의 초심에 문득 정각을 이룬다'고 이름한다. 잘 행하는 곳을 취하여 '보현'이라 부르고, 묘한 지혜의 의지처 없음을 취하여 '묘덕'이라 한다. 잘 분별하여 근기를 아는 지혜를 취하여 부동지불이라 하고, 스스로 계합하여 상응함을 '정각'이 라 한다. 또한 잘 믿는 곳을 '신심'이라 부르고, 스스로 일치해 상응함을 '주심(住心)' 이라 하니 부처님께서 머무시는 곳에 머물러 묘한 지혜로 해탈함이 형상을 다한 생하 지 않는 법이 되기 때문이다. 만일 마음 밖에 부처가 있다면 신심이라 하지 못하고 삿된 소견의 사람이라 이름한다. 모든 부처님이 다 자기 마음과 같으며, 모든 중생이

다 자기 성품과 같아서 성품이 의지함이 없으니 본체에 차별이 없다. 지혜가 동일한 성품이니, 반드시 이같이 알아서 이 동체의 묘한 지혜로써 모든 불심과 중생심을 알되 마땅히 이같이 믿고 알아 스스로 속지 말 것이다. 이 때문에 이 경의 주제와 취지는 대 보살심의 중생을 위하여 이같은 법의 모든 부처님께서 스스로 타고 계신 문인 일승묘전(一乘妙典)의 법계의 도리를 베푸시어 대 보살심의 중생으로 하여금 부처님의 근본 대지혜인 불과에 들게 한 것이요, 한 생각이 진리에 부합하여 이지(理智)가 같이 나타난 것이 바로 부처이다. 법계의 도리가 나타나면 처음과 가운데와 뒤가 없기 때문에 저 삼승의 잘 모르는 자들이 의당 삼 무수겁에나 불과에 오른다고 듣는 것과 마땅히 석가모니의 정토는 다른 곳에 있고 이 사바는 예토라고 설하는 것과는 다르다.

【통현론 7】 是故法華經內. 爲廻三乘劣解者. 令龍女非器[1] 刹那成佛. 明信心廣大. 非權施設. 現實敎故. 所修實敎 不迂滯故. 言龍女年 始八歲者. 表今生成始學 非舊學故. 畜生女者. 明非過去積修. 此明此生信法門 理直無滯故. 法界體性 非三世收. 一念應眞 三世情盡. 智無出沒 卽佛果故. 是故經云. 爲度劣解衆生[2] 興八相等事. 娑婆世界擧衆遙見龍女 卽往南方 無垢世界成佛者. 解云. 南方者. 爲明爲正. 以主离[3]故. 离爲明. 爲日. 爲虛無. 卽無垢也. 擧衆遙見者. 明三乘權學 信而未自證故. 言遙見. 夫法界一眞 自他相徹. 若當自得 焉得稱遙見 此經卽令善財 一生得佛. 云一生者. 從凡夫地起信之後. 十住初心 契無生也. 卽任法界智生 非業生也. 至文廣釋 今且略擧 此經宗之所趣 佛果法門竟. 博達君子 熟可思焉.

통 이 때문에 법화경에서는 잘 모르는 삼승인을 돌이키기 위해서 용녀(龍女)의 비기(非器)로 하여금 찰나에 성불케 하여 신심의 광대함을 밝혔다. 방편으로 베푼 것이 아니라 실교(實敎)로 나타낸 것이기에 닦는 실교가 정체되지 않는 것이다. 용녀의 나이가 비로소 팔세라 함은 금생에 비로소 배운 것이지 예전에 익힌 것이 아님을 나타낸 것이요, 용녀〔畜生女〕라고 한 것은 과거에 쌓은 수행이 아님을 밝힌 것이다. 이는 이번 생에서 법문을 믿음이 이치가 곧고 막힘이 없기 때문에 법계의 체성이 삼세에서 거두어짐이 아니라 일념이 진실에 응함에 삼세의 사량분별이 다하여 지혜가 나고 듦이 없는 그대로가 불과임을 밝힌 것이다. 이 때문에 경〔십회향품〕에서, 잘 모르는 중생을 제도하기 위하여 팔상(八相) 등의 일을 일으켰다고 한 것이다. 사바 세계의 온 중생이 다 용녀가 남방무구 세계에 가서 멀리서 성불함을 친견했다는 것을 풀이하면, 남방은 밝고 바른 것이요, 이(离)가 위주가 되는데 '이'는 밝음이 되고, 태양이 되며, 허무가 되니 더러움이 없는 것이다. 온 대중이 멀리서 보았다는 것은 삼승의 권학은 믿되 스스로 깨달아 얻지 못함을 밝히기 때문에 멀리 보았다고 말한 것이다. 법계가 하나의 진실이라 자타가 서로 사무치는데 만일 마땅히 스스로 증득한 것이라면 어찌 멀리서 보았다고 말하겠는가? 이 경에서 선재로 하여금 일생에 깨달음을 이루게 한 것을 풀이하면, 일생은 범부의 지위로부터 믿음을 일으킨 후에 십주 초심에서 무생(無生)에 계합(契合)하는 것이다. 곧 법계에 맡긴 지혜로 생함이지, 업으로 생함이 아닌 것이다. 본문에 이르러 자세히 풀이하고 지금은 이 경의 주제가 취향하는 불과법문을 간략히 밝혀 마치니 널리 통달한 이는 익히 생각할 것이다.

【주】————————————————

1. 용녀비기(龍女非器) : 축생과 여인의 몸은 불법을 수지할 법기가 아니라는 사리불의 말에 용녀가 즉시 성불하여 보인 것이다. 〈법화경 제4권 제12 제바달다품, ㊅9권, 35 下〉

2. 위도열해중생(爲度劣解衆生) : → 제25 십회향품의 간추린 경문 참조. 〈십회향품(제9 회향), ㊅10권, 170 上〉

3. 이(离) : 팔괘의 하나인데 밝은 상으로, 불·태양·남쪽에 해당한다.

제1회 보리장설(菩提場說) : 11권 6품

【經 文】 如是我聞 一時佛在 摩竭提國 阿蘭若法 菩提場中 始成正覺

이와 같이 내가 들었다. 한 때에 부처님께서 마갈타국 아란야법 보리도량에 계시면서 비로소 정각을 이루셨다.

- 5주 인과 중에 제1주. 믿는 인과
- 법　사 : 보현 보살
- 법　문 : 여래의 의보와 정보의 법
- 삼　매 : 비로자나여래장신 삼매
- 광　명 : 입안의 치아 광명과 미간 광명

1. 가르침이 일어난 인연 :　　　　　　　　　　　〈서 분〉
　세주묘엄품 제1
2. 설법의 의식
　(1) 먼 방편 : 먼저 지혜의 경계를 나타낸다.
　　여래현상품 제2　　　　　　　　　　　　　〈정종분〉
　(2) 가까운 방편 : 뒤에 행의 경계를 나타낸다.
　　보현삼매품 제3
3. 바르게 설하신 것을 펼친다.
　(1) 불과를 밝힌다.
　1) 전부 부처님과 중생의 국토를 밝힌다.
　　세계성취품 제4
　2) 별도로 본사 비로자나불의 장엄을 밝힌다.
　　화장세계품 제5
　(2) 인행을 밝힌다.
　　비로자나품 제6

제1. 세주묘엄품(世主妙嚴品)

구 역 : 1. 세간정안품(世間淨眼品)

> Ⅰ. 세주묘엄품의 이름 풀이 　　　Ⅱ. 세주묘엄품의 간추린 경문
> 　【청량소·초】【통현론】 　　　　　　【수현기】【탐현기】

Ⅰ. 세주묘엄품의 이름 풀이

【청량소】佛及諸王 並稱世主. 法門依正 俱曰妙嚴. 分義類以彰品名. 冠群篇而稱第一. 斯經有三十九品. 此品建初 故云大方廣佛華嚴經世主妙嚴品第一.

[청] 부처님과 모든 왕을 같이 '세주'라 부르고, 법문의 의보와 정보를 함께 '묘엄'이라 한다. 뜻으로 나눈 유형대로 품명(品名)을 게시하여 여러 편의 머리에 두고 제일(第一)이라고 일컬으니 이 경은 39품이 있는데, 이 품을 처음에 두어 '대방광불화엄경 제1 세주묘엄품'이라고 한 것이다.

【청량초】佛及諸王 竝稱世主下 釋品名. 此釋世主. 世謂世間. 卽三世間. 一謂衆生世間. 二器世間. 三智正覺世間. 主謂君主. 卽佛及諸王. 地神水神 林神山神. 卽器世間主. 天王龍王 夜叉王等. 卽衆生世間主. 如來卽是智正覺世間主. 亦總化上二. 遍統前三. 故云並稱世主. 法門依正 俱曰妙嚴者. 此嚴亦說三種世間 法門爲能嚴. 唯局於主. 依正所嚴 通三世間. 衆生及佛 俱通正故. 謂諸世間主. 各得別法門 自嚴已衆. 卽

衆生世間嚴. 並用嚴佛 亦智正覺嚴. 佛成正覺 是自法門. 是故能令其身 充滿一切世間
其音普順十方國土 菩薩衆中 威光赫奕等. 即智正覺世間嚴. 其地堅固 金剛所成 上妙
寶輪 及衆妙華 淸淨摩尼 以爲嚴飾等. 即器世間嚴. 器世間嚴 通二法門. 一佛力令嚴.
是佛自嚴. 二能感者. 是衆海法門嚴. 是故總云 法門依正 俱曰妙嚴. 三世間嚴 並勝餘
敎 故標妙嚴 以爲品目. 後斯經下 雙結二目. 用當諸經序分. 餘如下說.

 '부처님과 모든 왕을 같이 세주라 부른다'는 다음은 품명 해석인데, 지금은 세주
를 풀이한다. '세'는 세간으로 삼 세간이니 처음은 중생세간이요, 둘째는 기세간이며,
셋째는 지정각세간이다.

'주'는 군주로 부처님과 뭇 왕인데 땅과 물·숲·산의 신은 기세간의 주도자요,
천왕·용왕·야차왕 등은 중생세간의 주도자이다. 여래는 지정각세간의 주도자이
며 또한 위의 둘을 다 교화하고, 앞의 셋을 두루 통솔하시기 때문에 같이 세주라고
부른다.

'법문과 의보와 정보를 함께 묘엄이라고 한다'는 것의 이 〔장〕엄'도 또한 세 가지
세간을 설하니 법문은 능히 장엄하는 것으로 오직 주도자에만 국한하고, 의보와 정보
는 장엄 되어지는 것으로 삼 세간에 통한다. 중생과 부처님은 다 정보에 통하니 뭇
세간의 주도자가 각기 별도의 법문을 얻어서 스스로 자기 대중을 장엄함은 곧 중생세
간 장엄이요, 아울러 부처님을 장엄함은 또한 지정각 장엄이다.

부처님께서 정각을 이루심은 스스로의 법문이시기에 그 몸을 온갖 세간에 충만케
하며, 그 음성을 널리 시방 국토에 수순케 하여 보살 대중 가운데에 위광이 빛나는
등은 지정각세간 장엄이다. 그 땅은 견고하게 금강으로 이루어졌으며, 아주 묘한 보
배 수레바퀴와 온갖 묘한 꽃과 청정한 마니로써 장엄한 등은 기세간 장엄이다. 기세
간 장엄은 두 법문에 통하니 첫째, 부처님 힘으로 장엄하심은 부처님 스스로의 장엄
이시고 둘째, 능히 감득(感得)함은 대중의 법문 장엄이다. 이 때문에 법문과 의보와
정보를 모두 다 '묘엄'이라고 하니 삼 세간의 장엄이 함께 여타의 가르침보다 수승하
다. 그러므로 '묘엄'으로 나타내어 품의 제목을 삼은 것이다.

뒤에 '이 경' 다음은 〔경과 품의〕 두 제목을 쌍으로 결론 지으니 경의 서분에 해당한

다. 나머지는 다음의 설명과 같다.

【청량소】釋品名[1]者. 梵云薩婆嚕鷄印拏(上呼)倈(良遌反)驃訶奈耶鉢羅叵婆娜忙鉢里勿多. 此云一切世間主莊嚴法門威德名品. 今文存略. 世者時也. 卽是世間. 主者君也. 謂卽諸王及佛. 然世間有三. 一器世間 卽是化處. 二衆生世間 卽所化機. 三智正覺世間 卽能化主. 主則唯二 諸王及佛 主於器界 及衆生故. 佛非世間 從所統受稱. 妙謂法門體用 深廣難思. 卽主之所得. 嚴謂嚴飾. 乃有多義. 一器世間嚴 謂其地堅固等. 二衆生世間嚴 謂衆海各 具法門威德故. 三智正覺世間嚴 謂於一切法 成最正覺 三業普周法門無盡故. 所以長行 諸王之嚴 偈頌贊德 皆顯嚴佛. 衆生不嚴 不感佛興. 正覺不嚴 不能爲主. 器界不嚴 非眞佛處. 復由佛嚴 顯遇者有德. 衆生嚴輔顯佛超勝. 如是互嚴 亦爲妙嚴. 諸經無此[2]廣嚴故. 但初名序品 今唯明序已兼正 故廣讚諸嚴 以爲華嚴之由序. 舊云[3]世間淨眼品者. 謂所得法眼 能淨世間故. 餘如前說.

［청］ 품명을 풀이하면 범어인 '살바노계인나(상성)라(량과 하의 반)표가나야발라파파나망발리물다'가 이쪽 말로 '일체세간주장엄법문위덕명품'이니 지금 글은 간략하게 한 것이다.

'세'는 때니 곧 세간이요, '주'는 임금으로 모든 왕과 부처님을 말하는데 이러한 세간에 세 가지가 있다. 첫째는 기세간이니 교화처요, 둘째는 중생세간이니 교화를 받는 중생이며, 셋째는 지정각세간이니 바로 교화주이시다. 주도자는 오직 둘이니 모든 왕과 부처님께서 국토와 중생을 주도하시는 것인데 부처님은 세간이 아니시나 통솔 대상에 따라서 불리는 것이다. '묘'는 법문의 체용이 깊고 넓어 생각하기 어려우니 주도자가 얻은 것을 말한다. '엄'은 장엄을 말하니 이에 많은 뜻이 있다. 첫째는 기세간 장엄이니 그 땅이 견고한 등이요, 둘째는 중생세간 장엄이니 대중이 각기 법문의 위덕을 갖춘 것이며, 셋째는 지정각세간 장엄이니 온갖 법에 최정각을 이루어서 삼업(三業)이 널리 두루하여 법문이 다함이 없는 것이다.

그러니 장행은 모든 왕의 장엄이요, 게송의 덕을 찬탄함은 다 부처님의 장엄을 나타낸다. 중생이 장엄되지 못하면 부처님께서 나타나심을 알지 못하고, 정각이 장엄되지 못하면 교화주가 되지 못하며, 국토가 장엄되지 못하면 진실한 부처님의 처소가 못 된다. 다시 부처님의 장엄을 말미암아 모이는 대중이 덕이 있음을 나타내고, 중생의 장엄으로 부처님의 빼어나심을 도와 나타내니 이와 같이 서로 장엄함이 또한 묘엄이 된다.

뭇 경에는 이렇게 많은 장엄이 없기에, 다만 처음을 서품이라고만 이름하였는데 지금은 오직 서분을 밝히고도 정종분을 겸한다. 그러므로 널리 여러 장엄을 찬탄하여 화엄의 유서로 삼은 것이다.

구역에, '세간정안품'이라 함은 얻은 법안(法眼)이 능히 세간을 청정하게 하기 때문이다. 나머지는 앞서 설한 것과 같다.

【주】────────────────

1. 석품명(釋品名) : 범음을 회통한 것이다. 소(疏)에는 한꺼번에 전부 대했으나 따로 하면 '살바'는 일체요, '노계'는 세간이며, '인나라'는 주(主)이고, '표가'는 장엄이며, '나야'는 법문이요, '발라파파'는 위덕이며, '나망'은 명이고, '발리물다'는 품이다. (會梵音. 疏中一時總對. 若別對者. 薩婆一切也. 嚕鷄世間也. 印捺㗌主也. 驃訶莊嚴也. 奈耶法門也. 鉢羅回婆威德也. 娜忙名也. 鉢里勿多品也.)〈鈔. 玄談, ⊕ 8권 44〉

2. 제경무차(諸經無此) : 여타의 종과 다름을 드러내는 까닭에 서품이라고는 이름하지 않는다. (所以彰異餘宗 不名序品.)〈鈔. 玄談, ⊕ 8권 46〉

3. 구운(舊云) : 진경을 풀이한 것인데 얻은 법안이 지금 법문의 위덕이다. (釋晉經. 所得法眼 卽今法門威德也.)〈鈔. 玄談, ⊕ 8권 46〉

【통현론】世主妙嚴者. 以此初品 有諸神天 八部之衆. 皆爲世間主. 各將十佛世界微塵數隨身部從[1]. 或但云無量 來嚴道場. 此爲依衆成名. 故云世主妙嚴. 又佛及菩薩. 皆爲世間之主故. 以能主導衆生. 總爲世間主故. 亦此初品 總標一部. 都擧總有二百二十八衆. 形狀不同 各各部類. 或言一佛世界微塵. 或言十佛世界微塵. 或言無量. 以嚴海會故. 言世主妙嚴. 或以佛福報境界 妙嚴依正. 亦得稱爲世主妙嚴. 爲如來亦爲世間主 主導衆生故. 此爲依主得名. 品者均別義. 明五位[2]及信心 同異差降 意類別叙. 進修生熟 各有條貫. 次第分明. 令後學者 自識本行 進修不惑故. 爲品類均別義也. 第一者.

非是次第 前後之第一. 爲法界門中 無前頭在後之次第. 皆是一時無二念. 同時顯著.
諸品之第一. 一多緣起 同時之第一. 是名同時具足相應門 一多相容不同門. 以十玄門
及六相義通融. 品名亦如是可知. 不可以如情所計 故名第一.

　　通 '세주묘엄'은 이 처음 품에 있는 온갖 신과 천왕과 천룡팔부 대중이 다 세간주
가 되어 각기 십 불국토의 미세한 먼지 수와 같은 몸에 따르는 무리〔隨身部從〕들을
거느리고 한량없이 도량에 와서 장엄함을 이른다. 이는 대중에 의지해 이름이 이루어
졌기 때문에 '세주묘엄'이라고 한 것이다.

　　또 불보살이 다 세간주가 되고 능히 중생을 주도함으로, 다 세간주가 되기에 또한
이 처음 품에서 일부를 총괄적으로 나타냈다. 전부 열거하면 모두 228 대중의 형상
이 같지 않은 각각의 부류가 있다. 혹 일 불국토의 미세한 먼지 수와 같다고 하고,
혹 십 불국토의 미세한 먼지 수, 혹은 한량없이 말하여 바다와 같은 모임을 장엄하기
때문에 '세주묘엄'이라고 한 것이다. 혹은 부처님의 복과 과보의 경계로 묘하게 의보
와 정보를 장엄함으로써 세주묘엄이라고 일컫는다. 여래께서 또한 세간주가 되어
중생을 주도하시는 까닭에 이는 주도자를 의지하여 이름을 얻게 된 것이다.

　　'품'은 균등하게 나눈다는 뜻이다. 오위(五位)와 신심의 같고 다른 것의 등급과 뜻
의 종류로 구별하는 서술과 진전의 서툴고 익숙함이 각기의 질서가 있어서 차례가
분명하니 후학들로 하여금 스스로 근본 행을 알게 해서 진전에 미혹하지 않게 함을
밝힌 때문에 종류를 균등히 구별한 뜻이다. '제일'이라고 함은 차례로 앞뒤 제일이
아니니 법계문 가운데는 먼저니 뒤니 하는 차례가 없다. 모두 한때요, 둘이 없는 생각
으로 동시에 드러난 여러 품 중 제일이다. 하나인 것과 많은 것의 연기가 동시인
제일이니 동시구족상응문과 일다상용부동문이라고 이름한다. 십현문과 육상의 뜻으
로 융통하면 품명도 또한 이와 같이 알 수 있고 사량분별로 헤아릴 수 없기 때문에
제일이라고 이름한다.

　　【주】────────────────
　　　1. 수신부종(隨身部從) : 몸에 따르는 부류종도(部類從徒)
　　　2. 오위(五位) : → 부록 법수 참조.

【수현기】世間淨眼者. 謂時中器等 三世間也. 及能況之相. 又體用差別. 故現世無
礙 無染況淨眼. 亦可如來未出世. 無善導故如盲. 佛今出世. 現自他淨 喩明眼耳. 言世
間淨眼者. 此應名序. 但今之時會 並是勝流 入佛衆海數. 德居淨域 塵所不染. 出自天
眞. 信非有爲. 故託以顯至極 圓道緣起之妙. 不捨生死 而無沾汚. 是以就事爲目 故曰
世間淨眼 難測非喩莫曉. 故設以擬狀. 若於眼內外俱淨 中表淸徹. 色像參羅 並屬於一
運. 無小無大 無遠無近 不相妨礙. 故可准況 標之如眼. 故下偈[1]歎. 世間淸淨猶如眼.
義顯聖說然矣. 品者語言理均. 格類相從. 稱之爲品. 此經有三十四品. 此品貫之在首.
故稱第一. 經之都目 宗要之況旨明於此. 故言道大方廣佛華嚴經.

[수] '세간정안'은 시간 가운데 기(器) 등의 삼 세간 및 비유의 형상이다. 또 본체·
작용과는 다르기에 세간에 나타남에 걸림 없고 물듦이 없어 맑은 눈에 비유한 것이
다. 또한 여래께서 아직 세간에 나오지 않으셔서 선도함이 없는 것은 눈먼 것과 같은
것이요, 부처님께서 지금 세간에 나오셔서 나와 남의 청정을 나타냄을 밝은 눈에
비유한 것이다.

여기서 마땅히 서품이라고 이름해야 할 것이나 '세간정안'이라고 말한 것은 다만
지금의 시회[대중]가 수승한 무리[勝流]로서 부처님 수에 들어가 덕이 깨끗한 곳에
머물고, 번뇌에 물들지 않으며, 천진함[無爲道]을 내고, 진실로 유위가 아니기에
[세간정안에] 빗대어서 지극한 원도(圓道)와 연기의 묘함을 나타냈다. 생사를 버리
지 않으나 물들지 않고, 현상에 나아감으로써 명목하여 '세간정안'이라고 한 것이다.

측량하기가 어려운 것은 비유가 아니면 밝히지 못하기에 모양에 빗대어서 가설한
것인데 만약 눈의 안팎이 다 깨끗하고, 겉과 속이 다 청철(淸徹)하다면 삼라의 색상
을 한눈으로 다 볼 수 있다[並屬於一運]. 크지도 작지도 않고, 멀지도 가깝지도 않으
며 서로 거리끼지 않기에 비교하여 눈과 같다고 표현한 것이다. 그러므로 다음[세간
정안품] 게송에, "세간에서 청정함이 마치 눈과 같다"고 찬탄하니 뜻은 성인의 말씀
도 그러함을 나타낸 것이다. '품'은 언어의 이치가 균등하고 유유상종함을 '품'이라고
일컫는데 이 [구역] 경에는 34품이 있다. 이 품을 꿰어서 머리에 두었기에 '제일'이라
하고, 경의 모든 조목과 가장 중요한 내용과 뜻을 이에서 밝히기 때문에 '대방광불화

엄경〔세간정안품〕'이라고 말한 것이다.

【주】————————————

1. 하게(下偈) : "부처님은 생각으로 헤아리기 어렵고 짝할 이 없으며 상호의 광명
   은 시방을 비추는데, 큰 성인 세존의 바른 가르침은 마치 청정한 눈으로 밝은
   구슬을 보듯 하네."(佛難思議無倫匹 相好光明照十方 大聖世尊正敎道 猶如淨眼
   觀明珠)〈구역 세간정안품, ⑥ 9권, 397 中〉→ 신역 제1 세주묘엄품의 간추린
   경문 참조 (如來淸淨妙色身 普現十方無有比)〈⑥ 10권, 6 上〉

【탐현기】世間淨眼品者. 器等三種 顯曜於時. 光潔照明 況於淨眼. 法喩合擧 故云
世間淨眼. 語言理一. 格類相從. 故稱爲品. 此經有三十四品. 此品建初故 稱第一. 故
言大方廣佛華嚴經 世間淨眼品第一. 餘義如下說. 世間是法. 淨眼爲喩. 世者是時. 間
者是中. 時中顯現 故云世間. 世間不同 有其三種. 一器世間. 爲所依處. 二智正覺世
間. 爲能化主. 三衆生世間. 爲所化機. 此品之內 不越此三. 故立斯名. 器有二種. 一場
地別處. 二華藏通處. 智正覺亦二. 謂三身十身. 衆生亦二. 謂同生異生. 淨眼三義. 一
洞徹義. 況器世間. 內徹理故. 下文云. 法界不可壞 蓮花世界海. 二現像義. 況智正覺.
下文云. 淸淨法身 無像而不現. 三照矚義. 況衆生世間. 下文云. 猶如淨眼觀明珠. 又
若通論 此三世間 各有淨眼三義. 思准可知. 又釋佛未出世 無善導故如盲. 如來創出世
間 淨眼現名世間淨眼. 是故佛涅槃時 言世間眼滅. 品者類也別也. 餘義可知.

탐 '세간정안품'은 기세간 등의 셋이 시대를 정결한 빛으로 조명함을 깨끗한 눈에
비유한 것이 법과 비유를 같이 들어 '세간정안'이라고 한 것이요, 말의 이치가 하나이
며 유유상종하기 때문에 '품'이라고 하였다. 이 경에는 34품이 있는데 이 품을 처음에
세워 '제일'이라고 일컬어 '대방광불화엄경 세간정안품 제일'이라고 말한 것이다. 나
머지 뜻은 다음의 설과 같다.

'세간'은 법이요, '정안'은 비유가 된다. '세'는 때요, '간'은 가운데이니 때 가운데에
나타나기 때문에 '세간'이라고 했다. 세간은 같지 않음이 세 가지가 있으니, 첫째는
기세간으로 의지처며, 둘째는 지정각세간으로 교화주가 되고, 셋째는 중생세간으로

교화를 받는 중생이다. 이 품에서는 이 세 가지를 넘지 않기 때문에 이런 이름을 붙인 것이다.

기(器) 세간에는 두 가지가 있으니, 첫째는 장소의 별처요, 둘째는 연화장의 통하는 곳이다. 지정각에도 또한 두 가지가 있으니 삼신(三身)과 십신(十身)이요, 중생 세간에도 또한 두 가지가 있으니 동생(同生)과 이생(異生)이다.

'정안'에 세 가지 뜻이 있다. 첫째는 통철(洞徹)의 뜻으로써 기세간에 비유하니 안으로 이치를 관철하기 때문인데 다음 문에서, "법계의 무너지지 않는 연화 세계의 바다"라고 하였다. 둘째는 현상의 뜻으로써 지정각에 비유하니 다음 문에서, "청정법신은 형상으로써 나타내지 못함이 없다"고 하였다. 셋째는 비추어 본다는 뜻으로써 중생세간에 비유하니 다음 글에, "마치 깨끗한 눈으로 밝은 구슬을 봄과 같다"고 하였다. 또 만일 통틀어 말하면 이 삼종 세간에 각기 '정안'의 세 뜻이 있는데 준하여 생각하면 알 수 있다.

또 풀이하면 부처님께서 아직 세간에 나오시기 이전에는 선도함이 없기 때문에 눈먼 것과 같고 여래께서 비로소 세간에 나오신 때는 맑은 눈이 나타나니 '세간정안'이라고 이름한다. 이 때문에 부처님께서 열반하신 때를 '세간의 눈이 멸했다〔世間眼滅〕'고 한다.

'품'은 나누고, 구별한 것이다. 나머지 뜻은 알 것이다.

Ⅱ. 세주묘엄품의 간추린 경문

이와 같이 내게 들려 주셨네. 한때 부처님께서는 마갈타 국의 아란야[1] 법 보리장[2]에 계시면서 비로소 정각을 이루셨다.

그 보리수는 높고 훌륭하여 유리로써 줄기를 삼고 온갖 미묘한 보배로 가지가 되어

---

1) 마을에서 적절한 거리의 삼림 속 수행처로 절·암자·산사와 같은 표현이다.
2) 붓다가야의 보리수 밑 금강좌를 말한다. 석존께서 깨달음을 얻으신 도량이다.

있었다. 부처님께서 머무신 궁전과 누각은 넓고 화려하며 갖가지 색의 마니로써 이루어졌다. 부처님께서는 사자좌에 앉으셔서 온갖 법에 최상의 깨달음3)을 이루셨다. 몸은 항상 모든 도량에 앉아 계시니 보살 대중 가운데 위엄이 빛나 마치 해가 떠올라 세계를 조명함과 같았다.

삼세4)에 행하신 온갖 복덕이 다 청정하시고 설법하시되 마치 큰 구름을 일으키는 듯하며 몸이 시방5)에 두루하면서도 아무런 오고 감이 없었다.

이 보리장에는 부처님의 가르침을 따르면서 교화를 돕는 상수 보살들과 불법을 지키는 대중들이 수없이 모여들었다. 이들은 옛날 비로자나불과 함께 선근6)을 모아서 보살행을 닦았으니 다 부처님의 선근에서 출생한 이들이다. 또 한없는 금강역사와 신중신·족행신·도량신 등이 상수가 되어 그 수가 무한하니, 모두 심성의 때를 떠나서 인자하게 중생7)을 도와 선근을 키웠다.

이 때 부처님의 도량에 많은 대중들이 운집8)하였으니 제각기 온 방위를 따라서 일심으로 우러렀다. 이들은 온갖 번뇌와 마음의 때를 일찍이 떠났으며 무거운 업장9)의 산을 무너뜨려 부처님 친견에 아무런 장애가 없었다.

부처님의 몸 모든 회상에 두루 계시고
법계에 충만하여 다함이 없으시며
적멸하여 자성이 취함이 없건만
세간을 구하기 위해 출현하셨네.

여래의 청정하고 묘한 몸

---

3) 위없이 높고 바른 깨달음인 '아뇩다라삼먁삼보리'를 바꾸어 표현했다.
4) 시간을 과거·현재·미래의 변화 과정으로 임시 구별하고 실체로 보지 않는다.
5) 동·서·남·북의 사방과 동남·서남·서북·동북의 사유와 상·하이다.
6) 좋은 보답을 가져오는 착한 행위로 선을 나무의 뿌리에 비유했다.
7) 넓은 의미로 살아 있는 것이고, 좁게는 사람들이다.
8) 구름처럼 많이 모이는 것이다.
9) 악한 행위에 의해서 생겨난 장애를 말한다.

시방에 두루 해도 짝할 이 없네
이 몸은 자성도 없고 의지처도 없나니
선사유천왕이 관찰한 것이로다.

여래는 과거에
끝없는 부처님께 시중드셨네
이 때문에 사람들이 물결처럼 모여와
다들 세존께 공양하도다.

사자좌에 있는 온갖 보배 장엄구에서 한없는 보살들이 나와 제각기 갖가지 공양 구름을 일으켰다. 그리고는 세존의 오른쪽으로 백 천 번을 돌고 멀지 않은 곳에 갖가지 보배로 된 연꽃 사자좌를 만들고 각각 그 위에 결가부좌10)했다.

화장장엄 세계11)가 부처님의 신력으로 여섯 가지 열 여덟 모양으로 진동하고, 모든 세간주들은 낱낱이 다 부사의한 공양 구름을 나타내어 부처님의 도량에 비 내리듯했다. 낱낱 세간주들이 기쁜 마음으로 공양하듯이 화장장엄 세계 안에 있는 모든 세간주들도 다 이같이 했다. 그 모든 세계에 다 부처님께서 도량에 앉으셨고 세간주들은 저마다의 믿고 이해함과 인연으로 제각기 부처님의 해탈 경계에 들어갔다.

이 화장장엄 세계에서와 같이 시방 세계에서도 다 이와 같았다.

---

10) 오른발을 왼쪽 넓적다리 위에 올린 뒤 왼쪽 발을 오른쪽 넓적다리 위에 두는 항마좌와 그 반대로 부처님의 세계를 표시하는 오른발로 중생계를 나타내는 왼발을 누르는 길상좌 가 있다.

11) 연화장장엄세계해의 준말로 석가모니불의 진신인 비로자나불의 정토다. 제일 아래는 풍륜 이 있고, 풍륜 위에 향수 바다가 있으며, 향수 바다 가운데 큰 연꽃이 있는데 이 연꽃 안 에 무수한 세계가 있다고 한다.

정종분(正宗分)

Ⅰ. 정종분의 이름 풀이　　　　　Ⅱ. 정종분을 설하는 까닭
　　【청량소】　　　　　　　　　　　【청량소】
Ⅲ. 정종분의 주제와 취지
　　【청량소】

Ⅰ. 정종분의 이름 풀이

【청량소】 正宗者正陳宗旨 揀序流通.

[청] 정종분은 정식으로 종지(宗旨)를 진술하는 것으로 서분·유통분과 구별된다.

Ⅱ. 정종분을 설하는 까닭

【청량소】 三分之中 自下正宗. 由致旣彰. 正宗宜顯. 故次來也. 四分之中 已明敎起因緣. 次辯說法儀式[1] 故次來也.

[청] 셋으로 나눈 가운데서 이 〔여래현상품〕 이하는 정종분이다. 연유는 이미 드러났고, 정종(正宗)을 마땅히 나타내기에 이어졌다. 넷으로 나눈 가운데 가르침이 일어난 인연은 이미 밝혔고, 다음으로 설법의식을 말하기 때문에 이어진 것이다.

【주】────────────────

1. 설법의식(說法儀式) : 여래현상품과 보현삼매품이 설법하는 의식이 된다.

Ⅲ. 정종분의 주제와 취지

【청】셋으로 나누면 정종(正宗)인데 이미 위에서 설한 것과 같다.

제1. 불과를 들어 보여 쾌히 믿도록 권하는 부분
[擧果勸樂生信分]

Ⅰ. 거과권락생신분의 이름 풀이　　Ⅱ. 거과권락생신분의 주제와 취지
【청량소】　　　　　　　　　　　　　【청량소】

Ⅰ. 거과권락생신분의 이름 풀이

【청량소】 若四分中 名擧果勸樂生信者 擧依正果 勸物信樂. 是故亦名所信因果. 亦名 說佛依果會. 以從多說故.

[청] 넷으로 나눈 중에 '거과권락생신분'이라고 하니 의과·정과를 들어 중생들이 쾌히 믿기를 권한다. 이 때문에 '소신인과(所信因果)'나 '설불의과회(說佛依果會)'라 이름하기도 하는데 여러 가지로 설해진다.

Ⅱ. 거과권락생신분의 주제와 취지

【청량소】 四分之宗 卽以佛果 無邊刹海 具三世間 無盡自在 故以爲宗. 令諸菩薩 發 生淨信 修行涉求 以之爲趣.

[청] 넷으로 나눈 가운데 주제는 불과의 끝없는 국토로써 삼 세간을 갖추어 다함없이 자재함으로써 주제를 삼고, 여러 보살로 하여금 청정한 믿음을 내고 수행하여 구하게 함으로써 취지를 삼는다.

제2. 여래현상품(如來現相品)

Ⅰ. 여래현상품의 이름 풀이

【청량소】如來是能現之人. 相是所現之法. 現通能所. 能所合說 體用雙陳 以立其稱. 然如來現相 各有五義 以成其十. 如來五者 一就理顯 謂法性名如. 出障名來. 二唯就行. 瑜伽云 言無虛妄 故名如來. 涅槃三十二 亦同此說. 三理智合說 轉法輪論云. 第一義諦名如. 正覺名來. 正覺第一義諦. 故名如來. 此與成實大同. 四離相說 般若[1]云. 如來者 無所從來 亦無所去. 故名如來. 五融攝說 謂一如無二如[2]. 若理若智 若開若合 無不皆如. 故名爲如. 如外無法 來亦卽如. 如是來者 是眞如來. 現相五者 一現面門光相 召十方衆. 二現眉間光相 示說法主. 三振動刹網 以警群機. 四佛前現華. 表說依果. 五白毫出衆 表教從佛流. 如是等相 是如來現相品中辯此. 故以爲名.

청 '여래'는 능히 나타내는 사람이다. '상'은 나타나는 법이고, '현'은 나타내는 것과 나타나는 것에 통한다. 능·소를 합하여 설하며, 본체와 작용을 쌍으로 진술하여 그 명칭을 세웠으니 이러한 '여래'와 '현상'에 각기 있는 다섯 뜻으로써 열 가지를 이룬다.

1. 여래의 다섯 가지

  (1) 이치에 나아가 나타내니 법성을 '여'라고 하며, 장애에서 벗어남을 '래'라고 이름한다.

  (2) 오직 행에 나아가니 유가사지론〔제49권〕에, "허망함이 없기 때문에 '여래'

라고 한다”고 했고 대반열반경 제32가 또한 이 설과 같다.

(3) 이지(理智)를 합하여 설하니 전법륜경론에, “최고 진리의 이름이 ‘여’요, 정각의 이름이 ‘래’니, 바르게 최고의 진리를 깨치셨기 때문에 ‘여래’라고 이름한다”고 했다. 이는 성실론과 크게 같다.

(4) 형상을 떠난 설이니 반야등론석(般若燈論釋)〔제3권〕에, “여래는 오고 감이 없기에 ‘여래’라고 이름한다”고 하였다.

(5) 융섭하여 설하면, ‘여’는 하나이지 둘이 없는 것인데 이치거나 지혜이며, 나누거나 합하는 것이 모두 ‘여’ 아님이 없기에 ‘여’라고 이름한다. ‘여’밖에 법이 없고 ‘래’ 또한 바로 ‘여’니 이와 같이 오는 자가 참된 여래이다.

2. ‘현상’의 다섯 가지

(1) 입에서 광명을 놓는 모습이니 시방의 대중을 부른다.

(2) 눈썹 사이에서 광명을 놓는 모습이니 설법주를 보이신다.

(3) 국토를 진동하여 대중을 긴장케 한다.

(4) 부처님 앞에 꽃을 나타내고 의과(依果)를 드러내어 설하신다.

(5) 〔미간〕 백호에서 대중을 내니 가르침이 부처님으로부터 나옴을 나타낸다. 이와 같은 것 등의 모습〔相〕을 여래현상품에서 밝혔기에 이름한 것이다.

【주】────────────

1. 반야(般若) : 반야등론(般若燈論)은 중론(中論)이라고도 하는데 본래 오백 게송으로 용수 보살이 지은 것이다. 〈반야등론석(般若燈論釋) 석관거래품(釋觀去來品), ㉪ 30권, 65 下〉, 금강경 제29 위의적정분(威儀寂靜分) 〈㉪ 8권, 752 中〉

2. 일여무이여(一如無二如) : 둘도 아니고 다름도 아니다. 일여(一如)라고도 하니 진여의 이치다. 진여에는 중생과 부처의 가명이 끊어졌고, 평등한 성품 가운데는 나니 남이니 하는 형상이 없다. 그러므로 수능엄삼매경(首楞嚴三昧經) 하권에서는, “마구니의 경계가 ‘여’요, 부처님의 경계도 ‘여’니, 하나의 ‘여’요, 둘이 없는 ‘여’다. 마구니와 부처님을 모두 ‘여’라고 말함은 마구니는 나쁜 짓을 닦아 극악하고, 부처님은 선을 닦아 지극하시니 비록 선악으로 구분하나 성질은 본래 하나다”라고 했다. ㉪

【통현론】 爲諸菩薩 神天大衆 皆悉已集. 默思心念請法. 問有三十七問. 如來知念. 卽於面門 舒光現相. 及集十方衆. 答前所問. 此品之內. 如來兩度放光. 齒光告衆令集. 毫光示法 令信佛境界 及所行因果行門. 又諸來菩薩 毛孔放光. 通爲三度放光故. 又集 十方衆海 佛境界相 菩薩境界相 答前衆所問. 故名現相品. 此經表法及集衆 如來放光. 前後總十度放光故. 一面門齒光. 集他方之衆. 二眉間毫光. 示果成因. 三足下輪中放 光. 成十信. 四帝釋宮中 足指端放光. 集衆入道 成十住位. 五夜摩天宮 足跌上放光. 成十行門. 六兜率天宮 膝上放光. 成十廻向. 七他化天宮 眉間毫相放光. 成十地. 八如 來出現品 眉間放光. 入文殊頂[1]. 九口中放光. 入普賢口. 令此二人 問答如來出現 始終 因果道理. 十法界品中 放眉間光. 名普照三世法界門. 是爲十. 如隨好光明功德品. 常 放光明 隨根普照. 此光非獨 緣五位進修表法也. 是常依根 攝化光也.

[통] 많은 보살과 신과 천왕과 대중들이 이미 다 모여서 묵묵히 생각으로 법을 청하
는 37가지 물음에 여래께서 마음을 아시고 입에서 광명을 놓아 모습을 나타내 보여
시방의 대중을 모아 앞서 물음에 답하신다. 이 품에서는 여래께서 두 번 광명을 놓으
시는데, 치아 광명으로 대중에게 알려서 다 모이게 하시고 백호광명으로 법을 보여서
부처님의 경계와 행해지는 인과의 행문(行門)을 믿게 하신다. 또 모여온 여러 보살의
털구멍에서 방광하니 전부 세 번 방광하신 것이 된다. 또 시방의 대중을 모아서 불보
살의 경계 모습으로 앞서 대중의 물음에 답하기 때문에 '현상품'이라 이름한 것이다.
　이 경의 법을 나타냄과 대중을 모음에서 여래의 방광은 앞뒤로 전부 열 번의 빛을
놓으신다.

1. 입안의 치아에서 방광하여 타방의 대중을 모은다.

2. 미간의 백호광명이니 불과를 보여 인행을 이룬다.

3. 발바닥의 바퀴 모양에서 방광하니 십신을 이룬다.

4. 제석궁중에서 발가락 끝으로 방광하니 대중을 모아 도에 들게 함으로써 십주의
   지위를 이룬다.

5. 야마천궁에서 발로 방광하니 십행문을 이룬다.

6. 도솔천궁에서 무릎 위에서 방광하니 십회향을 이룬다.

7. 타화천궁에서 미간 백호상으로 방광하니 십지를 이룬다.

8. 여래출현품에서 미간에서 방광하니 문수 보살의 정수리에 들어간다.

9. 입에서 방광하니 보현의 입으로 들어가 이 두 사람〔문수와 보현〕으로 하여금 여래께서 출현하신 처음과 끝의 인과 도리를 문답하게 한다.

10. 입법계품에서 '보조삼세법계문'이란 이름의 미간 광명을 놓으시니 바로 열 가지가 된다. 저 여래수호광명공덕품에 항상 광명을 놓아 근기에 맞게 널리 비춤은 이 광명이 비단 다섯 계위의 진전을 반연하여 법을 나타낼 뿐만 아니라 항상 근기에 의해 교화하는 광명인 것이다.

【주】─────────────

1. 입문수정(入文殊頂) : 경문에서는 여래성기묘덕 보살(如來性起妙德菩薩)의 정수리에 들어갔다고 되어 있다. 청량소에는 "혹자〔화엄경의 주제와 취지 통현론5 참조〕는 '묘덕'은 문수이고 여래 성품의 법문을 설하기에 '성기'란 호칭을 더했다고 하는데 이 해석이 진리에 어긋나지 않는다. 또 문수의 대지혜로써 능히 나타냄을 삼고 보현의 법계로 나타남을 삼아 비로자나의 출현을 함께 이루었고, 또한 해행(解行)이 원만하기 때문에 부처님께서 출현하시는 것이다"라고 했다. 〈⽮ 10권 262 上〉(⊕ 62권 7)

Ⅱ. 여래현상품을 설하는 까닭

【청량소】曲有二義. 一前辨衆集 今顯疑現相. 二前明舊衆 今辨新集. 故次來也.

⬚청 자세히 두 뜻이 있다.

1. 앞〔세주묘엄품〕은 대중의 모임을 말했고, 지금은 '현상'에 의문을 나타낸다.

2. 앞서 본래의 대중을 밝혔고, 지금은 새로운 모임을 말하기에 이어진 것이다.

【통현론】此品爲前 世間主等 默念三十七問. 此品放光集衆. 示其法相. 答前衆所問

三十七法故. 此品須來.

[통] 이 품은 앞부분에서 세간주 등이 마음으로 물은 37가지 질문에 대해 광명을 놓아 대중을 모으고 온갖 법상(法相)을 보여서 앞부분의 대중이 물은 37가지 법에 답하기에 마땅히 이어진 것이다.

Ⅲ. 여래현상품의 주제와 취지

【청량소】 以光相表示爲宗. 令上智玄悟爲趣.

[청] 광명의 모습으로 나타내 보임으로써 주제를 삼고, 지혜가 뛰어난 이로 하여금 그윽이 깨치게 함으로써 취지를 삼는다.

Ⅳ. 여래현상품의 간추린 경문

이 때 많은 보살과 세간주들이 이런 생각으로 법을 청하였다.

'어떤 것이 모든 부처님의 지위며 부처님의 경계요, 가지·행·힘·두려움 없음·삼매·신통·자재이고 포섭해 취할 수 없는 것입니까? 또한 어떤 것이 모든 부처님의 눈이며 부처님의 귀·코·혀·몸·뜻·몸의 빛·광명·음성·지혜입니까? 오직 원하옵나니 저희들을 불쌍히 여겨 연설하여 주소서.

또 시방 세계 바다1)의 모든 부처님들께서 다 보살들을 위하여 세계와 중생·법계 안립·부처님·부처님의 바라밀·부처님의 해탈·부처님의 변화·부처님의 연설·부처님의 명호·부처님의 수명에 대해서 설해 주소서.

---

1) 세계의 모든 것이 한 덩어리가 되어 있음을 형용한 것이다. 〈화엄경의 세계〉

그리고 원컨대 모든 보살의 서원과 발심하여 나감·도를 도움·승(乘)·행·벗어남·신통·바라밀·지위·지혜를 원컨대 부처님께서 저희들을 위하여 이같이 설해 주소서.'

부처님께서 여러 보살들의 생각을 아시고는 입안의 치아 사이에서 광명을 놓아 시방의 한없는 세계를 비추자, 저 세계의 보살들이 광명 속에서 각기 이 화장장엄 세계를 볼 수 있었다.

그 때 시방 세계의 대중들이 부처님의 광명으로 깨우치고 나서 각각 비로자나불의 거처에 와서 친견하고 공양하였다. 모든 보살들이 다 온갖 법계가 안립한 먼지 속에 두루 들어갔다. 그 낱낱 먼지 속에 한없이 광대한 세계가 있고 낱낱 세계 속에 삼세의 부처님들께서 생각 속에서 꿈에 자재하게 나타나 보이는 법문으로 세계의 한없는 중생들을 깨우치셨다.

세존께서 보살들에게 부처님의 끝없는 경계와 신력을 얻게 하기 위하여 미간에서 광명을 놓으시니, 광명의 이름은 '모든 보살의 지혜 광명으로 시방을 널리 비추는 광'이다. 그 모양은 마치 '보배 빛 나는 등불 구름[寶色燈雲光]'과 같아서, 시방의 모든 불국토를 두루 비추고는 그 가운데 국토와 중생들을 다 나타나게 하였다.

그 때 부처님 전에 큰 연꽃이 홀연히 출현하였으니 열 가지 장엄을 갖추고 있어서 다른 연꽃들로는 미칠 수 없었다. 이 연꽃이 난 뒤 일념에 부처님의 미간 백호상2)에서 '온갖 법의 뛰어난 소리' 보살이 세계의 한없는 보살들과 한꺼번에 나와서 예를 하고는 깊이 법계를 깨치고 크게 기뻐했다.

부처님 몸 법계에 충만하시어
모든 중생 앞에 두루 나타나시니
인연 따라 두루 응하시지만
항상 이 보리좌에 계시네.

---

2) 부처님의 32상의 하나로 양 눈썹 사이에 털이 있다.

제3. 보현삼매품(普賢三昧品)

Ⅰ. 보현삼매품의 이름 풀이

【청량소】普賢明說法主. 以說普法故. 三昧是業用. 以非證不宣故. 此則人法合擧 普賢之三昧. 亦此三昧 是普賢所有. 又三昧境界 名爲普賢. 一切如來藏身 爲普賢故. 此則普賢卽三昧. 揀餘定也. 若準梵本. 普賢三昧威德神變品. 威德神變 皆定之用. 攝用從體 但云三昧也. 縱佛加光讚 皆因定故. 餘會入定受加 起定卽說 同爲一品. 今此開者 文多義廣 勸修學故. 言義廣者 建立普賢之行願故. 故此比餘麤相 而說四同六異. 言四同者 入住加出. 言六異者 一數異. 餘會入起唯一. 此會入起俱多故. 二者類異. 類餘方故. 三利益異. 定起多人益故. 四光讚異. 如來毛孔 光明讚故. 五衆請異. 從定起已. 待衆請故. 六證相異. 餘會經終 方有證相. 此品益已 卽便地動 雨雲等故. 四五二種 十地雖有 而不具六. 今此具六 故別立品. 以此說果. 餘皆因故 又爲諸會本故總故. 七八九會 雖是果定. 說通因果. 又非總故.

[청] '보현'은 설법주를 밝히는데 보편적인 법을 설하기 때문이요, '삼매'는 작용〔業用〕이니 깨치지 않으면 펴지 못하는 것이기 때문이다. 이는 사람과 법을 함께 든 것이니 '보현의 삼매'요, 또한 이 삼매가 바로 보현 보살에게 있는 것이다. 또 삼매의 경계를 보현이라 이름하니 모든 여래장신이 보현이 된다. 이는 곧 '보현'이 바로 '삼매'니 다른 선정과 구별한다. 혹 범본에 준하면 '보현삼매위덕신변품'이니 위덕신변

은 모두 선정의 작용으로, 작용을 거두고 본체를 좇으니 다만 삼매라 했다. 부처님께서 광명으로 찬탄하여 가피하심이 모두 선정에 기인한다. 다른 회의 입정은 가피를 받아 선정에서 일어나자 바로 설하니 같이 한 품이 된다. 지금 나누면 글이 번다하고 뜻이 광범하니 수학하기를 권한다. 뜻이 광범하다고 말함은 보현의 행원을 건립하기 때문이다. 그러므로 여기서 나머지 대강의 형상에 비하여 네 가지 같은 것과 여섯 가지 다른 것을 설한다.

네 가지 같은 것은 입(入) · 주(住) · 가(加) · 출(出)이다.

여섯 가지 다른 것은

1. 수가 다르니 다른 회는 〔선정에〕 들어가고 나옴이 오직 하나인데, 이 회는 들어가고 나옴이 모두 다분하다.

2. 유형이 다르니 다른 방소(方所)와 구별한다.

3. 이익이 다르니 선정에서 일어나 많은 사람을 이롭게 한다.

4. 광명으로 찬탄함이 다르니 여래께서 모공의 광명으로 찬탄하신다.

5. 대중들의 청이 다르니 선정으로부터 일어나고는 대중의 청을 기다리신다.

6. 증명하는 모습이 다르니 다른 회는 경이 마칠 때 비로소 증명 모습이 있으나, 이 품은 이롭게 하고 난 뒤에 땅이 진동하고 구름이 비를 내린다. 4와 5 두 종류는 십지에도 비록 있으나 여섯 가지를 다 갖추지는 못했는데 지금 이에는 여섯을 갖추어 따로 품을 세웠다. 여기에서 불과를 설하니 나머지는 다 인행이 되기에 모든 회의 근본이 되며 전체가 된다. 7 · 8 · 9 회에 비록 불과가 정해졌으나 설이 인 · 과에 통하니, 전체가 아니다.

【통현론】理智無邊 名之爲普. 智隨根益 稱之曰賢. 三之云正. 昧之云定. 亦云正受[1]. 爲正定不亂 能受諸法 憶持簡擇. 故名正受. 亦云等持[2]. 爲正定能發生正慧 等持諸法. 是故名之等持也. 爲普賢爲佛 紹法界大智之家 諸佛萬行 徧周之長子. 以答前所問 三十七問中 云何一切 菩薩行海 出離海神通海 波羅蜜海 世界海等 故須入定. 善簡衆法 答前所問 令衆迷解故. 故須入定. 然普賢菩薩 恒無定亂. 以示法則 故須如是. 又以初擧果 勸修中 以入定爲法則 後十定品中 明十地道滿 起諸想念方眞.

[통] 이지(理智)가 끝없음을 '보'라 이름하고, 지혜로 근기를 따라 이롭게 함을 '현'이라고 일컫는다. '삼'은 바른 것이요, '매'는 선정이며, 또한 '정수(正受)'라고도 하는데 바른 선정이 산란하지 않고 온갖 법을 잘 수용하고 기억해 지녀 간택하기에 '정수'라고 이름한 것이다. 또한 '삼매〔等持〕'라 하니 바른 선정이 옳은 지혜를 잘 내어 온갖 법을 균등히 유지하기 때문에 삼매라고 했다. 보현이 부처님을 위해 법계 대지혜의 가계를 잇고 모든 부처님의 만행을 두루하는 장자가 되어 〔여래현상품〕 앞부분에서 질문한 37가지 물음 중에 '어떤 것이 일체의 보살행과 해탈〔出離〕·신통·바라밀·세계의 바다 등인가?'에 답한다. 그러므로 모름지기 입정하여 온갖 법을 잘 가려내 앞서 질문에 답하여 대중의 미혹을 풀어주기 때문에 마땅히 선정에 들어간 것이다. 이러한 보현 보살은 늘 선정도 산란함도 없으나 법칙을 보이시니 마땅히 이와 같다. 또 처음 불과를 들어 수행을 권하는 가운데서는 선정에 들어감으로써 법칙을 삼았으나 뒤의 '십정품'에서는 십지의 도가 원만해서 모든 상념을 일으켜야 비로소 참임을 밝히고 있다.

【주】────────────

1. 정수(正受) : 정신통일
2. 등지(等持) : 삼매로 마음을 하나의 대상에 머물게 하여 평등하게 계속 유지하는 것이다.

Ⅱ. 보현삼매품을 설하는 까닭

【청량소】 前衆旣集. 光示法主 今將說法 是故法主入定 受加爲近方便. 故次來也.

[청] 앞서 대중이 이미 모였기에 광명으로 법주를 보이고 이제 설법하고자 하기에 법주가 입정하여 가피를 입고 근방편이 되므로 이어진 것이다.

【통현론】明普賢菩薩 常在三昧 靜亂總眞. 然敎化衆生 故成法則故. 答所問疑故. 爲善簡擇 諸三昧出入 同異相故. 爲善簡擇 衆生業海果報 佛行業海果報. 故須入定. 從定起已 說世界成就品 華藏世界品 毗盧遮那品. 答前所問故 此品須來 意明初入法 須加定業 以顯眞門. 後十定品中 明十地眞智已終. 智隨一切衆生想念. 應根接物方是 修道者應如是知.

⑱ 보현 보살은 늘 삼매에 있으면서 고요함과 산란함이 다 참되나, 중생을 교화하는 까닭에 법칙을 이루어서 의문에 답한다. 모든 삼매에서 들고 나며 같거나 다른 모습을 잘 가려내고, 중생의 업 과보와 부처님의 행업 과보를 잘 간택하기 위하여 마땅히 입정하신다. 선정에서 일어난 뒤에는 세계성취품과 화장세계품·비로자나품을 설하여 앞서〔여래현상품〕물음에 답하기 때문에 이 품이 마땅히 이어졌다. 뜻은 처음 법에 들어갈 때엔 모름지기 선정의 힘을 빌려 진문(眞門)을 드러냄을 밝혔다. 뒤의 십정품에서 십지의 참된 지혜를 마친 뒤에, 지혜로 여러 중생의 상념을 따라서 근기에 맞추고 중생을 접해야 비로소 옳음을 밝히니 수도자는 마땅히 이와 같이 알 것이다.

Ⅲ. 보현삼매품의 주제와 취지

【청량소】入法界定 法界佛加爲宗. 令法界衆 成法界德爲趣. 望於後品 亦說世界海爲趣.

⑱ 법계의 선정에 들어 법계의 부처님께서 가피하심을 주제로 삼고, 법계의 대중으로 하여금 법계의 덕을 이루게 함을 취지로 삼는다. 뒤의〔세계성취〕품에 비교하면 또한 세계의 바다를 설함으로써 취지를 삼는다.

Ⅳ. 보현삼매품의 간추린 경문

낱낱 보현 보살의 앞에 시방의 부처님께서 다 나타나시어 같은 소리로 찬탄하셨다.

"훌륭하구나. 선남자여, 그대가 이 모든 부처님의 비로자나여래장신 삼매에 잘 들어갔도다. 이것은 시방의 모든 부처님들께서 함께 그대에게 가피하심이니 비로자나불의 본원력1)인 까닭이다. 또한 그대가 모든 부처님의 행과 원을 닦은 까닭이요, 부처님의 가르침을 잘 지니기 때문이다."

보현 보살이 곧 삼매로부터 나오시니, 시방 세계가 부처님의 신력과 보현 보살의 삼매력으로 다 가만히 흔들렸다.

---

1) 보살이 과거 수행 때 세웠던 원래의 서원인데 불과를 얻은 공덕은 다 본래의 원력이다. 예로 아미타불께서 과거 법장 보살로 계실 때 세웠던 48원이 있다.

제4. 세계성취품(世界成就品)

Ⅰ. 세계성취품의 이름 풀이

【청량소】世謂三世 墮去來今故. 界謂方分 有彼此故. 又世謂隱覆. 界亦分齊. 謂諸有爲 可破壞世 卽隱覆[1]無爲 不可壞法. 從眞性起. 同無爲法 卽隱覆有爲 可破壞世. 各不相雜 是其分齊. 是故感娑婆者 對華藏而見娑婆. 感華藏者 對娑婆而見華藏. 成就者 卽能成之緣 謂十緣等. 能所合目. 若以世界之成就 卽依主釋也. 準梵本中云. 世界海成就. 下文辨海. 譯人略[2]也. 意云佛果依正 聞修方起. 衆生業報 本自有之. 故但標世界耳.

청 '세'는 과거·미래·현재에 이어지기 때문에 삼세라 하고, '계'는 이곳 저곳이 있기 때문에 구역이라고 한다. 또 세는 덮어 감춘다는 의미요, 계는 범위이다.

모든 유위의 파괴가 가능한 '세'는 무위의 무너지지 않는 법을 덮어 감추고 있고, 참된 성품으로부터 일어나 무위와 같은 법은 유위의 파괴가 가능한 '세'를 덮어 감추고 있으면서 각기 서로 그 범주를 섞지 않는다. 이 때문에 사바 세계〔娑婆〕만 아는 이는 화장 세계를 대하더라도 사바 세계로만 보고, 화장 세계를 아는 자는 사바 세계를 대하여도 화장 세계로 보게 되는 것이다.

'성취'는 능히 이루는 연으로 열 가지 연 등이니 능소(能所)를 같이 지목한다. 만일 '세계의 성취'라고 하면 의주석이다.

범본에 준하면 '세계해성취'로 아래 글에 '해(海)'를 번역자가 생략했는데 뜻은 불과의 의보와 정보는 수행으로써 비로소 일어나는 것이요, 〔세계는〕 중생의 업보로 본래 스스로 있는 것이기에 다만 '세계'라고 나타냈을 뿐이다.

【주】────────────────

  1. 은부(隱覆) : "물건을 비축하고 봉하여 드러내지 않음을 장(藏)이라고 하는데 8식의 장이 자성여래를 덮어 감추기 때문에 '여래장'이라고 한다."(物所畜而封不露曰藏 八識之藏 隱覆自性如來 故名如來藏)〈금강경 오가해 예장사문 종경의 제송강요서(豫章沙門宗鏡提頌綱要序), 한국불교전서 7-15 中〉
  2. 역인약(譯人略) : 비록 번역가가 이치를 벗어났지만 '바다'라는 말은 매우 중요한 것이다.〈⊕ 16권 3〉바다〔海〕는 그 세계에 있는 모든 것이 한 덩어리가 되어 있는 것을 형용한 것이다.〈화엄경의 세계, 이기영 역, 한국불교연구원 간〉
   해(海) : 그 세계에 있는 모든 것이 한 덩어리가 되어 있는 것을 형용한 것이다.〈華嚴經의 世界, 末綱怒一 著, 李箕永 譯, 韓國佛敎硏究院 刊〉

【통현론】爲明世界海 依住形相 苦樂淨穢 皆是衆生 自業果報之所莊嚴 不從他有. 佛菩薩世界海 依大願力 依自體淸淨法性力 依諸波羅蜜 諸行海等 自體淸淨力. 依爲度衆生. 大慈悲智力. 以不思議變化力之所成就故. 名世界成就品.

⑧ 세계의 바다가 의지해 머무는 형상과 괴롭고 즐겁거나 깨끗하고 더러움이 다 중생의 자기 업 과보로 장엄한 것이요, 남으로부터 있는 것이 아니다. 불보살의 세계는 대 원력에 의지하고, 자체 청정한 법성력에 의지하며 모든 바라밀과 온갖 행의 바다 등 자체 청정한 힘에 의지하고, 중생을 제도하기 위한 대자비와 지혜의 힘을 의지하니 부사의한 변화력으로써 이루어진 것임을 밝히기 때문에 '세계성취품'이라고 이름했다.

Ⅱ. 세계성취품을 설하는 까닭

【청량소】 前說緣旣具. 此下正陳所說[1]. 總明果相. 別答法界安立海問 故此品來.

⟦청⟧ 앞서 연을 설해 이미 갖추었고 다음으로 정식 설을 펼친다. 전체적으로 과상을 밝혔고, 별도로〔여래현상품에서〕법계 안립의 물음에 답하기 때문에 이 품이 이어진 것이다.

【주】────────────

 1. 정진소설(正陳所說) : "앞의〔여래현상·보현삼매〕두 품은 연을 설한 것이요, 다음의〔세계성취·화장세계·비로자나〕세 품은 정식 설이 된다."〈⊕ 16권, 1〉

【통현론】 大意有五. 一答前世主 三十七問. 佛海衆生海 波羅蜜海等. 此品示業果報. 示法果報. 答前所問故. 明向前是佛 光明神力答. 此品示其佛行海 眼耳鼻舌 波羅蜜海 徧法界海 衆生業行海故. 三十七問 一時總答. 令大衆海 悟佛所行 入普賢菩薩所行也. 故號佛華嚴經[1]. 二令諸現在未來 始發菩提心者. 識佛所行 及菩薩行海. 佛菩薩大慈悲海. 能普徧法界海 衆生行業海. 而利益之. 令到究竟岸故. 旣見是已 而倣效之. 學佛行故. 令始發心者 悲智圓滿 行解不錯謬故. 三令始發心菩薩 知衆生業報 同異差別 由心造故 四令始發心者 知衆生界廣大 等法界虛空界 如影相入 重重無盡[2] 依住各別 佛菩薩行 悉充滿故. 五令始發心菩薩 知諸佛菩薩境界海 衆生境界海 一異不可得故 隨衆生自業轉變 刹海轉變故. 隨自業成壞 刹海成壞故. 以此衆因緣故. 此品須來. 發初蒙故.

⟦통⟧ 큰 뜻으로 다섯 가지가 있다.

1. 앞서 세간주들의 37가지 물음인 부처님·중생·바라밀의 바다 등에 답하니, 이 품에서 업과 법의 과보를 보여서 앞의 질문에 답하기 때문이다. 이 앞은 부처님의 광명과 신력의 답이었지만, 이 품은 부처님의 행과 안이비설(眼耳鼻

舌)·바라밀·법계에 두루함·중생들이 지은 행위[業行]를 보인다. 37가지 물음을 일시에 전부 대답하여 대중들이 부처님의 행을 깨달아 보현 보살의 행에 들게 하기에 '불화엄경'이라고 부르는 것이다.

2. 모든 현재와 미래에서 처음 보리심을 낸 이로 하여금 부처님께서 행하신 것과 보살행·불보살의 대자비·능히 법계에 두루함·중생 행위[行業]의 바다를 알게 하고 이익을 줌으로써 완성의 언덕에 이르게 하기 때문이다. 보고 난 뒤는 본받아서 부처님의 행을 배우기 때문에 초발심자로 하여금 자비와 지혜가 원만하여 행과 이해가 엇갈리지 않게 하기 때문이다.

3. 초발심 보살로 하여금 중생의 업보가 같거나 다른 차별이 마음을 말미암아 지어짐을 알게 하기 때문이다.

4. 초발심자로 하여금 중생계의 광대함이 법계 허공계와 같고 그림자와 같이 서로 들어감이 중중무진하여 의지해 머무름이 각각 다른 데도 불보살행이 다 충만함을 알게 하기 때문이다.

5. 초발심 보살로 하여금 모든 불보살의 경계나 중생의 경계가 같거나 다른 점을 얻지 못함을 알게 하기 때문이다. 중생의 자기 업이 더더욱 변함을 따라서 국토도 더욱 변하고, 자기의 업이 이루어지고 무너짐을 따라서 국토가 이루어지고 무너지니 이런 여러 인연으로써 이 품이 마땅히 이어져 초보자를 키운다.

【주】────────────────────

1. 불화엄경(佛華嚴經) : '불'은 깨달음이요, '화'는 인행(因行)이니 깨달음과 행으로 장엄한 경이라는 말이다. 깨달음만 있고 보현행이 없으면 소승의 경계가 되며, 행만 있고 참된 깨달음이 없으면 범부행과 내지 권교 보살의 행이 된다. 깨달음과 행이 둘이 아님이 화엄의 종지며 또한 비로자나이다. 〈통현론〉

2. 중중무진(重重無盡) : → 부록 십현문 참조. 금사자장(金師子章)에 따르면, 10개의 거울 가운데 촛불을 놓으면, 그 빛이 거울에 반사된다. 그것이 또 다른 거울에 비춰져 복잡하게 서로 어울리며 비춰짐을 말한다. 삼라만상이 서로서로 한 데 뒤섞여서, 하나로 융합되어 있어 구별할 수 없는 모양이다. 圖

【통현론 2】若無此品. 初心菩薩 云何知其如來攝生 如來行門. 及以衆生行業 世界

廣狹之相. 若不知者. 依何發心 乘佛大悲普濟 願行廣度. 以是義故. 如下頌云. 離諸諂
誑心淸淨. 常樂慈悲性歡喜. 志欲廣大深信人. 彼聞此法生欣悅. 安住普賢諸願地. 修
行菩薩淸淨道. 觀察法界虛空界. 此乃能知佛行處. 若不說衆生界 法界佛界 菩薩境界
虛空 無二無盡 如影重重. 依住者. 所有發心者. 說不入二乘道. 修菩薩行. 但得權敎[1]
菩薩. 心常染淨 而有限礙. 不入佛境界故. 有自佛他佛 及以國刹分劑. 有往來所依處
故. 如三乘中 所說淨土. 在於他方. 菩薩願生其中是也. 說此品者意欲 令初發菩提心
者 知衆生境界 諸佛境界 廣大之相 重重無礙 無盡之相 佛及菩薩願行 含覆利益 纖塵
無遺故. 此品須來.

[통] 만일 이 품이 없으면, 초발심 보살이 어떻게 여래의 중생을 거둠과 여래의 수행
문과 중생의 행업과 세계의 넓고 좁은 모습을 알겠는가? 만일 알지 못하면 무엇을
의지해 발심하여 부처님께서 대비로 두루 구제함과 서원의 행으로 널리 제도하심에
동승하겠는가? 이런 뜻 때문에 다음〔세계성취품〕게송에, "온갖 아첨과 거짓을 떠나
마음이 청정하고 늘 자비를 좋아하고 성품이 환희하며 뜻이 광대하고 깊은 신심이
있는 사람은 이 법을 듣고 기뻐하리라. 보현의 모든 행원의 경지에 안주하고 보살의
청정한 도를 수행하며 법계와 허공계를 관찰하여 부처님의 행처를 잘 알리라"고 한
것이다.

만일 중생계와 법계・부처님 세계・보살 경계와 허공이 둘이 없고 다함이 없어서
그림자처럼 겹겹이 의지해 머무름을 설하지 않으면, 발심한 자가 설사 이승의 도에
들지 않고 보살행을 닦더라도 다만 권교 보살에 만족하여 마음에 늘 더럽다거나 깨끗
하다는 장애의 제한이 있어서 부처님의 경계에 들어가지 못한다. 이 때문에 자기
부처님이니 다른 부처님 및 국토의 차별이 있고 왕래하는 의지처가 있는데, 삼승에서
설해진 '정토가 타방에 있어서 보살이 그 가운데 태어나기를 원한다'는 것이 바로
그것이다. 이 품을 설함은 뜻이 처음 보리심을 낸 자로 하여금 중생의 경계와 모든
부처님 경계의 광대한 형상과 겹겹이 걸림 없이 다함없는 형상과 불보살의 원행(願
行)이 포용하고 감싸면서 이익을 주어 미세한 먼지만큼도 잃어버림이 없이 알게 하
고자 하기 때문이다. 그래서 이 품이 마땅히 이어진 것이다.

1. 권교(權敎) : 대승의 가르침에 들어가기 위한 방편으로써 부처님께서 임시로 설
   하신 가르침을 말한다.

Ⅲ. 세계성취품의 주제와 취지

【청량소】標列無邊勝德. 廣釋所知世界海爲宗. 然其意趣 乃有多種. 一令諸菩薩 發大信解 悟入爲趣. 謂令知佛及菩薩 大悲行海 廣覆無盡衆生界 倣而行故. 世界無邊 悉嚴淨故. 衆生無邊 悉化度故. 刹由心異 當淨自心 及他心故. 世界重重 無盡無盡 以大行願 悉充滿故. 佛界生界 非一非異 能正了知 成大智故. 未能了者 熏成種故 皆意趣也. 亦爲顯此深意. 故此品來. 故下頌云. 離諸謟誑心淸淨 常樂慈悲 性歡喜志欲 廣大深信人 彼聞此法生欣悅. 若不聞此無邊無盡 無二之境. 滯於權小. 普賢行願 何由可成. 故普賢自說 爲令衆生等文. 皆是此品之意趣也.

⟦청⟧ 끝없이 수승한 덕을 표해 나열하고 알고 있는 세계의 바다를 자세히 풀이함으로 주제를 삼는다. 그러나 취지는 여러 종류가 있는데 처음은 모든 보살들로 하여금 크게 믿고 이해하여 깨달아 들게 함으로 취지를 삼는다. 불보살의 대비행이 널리 다함없는 중생계를 덮음을 알게 하여 본받아 행하게 하니 헤아릴 수 없는 세계를 다 장엄하여 깨끗이 하며, 헤아릴 수 없는 중생을 다 교화하여 제도한다. 국토는 마음을 말미암아 다르니 마땅히 나와 남의 마음을 깨끗이 하며, 중중무진하여 다함없는 세계를 큰 행과 원으로써 다 충만케 한다. 불국토와 중생계가 하나도 아니고 다름도 아니되 바르게 요달하여 알아서 큰 지혜를 이루게 하고, 알지 못하는 자는 종자를 이루어 훈습케 함이 모두 취지의 뜻이다.

또한 이런 깊은 뜻을 나타내기 때문에 이 품이 이어진 것인데 다음〔세계성취품〕게송에는, "모든 아첨과 거짓을 떠나 마음이 청정하고 항상 자비를 좋아하며,〔또〕

성품이 환희하고 뜻이 광대하여 깊은 신심 있는 사람은 이 법을 듣고 기뻐하리라”고 했다. 만일 끝없고 다함없으며 둘이 없는 경계를 듣지 못하고 방편과 소승에 매인다면 보현행원을 어떤 연유로 이루겠는가? 그러므로 보현 보살께서 중생들로 하여금 〔부처님의 지혜에 들게 하거나……〕 ~하게 한 등의 경문이 다 이 품의 취지다.

Ⅳ. 세계성취품의 간추린 경문

보현 보살께서 부처님의 신력으로 중생들의 업과 욕망·부처님의 원력과 신통 변화 등을 두루 관찰하고 말씀하셨다.

“간략히 말하면 열 가지 인연으로 온갖 세계가 이미 이루어졌고 지금 이루어지고 앞으로도 이루어질 것이다. 부처님의 신력인 때문이며, 법이 당연히 그러한 때문이요, 중생들의 행과 업인 때문이며, 보살들이 온갖 것을 아는 지혜를 이루어서 얻은 때문이요, 중생과 보살들이 함께 선근을 모은 때문이다. 보살들이 국토를 엄정히 하려는 원력인 때문이며, 물러가지 않는 행과 원을 이룬 때문이요, 보살들의 청정하고 훌륭히 앎이 자재한 때문이며, 부처님의 선근에서 흘러나온 것과 성도하실 때의 자재하신 힘인 때문이요, 보현 보살의 자재한 원력인 때문이다.

이것이 간략한 열 가지 인연이나 만약 덧붙이면 무수하게 많이 있다.”

제5. 화장세계품(華藏世界品)

Ⅰ. 화장세계품의 이름 풀이

【청량소】 準梵本 具云華藏莊嚴嚴具世界海之徧淸淨功德海光明品. 譯者嫌繁 乃成太略. 處中應云 蓮華藏莊嚴世界海品. 謂蓮華含子之處 目之曰藏. 今刹種及刹 爲大蓮華之所含藏 故云華藏. 其中一一境界 皆有刹海塵數 淸淨功德 故曰莊嚴. 世界深廣 故名爲海. 有云世界依海故 立海名者 恐非文意. 以下云[1]. 華藏莊嚴世界海. 住在華中故. 其梵云嚴具 卽是能嚴. 其徧淸淨 功德海光明 卽顯嚴之相用. 依體有用 故致之言. 今文擧體攝用 但云華藏. 約事可爾. 何因刹海 相狀如斯. 略擧二因. 一約衆生. 如來藏識 卽是香海 亦法性海. 依無住本 是謂風輪 亦妄想風. 於此海中 有因果相. 恒沙性德 卽是正因之華. 世出世間 未來果法 皆悉含攝 故名爲藏. 若以法性爲海 心卽是華. 含藏亦爾. 然此藏識 相分之中 半爲外器 不執受故. 半爲內身 執爲自性 生覺受故. 如來藏識 何緣如此. 法如是故. 行業引故. 二約諸佛. 謂以大願風 持大悲海. 生無邊行華. 含藏二利 染淨果法. 重疊無礙. 故所感刹 相狀如之. 是以出現品中 多將世界 以喩佛德. 細尋文意 乃由佛德 世界如之.

[청] 범본에 준하여 갖추면, '화장장엄엄구세계해지편청정공덕해광명품'이라 할 것을 번역자가 번다함을 싫어하여 크게 줄였는데 적당하게 하자면 마땅히 '연화장장엄세계해품'이라 할 것이다. 연꽃이 씨를 머금은 곳을 지목하여 '장'이라 하니 지금 국토

와 국토종이 큰 연꽃이 품은 것이라 '화장'이라고 했다. 그 가운데 낱낱의 경계가 모두 국토의 먼지 수와 같이 청정한 공덕이 있기 때문에 '장엄'이라고 했으며 '세계'가 매우 깊고 넓기 때문에 '해(海)'라 이름하였다. 어떤 이는 세계가 바다를 의지하기 때문에 바다란 이름을 세웠다는 것은 의심컨대 글의 뜻이 아니니 다음〔화장세계품〕에, "화장장엄 세계 바다가〔큰〕 연꽃 가운데 머물러 있다"고 한 때문이다. 범본에 '엄구(嚴具)'라 함은 능히 장엄하는 것인데 그 두루한 청정공덕해의 광명이 장엄의 형상과 작용을 나타낸다. 본체에 의지하여 작용이 있기 때문에 '지(之)'라는 말을 두었는데 지금 글엔 체를 들어 작용을 거두었기에 다만 '화장'이라고 하였다.

　현상에 의함도 그러하니 무슨 원인으로 국토의 바다 형상이 이 같은지 간략히 두 가지 인을 든다.

1. 중생에 의하면, 여래장식은 바로 향수 바다요, 또한 법성의 바다로 머무름 없는 근본에 의지하니 바로 풍륜, 또는 망상의 바람이라 이른다. 이 바다에 인과의 형상이 있으니 항하사의 성덕이 바른 인의 꽃이요, 세간과 출세간 미래의 과법(果法)을 다 거두기 때문에 '장'이라 이름한다. 혹 법성으로써 바다를 삼으면 마음이 바로 꽃이요, 머금어 품는 것 또한 그렇다. 그러나 장식(藏識)의 형상을 나눈 가운데에 반은 기세간〔外器〕이 되니 받아 쥐지 않기 때문이요, 반은 심신〔內身〕이 되니 쥐는 것은 자성이 되어 깨침을 내기 때문이다. 여래장식은 무슨 인연으로 이와 같은가? 법이 이와 같기 때문이요, 행위가 끌기 때문이다.

2. 모든 부처님께 의하면, 큰 서원의 바람으로써 대비 바다를 유지하고 헤아릴 수 없는 인행의 꽃을 내며 자리와 이타〔二利〕를 머금어 더럽거나 깨끗한 과법(果法)이 거듭 장애가 없기 때문에 감득하는 국토의 형상이 그와 같다. 이 때문에 여래출현품 가운데 다분히 세계를 잡아 부처님 덕에 비유했으니 세밀히 글의 뜻을 찾으면 부처님의 덕을 말미암아 세계가 그와 같은 것이다.

【주】————————————————

1. 하운(下云) : → 제5 화장세계품의 간추린 경문 참조. 〈⊛ 10권, 39 中〉

【통현론】 爲說此佛境 報得之土 蓮華所持. 含藏一切淨穢境界. 皆在其中 故名華藏.

통 부처님 경계의 과보로 얻은 국토는 연꽃이 지탱하는데 온갖 깨끗하거나 더러운 경계를 다 그 가운데 감추고 있음을 설하기에 '화장'이라 했다.

Ⅱ. 화장세계품을 설하는 까닭

【청량소】 前品通明 諸佛刹海. 今此別明 本師所嚴依果. 答世界海問. 故次來也.

청 앞〔세계성취〕봄품은 모든 불국토의 바다를 통틀어 밝혔고, 지금은 이에 본사의 장엄된 의과〔세계〕를 따로 밝혀 세계의 바다 물음에 답하기 때문에 이어진 것이다.

【통현론】 此品答前 三十七問中 佛世界海衆生海 波羅蜜海等. 此品擧如來五位中 行業因果報得. 答前三十七問故 此品須來.

통 이 품은 앞의 37가지 물음 가운데 불국토·중생·바라밀의 바다 등에 답한 것인데, 이 품에서 여래의 다섯 지위 가운데 행업(行業) 인과의 과보로 얻음을 들어서 앞의 37가지 물음에 답하기 때문에 마땅히 이어진 것이다.

Ⅲ. 화장세계품의 주제와 취지

【청량소】 別顯本師依報 具三世間 融攝無盡爲宗. 令諸菩薩 發生信解 成就行願爲 趣. 餘如前品. 但總別異耳. 融攝之相 亦見前文. 賢首立華藏觀. 復有十德 大同小異

如彼文說.

 별도로 본사의 국토〔依報〕를 나타내고 삼 세간을 갖추어 다함없이 융섭함으로 주제를 삼고, 많은 보살들이 믿음과 이해를 내어 행원(行願)을 이루게 함으로 취지를 삼는다.

나머지는 앞 품과 같은데 다만 전체적인 것과 개별적인 것이 다를 뿐이다. 융섭한 모습은 또한 앞의 문장을 보라. 현수 스님은 화장관(華藏觀)을 세우셨는데 다시 열 가지 덕이 있어 대동소이하며 저 문의 설명과 같다.

Ⅳ. 화장세계품의 간추린 경문

보현 보살께서 다시 대중에게 말씀하셨다.

"화장장엄 세계는 비로자나불께서 지난 옛적 수많은 겁 동안 보살행을 닦으실 때에 무수한 부처님을 친견하고 대원을 청정하게 닦아서 장엄하신 것이다. 저 수미산의 수많은 풍륜의 가장 위에 향수 바다[1]가 있고, 거기에 큰 연꽃이 있으니 이름이 '다양한 빛과 꽃향기의 깃발[2]'이다. 화장장엄 세계가 그 가운데 있는데 사방이 골고루 평탄하며 깨끗하고 견고하여 금강륜산이 두루 에워쌌고 땅과 바다와 온갖 나무들이 각기 구별되어 있다.

또한 이 화장장엄 세계에 대철위산이 '햇빛 구슬왕' 연꽃 위에 머물러 있는데, 전단 마니로 바탕이 되고 위엄 있는 보배로 봉우리를 삼았다. 온갖 향수가 그 사이에 흐르고 보배 숲에 절묘한 꽃들이 피었으며 향기로운 풀들이 땅에 널려 있었다. 이 세계의 대철위산 안에 있는 땅은 모두 다 금강으로 되었고, 보배 가루를 흩어 연꽃을 펴놓았으며, 삼세의 불국토에 있는 장엄으로 아름답게 꾸몄다.

---

1) 수미산을 에워싼 바다로 8공덕수(달고, 차고, 부드럽고, 가볍고, 맑고, 냄새가 없고, 마실 때 목을 손상시키지 않으며, 다 마시고 나서는 배가 아프지 않음)로 채워져 있다.
2) 큰 뜻이 뛰어나기에 '깃발'이란 이름을 붙인다고 한다.

또한 대지에 한없는 향수 바다가 있으니 묘한 보배로 그 바닥을 장엄하고, 전단향의 미세한 가루가 밑에 깔렸으며, 온갖 장엄이 다 나타났다. 낱낱 향수 바다에는 각각 사천하의 한없는 향수강이 있어서 오른쪽으로 돌면서 에워쌌는데 낱낱 향수강에는 각각 한없는 장엄이 있다. 또한 모든 불국토의 장엄이 불가사의함은 이 화장장엄 세계의 온갖 경계가 낱낱이 다 세계의 한없이 청정한 공덕으로 장엄한 것이기 때문이다.

이 가운데 어떠한 세계가 머무는지를 말하면, 십 불가설3)의 많은 세계종이 안주해 있고 낱낱 세계종에는 또 십 불가설의 무수한 세계가 있다."

---

3) 말로 설할 수 없는 것이 '불가설'인데 인도의 광대한 수법의 한 단위이다.

제6. 비로자나품(毘盧遮那品)

구역 : 제2. 노사나불품(盧舍那佛品)

Ⅰ. 비로자나품의 이름 풀이 Ⅱ. 비로자나품을 설하는 까닭
　【청량소】【통현론】　　　　【청량소】【통현론】
　【수현기】【탐현기】　　　　【수현기】【탐현기】
Ⅲ. 비로자나품의 주제와 취지 Ⅳ. 비로자나품의 간추린 경문
　【청량소】
　【수현기】【탐현기】

Ⅰ. 비로자나품의 이름 풀이

【청량소】略云光明徧照. 廣如前釋.

청 간략히 '광명이 두루 비춤'이라고 하는데 자세한 것은 앞의 해석과 같다.

【통현론】毗盧遮那品者. 此品依主得名. 明引古佛成今信. 還以佛號以爲品名. 毗云種種. 遮那云光明. 言以法身悲智. 設種種敎行之光. 破衆生之業暗故. 問曰古佛今佛. 爲一爲異. 答曰 爲一爲異. 何以然者 爲法身智身 九十七大人之相. 大慈大悲 智慧解脫是一. 各各衆生 發心成佛是異. 又無量三世諸佛. 皆同一念成佛. 無前後際是一. 然亦不壞一念中 見無量衆生 三世劫量是異. 以十玄門六相義 該通可解. 經云一切諸佛身. 唯是一法身. 一心一智慧. 力無畏亦然.

통 비로자나품이란 것은 이 품이 주도자에 의해 이름을 얻은 것인데 옛 부처님을 이끌어 지금의 믿음 이룸을 밝혔고, 또한 부처님의 호로써 품의 이름을 삼은 것이다.

'비'는 갖가지요, '자나'는 광명이니 법신의 자비와 지혜로써 갖가지 가르침과 수행의 광명을 베풀어 중생의 어두운 업을 깨뜨림을 말한다.

　문 : 옛 부처님과 지금 부처님은 같은가, 다른가?

　답 : 같기도 하고 다르기도 하다.

　문 : 어째서 그런가?

　답 : 법신과 지신과 97대인상과 대자대비와 지혜의 해탈은 같으나 각각의 중생이 발심해서 성불함은 다르다. 또 한량없는 삼세의 모든 부처님께서 다 함께 일념에 성불하시어 처음과 끝이 없음은 같지만, 한 생각을 무너뜨리지 않고도 한량없는 중생과 삼세의 겁량(劫量)을 봄은 다르다. 십현문과 육상의 뜻으로써 융통하면 알 수 있을 것이다. 화엄경〔보살문명품〕에는, "모든 부처님의 몸이 오직 한 법신이요, 한 마음과 한 지혜이니 힘과 두려움 없음도 또한 그렇네"라고 하였다.

【수현기】 盧舍那此云 廣博嚴淨. 問此品辨依報 何故從主名者. 此土與主爲所依. 正報强故 擧人顯土.

　㊉ 노사나는 이쪽 말로 하면 '광박엄정'이다.

　이 품은 심신이 의지하는 곳〔의보〕을 말하는데 무슨 이유로 주도자를 따라 이름했는가?

　이 땅은 주도자와 더불어 의지처가 되니 정보가 강하기 때문에 사람을 들어 땅을 드러낸 것이다.

【탐현기】 盧舍那者 古來譯或云三業滿. 或云淨滿. 或云廣博嚴淨. 今更勘梵本 具言毗盧遮那. 盧舍那者 此翻名光明照. 毗者此云遍. 是謂光明遍照也. 此中光明有二種. 一智光. 二身光. 智光亦二義. 一照法謂眞俗雙鑒. 二照機謂普應群品. 身光亦二種. 一是常光 謂圓明無礙. 二放光謂以光驚悟. 此中遍者亦二種. 一平漫遍 無礙普周故. 二重重遍 如帝網重現故. 此二圓融. 各全體遍 非是分遍. 是故下文[1]云. 佛身充滿諸法界. 普現一切衆生前. 如是等無量如文說. 此中身智無礙故 身光卽智光. 二遍無礙故 平遍

卽重重. 光遍無礙故 光明卽遍照. 遍照性闇覺. 是故名爲佛. 此明下文 世界海等諸事 一一皆是稱性 緣起無礙 離闇覺照稱光. 無不普周法界名遍. 此舍那佛 非局報身. 以通器等 三種世間 具十身故. 問如下文中 略明五海. 廣辨世界. 何故不云世界品 乃題佛名耶. 答古德釋云. 以從主爲名故 以主勝故. 擧土主以說之. 今釋以佛 通三世間故. 下文土等 卽是舍那佛. 如十身中 國土身等. 又以依正無礙故 是故標釋. 互擧文綺[2]耳. 又以五海中 佛海卽具餘四海 餘亦爾. 以佛勝故. 獨標爲軌 故以爲名. 餘不說也.

[탐] '노사나'라 함은 옛날부터 내려오는 번역으로 혹 '삼업이 원만함'이라고 말하거나, 혹은 '깨끗함이 원만함'이며, 혹은 '썩 넓고 청정하게 장엄함'이라고 하기도 한다.

이제 다시 범본을 살펴 갖추면 '비로자나'라 할 것인데 '노사나'는 이쪽 말로 번역하면 '광명조'라고 이름할 것이요, '비'는 여기 말로 '변함'이라고 하니 바로 '광명변조'를 이르는 것이다.

1. 이 가운데 광명에는 두 가지가 있으니 첫째는 지혜의 광명이요, 둘째는 몸의 광명이다.

    (1) 지혜의 광명에 또한 두 뜻이 있다.

        1) 법을 비추니 진과 속을 같이 비춘다.

        2) 근기를 비추니 두루 중생에 응함을 이른다.

    (2) 몸의 광명에도 또한 두 가지가 있다.

        1) 항상 내는 광명이니 완전하여 걸림이 없다.

        2) 광명을 놓으니 빛으로써 깨닫게 한다.

2. 이 가운데 '두루함'에 또한 두 가지가 있다.

    (1) 고르게 퍼져 있으니 걸림 없이 두루한 때문이다.

    (2) 겹겹이 두루함으로써 제석의 그물과 같이 거듭 나타나니 이 둘이 원융하여 각각 전체적으로 퍼져 있지 부분에 두루함은 아니다. 이 때문에 다음〔여래현상품〕경문에, "부처님의 몸 법계에 가득하시어 일체 중생 앞에 두루 나타나시니……"라고 하였는데 이와 같은 한량없음이 경문의 설과 같다. 이 가운데 몸과 지혜가 걸림 없기 때문에 몸의 광명이 그대로 지혜의 광명

이요, 두 가지 두루함이 걸림 없기 때문에 고르게 두루함이 그대로 중중한 것이다. 광명과 두루함도 걸림 없기 때문에 광명이 곧 두루 비춤이요, 어두운 성품을 비추어 깨치게 하기 때문에 부처라고 이름한다. 여기서는 다음 경문에서 세계의 바다 등 모든 현상 하나 하나가 다 성품에 걸맞게 연기 무애하여 어두움을 떠나 깨달아 비춤을 '광명'이라고 일컫고 법계에 널리 두루하지 못함이 없음을 '편(遍)'이라 이름함을 밝힌 것이다.

이 '사나불'은 보신에 국한되지 않는데 '기' 등 삼 세간에 통하여 십신을 갖춘 때문이다.

다음 글과 같이 간략하게 다섯 바다를 밝히고 자세하게 세계를 말하면서 무엇 때문에 '세계품'이라고 하지 않고 부처님의 이름으로 제목을 했는가? 고덕이 "주도자를 좇아서 이름 삼았기 때문인데 주도자가 수승하기에 국토의 주도자를 들어서 설한 것이다"라고 풀이하셨으니, 해석하면 부처님은 삼 세간에 통하신다. 다음 경문의 '국토' 등은 바로 사나불이시니 십신 가운데 국토신 등과 같다. 또 의보와 정보는 걸림 없기 때문에 나타내어 풀이한 것이 서로 엇걸리는 것이다. 또 다섯 바다 가운데 부처님의 바다가 나머지 네 바다를 갖추었기 때문이요, 다른 것도 또한 그러하다. 부처님께서 수승하시기 때문에 홀로 표하여 본보기라고 한 것이요, 그렇게 품명을 삼았고 다른 것은 설하지 않았다.

【주】

1. 하문(下文) : 제2 여래현상품의 간추린 경문 참조. (佛身充滿於法界 普現一切衆生前 隨緣赴感靡不周 而恒處此菩提座) 〈⑦ 10권 30 上〉
2. 기(綺) : 부처님 이름으로 제목을 했지만 세계라는 말도 엇걸려 있다.

Ⅱ. 비로자나품을 설하는 까닭

【청량소】 前明此因之果. 今辨前果之因 答前因問. 故次來也. 因是果因 故標果稱.

又不以人取法 知是誰因. 前品初言毘盧遮那 曠劫修因之所嚴淨. 今方顯其事.

[청] 앞에서 이런 인행의 불과를 밝혔고, 지금은 앞의 불과의 인행을 말하여 이전 인행의 물음에 답하는 때문에 이어졌는데 인행이 불과의 인행이기에 불과라고 표해 일컬었다. 또 사람으로 법을 취하지 않으면 무엇의 인행임을 알 것인가? 앞〔화장세계〕품 초에 비로자나가 오랜 겁 동안 닦은 인행으로 청정히 장엄된 것이라 했으니 지금 비로소 그 일을 나타낸 것이다.

【통현론】前之五品. 以擧現世 毗盧遮那佛果. 恐不成信. 何以然者. 爲古無舊迹 今何所來. 以此引古證今. 明道不謬故. 又明古今諸佛 三世法相似故. 成其信者 不狐疑故.

[통] 앞의 다섯 품에서 현세의 비로자나불의 과를 들었으나 믿지 못할까 걱정하니 왜 그런가? 지난날의 옛 자취가 없으면 지금 무엇을 하겠는가. 이로써 옛을 끌어다 지금을 증명해서 도가 그릇되지 않음을 밝힌 것이다. 또 고금의 모든 부처님의 삼세 법이 비슷함을 밝혀 믿는 자들이 의심하지 않도록 밝혔다.

【수현기】旣衆集已. 次明所顯法故也.

[수] 이미 대중이 모였고, 다음으로 나타나는 법을 밝힌다.

【탐현기】前旣序已. 次顯正宗[1] 義次第故. 是故次來.

[탐] 앞에서 이미 서분을 다했고, 다음으로 정종을 나타냄이 뜻의 순서이기에 이어진 것이다.

【주】━━━━━━━━━

1. 정종(正宗) : 60권 구역 화엄경은 노사나품부터 정종분이 된다.

Ⅲ. 비로자나품의 주제와 취지

【청량소】明因廣大爲宗. 證成前果爲趣.

[청] 인행이 광대함을 밝힘으로 주제를 삼고, 앞의 불과를 깨달아 이룸으로 취지를 삼는다.

【수현기】辨宗趣者有二. 一人. 二法. 人有二. 謂能加及所加. 各有體相用. 下諸會並一 約處會分異耳. 能加體者 以內證法智爲體. 七日思惟慶喜 以顯德相. 加說爲用. 所加助化人體者 入定爲體. 蒙加爲相. 起說爲用. 餘會昇沈優劣 準之可解耳. 法者四種淨土 爲此會宗. 又亦可法界海 及世界海爲宗也. 其法用眞如爲體. 別德爲相. 益物爲用.

[수] 주제와 취지를 밝힘에 두 가지가 있는데 첫째는 사람이고, 둘째는 법이다.
1. 사람에 두 가지가 있다. 가피하는 자와 가피 받는 자가 있는데 각기 본체·형상·작용이 있다. 다음의 모든 회상이 다 하나인데 장소와 회상에 의해서 차이를 구분했을 뿐이다. 가피자의 본체는 내면적 깨달음의 법과 지혜로 본체를 삼고, 7일간의 사유와 기쁨으로써 덕상을 드러내고, 말씀을 베푸심으로써 작용을 삼는다. 가피를 받고 교화를 돕는 이의 본체는 입정으로써 체를 삼고, 가피를 받음으로 형상을 삼으며, 말씀을 일으킴으로 작용을 삼는다. 다른 회상의 성하고 쇠함이나 뛰어나고 못함[昇·沈·優·劣]은 준하여 알 것이다.
2. 법은 네 가지 정토로써 이 회상의 주제를 삼거나 또한 법계와 세계의 바다로 주제를 삼는 것도 괜찮다. 그 법은 진여를 사용하여 본체를 삼고, 개별적인 덕으로써 형상을 삼으며, 중생을 이롭게 함으로써 작용을 삼는다.

【탐현기】有二. 一約人二約法. 人亦二. 一化主. 二助化. 各有體相用. 主中內證法智爲體. 七日思惟 解脫爲相. 加說爲用. 此三不二 唯是一果. 助化中入定爲體. 蒙加爲

相. 起說爲用. 此三不二 唯是一因. 此上因果 融攝不二 唯是一人. 法中亦二. 一約義
理. 二約敎事. 亦各有體相用義. 理中性海爲體. 別德爲相. 應敎爲用. 此三不二 唯一
義理. 敎事中本分內 五海[1]十智[2]爲體. 十世界及華藏界爲相. 益機爲用. 此三不二 爲一
敎事. 此上敎義 融攝不二 爲一法也. 又上人法 復圓融不二 爲一宗趣. 此四義各三[3] 爲
一緣起 相卽無礙. 是故或唯果 以俱是佛故. 或唯因俱是普賢故. 或敎或義 或人或法 或
體或用 或主體乃至或敎用. 竝皆攝盡 準思可見. 下諸會宗 皆有此相. 但隨法異耳.

圖 두 가지가 있는데 첫째는 사람에 의하고, 둘째는 법에 의한다.

1. 사람에 또한 둘이 있으니 첫째는 교화주요, 둘째는 교화의 보조인데 각기 본
   체·형상·작용이 있다.

   (1) 교화주에 안으로 증득한 법과 지혜로 본체를 삼고, 칠일 동안 사유하여
       해탈한 것으로 형상을 삼으며, 말씀을 베푸심으로써 작용을 삼는다. 이
       셋은 둘이 아니요, 오직 하나의 불과일 뿐이다.

   (2) 교화의 보조에는 입정으로써 본체를 삼고 가피를 받음으로써 형상을 삼으
       며, 말씀을 일으킴으로써 작용을 삼는다. 이 셋은 둘이 아니요, 오직 하나
       의 인행일 뿐이다. 이 위는 인·과가 융섭하여 둘이 아니며, 오직 하나의
       사람일 뿐이다.

2. 법에도 또한 둘이 있으니 첫째는 이치에 의하며, 둘째는 가르침에 의하는데
   또한 각기 본체·형상·작용의 뜻이 있다.

   (1) 이치에 성품으로 본체를 삼고, 개별적 덕으로 형상을 삼으며, 가르침에
       응함으로 작용을 삼는다. 이 셋은 둘이 아닌 오직 하나의 이치일 뿐이다.

   (2) 가르침 중에 본분에서는 오해(五海)와 십지(十智)로 본체를 삼고, 십 세계
       와 화장 세계로 형상을 삼으며, 중생을 이롭게 함으로 작용을 삼는데 이
       셋은 둘이 아닌 하나의 가르침이 된다. 이 위의 가르침과 이치는 융섭하여
       둘이 아님을 하나의 법으로 삼으며, 또 위의 사람과 법이 다시 원융하여
       둘이 아님을 하나의 주제와 취지로 삼는다. 이 네 뜻에 각기 셋이란 것은
       하나의 연기로 상즉하여 걸림이 없기 때문에 혹은 오직 불과뿐이니 모두가

부처님이거나, 혹은 오직 인행뿐이니 다 보현이다. 혹 가르침·뜻·사람·법·본체·작용·주체 내지 혹은 가르침의 작용으로써 함께 모두 거두어 다한 것임을 준하여 생각하면 알 수 있다. 다음 여러 회상의 주제는 모두 이런 형상이 있는데 다만 법을 따라 다를 뿐이다.

【주】────────────

1. 오해(五海) : 다섯 가지의 덕을 갖춘 바다이다. ① 온갖 세계의 바다 ② 여러 중생의 바다 ③ 법계 업의 바다 ④ 여러 중생의 육근 욕락의 바다 ⑤ 모든 삼세 부처님의 바다.
2. 십지(十智) : 유루지와 무루지의 성분이 열 가지가 된다. ① 세속지(世俗智) ② 법지(法智) ③ 유지(類智) ④ 고지(苦智) ⑤ 집지(集智) ⑥ 멸지(滅智) ⑦ 도지(道智) ⑧ 타심지(他心智) ⑨ 진지(盡智) ⑩ 무생지(無生智) ㊉
3. 사의각삼(四義各三) : 넷은 사람에 교화주의 불과와 교화 보조의 인행, 법에 이치와 가르침이다. 셋은 각기의 본체와 형상 작용을 말한다. ㊃

Ⅳ. 비로자나품의 간추린 경문

그 때 보현 보살께서 다시 대중에게 설1)하셨다.

"지나간 옛적에 한없는 겁을 지나고 다시 그 곱을 지나서 '뛰어난 소리' 세계가 있었다. 반듯하게 둥글고 땅에는 무한한 장엄이 갖추어졌으며 온갖 보배 구름이 덮이고 청정한 광명이 비쳤다. 성읍과 궁전은 수미산 같고 옷과 음식은 마음대로 이르니 '갖가지 장엄' 겁2)이라고 한다.

저 세계의 최초 겁에 한없는 부처님께서 출현하셨는데 그 처음 부처님 명호는 '모

────────────

1) 훌륭한 세계는 반드시 그러한 원인이 있다고 하면서 과거의 본사 인연을 밝힌다.
2) 인도의 시간 단위로 무한한 시간이다. 반석겁과 개자겁이 있는데 개자겁은 상하사유 일 유순의 성에 개자를 가득 채우고 백년에 한 알씩 없애길 그 개자 전부를 다해도 일 겁이 끝나지 않는다고 한다.

든 공덕의 산 수미의 빼어난 구름'이시다. 저 부처님께서 출현하신 백 년 전에 '마니 꽃가지 바퀴 숲'의 온갖 장엄이 널리 청정하였다. 이른바 부사의한 보배 불꽃 구름을 내고 부처님 공덕을 찬탄하는 소리를 내었다. 이와 같은 장엄을 나타내어 부처님께서 장차 세상에 출현하실 것을 보이니, 여러 왕들의 선근이 익어서 부처님을 친견하려고 도량으로 모여왔다. 그 중 '기쁘게 보는 선한 지혜' 왕의 대위광 태자가 부처님의 광명을 보고 예전에 닦은 선근력으로 법문을 얻고 부처님의 신력을 받아 찬탄하니 그 소리가 '수승한 음성' 세계에 널리 퍼졌다.

그 때 저 부처님은 삼세 부처님들의 자재법을 두루 모은 수다라3)로 중생들의 마음을 따라 모두가 다 이익을 얻게 하였다. 대위광 보살은 이 법을 듣고 즉시에 '모든 공덕의 산인 수미의 빼어난 구름' 부처님께서 지난 세상에 모으신 법해 광명을 얻었다. 그 부처님께서 열반하신 뒤에 '바라밀의 선한 눈으로 장엄하신 왕' 부처님께서 출현하시니, 역시 저 마니꽃 가지 바퀴 큰 숲 속에서 정각을 이루시었다. 그 때 대위광 동자는 그 부처님께서 최상의 깨달음을 이루어 신력을 나타내심을 보고 곧 염불 삼매를 얻었으니 '끝없는 바다로 갈무리한 문'이며, 다라니를 얻었으니 '큰 지혜의 힘인 법의 못'이다.

저 때에 부처님께서 '법계 체성의 깨끗이 장엄하는 수다라'를 말씀하셨는데 많은 대중들이 이 경을 듣고 청정한 지혜를 얻었으니 '온갖 청정한 방편에 들어감'이다.

'바라밀의 선한 눈으로 장엄하신 왕' 부처님께서 열반하고는, 희견선혜왕이 이어 또한 세상을 버리니 대위광 동자가 전륜왕위를 이으셨다.

저 마니꽃 가지 바퀴 큰 숲에서 세 번째 '최고 수승한 공덕의 바다' 부처님께서 세상에 출현하시니, 대위광 전륜성왕이 여러 사람과 같이 온갖 향마니로 장엄한 큰 누각을 부처님께 바쳤다. 그 때 저 부처님께서 숲 속에서 '보살의 널리 관하는 광명행 수다라'를 말씀하시니 대위광 보살이 이 법을 듣고 '큰 복덕으로 두루하는 광명 삼매'를 얻었다. 이 삼매를 얻고는 모든 보살과 중생들의 과거·현재·미래의 복과 복 아님을 다 잘 깨쳐 알았다.

---

3) 경(날실)으로 가르침을 꿰는 요점이다. 부처님의 가르침이 진리를 꿰어 흩어지지 않도록 함이 얽어매는 끈과 같은 것이다.

저 마니꽃 가지 바퀴 큰 숲에서 다시 부처님께서 출현하시니 '명칭이 널리 알려진 연꽃 눈 깃발'이셨다. 그 때 대위광 보살이 목숨을 마치고는 수미산의 조용한 보배 궁전에 태어나 '번뇌를 떠난 복덕의 깃발' 대천왕이 되시어 하늘 대중과 함께 부처님께 보배 꽃구름을 내려서 공양하였다.

그 때 저 부처님께서 '광대한 방편으로 널리 비추는 수다라'를 말씀하시니 천왕들이 이 경을 듣고 '널리 문을 열고 기뻐하는 광' 삼매를 얻어 온갖 법의 실상에 잘 들어갔도다."

제2회 보광명전설(普光明殿説) : 4권 6품

(믿고 덕을 이루는 부분)

【經文】爾時世尊 在摩竭提國 阿蘭若法 菩提場中. 始成正覺. 於普光明殿 坐蓮華藏 師子之座.

그 때에 세존께서는 마갈타국 아란야법 보리장에 계시면서 비로소 정각을 이루고 보광명전에서 연화장 사자좌에 앉으셨다.

· 법　사 : 문수 보살
· 법　문 : 십신
· 삼　매 : (십신은 지위에 들지 못하기 때문에 입정하지 않는다.)
· 광　명 : 두 발바닥의 바퀴무늬 광명

1. 의지되는 과
　(1) 몸과 이름의 차별을 밝힌다.
　　　몸 : 여래명호품 제7
　(2) 가르침이 두루 미침을 밝힌다.
　　　말씀 : 사성제품 제8
　(3) 부처님의 광명이 다 비침을 밝힌다.
　　　마음 : 광명각품 제9
2. 닦는 인행
　(1) 바른 이해로 이치를 관함을 밝힌다.
　　　해 : 보살문명품 제10
　(2) 연을 따르는 원행을 밝힌다.
　　　행 : 정행품 제11
　(3) 덕용으로 다 거둠을 밝힌다.
　　　덕 : 현수품 제12

Ⅰ. 보광명전회의 이름 풀이

【청량소】約處名普光明殿會. 然有三釋. 一以殿是寶成 光普照故. 二佛於其中放普光故. 三佛於殿中 說普法門 慧光照世. 故立其名. 依前一義 卽依主釋. 後二有財. 約法則名信行之會.

[청] 장소에 의해 '보광명전회'라 이름하는데 세 가지 해석이 있다.

1. 전각이 보배로 이루어져 빛이 두루〔普〕비추기 때문이다.

2. 부처님께서 그 가운데서 두루 광명을 놓으시기 때문이다.

3. 부처님께서 전각 가운데서 두루하는 법문을 설하시고 지혜의 광명으로 세간을 비추기 때문에 명명했다. 앞의 한 뜻에 의하면 '의주석'이고, 뒤의 둘은 '유재석'이며, 법에 의하면 '신행회'라고 이름할 것이다.

【수현기】普者德普. 光者智光. 亦可光普.

[수] '보'는 덕이 두루한 것이요, '광'은 지혜의 광명인데 또한 광명이 두루함이라고도 할 수 있다.

【탐현기】名普光法堂會. 然釋有五義. 一約事. 謂佛於堂內 放光普照故. 名此堂爲普光. 於中說法 又名法堂 此依主釋. 二約法. 謂眞俗遐周曰普. 妙智照達云光. 境智玄

軌爲法. 此普光卽法. 又詮普光之法. 堂內說此. 依主爲名. 法通二釋. 堂唯依主. 三約
境謂普體光用. 法通敎義. 四唯約智 亦如境說. 五約實. 謂無礙法界 一塵一行皆遍 因
陀羅網 重重顯現 故稱爲普. 卽普圓明煥曜. 故復云光. 無不正軌. 故亦云法. 卽法應緣
成陰爲堂. 皆持業釋. 如以三空[1]爲門等. 例準可知. 又信該六位稱普. 滅惑顯理爲光.
陰機爲堂.

탐 '보광법당회'라 이름하는 풀이에 다섯 가지 뜻이 있다.

1. 현상에 의하니 부처님께서 집안에서 빛을 놓아 널리 비추시므로 이 집을 '보광'
   이라고 하고 그 가운데서 설법하시기에 '법당'이라고 하니 이는 의주석이다.

2. 법에 의하니 진과 속에 멀리 두루함을 '보'라 하고, 미묘한 지혜가 비추어 사무
   침을 '광'이라고 하며, 경계와 지혜의 오묘한 궤도를 '법'이라고 한다. 이 '보광'
   이 바로 '법'이요, 또 '보광의 법'을 설명한 것인데 '당(堂)'에서 이를 설하니 '의
   주석'으로 이름했다. '법'은 두 가지 해석에 통하고, '당'은 오직 의주석이다.

3. 경계에 의하니 '보'는 본체이고, '광'은 작용이며, '법'은 가르침과 뜻에 통한다.

4. 오직 지혜에 의하니 또한 경계를 설함과 같다.

5. 진실에 의하니 걸림 없는 법계는 하나의 먼지와 행위까지도 모두 두루하여 인다
   라망에 겹겹이 나타나기 때문에 '보(普)'라고 일컫고, 두루 원명하게 비추기 때
   문에 다시 '광(光)'이라고 한다. 바른 본보기가 아님이 없으므로 또한 '법(法)'이
   라고 하며, 법에 걸맞게 대상에 응하여 덮어 감쌈을 '당(堂)'이라고 하는데 모두
   '지업석'이다. 삼공(三空)으로써 문을 삼은 등과 같은데 예에 준하면 알 수 있다.
   또 믿음이 육위를 갖춤을 '보(普)'라 하고, 의혹을 없애 이치를 나타냄을 '광
   (光)'이라고 하며, 중생을 덮어 감쌈을 '당(堂)'이라고 한다.

【주】─────────────────

  1. 삼공(三空) : → 부록 법수 참조.

Ⅱ. 보광명전회를 설하는 까닭

【청량소】生解之中 信爲其首故. 又前擧所信之境. 今明能信之行. 故次來也.

［청］ 이해를 내는 것에는 믿음이 으뜸이 되기 때문이다. 또 앞서 믿음의 경계를 들었고, 지금은 능히 믿는 행을 밝히기 때문에 이어진 것이다.

【수현기】前擧淨土 爲所信境. 次辨能信心故也.

［수］ 앞서 정토를 들어서 믿음의 경계로 삼았고, 차례로 능히 믿는 마음을 밝히기 때문이다.

【탐현기】修因之中信最初 故次來也. 又謂前會 明所信之境. 今辨能信之行. 義次第故也. 問名號等三 豈屬能信. 答爲成信故 同會辨之. 問前豈不成信. 答凡約境生信. 境有二義. 一標擧境法 明有所在. 二攝以就心 令成信行. 前會據初義. 此中約後義. 又前會果廣而因略. 相從俱屬果. 此會因廣而果略. 相從俱屬因. 問等是果法. 何故前會明依. 此中說正. 答依報麤現 易見故先辨. 正報細隱 難知故後說. 又若約佛 先須淨土棲託. 後辨正報. 又亦可無在 隨擧皆得. 問明修因之中. 何故此會 與第六皆有果法. 同會中間諸會 無此例耶. 答此會是修因之始 而與果同會. 而果在會初. 十地等是成因之終. 亦與果同會 而果在會後. 此等爲顯依果海 以起圓因. 因滿還融歸圓果. 此乃文中 宏致始終之標幟者也.

［탐］ 인행을 닦는 데는 믿음이 최초인 때문에 이어졌다. 또 앞〔적멸도량〕회에서 믿음의 경계를 밝혔고, 지금은 능히 믿는 행을 말하는 것이 뜻의 순서이기 때문이다.
　문 : 명호품 등 〔사제품·광명각품〕의 셋은 어째서 능히 믿는 것에 속하는가?
　답 : 믿음을 이루기 위하여 같은 회에서 말한 것이다.
　문 : 앞에서는 왜 믿음을 이루지 못했는가?

답 : 무릇 경계에 의해 믿음을 내니 경계에 두 가지 뜻이 있다.

1. 경계의 대상을 들어 소재가 있음을 밝힌다.

2. 거두어 마음에 나아가 신행을 이루게 한다. 앞 회에서는 처음 뜻에 의했고, 여기〔보광법당회〕서는 뒤의 뜻에 의한다. 또 앞 회에서는 불과를 자세히 하고 인행은 간략히 했는데 서로 따르게 해서 다 불과에 속하게 했고, 이 회에서는 인행을 자세히 하고 불과는 간략히 하니 서로 따르게 해서 다 인행에 속하게 하였다.

문 : 같이 바로 불과법인데 무엇 때문에 앞 회에서는 국토〔依〕를 밝히고, 지금은 심신〔正〕을 설하는가?

답 :〔심신이〕의지하는 곳은 굵직하게 나타나 보기가 쉽기 때문에 먼저 밝혔고, 정보는 세밀히 숨어 있어서 알기 어렵기 때문에 뒤에 설하는 것이다. 또 만약 부처님께 의하면 먼저는 반드시 정토에 의탁하여 깃들이고, 뒤에서는 정보를 밝힌다. 또한 없으면 거론함을 따라서 모두 얻을 수 있다.

문 : 인행을 닦음을 밝히는 중에 이〔보광법당〕회가 제6〔타화자재천궁〕회와 더불어 다 과법이 있는데 같은 회 중간의 여러 회에서는 무엇 때문에 이런 예가 없는가?

답 : 이 회는 인행을 닦음으로 시작하여 과와 더불어 같은 회로써 불과가 회의 처음에 있기 때문이다. 십지 등은 인행을 이루는 마지막이 되니 또한 불과와 더불어 같은 회인데 불과가 회의 뒤에 있음이겠는가? 이러한 등은 불과에 의하여 원만한 인행을 일으키고 인행이 원만할 때 도리어 원만한 불과에 융합하여 돌아감을 나타내기 위한 것이다. 이것이 글 가운데 처음과 끝의 기치를 넓게 이룬 것이다.

Ⅲ. 보광명전회의 주제와 취지

【청량소】若就總望[1] 信解行德 攝位爲宗. 通成佛果爲趣. 信能必到 如來地故. 近望[2]

唯信爲宗. 成位爲趣. 若依長科十分³之宗 此下三品 以爲一分. 卽果用應機 周徧法界 以爲其宗. 依此起信爲趣. 故此亦名正報因果.⁴ 亦是所信. 信何法門 信佛身名 等於衆 生. 則知我名 如佛名也. 信佛法門 隨宜而立. 知我妄念苦集 亦全法門. 信佛意業 光明 徧照. 則知自心 無不知覺. 故先古諸德 亦將上三品 擧果分收.

[청] 만일 전체적으로 비교하면 믿음과 이해·수행·덕의 지위를 거둠으로 주제를 삼고, 통틀어 불과를 이룸으로 취지를 삼으니 믿으면 반드시 여래지에 이르기 때문이다. 가까이 비교하면 오직 믿음으로써 주제를 삼고, 지위를 이룸으로써 취지를 삼는다.

만일 크게 열 가지로 나눈 주제에 의하면 이 다음 세 품으로써 한 부분을 삼으니 과용이 근기에 응하여 법계에 두루함으로써 주제를 삼고, 이에 의지하여 믿음을 일으킴으로써 취지를 삼는다. 그러므로 이는 또한 '정보인과'라고 이름한다.

또한 소신인과이니 무슨 법문을 믿는가? 부처님의 몸과 이름이 중생과 같음을 믿으니 바로 나의 이름이 부처님 이름과 같음을 알 것이다. 부처님의 법문을 믿어 편의에 맞춰 세우니, 우리의 미혹한 마음과 괴로움·괴로움의 원인과 같은 것도 또한 온전한 법문이다. 부처님의 의업의 광명이 두루 비침을 믿으니 자기의 마음이 지각치 못함이 없음을 안다. 그러므로 여러 고덕이 또한 위의 세 품을 잡아서 '거과분'이라고 거두셨다.

【주】 ───────────────

1. 총망(總望) : 또한 이름이 멀리 비교함이니 불과를 이루기에 멀다고 한 것이고, 이해와 행과 덕을 갖춘 것 때문에 총(總)이라 했다. '해'는 문명품이요, '행'은 정행품이며, '덕'은 현수품이다. 〈⊕ 19권 3〉

2. 근망(近望) : 오직 십주에 비교하기에 가깝다고 했다. 또한 합해서 별이라고 이름하고, 앞의 지위를 거둠을 잡아 총(總 : 此趣)으로 부른다. 지위를 거둠은 십신의 수행을 완전히 끝냄으로 모든 지위를 단박에 거두는데 지금 여기서는 오직 십주를 이루고자 한다. 〈⊕ 19권 3〉

3. 장과십분(長科十分) : 의보(依報)·정보(正報)·의기(依起)·차별(差別)·원융(圓融)·평등(平等)·출현(出現)·성행(成行)·법계(法界)·증입(證入) 등

의 열 가지 인과(因果)를 말한다.

4. 정보인과(正報因果) : 전후 구쇄과(鉤鎖科)의 두 번째에 해당하는 정보인과로
비로자나품은 인행이요, 여래명호품·사성제품·광명각품은 불과가 된다.
〈⊕ 19권 4〉

【탐현기】亦二謂人法. 人亦二. 謂所信能信. 所信中化主 內證土海爲體. 七日思惟
爲相. 又卽如其像爲相. 加說爲用. 又現通及光照爲用. 助化中文殊 以信中妙慧爲體.
吉祥勝德爲相. 又遍一切處爲相. 所說益物爲用. 謂說偈等. 二能信中亦二. 先約因澄
淨爲體. 具德爲相. 殊勝功業爲用. 竝如賢首品說. 檢出云云 二約果信中所顯 無盡法界
爲體. 十身勝德爲相. 應機化益爲用. 亦如賢首說. 法亦二. 先約境謂信中 平等土海爲
體. 約機說十. 及勝德爲相. 與行敎相應爲用. 二約行謂信行 內證爲體. 融攝諸位爲相.
成佛益生爲用. 問未知此舍那佛 是何位中佛. 答若說信法 卽信中佛. 餘位亦爾思之.

탐 또한 둘이 있으니 사람과 법이다.

1. 사람에 또한 둘이니 '믿는 대상'과 '주체적으로 믿는 자'이다.

    (1) 믿는 대상 중에는 교화주께서 안으로 깨달은 국토를 본체로 삼고, 칠일
    동안 사유한 것으로 형상을 삼거나 또 그 모양과 같음을 형상이라고 한다.
    말씀을 베푸심을 작용이라고 하거나, 또한 신통을 나타내는 것과 빛으로
    비춤을 작용이라고도 한다. 교화를 도움에는 문수가 믿음 가운데 묘한 지
    혜로써 본체를 삼고, 길상의 뛰어난 덕으로 형상을 삼으며, 또 온갖 곳에
    두루함으로 형상을 삼고, 설해진 것이 중생을 이롭게 함으로 작용을 삼으
    니 게를 설한 것 등을 말한다.

    (2) 주체적으로 믿는 가운데 또한 둘이 있다.

        1) 먼저는 인행에 의한 것으로 맑고 깨끗함으로 본체를 삼고, 덕을 갖춤으
        로 형상을 삼으며, 수승한 공덕으로 작용을 삼는다. 아울러 현수품의
        설과 같으니 조사하여 밝힐 것이다. 운운(云云)

        2) 불과에 의하니 믿음 가운데 나타나는 다함없는 법계로 본체를 삼고,

십신의 뛰어난 덕으로 형상을 삼으며, 중생의 소질에 맞춰 교화하여 이익을 줌으로 작용을 삼는다. 또한 현수품의 설과 같다.

2. 법에도 또한 두 가지가 있다.

(1) 경계에 의하면 믿음 가운데 평등한 국토로 본체를 삼고, 근기에 의해서 열 가지를 설함과 뛰어난 덕으로 형상을 삼으며, 행과 가르침이 상응함으로 작용을 삼음을 말한다.

(2) 행에 의하니 신행의 내면적 깨달음으로 본체를 삼고, 여러 지위를 융섭함으로 형상을 삼으며, 성불하여 중생을 이롭게 함으로 작용을 삼는다.

문 : 이 노사나불이 어떤 지위의 부처님이신지 알지 못합니다.

답 : 만약 십신의 법을 설했으면 십신의 부처님이시고, 다른 지위도 또한 그러하니 생각할 것이다.

제II. 인행을 닦아 불과를 맺는 이해를 내는 부분[修因契果生解分] 중 수생인과(修生因果) 혹, 차별인과(差別因果)

Ⅰ. 수인계과생해분의 이름 풀이
　【청량소】【탐현기】

Ⅱ. 수인계과생해분을 설하는 까닭
　【청량소】【탐현기】

Ⅲ. 수인계과생해분의 주제와 취지
　【청량소】【탐현기】

Ⅰ. 수인계과생해분의 이름 풀이

【청량소】 謂修五位之圓因 成十身之滿果. 令諸菩薩 解此相故. 卽生修因契果之解. 依主釋也.

図 다섯 계위의 원만한 인을 닦고 십신(十身)의 원만한 과를 이룸을 말하니, 여러 보살들로 하여금 이런 모습을 알게 한다. 인행을 닦아 불과를 맺는 이해를 내니 의주석이다.

【탐현기】 謂從此至第六會來. 辨說所修 五位[1]之圓因 成十身之滿果. 令諸菩薩 解此義相 故以爲名.

図 이 〔여래명호품〕로부터 제6회에 이르기까지는 닦아 나가는 다섯 계위의 원만한 인행이 십신의 원만한 불과를 이룸을 말하고, 여러 보살들로 하여금 이런 뜻을 이해시키기 위하여 이름한 것이다.

【주】────────────

1. 오위(五位) : 부록 법수 참조.

Ⅱ. 수인계과생해분을 설하는 까닭

【청량소】 前旣擧果 令生信樂. 今明能生因果信解. 故次來也.

[청] 앞서 이미 불과를 들어 쾌히 믿음을 내게 했고, 지금은 인과를 믿고 이해함을 내는 것을 밝히기 때문에 이어진 것이다.

【탐현기】 前旣擧果 勸生信樂. 今明彼果 能得之因 令生正解. 故次來也.

[탐] 앞서 이미 불과를 들어 쾌히 믿기를 권했고, 지금은 저 불과를 얻을 수 있는 인행을 밝혀서 바른 이해를 내게 하기 때문에 이어진 것이다.

Ⅲ. 수인계과생해분의 주제와 취지

【청량소】 謂以修生修顯[1]因果爲宗. 令諸菩薩 修行契入爲趣.

[청] 수생·수현인과로써 주제를 삼고, 여러 보살들로 하여금 수행하여 깨달아 들게 〔契入〕함으로써 취지를 삼는다.

【주】 ────────────
   1. 수생수현(修生修顯) : 수생은 차별인과에 의하고, 수현은 평등인과에 의한다.

【탐현기】 通至第六會來 同是一番問答故. 須同辨謂是二周因果[1]. 初相後體. 前是因果緣起. 後是理實.

[탐] 통틀어 제6회까지 함께 한번의 문답이 되기 때문에 반드시 같이 말해야 하는데

바로 제2주〔차별〕인과이다. 처음은 형상이고, 뒤는 본체인데, 앞은 인과와 연기이
고 뒤는 이실(理實)이다.

【주】────────────────

1. 이주인과(二周因果) : 차별인과로 60권 구역에서는 제2 보광법당회 여래명호품
   부터 제6 불소상광명공덕품까지가 해당된다.

제7. 여래명호품(如來名號品)

구역 : 제3. 여래명호품(如來名號品)

Ⅰ. 여래명호품의 이름 풀이

【청량소】如來現相品已釋. 召體曰名. 表德爲號. 名別號通. 一切諸佛 通具十號. 名釋迦等 則不同故. 如來卽十之一 品中正說. 隨機就德 以立別名. 旣表德之名 則亦名亦號. 如來之名號 依主釋也.

청 '여래'는 여래현상품에서 이미 풀이했다. 본체를 일컬어 '명'이라 하고 덕을 나타냄을 '호'라고 한다. '명'은 개별적이고 '호'는 전체적이니 모든 부처님께서 다 십호를 갖추시나 '석가'라 이름한 것 등은 같지 않다. '여래'는 십호 중 하나로 품에서 정식으로 설하는데 근기에 맞추고 덕에 나아가 별도로 이름을 지어 붙인 것이다. 이미 덕의 이름은 나타냈으니 곧 '명' 또는 '호'이다. '여래의 명호'는 의주석이다.

【통현론】 於此佛名號中. 約有五緣. 以成佛號. 一以法界自體 根本智緣 以成佛號. 二約如來 示成正覺 約自德緣 以成佛號. 三約如來 利生方便緣 約位進修 以成佛號. 四明如來 以一切衆生 隨根所樂緣 以成佛號. 五約法界 體用平等緣 一切諸法 總名佛號.

一以法界 自體根本智 以成佛號者. 如下不動智佛 無礙智佛 滅闇智佛 如是十智 佛號
是也. 以此法界 根本智上. 以施十種之名. 以成十種信力. 至位方明廣意. 大意令衆生
達自根本無明 本唯如來 根本大智. 令諸衆生 頓識本故. 頓作佛故. 二約如來 示成正覺
自德緣以成佛號者. 卽十方諸佛 示成正覺. 共同十號. 所謂如來應供 正遍知是. 又毗
盧遮那是總名. 是大智光明 照耀種種諸法 及種種衆生故. 故毗云種種. 盧遮那云遍照.
三明如來 利生方便 約位進修緣 以成佛號者. 卽如下擧十箇 根本不動智佛 以成十信.
擧十箇月佛 下名 悉同號之爲月. 以成十住 明創契法身本智 心得淸凉. 爲明此位菩薩
契理惑亡 得法性智淸凉故. 約自得益之法. 以成佛號. 十行位中 以十箇眼佛下名 悉同
號之爲眼. 爲明十行 以智知根 利生攝益故. 佛號爲眼. 以善知根性故. 皆是約自得益
立名爲佛. 十廻向中 以十箇妙佛上名 悉同號之爲妙. 爲明十廻向位中 菩薩進修漸熟
妙智現前故 佛號爲妙. 十地同妙 已上以明從十信中. 自信自心 分別之智 與一切諸佛
根本不動智佛 本來是一. 以成信心. 心外見法 不成信心也. 從此信已下 以三昧力 契理
會源. 名爲十住. 佛號爲月. 皆是約修行之人 所得之法. 以成佛號. 安立五位 五十箇佛
名. 五十箇因. 五十箇果. 爲當位具因果故. 成一百重因果. 爲根本五位中 本有五因五
果. 成一百一十重因果. 法門不異 法界體不異. 十信中所信之法 根本不動智佛 以爲諸
位進修. 且約如是. 廣意至下 本位廣明. 是名隨位進修 以成佛號.

圖 이 부처님의 명호에 대략 다섯 가지 연이 있어서 부처님의 호(號)를 이룬다.
첫째, 법계의 자체 근본 지혜의 연(緣)으로써 부처님의 호를 이룬다. 둘째, 여래께서
정각을 이룸을 보이신 자기 덕의 연에 의해 부처님의 호를 이룬다. 셋째, 여래께서
중생을 이롭게 하는 방편 연에 의하니, 지위마다 수행의 진전에 의해 부처님의 호를
이룬다. 넷째, 여래께서 일체 중생의 근기대로 좋아함을 따르는 연으로써 부처님의
호를 이룸을 밝힌다. 다섯째, 법계의 본체와 작용이 평등한 연에 의하니 온갖 법을
모두 '부처님의 호'라고 이름한다.

1. '법계 자체 근본지로써 부처님의 호를 이룬다'는 것은 다음 부동지불(不動智佛)
   과 무애지불(無礙智佛)·멸암지불(滅闇智佛)과 같은 열 가지 지(智)의 부처님
   호이다. 이는 법계의 근본지 위에서 열 가지 이름을 베풂으로써 열 가지 믿음의

힘을 이루는 것이다. 지위에 이르러 비로소 자세한 뜻을 밝히겠지만 대강의 의미는 중생으로 하여금 자기의 근본 무명이 본래 오직 여래의 근본 대 지혜임을 깨닫게 해서 여러 중생으로 하여금 단번에 근본을 알게 하고, 몰록 부처를 이루게 하는 것이다.

2. '여래께서 정각을 이룸을 보이신 자기 덕의 연에 의해 부처님의 호를 이룬다'는 것은 곧 시방의 모든 부처님께서 정각을 성취함을 보이실 때 공동의 '십호'이신데 이른바 여래·응공·정변지가 이것이며, 또 비로자나는 총명이니 대 지혜의 광명으로 갖가지 법과 다양한 중생을 비추기 때문이다. '비'는 갖가지를 이르며, '로자나'는 두루 비춤을 이른다.

3. '여래께서 중생을 유익하게 하는 방편으로 지위 마다의 진전하는 연에 의해 부처님의 호를 이룸을 밝힌다'는 것은 다음 열 분의 근본 부동지불을 들어서 십신을 이룸과 같다. 열 분의 월불(月佛)을 들어서 이름 아랫자를 다 같이 월(月)로 불러 십주(十住)를 이룸은, 비로소 법신의 근본 지혜에 계합하여 마음이 맑아짐을 밝힌 것이요, 이 지위의 보살이 이치에 계합해 미혹이 없어져서 법성의 지혜가 맑아진 때문에 자기가 이익을 얻은 법에 의하여 부처님의 호를 이룬 것이다. 십행의 지위 중에 열 분 안불(眼佛)의 이름 아랫자를 다 같이 '안(眼)'이라 부름은 십행에서 지혜로써 근기를 알아 중생을 거두어 유익케 하기 때문에 부처님 호가 '안'이 된 것이니 근기를 잘 알기 때문에 스스로 이익을 얻음에 의해 이름을 지어 붙여 부처를 삼음을 밝힌 것이다. 십회향 중 열 분 '묘불(妙佛)'의 이름 윗자를 다 같이 '묘(妙)'라 부름은 십회향 지위 가운데 보살의 진전이 점차 성숙함에 묘한 지혜가 앞에 드러남을 밝히기 때문에 부처님의 호를 '묘(妙)'로 삼은 것이다. 십지도 '묘'와 같다.

　이상은 십신에서부터 스스로 자기 마음의 분별 지혜가 모든 부처님의 근본 부동지불로 더불어 본래 하나인 줄 믿어 신심을 이룸을 밝히니, 마음 밖에서 법을 보려 하면 신심을 이루지 못한다. 이 믿음으로부터 삼매력으로써 이치에 걸맞게 근원을 회통함을 '십주'라 이름한다. 부처님 호를 월(月)이라 함은 다 수행인이 얻은 법에 의하여 부처님의 호를 이룬 것이다.

다섯 계위를 안립한 오십 분의 불명이 오십의 인(因)·과(果)인데, 해당 지위
마다 인·과를 갖추고 있기 때문에 일백의 중첩된 인과를 이루고, 근본 오위
중에 본래 다섯 가지의 인·과가 있어서 백 열 가지 중첩된 인과를 이룬다.
법문이 다르지 않고 법계의 본체가 다르지 않으며, 십신에서 믿어지는 법인
근본 부동지불로써 모든 지위마다의 진전을 삼는다. 대략 이와 같고 자세한
뜻은 본 지위에 이르러 자세히 밝힐 것이니, 이것이 지위마다의 진전을 따라서
부처님의 호를 이룬다고 이름하는 것이다.

【통현론 2】　四明如來 以一切衆生 隨根所樂緣 以成佛號者. 卽以對現色身 等衆生
界. 爲佛. 爲天. 爲神. 爲主. 爲仁. 爲仙. 徧衆生界 令諸衆生 不作惡者總是. 不可以自
凡情所測也. 總是佛名號徧周. 五明法界 體用平等 一切諸法 總名佛號者. 爲一切諸法
及以名言 自體性離故. 一切法自體性離 卽法界性. 法界性卽佛號故. 是故一切法及名
言 皆是佛號故. 爲如來稱 此一切法 自性離之法 以成佛故. 欲廣引經文證義. 爲此教文
弘廣 言繁翳本 作業者難解. 但依此經上下 自相契會. 作業者易解故. 如三乘中. 亦說
根本智後得智. 今欲令三乘人廻心[1]. 指此金色世界 不動智佛. 令使直認是自心 能分別
智 本無所動. 文殊師利 卽是自心 善簡擇無相妙慧. 覺首目首等菩薩. 卽是自心 隨信解
中 所見之理智. 如是三乘之人 未廻心者. 定當不信. 何以故. 爲立三阿僧祇劫後 當得
佛故. 爲直認自身及心 總是凡夫. 但信佛有不動智等. 不自信自心 是根本不動智佛 與
佛無異. 以是義故. 不成此教 法界乘中 以根本智爲信心.

통 4. '여래께서 일체 중생의 근기에 좋아함을 따르는 연으로써 부처님의 호를
이룸을 밝힌다'는 것은, 바로 색신을 마주 나타내어 중생계와 같이 하는 것이
다. 이른바 부처님도 되고 천왕·신·주도자·사람·신선도 되어 중생계에 두
루하면서 모든 중생으로 하여금 악을 짓지 않게 하는 것이 전부 이것이다. 범부
가 자기 심정으로써 헤아릴 수 없이 총체적으로 부처님의 명호가 두루하신다.
5. '법계의 본체와 작용이 평등하기에 온갖 법을 전부 부처님의 호라고 이름함
을 밝힌다'는 것은 일체 법과 명언(名言)이 자체 성품을 떠난 때문에 온갖 법의

자체 성품을 떠난 것이 바로 법계의 성품이며, 법계의 성품이 곧 부처님의 호이다. 이 때문에 온갖 법과 명언이 다 부처님의 호이니, 여래께서 이 온갖 법의 자성을 떠난 법에 걸맞게 성불하신 때문이다. 경문을 널리 인용해 뜻을 증명하고자 하면, 글이 너무 광범하고 말이 번다해 근본을 가리게 됨으로써 중생이 알기 어려운데 다만 경에 의지해 반복 숙독[上下]하여 스스로 뜻이 맞으면 중생들이 알기 쉬울 것이다.

삼승에서도 또한 근본지와 후득지를 설했지만, 이제 삼승인의 마음을 돌이키기 위해 이 금색 세계의 부동지불을 가리켜서 바로 자기 마음의 잘 분별하는 지혜가 본래 움직임이 없는 것임을 알게 한다. 문수사리는 바로 자기 마음의 잘 간택하는 무상(無相)의 묘한 지혜며, 각수나 목수 등의 보살은 바로 자기 마음의 믿고 이해함을 따르는 가운데 보여지는 이지(理智)라는 것을 인식하게 하는 것이다. 이같이 삼승인의 마음을 돌리지 못한 자는 당연히 믿지 못하니 왜냐하면 삼아승지겁 뒤라야 마땅히 부처를 이룰 수 있다고 세우기 때문이다. 바로 자기의 심신이 모두 범부인 줄 오인하고, 다만 부처님만이 부동지(不動智) 등이 있다고 믿을 뿐 자기 마음 자체가 근본부동지불로서 부처님과 다름없음을 믿지 못한다. 이 때문에 이 〔三乘〕 가르침의 법계승(法界乘)에는 근본지혜로써 믿음을 삼지 못하는 것이다.

【주】 ————————————————

1. 삼승인회심(三乘人廻心) : 삼승교(三乘敎)에도 근본지(根本智)와 후득지(後得智)를 설했으나 삼승인은 소질이 하열하여 승지겁(僧祇劫) 뒤에나 불과 얻기를 바라고 자기 마음 무명분별(無明分別)의 본체가 편안한 성품이 불과임을 믿지 않기 때문에 마음을 돌이키게 하고자 한 것이다. 〈통현론〉

【통현론 3】 此經信心 應當如是. 直信自心 分別之性. 是法界性中 根本不動智佛. 金色世界 是自心無染之理. 文殊師利 是自心善簡擇妙慧. 覺首目首等菩薩 是隨信心中 理智現前. 以信因中 契諸佛果法 分毫不謬. 方成信心. 從此信已 以定慧進修. 經歷十住 十行十廻向 十地十一地. 日月歲劫 時分無遷. 法界如本. 不動智佛如舊. 而成一切

種智海. 敎化衆生. 因果不遷. 時劫不改. 方成信也. 若立僧祇定實 身是凡夫. 凡聖二
途 時劫移改. 心外有佛 不成信心. 如是已上 有此五種 佛名號不同. 問曰. 名之與號何
異. 答曰. 有二同別. 何者爲二. 約父母所生 幼稚無德. 且作字呼之爲名. 有德卽約德
立名. 其名可尊. 稱之爲號. 名卽下人 不得呼稱. 其號卽下人 得呼稱之. 故雖有德 無
德之異. 亦總屬名收 爲名言所攝故. 若約此經佛號. 總是約法. 約德立名. 不同世俗也.

통 이 경의 신심은 마땅히 이와 같으니 바로 자기 마음의 분별하는 성품이 법계의
성품 가운데 근본 부동지불이며, 금색 세계는 자기 마음의 물듦이 없는 이치이다.
문수사리는 자기 마음의 잘 간택하는 묘한 지혜이며, 각수나 목수 등의 보살은 바로
신심을 따르는 가운데 이지(理智)가 앞에 드러나는 것임을 믿는 것이다. 믿음의 인
(因) 가운데에 모든 부처님의 과법(果法)에 걸맞되 털끝만치도 그릇되지 않아야 비
로소 신심을 이룬다. 이로부터 믿어 마치고 선정과 지혜로 진전하면서 십주·십행·
십회향·십지·십일지를 지나되, 날과 달과 해와 겁의 시간이 변천하지 않고 법계가
근본과 같으며, 부동지불이 옛 그대로 온갖 것을 아는 지혜를 이뤄서 중생을 교화하
되 인과가 옮기지 않으며 오랜 시간에도 바뀌지 않아야 비로소 믿음을 이루는 것이
다. 만일 아승지의 정해진 결실을 세워서 자신은 범부이고, 범부와 성인은 두 갈래
요, 오랜 시간이 옮겨져야 하고 마음 밖에 부처가 있다고 한다면, 신심을 이루지 못한
다. 이상과 같이 다섯 가지의 부처님 명호가 같지 않은 것이 있다.

　문 : 명(名)과 호(號)는 어떻게 다릅니까?

　답 : 두 가지로 같거나 다름이 있으니, 무엇이 둘인가? 부모에게서 태어난 데 의하
　　　면 유치해 덕이 없을 때 글자를 지어 부름이 '명(名)'이 되고, 덕이 있으면
　　　덕에 의해 명명하니 그 이름은 존칭이므로 '호(號)'라고 한다. '명'은 아랫사람
　　　이 부를 수 없지만, '호'는 아랫사람이 호칭할 수 있는 것이다. 비록 덕이 있고
　　　없는 차이가 있으나, 또한 다 '명'의 거둠에 속하니, 명언의 거둠이 되기 때문
　　　이다. 만약 이 경의 부처님 호에 의하면, 다 법에 의하고 덕에 의해 이름을
　　　지어 붙인 것이니 세속과는 같지 않다.

【수현기】 名卽通名. 號者別號[1].

보기 '명'은 통하는 이름이요, '호'는 별도의 호칭이다.

1. 명즉통명호자별호(名卽通名號者別號) : 신수대장경과 속장경의 기록이 같다.

【탐현기】 如來之名號依主釋. 或如來卽名號. 以十號[1]中 如來爲一故. 於中名謂釋迦
等別名. 號謂十號 諸佛通名. 又召體爲名 標德爲號. 又亦名號無別. 如文內說.

탐 '여래의 명호'이니 의주석이다. 혹 '여래'가 바로 '명호'인데 십호 중 여래가 하나
가 되기 때문이다. 그 중에 '명'은 '석가' 등 별도의 이름이고, '호'는 십호로 모든 부처
님께 통하는 이름이다. 또 몸을 불러서 '명'이라 하고, 덕을 나타내 '호'라 하거나,
또한 '명'과 '호'가 다름이 없으니 경문의 설과 같다.

【주】

1. 십호(十號) : 부처님의 통칭으로 십호라고 하나 일반적으로 십일호로 열거하는데
   여래(如來) · 응공(應供) · 정변지(正遍知) · 명행족(明行足) · 선서(善逝) · 세
   간해(世間解) · 무상사(無上士) · 조어장부(調御丈夫) · 천인사(天人師) · 불(佛) ·
   세존(世尊) 등이다. 여러 경론에서는 십호로 열거하기도 하는데 세간해와 무상사
   를 합하거나 혹 불과 세존을 합해서 일호로 하며, 혹 무상사와 조어장부를 합하기
   도 한다. ㉝

Ⅱ. 여래명호품을 설하는 까닭

【청량소】 前品擧因顯果 成所信之境. 今擧果辨因 彰能信之行. 果中三業 身爲其總.
故先來也. 又遠答[1]前 名號海問故.

⑬ 앞 품은 인행을 들고 불과를 나타내어 믿음의 경계를 이루었는데, 지금은 불과를 들고 인행을 말하여 능히 믿는 행을 드러낸다. 불과의 삼업 중 신업이 그 전체적인 것이 되기 때문에 먼저 이어진 것이요, 또 앞〔여래현상품〕 명호의 바다 물음에 멀리 답하기 때문이다.

　　1. 원답(遠答) : 모든 보살과 세간주들이 생각으로 물은 부처님 명호의 바다에 대한
　　　　답이다. → 제2 여래현상품의 간추린 경문 참조.

【통현론】 明前之初會. 但明如來 成等正覺之身 及智攝生. 未明如來名號 攝生廣狹. 今此第二會 普光明殿. 方明佛果名號 攝生故. 此品須來. 又爲擧佛果名 令生信解故. 此品須來. 前會明身智徧周. 此會明名身及智 俱徧周故. 初會世主 雖問 未有其答. 此品答前所問. 便令生後信者之心. 令使信佛名身及智 普徧法界 應機利物 照俗破迷故. 名普光明殿. 約德成殿. 約殿明德故. 此品須來.

⑬ 앞서 초회〔보리장〕에서는 다만 여래의 등정각을 이루신 몸과 지혜로 중생을 거둠을 밝혔지, 여래의 명호로 중생을 거두는 넓고 좁음은 밝히지 못했다. 지금 이 제2회 보광명전에서 비로소 불과의 명호로 중생을 거둠을 밝히기 때문에 이 품이 마땅히 이어졌다. 또 불과의 이름을 들어서 중생들이 믿고 이해하게 한 때문에 이 품이 모름지기 이어진 것이다. 앞 회에서는 몸과 지혜가 두루함을 명시했지만, 이 회에서는 이름과 몸과 지혜가 다 두루함을 밝히고, 초회에서 세간주가 비록 물었으나 그 답이 없었기에 이 품에서 앞의 물음에 답해 뒤에 믿는 자의 마음을 내게끔 한다. 부처님의 이름과 몸과 지혜가 법계에 널리 두루하여 근기에 맞게 중생을 유익하게 하고 세속을 비추어 미혹을 깨뜨려 믿게 하기 때문에 '보광명전'이라 이름했다. 덕에 의해 전각을 이루고 전각에 의해 덕을 밝히기 때문에 이 품이 마땅히 이어진 것이다.

【수현기】 前辨所依土. 次土中化主 人名故也.

수 앞서 의지되는 국토를 밝혔고, 차례로 국토 가운데 교화주의 인명이다.

【탐현기】有二釋. 一云前品明依果. 此明正報. 正報之中 不過三業. 此品明身業遍應. 謂名號依身而立故. 四諦品明佛 口業普周. 光明覺品 明佛意業遍覺. 三輪攝伏. 俱是正報. 然身業最麤. 故先辨耳. 二釋云. 準下問答 又此品明國土海義. 前品[1]旣辨世界海. 卽明體隨緣 顯其果相. 今卽約緣 反顯明其果體. 辨相所依之實 故次來也. 各通三世間 思之可見. 又前會[2]約華藏. 此[3]約忍土. 有意云云

탐 두 가지 해석이 있다.

1. 앞 품에서는 의보를 밝혔고, 여기에서는 심신[정보]을 명시하니 정보는 삼업을 넘지 않는다. 이 품은 신업이 두루 응함을 밝히는데, 명호가 몸에 의해 성립되기 때문이다. '사제품'에서는 부처님의 구업이 널리 두루함을 밝히고, '광명각품'에서는 부처님의 의업이 두루 깨침을 밝혀서 삼륜으로 복종시켜 거둔다. 모두가 다 정보이지만 신업이 가장 굵직하기에 먼저 밝혔다.

2. 풀이하면서 다음의 문답에 준하자면, 또 이 품에서 국토의 뜻을 명시할 것이나 앞 품에서 이미 세계를 드러냈으니 본체가 연을 따름을 밝혀 그 과상을 드러냈다. 지금은 연에 의해 반대로 그 과체를 밝혔으니 [32]상이 의지하는 실체를 말하기에 이어진 것이다. 각기 삼 세간에 통함은 생각하면 알 수 있다. 또 앞 회는 연화장 세계에 의했고, 이 회는 사바 세계에 의한다. 의미가 있어 이러이러하니…….

【주】─────────────

　1. 전품(前品) : 구역 노사나품
　2. 전회(前會) : 적멸도량회
　3. 차(此) : 보광법당회

Ⅲ. 여래명호품의 주제와 취지

【청량소】顯佛名號 周徧爲宗. 隨機調化 利益爲趣. 或上二皆宗. 生信爲趣.

[청] 부처님 명호가 두루한 것을 나타냄으로 주제를 삼고, 근기에 맞게 교화하여 이롭게 함으로 취지를 삼는다. 혹은 위의 둘은 모두 주제이고, 믿음을 내게 함으로 취지를 삼는다.

【수현기】分別有二. 一約人. 二約法. 人者化主及助化 各有體相用. 如文應知. 但局此會. 二約法出體者. 謂十信行法. 後當分別. 名號品以化悲德 自在相爲宗. 亦可是佛國海爲宗.

[수] 나누어 둘이 있다. 첫째는 사람에 의하고, 둘째는 법에 의한다.
1. 사람은 교화주와 교화의 보조에 각기 본체·형상·작용이 있다. 경문과 같이 응당 알 것이나, 다만 이 회에 국한된다.
2. 법에 의하여 본체를 냄은 십신의 행법을 이르는데, 뒤는 분별에 해당한다. 여래 명호품은 교화하는 자비와 덕의 자재한 형상으로써 주제를 삼거나, 또한 불국 토의 바다로써 주제를 삼는다고 할 수 있다.

【탐현기】亦二. 一約相以如來身名普應廣益群生爲宗. 二約實以十佛國土海爲宗.

[탐] 또한 둘이다.
1. 형상에 의하여 여래의 몸과 이름이 두루 응하여 널리 많은 중생을 유익하게 함으로 주제를 삼는다.
2. 진실에 의하니 십 불국토의 바다로써 주제를 삼는다.

Ⅳ. 여래명호품의 간추린 경문

세존께서 마갈타 국 아란야 법 보리장에서 비로소 정각을 이루시고 보광명전에서 연화장 사자좌에 앉으셨다. 많은 보살과 더불어 함께하시니 일생보처1) 아님이 없으며 모두 다른 곳으로부터 와서 같이 모였다. 이 때 여러 보살들이 이런 생각을 하였다.

'만약 세존께서 저희들을 불쌍히 여기신다면 좋아함을 따라서 부처님 세계와 부처님의 머무심 · 부처님 세계의 장엄 · 부처님 법의 성품 · 부처님 세계의 청정함을 열어 보이소서. 또 부처님께서 말씀하신 법 · 부처님 세계의 자체 성품 · 부처님의 위덕 · 부처님 세계의 성취와 부처님의 대 보리2)를 열어 보여 주소서.

저 시방 세계의 모든 부처님께서는 보살들을 이루시고 여래의 종성이 끊어지지 않도록 보살의 십주와 십행 · 십회향 · 십장(十藏) · 십지 · 십원 · 십정 · 십통 · 십정을 말씀하십니다. 또 여래의 지위와 여래의 경계 · 신력 · 행함 · 두려움 없음 · 삼매 · 신통 · 자재 · 막힘 없음 · 여래의 눈 · 귀 · 코 · 혀 · 몸 · 뜻 · 변재 · 지혜 · 여래의 가장 수승하심을 말씀하십니다. 원컨대 지금 부처님께서도 또한 저희들을 위해 말씀해 주소서.'

저 때에 부처님께서는 보살들의 마음을 아시고 각각 그 종류에 따라서 신통을 나타내셨다.3) 동방으로 십 불국토의 한없는 세계를 지나 금색 세계의 부처님 이름은 부동지이시며, 보살은 문수이시다. 하방으로 열 불국토의 한없는 세계를 지나 파리색(玻瓈色) 세계의 부처님 명호는 범지(梵智)이시며, 보살은 지수(智首)이다.

다음으로 문수 보살께서 부처님의 신력을 받아 이렇게 말씀하셨다.4)

---

1) 보살의 최고 자리로 다음 생애는 부처님이 될 수 있는 지위다.
2) 미혹으로부터 눈을 뜬 깨달음을 말한다.
3) 무수한 불국토를 눈앞에 펼쳐 보이고 거기서 또 무한한 불보살들이 쏟아져 나오게 하였는데 각자 고유한 이름이 있었다. 동방과 같이 시방 세계의 불보살들이 소개되었다.
4) 부처님이 많은 이유이다. 부처님은 지혜와 자비심으로 수많은 세계 중생들의 요구와 뜻에 맞게 각기 다른 이름의 화신으로 나타나서 교화하여 구제하신다고 한다.

“불국토와 부처님의 머무심·세계의 장엄·최상의 깨달음 등이 불가사의하다. 왜냐하면 시방 세계의 모든 부처님들께서 중생들의 좋아함이 같지 않음을 아시고 그 응해짐에 따라서 설법하여 조복하신다. 부처님은 이 사바 세계의 갖가지 몸·이름·수명의 양과 근기 등으로써 중생들로 하여금 각각 달리 보게 하신다.

부처님을 이 사천하에서 혹 원만월·석가모니·제칠선 등이라 하니 이와 같은 이름의 수가 일만으로 제각기 보게 하며, 시방 세계의 부처님 명호도 갖가지로 같지 않다.”

제8. 사성제품(四聖諦品)

구역 : 제4. 사제품(四諦品)

Ⅰ. 사성제품의 이름 풀이 Ⅱ. 사성제품을 설하는 까닭

【청량소】 【통현론】 【청량소】 【통현론】

【수현기】 【탐현기】 【수현기】 【탐현기】

Ⅲ. 사성제품의 주제와 취지 Ⅳ. 사성제품의 간추린 경문

【청량소】

【수현기】 【탐현기】

Ⅰ. 사성제품의 이름 풀이

【청량소】 言四聖諦者 聖者正也. 無漏正法 得在心故. 諦有二義. 一者諦實. 二者審諦. 言諦實者 此約境辨. 謂如所說相 不捨離故. 眞實故. 決定故. 謂世出世 二種因果 必無虛妄 不可差失. 言審諦者 此就智明. 聖智觀彼 審不虛故. 凡夫雖有苦集 而不審實. 不得稱諦. 無倒聖智 審知境故 故名聖諦. 故瑜伽[1]九十五云. 由二緣故名諦. 一法性故. 二勝解故. 愚夫有初無後. 聖二具故. 偏說聖諦. 四謂苦集滅道. 總云四聖諦 帶數釋也. 性相云何. 逼迫名苦 卽有漏色心. 增長名集 卽業煩惱. 寂靜名滅 謂卽涅槃. 出離名道 謂止觀等. 此約相說. 通大小乘. 智論云. 小乘三是有相. 滅是無相. 大乘四諦 皆是無相.[2]

〖청〗 '사성제'라 말하는 '성'은 바른 것으로 번뇌를 떠난 정법이 마음에 있는 것이다. '제'는 두 뜻이 있으니, 첫째는 '제실(諦實)'이요, 둘째는 '심제(審諦)'이다.

1. '제실'이라 함은 경계에 의해 말한 것인데 설해진 형상과 같이 서로 버리지 않으며, 진실하고 결정하니, 세간과 출세간의 두 가지 인과가 반드시 허망하거나

오차가 없다.

2. '심제'라 함은 지혜에 나아가 밝히는 것인데 성스런 지혜로 저를 관함에 허망치 않음을 자세히 아는 연고다. 범부는 비록 괴로움과 그 원인이 있으나 진실함을 살피지 못하기에 '제(諦)'라 일컫지 못하고, 전도되지 않은 성스런 지혜로써 대상을 살펴 알기 때문에 '성제(聖諦)'라 이름한다. 그러므로 유가사지론 제95권에, "두 가지 연으로 말미암아 '진리(諦)'라고 이름한다. 첫째는 법의 성품이고, 둘째는 수승한 이해인데 어리석은 범부는 처음만 있고 뒤는 없으며, 성인은 둘 다 갖추었기 때문에 치우쳐 '거룩한 진리(聖諦)'라고 한다"고 하였다. '사'는 고·집·멸·도인데 총괄해서 '사성제'라 하니 대수석이다.

특질(性相)은 어떤가? 핍박을 '고'라 이름하니 번뇌가 있는 심신이요, 더욱 증대함을 '집'이라 이름하니 업 번뇌이며, 적정을 '멸'이라 이름하니 열반이요, 벗어남을 '도'라 이름하니 지관(止觀) 등이다. 이는 형상에 의해 설한 것이니 대·소승에 통한다. 대지도론에, "소승은 셋(苦·集·道)이 유상(有相)이요, 멸이 무상(無相)이며, 대승은 사제가 다 무상이다"고 하였다.

【주】────────────────

1. 유가(瑜伽) : 〈유가사지론 제95권, ㊛ 30권 845 上~中〉
2. ~개시무상(皆是無相) : 이는 천태의 네 가지 사제(四諦) 중에 제1 생멸사제를 말한다. 〈鈔〉

【청량소 2】涅槃云[1]. 解苦無苦 名苦聖諦. 謂達四緣生故空. 則超筌悟旨成大.[2] 又涅槃云. 凡夫有苦而無諦. 二乘有苦有苦諦 而無眞實. 菩薩無苦 有諦而有眞實. 謂若苦卽諦. 三塗之苦 豈卽諦也. 二乘雖審知之 而不達法空 不見眞實[3]. 又二乘雖知苦相. 不知無量相. 故大經云[4]. 苦有無量相 非諸聲聞 緣覺所知. 瑜伽[5]說苦有一百一十. 然此經中 雖彰名異. 卽表義殊. 以名必召實故. 是無量四諦義也. 約一界一諦 卽有十千. 娑婆四諦 有四百億十千名義. 而文義包博 言含性相[6]. 又究此四 非唯但空. 便爲眞實. 今了陰入[7]皆如 無苦可捨. 無明塵勞 卽是菩提 無集可斷. 生死卽涅槃 無滅可證. 邊邪皆中正 無道可修. 無苦無集 卽無世間. 無滅無道 卽無出世間. 不取不捨 同一實際[8]. 故斯

一品 有作無作 有量無量 皆在其中. 準下第五地中 復以十重觀察. 至下當明.

[청] 대반열반경〔제12권〕에서, '괴로움에서 괴로움 없음을 앎'을 '고성제(苦聖諦)'라 이름한다고 했는데, 사성제가 연으로 생함을 요달한 때문에 '공'이라 하니 곧 통발을 초월해 뜻을 깨달아서 대승을 이룬다. 또 대반열반경〔제12권〕에, "범부는 괴로움만 있고 '제(諦)'가 없으며, 이승은 괴로움도 있고 고제(苦諦)도 있으나 진실이 없으며, 보살은 괴로움은 없고 '제(諦)'와 진실이 있다"고 하였다. 만약 괴로움이 바로 진리라면 삼악도의 고통이 어찌 진리이겠는가. 이승은 비록 살펴 알지만 법이 공함을 요달하지 못하기에 진실을 보지 못하는 것이다.

또 이승은 비록 괴로움의 모습을 아나 한량없는 형상을 알지 못하기에 대반열반경〔제12권〕에 이르되, "괴로움이 한량없는 모양이 있으니 모든 성문과 연각이 알 것이 아니다"고 하였다. 유가사지론〔제44권〕에는, "괴로움이 백 열 가지가 있다"고 설했다. 그러나 이 경에는 오직 이름이 다름을 드러냈으나, 뜻도 다름을 나타낸다. 이름이 반드시 실다움을 알리기 때문에 한량없는 '사제'의 뜻인데 한 세계의 하나의 사제에 의하면 1만이 있거니와 사바의 사제가 4백억만의 이름과 뜻이 있으니 글의 뜻이 넓고 말씀이 본체와 현상을 머금었다.

또 이 넷을 궁구하면 오직 다만 공할 뿐만 아니라 진실하니 지금 오온과 육입이 모두 진여임을 요달하면, 괴로움도 버릴 게 없고 무명의 번뇌가 바로 깨달음이요 괴로움의 원인도 끊을 게 없고 생사가 바로 열반이다. 멸도 증득할 게 없고, 〔죽은 뒤에도 영원하다든가 아주 없어진다든가 하는〕 치우치고 삿된 견해가 모두 올바른 중도이다. 도를 닦을 게 없으니 괴로움도 괴로움의 원인도 없음은 세간이 없는 것이요, 멸과 도가 없음은 출세간이 없는 것이며 취하지도 버리지도 않음은 동일한 실제다. 그러므로 이 한 품에 유작·무작·유량·무량이 다 그 가운데 있다. 다음 제5지에 준하면 다시 열 가지로 관찰할 것이니 아래에 이르러 마땅히 밝힌다.

【주】─────────────────

　　1. 열반운(涅槃云) : "집의 화합 없음을 앎이 집성제(集聖諦)이고, 멸의 멸 없음을

앎이 멸성제(滅聖諦)며, 도의 도 없음을 앎이 도성제(道聖諦)이다"고 요약하였
다. 〈⊕ 19권 65〉(대반열반경 제12권, ㊛ 12권 682 下)

2. 초전오지성대(超筌悟旨成大) : 고・집・멸・도로써 공의 통발을 삼아 그 통발과
   올가미로 물고기와 토끼를 구하니 실체적 모습 없는 공의 이치가 물고기와 토끼
   가 된다. 물고기를 얻고는 통발을 잊음이 이 공의 뜻을 깨쳐 문득 대승을 이룸과
   같다. 〈⊕ 19권 65〉

3. ～불견진실(不見眞實) : 천태의 제2 무생(無生) 사제를 말한다. 〈鈔〉

4. 대경운(大經云) : 〈대반열반경 제12권, ㊛ 12권 684 上〉

5. 유가(瑜伽) : 보살은 유정 세계에서 백 열 가지 괴로움을 살피고 모든 유정에게
   한량없는 자비심을 닦는다. (菩薩於有情界 觀見一百一十種苦 於諸有情 修悲無
   量)〈유가사지론 제44권, ㊛ 30권 536 上〉

6. ～함성상(含性相) : 천태의 제3 무량(無量) 사제다. 〈鈔〉

7. 음입(陰入) : 오온(색・수・상・행・식)과 육입(색・성・향・미・촉・법)

8. ～동일실제(同一實際) : 천태의 제4 무작(無作) 사제이다. 〈鈔〉

【통현론】 諦者實義也. 明如來說四種實義 令諸衆生 起信解故. 問曰. 何故不說多
但云四. 答曰. 此四種諦義 總攝多故. 爲明一切世間 不離苦集. 一切出世間 不離滅道
滅盡諸苦 名爲滅諦. 滅盡涅槃 名爲道諦. 三乘涅槃 皆有可得. 此大涅槃 無餘可得. 名
爲道諦. 以二乘趣寂. 菩薩多生淨土. 又推淨土 在餘他方. 又云菩薩 留惑潤生故. 若不
故留煩惱. 還應必有涅槃可證. 或有他方 淨土可生. 是故三乘涅槃 皆有可得. 又閻浮
提 成正覺佛木樹草座. 是化佛. 上方摩醯首羅天 紅蓮華上佛. 是實報. 皆有欣厭故. 是
故三乘四諦 厭苦集欣滅道. 名四諦法輪. 此一乘經 言四聖諦者. 是其實義. 何以故. 達
苦性眞 無欣厭故. 無有他方 別佛利別淨土故. 無有染淨 涅槃生死 有欣厭所修道故 所
修道者. 住如法住. 修如法道. 不厭不著. 不欣不取. 一如法界 無去來性. 無住處性. 身
塵毛孔 心之及境. 皆稱法性[1]. 如是信解. 如是修道. 以是義故. 一乘四聖諦. 三乘四諦.
各各差別. 各有信解. 如來依根 方便設敎. 皆非凡夫能立. 如今修道者. 但隨自信解力
便處卽作. 不可例然.

[통] '제'는 진실한 뜻이니, 여래께서 네 가지 진실한 뜻을 설하셔서 여러 중생으로

하여금 믿고 이해하게 하도록 함을 밝히는 것이다.

문 : 무엇 때문에 많이 설하지 않고 다만 네 가지로 설하셨는가?

답 : 이 사제의 뜻으로도 많은 것을 다 거두는 때문이니, 모든 세간이 고·집(苦集)을 떠나지 않고, 일체 출세간이 멸·도(滅道)를 떠나지 않음을 밝혔다. 온갖 괴로움을 다 없앰을 이름하여 '멸제(滅諦)'라 하고, 열반을 다 없앰을 '도제(道諦)'라 이름하는데 삼승열반은 모두 얻을 게 있으나 이 대열반은 얻을 수 있는 여지가 없어 '도제'라 이름한다. 이승은 적멸을 향해 나아가며 보살은 다분히 정토에 나고, 또 정토가 여타의 방향에 있다고 미룬다. 또 보살은 미혹에 머물러 중생을 윤택케 한다고 말하기에 만약 짐짓 번뇌에 머물지 않으면 반드시 증득할 열반이 있거나 타방의 정토에 태어남이 있기 때문에 삼승열반은 모두 얻음이 있는 것이다.

또 염부제에서 정각을 이루신 부처님의 보리수와 금강좌〔草座〕는 화불(化佛)이요, 상방 마혜수라천(摩醯首羅天)의 붉은 연꽃 위의 부처님은 실보(實報)이니, 다 좋아하거나 싫어함이 있기 때문이다. 이 때문에 삼승의 사제는 고·집을 싫어하고 멸·도를 좋아함을 '사제법륜(四諦法輪)'이라 이름하지만, 이 일승경(一乘經)에 사성제를 말한 것은 진실한 뜻이니 무엇 때문인가?

괴로움의 성품이 참임을 깨달아 좋아하거나 싫어함이 없기 때문이며, 타방에 다른 불찰과 별도의 정토가 있지 않기 때문이다. 더러움과 깨끗함, 열반과 생사의 기뻐하거나 싫어함이 있어 수도할 것이 없기 때문에 수도하는 자가 여법한 머무름에 머물고 여법한 도를 수행하여 싫어하지도 집착하지도 않으며, 기뻐하지도 취하지도 않는다. 한결같이 법계의 오고 가는 성품이 없고 장소에 머무는 성질이 없어서 몸과 육진 신(身)·진(塵)·모공과 마음과 대상을 다 법계〔法性〕라 하니 이와 같이 믿고 알며, 이와 같이 수도한다. 이런 뜻 때문에 일승과 삼승의 사성제가 각각 달라서 각기 믿고 앎이 있는데 여래께서 근기에 의해 방편으로 가르침을 베푸신 것이지 다 범부가 세운 것은 아니니 지금 수도자는 다만 자기가 믿고 아는 힘을 따라서 편하게 할 것이나 일례로 그렇다고 하지는 말 것이다.

【주】 ────────────

1. 개칭법성(皆稱法性) : 일체유심조(一切唯心造)와 통한다.

【통현론 2】 如法華經[1]. 爲聲聞人 說四諦法. 爲緣覺人 說十二因緣. 爲諸菩薩 說六波羅蜜. 亦是如來 隨時之說. 如此經十地品. 五地菩薩 作十種諦觀. 以四聖諦爲體. 六地菩薩 作十種十二緣生觀. 此是如來 隨位進修之法. 大要總言. 此四聖諦 十二緣生法門. 但一切諸聖 一切凡夫 起信樂佛法心 道未滿者. 皆從初心 觀自他苦故. 發菩提心 樂求道法. 但依大小 勝劣不同. 四諦十二緣各別. 但一切世間法. 四諦義 無不該通. 此是如來語業 說法徧周故. 如瓔珞經 立九乘法門者. 意明三乘 參用四諦十二緣 各自得道差別. 其九乘者. 一聲聞聲聞乘. 二聲聞緣覺乘. 三聲聞菩薩乘. 如是三乘 同觀四諦十二緣法. 各自得道不同. 如是三乘中 各有三通[2]爲九通. 此法界不思議乘. 於解脫道中 總有十乘[3]. 皆得究竟. 無三界苦 餘諸道門. 皆是人天世間 生滅之法. 設得少樂 終竟不離苦本. 三乘雖得出三界. 其道未眞. 未是佛果乘故.

통 법화경에 성문인을 위해 사제법을 설하고, 연각인을 위해 십이인연을 설하며, 모든 보살들을 위해 육바라밀을 설한 것도 또한 여래의 때에 따른 설법이다. 이 경의 십지품에서 5지 보살이 열 가지로 진리를 관함에 사성제로 본체를 삼고, 6지 보살이 열 가지 십이인연을 관함은 여래의 지위를 따라 진전하는 법이다. 대요를 합쳐서 말하면, 사성제와 십이인연 법문은 다만 일체 성인과 범부가 불법을 쾌히 믿는 마음을 일으킨 것이다. 도가 원만하지 못한 자는 다 초심에서부터 나와 남의 괴로움을 관찰하여 보리심을 내고 도법을 쾌히 구하면서도 다만 대승과 소승의 낮고 못함이 같지 않음에 의해 사제와 십이연이 각기 다른 것이다. 다만 온갖 세간법을 사제의 뜻으로 해통(該通)하지 못함이 없으니, 이는 여래의 어업(語業)인 설법이 두루한 때문이다.

영락경에서 구승(九乘)의 법문을 세운 것은 뜻이 삼승에서 사제와 십이인연을 번갈아 써서 제각기 스스로 도를 얻음이 다름을 밝힌 것이다. 구승이란 것은 일은 성문의 성문승이요, 이는 성문의 연각승이며, 삼은 성문의 보살승이다. 이같은 삼승이

같이 사제와 십이인연법을 관함에 각기 스스로 도를 얻음이 같지 않으니 〔이같은 삼승에〕 각기 삼통(三通)이 있어서 구통(九通)이 되지만, 이 법계의 부사의승(不思議乘)은 해탈도에 전부 십승(十乘)이 있으니 다 구경을 얻어 삼계의 괴로움이 없다. 여타의 여러 도문(道門)은 모두 인천의 세간 생멸법이기에 설사 조그만 즐거움을 얻더라도 끝내 괴로움의 근본을 떠나지 못하고, 삼승은 비록 삼계를 벗어나더라도 그 도가 참되지 못하니 불과승(佛果乘)이 아니다.

【주】 ────────────

1. 법화경(法華經) : 제1 서품〈㊅ 9권 3 下〉과 제20 상불경보살품(常不輕菩薩品) 〈㊅ 9권 50 下〉에 나온다.
2. 각유삼통(各有三通) : 성문·연각·보살이 각기 삼승법(三乘法)에 통한다. 〈탄허본〉
3. 십승(十乘) : → 부록 십승 참조. 관법(觀法)이 십종이 아니라 관법은 오직 부사의한 경계를 관하는 하나로되 오직 관법자조(觀法資助)하는 법을 더하여 이에 십승이 된 것이다. 〈탄허본〉

【수현기】 辨名四者數. 諦者有作無作[1] 聖諦實故也.

⌘ '사'는 수요, '제'는 유위나 무위인데, 성제(聖諦)의 진실한 것이다.

【주】 ────────────

1. 유작무작(有作無作) : 고집(苦集)의 유위와 멸도(滅道)의 무위를 말한다.

【탐현기】 四是數. 諦是義. 謂理實故 能生無倒解. 故俱名諦. 卽帶數釋. 此品非是解四諦義. 但明四諦 名字不同故 名四諦品.

⌘ '사'는 수이고, '제'는 뜻인데 진실한 이치로 전도됨이 없는 이해를 내게 하기에 다 '제'라고 이름하니 대수석이다. 이 품은 사제의 뜻을 푼 것이 아니고 다만 사제의 명자가 같지 않음을 밝힌 때문에 '사제품'이라고 이름했다.

Ⅱ. 사성제품을 설하는 까닭

【청량소】 此品廣前 種種語業. 卽答前佛說法問. 亦遠答前會[1] 佛演說海之一問故. 旣知佛可歸. 次知法可仰. 上名隨物立. 今法逐機差. 故次來也.

⟮청⟯ 이 품은 앞의 갖가지 어업을 자세히 하니 앞 〔여래명호품〕에서의 부처님 설법의 물음에 답이요, 또한 멀리 앞 〔보리장〕회 〔여래현상품〕에서 부처님 연설의 물음에 대한 답이다. 이미 부처님께 귀의함을 알았으면 다음으로 법에 우러름을 알 것이니 위엔 이름이 중생을 따라 성립되었고, 지금은 법이 근기를 따라 다르기 때문에 이어진 것이다.

【주】 ————————————

1. 전회(前會) : 제1 보리장회 여래현상품을 가리킨다.

【통현론】 爲明前名號品 是說如來身業 隨方名號 不同各別 此品說如來 隨方語業 隨方說法 不離四聖諦故 此品須來

⟮통⟯ 앞의 여래명호품은 여래의 신업으로 곳에 따라 명호가 각기 같지 않음을 설한 것이요, 이 품은 여래의 처소에 따른 어업으로 장소를 따른 설법이 사성제를 떠나지 않기 때문에 모름지기 이어진 것이다.

【수현기】 前歎化主. 此難所說敎法. 何故獨此會明. 答此起化初故. 總歎人法深勝故.

⟮수⟯ 앞 〔여래명호품〕은 교화주를 칭탄하였고, 여기에서는 설해진 교법을 찬탄한다. 왜 유독 이 회상에서만 밝히는지 답하자면 이것이 교화의 처음을 일으키기 때문이며, 사람과 법의 심원하고 뛰어남을 전부 찬탄하기 때문이다.

【탐현기】 來意中五. 一爲釋成前品末 權道之義. 二依前身業 次辨語業故也. 三前明
能說之人 名字不同. 此明所說之法 名字不同故來也. 四答前問中佛說法問故. 五爲釋
成前機 所印成差別法中 權敎異相 故次來也.

탐 이어진 까닭에 다섯 가지가 있다.

1. 앞 〔여래명호〕품 끝에 있는 방편도의 뜻을 설명하는 것이다.
2. 앞은 신업에 의했고, 다음으로 어업을 밝히기 때문이다.
3. 앞은 여래〔能說之人〕의 명호〔名字〕가 같지 않음을 밝혔고, 여기서는 사성제〔所
   說之法〕의 명자가 같지 않음을 밝히기 때문에 이어졌다.
4. 앞 〔여래명호품〕의 질문 중 부처님께서 설하신 법의 물음에 답이다.
5. 앞서 근기에 부합한 차별법 가운데 권교의 다른 형상을 풀이하기 때문에 이어졌다.

Ⅲ. 사성제품의 주제와 취지

【청량소】 以無邊諦海 隨根隨義 立名不同 徧空世界 以此爲宗. 務在益物 調生爲趣.
又上二皆宗 發生淨信爲趣.

청 끝없는 진리의 바다로써 근기와 뜻을 따라 명명함이 같지 않고 세계가 두루
공함으로써 주제를 삼으며, 중생을 유익하게 하고 조어하는데 힘씀으로써 취지를
삼는다.
　또 위의 둘은 모두 주제이고, 깨끗한 믿음을 내게 함으로써 취지를 삼는다.

【수현기】 此歎敎法 諦實甚深爲宗.

수 이는 교법의 진실과 심오함을 찬탄함으로써 주제를 삼는다.

【탐현기】以無邊甚深 諦海爲宗. 及同上土海. 四諦義略作五門. 一釋名. 二辨相. 三體性. 四業用. 五種類.

탐 끝없이 매우 깊은 진리의 바다로써 주제를 삼으니 위 국토의 바다와 같다. 사제의 뜻은 간략하게 다섯 부문으로 하니, 첫째는 이름을 풀고, 둘째는 형상을 밝히며, 셋째는 체성이요, 넷째는 작용이며, 다섯째는 종류이다.

Ⅳ. 사성제품의 간추린 경문

그 때 문수 보살께서 여러 보살들에게 말씀하셨다.

"고성제는 이 사바 세계에서 죄라 하거나 혹은 핍박·반연·우부행 등이라고 하며, 고집성제는 계박이라 하거나 멸괴·망각념·희론 등이라 한다. 또한 고멸성제는 혹 무쟁이라 하거나 적정·무자성·무장애 등이라 하고, 고멸도성제는 일승이라 하거나 도인·구경 무분별·평등 등이라 한다. 이 사바 세계에서 사성제[1]를 말하는데 이러한 등 사백 억 일만 가지의 이름이 있으니 중생들의 마음을 따라 다 조복케 한다.

이같이 동방 밀훈 세계 등의 모든 세계에서 사성제를 말하는 데도 또한 각각 사백 억 일만 가지의 이름이 있어 중생들의 마음을 따라 다 조복케 하며 동방과 같이 시방에서도 마찬가지다. 사바 세계에 시방이 있는 것처럼 모든 세계에도 매한가지로 시방 세계가 있어 낱낱의 세계 가운데서 사성제를 말하는데 백 억만 가지의 이름이 있으니 이는 모두 중생들의 마음에 좋아함을 따라서 조복케 하시는 것이다."

---

1) 고·집·멸·도의 네 가지 성스런 진리이다. 곧 괴로움·괴로움의 원인·괴로움의 원인인 망령된 집착을 없앤 깨달음의 경지·깨달음으로 이끄는 팔정도의 수행방법을 말한다.

제9. 광명각품(光明覺品)

구역 : 제5. 여래광명각품(如來光明覺品)

Ⅰ. 광명각품의 이름 풀이

【청량소】一開. 二合. 初開者 光明體也. 覺者用也. 此二各二. 謂光有身智. 二光. 覺有覺知覺悟. 又光有能照所照. 覺有能覺所覺. 如來放身光 照事法界. 令菩薩覺知 見事無礙. 文殊演智光. 雙照事理. 令衆覺悟 法之性相. 二合者 良以事理俱融 唯一無礙境. 故得一事 卽徧無邊 而不壞本相. 身智無二 唯一無碍光. 故涅槃經[1] 琉璃光菩薩處[2]云. 光明者 名爲智慧. 知悟不殊 唯一平等覺. 悟心之知 無事非理故. 又此二光 不異覺境. 此三圓融[3]. 唯無礙之法界. 雖平等絶相. 不壞光明之覺. 品中辨此 故以爲名[4]. 若從開釋 光明之覺 光明有覺之用 通依主有財. 若從合說 光明卽覺 可持業也.

[청] 첫째는 나누고, 둘째는 합한다.

1. 나누면 '광명'은 본체요, '각'은 작용인데 이 둘에 각기 두 가지가 있다. '광명'에는 몸과 지혜의 두 광명이 있고, '각'에는 각지(覺知)와 각오(覺悟)가 있다. 또 '광명'에는 능동적으로 비춤과 비침이 있고, '각'에는 능히 깨달음과 깨달아짐이 있다. 여래께서 몸에서 놓은 광명으로 차별적 현상 세계〔事法界〕를 비추어 보

살들로 하여금 깨달아서 사무애를 보게끔 하고, 문수는 지혜의 광명을 연설하
여 현상과 이치를 쌍으로 비추어 대중으로 하여금 법의 성상을 깨닫게 하신다.
2. 합하면 진실로 현상과 이치가 서로 어울려 오직 하나의 장애없는 경계이기에
한 현상이 끝없이 두루하여 본래 형상을 무너뜨리지 않는다. 몸과 지혜가 둘이
없이 오직 하나의 걸림 없는 광명이기에 열반경〔제19권〕의 유리광 보살처에,
"광명을 지혜라 이름한다"고 하였다. 아는 것과 깨달음이 다르지 않아 오직 하
나의 평등한 깨달음이니 깨달은 마음으로 아는 것은 현상마다 이치 아님이 없
기 때문이다. 또 이 두 광명이 깨달음의 경계와 다르지 않으니 이 셋이 원융하
여 오직 걸림 없는 법계다. 비록 평등해 형상이 끊어졌으나 광명의 깨달음을
무너뜨리지 않으니 품에서 이를 말하는 때문에 이름했다.
나눈 것을 따라 풀이하면 '광명의 각(覺)'이요, '광명'에 '각'의 작용이 있으니
의주석과 유재석에 통하고, 합한 것에 따라 설하면 '광명'이 바로 '각'이니 지업
석이라 할 수 있다.

【주】————————————————

  1. 열반경(涅槃經) : "이런 광명은 지혜라 하며, 지혜는 상주하는 것이요, 상주하는
     법은 인연이 없거늘, 어찌하여 부처님께서는 '무슨 인연으로 이 광명이 있는가?'
     라고 물으십니까?"(如是光明 名爲智慧 智慧者卽是常住 常住之法 無有因緣 云何
     佛問 何因緣故 有是光明)〈열반경 19권 광명변조고귀덕왕보살품(光明遍照高貴
     德王菩薩品), ㊉12권 489 上〉또, "다시 뜻에 의함은 뜻이 질박하고 정직한 것이
     요, 질직함은 광명이라고 한다. 광명은 넘치거나 적음도 아니요, 넘치거나 적음도
     아닌 것은 여래이다. 또 광명은 지혜이며, 질직함은 항상 머무는 것이다"고 하였
     다. (復次依義者 義名質直 質直者 名曰光明 光明者 名不贏劣 不贏劣者 名曰如來
     又光明者 名爲智慧 質直者名爲常住)〈열반경 6권 여래성품(如來性品, 四依品),
     ㊉12권 402 上〉
  2. 유리광보살처(琉璃光菩薩處) : "부처님께서 주처를 따라 법을 강설하시니, 그 나
     라의 중생들은 유리광 보살을 위해 대반열반경을 설법하심을 듣지 못하는 이가
     없었다"고 하였다.〈열반경 19권 광명변조고귀덕왕보살품(光明遍照高貴德王菩
     薩品), ㊉12권 732 中〉

3. 차삼원융(此三圓融) : 초(鈔)에, "위의 셋을 전부 융섭하니 위에 비록 사대(四對)
   나 본체는 오직 셋만 있다. 깨닫는 광명과 비추어지는 대상과 이루어지는 깨달음
   을 말하니 삼대(三對)의 육법(六法)이 하나를 듦에 전부 거두어 하나의 법계가
   된다"고 하였다. 〈⊕ 20권 6〉
4. 고이위명(故以爲名) : 위에서 나누면 다분히 형상에 의하고, 합하면 성품에 의한
   다. 나누고 합함에 걸맞게 성품과 형상을 무너뜨리지 않기에 '광명각'이라고 했다.
   〈⊕ 20권 6〉

【통현론】 此品名光明覺品. 爲明因如來 放十信中 足輪下光 照燭十方. 初云. 一三
千大千 以次十三千大千 以次增廣. 至不可說 法界虛空界. 爲明無盡. 令信心者 了心境
廣大 無盡無礙 與法界虛空界等. 明其自己 法身智身 願行亦等故. 以光所照 覺悟信心
令修行故. 以是因緣 名光明覺品. 修行者. 一一隨光 觀照十方已 能觀之心亦盡. 卽與
法身同體. 入十住初心 入信心者. 一一隨此寶色燈雲光.[1] 觀內心及方所. 總令心境 無
有內外中間. 方可入方便三昧 入十住法門. 若不作此寶色光明觀. 不成一切普賢願海.
神通道力 諸佛大用 皆悉不成.

⊙ 이 품을 광명각품이라 이름하니 '여래께서 십신에서 발바닥 아래 바퀴무늬로
광명을 놓아 시방을 비추시는데 처음엔 일삼천대천이요, 다음은 십삼천대천이다. 차
례로 더욱 늘어나 말로 할 수 없는 법계 허공계에 이르도록 다함없이 밝히니 믿는
이로 하여금 마음의 경계가 광대하여 다함없고 장애 없어서 법계 허공계와 같은 것을
요달케 함'을 밝힌다. 자기의 법신·지신(智身)·원행도 또한 같기 때문에 광명으로
써 비추는 것에 신심을 깨우쳐 수행케 함을 밝히니 이런 인연으로써 '광명각품'이라
이름한 것이다. 수행자가 일일이 광명을 따라서 시방을 관조하여 마치고 관하는 마음
도 또한 다하면 법신과 동체로 십주의 초심에 들어간다. 십신에 들어간 자가 일일이
이 보색등운광을 따라서 마음과 방소를 관하되 마음과 경계로 하여금 전부 안팎이나
가운데가 없게 하여야 비로소 방편 삼매에 들어서 십주 법문에 드는 것이다. 만약
이 보색광명관을 하지 않으면 모든 보현의 원력을 이루지 못하여 신통 도력과 여러
부처님의 큰 작용을 모두 다 성취하지 못한다.

　1. 보색등운광(寶色燈雲光) : → 제2 여래현상품의 간추린 경문 참조. (爾時世尊　欲令一切 菩薩大衆 得於如來 無邊境界 神通力故 放眉間光 此光名 一切菩薩智光　明普照耀十方藏 其狀猶如寶色燈雲) 〈因 10권 29 下〉

【수현기】如來卽化主. 光者智體. 明者用. 覺者開曉於緣耳. 又覺諸菩薩.

囹 '여래'는 교화주요, '광'은 지혜의 본체며, '명'은 작용이고, '각'은 반연에 대해 어리석음을 열어주고 또 많은 보살들을 깨우치는 것이다.

【탐현기】謂如來之光明 光明之開覺. 謂依體起用 依用成益. 皆依主釋可知.

囵 '여래의 광명'과 광명의 깨우침을 말하니 본체에 의해 작용을 일으키고 작용에 의해 이익을 이루는데 모두 의주석임을 알 것이다.

Ⅱ. 광명각품을 설하는 까닭

【청량소】來意中 自有其十. 一爲答前 所依果問故. 然古德 對前二品 已答二問. 此品正答三問[1]. 謂長行放光. 答佛威德. 見成正覺 答成菩提. 文殊說偈 正答佛法性問. 今更一解. 謂長行但現相答 已如前說. 偈中具答三問. 謂初五答菩提. 次一答威德. 後四答法性. 二爲廣名號品 總標多端故. 正廣種種觀察 是意業故. 三者卽說十信之體性故. 如下三會 將說正位 皆有偈讚. 此其類也. 四顯實徧故. 但所說有二. 一佛. 二法. 佛有二. 一身. 二名. 法亦有二. 一權. 二實. 前但佛名徧 此顯身徧. 四諦卽實之權徧 此品顯卽權之實徧故. 五現驗故. 上二云徧 衆未目覩. 今光示徧相故. 六顯總徧故. 前但名諦別徧. 今此一會 卽徧法界. 一一皆悉 同時同處 同衆同說同徧故. 七顯圓徧故. 謂前顯差別一切 方能徧一切. 今顯無差別一切 卽圓融徧一切故. 八與下經 爲其則故.

謂下經²結通云 偏一切者 皆如此辨. 以如來一乘圓敎 於須彌山等 一類世界 施化分齊 皆若此故. 九示前神通相故. 上云現通 如何現耶. 一會不動 偏法界故. 十爲顯理事 俱 無障礙. 令捨執從法故. 此意雖通. 在文偏顯. 有上諸義 故此品來也.

[청] 설하는 까닭에 본래 열 가지가 있다.

1. 앞서의 의지되는 불과의 물음에 답이다. 고덕은 앞의 두 품에서 이미 두 물음에 답했고, 이 품은 정식으로 세 가지 물음에 답한다고 하셨다. 이르자면 장행의 방광은 부처님의 위덕에 답이요, 성불을 친견함은 보리를 이룸에 답이며, 문수 가 게송을 설함은 정식으로 부처님 법성의 물음에 답이다. 이제 다시 한번 풀면 장행은 다만 상(相)을 나타내어 답하는데 이미 앞의 설과 같다. 게송은 세 가지 물음에 구족하게 답하는데 처음 다섯은 보리의 답이요, 다음 하나는 위덕의 답이며, 뒤의 넷은 법성의 답이다.

2. 명호품을 자세히 하여 가닥이 많은 것을 전체적으로 나타낸 때문이요, 정식으 로 갖가지 관찰을 자세히 하니 '의업'인 때문이다.

3. 십신의 체성을 설하니 다음의 3회와 같다. 장차 정식 지위를 설함에 다 게송 찬탄이 있으니 이것이 그 유형이다.

4. 진실이 두루함을 나타내니 다만 설해지는 것에 둘이 있는데, 첫째는 부처님이 고, 둘째는 법이다.

(1) 부처님에 둘이 있다.

　　1) 몸, 2) 이름

(2) 법에 또한 둘이 있다.

　　1) 권, 2) 실

앞에서는 다만 부처님 이름만 두루했고, 여기서는 몸이 두루함을 나타낸다. 사제[품]는 진실에 걸맞는 방편 법이 두루했고, 이 품은 방편에 걸맞는 진실 이 두루함을 나타낸다.

5. 체험을 나타내니 위의 둘에 두루하다고 하지만 대중이 보지 못했기에, 지금 광명으로써 모양이 두루함을 보인 때문이다.

6. 총체적으로 두루함을 나타내니 앞엔 다만 여래명호와 사성제에서 따로 두루
   하다가 지금 이 일회에서 법계에 두루하니 하나하나가 모두 다 같은 때와 장
   소·대중·설법이요, 같이 두루한 때문이다.

7. 원만하게 두루함을 나타내니 앞에서는 일체에 차별하던 것이 비로소 모든 곳에
   두루함을 나타냈고, 지금은 일체에 차별 없이 원융히 온갖 곳에 두루함을 나타
   낸다.

8. 다음의 경으로 더불어 그 법칙이 되니, 아래〔光明覺品〕경문에 결통해, "일체
   에 두루 나타낸다"는 것이 다 이 말과 같다. 여래의 일승원교가 수미산 등 일류
   세계에 교화를 베푸는 정도가 다 이와 같다.

9. 앞서 신통상을 보인 때문이니 위에서 신통을 나타낸다고 함은 어떻게 나타냈는
   가? 한 회상에서 움직이지 않고 법계에 두루하신 것이다.

10. 이치와 현상이 다 장애 없음을 나타내어 집착을 버리고 법을 따르게 하기 때문
    이다. 이 뜻은 비록 통하나 문에서 두루 나타나니 위의 모든 뜻이 있기 때문에
    이 품이 이어진 것이다.

【주】 ─────────────────

   1. 삼문(三問) : 제7 여래명호품에서 많은 보살들이 '부처님의 법성과 ……부처님의
      위덕……부처님의 대보리'에 대해 속으로 의문을 가진 내용이다.
   2. 하경(下經) : 제9 광명각품의 간추린 경문 참조. (一身爲無量 無量復爲一 了知諸
      世間 現形徧一切)〈⑥ 10권 64 下〉

【통현론】 爲此第二會中 普光明殿 說十信心. 明成凡夫 自心所契佛果信. 其前之如
來名號品. 擧佛身眼耳鼻舌等 及名號徧周. 四聖諦品. 明如來口業 說法行徧周. 總明
佛果徧也. 今此品放如來信位 敎行之光 覺悟一切 令信心者 自信自心智境界 身行徧
周. 卽一切處不動智佛. 一切處文殊師利. 一切處覺首 目首財首等 十首菩薩是也. 卽
明信心者. 自己身語 意業名號 徧周一如佛故. 此品須來. 明已上不動智佛等 十箇智佛
是信心中 所信之果. 是自己之智 與佛本同. 文殊師利 卽是自心妙理之慧. 餘九是行.
十色世界 是所見之法.

⑧ 제2회의 보광명전에서 십신을 설함은 범부의 자기 마음으로 맺은 불과의 믿음을 이룸을 밝히는 것이다. 그 앞의 여래명호품은 부처님의 안·이·비·설·신 등과 명호가 두루함을 거론했고, 사성제품은 부처님의 구업으로 〔사성제〕 설법행이 두루함을 밝히니 불과가 두루함을 전부 밝혔다. 지금 이 품에서는 부처님께서 십신 지위로 가르쳐 행하는 광명을 놓으시어 일체를 깨우쳐서 믿는 자들로 하여금 자기의 심지(心智) 경계와 신행(身行)〔경계〕이 두루함을 믿게 했다. 곧 모든 곳이 부동지불이요, 문수사리며, 각수·목수·재수 등의 십수 보살이다. 〔마음에〕 믿는 자의 자기 몸과 말·생각의 업과 명호가 두루함이 한결같이 부처님과 같음을 밝힌 때문에 이 품이 마땅히 이어졌다. 이상 부동지불 등 십개 지불(智佛)은 신심 가운데 믿어지는 불과이니 이는 자기의 지혜가 부처님과 본래 같고, 문수사리는 자기 마음 가운데 묘한 이치의 지혜이며, 나머지 아홉은 행이요, 십 색(色) 세계는 보이는 법임을 밝힌 것이다.

【수현기】 將欲說故. 集有緣衆 幷顯法分齊也.

㊀ 장차 설하고자 하기 때문에 인연 있는 대중을 모으고 아울러 법의 정도를 나타낸다.

【탐현기】 來意者有七. 一前明身語 今明意業故來也. 二爲別答前[1] 功德勢力等問故. 三前二品 別明人法遍. 此爲雙顯二遍故. 四爲前但論佛名普遍. 此顯佛身 實德亦遍. 前說四諦 權敎普遍 此辨十偈 實敎亦遍. 謂長行及頌 二處是也. 五爲斷疑故 謂前品文殊 說佛名法名 差別普遍. 恐衆疑故. 佛以身光 照現彼事 令衆目覩 疑網自消故來. 六非直如前 但佛名諦名 遍虛空法界等世界. 而今如來 卽此說華嚴時 亦如是遍一切 盡空世界. 一一皆時同 處同衆同說同. 卽自驗見 爲下軌則故來也. 七前佛名諦名 則多名別別遍. 以是權故. 今明一法一會 卽圓融遍. 以是約實故. 又前是差別遍. 此是無差別遍故須來也.

疏 설하는 까닭에 일곱 가지가 있다.

1. 앞서 몸과 말을 밝혔고, 지금은 뜻의 업을 밝히기 때문에 이어졌다.

2. 별도로 앞서 〔부처님〕 공덕의 세력 등을 물은 데에 답이다.

3. 앞의 두 품은 사람과 법이 두루함을 따로 밝혔고, 여기서는 둘 다 두루함을 같이 나타내기 위해서이다.

4. 앞서 다만 부처님의 이름이 널리 두루함을 논했지만, 여기서는 불신의 실덕(實德)도 또한 두루함을 나타낸다. 앞에서는 권교인 사성제가 널리 두루함을 설했지만, 여기서는 실교의 열 가지 게송도 또한 널리 두루함을 밝힌다. 이를테면 장행과 게송 두 곳이다.

5. 의심을 끊기 위하여 앞 품에서 문수가 부처님과 사성제〔法〕의 이름이 차별적으로 널리 두루함을 설했는데 대중이 의심할까 걱정하여 부처님은 몸의 광명으로써 저 현상을 비추어 나타내 대중으로 하여금 눈으로 보고 의심의 그물을 스스로 소멸케 하고자 이어졌다.

6. 바로 앞에서와 같이 다만 부처님과 사성제의 이름이 허공법계 등의 세계에 두루할 뿐만 아니라, 지금 여래께서 이 화엄을 설하실 때에도 이와 같이 온 허공 세계에 두루하신다. 낱낱이 모든 때와 장소·대중·설법을 같이하니 스스로 경험하여 보고 아래의 본보기를 삼기에 이어졌다.

7. 앞의 부처님과 사성제의 명칭은 많은 이름이 개별적으로 두루했는데 방편인 때문이요, 지금은 일법·일회가 원융하여 두루함을 밝히니 진실에 의한 때문이다. 또 앞에서는 차별로 두루하였고, 여기서는 차별 없이 두루하기 때문에 마땅히 이어졌다.

【주】────────────

1. 답전(答前) : 60권 구역 제3 여래명호품의 '부처님 공덕의 세력'에 대한 물음에 답이다. 〈⑧ 9권 418 中〉

Ⅲ. 광명각품의 주제와 취지

【청량소】 以身智二光無礙覺悟爲宗. 令物生信爲趣. 又釋名並是品宗. 來意盡爲意趣.[1]

[청] 몸과 지혜의 두 광명으로 걸림 없이 깨우쳐줌으로써 주제를 삼고, 중생들로 하여금 믿음을 내게 함으로써 취지를 삼는다. 또 이름 풀이가 아울러 이 품의 주제며, 설하는 까닭은 다 취지가 된다.

【주】 ───────────

  1. 내의진위의취(來意盡爲意趣) :〔광명각품〕 이름은 주제를 따르고, 설하는 까닭은 취지를 말한다. 그러므로 현수는 이름 풀이로써 품의 주제를 삼고, 설하는 까닭으로써 그 취지를 삼았다. 〈⊕ 20권 6〉

【수현기】 爲集同法衆 亦顯法增微. 人法體相用準之.

[수] 수행을 함께하는〔同法〕 대중을 모으는 것도 역시 법의 증미(增微)를 나타내기 위한 것이다. 사람과 법의 본체·형상·작용은 이에 준한다.

【탐현기】 先宗後趣. 宗有二. 一開二合. 開中三. 一能照之光. 二光所照境. 三照所成覺. 此三各二. 一身光照事境 令衆覺見. 事無限礙 卽長行所辨 二智光照理境 令衆覺見. 理無差別 卽頌中所明. 二合者良以理事 俱融唯一境故. 故得一事 卽遍無邊 而不壞本相. 由境無二故. 身光卽智光. 唯一無礙光. 如涅槃經[1]云. 是光無相 非青見青也. 又亦則事覺卽理覺. 平等唯一覺. 又以此光 不異覺境 三法圓融 唯一法界. 雖平等節相 而具一切 恒不雜亂. 以無障礙故. 二明意趣者 顯此無礙理事 有多意趣. 略謂五種. 一近與信中菩薩 爲所信境故. 二遠與下文 一部爲則. 以下諸會等中 皆結通云 一切世界 亦如是說者 指此文也. 三爲顯如來 出世以一乘圓教 於須彌樓山等 一類世界 施化分齊

故. 四爲顯一會 卽一切會故. 第一卷²云 其身遍坐一切道場者是也. 五顯理事 俱無障礙. 令衆生捨執 依法故也.

탐 앞은 주제고 뒤는 취지다.

1. 주제에 둘이 있는데 첫째는 나누고, 둘째는 합한다.

   (1) 나누는 데에도 셋이 있다.

      1) 비추는 광명이다.

      2) 광명으로 비치는 대상이다.

      3) 비추어 이루어지는 깨달음이다.

      이 셋에 각기 둘이 있다.

      ① 몸의 광명이 현상의 경계를 비추어 중생으로 하여금 깨달아 알게 하는데 현상에 장애의 제한이 없으니, 장행에서 밝힌 것이다.

      ② 지혜의 광명이 이치의 경계를 비추어 중생으로 하여금 깨달아 알게 하는데 이치에는 차별이 없으니, 바로 게송에서 밝힌 것이다.

   (2) 합하면 진실로 이치와 현상이 함께 융합하여 오직 하나의 경계이기에 한 현상이 끝없이 두루하나 본래 형상을 무너뜨리지 않는다. 경계가 둘이 없음을 말미암기 때문에 몸의 광명이 지혜의 광명에 걸맞게 오직 하나의 걸림 없는 광명이다. 열반경 〔제19권〕에, "이 광명은 형상이 없으며 푸르지 않은 데도 푸르게 본다"고 하였다. 또 현상의 깨달음이 바로 이치의 깨달음이니 평등하여 오직 하나의 깨달음이다. 또 이 광명은 깨달음과 경계가 다르지 않아 세 가지 법이 원융하여 오직 하나의 법계이므로 비록 평등하게 형상을 끊었다고 할지라도 모든 것을 갖추어 항상 섞여 혼란하지 않고 장애가 없다.

2. 취지의 뜻을 밝힘은 걸림 없는 이치와 현상을 나타내는데 많은 취지가 있으나 간략하게 다섯 가지를 이른다.

   (1) 가깝게는 십신 보살로 믿음의 경계를 삼기 때문이다.

   (2) 멀리 다음 경문의 일부와 더불어 법칙이 되니, 이하의 모든 회상 등에서

다 결통하여, "일체 세계에서 또한 이와 같이 설한다"고 한 것이 이 글을 지칭한 것이다.

(3) 여래께서 세상에 나오심은 일승원교로써 수미산 등 일류 세계에서 교화를 베푸는 정도를 나타내기 위해서이다.

(4) 한 회가 바로 모든 회임을 나타내기 때문인데 제1권 〔세간정안품〕에서, "그 몸은 모든 도량에 두루 앉아 〔일체 중생의 행을 다 알며〕"라고 한 것이 이것이다.

(5) 이치와 현상이 함께 장애 없음을 나타내어 중생으로 하여금 집착을 버리고 법에 의지하도록 한다.

【주】────────────────

1. 열반경(涅槃經) : "대중 가운데 홀연히 큰 광명이 있어, 푸르지 않은데 푸르게 보고 누르지 않은데 누르게 보며 붉지 않은데 붉게 보도다. 희지 않은데 희게 보고 빛이 아닌데 빛으로 보고, 보이는 것이 아니로되 보도다"라고 하였다.(大衆中忽然之頃 有大光明 非靑見靑 非黃見黃 非赤見赤 非白見白 非色見色 非明見明 非見而見)〈대반열반경 제21권 광명변조고귀덕왕보살품(光明偏照高貴德王菩薩品), 天12권 488 下〉

2. 제일권(第一卷) : 구역 화엄경 제1 세간정안품의 내용이다. (身恒遍坐一切道場 菩薩衆中 威光赫奕 如日輪出 照明世界)〈天 10권 2 上〉

Ⅳ. 광명각품의 간추린 경문

부처님께서 두 발바닥[1]으로 백 억 광명을 놓아 삼천대천 세계를 비추시자 백 억 염부제와 울단월·대해·윤위산 등이 나타났다. 이어서 보살의 태어나심·출가·정각을 이루심과 법륜을 굴리심·열반[2]에 드심이 나타났다.

────────────────

1) 제2 보광명전회는 부처님 발 밑의 그물 무늬〔족륜〕에서 광명을 놓으신다.
2) 부처님의 팔상성도를 나타낸다.

시방의 대보살3)들은 각기 많은 보살과 함께 부처님 계신 곳에 나아가니, 문수 보살 등이고 떠나온 국토는 금색 세계 등이다. 각기 부처님 계신 곳에서 범행을 깨끗이 닦았으니 부동지불 등이다.

하나에서 무한함을 알고
무한함 가운데서 하나를 알아
그것이 나란히 일어남을 깨치면
마땅히 두려움 없으리.

한 몸이 무한한 몸이 되고
무한한 몸은 다시 한 몸이 되며
모든 세간을 밝게 알아
형상을 일체에 두루 나타내도다.

저 때에 광명이 십억 세계를 지나 동방의 백억 세계와 천억 세계와 백천억 세계와 억 나유타 세계와 백억 나유타 세계와 천억 나유타 세계와 백천억 나유타 세계를 두루 비추었다. 이같이 무수하고, 무한하고, 끝없고, 같을 이 없고, 셀 수 없고, 일컬을 수 없고, 생각할 수 없고, 헤아릴 수 없고, 말로 할 수 없는 온 법계 허공계의 세계를 두루 비추고 남·서·북방과 사유·상·하도 마찬가지로 하였다.

저 낱낱의 세계에 모두 백 억 염부제4)와 내지 백 억 색구경천 가운데 있는 것이 다 분명하게 나타났다.

시방에 법 구함에 마음 변치 않고
공덕을 닦아 만족케 하며
있고 없는 두 모습 다 없애면
이런 사람 참으로 부처님 친견하리.

---

3) 불퇴전의 지위인 팔지 이상 보살을 말한다. 혹 보살의 존칭으로 쓰이기도 한다.
4) 수미산을 중심으로 한 사천하 중 남섬부주로 우리가 살고 있는 세계이다.

제10. 보살문명품(菩薩問明品)

구역 : 제6. 보살명난품(菩薩明難品)

Ⅰ. 보살문명품의 이름 풀이

【청량소】菩薩是人. 問明是法. 遮果表因 故云菩薩. 問卽是難. 明卽是答. 然問有二種. 一汎爾相問. 梵云必理車. 二者難問. 謂以理徵詰. 梵云鉢羅室囊. 卽今品意也. 答亦有二. 一但依問酬報曰答. 二若俱爲解釋 旁兼異義 美言讚述 令理顯煥曰明. 卽今品意也. 明亦破暗. 能除問者之疑暗故. 今文殊九首 互爲明難. 遞作碪椎. 硏覈教理 以悟群生. 故以名也. 又長行明起於問. 偈頌明解於問. 故曰問明. 不云答者 欲以明兼於問故. 問有二義 故得稱明. 一問中徵責 詰難理盡 使答者亡言. 此至明之問也. 二以問中進退 詰理令現 使答者易釋. 故以爲明. 又明卽法明. 以十菩薩問 出十種法明 故曰問明. 雖諸義不同 皆菩薩之問明. 依主釋也.

청 '보살'은 사람이요, '문명'은 법인데 불과는 덮고 인행을 나타내기에 '보살'이라고 하였다. '문'은 바로 힐난이요, '명'은 곧 답인데 이러한 '문'에는 두 종류가 있다.

1. 일반적으로 서로 물으니, 범어로는 '필리거(必理車)'이다.

2. 비난하는 힐문으로 이치로써 따져 물음을 이르니, 범어로는 '발라실낭(鉢羅室

囊)'으로 지금 품의 뜻이다.

답에도 또한 두 가지가 있다.

1. 다만 질문하고 응답함에 의하면 보고하는 것이 '답'이다.
2. 만일 같이 풀면 별개의 다른 뜻을 겸하는데 좋은 말로 찬술하여 이치를 밝게
   나타냄을 '명'이라 하니 지금 품의 뜻이다.

'명'은 또한 어두움을 깨뜨리니 질문자의 어두운 의심을 없애 주기 때문이다. 지금
문수와 구수(九首)가 서로 질문하여 밝히고, 번갈아 다듬질하듯이 교리를 깊이 궁구
하고 캐내어 중생을 깨우치기에 이름했다. 또 장행에서 질문을 드러내고, 게송에서
질문 풀이를 밝히기에 '문명'이라고 했다. 답이라 하지 않은 것은 '명'으로써 '문(問)'
을 겸하고자 한 때문이다. '문'에 두 뜻이 있기 때문에 '명(明)'이라 일컫는다.

1. 물음에 이치를 캐물어 규명을 다해 답하는 자로 하여금 말없게 함이 지극히
   밝은 물음이다.
2. 물음에 나아가고 물러남으로 이치를 따지고 나타나게 하여 답하는 이로 하여
   금 쉽게 풀도록 하기 때문에 '명(明)'이라 했고, 또 명은 바로 법명(法明)인데
   열 보살이 물음으로써 열 가지 법명을 내기 때문에 '문명'이라고 했다. 비록
   모든 뜻이 같지 않으나 다 '보살의 문명'이니 의주석이다.

【통현론】 爲成十種信根 長十種信力. 文殊師利覺首等 互爲主伴. 問十種法明故. 故
爲問明品.

[통] 열 가지 믿음의 뿌리를 이루고 열 가지 믿음의 힘을 기름에 문수사리와 각수
보살 등이 서로 주도자와 동반 대중이 되어 열 가지 법명을 묻기에 '문명품'이 된다.

【수현기】 明難者有二. 一約法. 明十義深微故也. 二約辭. 論難顯義情故也. 明者
敎. 難者十義[1]. 又明者智. 難者論道也.

[수] '명난'에 두 가지가 있는데, 첫째는 법에 의하니 깊고 미묘한 열 가지 뜻을 밝히

기 때문이요, 둘째는 말씀에 의하니 어려움을 논해서 뜻의 정황을 나타내기 때문이다. '명'은 가르침이고, '난'은 열 가지 뜻이다. 또 '명'은 지혜이고, '난'은 도를 논하는 것이다.

【주】────────────

1. 십의(十義) : 구역은 보살명난품, 신역은 보살문명품에서 문수 보살이 구수(九首) 보살들에게 연기의 이치와 부처님의 교화·업의 과보·설법·복전·바른 가르침·바른 수행·보조 수행·한 가지 길 등의 아홉 가지를 하나씩 차례대로 물었다. 또 마지막엔 구수 보살들이 함께 문수 보살께 부처님의 경계에 대해 물은 내용이다.

【탐현기】菩薩是人. 明難是法. 簡異果法 故依主釋. 明難有四義. 一約心境. 難謂眞俗幽邃. 明謂妙智朗照. 二約敎義. 難謂十義甚深. 明謂往復顯暢. 三約論道. 謂難問明答. 以通問答 故名明難. 何者但擧法 直諮曰問. 非理詰責爲難. 隨問直陳曰答. 委釋顯煥爲明. 四分賓主. 約賓則長行中 明設於難. 約主則偈中 明釋於難. 故曰明難.

탐 '보살'은 사람이고 '명난'은 법으로 과법(果法)과 달리 구분하니 의주석이다. '명난'에는 네 가지 뜻이 있다.

1. 마음과 대상에 의하니 '난'은 진·속의 그윽함〔幽邃〕을 말하고, '명'은 묘한 지혜가 밝게 비춤을 말한다.

2. 가르침과 뜻에 의하니 '난'은 매우 깊은 열 가지의 뜻을 말하고, '명'은 왕복하여 펼쳐 나타냄을 말한다.

3. 변론과 도(道)에 의하니 '난'은 물음이요, '명'은 답으로 문답에 통하기 때문에 '명난'이라고 이름했다. 무엇인가 하면 다만 법을 들어서 바로 묻는 것이 '문'이고, 도리에 어긋남을 힐책하는 것이 '난'이다. 물음에 따라서 바로 진술함이 '답'이고, 자세히 풀이하여 환하게 드러남이 '명'이다.

4. 주객으로 나누니 '객'에 의하면 장행에서 '난'을 나열하여 명시했고, '주'에 의하면 게송에서 '난'을 분명하게 풀이했다. 그러므로 '명난'이라고 한 것이다.

Ⅱ. 보살문명품을 설하는 까닭

【청량소】 有通有別. 通謂上來三品 已答十句 生解所依. 此下正答 生解因果. 故次來也 生解因中 先答十住. 住攬信成. 將答所成. 先辨能成. 又正答十信. 故下三品來也. 後別者. 三品明信. 有解行德. 解爲二本 此品先來.

청 통하는 것이 있고, 별개의 것이 있다.
1. 통하는 것은 위의 세 〔여래명호·사성제·광명각〕품에서 열 구절로 이해를 내어 의지되는 것에 이미 답했고, 이 다음은 이해를 내는 인과의 정답이기 때문에 이어진 것이다. 이해를 내는 인행 가운데 먼저 십주를 답하니 십주는 십신을 끌어안고 이루어진 것이다. 장차 이루어지는 것을 답하려 함에 먼저 능히 이루는 것을 드러내고 또 십신에 바르게 답하기 때문에 다음 세 품이 이어진 것이다.
2. 별개의 것이란 〔보살문명·정행·현수〕 세 품에 믿음이 이해와 행과 덕이 있음을 밝히니 이해가 〔행과 덕〕 둘의 근본이 되기에 이 품이 먼저 이어진 것이다.

【통현론】 前品如來 足下輪中放光. 開覺所照佛境遠近. 令信心者 一一觀之無礙. 令心行廣大 稱法界故. 又文殊師利菩薩 以十偈頌 歎佛十德. 勸令信心者 修行故 此問明品 卽是明十信心者 正修行之行 及斷疑故. 有此品來也.

통 앞 품에서 여래께서 발바닥의 바퀴무늬에서 방광해 비추어진 부처님 경계의 멀고 가까움을 열어 깨우치시니, 믿는 자들이 일일이 관찰함에 장애 없게 하고 마음의 작용을 광대하게 해서 법계에 걸맞게 했다. 또 문수 보살이 열 가지 게송으로써 부처님의 십 덕을 찬탄하고 믿는 자들에게 수행을 권했다. 이 보살문명품은 십신에 있는 자들의 바른 수행을 밝히고 의심을 끊기에 이어졌다.

【수현기】 衆集已. 爲說信法 成解故來也. 餘義可知.

⟨수⟩ 대중이 모이고 나서 십신 법이 이해를 이룸을 설하기 위해 이어진 것이요, 나머지 뜻은 알 수 있다.

【탐현기】 所成行中. 位前方便 信行最初. 信中解行及德. 明難辨解. 居初故來.

⟨탐⟩ 이루어지는 행 가운데 지위 앞의 방편은 신행이 최초이고, 신행에는 이해와 수행과 덕이 있지만 '명난'은 이해와 구별하여 처음에 있기 때문에 이어진 것이다.

Ⅲ. 보살문명품의 주제와 취지

【청량소】 亦先通後別. 通復二義. 一通分宗. 二通會宗. 並如會初. 二別明此品 有其二義. 一望當品 以十甚深[1]爲宗. 依成觀解[2]爲趣. 二望後二品 則以甚深觀解爲宗. 成後行德爲趣.

⟨청⟩ 또한 먼저는 통하는 것이고, 뒤는 별개의 것이다.

1. 통하는 것에 다시 두 뜻이 있다.

   (1) 〔수인계과생해〕분의 주제에 통한다.

   (2) 〔보광명전〕회의 주제와 통하며, 아울러 〔보광명전〕회의 처음과 같다.

  2. 별도로 이 품을 밝힘에 두 뜻이 있다.

   (1) 해당 〔보살문명〕품에 비교하면, 열 가지의 매우 깊은 것으로써 주제를 삼고, 〔이에〕 의해 관해(觀解)를 이룸으로써 취지를 삼는다.

   (2) 뒤의 〔정행·현수〕 두 품에 비교하면, 매우 깊은 것과 관해로써 주제를 삼고, 뒤의 행덕(行德)을 이룸으로 취지를 삼는다.

【주】 ───────────────

　　1. 십심심(十甚深) : 수현기의 이름 풀이에서 '십의'로 나왔다.
　　2. 관해(觀解) : 진리를 관념하고, 이해하는 것이다.

【수현기】 依此下文 有一百四十 事上行願. 依瓔珞經[1]. 有二十四行中成願. 卽此品
宗. 此約別相語. 通義如論應知. 宗者有二義. 若約品卽以十深義爲宗. 若約會卽用十
信位法爲宗也.

⊕ 이 다음 경문에 의하면 140 현상 위에 행원이 있는데, 보살영락본업경〔상권〕
에 의하면 24행으로 원을 이루니 바로 이 품의 주제다. 이는 별도의 형상에 의해
말한 것이요, 통하는 뜻은 논과 같으니 응당 알 것이다.
　　주제에 두 뜻이 있는데 품에 의하면 열 가지의 깊은 뜻으로써 주제를 삼고, 혹
회상에 의하면 십신 지위의 법으로써 주제를 삼는다.

【주】 ───────────────

　　1. 영락경(瓔珞經) : "24원이 한량없는 행을 다 거두어 믿음과 서원의 첫 문이 되고,
　　　마침내 대 지혜의 근본이 되네." (二十四願 攝無量行 信願始門 終大慧本)〈보살영
　　　락본업경(菩薩瓔珞本業經) 상권, ㊛ 24권 1012 上〉

【탐현기】 以十甚深義爲宗. 信中成解行爲趣.

㊂ 열 가지의 매우 깊은 뜻으로써 주제를 삼고, 믿음 가운데 이해와 행을 이룸으로
써 취지를 삼는다.

Ⅳ. 보살문명품의 간추린 경문

저 때에 문수 보살이 각수 보살께 여쭈셨다.

"심성은 하나인데 어째서 갖가지로 차별함을 봅니까? 이른바 선하거나 악한 데를 가며, 온갖 감각 기관이 원만하거나 결핍되기도 합니다. 태어남이 같거나 다르기도 하고, 단정하거나 누추하기도 하며, 고락을 받음이 같지 않습니다. 그러므로 업이 마음을 알지 못하고, 마음이 업을 알지 못하며, 인(因)이 연(緣)을 알지 못하고, 연이 인을 알지 못합니다."

이에 대해서 각수 보살께서 게송으로 대답하셨다.

마치 강물이
급히 다투어 흘러가나
각기 서로 알지 못하듯
온갖 법도 마찬가지네.

눈과 귀와 코와 혀와 몸과 마음
모든 유정의 육근1)이
다 공하여 자성이 없거늘
그릇된 마음으로 분별하여 있네.

"중생이 중생 아닌데 어째서 부처님께서 그 때를 맞추고 마음에 좋아함과 방편2) 등을 따라서 이러한 중생 가운데 몸을 나타내어 교화하고 조복하십니까?"

문수 보살의 물음에 재수 보살께서 게송으로 답하셨다.

분별하여 몸을 관찰하면
이 가운데 무엇이 '나'인가
만약 능히 이렇게 알면
'나'의 있고 없음 통달하리.

---

1) 눈과 귀·코·혀·몸·의식 등 여섯 가지의 인식 기관이다.
2) 진리로 이끌기 위한 임시 교화방법으로, 일시적 편의의 수단이다.

세간에서 보이는 법

다만 마음으로 주체가 되거늘

아는 대로 여러 모습 취하니

거꾸로 되어 진실치 못하도다.

"중생이 평등하게 사대3)가 있되 '나'도 '내 것'도 없거늘 어찌하여 고락을 받고,
단정하거나 누추하며, 현생의 보나 후생의 보를 받기도 합니까?"

문수 보살의 물음에 보수 보살께서 게송으로 답하셨다.

마치 깨끗하고 밝은 거울이

마주한 사물을 따라서

현상이 천차만별이듯

업의 성품도 마찬가지네.

"부처님께서 깨달으심은 오직 한 법인데 어찌하여 온갖 법을 말씀하시고, 갖가지
경계를 나타내 보이십니까?"

문수 보살의 물음에 덕수 보살께서 게송으로 답하셨다.

큰 바다는 하나임에

파도는 천만 가지로 다르나

물은 갖가지 다름이 없듯이

모든 불법도 이와 같네.

"부처님의 복전4)이 평등하게 하나로 다름이 없는데 어찌하여 보시의 과보가 같지
않습니까?"

---

3) 모든 물질을 구성하는 지·수·화·풍의 사대 원소이다.
4) 복을 생성하는 근원이니, 행복을 낳는다는 뜻으로 밭에 비유되었다.

문수 보살의 물음에 목수 보살께서 게송으로 답하셨다.

마치 대지는 하나인데
종자를 따라서 제각기 싹을 내되
거기에는 미워하고 친함이 없듯이
부처님의 복전도 마찬가지네.

또 물은 한 맛이지만
그릇으로 인해 차별이 있듯이
부처님의 복전도 마찬가지로
중생의 마음 따라 다르네.

"부처님의 가르침은 하나인데 중생들은 왜 바로 온갖 번뇌의 속박을 끊지 못합니
까?"
문수 보살의 물음에 근수 보살께서 게송으로 답하셨다.

마치 약한 불에
젖은 땔나무는 빨리 꺼지듯이
부처님의 교법 가운데서
게으른 자도 마찬가지네.

또 나무를 비벼서 불을 구할 때
불이 나기도 전에 자주 쉬면
불기운도 따라서 꺼지듯
게으른 자도 마찬가지네.

"부처님 말씀과 같이 만일 누군가 정법을 받아 지니면 다 번뇌를 끊어 없앤다 하셨

는데 어째서 다시 정법을 받아 지니고도 번뇌를 끊지 못하는 자가 있습니까?"
문수 보살의 물음에 법수 보살께서 게송으로 답하셨다.

누군가 약방문을 잘 알아도
자신의 병은 못 고치듯
여법히 수행하지 않으면
많이 들은 것도 마찬가지네.

누군가 남의 보물을 세면서
자신은 반푼도 없듯이
법에 수행하지 않으면
많이 들은 것도 마찬가지네.

"불법 가운데 지혜가 으뜸인데 부처님께서는 왜 중생을 위하여 보시를 찬탄하거나
혹은 지계 · 인욕 · 정진 · 선정 · 지혜 · 자 · 비 · 희 · 사5)를 찬탄하십니까?"
문수 보살의 물음에 지수 보살께서 게송으로 답하셨다.

아끼면 보시를 찬탄하고
파계하면 지계를 찬탄하며
자주 성내면 인욕을 찬탄하고
게으르면 정진을 찬탄하네.

산란한 마음엔 선정을 찬탄하고
어리석으면 지혜를 찬탄하며
어질지 못하면 자비를 찬탄하고

---

5) 보살이 열반에 이르기 위한 실천 덕목인 육바라밀과 네 가지의 헤아릴 수 없는 이타심인
   사무량심을 말하고 있다.

분노하면 대비를 찬탄하네.

마치 기초를 먼저 세우고
뒤에 가옥을 짓듯
보시와 지계도 마찬가지로
보살행의 근본이네.

"부처님들은 오직 한 길로 벗어남을 얻으셨는데 어째서 불국토에 있는 여러 세계와
설법·수명·신통·대중의 모임·가르침의 의식 등이 갖가지로 같지 않습니까?"
　문수 보살의 물음에 현수 보살께서 게송으로 답하셨다.

불국토는 분별이 없으며
미움도 사랑도 없으나
다만 중생들의 마음을 따라서
이와 같은 다름을 보도다.

　그 때 여러 보살들이 문수 보살께 말씀드렸다.
"저희들이 아는 것을 각기 말씀드렸으니 오직 원컨대 어진 이께서는 뛰어난 말솜씨
로 부처님의 경계를 말씀하소서."
　그 때 문수 보살께서 게송으로 답하셨다.

부처님의 깊은 경계
그 양이 허공과 같으니
중생들이 다 들어가도
실로 들어감이 없도다.

제11. 정행품(淨行品)

구역 : 제7. 정행품(淨行品)

Ⅰ. 정행품의 이름 풀이

【청량소】 梵云具折囉 此云所行. 波利 此云皆也徧也. 戌輸律提 云清淨也. 謂三業隨事緣歷 名爲所行. 巧願防非 離過成德 名爲清淨. 又悲智雙運 名爲所行. 行越凡小[1]. 故稱清淨. 以二乘無漏 不能兼利 非眞淨故. 得斯意者 擧足下足 盡文殊心. 見聞覺知 皆普賢行. 文殊心故 心無濁亂 是曰清淨. 普賢行故 是佛往修 諸佛菩薩 同所行也. 所行卽淨 持業釋也.

⬚청 범어인 '구절라(具折囉)'가 이쪽 말로 '행'이요, '파리(波利)'는 '개(皆)'며, '편(徧)'이다. '술수율제(戌輸律提)'는 '청정'이고, 삼업이 현상을 따라 거침을 '행'이라 하는데 공교한 서원으로 그릇됨을 방지하고 허물을 떠나 덕을 이룸을 '청정'이라고 이름한다. 또 자비와 지혜를 같이 씀을 '행'이라 하고, 행이 범·소를 초월하기 때문에 '청정'이라 일컫는데 이승의 무루는 이타를 겸하지 못하니 참된 청정이 아니다. 이런 뜻을 얻은 자는 발을 들고 내림이 다 문수의 마음이요, 보고 듣거나 깨달아 앎이 다 보현의 행이다. 문수심인 때문에 마음에 흐리고 산란함이 없음을 청정이라

하고, 보현행인 때문에 부처님께서 과거에 닦으셨고 모든 불보살님께서 함께 행하시는 것이다. '행'이 바로 '청정'이니 지업석이다.

【주】────────────────

　1. 범소(凡小) : 초(鈔)에서는 초지 아래를 범(凡)이라 하고, 소승을 소(小)라고
　　밝혔다. 〈⑪ 42권 p. 44〉

【통현론】 以無始諸見無明 貪瞋癡愛. 今已發菩提心. 信樂正法 頓飜諸見. 成其大願 長大悲門. 若但以三空 無相對治 不生大慈大悲. 不能成就 普賢行故. 欲行長路 非足不行. 欲行大悲 入普賢門 充法界行者. 於一切見聞覺知 而無過失. 便成萬行莊嚴. 皆勤修習 此一百四十大願門 便於生死海中 見聞覺知 一切諸行 悉皆淸淨 入普賢行故 故名淨行 若無此願 設斷煩惱 卽二乘行 故設是菩薩 卽生淨土 以此一百四十大願門. 頓能淨其一切 塵勞行門 便成普賢 法界行故 故名淨行. 以此大願莊嚴一切 世間諸行 總爲法界 一切道場 故名淨行. 以此諸見. 成大善根. 故名淨行.

　⑧ 비롯함이 없는 온갖 소견의 어두운 탐욕·성냄·어리석음의 애착으로써 이제 보리심을 낸 뒤는 정법을 쾌히 믿고 모든 소견을 단번에 뒤집어 대원을 이루고 대비문을 기르는데 만약 다만 삼공(三空)의 무상(無相)으로써 대치하고, 대자대비를 내지 않으면 보현행을 이루지 못한다. 먼 길을 가고자 하면 발이 아니면 가지 못하고, 대비를 행하여 보현문의 충만한 법계행에 들고자 하면 일체 보고 듣거나 깨달아 앎에 허물이 없어야 바로 만행의 장엄을 이루는 것이다. 모두 부지런히 이 140대원문을 닦아 익혀서 즉시 생사의 바다에서 보고 듣거나 깨달아 아는 온갖 행이 다 청정하여 보현행에 들기 때문에 '정행'이라 이름했다. 만약 이 서원이 없으면 설사 번뇌를 끊더라도 이승행이요, 설혹 보살일지라도 정토에 난다. 이 140대원문으로써 단번에 온갖 번뇌의 행문을 깨끗이 하여 바로 보현 법계행을 이루기 때문에 '정행'이라 하고, 대원으로써 일체 세간의 온갖 행을 장엄하여 법계의 모든 도량을 전체적으로 삼기 때문에 '정행'이라 하며, 또 이 모든 소견으로써 큰 선근을 이루기 때문에 '정행'이라고 이름한 것이다.

【수현기】此中廣明菩薩修行 勝妙淨行之相 故名淨行品也. 亦可淨者 德無垢故. 行者體. 又淨者願. 行者所淨耳.

수 여기서는 보살이 수행하는 완전한(勝妙) 청정 행의 모습을 자세히 밝혔기에 '정행품'이라고 했다. 또한 '정'은 덕에 더러움이 없는 것이요, '행'은 본체이다. 또 '정'은 원이고, '행'은 청정한 것일 뿐이다.

【탐현기】依梵本名圓淨行品. 無性攝論中 名清淨所行經. 謂三業無過云清淨. 心起願稱行. 行順普法名圓. 此持業釋. 又淨是理. 行是智. 理智無礙爲圓. 依主釋也. 又願是能淨. 行是所淨. 令行光潔. 稱性名圓. 以是普賢 願行故也. 又願無垢名淨. 則願是行 故云淨行.

탐 범본에 의하면 '원정행품'이라 할 것이요, 무성의 섭대승론석에서는 '청정소행경'이라고 이름했다. 삼업에 허물이 없음을 '청정'이라 하고 마음에 서원을 일으킴을 '행'이라고 일컫는다. 행이 보편적인 법에 순응함을 '원'이라 이름하니 이는 지업석이요, 또 '정'은 이치이고 '행'은 지혜로 이지(理智)가 걸림 없음을 '원(圓)'이라고 하니 의주석이다. 또 '원(願)'은 능히 청정하게 하는 것이고, 행은 청정히 되는 것인데 행으로 하여금 깨끗하고 빛나게 해서 성품에 걸맞음을 원(圓)이라고 하니 바로 보현의 원행이다. 또 더러움을 떠난 서원을 '청정'이라고 하니 '원(願)'이 바로 '행'이기 때문에 '정행'이라고 했다.

Ⅱ. 정행품을 설하는 까닭

【청량소】夫欲階妙位 必資勝行. 有解無行 虛費多聞. 故前品明解 此品辨行. 又前明入理觀行 今辨隨事所行. 又前行此願. 並義次第. 故次來也.

[청] 무릇 묘위에 오르고자 하면 반드시 수승한 행을 빌려야 하는데 이해는 하나 행이 없으면 많이 들은 것을 허비하기 때문에 앞 품에서 이해를 밝혔고, 이 품에서 행을 말하는 것이다. 또 먼저는 이치에 들어가 행을 관함을 밝혔고, 지금은 현상을 따른 행을 드러낸다. 또 앞은 행이고, 지금은 서원이니 다 뜻의 순서로 이어진 것이다.

【통현론】爲明前問明品 是成其十信中解故. 此品成其十信之行故. 此品須來 乃至果行圓滿已來 不離此大願故.

[통] 앞의 보살문명품에서는 십신의 이해를 이룸을 밝혔고, 이 품은 십신의 행을 이루기 때문에 마땅히 이어진 것이다. 이에 '과행(果行)이 원만한 이후'까지는 이 대원을 떠나지 않는 것이다.

【수현기】依解起行故也. 亦可前行 次願故也.

[수] 이해에 의해서 행을 일으키기 때문인데 또한 먼저는 '행'이었고 다음으로 '원'이다.

【탐현기】前解次行. 又前行次願. 義次第故來.

[탐] 먼저는 이해였고 다음으로 행인데 또 먼저가 행이라면 다음으로 원이니 뜻의 순서로 왔다.

Ⅲ. 정행품의 주제와 취지

【청량소】以隨事巧願 防心不散 增長菩薩悲智 大行爲宗. 成就普賢 實德爲趣.

[청] 현상을 따라 수승한 원으로 마음이 산란치 않도록 방비하여 보살의 자비와 지혜·대행을 증장함으로 주제를 삼고, 보현 보살의 실다운 덕을 이룸으로 취지를 삼는다.

【통현론】 以智首是下方頗梨色世界[1]. 佛號梵智. 明是一切諸佛法 本自體白淨 無染之智. 以爲能問之人. 文殊師利菩薩 卽是一切諸佛 善擇妙慧. 以爲說法之主. 以一切諸佛 根本智慧之門. 善自爲問答之主伴. 說一百四十 大願之門. 以成十信十住 十行十廻向 十地十一地等. 普賢法界 無盡行海. 以本淨智. 問其妙慧. 說其一百四十 淨願之門. 用淨信等六位中 染淨無明[2] 七地法執現行[3]. 十地已來 法執習氣[4] 佛地二愚[5] 一時總淨. 於此信心中 不令偏執. 以願防之 使令寂用無礙故. 以此諸佛 本淨智妙慧門 說一百四十大願. 以防染淨二障. 以爲宗趣故.

[통] 불호가 '범지'인 하방 파리색 세계의 '지수'[보살]는 모든 불법의 본래 자체에 맑고 더럽지 않은 지혜를 밝힌 것인데 이를 질문자로 삼고, 문수사리 보살은 바로 모든 부처님의 잘 간택하는 묘한 지혜이기에 설법주로 삼았다. 일체 부처님의 근본 지혜의 문으로써 스스로 좋은 문답의 주도자와 동반대중이 되어 140대원문을 설함으로써 십신·십주·십행·십회향·십지·십일지 등 보현 법계의 다함이 없는 행을 이룬다. 본래 청정한 지혜로써 묘혜께 여쭈고, 140의 청정한 서원문을 설하여 십신 등 육위 가운데에 더럽다거나 깨끗하다고 하는 무명을 청정케 한다. 7지의 법집(法執) 현행과 십지 이후로 법집 습기와 불지의 두 가지 아둔함을 일시에 전부 정화하여 십신에서 치우쳐 집착치 않게 하고 서원으로써 막아 적용으로 하여금 걸림 없게 했다. 모든 부처님의 본래 청정한 지(智)와 묘한 혜(慧)의 문으로써 140대원을 설하여 더럽거나 깨끗함의 두 가지 장애를 막음으로써 종취를 삼는다.

【주】 ────────────────────

1. 하방파리색세계(下方頗梨色世界) : 하방으로 십불찰 미진수 세계를 지나서 있는 지수 보살의 세계로 여래명호품에 나온다.
2. 염정무명(染淨無明) : 아집을 없애지 못한 때문에 더럽고, 법에 집착하는 마음이 있기에 깨끗하다는 것이다. 〈탄허본〉

3. 현행(現行) : 지말(枝末)이다. 〈탄허본〉

4. 습기(習氣) : 근본(根本)이다. 〈탄허본〉

5. 불지이우(佛地二愚) : 처음은 광대한 수법에 우둔한 것이요, 둘째는〔여래의〕수
   호광명공덕에 대한 어리석음이다. (⑥36권 933 下〉

【통현론 2】 以六位上 通信并十住 十行十廻向 十地十一地. 隨位修道上煩惱 六位
中一位上 有二十故. 六位共有 一百二十[1]. 根本十無明[2] 皆因身見邊見 二見有二十[3].
共隨位進修. 染淨煩惱 總有一百四十. 爲防此障 起一百四十願. 令此進修者 從初信心
理事圓融. 使信心者 達其願體. 無虧自心 根本淨智 妙擇之慧. 動寂俱眞 不偏修故. 是
故華藏世界 有如須彌山 微塵數風輪所持. 其上一切莊嚴 因大願風輪 能持萬行. 以行
招果 因持果故 因以願力堅持 報得風輪持刹故. 又云[4]如是 華藏莊嚴 皆從普賢願力起.
爲無願故 行乃不成. 卽莊嚴不現. 不感無盡 依果報故. 由是義故. 信心之上 法性悲智
妙慧萬行. 總依佛有. 而爲進修. 不得別有. 若離佛別有自法者. 不成信心. 不成十種勝
解. 不成修行. 設苦行精勤 是邪精進. 勤苦累劫 生人天中. 一念貪瞋 一時焚盡. 是故
此品下文云. 住去來今 諸佛之道. 隨衆生住 恒不捨離. 如諸法相 悉能通達. 斷一切惡.
具足衆善. 當如普賢 色像第一. 一切行願 皆得具足. 已上明宗趣竟. 意明廻凡所執 心
境差業 皆成願海 具普賢門.

⑧ 육위에서 십신과 아울러 십주·십행·십회향·십지·십일지를 통틀어 지위를
따른 수도 상의 번뇌가 육위 중 한 지위에 20가지가 있기에 육위에서 120가지를
공유한다. 근본 십 무명이 모두 신견과 변견의 두 견해를 인하여 20이 있으니 함께
지위를 따라 진전하는 더럽거나 깨끗하거나 하는 번뇌가 전부 140이 있는 것이다.
이 장애를 막기 위하여 140원을 일으켜서 진보하는 자로 하여금 첫 신심으로부터
이치와 현상을 원융케 하여 믿는 자로 하여금 그 서원의 본체를 요달케 한다. 자기
마음 근본의 청정 지(智)와 묘하게 간택하는 혜(慧)가 부족함이 없이 하며, 움직임과
고요함을 다 참되게 하여 치우쳐 수행하지 않게 한다. 이 때문에 화장 세계는 수미산
의 미세한 먼지 수와 같은 풍륜이 유지하는데, 그 위의 모든 장엄은 대원의 풍륜으로
인해 만행을 지니고 행으로써 과를 초래한다. 인행이 불과를 지니니, 원력으로 굳게

지님으로 인해 풍륜이 국토를 유지함을 과보로 얻은 것이다. 또 〔화장세계품에서〕이르되, "이 같은 화장장엄이 다 보현의 원력으로부터 일어났다"고 하니, 원이 없기 때문에 행을 이루지 못하고, 곧 장엄이 나타나지 않아 다함없는 국토〔依果報〕를 감득치 못하는 것이다.

이런 뜻을 말미암기 때문에 신심에서 법성의 비지(悲智)·묘혜(妙慧)·만행(萬行)이 전부 부처님을 의지해 진전하게 될 뿐 별도로 있는 것이 아니다. 만약 부처님을 떠나 따로 스스로의 법이 있다고 하면, 신심을 이루지 못하며 열 가지의 뛰어난 이해도 성취하지 못하고 수행도 이루지 못한다. 설사 고행 정진을 해도 삿된 정진이요, 수많은 겁에 부지런히 힘쓰더라도 인천에 나서 한 생각에 탐하거나 성을 내면 한때에 다 타버린다. 이 때문에 이 〔정행〕품의 다음 경문에서, "과거·현재·미래 모든 부처님의 도에 머물며, 중생을 따라 머물면서 항상 멀리하지 않는다. 온갖 법의 모습을 다 통달해서 일체 악을 끊고 많은 선을 갖추어, 마땅히 보현의 색상 제일과 같으며, 모든 행과 원을 다 갖추게 된다"고 하였다.

이상으로 종취를 밝혀 마치니, 뜻은 범부가 집착하는 마음과 대상의 차별 업을 되돌려 모두 서원을 이루어 보현문을 갖춤을 밝힌 것이다.

【주】────────────

1. 일백이십(一百二十) : 십사번뇌(十使煩惱)가 육위의 인과를 통하여 모든 지위에 20가지가 있기에 육위에 120이 된다. 〈탄허본〉

2. 근본십무명(根本十無明) : 탐(貪)·진(瞋)·치(癡)·만(慢)·의(疑)의 오둔사(五鈍使)와 신견(身見)·변견(邊見)·사견(邪見)·견취견(見取見)·계금취견(戒禁取見)의 오리사(五利使) 등 십사번뇌(十使煩惱)를 말한다. 그 성품이 날카롭거나 둔함에 의하여 항상 마음을 어지럽게 하는 번뇌이다. ⓑ

3. 이견유이십(二見有二十) : 본위(本位)의 신견(身見)과 변견(邊見)이 또 각각 십번뇌가 있기 때문에 이견(二見)에 20이 있다. 신견의 신견과 신견의 변견 등이며, 변견의 변견과 변견의 신견 등이다. 〈탄허본〉

4. 우운(又云) : → 제5 화장세계품의 간추린 경문 참조. (此華藏莊嚴世界海 是毘盧遮那如來 往昔於世界海微塵數劫 修菩薩行時. 一一劫中. 親近世界海微塵數佛. 一一佛所 淨修世界海微塵數. 大願之所嚴淨.) 〈화장세계품, ⑥ 10권 39 上〉 → 제4

세계성취품의 간추린 경문 참조. (略說以十種因緣故. 一切世界海 已成現成當成.
~ 普賢菩薩 自在願力故.) 〈세계성취품, ⊛ 10권 35 上~中〉

【수현기】 以諸願爲宗.

⟨수⟩ 모든 서원으로써 주제를 삼는다.

【탐현기】 以願海爲宗. 但願有四種. 一誓願謂行前要期等. 二行願此有二種. 一與行
俱起. 二但對事發願. 則此是行 以防心不散故. 三行後願 謂以行迴向 願得菩提等. 四
自體無礙願 謂大願究竟 同法性海. 任運成辨 一切諸事. 此中唯論行願. 餘者義通可知.

⟨탐⟩ 서원의 바다로써 주제를 삼는데 다만 서원에 네 가지가 있다.

1. 서원이니 행 이전에 기일을 약정〔要期〕하는 등이다.

2. 행원이니 이에 두 가지가 있다.

   (1) 행과 함께 일어난다.

   (2) 다만 현상에 대해 발원하는데 행으로써 마음을 막아 흩어지지 않게 한다.

3. 행 뒤의 원이니, 행으로써 회향하여 보리를 얻고자 원하는 등을 이른다.

4. 자체의 걸림 없는 원이니, 대원이 구경에 법성의 바다와 같이 임의대로 움직여
   온갖 일을 이룸을 말한다. 여기서는 오직 행과 원을 논했는데 나머지는 뜻으로
   통해 알 수 있다.

Ⅳ. 정행품의 간추린 경문

지수 보살이 문수 보살께 여쭈었다.

"보살은 어떻게 허물이 없고 지혜가 선도하는 몸과 말과 뜻의 업[1]을 얻습니까?"

---

1) 몸과 입과 마음으로 짓는 선악의 행위가 뒤에 어떤 결과를 초래함을 말한다.

문수 보살께서 지수 보살에게 말씀하셨다.

"만약 여러 보살이 마음을 잘 쓰면 온갖 수승하고 묘한 공덕을 얻어서 악을 끊고 선을 갖추리다. 또 온갖 행과 원이 두루 갖추어지며 법에 자재하지 못함이 없고 중생들의 제2 도사2)가 되리다.

불자여, 어떻게 마음을 써야만 온갖 수승하고 묘한 공덕을 얻겠는가?"

만약 액난에 있으면
마땅히 중생들이 뜻대로 자재하여
행이 막힘 없기를 원할지어다.

스스로 부처님께 귀의함에
마땅히 중생들이 불종자3)를 받아 진작시키고
보리심4)을 내기를 원할지어다.

스스로 가르침에 귀의함에
마땅히 중생들이 경장5)에 깊이 들어가
지혜가 바다와 같아지기를 원할지어다.

스스로 스님들께 귀의함에
마땅히 중생들이 대중을 통솔하되
온갖 것에 막힘 없기를 원할지어다.

---

2) 제1은 오직 부처님 한 분이다. 이제 겨우 발심하여 도가 부처님보다는 뒤떨어지기에 '제2 도사'라고 하였다.
3) 부처님이 될 수 있는 소질을 말한다.
4) 아뇩다라삼먁삼보리심의 약어로 최상의 깨달음을 구해 중생을 건지려는 마음이다. 입법계품 제52 선지식인 미륵 보살께서 보리심에 대해 아주 친절하게 말씀하셨다.
5) 불경을 총괄해서 말하는데, 경은 진리를 함축하므로 장(藏 : 광)이라고 했다.

혹 발을 들면
마땅히 중생들이 생사의 바다를 벗어나
온갖 선한 법을 갖추기를 원할지어다.

가시나무를 보면
마땅히 중생들이 빨리 삼독6)의 가시를
제거할 수 있기를 원할지어다.

꽃이 핀 것을 보거든
마땅히 중생들의 신통 등 법이
꽃과 같이 피기를 원할지어다.

꽃이 핀 나무를 볼 때에는
마땅히 중생들의 여러 상호가 꽃과 같아져
32상을 갖추기를 원할지어다.

"만약 여러 보살들이 이렇게 마음을 쓰면 온갖 훌륭하고 미묘한 공덕을 얻어서 인간과 천상·사문·바라문·건달바·아수라 그리고 성문과 연각들에 동요되지 않는다."

---

6) 욕심과 성냄과 어리석음은 선근을 해치는 세 가지 독이다.

제12. 현수품(賢首品)

구역 : 제8. 현수보살품(賢首菩薩品)

Ⅰ. 현수품의 이름 풀이

【청량소】謂體性至順 調善曰賢. 吉祥勝德 超絶名首. 卽以此名菩薩 演說此法. 賢卽是首. 賢首之品. 以當賢位之初. 攝諸德故 偏擧賢名.

[청] 본성이 지극히 순하여 잘 어울림을 '현'이라 하고, 상서롭고 수승한 덕이 출중하게 뛰어남을 '수'라 하니 이런 이름의 보살로서 법을 연설한 것이다. '현'이 곧 '수'이니 현수의 품으로써 삼현 지위의 처음에 해당하고 온갖 덕을 거두기에 '현'이란 이름을 치우쳐 든 것이다.

【통현론】何故名爲賢首. 爲依行立菩薩之名 依菩薩所說之法及行 立品之名. 爲賢首者. 以明信解 如來因果 普賢五位行門. 心行調柔. 順和正直 深心正念. 樂集善根 常念利生. 名之爲賢. 創從凡夫 頓彰法界諸佛 因果理智 一時明現. 名之爲首. 此依法主解行立名. 此賢首者. 乃是於佛果海. 文殊普賢行之賢首. 爲信佛因果 理智之首 圓滿法界解行 無始終之首故 爲賢首品. 以佛文殊 普賢之果行 成信者之初首故.

⑧ 무엇 때문에 '현수'라 이름했는가? 행을 의지해 보살의 이름을 명명하고, 보살이 설한 법과 행에 의지해 품의 이름을 지어 붙인 것이다. '현수'라 함은 여래의 인과와 보현의 오위(五位) 행문을 믿고 이해하되, 생각이 유연성이 있고 순조로우며 정직해서 깊고 바르게 마음을 챙기고 선근을 쾌히 모아서 늘 중생을 이롭도록 생각함을 '현'이라 한다. 또 처음 범부에서부터 법계 모든 부처님의 인과와 이지(理智)를 단박에 드러내 일시에 분명히 나타냄을 '수(首)'라 함을 밝히니 이는 설법주의 이해와 행에 의지해 이름을 지어 붙인 것이다. '현수'는 바로 불과의 바다에 있는 문수와 보현행의 현수이니, 부처님의 인과와 이지(理智)를 믿는 '수(首)'이며, 원만한 법계의 이해와 행이 처음과 끝이 없는 '수(首)'이기 때문에 '현수품'이라 한 것이다. 부처님과 문수와 보현의 과행(果行)으로 믿는 이의 첫머리를 삼았다.

【수현기】 十信已滿位 是賢聖[1]之初. 爲凡頂菩薩中 初故曰賢首品.

⑦ 십신을 마치는 지위로 삼현·십성의 처음이고, 범부의 맨 위〔凡頂〕 보살 가운데 처음이 되기에 '현수품'이라고 했다.

【주】────────────────

1. 현성(賢聖) : 유루지(有漏智)로써 선근을 닦는 이를 현자라 하고, 무루지(無漏智)로써 바른 이치를 증득한 분을 성자라 한다. 곧 현자는 견도 이전의 지위이고 성자는 견도 이후의 지위이니, 십주·십행·십회향을 삼현이라 하고 초지부터 십지까지의 보살을 십성이라고 한다. ㉖

【탐현기】 依梵本名跋陀羅. 此云賢. 室利此云吉祥. 或云德或云首或云勝. 是故非是初首之首 亦非上首之首. 此等梵語 皆有別名故. 此但爲顯吉祥 勝德超絶爲首. 當體至順 調柔曰賢. 賢約體性 首約德用. 是持業釋. 於此信滿 入普賢位. 具有二義. 若約果則下文 賢首佛刹[1]等. 此中約因 故云菩薩也. 或唯約人 賢首則是菩薩故. 又以此人 是說法者 從人爲名故. 或唯是法 菩薩則是賢首故. 所說亦是 賢首菩薩法門故. 或人法合目 則依主釋也.

⊞ 범본에 의하면 '발타라'라 이름한 것이 이쪽 말로 '현(賢)'이고, '실리'는 이쪽 말로 길상·덕(德)·수(首)·승(勝)인데 이 때문에 이는 초수(初首)의 수(首)도 아니고 또한 상수(上首)의 수도 아니니 이런 것이 범어로 모두 다른 이름이 있기 때문이다. 이는 다만 길상의 빼어난 덕이 초절(超切)함을 나타내기 위하여 '수(首)'라 하고, 본체가 지극히 순하여 조유(調柔)함을 '현'이라고 했다. '현'은 체성에 의한 것이고 '수'는 덕용에 의한 것이니 지업석이다. 십신의 수행을 완료한 상태〔信滿〕에서 보현의 지위에 들어가니 두 가지 뜻을 갖추었다. 만약 불과에 의하면 다음 〔입법계품〕경문의 '현수의 불국토' 등인데 여기서는 인행에 의한 때문에 보살이라고 한 것이다. 혹은 오직 사람에게만 의지했으니 현수가 바로 보살이요, 또 사람이 바로 설법자이기에 사람을 따라서 이름을 삼았다. 혹은 오직 법이니 '보살'이 바로 '현수'요, 설해진 것 역시 '현수 보살의 법문'인데 사람과 법을 합하여 제목한 의주석이다.

【주】 ────────────

1. 현수불찰(賢首佛刹) : 제39 입법계품에서 동방 연화덕 세계의 현수 부처님 처소라고 했다. (於東方蓮華德世界 賢首佛所) 〈⑧ 10권 441 上〉

II. 현수품을 설하는 까닭

【청량소】夫行不虛設[1] 必有其德. 旣解行圓妙[2] 必勝德難思. 收前行願 成信德用. 故次來也. 又前智首 擧果徵因[3]. 文殊廣顯其因. 略標其果云. 獲一切勝妙功德. 故問賢首 今廣斯言. 是以偈初 躡前起後.

⊞ 행은 헛되이 베풀지 않으니 반드시 그 덕이 있는데 이미 이해와 행이 원묘(圓妙)하니 반드시 수승한 덕이 생각키 어렵고, 앞의 행원을 거두어 믿음의 덕용을 이루기 때문에 이어진 것이다. 또 앞 〔정행품〕에서 지수가 불과를 들어 인행을 여쭈자, 문수 보살이 인행을 자세히 나타내고 그 불과를 간략히 표하여 일체 완전한 공덕을

얻는다고 했다. 그러므로〔이 품에서 문수가 다시 보리심의 공덕을 나타내 보이고자〕
현수 보살께 여쭈어서 자세하게 하니 이로써 게송의 처음에 앞을 디디고 뒤를 일으킨
것이다.

【주】────────────────

1. 부행불허설(夫行不虛設) : 앞서의 행에 대해 덕을 이루기 때문이다.〈㊀ 24권 1〉
2. 원묘(圓妙) : 천태종에서는 공(空)·가(假)·중(中)의 삼제가 원융해서 불가사의한 것을 '원묘'라고 하는데 '묘'는 불가사의한 것이다. 또는 참되고 원만하며 지극히 묘한 것을 '원묘'라고 한다. ㊁
3. 거과징인(擧果徵因) : 앞서 이루어진 덕을 자세히 하기 때문에 이어졌다.〈㊀ 24권 1〉

【통현론】爲第二會 已來五品經. 但明十信菩薩 所修行法門 及一百四十願等法. 此品明十信中 欣修佛果 所行行願 功德廣大故 故有此品來也.

㊂ 제2회 이후 경의〔여래명호·사성제·광명각·보살문명·정행〕다섯 품은 다만 십신 보살의 수행 법문과 140원 등의 법을 밝혔다. 이 품은 십신 중 쾌히 닦는 불과와 행해지는 행과 원의 공덕이 광대함을 밝힌 때문에 이어진 것이다.

【수현기】行旣成立. 次須廣歎德用 成位故來也.

㊃ 행이 이미 성립되고 나서 다음은 반드시 덕용으로 지위를 이루는 것을 널리 찬탄하기에 이어진 것이다.

【탐현기】收前行願 以成普賢 廣大德用故來也.

㊄ 앞의 행과 원을 거두어 보현의 광대한 덕용을 이루기 때문에 이어졌다.

Ⅲ. 현수품의 주제와 취지

【청량소】 於信門中 成普賢行德. 而自在莊嚴. 無方大用. 建立衆生. 通貫始終. 該攝
諸位. 以爲其宗. 令起圓融信行. 成位德用 而爲意趣.

[청] 십신 부문에서 보현의 행덕을 이루어 자재하게 장엄하며 제한 없는 대작용으로
써 중생을 좋은 쪽으로 세워 가니 처음과 끝을 관통해 모든 지위를 다 거둠으로써
주제를 삼고, 원융한 신행을 일으켜서 지위의 덕용을 이루게 함으로 취지를 삼는다.

【통현론】 明已生十信心已 得福獲益爲宗.

[통] 십신을 다하고는 복과 이익을 얻음으로 주제를 삼는다.

【수현기】 宗爲歎德.

[수] 덕을 찬탄함으로 주제를 삼는다.

【탐현기】 明普行位 體及相用 廣大無邊 始終俱括. 應在信門 該攝諸位 成佛妙果.
是此所明也.

[탐] 보행위(普行位)의 본체·형상·작용이 끝없이 광대하여 처음과 끝을 함께 포
괄함을 명시했다. 마땅히 십신의 부문에서 모든 지위를 다 거두어 부처님의 묘과를
이루기에 여기서 밝힌 것이다.

Ⅳ. 현수품의 간추린 경문

문수 보살이 청정한 행의 큰 공덕을 설하고 나서 보리심의 공덕[1]을 여쭈자 현수 보살께서 게송으로 답하셨다.

믿음은 도의 으뜸이요 공덕의 어머니라
온갖 선한 법을 기르며
의심의 그물 끊고 애착을 벗어나
열반[2]의 위없는 길 열어 보이네.

만약 여법히 부처님께 공양하면
염불하는 마음 움직이지 않으리니
염불하는 마음 움직이지 않으면
언제나 무한한 부처님 친견하리.

중생들의 병이 같지 않음을 따라서
다 법약[3]으로써 대치하고
마음에 좋아함을 따라서
모두 방편으로써 만족케 하네.

세월 중에 기근과 재난 때에

---

1) 선을 쌓아 얻을 수 있는 복덕을 말한다.
2) 수행에 의해 진리를 체득하여 미혹과 집착을 끊고 온갖 속박에서 해탈한 최고의 경지이다. '니르바나'의 음역인데, 타오르는 번뇌의 불꽃을 지혜로 꺼서 번뇌가 소멸된 상태이다. 생존하는 동안에 완전한 열반을 체득하기란 어렵기에 '남음이 있는 열반'이라 하고, 죽음 뒤에 비로소 '남음이 없는 열반'에 들어간다고 한다.
3) 세인들의 병을 고치는 가르침의 약이다.

세간의 온갖 생필품을 다 주되
그 하고자 하는 대로 모두 만족케 하여
널리 중생을 위해 이익을 지으리.

집이란 탐욕에 속박된 곳이니
중생들이 다 떠나게 하기 위해
출가하고 해탈을 얻어
온갖 욕망에서 받을 것이 없음을 보이네.

무수한 중생들 처소에
일 겁 동안 생필품을 베풀어도
그 복덕은 수승하지 못하고
이 법을 믿음이 가장 뛰어나네.

무수한 부처님 처소에서
일 겁 동안 시중 들어도
이 품을 잘 수지 독송하면
그 복이 최고로 낫네.

이 때 현수 보살께서 이 게송을 말씀하시자 시방 세계가 여섯 가지로 진동하여
악마의 궁전은 숨어 버리고 지옥은 쉬었다. 시방의 모든 부처님들께서 두루 그 앞에
나타나시어 각기 오른손으로 이마를 만지며 이구동성으로 찬탄하셨다.
　"훌륭하도다. 쾌히 이 법을 설함이여, 우리들이 모두 따라서 기뻐하노라."

제3회 도리천궁설(忉利天宮說) : 3권 6품

(三賢中 初賢 十住)

【經文】 爾時世尊 不離一切 菩提樹下 而上昇須彌 向帝釋殿.

　그 때에 세존께서는 모든 보리수 아래를 떠나지 않고 수미산에 올라 제석천의 궁전으로 향하셨다.

· 법　사 : 법혜 보살
· 법　문 : 십주
· 삼　매 : 보살의 한량없는 방편 삼매
· 광　명 : 발가락 방광(발가락으로 안주하기 때문이다.)

　1. 도리천궁회의 연유
　　(1) 교화주가 중생에게 순응해 주신다.
　　　　승수미산정품 제13
　　(2) 교화를 돕고 부처님을 찬탄한다.
　　　　수미산정게찬품 제14
　2. 십주의 지위·행·덕
　　(1) 지위를 말한다.
　　　　십주품 제15
　　(2) 행을 말한다.
　　　　범행품 제16
　　(3) 덕을 말한다.
　　　　초발심공덕품 제17
　3. 전도〔십행〕의 지위를 향하는 부분
　　　　명법품 제18

Ⅰ. 도리천궁회의 이름 풀이   Ⅱ. 도리천궁회를 설하는 까닭

   【청량소】   【청량소】

   【수현기】 【탐현기】   【수현기】 【탐현기】

Ⅲ. 도리천궁회의 주제와 취지

   【청량소】

   【수현기】 【탐현기】

Ⅰ. 도리천궁회의 이름 풀이

【청량소】 約處名忉利天會. 約人名法慧菩薩會. 約法名十住會. 皆依主釋.

청 장소에 의해 '도리천궁회'라 한 것이다. 사람에 의하면 '법혜보살회'라 하고, 법에 의한다면 '십주회'라 할 것이니 모두 의주석이다.

【수현기】 問何故此下四會[1] 在天說者. 答德行位成. 除障淨勝故 在天說耳. 此答前十住位問也.

수 문 : 무엇 때문에 이 다음 네 회상은 하늘에서 설하시는가?

    답 : 덕행의 지위가 이루어져 장애를 없앤 청정함이 빼어나기에 하늘에서 설하신 것이다. 이는 앞서 〔여래명호품〕 십주 지위의 질문에 대한 답이다.

【주】 ───────────────

  1. 차하사회(此下四會) : 도리천·야마천·도솔천·타화자재천궁 네 곳의 천상 설법이다.

【탐현기】 約法名十住會. 約處名忉利天會. 准釋可知.

[탐] 법에 의하면 '십주회'라 할 것이나, 장소에 의해 '도리천회'라고 한 것이니 풀이
에 준하면 알 것이다.

Ⅱ. 도리천궁회를 설하는 까닭

【청량소】前信此解. 義次第故. 又答十住問 總有二段. 前信是住之方便. 此明正位.
故次來也.

[청] 앞서 믿음과 지금의 이해가 뜻의 순서인 때문이다. 또 십주의 물음에 답인데
전부 두 단이 있으니 앞의 십신은 십주의 방편이었고, 이는 정식 지위를 밝히기 때문
에 이어진 것이다.

【수현기】信故解也. 此初辨會來意. 又何故會來. 旣報體成已. 次須起化 赴機故來
也. 因此略料簡 敎興所表. 今諸會但不捨離本處. 卽表起行成報體 堅固不移也. 而往
諸會 卽表起用隨機. 此釋約修行體. 若望生解起信門 卽顯行位增微耳. 又解文中 約佛
起用 赴機以解者 卽善知識力也. 若約分位等解者 卽約自修行解也. 可思准之. 又此會
已下四會 並位相增. 與前信行少別. 於三乘一乘法義 亦須交絡. 思准之. 餘會並同此意.

[수] 믿기에 이해하는 것이니 이는 처음에 회를 설하는 까닭을 말한다. 또 회가 왜
이어졌는가 하면 이미 과보의 본체를 이루어 마쳤기에 마땅히 교화를 일으켜 중생계
에 들어가기에 이어진 것이다. 이를 인하여 가르침이 일으나 나타남을 간략히 가려냈
다. 지금 모든 회에서 오직 본처를 떠나지 않음은 행을 일으킴이 과보의 본체를 이루
어 견고히 옮기지 않음을 나타낸 것이요, 앞의 모든 회는 근기에 따라 작용을 일으킴
을 나타낸 것이다. 이 풀이는 수행의 본체에 의한 것이다.
　만약 이해를 내고 믿음을 일으키는 부문에 비교하면 수행 지위가 내려가는 것이다.
또한 풀이하는 글 가운데 부처님께서 작용을 일으켜 중생계에 들어감에 의해 이해함

은 선지식의 힘이요, 혹 나누어진 지위 등에 의해 앎은 자기의 이해와 수행에 의한 것이니 준하여 생각할 것이다. 또 이 회 이하의 네 회는 아울러 지위의 형상이 증대하니, 앞의 신행과는 조금 다르다. 삼승과 일승법의 뜻이 또한 마땅히 서로 합성〔交絡〕하니 준하여 생각할 것이다. 여타의 회는 다 이 뜻과 같다.

【탐현기】 一答前十住問故. 二前已明信. 今顯依信起解 故次來也. 三前信但是位前方便. 方便旣滿. 正位顯彰 故次來也.

탐 첫째는 앞 〔여래명호품〕의 십주 물음에 답하기 때문이요, 둘째는 앞에서 이미 믿음을 밝혔기에 여기서는 믿음에 의해서 이해를 일으킴을 나타내고자 이어졌다. 셋째는 이전의 믿음은 다만 〔해당〕 지위 앞의 방편이었는데, 방편이 이미 원만하여 정식 지위를 드러내고자 이어진 것이다.

Ⅲ. 도리천궁회의 주제와 취지

【청량소】 以十住行德爲宗. 攝位得果爲趣.

청 십주의 수행과 덕으로써 주제를 삼고, 지위를 거두어 불과를 얻음으로 취지를 삼는다.

【수현기】 約會分別有二. 一約人. 二約法. 人有化主及助化. 各有體德用. 但局此會. 二約法者. 謂十解法. 後當辨耳.

수 회에 의해 분별하면 둘이 있는데 첫째는 사람에 의하고, 둘째는 법에 의한다.
1. 사람에는 교화주와 교화의 보조가 있어 각기 본체의 덕용이 있는데, 다만 이 회에 국한된다.

2. 법에 의하면 십주[十解]의 법이니 다음에 해당될 때 밝힌다.

【탐현기】亦二. 先約人謂化主及助化 各有體相用. 約信住準之. 二約法謂十住敎義
義中以平等法界爲體. 十住行位爲相. 應敎所詮爲用. 敎中以六決定[1]爲體. 十住不同爲
相. 益機爲用. 相卽無礙 準上思之.

탐 또한 둘이 있다.
1. 사람에 의하니 교화주와 교화의 보조에 각각 본체·형상·작용이 있는데 십신
   에 의함과 같이 십주도 이에 준한다.
2. 법에 의하니 십주의 가르침과 뜻이다.

뜻에서는 평등한 법계로 본체를 삼고, 십주 행의 지위로 형상을 삼으며, 가르침에
응해 설명되는 것으로 작용을 삼는다.

가르침에서는 육결정으로써 본체를 삼고, 십주의 같지 않음으로써 형상을 삼으며,
중생을 이롭게 함으로써 작용을 삼는다. 걸림 없이 상즉하니 위에 준하여 생각할
것이다.

【주】────────────────
　　1. 육결정(六決定) :　→ 부록 참조.

제13. 승수미산정품(升須彌山頂品)

구역 : 제9. 불승수미정품(佛昇須彌頂品)

Ⅰ. 승수미산정품의 이름 풀이

【청량소】須彌正云蘇迷盧. 此云妙高. 如來以自在力 不起覺樹 應機現彼. 故云升也. 表位漸增 不處人間. 顯位淸淨 故居天也. 若天表淨. 何獨妙高. 妙有十義 如於法故. 一者體妙. 謂四寶所成. 二者相妙. 謂八方四級. 三者色妙. 謂四正色. 北金東銀 南吠瑠璃 西頗胝迦. 一切草木 鳥獸等物. 隨所至處. 則同其色. 自常不變. 四者德妙. 謂八方猛風 不能令動. 五眷屬妙. 謂七金山 七重圍繞. 及七香海 海印旋流. 六依持妙. 唯天依住. 得通者居. 七作業妙. 不離本處 而鎭四洲. 映蔽日月 而成晝夜. 八生果妙. 謂波利質多 能益天衆. 九爲首妙. 於四洲地 最在先成. 十堅固妙. 於輪圍中 最在後壞. 高者高八萬四千由旬. 入水亦爾. 下據金剛. 上隣空界. 頂上縱廣. 量亦如之. 獨出九山 故稱高也.

　[청] '수미'는 정식으로 하면 '소미로'인데, 이쪽 말로는 '묘고(妙高)'이고, 여래께서 자재력으로써 보리수 아래서 일어나지 않고 중생에 응하여 저〔수미산정〕에 나타나신 때문에 '승'이라 했다. 지위가 점차 증가하여 인간에 처하지 않음을 드러내고 지위

가 청정함을 나타내기에 하늘에 머무셨다. 만약 하늘로 청정함을 표한다면 어찌 유독 '묘고'인가?

'묘'에는 열 가지 뜻이 있으니 법과 같은 때문이다.

1. 본체가 묘하니 네 가지 보배로 이루어졌다.

2. 형상이 묘하니 8방으로 4층이다.

3. 색이 묘하니 네 가지 순정 색으로 북은 금색이요, 동방은 은색, 남방은 폐유리, 서방은 파지가다. 온갖 초목과 조수 등의 중생들이 이르는 장소를 따르니 그 색과 같으며 늘 스스로 변하지 않는다.

4. 덕이 묘하니 팔방에서 맹풍이 움직이게 할 수 없다.

5. 권속이 묘하니 칠금산이 일곱 겹으로 에워싸고 일곱 향수 바다가 해인(海印)으로 돌아 흐른다.

6. 의지함이 묘하니 오직 하늘에 의지하여 머물며 득통한 자가 거처한다.

7. 행위가 묘하니 본처를 떠나지 않고 사대주를 진압하며, 일·월을 가리고 낮과 밤을 이룬다.

8. 과를 냄이 묘하니 파리질다〔나무〕로 하늘 대중을 이롭게 한다.

9. 수장이 됨이 묘하니 사대주의 땅에서 최초로 먼저 이루어졌다.

10. 견고함이 묘하니 윤위산 가운데 가장 뒤에 무너진다.

'고'는 높이가 8만 4천 유순이요, 물에 잠긴 것〔깊이〕 또한 그런데 아래는 금강에 의거하며, 위로는 허공계에 인접했다. 수미정상의 세로와 가로 길이도 또한 그와 같으니, 아홉 산에서 독출하여 '고'라고 부른다.

【청량소 2】 十住之行 亦復如是. 聞思修解 而爲妙體. 四德八聖[1] 以爲妙相. 四辯[2]爲色 令物解同. 雖同衆音 自智不變. 八法[3]不動 而爲妙德. 七支奉戒 金山圍繞. 七識流轉 而爲海印[4]. 第一義天 依持而住. 可以神會 非情能升. 不離本處 徧應十方. 映蔽佛日 及菩薩月. 而成涅槃 生死晝夜. 生敎行果 而爲妙樹. 世界初成 菩薩先出 爲衆生現種種資具[5]. 世界將壞 菩薩後沒 爲說上定 令免三災. 高者具成 八萬四天 諸度法門. 自在障外. 爲衆生故 入生死海. 亦具八萬四千 諸度法門. 據金剛性. 隣勝義空. 又智入佛

慧 必窮其底. 德超方便 逈出群峰. 爲顯十住 功德妙高 是故須升妙高山頂. 四王處半
旁而非正. 表住不退 異信輕毛. 故越彼天 居妙高頂. 善財童子 於妙峯山頂 見德雲者
亦表斯位. 彌顯有由. 然上所釋 皆圓敎意故 下發心品云. 應知此人 卽與三世 諸佛同
等. 與三世佛 功德平等. 得如來一身無量身. 纔發心時 卽爲十方 一切諸佛 共所稱歎.
不可同於方便敎說. 若約觀心妙高者 謂三昧須彌. 寂然不動. 無思無心. 不收不攝. 任
性而定 稱本心地. 入佛智海. 湛然不遷. 是妙法樂. 觸境自在. 合本性淨. 是四德寶 而
自莊嚴. 斯則本覺如來 升法須彌之頂.

[청] 십주의 행도 또한 다시 이와 같은데 듣고 생각하며 수행하여 얻는 지혜로 묘한
본체를 삼고, 네 가지 덕[상·락·아·정]과 사향·사과[八聖]로써 묘한 형상을 삼
으며, 사무애변으로 색을 삼아 대중들이 같이 이해하게 한다.

비록 온갖 소리가 같으나 스스로의 지혜는 변하지 않으니 팔법에 동요되지 않음으
로 묘한 덕을 삼고, 칠지[身三·口四]는 계를 받들어 칠금산이 에워싸며 칠식이 유전
함으로 해인을 삼는다. 제일의천에 의지하여 머무니 신들의 모임이어서 유정이 오르
지 못하며, 본처를 떠나지 않고 시방에 두루 응하니 부처님의 태양과 보살의 달을
가려 열반과 생사의 주야를 이루고, 가르침과 수행의 불과를 내는 묘한 나무로 삼는
다. 세계가 처음 이루어질 때 보살이 먼저 나서 중생을 위해 갖가지 생필품을 나타내
고, 세계가 장차 무너질 때 보살은 뒤에 없어지니 수승한 선정을 설하여 삼재를 면하
도록 한다.

'높이[高]'는 8만 4천의 모든 바라밀 법문을 갖추어 이루니, 자재하여 장애 밖에
있지만 중생을 위한 때문에 생사의 바다에 들어가 역시 8만 4천의 일체 바라밀 법문
을 갖춘다. 금강의 성품에 의거하여 승의공(勝義空)을 이웃하며 또 지(智)로 부처님
의 혜(慧)에 들어가 반드시 그 바닥까지 다하며 덕으로 방편을 초월하여 여러 봉우리
를 멀리 뛰어 넘었다.

십주 공덕의 '묘고'를 나타내기 위해 마땅히 묘고산 정상에 오르니 사천왕이 거처하
는 [수미산] 중턱은 변방이요, 중앙이 아니다. 십주에서 물러나지 않음은 십신의 가
벼운 것과는 다름을 나타내기 때문에 저 [사천왕]천을 초월하여 묘고산 정상에 거처

했다. 선재 동자가 묘봉산 정상에서 덕운 비구를 본 것 또한 이 지위를 표하니 두루 나타냄에는 연유가 있다.

그러나 위에 풀이된 것은 모두 원교(圓敎)의 뜻이 있기 때문에 다음 초발심공덕품에서, "응당 알 것이다. 이 사람은 삼세 모든 부처님과 동등하리니, 삼세 부처님과 더불어 공덕이 평등하고 여래의 한 몸이면서 한량없는 몸을 얻어서 겨우 발심할 때 시방 일체의 부처님들께서 함께 칭찬하신다"고 한 것이니 방편교의 설과 같지 않다. 만약 관심(觀心)의 '묘고'에 의하면 '삼매의 수미'라 하니 적연히 움직이지 않으며 생각도 마음도 없고 거두어 수용하지 않으며 성품에 맡겨 선정에 들어가서 본심지(本心地)에 걸맞게 부처님 지혜의 바다에 들어가 담연히 옮기지 않음이 묘한 법의 즐거움이다. 경계에 부딪쳐도 자재하여 본성이 청정한데 합하니 바로 네 가지 덕의 보배로써 스스로 장엄함이 본각(本覺)의 여래요, '법의 수미 정상'에 오르는 것이다.

【주】 ────────────────

1. 팔성(八聖) : → 부록 법수 참조.
2. 사변(四辯) : → 부록 법수 참조.
3. 팔법(八法) : → 부록 법수 참조.
4. 칠식유전이위해인(七識流轉而爲海印) : 바닷물이 맑으면 다 비치듯이 여래장식의 바다에 비침을 비유했다.
5. 자구(資具) : 낙구(樂具)라고도 하는데 생필품을 말한다.

【통현론】 以處表法者. 明此山於七重金輪圍山. 七重大海之內. 出水高八萬四千由旬. 縱廣亦爾. 四寶所成. 東面黃金. 西白銀. 南吠琉璃. 北瑪瑙. 上有四埵. 埵有八輔天衆. 四八三十二. 中心名妙高頂. 天帝釋在其上 居寶宮殿. 通爲帝釋天. 三十三天. 總以帝釋爲主. 帝釋有四名. 一名天帝釋. 二名驕尸迦. 三名釋提桓因. 四名因陀羅. 大意名能主. 爲能爲諸天作主故. 此妙峰山 四寶合成. 諸天寶宮殿 在上莊嚴故. 爲妙峰山. 此山之外 七重金山 及七重大海. 廣量金翅鳥 兩翼相去 三百三十六萬里. 迅疾能飛 一鼓翼 萬萬九千里. 七日七夜 方至其頂. 其山在大海之中. 形如腰鼓. 崒然高聳. 非以手足 攀攬之所能登. 爲表此十住法門 創生如來 智慧之家 爲眞佛子. 不可以有爲生滅

尋思觀察 及多聞心想 攀攬所得故. 以將妙峰山 用況表之. 令後人倣學. 山者高勝義
故. 此像十住 住佛所住 法身妙智慧海故. 是出世高勝義故. 妙峰山者 不動義. 諸天所
居 妙樂義 莊嚴義. 像此位菩薩 以方便三昧 寂然不動. 無思無心 不收不攝. 任性而定.
稱平等理 與法身合. 忽然妙慧 從此定生. 無始無明 總無所得. 住佛妙慧 都無所依. 得
法妙樂 智慧莊嚴 出過情見. 諸佛所說 解脫微妙經典 無不解了. 爲生在如來 智慧家故.
三界無明 一時頓盡. 唯有習氣煩惱 漸漸以法治之.

통 장소로써 법을 나타냄은, 이 산이 일곱 겹의 금윤위산과 일곱 겹의 큰 바다 안에 있는데 해발 84,000유순이며, 가로와 세로도 또한 그렇다. 네 가지 보배로 이루어졌으니, 동면은 황금이요, 서는 백은이며, 남은 폐유리요, 북은 마노다. 위에는 네 개의 제방이 있고 제방에 팔보천중이 있어 넷에〔각기〕여덟로 서른 둘이고, 중심은 '묘고정'이라 이름하는데 제석천이 그 위에 계시면서 보배궁전에 거처하신다. 통틀어 제석천이 되니, 33천은 제석이 총괄 주도자가 된다. 제석은 네 가지 이름이 있으니 첫째는 '제석천'이고, 둘째는 '교시가'요, 셋째는 '석제환인'이며, 넷째는 '인다라'이다. 큰 뜻은 '능숙한 주도자'이니 여러 하늘의 주도자가 되기 때문이다. 이 묘봉산은 네 가지 보배로 합성되었는데, 여러 하늘의 보배궁전이〔수미산〕정상에 있으면서 장엄하기 때문에 묘봉산이 된다. 이 산 밖에는 일곱 겹의 금산과 일곱 겹의 대해가 있다. 폭은 금시조의 두 날개 거리가 336만 리로 빨리 날아서 한번 날개를 고동 치면 만만구천리를 나는데 7일 밤낮이라야 비로소 그 산꼭대기에 이른다. 그 산은 큰 바다 가운데 있으면서 형상이 장구와 같으니 가파르게 높이 솟아서 손발로는 능히 등반할 곳이 아님을 밝힌다.

이 십주 법문은 비로소 여래의 지혜 가문에 태어나 참된 불자가 되는데, 유위의 생멸로써 곰곰이 생각하고 관찰하여 많이 들은 상념으로 끌어 당겨 얻을 것이 아니기 때문에 묘봉산으로써 비유해 나타내니 뒷사람으로 하여금 본받아 배우도록 함을 밝힌다. 산은 높고 빼어난 뜻이니, 이는 십주가 부처님께서 머무시는 법신의 묘한 지혜의 바다에 머묾을 닮았기에 출세간의 높고 수승한 뜻이다. 묘봉산이란 움직이지 않는 뜻이고, 여러 하늘이 거처함은 묘한 즐거움의 뜻이요, 장엄의 뜻이다. 이 지위의 보살은 방편 삼매로써 적연히 움직이지 않아 생각도 마음도 없고 거두어 수용하지 않는다. 〔단지〕 성품에 맡겨 선정에 들어가서 평등한 이치에 걸맞게 법신과 더불어 합하는데 홀연히 묘한 지혜가 이 선정으로부터 나니 비롯함 없는 무명이 모두 얻을 것이 없고 부처님의 묘한 지혜에 머물며 도무지 의지할 것이 없어서 법의 묘한 즐거움을 얻는다. 지혜의 장엄이 사량분별을 뛰어넘어 모든 부처님께서 설하신 미묘한 해탈의 경전을 이해해 요달하지 못함이 없으며, 여래의 지혜 가문에 태어나기 때문에 삼계의 무명이 한꺼번에 다하고 오직 번뇌의 습기만 있어서 점점 법으로써 다스림과 같다.

【통현론 2】 如下十住品云.[1] 佛子. 菩薩住處 廣大與法界虛空等. 佛子. 菩薩住三世 諸佛家故. 又如初發心功德品云.[2] 應知此人 卽與三世 諸佛同等. 卽與三世 諸佛如來 境界平等. 卽與三世 諸佛如來 功德平等. 得如來一身無量身 究竟平等 眞實智慧. 纔發 心時 卽爲十方 一切諸佛 所共稱歎. 乃至震動一切世界 及一切世界中 示現成佛等. 如 文廣明. 不可同於三乘方便教 說地前三賢菩薩 得折伏現行無明 初地上見道. 爲此經法 教門 依一切諸佛 根本不動智 而發心故. 以乘如來 一切智乘 而發心故. 於此十住位中 能與如來 同智慧故. 不同三乘 但將三空觀[3] 且折伏現行. 於此經中 發心之者. 從佛不 動智 而發菩提心. 設有餘習 還以無依住智治之. 還是根本智. 不伏不斷 爲本寂用自在 故 無體可斷故. 無可伏故. 設修三昧 任性淨故. 亦無取攝 亦不伏捺故. 任自淨故. 設 行分別 任性智慧 隨事用爲. 亦無取捨故. 如是任法 調治習氣 使稱理智. 令慣習增明. 如佛願行 而隨事世間. 成長大悲 不出不沒故. 以心境一眞 無出沒故. 是故經中 以阿脩 羅王等表之. 處大海而不出不沒等喩. 問曰. 何故不昇四天王宮. 而超至帝釋宮. 答曰. 爲四天王 在妙峰山半傍住. 非是可表昇法頂 至相盡處[4] 現智慧莊嚴 住不退故. 善財童 子. 於妙峰山 得憶念諸佛 智慧光明門. 同此位故. 准例可知. 以超情塵之迹. 以山表 之. 非要登山也. 已入如來智慧. 於衆中堪爲主導故. 非要爲帝釋也.

〔통〕 다음의 십주품에서, "불자여, 보살의 머무는 곳이 광대하여 법계 허공과 같도다. 불자여, 보살이 삼세의 모든 불가에 머무시니……"라고 했다. 또 저 초발심공덕 품에서, "마땅히 알라. 이 사람은 삼세의 모든 부처님과 동등하리니, 삼세의 모든

부처님 여래의 경계와 평등하고, 삼세 모든 부처님 여래의 공덕과 평등하며, 여래의 한 몸과 한량없는 몸이 궁극적으로 평등하고 진실한 지혜를 얻으리다. 겨우 발심할 때에 시방 일체의 모든 부처님께서 함께 칭찬하실 것이며, 내지는 온갖 세계를 진동하고 일체 세계에서 성불함을 나타내 보이신다"는 등이라 했으니 경문에서 자세히 밝힌 것과 같다.

삼승의 방편교에 초지 아래의 삼현 보살은 현행 무명을 굴복시키고, 초지 이상에 견도 한다고 설함과는 혼동치 않는다. 이 경의 불법의 가르침은 모든 부처님의 근본 부동지를 의지해 발심하며, 여래의 온갖 것을 아는 지혜의 수레를 타고서 발심하기 때문이다. 이 십주의 지위 가운데서 여래와 지혜가 같기 때문에 삼승의 다만 삼공관을 가져서 잠깐 현행만 굴복시킴과는 같지 않다.

이 경에서 발심한 자는 부처님의 부동지로부터 보리심을 내니 설사 남은 습이 있더라도 또한 의지해 머무름이 없는 지혜로써 다스리면 원래 근본 지혜라 굴복하지도 끊어지지도 않는다. 본래 적용이 자재하여 그 본체를 끊을 수도 없고 굴복시킬 수도 없고, 설사 삼매를 닦더라도 자성 청정에 맡기기 때문에 또한 거둘 것도 항복시킬 것도 없다. 스스로 청정함에 맡기는 때문에 설사 분별을 행할지라도 성품의 지혜에 맡겨 현상을 따라 작용함으로써 또한 취사가 없다. 이같이 법에 맡겨서 습기를 조치함으로써 이지(理智)에 걸맞게 하고, 관습케 하여 더욱 밝게 하며, 또 부처님의 원행과 같이하여 현상의 세간에 따르며 대비를 키워 출몰하지 않으니 마음과 대상이 절대의 진리로써 나고 없어짐이 없는 것이다. 이 때문에 경에 아수라왕 등으로써 나타내 큰 바다에 처하면서도 출몰하지 않는 등으로 비유했다.

문 : 무엇 때문에 사천왕궁에는 오르지 않고 제석궁으로 뛰어넘으셨는가?

답 : 사천왕은 묘봉산 중턱에 있기에 법의 정상에 올랐음을 나타내지 못하는데 형상이 다한 곳에 도달함에 지혜의 장엄을 나타내고 불퇴에 머무름을 표한 때문이다. 선재동자가 묘봉산에서 '모든 부처님의 지혜 광명을 기억하는 문'을 얻은 것이 이 지위와 같으니 예에 준하면 알 것이다. 6근과 6진(情塵)의 자취를 벗어난 때문에 산으로써 나타낸 것이지 산에 오름을 구한 것이 아니요, 이미 여래의 지혜에 들어가 대중 가운데 주도할 수 있는 것이며, 제석이

됨을 구한 것이 아니다.

【주】────────────

1. 십주품운(十住品云): → 제15 십주품의 간추린 경문 참조. (彼菩薩住. 我今當
   說. 諸佛子. 菩薩住有十種. 過去未來 現在諸佛. 已說當說今說 何者爲十. 所謂初
   發心住 治地住 修行住 生貴住 具足方便住 正心住 不退住 童眞住 法王子住 灌頂住
   是名菩薩十住. 去來現在 諸佛所說.)〈십주품, ⑩ 10권 84 上〉
2. 초발심공덕품운(初發心功德品云): 법혜 보살이 제석천왕의 초발심공덕 물음에
   답하시는 것이다.〈십주품, ⑩ 10권 91 下〉
3. 삼공관(三空觀): → 부록 법수 참조.
4. 상진처(相盡處): 지거천(地居天)인 수미산 정상을 지칭한다.

【수현기】佛者化主. 昇者上進. 須彌者妙高山. 頂者居勝尊上也.

⚐수 '불'은 교화주요, '승'은 위로 나아가는 것이며, '수미'는 묘고산이고, '정'은 빼어
난 데 거처하는 것이다.

【탐현기】佛是化主 動靜無礙 不去而進故云昇. 昇至何處. 謂須彌頂 須彌此云妙高
山. 謂以四寶 所成故云妙. 謂東黃金西白銀 南頗梨北馬瑙. 餘山唯金故非妙. 獨出九
山[1]故云高. 高八萬四千由旬. 縱廣正等. 亦名安明山. 頂者山巓也. 謂此山頂中央 有帝
釋宮. 四面各有八埵如臺. 去釋三由旬 中別有宮城. 三十二天 輔弼帝釋. 幷釋有三十
三也. 今趣釋宮 故云頂也. 約處表法 明十住成位 不退勝故 居山頂也. 則從人用及處
三義[2]立名. 問何不在人間說耶. 答爲顯行位 漸昇進故. 又表成位 離染故居天也. 問何
不至四天王天. 答有三意. 一以彼是雜鬼神天 顯法非勝故超過也. 二爲寄法 以十信是
外凡退位 十住是內凡不退. 欲表進退懸殊故 越四天王處也. 三若未至山頂 容有進退.
到山頂上 卽安住不退. 是故越彼山腹處天 至此頂處以表法也.

⚐탐 '불'은 교화주요, 동정에 걸림 없이 가지 않고도 나아가기에 '승'이라고 했다.
오르면 어디에 이르는가? '수미정'이니 '수미'는 이쪽 말로 '묘고산'이요, 네 가지 보배

로써 이루어진 때문에 '묘'라고 하는데 동쪽은 황금, 서쪽은 백은, 남쪽은 파리, 북쪽
은 마노이다. 여타의 산은 오직 금이기 때문에 '묘'가 아니요, 아홉 산 중 독출하기에
'고'라고 한 것이다. 높이는 84,000유순이고 폭과 높이가 꼭 같으므로 또한 '안명산'
이라고도 한다. '정'은 산의 꼭대기인데 이 산 정상 중앙에 제석궁이 있고 사면에 각기
여덟 언덕이 있는데 마치 받침대와 같다. 제석궁에서 거리가 3유순이요, 중간에 따
로 궁성이 있으며 32천이 제석을 보필하니 제석을 합하여 33천이 되는데, 지금 제석
궁에 나아간 때문에 '정'이라고 말했다. 장소에 의해서 법을 나타내면 십주이니 지위
에서 물러나지 않는 뛰어남을 이루어 밝히기에 산 정상에 거처했으니 곧 사람과 작용
과 장소의 세 가지 뜻으로 이름을 세운 것이다.

　문 : 왜 인간에 계시면서 설하지 않으셨는가?

　답 : 행과 위가 점차 승진함을 나타내기 위한 때문이다. 또 지위를 이루고 더러움
　　　을 떠난 것을 나타내기에 하늘에 거했다.

　문 : 어찌하여 사천왕천에는 이르지 않았는가?

　답 : 세 가지 뜻이 있다.

1. 거기는 잡귀신들의 하늘로 법을 나타냄이 뛰어나지 못하여 초과한 것이다.

2. 법에 의지하니 십신은 깨달음의 경계 밖에 있는 범부의 물러서는 지위이고,
　　십주는 깨달음 안의 내적 범부의 불퇴위이기 때문에 진퇴가 큰 차가 있음을
　　나타내고자 하여 사천왕의 처소를 뛰어넘었다.

3. 만약 아직 산 정상에 도달하지 못했으면 혹 진퇴가 있을 수 있으나 산꼭대기에
　　이르면 안주하여 물러나지 않기 때문에 저 산허리에 처하는 하늘을 뛰어넘고
　　정상에 도달하여 법을 표하였다.

【주】────────────

　1. 구산(九山) : ① 묘고(妙高) ② 첨목(檐木) ③ 지축(持軸) ④ 쌍지(雙持) ⑤ 선견
　　(善見) ⑥ 마이(馬耳) ⑦ 지지(持地) ⑧ 상비(象鼻) ⑨ 철위산(鐵圍山)을 가리킨
　　다. ⑨

　2. 삼의(三義) : 사람은 부처님이고, 작용은 오르는 것이며, 장소는 수미정이다.

Ⅱ. 승수미산정품을 설하는 까닭

【청량소】 前品說信究竟. 此品趣後說住. 故次來也.

[청] 앞 〔현수〕품은 십신의 마지막을 설한 것이고, 이 품은 전도를 향한 십주를 설하기 때문에 이어진 것이다.

【통현론】 明前於普光明殿 人間地上 成十信之心已終. 此妙峰之頂. 明從十信入十住 入位之昇進故. 此品須來.

[통] 앞의 인간 지상 보광명전에서는 십신을 이루어 이미 마쳤고, 수미산 〔묘봉〕정상에서는 십신으로부터 십주의 지위에 드는 승진을 밝히기 때문에 이 품이 마땅히 이어진 것이다.

【수현기】 前說信法已. 次辨赴後說 所依處耳.

[수] 앞서 십신 법을 설하여 마쳤고, 다음으로 전도로 나아감을 드러내어 의지처를 설한다.

【탐현기】 前品辨信究竟. 今將赴後位故來也.

[탐] 앞 품은 십신의 구경을 밝혔고, 지금은 전도〔十住〕의 지위에 나아가기 위해 이어진 것이다.

Ⅲ. 승수미산정품의 주제와 취지

【청량소】 以嚴處請佛赴感爲宗. 根緣契合 說法[1]爲趣.

⬚청 장소를 장엄하여 부처님의 감응이 이르시길 청함으로 주제를 삼고, 소질과 경우에 맞게〔根緣契合〕 설법함으로 취지를 삼는다.

【주】 ─────────────

1. 설법(說法) : 승수미산정품·승야마천궁품 등에서는 부처님께서 설법하신 표현이 없고 승도솔천궁품에서 때를 잘 알고 중생을 위해 설법하신다는 언급이 나온다. (㊅10권 120 下)

【수현기】 若依利他時 現處及供養. 卽顯法緣. 若約自利時 此卽機感相應. 機緣體用成也.

⬚수 만약 이타에 의한 때라면 장소와 공양을 나타냄이 불법을 만나는 인연〔法緣〕을 드러내는 것이요, 혹 자리에 의한 때라면 이는 근기에 감응하여 상응하니 시기인연〔機緣〕의 본체와 작용이 이루어지는 것이다.

【탐현기】 以嚴處請佛來赴感爲宗.

⬚탐 장소를 장엄하고 부처님께서 오셔서 감응해 주시기를 청함으로써 주제를 삼는다.

Ⅳ. 승수미산정품의 간추린 경문

세존께서는 모든 보리수 아래를 떠나지 않고 수미산 정상에 올라 제석궁으로 향하셨다. 제석1)은 묘승전 앞에 있다가 멀리 부처님께서 오심을 보고는 곧 신력으로써 궁전을 장엄하고 보광명장 사자좌를 놓아 허리를 굽혀 합장하며 공경히 말씀드렸다.

"잘 오셨습니다. 부처님이시여, 오직 원컨대 저희를 불쌍히 여기시어 이 궁전에 계시옵소서."

세존께서 그 청을 받으시고 묘승전에 들어가시니 시방 세계에서도 다 마찬가지로 하였다.

제석은 부처님의 신력으로 과거에 부처님 처소에서 온갖 선근을 심었던 것을 스스로 기억하고 게송으로 말씀드렸다.

연등불2)은 대 광명이시니
모든 길상 가운데 최고 높으시어
저 부처님께서 일찍이 이 궁전에 오셨기에
이 곳이 가장 길상하나이다.

이 세계의 제석천왕이 부처님의 신력으로써 열 부처님의 공덕을 게송으로 찬탄함과 같이, 시방 세계의 모든 제석천왕들도 다 마찬가지로 부처님의 공덕을 찬탄하였다. 그 때 세존께서 묘승전에 들어가 가부좌를 맺고 앉으시니, 궁전이 홀연히 넓어져서 모든 하늘 대중들의 거처와 같았으며 시방 세계도 다 마찬가지였다.

---

1) 신들의 제왕으로 수미산 정상에 있는 도리천〔33천〕의 주인이다.
2) 과거불로 석존의 성불을 예언한 부처님이다. '정광불'이라고도 한다.

제14. 수미정상게찬품(須彌頂上偈讚品)

구역 : 제10. 보살운집묘승전상설게품(菩薩雲集妙勝殿上說偈品)

Ⅰ. 수미정상게찬품의 이름 풀이   Ⅱ. 수미정상게찬품을 설하는 까닭

   【청량소】【통현론】   【청량소】【통현론】

   【수현기】【탐현기】   【수현기】【탐현기】

Ⅲ. 수미정상게찬품의 주제와 취지   Ⅳ. 수미정상게찬품의 간추린 경문

   【청량소】

   【수현기】【탐현기】

Ⅰ. 수미정상게찬품의 이름 풀이

【청량소】 須彌約處. 讚稱佛德. 依處有讚. 故立此名. 亦頂上之讚. 揀餘處也.

【청】 수미는 장소에 의해 부처님 덕을 찬탄하는 것이니 처소에 의해 찬탄하기 때문에 이런 이름을 지어 붙인 것이다. 또한 〔수미산〕 정상의 찬탄이니 다른 장소와 구별한다.

【통현론】 以法慧等 十箇菩薩. 各以自己當位 隨位進修之法. 還自以偈讚之. 令信終菩薩 倣之悟入故. 此品名爲偈讚品. 明古今諸佛 同會此智殿悲宮. 俱會古今之佛. 自身是未來之佛 與古佛道合故.

【통】 법혜 등 열 분의 보살들이 각기 자기 해당 지위를 따라 진전하는 법으로써, 각기 거듭 게송으로 찬탄하고 십신을 마친 보살들로 하여금 본받아 깨닫게 하기 때문에 이 품을 '게찬품'이라고 한 것이다. 예로부터 지금까지의 모든 부처님께서 같이

지혜와 자비의 궁전에 모이시고 고금의 부처님들을 함께 회통하는데 자신인 미래의 부처님과 옛 부처님의 도가 합함을 밝혔다.

【수현기】 菩薩者是人. 雲者潤益故. 又斷齡貌也. 集者聚集. 妙勝等者別處也.

[수] '보살'은 사람이며, '운'은 윤택한 이익이요, 또한 잇몸의 형상이다. '집'은 모으는 것이며, '묘승' 등은 별처이다.

【탐현기】 菩薩是體. 雲是相. 以諸菩薩 含法雨故. 相斷齡故. 集是用. 殿是集處. 妙勝有三義. 一佛衆爲妙勝. 妙勝者之殿. 二於中說此妙勝法故. 三殿卽妙勝. 以稱性故. 說偈是語業 謂法界菩薩 如雲而集. 各以妙辯 宣揚佛德. 故云菩薩雲集說偈品也.

[탐] '보살'은 본체요, '운'은 형상인데 여러 보살이 법의 비를 머금고 있으니 형상이 잇몸〔斷齡〕과 같다. '집'은 작용이요, '전'은 모임 장소이다. '묘승'에는 세 가지 뜻이 있는데, 첫째는 부처님의 대중을 묘승이라고 하니 묘하게 수승한 자의 전각이요, 둘째는 그 속에서 묘승 법을 말씀하시기 때문이며, 셋째는 전각이 곧 묘승이니 성품에 걸맞기 때문이다. 게송을 설함은 어업이니, 이를 테면 법계의 보살이 구름같이 모여서 각기 미묘한 변재로써 부처님의 덕을 선양하기 때문에 '보살운집설게품'이라고 한 것이다.

II. 수미정상게찬품을 설하는 까닭

【청량소】 旣明化主赴感. 今辨助化讚揚. 將演住門. 先陳體性. 性卽佛智. 先讚如來. 故品來也.

[청] 이미 교화주의 감응은 밝혔고, 지금은 교화 보조의 찬양을 말하니 장차 십주의

법문을 연설하려 하기에 먼저 체성을 진술한 것이다. 성품은 곧 부처님의 지혜요, 우선 여래를 찬탄하기 때문에 〔수미정상게찬〕품이 온 것이다.

【통현론】明前已創昇須彌 帝釋以偈歎佛. 此品明十住位 當位菩薩 將當位法門 以偈讚之. 令信心者 得入位故. 故有此品須來. 初歎過去佛. 次歎今現在佛. 未來佛者. 卽入此位者是也. 是故經中 不云未來. 十佛是過去佛. 盧舍那是現在佛. 修行始入位者 是未來佛.

⬚통 앞 〔승수미산정품〕서 이미 처음 수미에 오름에, 제석이 게송으로써 부처님을 찬탄함을 밝혔다. 이 〔수미정상게찬〕품은 십주 지위의 보살이 해당 지위 법문을 가져서 게송으로 찬탄함을 밝혀 믿는 자들이 지위에 들도록 하기 때문에 마땅히 이어진 것이다. 처음은 과거 부처님을 찬탄했고, 다음으로 현재 부처님을 찬탄하는데 미래 부처님은 이 지위에 들어간 자이기에 경에서 미래는 이르지 않았다. 십불은 과거 부처님이고, 노사나는 현재 부처님이며, 수행하여 비로소 지위에 들어간 자는 미래의 부처님이다.

【수현기】辨處已次明集衆.

⬚수 장소를 드러냈고, 다음으로 모인 대중을 밝힌다.

【탐현기】前明如來昇天 將欲說法. 必有所被機緣 故次來也. 又前明果德臨機. 今因力助化. 先主後伴 義次第故.

⬚탐 앞서 여래께서 승천하심을 밝혔고, 장차 설법하고자 하면 반드시 가르침을 받는 중생의 연이 있어야 하기 때문에 이어진 것이다. 또 앞에서는 과덕이 중생에 임함을 밝혔고, 지금은 교화를 돕는 인행의 힘이다. 먼저는 주도자이고 뒤는 동반 대중이니 뜻의 차례이다.

Ⅲ. 수미정상게찬품의 주제와 취지

【청량소】 以集衆放光偈讚爲宗. 爲成正說爲趣. 又顯佛德爲宗 令知住體爲趣.

⟨청⟩ 대중들을 모아 방광하여 게송으로 찬탄함으로써 주제를 삼고, 정식 설법을 이룸으로 취지를 삼는다. 또 부처님의 덕을 나타냄으로 주제를 삼고, 십주의 본체를 알게 함으로 취지를 삼는다.

【수현기】 集衆歎德 順法爲宗.

⟨수⟩ 모인 대중이 덕을 찬탄하고 법을 따름으로써 주제를 삼는다.

【탐현기】 謂集衆放光. 偈歎爲宗. 衆有三類. 一助化衆. 謂十方菩薩 影響如來. 二表法衆. 謂諸首諸慧 諸林諸幢等 各爲寄人 表示法也. 三當機衆. 謂敎所被等. 此文通玆三也.

⟨탐⟩ 대중을 모으고 광명을 놓아 게송으로 찬탄함으로써 주제를 삼는다. 대중에는 세 부류가 있다.

1. 교화의 보조 대중이니, 시방의 보살이 여래께 영향을 끼친다.
2. 법을 나타낸 대중이니, 모든 수(首)와 혜(慧)·림(林)·당(幢) 등은 각기 사람에 기탁하여 법을 표시한 것이다.
3. 해당 근기의 대중이니 가르침을 받는 등이다.
   이 경문은 이런 셋에 다 통한다.

Ⅳ. 수미정상게찬품의 간추린 경문

온갖 법 관찰하면
자성이 있지 않으니
그 생멸하는 모습과 같아
단지 가명으로만 설하네.

모든 법이 나지도
없어지지도 않으니
만약 이렇게 알면
부처님께서 항상 나타나시리.

마치 어둠 속에 있는 보배는
등불 없이 볼 수 없듯이
불법도 설하는 이가 없으면
비록 지혜가 있어도 잘 알 수 없네.

마치 눈에 눈병이 생기면
맑고 깨끗한 빛을 못 보듯
마음이 부정하면
모든 불법을 보지 못하리.

있다거나 없다는
생각 모두 없애면
능히 부처님께서
진리에 안주하심을 보리.

다툼 있음이 생사요

없음이 열반인데

생사와 열반

둘 다 얻지 못하네.

차라리 지옥고를 받으면서

여러 부처님의 명호1) 들을지언정

무한한 즐거움 받으면서

부처님 명호 못 듣지는 않으리.

법에 뒤바뀌지 않고

여실히 깨달아

모든 화합2)한 모습 떠나면

이것이 위없는 깨달음이네.

하나로써 여럿을 알며

여럿으로써 하나를 아니

온갖 법이 의지함이 없어

단지 화합으로부터 일어나네.

범부가 깨달음의 이해가 없어

부처님께서 정법에 머물게 하고

온갖 법에 머무름 없게 하시네

이를 깨치면 자신을 보리.

---

1) '명'은 개별적이고, '호'는 통하는 것이다. 모든 부처님께서 다 십호를 갖추시는데 '석가'는
   명이요, '여래'는 십호 중 하나다. 부모에게서 태어나 어려서 덕이 없을 때 이름은 '명(名)'
   이 되고, 덕에 의해 명명하면 존칭이므로 '호(號)'라고 한다. '명'은 아랫사람이 부를 수 없
   지만, '호'는 아랫사람이 호칭할 수 있다.
2) 여러 연이 합해져서 하나를 구성하는 것이다.

제15. 십주품(十住品)

구역 : 제11. 보살십주품(菩薩十住品)

Ⅰ. 십주품의 이름 풀이

【청량소】慧住於理. 得位不退. 故名爲住. 本業下卷云. 始入空界. 住空性位. 故名爲住. 然住義多種. 寄圓說十. 總言十住 帶數釋也. 下諸品有十. 準此可知.

청 지혜로 진리에 머물러 지위에서 물러나지 않기 때문에 '주(住)'라고 하는데 보살영락본업경 하권〔釋義品〕에, "비로소 공계(空界)에 들어가 공성(空性)의 지위에 머물기 때문에 '주'라 한다"고 하였다. 이러한 '주'의 뜻이 여러 가지나 원수에 기탁해 열 가지로 설해 전부 '십주'라 하니 대수석이다. 다음의 여러 품에 열 가지가 있는 것도 이에 준해 알 것이다.

【통현론】此品說十種住門 名爲十住品.

통 이 품에서 열 가지 '주(住)' 법문을 설하기에 '십주품'이라 한다.

【수현기】 十者數. 住者不退位也.

ⓢ '십'은 수이고, '주'는 불퇴전의 지위이다.

【탐현기】 菩薩是人. 十住是法. 謂得位不退故云住. 住法應圓依則說十. 卽帶數釋. 又此住法 是菩薩所有. 是有財釋. 又菩薩之住. 依主釋. 又菩薩卽住. 持業釋. 問前外凡 賢首品唯約人名. 後十地聖位 唯約法名. 於此內凡 三賢之中 人法合目者何耶. 答前位未成故 就人爲目. 三賢位劣 人法合稱. 聖位顯著故 唯約法名. 此亦是施設 漸增之相. 問等是人法合目. 何故十行十迴向 提別人名[1]. 此中擧通名[2]耶. 答於賢位中有三. 謂下中上. 此當下品. 劣故擧通名. 十行是中賢次故. 雖提別名 然約義劣 改名華聚等也. 迴向是上賢勝故. 稱本別提 名金剛幢迴向也.

ⓣ '보살'은 사람이고, '십주'는 법인데 지위에서 물러나지 않기 때문에 '주(住)'라고 했다. 주법(住法)은 마땅히 원만하게 의지해야 하기에 십종으로 설했으니 대수석이요, 또 이 주법은 보살의 소유이므로 유재석이다. 또 '보살의 머무름〔住〕'이니 의주석이다. 또 '보살'이 바로 '머무름〔住〕'이기에 지업석이기도 하다.

　문 : 앞의 깨달음 경계 밖의 범부는 현수품에서는 오직 인명에 의했고, 뒤의 십지의 성위(聖位)는 오직 법명에 의하는데, 이 깨달음의 내적인 범부의 삼현 중에 사람과 법을 합하여 제목한 것은 무엇 때문인가?

　답 : 앞의 지위는 아직 미완성이기 때문에 사람에 나아가서 제목을 삼았고 삼현의 지위는 하열하여 사람과 법을 합하여 일컫고, 성위는 현저하기 때문에 오직 법명에 의한다. 이 역시 점차 증가하는 형상을 베푼 것이다.

　문 : 평등하게 사람과 법을 합하여 제목했다면 무엇 때문에 십행과 십회향은 별개의 인명을 들고, 이에서는 통하는 명을 들었는가?

　답 : 현위에 상·중·하 세 가지가 있다. 이는 하품에 해당하여 하열한 때문에 통하는 명을 들었고, 십행은 다음의 중현이기 때문에 비록 별도의 이름을 들긴 했으나 뜻이 하열함에 의해서 화취(華聚) 등이라고 개명한 것이다. 회

향은 가장 어질고 뛰어난 때문에 근본을 일컬어 따로 끌어서 '금강당회향'이
라고 이름했다.

1. 별인명(別人名) : 제17 공덕화취보살십행품(功德華聚菩薩十行品)의 '공덕화취
   보살'과 제21 금강당보살십회향품(金剛幢菩薩十廻向品)의 '금강당 보살'을 이른다.
2. 통명(通名) : 제11 보살십주품(菩薩十住品)의 '보살'을 말한다.

Ⅱ. 십주품을 설하는 까닭

【청량소】 上由致旣彰. 正宗宜顯. 故次來也. 又前辨所依佛德. 今辨能依十住 故次
來也.

【청】 위에서 유치는 이미 드러났고, 정종을 마땅히 나타내기에 이어진 것이다. 또
앞서 의지되는 부처님 덕을 말했고, 지금은 능히 의지하는 십주를 밝히기 때문에
이어졌다.

【통현론】 爲前品是偈讚 勸修之門. 此品明正擧修行十住之行. 是故此品須來. 十住
者生諸佛 大智慧中住. 入此位永不退還故. 名之爲住.

【통】 앞 〔수미정상게찬〕품은 게송으로 찬탄하여 닦기를 권한 부문이 되고, 이 〔십
주〕품은 십주의 행을 수행하기를 정식으로 거론하여 밝히기 때문에 의당 이어진 것
이다. '십주'는 모든 부처님의 대 지혜 가운데 나서 머무니, 이 지위에 들어가면 길이
되돌아가지 않기 때문에 '머무름〔住〕'이라고 한 것이다.

【수현기】 正說故.

⟨수⟩ 〔해당 지위의 행덕을〕 정식으로 설하기 때문이다.

【탐현기】 序義既彰. 正宗宜顯故次來也.

⟨탐⟩ 서분의 뜻은 이미 드러났고, 정종분을 마땅히 나타내기에 이어진 것이다.

Ⅲ. 십주품의 주제와 취지

【청량소】 以十住行法爲宗. 攝位得果爲趣.

⟨청⟩ 십주의 행법으로써 주제를 삼고, 지위를 거두어 과를 얻음으로 취지를 삼는다.

【통현론】 明此品說十種住 二十種進修因果 爲正宗. 又住佛所住 以爲正宗. 明此十住位中 各有兩種因果. 各各當位之中. 初擧十法. 是欣趣增上之緣. 後擧十法. 是當位之內 修學之果. 如文具明.

⟨통⟩ 이 품에는 십주의 스무 가지 〔수행이〕 진전하는 인과를 설하여 정종분을 삼음을 밝히니 또 부처님께서 머무시는 곳에 머묾으로써 정종분을 삼는다. 이 십주 지위에 각기 두 가지 인과가 있음을 명시하는데 각각 해당 지위에 처음 열 가지 법을 거론함은 기쁘게 위로 나아가는 연이요, 뒤에 열 가지 법을 거론함은 해당 지위 안의 수학의 불과이니 경문에 갖추어 밝힌 것과 같다.

【수현기】 所成卽十解成. 卽是三乘熟敎說. 卽此品宗.

⟨수⟩ 이루어지는 것은 곧 십해를 성취함이니, 바로 삼승 종교〔熟敎〕의 설이요, 이 품의 주제이다.

【탐현기】 十住法爲宗. 依此得果爲趣. 餘義如本分中說.

【탐】 십주의 법으로써 주제를 삼고, 이에 의지하여 불과를 얻음으로 취지를 삼는다. 여타의 뜻은 본분 중의 설과 같다.

Ⅳ. 십주품의 간추린 경문

법혜 보살께서 삼매에서 일어난 뒤 여러 보살에게 말씀하셨다.

"불자여, 보살의 머무는 곳이 광대하여 법계 허공과 같다. 보살은 삼세 모든 불가에 머무니 저 보살의 머무름을 내가 지금 마땅히 설하리다. 보살의 머무름이 열 가지가 있으니 과거·미래·현재의 모든 부처님들께서 이미 말씀하셨고, 앞으로 말씀하실 것이며 지금도 말씀하신다. 이른바 초발심주·치지주·수행주·생귀주·구족방편주·정심주·불퇴주·동진주·법왕자주·관정주다. 이것은 과거·미래·현재의 모든 부처님들의 말씀이다.

제1 처음 보리심을 내는 주〔發心住〕

보살은 열 가지 얻기 어려운 법을 인연으로 마음을 낸다. 이른바 옳고 그름을 아는 지혜·선악의 업보를 아는 지혜·온갖 근기의 우열을 아는 지혜이다. 갖가지 이해의 차별을 아는 지혜·갖가지 경계의 차별을 아는 지혜·온갖 곳에 이르러 갈 곳을 아는 지혜이다. 여러 선정과 해탈과 삼매를 아는 지혜·숙명을 막힘 없이 아는 지혜·천안이 막힘 없는 지혜·삼세의 번뇌가 모두 다한 지혜이다.

불자여, 이 보살이 마땅히 열 가지 법을 배우길 권한다. 이른바 부지런히 부처님께 공양함과 생사에 머물기를 좋아함과 세간을 주도하여 악업을 없애는 것이다. 뛰어난 법으로 항상 가르침을 행함과 위없는 법을 찬탄함과 부처님의 공덕을 배우는 것이다. 모든 부처님 전에 태어나서 항상 거두어지고 방편으로 적정 삼매를 연설하는 것이다. 생사 윤회를 멀리 떠남을 찬탄하고 고통받는 중생을 위해서 귀의처가 되는 것이다.

왜냐하면 보살로 하여금 불법 가운데서 마음을 더욱 넓히고 법을 듣고는 스스로
깨쳐 남의 가르침을 말미암지 않게 하려는 때문이다.

　중생들의 갖가지 이해와
　마음에 좋아함 각각 다르니
　이런 무한한 욕망 다 알고
　보살이 처음 발심하도다.

제2 수학하여 마음을 다스리는 주〔治地住〕

보살은 중생들에 대하여 열 가지 마음을 낸다. 이른바 이익을 주고 크게 불쌍히
여기며 안락케 하고 편히 머물게 하려는 마음이다. 그리고 가엾이 여기고 거두어
주며 지켜주는 마음이다. 또한 내 몸과 같이 여기고 스승같이 여기며 도사같이 여기
는 마음이다.

불자여, 이 보살이 마땅히 열 가지 법을 배우길 권한다. 이른바 외우고 익혀 많이
알고, 한가로이 고요하며, 선지식을 친근하는 것이다. 화평히 기쁘게 말하며, 말할
때를 알고, 두려움이 없는 것이다. 이치를 잘 알고, 법답게 수행하며, 어리석음을
멀리 떠나고, 안주하여 흔들리지 않는 것이다.

왜냐하면 보살들로 하여금 중생들에 대하여 대비심을 키우고, 법을 듣고는 스스로
깨쳐 남의 가르침을 말미암지 않게 하려는 때문이다.

　하는 말이 화평하여 거칠지 않고
　말할 때를 알아 두려움 없으며
　뜻을 깨쳐 여법히 행하고
　우매함을 멀리 떠나 움직이지 않네.

제3 수행주(修行住)

보살은 열 가지 행으로 온갖 법을 관찰한다. 이른바 온갖 법은 무상하고, 괴로우

며, 공하고 '나'가 없다1). 지음이 없고, 맛이 없으며, 이름이 같지 않다. 장소가 없고, 분별을 떠나며, 견실함을 관찰하는 것이다.

불자여, 이 보살이 마땅히 열 가지 법을 배우길 권한다. 이른바 중생계와 법계·세계·지계·수계·화계·풍계·욕계2)·색계3)·무색계4)를 관찰하는 것이다.

왜냐하면 보살들로 하여금 지혜를 밝히며 법을 듣고는 스스로 깨쳐 남의 가르침을 말미암지 않게 하려는 때문이다.

제3 수행주는
마땅히 부처님 가르침대로 관찰하니
온갖 법이 무상하고 괴롭고 공하며
나와 남이 없고 지음도 없네.

제4 〔바른 가르침에서〕 존귀함이 생긴 주〔生貴住〕

보살은 성인의 교법으로부터 나서 열 가지 법을 이룬다. 이른바 영원히 물러나지 않고, 모든 부처님께 깨끗한 신심을 내며, 법을 관찰한다. 또 중생과 국토와 세계와 업의 행과 과보와 생사와 열반을 능히 안다.

불자여, 이 보살이 마땅히 열 가지 법을 배우길 권한다. 이른바 과거와 미래와 현재의 모든 불법을 분명히 알며, 과거와 미래와 현재의 온갖 불법을 닦아 공덕을 쌓는다. 과거와 미래와 현재의 불법을 원만히 하고, 모든 부처님들의 평등을 분명하게 아는 것이다.

왜냐하면 그로 하여금 더욱 발전하고자 하여 삼세에서 마음이 평등하게 하고, 법을 듣고는 스스로 깨쳐 남의 가르침을 말미암지 않게 하려는 때문이다.

---

1) 사비상게(四非常偈), 또는 사무상게(四無常偈)로 모든 것은 영원함이 없으며, 괴롭고, 인연으로 생겨 일어나 고정적 실체가 없이 공하고, 나와 내 것이라고 할 만한 것이 없다.
2) 현상적인 육체의 세계로 식욕·음욕·수면욕이 있는 세계이다.
3) 욕망은 끊었지만 육체를 갖고 있는 세계이다. 이 세계의 중생들은 남녀의 구별이 없이 광명을 음식으로 삼고 언어로 한다.
4) 물질을 초월하여 순수한 정신적 요소만으로 되어 있는 세계이다.

믿음 굳건하여 무너뜨릴 수 없고
적멸5)한 법 관찰하여 마음이 안주하며
중생들을 따라서 본성이
허망해 진실함이 없음을 아네.

제5 방편을 갖춘 주〔具足方便住〕

이 보살이 닦는 선근은 온갖 중생을 구호하고, 이롭게 하며, 안락케 한다. 가엾이 여기고, 제도하여 해탈케 하며, 온갖 재난을 떠나게 한다. 생사의 고통에서 벗어나게 하고, 깨끗한 신심을 내게 하며, 조복함을 얻게 하고, 열반을 증득케 한다.

불자여, 이 보살이 마땅히 열 가지 법을 배우길 권한다. 이른바 중생의 끝없음을 알고, 중생의 무한함을 알며, 중생이 무수함을 안다. 중생이 부사의함을 알고, 중생의 무한한 몸을 알며, 중생의 헤아릴 수 없음을 안다. 중생의 공함을 알고, 중생의 지음 없음을 알며, 중생이 있지 않음을 알고, 중생의 자성 없음을 아는 것이다.

왜냐하면 그 마음이 더욱 수승하여 물들지 않고, 법을 듣고는 스스로 깨쳐 남의 가르침을 말미암지 않게 하려는 때문이다.

세상의 온갖 어려움 없애고
삼계에서 끌어내어 환희케 하며
하나하나 남김 없이 조복하여
공덕을 갖추고 열반에 나아가게 하네.

제6 찬불・훼불을 듣고도 동요되지 않는 주〔正心住〕

이 보살은 열 가지 법을 듣고 믿음을 결정하여 흔들리지 않는다. 이른바 부처님이나 법과 보살을 찬탄하거나 훼방함을 듣고도 불법 가운데 마음이 결정되어 흔들리지 않는다. 보살의 행하는 법을 찬탄하거나 훼방함을 듣고도 불법에 마음이 굳건하여 흔들리지 않는다. 중생이 무한하거나 무한하지 않음을 듣고도 불법 가운데 마음이

---

5) 번뇌의 불이 다 꺼진 마음의 궁극적 고요함이다. 열반・깨달음의 경지와 같다.

굳건하여 흔들리지 않는다.

불자여, 이 보살이 마땅히 열 가지 법을 배우길 권한다. 이른바 온갖 법이 모양 없고, 본체가 없으며, 닦음이 없다. 온갖 법이 있지 않고, 진실이 없으며, 공하다. 온갖 법이 성품이 없고, 환술 같으며, 꿈과 같고, 분별할 것이 없다.

왜냐하면 그 마음으로 하여금 더더욱 증진하여 불퇴전의 무생법인[6]을 얻게 하고, 법을 듣고는 스스로 깨쳐 남의 가르침을 말미암지 않게 하려는 때문이다.

온갖 법 모습 없고 자체도 없어
성품 없고 공하여 진실치 않으며
환상과 꿈 같아 분별 떠났으니
이런 뜻 항상 듣기 좋아하네.

제7 부처님의 유무를 듣고도 물러나지 않는 주[不退住]

보살은 열 가지 법을 듣고 굳건하여 물러서지 않는다. 이른바 부처님과 법과 보살이 있다 없다 함을 듣고도 불법 가운데서 마음이 물러서지 않는다. 보살행이 있다 없다 함을 듣고도 불법 가운데서 마음이 물러서지 않고, 보살이 수행에서 벗어난다 못한다 함을 듣고도 불법 가운데서 마음이 물러서지 않는다. 또한 과거와 현재·미래 부처님의 유무를 듣고도 불법 가운데서 마음이 물러서지 않는다. 부처님의 지혜는 다함이 있거나 없거나 함을 듣고도 불법 가운데서 마음이 물러서지 않고, 삼세가 한 모양이거나 아니거나 함을 듣고도 불법 가운데서 마음이 물러서지 않는다.

불자여, 이 보살이 마땅히 열 가지 광대한 법을 배우길 권한다. 이른바 하나가 곧 많은 것이요, 많은 것이 곧 하나다. 글이 뜻을 따르고 뜻이 글을 따른다. 있지 않음이 곧 있는 것이고, 있음이 곧 있지 않은 것이다. 상 없음이 곧 상이며 상이 곧 상 없음이다. 성품 없음이 곧 성품이며, 성품이 곧 성품 없음이다.

왜냐하면 그로 하여금 더 나아가서 온갖 법을 잘 떠나고, 법을 듣고는 스스로 깨쳐 남의 가르침을 말미암지 않게 하려는 때문이다.

---

6) 무생무멸법인(無生無滅法忍)의 준말로 일체가 생멸하지 않는 법을 철저히 깨달아 인지하는 것이다.

제7 불퇴주는
부처님과 법과 보살행이
있건 없건 벗어나고 못함을
비록 들어도 물러나지 않네.

제8 삼업이 순진한 동자와 같이 되는 주〔童眞住〕

이 보살은 열 가지 업에 머문다. 이른바 몸과 말과 뜻으로 행함이 잘못됨이 없고, 뜻대로 생을 받아 중생들의 갖가지 욕망과 이해와 경계를 안다. 중생들의 갖가지 업과 세계가 이루어지고 무너짐을 알며, 신통이 자재해서 다님에 걸림이 없다.

불자여, 이 보살이 마땅히 열 가지 법을 배우길 권한다. 이른바 모든 불국토를 알고, 움직이며, 지니고, 관찰한다. 온갖 불국토에 나아가고, 무수한 세계에 노닐며, 무수한 불법을 받는다. 자재하게 변화하는 몸을 나타내고, 광대하게 널리 미치는 음성을 내며, 일 찰나에 무수한 부처님께 시중들고 공양한다.

왜냐하면 그로 하여금 더 나아가서 모든 법에 정교한 방편을 얻고, 법을 듣고는 스스로 깨쳐 남의 가르침을 말미암지 않게 하려는 때문이다.

중생들의 마음에 좋아함과
갖가지 이해의 차별과
온갖 법과 시방국토의
이루어지고 무너짐을 모두 다 아네.

제9 모든 법에 막힘 없는 지혜를 얻는 주〔法王子住〕

이 보살은 열 가지 법을 잘 안다. 이른바 중생들이 태어나며 온갖 번뇌가 일어남과 습기가 계속됨을 잘 알고, 행할 방편과 무한한 법과 위의를 잘 안다. 세계의 차별과 전후의 일을 잘 알고, 세간법과 제일의제를 연설할 줄 안다.

불자여, 이 보살이 마땅히 열 가지 법을 배우길 권한다. 이른바 법왕처(法王處)의 정교한 방편과 규범과 궁전과 들어감과 관찰함이다. 법왕의 관정과 법왕의 힘으로 유지함과 법왕의 두려움 없음과 법왕의 편히 잠듦과 법왕을 찬탄하는 것이다.

왜냐하면 그로 하여금 더 나아가서 마음에 막힘 없고 법을 듣고는 스스로 깨쳐 남의 가르침을 말미암지 않게 하려는 때문이다.

제9 법왕자주는
능히 중생들이 태어나는 차별을 보며
번뇌와 현행, 습기 알지 못함 없고
행하는 방편 모두 잘 아네.

제10 관정식[7)으로 왕위에 오름과 같은 지혜 주〔灌頂住〕

보살은 열 가지 지혜를 이룬다. 이른바 무수한 세계를 진동하고, 무수한 세계를 밝게 비추며, 무수한 세계에 머문다. 무수한 세계에 나아가고, 무수한 세계를 깨끗이 장엄하며, 무수한 중생에게 열어 보인다. 무수한 중생을 관찰하고, 무수한 중생들의 근기를 안다. 무수한 중생들이 들어가게 하고, 무수한 중생들을 조복하게 한다.

불자여, 이 보살이 마땅히 모든 부처님의 열 가지 지혜를 배우길 권한다. 이른바 삼세의 지혜와 불법의 지혜와 법계의 막힘 없는 지혜와 법계의 끝없는 지혜와 모든 세계에 충만한 지혜이다. 모든 세계를 두루 비추는 지혜와 세계에 머무는 지혜와 중생들을 아는 지혜와 온갖 법을 아는 지혜와 무한한 부처님을 아는 지혜이다.

왜냐하면 그로 하여금 온갖 지혜가 더 자라게 하고 법을 듣고는 스스로 깨쳐 남의 가르침을 말미암지 않게 하려는 때문이다.

초발심 공덕은 헤아리지 못해
여러 중생 세계에 충만하니
여럿이 함께 말해도 할 수 없거든
하물며 그 나머지 뛰어난 행이겠는가.

---

7) 원래 인도에서 국왕의 즉위나 태자를 세울 때 행하던 의식이다. 사대해의 물을 머리 위에 붓고 축의를 표현했다. 보살이 최종 십지에 들어갈 때 모든 부처님께서 지혜의 물을 머리 위에 부어 법왕의 지위를 받음을 증명하신다고 한다.

제16. 범행품(梵行品)

구역 : 제12. 범행품(梵行品)

Ⅰ. 범행품의 이름 풀이
　　【청량소】【통현론】
　　【수현기】【탐현기】
Ⅲ. 범행품의 주제와 취지
　　【청량소】
　　【수현기】【탐현기】

Ⅱ. 범행품을 설하는 까닭
　　【청량소】【통현론】
　　【수현기】【탐현기】
Ⅳ. 범행품의 간추린 경문

Ⅰ. 범행품의 이름 풀이

【청량소】梵是西域之音. 具云勃嚂摩. 此翻爲淨. 揀上淨行 立梵行名.[1] 離染中極 故名爲梵. 卽梵爲行 故名梵行 持業釋也. 亦有云 眞境爲梵 智契爲行. 或涅槃爲梵 修因爲行. 此二依主釋. 梵行以何爲體. 體略有三. 一者卽戒. 戒能防非 故得稱梵. 二者四等. 三者是慧. 涅槃五行[2]中 梵行卽四無量 亦七善知.[3] 今此品中 具含三義. 然此三各二. 戒有二者 一隨相. 二離相. 今文卽相無相. 依如來敎 染衣出家 乞食正命. 是隨相也. 於修無所着 則戒相如虛空. 卽離相也. 四等二者 一有緣. 二無緣. 生緣法緣 皆名爲有. 今卽緣無緣. 觀察衆生 而不捨離 是有緣也. 了知境界 如幻如夢 卽無緣也. 慧有二者 一有分別. 二無分別. 今卽分別 是無分別. 謂於十法 一一推徵. 是分別也. 觀無相法 了知平等 離念契玄 卽無分別也. 上三中二義 各初義通凡小.[4] 後義唯大乘 此二不二 爲實敎梵行. 若一行具一切佛法. 方是華嚴之梵行也. 梵卽是淨. 但以性淨故卽行淨. 行淨故則智慧淨. 智慧淨故則心淨. 心淨故一切功德淨. 乃至成佛. 功歸於行. 故云淨行. 然前信中之淨 隨事造修 悲智兼導. 至此純熟 了心自性 悲智無二. 故小有不同.

[청] '범'은 서역의 음으로 갖추면 '발람마'요, 이쪽 말로 번역하면 '정(淨)'인데 위의 정행[품]과 구별하여 '범행'의 이름을 지어 붙인 것이다. 더러움을 떠난 중에 지극하기에 '범'이라 하고 '범'이 바로 '행'이 되기에 '범행'이라고 이름하니 지업석이다. 또한 혹자가 이르되, "진리의 경계가 '범'이 되고 지혜와 부합함이 '행'이 된다"고 하거나, 혹 "열반이 '범'이 되고 인행을 닦음이 '행'이 된다"고 하니 이 둘은 의주석이다.

범행은 무엇으로 본체를 삼는가?

본체에 간략히 세 가지가 있는데 첫째는 계(戒)이니 계가 그릇됨을 막기에 '범'이라 일컫고, 둘째는 사무량심이요, 셋째는 지혜이다. 열반경의 오행에는 범행이 곧 사무량(四無量)이며 또한 칠선지(七善知)이니 지금 이 품에서는 세 뜻을 다 포함하였다. 이러한 셋에 각기 둘이 있다.

1. 계(戒)에 둘이 있다.

    (1) 형상을 따름 : 지금 경문은 형상에 걸맞음이 형상 없음이니 여래의 가르침에 의하여 물든 옷을 입고 출가 걸식하여 바르게 생활함은 형상을 따른 것이다.

    (2) 형상을 떠남 : 수행에 집착함이 없어서 계상(戒相)이 허공과 같음은 형상을 떠난 것이다.

2. [자·비·희·사] 사무량심에 둘이 있다.

    (1) 유연(有緣) : 생연(生緣)과 법연(法緣)을 모두 유(有)라고 한다. 지금은 연에 걸맞음이 연 없음이니 중생을 관찰하여 버리지 않음은 유연이다.

    (2) 무연(無緣) : 경계가 환상과 같고 꿈과 같음을 확실히 앎은 무연이다.

3. 지혜에 둘이 있다.

    (1) 분별 있음 : 지금 [범행품]은 분별에 걸맞음이 분별 없음이니 열 가지 법에 일일이 추징(推徵)함은 분별이다.

    (2) 분별 없음 : 차별 상을 떠난 법을 관찰해서 평등을 확실히 알고 생각을 떠나 오묘한 진리에 계합함은 무분별이다.

위의 셋 중에서 두 뜻의 각각 처음 뜻은 범·소에 통하고, 뒤의 뜻은 오직 대승이니 이 둘의 둘 아님이 실교의 범행이 된다. 만약 한 행이 온갖 불법을 갖춘다면 바야흐로 화엄의 범행이다.

'범'이 바로 '정'이니 다만 성품이 청정하기에 행이 청정하고, 행이 청정하기에 지혜가 청정하다. 지혜가 청정하기에 마음이 청정하고, 마음이 청정하기에 모든 공덕이 청정하다. 내지 성불하기까지 공덕이 행에 돌아가기 때문에 '정행'이라고 한 것이다.

그러나 앞의 십신에서 청정은 현상을 따라 수행에 나아가 자비와 지혜를 겸하여 이끌었지만 이에 이르러는 능숙하여 마음 자성의 자비와 지혜가 둘이 아님을 확실히 알기 때문에 조금 다른 것이 있다.

1. 입범행명(立梵行名) : 품명을 마땅히 '정행(淨行)'이라고 번역해야 하나, 앞 품과 구별하기 위해 여기서는 범음을 그대로 두었다. 진리의 경계가 범이 됨은 인행에 의해 풀이한 것이고, 열반이 범이 됨은 인과에 의해 풀이한 것이다. 〈⊕ 27권 3〉
2. 열반오행(涅槃五行) : → 부록 법수 참조.
3. 칠선지(七善知) : → 부록 법수 참조.
4. 범소(凡小) : 초(鈔)에서는 초지 아래를 '범'이라 하고 소승을 '소'라고 밝혔다. 〈⊕ 42권 p. 44〉

【통현론】梵者此云淨也. 云以其淨行 利衆生故. 常居世間 行一切行法. 化利衆生. 無行可得. 則無行不淨. 是故名爲梵行也. 又約能問之主. 名曰正念. 無念之念. 名爲正念. 隨行無念. 名爲正念. 行念總無. 以斯益物 名第一切義天. 以天有慈 名爲天子. 又約能說之人. 名爲法慧. 隨行無念 名之爲法. 以法簡情 名之爲慧. 起情乖理 名無法慧. 達理情亡 名爲法慧. 今約能問之主 所說法人 及所說法. 總名淨行品. 品者均分理敎義.

⑲ '범'은 이쪽 말로 '정'인데 청정한 행으로써 중생을 유익하게 하기 때문에 늘 세간에 거처하면서 온갖 수행 방법을 행하여 중생을 교화하고 유익하게 한다. 행은 얻을 게 없고 행마다 청정하지 않음이 없기 때문에 '범행'이라 한다. 또 묻는 주체에 의해 '정념'이라 함은 무념의 염이 되기에 정념이라 한 것이다. 행을 따라 무념이기에

정념이라 하고, 행과 염이 모두 없음으로써 중생을 유익하게 하기에 '제일의천'이라 이름한다. 하늘로써 자비가 있기에 '천자'라 하며, 또 설하는 사람에 의해 '법혜'라 하는데 행을 따른 무념을 '법'이라 하며, 법으로써 유정을 간별함을 '혜'라 한다. 미혹한 마음을 일으켜 이치를 어김을 '법혜가 없다'고 하고, 이치를 달관해 미혹한 마음이 없음을 '법혜'라 한다. 지금은 묻는 주체와 설법자와 설해지는 법에 의해 총체적으로 '정행품'이라 한다. 품은 이치와 가르침을 고르게 나눈 뜻이다.

【수현기】 行中上淨故 名梵行也. 要論梵有二. 謂報及方便. 始修爲淨. 成就爲梵. 若據報者. 欲天爲淨. 色天爲梵. 若約自利利他. 自利爲淨. 利他爲梵. 故涅槃經云. 三學爲勝聖行[1]. 四無量爲梵也.

수 행 가운데 최상의 청정이기에 '범행'이라 이름하는데 요컨대 '범'을 논하면 둘이 있으니, 과보와 방편을 이른다. 처음의 수행은 '정'이 되고, 성취는 '범'이 된다. 만약 과보에 의거하면 욕천은 '정'이 되고, 색천은 '범'이 된다.

만약 자리이타에 의거하면 자리는 '정'이 되고, 이타가 '범'이 된다. 그러므로 열반경〔제11권〕에서, "삼학은 수승한 성행이 되고, 사무량은 범이 된다"고 하였다.

【주】 ──────────
  1. 성행(聖行) : 열반 오행의 하나로 '성'은 정(正)이고, '행'은 보살이 닦는 계·정·혜이다. 불〈大 12권 433 下〉→ 부록 법수(열반오행) 참조.

【탐현기】 離妄念之染故云梵. 會無我理故云行. 此行卽梵. 二離染中 極名梵卽眞境也. 智能證此故云行. 三涅槃果爲梵. 以寂靜故. 修因爲行. 此二梵之行. 淨與梵何別者有六別. 一約報. 欲天爲淨 色天爲梵. 二約人. 在家戒是淨. 出家戒爲梵. 三約行位. 信中修爲淨行. 入位已去修爲梵行. 四約二利. 三學自利爲淨行. 四等利他爲梵行. 此如涅槃經說. 五約二行. 隨事造修 施戒等爲淨行. 離念契玄爲梵行如文. 六約因果. 涅槃爲淨. 道諦行爲梵. 經云梵行已立. 是也.

탐 망념의 더러움을 벗어난 때문에 '범'이라 하고, 무아의 이치를 깨달은 때문에 '행'이라고 하니 이 행이 바로 '범'이다. 둘째, 더러움을 떠난 중에 지극함을 '범'이라고 하니 진리의 경계이고 지혜로 이를 증득한 때문에 행이라고 말한다. 셋째, 열반의 불과로 '범'을 삼으니 적정한 때문이요, 인행을 닦음으로 '행'을 삼으니 이 둘은 범의 행이다.

정(淨)과 범(梵)이 무엇이 다른가에 여섯 가지 차별이 있다.

1. 과보에 의하는데 욕천을 '정'이라고 하고, 색천을 '범'이라 한다.

2. 사람에 의하는데 재가의 계는 '정'이요, 출가의 계는 '범'이다.

3. 행위에 의하는데 십신의 수행을 '정행'이라고 하고, 〔십주 이상〕 지위에 들어간 수행을 '범행'이라고 한다.

4. 두 가지 이로움에 의하는데 〔계·정·혜〕 삼학의 자리(自利)를 '정행'이라 하고, 〔자·비·희·사〕 사무량심의 이타(利他)를 범행이라 하니 이는 열반경의 설과 같다.

5. 두 가지 행에 의하는데 현상을 따라서 닦아 나가는 보시·지계 등을 '정행'이라 하고 망념을 떠나 진리에 계합함을 '범행'이라고 하니 경문과 같다.

6. 인과에 의하는데 열반을 '정'이라고 하고, 도제(道諦)의 행을 '범'이라고 하니 열반경 〔제33권 迦葉菩薩〕에, "〔아라한이 닦는 범행을 마쳤으므로〕 범행이 이미 성립되었다"고 말한 것이 바로 이것이다.

Ⅱ. 범행품을 설하는 까닭

【청량소】 有六. 一前是正位.[1] 今辨位中之行 故次來也. 二前明諸位別行 今辨諸位通行.[2] 三前通道俗. 今別顯出家所行.[3] 四前明隨相差別. 今顯會緣入實.[4] 五爲顯入住之因. 謂自他二種 梵行淨故 則入初住[5]也. 六別顯初住成佛. 則類前諸位 位位成佛 不由他悟之相也 具上諸意. 有此品來.[6]

청 여섯 가지가 있다.

1. 앞〔십주품〕은 정식 지위요, 지금은 지위의 행을 드러내기 때문에 이어진 것이다.
2. 앞은 여러 지위의 별도 행을 밝혔고, 지금은 모든 지위에 통하는 행을 말한다.
3. 앞은 승·속에 통했으나, 지금은 출가행을 따로 나타낸다.
4. 앞은 형상을 따르는 차별을 밝혔고, 지금은 연을 모아 실에 들어감을 나타낸다.
5. 십주에 들어가는 인행을 나타내니 자타의 두 가지 범행이 청정한 때문에 초발심주에 들어간다.
6. 초발심주의 성불을 따로 나타내니 앞의 모든 지위를 분류하여 지위 마다의 성불이 타인을 말미암아 깨닫지 않는 형상이다.

위의 모든 뜻을 갖추었기에 이 품이 이어진 것이다.

【주】 ─────────────

1. 전시정위(前是正位) : 행과 지위의 상대이니, 앞에 비록 행이 있으나 뜻은 지위에 있다. 〈⊕ 27권 1〉
2. 제위통행(諸位通行) : 통과 별의 상대이니, 앞에 초발심주의 자분(自分)은 다만 경계를 반연하여 발심함을 밝혔고, 승진분은 다만 부지런히 부처님께 공양하고 즐거이 생사에 머무는 등을 드러냈다. 제2의 치지주의 자분은 다만 중생에게 대비로 유익하게 하는 등 열 가지 마음을 일으키고, 승진 부분은 다만 외워 익히고 많이 들음과 한가하고 적정한 등을 밝혔으니 십주의 수행이 일일이 같지 않았다. 지금 이 범행은 십주에 통하는 수행이다. 〈⊕ 27권 1〉
3. 출가소행(出家所行) : 도와 속의 상대이니,〔범행품〕 경문에, "온 세계의 모든 보살들이 여래의 가르침을 의지하여 물든 옷을 입고 출가하였으면,〔어떻게 해야 범행이 청정하게 되며……〕" 라고 하고, 답하는 중에 계를 받고 따르는 등을 자세히 밝혔다. 그러나 앞의 십주품은 도와 속을 구별치 않았다.→ 범행품의 간추린 경문 참조. 〈⊕ 27권 1〉
4. 회연입실(會緣入實) : 수상(隨相)과 실상의 상대이니, 수상이라 말한 것은 앞의 별행은 행이 이미 같지 않아 곧 이 수상이거니와 지금 이 관의(觀意)는 몸에 취함이 없으며 수행에 집착함이 없다. 내지 무상법을 받고 무상법을 관하며 모든 법이 마음 자성인 줄 안다. 〈⊕ 27권 1〉
5. 입초주(入初住) : 인과 과의 상대이니,〔범행품에〕 정념 천자가 법혜 보살에게

여쭈되 "어떻게 해야 범행이 청정하게 되며, 보살 지위로부터 위없는 보리 도에 이릅니까?"라고 했다. 처음 보살 지위는 십주 지위이니 지위를 설해 마침에 중생이 인(因)을 찾을까 걱정하여 이를 수행하게 하니 먼저 '멸'을 알고 뒤에 '도'를 보임과 같다. 〈⑪ 27권 2〉

  6. 유차품래(有此品來) : 표(標)와 석(釋)의 상대이니, 앞의 뜻을 다 풀이하는데 앞〔십주품〕의 매 지위의 끝마다 모두, "보살로 하여금 들은 법을 스스로 깨쳐 타인(因)의 가르침을 말미암지 않게 한다"고 한 것이 다만 총표이다. 지금 풀이하면, "관과 행이 상응하면 처음 마음으로 성불하니 모든 법이 마음 자성인 줄 알면 지혜의 몸을 성취하되 남을 말미암아 깨닫지 않는다"고 하였다. 〈⑪ 27권 2〉

【통현론】前品明住佛 無所住之門故. 還行無行之行. 是故此品須來. 無住之住 名爲佛住. 無行之行 利益無衆生之衆生. 名爲淨行. 是故此品須來.

⑧ 앞〔십주〕품에서 부처님의 머무심 없는 문에 머무름을 밝혔는데, 또한 행함 없는 행을 행하기에 이 품이 모름지기 이어진 것이다. 머무름 없는 머무름을 부처님의 머무심이라 하고, 행함이 없는 행으로 중생 없는 중생을 유익하게 함을 '범행〔정행〕'이라 하니, 이 때문에 이 품이 모름지기 이어진 것이다.

【수현기】其進道多方 從相分二. 謂一緇一素 素從利他 無方利物. 故不住分齊行. 緇從自利故. 不可輕壞 出世容儀故. 唯成內觀也. 故地品辨出家人 唯成三昧. 問前諸會 何不亦說此品. 答有二意. 一此中行劣. 二以始通終故也. 何不十信明此品. 答此正宗 爲彰以法成人. 不以人成法. 何名人成法者. 法無高下. 隨人器物. 顯法精麤故. 十信法解未明. 不可以法成人. 十信解劣故 但隨信根定法. 若語形局 卽諸見更增 不成正信也. 問梵行發心 明法何故 不通下三會. 答理有. 以此類彼耳.

㊜ 도에 나아가는 데는 다방면으로 형상을 따라서 둘로 나누니 '치'와 '소'이다.

1. '속〔素〕'은 이타(利他)이니 제한 없이 중생을 유익하게 하기에 분제의 행에 머물지 않는다.

2. '승〔緇〕'은 자리(自利)이니 출세간의 용의(容儀)를 쉽게 무너뜨릴 수 없는데

오직 내관을 이룬다. 그러므로 십지품에서, "출가인은 〔집과 처자와 오욕락을 버리고〕 오직 삼매를 이룰 뿐이다"라고 밝힌 것이다.

문 : 앞의 여러 회에서는 왜 또한 이 품을 설하지 않았는가?

답 : 두 가지 뜻이 있는데, 첫째는 이 가운데 행이 열등하며, 둘째는 처음이 마지막까지 통하기 때문이다.

문 : 왜 십신에서는 이 품을 밝히지 않았는가?

답 : 이 정종분은 법으로써 사람을 이룸을 드러낸 것이지, 사람으로써 법을 이루는 것이 아닌데 어찌 사람이 법을 이룬다고 하겠는가? 법은 높낮이가 없으니, 중생의 그릇에 따라서 법의 크고 작음을 나타내기 때문이다. 십신 법의 이해는 아직 밝히지 못했으나, 법으로써 사람을 이루는 것이 아니니 십신의 이해가 하열한 때문에 다만 믿는 근기를 따라서 법을 정한 것이다.

만약 형국을 말하면 온갖 소견이 다시 증대해서 바른 믿음을 이루지 못한다.

문 : 범행의 발심은 법을 밝히는 것인데 무엇 때문에 다음의 세 회에는 통하지 않는가?

답 : 이치가 있으니, 이로써 저를 분류한다.

【탐현기】 來意者有五. 一前位次行. 謂前明正位 今辨成位之行. 故文云何修習梵行具足十住. 二前明正位 今辨依位起行. 三前別此通. 謂前十住之中 各修一種別行. 今辨諸位中 同行之行. 四前通此別 謂前辨位通. 今別明出家人行. 五前顯位相差別. 今會緣入實. 卽前相後體故也.

탐 이어진 까닭에 다섯 가지가 있다.

1. 앞은 지위였고 다음으로 행이니, 앞서 정식 지위를 밝혔고, 지금은 지위를 이루는 행을 드러낸다. 그러므로 〔범행품〕 경문에서, "어떻게 범행을 닦고 십주를 두루 갖추어 〔위없이 평등한 보리를 빨리 이룰 수 있습니까?〕"라고 한 것이다.

2. 앞에서는 정식 지위를 밝혔고, 지금은 지위에 의한 행을 일으킴을 드러낸다.

3. 앞은 별도였고 이는 통하는 것이니, 앞의 십주에서는 각기 한 가지씩 별도 행을

닦았고 지금은 모든 지위에 동일한 행을 행함을 드러낸다.

4. 앞은 통하는 것이었고, 이는 별도인데 앞은 지위가 통함을 밝혔고 지금은 출가인의 행을 따로 밝힌다.

5. 앞은 수행 지위 형상의 차별을 나타냈고 지금은 연을 모아서 실제에 들어 가는데, 앞은 형상이고 뒤는 본체이다.

Ⅲ. 범행품의 주제와 취지

【청량소】 卽以悲智無二事理雙修觀行爲宗. 疾滿一切佛法爲趣.

[청] 지혜와 자비가 둘이 없이 이치와 현상을 같이 닦아 관행으로써 주제를 삼고, 모든 불법을 힘써 원만케 함으로 취지를 삼는다.

【수현기】 無念理觀[1] 當是自體果 涅槃圓寂行也. 卽爲此品宗. 又問此中 始明十住初發心因. 何故乃言是果行也. 答此明自體 眞發心故. 契於後際 體包無外也. 又是自體發中果. 無戲論行耳. 故品下結云. 初發心時 便成正覺. 具足慧身 不由他悟.

[수] 무념의 이관(理觀)은 자체의 불과인 열반의 원적행에 해당되고 이 품의 주제가 된다.

문 : 이에서 처음으로 십주 초발심의 인을 밝히니 무엇 때문에 이를 과행이라고 말하는가?

답 : 이는 자체의 참된 발심을 밝히기 때문에 미래〔後際〕에 걸맞게 본체가 밖이 없이 포함하는 것이다. 또 이 자체의 발심 가운데 불과는 희론이 없는 행일 뿐이다. 그러므로 이 〔범행〕품에서 결론 지어, "처음 발심할 때 정각을 이루며 지혜의 몸을 갖추되 남을 말미암아 깨닫지 않는다"고 한 것이다.

    1. 무념이관(無念理觀) : 생각을 초월한 진리관으로, 제16 범행품 경문의 "마땅히
      관찰하기를 몸이 범행인가, 내지 계율이 범행인가 할 것이다"고 한 내용이다. →
      제16 범행품의 간추린 경문 참조.

【탐현기】 以無念正行爲宗. 所成十住位 及速成佛等爲趣. 無念理觀 略作五門云云

[탐] 무념의 정식 행으로써 주제를 삼고, 이루는 십주의 지위와 빨리 성불하는 것
등으로 취지를 삼는데 무념의 이관(理觀)을 간략히 다섯 부문으로 한다. 운운……

Ⅳ. 범행품의 간추린 경문

정녕 천자가 법혜 보살께 여쭈었다.

"온 세계의 모든 보살들이 부처님 가르침에 의지하여 물든 옷을 입고 출가하였으
면, 어떻게 하여야 범행이 청정하게 되고 보살의 지위로부터 위없는 보리 도에 이릅
니까?"

법혜 보살께서 말씀하셨다.

"보살이 범행을 닦을 때에는 마땅히 열 가지 법으로 반연을 삼고 뜻을 내어 관찰하
여야 한다. 이른바 몸과 몸의 업·말·말의 업·뜻·뜻의 업·부처님·법·스님과
계율인데 마땅히 몸이 범행인지 계율이 범행인지 관찰할 것이다.

또한 설법을 들은 뒤에는 대 자비심을 일으킬 것이다. 중생을 관찰하여 버리지
않고 온갖 법을 생각하여 쉬지 않으며, 위없는 업을 행하고도 과보를 구하지 말 것이
다. 또 경계1)가 환상 같고 꿈 같으며 그림자 같고 메아리 같으며 변화와 같음을 분명
히 알 것이다.

만약 보살들이 이렇게 관함으로써 서로 응하면, 온갖 법에 두 가지 앎을 내지 않

────────────

1) 환경으로써 인식되는 대상이다.

아 불법이 빨리 나타나리다. 처음 발심할 때에 최상의 깨달음을 얻을 것이고, 온갖 법이 바로 마음의 성품임을 알 것이며, 지혜의 몸을 이루되 남을 말미암아 깨닫지 않는다."

제17. 초발심공덕품(初發心功德品)

구역 : 제13. 초발심보살공덕품(初發心菩薩功德品)

Ⅰ. 초발심공덕품의 이름 풀이

【청량소】 初有二義. 一三種發心[1]之初. 二十住之初.[2] 發亦二義. 一發起上求.[3] 二三德開發[4]. 能知三世佛智故. 永斷一切疑網故. 得如來一身 無量身等故. 在於信位 久已研窮. 至此位中 豁然開悟. 故得功齊果位. 攝德無邊 受斯稱矣.

[청] 1. '초'에 두 뜻이 있다.

　(1) 세 가지 발심의 처음이다.

　(2) 십주의 처음이다.

　2. '발'도 또한 두 뜻이 있다.

　(1) 발기하여 위로 구한다.

　(2) 세 가지 덕을 개발하니 삼세 부처님의 지혜를 잘 알고, 온갖 의심의 그물을 길이 끊으며, 여래의 한 몸이면서 한량없는 몸을 얻는다. 십신 지위에서 오래도록 이미 깊고 자세하게 연구하여 이 지위에 도달함에 활연히 깨달아 공이 과위와 가지런하고, 끝없는 덕을 거두기에 이런

명칭을 받았다.

【주】 ────────────────

1. 삼종발심(三種發心) : → 부록 법수 참조. (略說發心有三種 云何爲三 一者信成就
   發心 二者解行發心 三者證發心)〈⊕ 28권 1~2〉(大乘起信論, ⊗ 32권 580 中)
2. 십주지초(十住之初) : 십주의 처음은 나머지 아홉 주(住)와 구별하여 초발심주라
   고 한다.〈⊕ 28권 2〉
3. 발기상구(發起上求) : 뒤와 비교하여 '발(發)'을 논했다.〈⊕ 28권 3〉
4. 삼덕개발(三德開發) : 앞과 비교하여 '발(發)'을 논했다.〈⊕ 28권 3〉

【통현론】 創始發心 見無古今. 名之爲初. 無心智應. 名之爲發: 身邊見盡. 名之爲
心. 不爲而成大果. 名之爲功. 但化利一切 不欣來報. 自獲無邊 妙相莊嚴故. 名之爲
德. 又福智徧周. 名之爲功. 事無不達. 名之爲德. 品者均分敎義.

〚통〛 처음 발심에 고금이 없음을 보는 것을 '초'라 하고, 무심의 지혜가 응함을 '발'이
라 하며, 신변의 견해가 다함을 '심'이라 한다. 함이 없이 큰 불과를 이룸을 '공'이라
하고, 다만 일체 중생을 교화하여 이롭게 하고 대가를 달갑게 구하지 않으며 스스로
는 끝없이 묘한 모습의 장엄을 얻기 때문에 '덕'이라 한다. 또 복과 지혜가 두루함을
'공'이라 하고, 현상에 통달하지 못함이 없음을 '덕'이라 한다. '품'은 가르침을 고르게
나눈 뜻이다.

【수현기】 發心牒行體. 功德行所成功德也. 就二義得名.

〚수〛 '발심'은 수행의 본체를 둔 것이며, '공덕'은 수행으로 이루어진 공덕이니, 두
가지 뜻에 나아가 명칭을 얻은 것이다.

【탐현기】 本覺內薰 大心創起 故云發心. 行成位立 名爲菩薩. 功超遠劫 德廣塵沙
故云功德. 此明菩薩 初發心之功德. 是此所辨 爲簡二乘 故云菩薩. 簡終心故云初發.

此明發心 所攝功德. 非辨發心之相 故以題名.

[탐] 본각이 안으로 훈습하여 큰마음이 처음으로 일어났기에 '발심'이라고 하고, 수행으로 지위가 성립됨을 '보살'이라고 한다. '공'은 영원함을 뛰어넘고, '덕'이 먼지 수와 모래알보다 많기 때문에 '공덕'이라고 한다. 이는 보살의 초발심공덕을 밝힌 것이니 이승과 분별하기 위하여 '보살'이라고 했고, 종심(終心)과 분간한 때문에 '초발'이라고 한 것이다. 여기서는 초발심에 거두어진 공덕을 밝혔지, 발심의 모습을 드러낸 것은 아니기에 제목을 삼았다.

Ⅱ. 초발심공덕품을 설하는 까닭

【청량소】謂前二品 明位及行. 今顯勝德 擧初況後[1] 巧顯深勝. 故次來也. 又前品末云. 初發心時 便成正覺. 未知此心 有何功用 頓得爾耶. 今釋此義 故次來也.

[청] 앞의 〔십주·범행〕 두 품에서는 지위와 행을 밝혔고, 지금은 수승한 덕을 나타낸다. 처음 것을 들어 뒤를 비유하니, 매우 뛰어남을 잘 나타낸 때문에 이어진 것이다. 또 앞 〔범행〕품 끝에, "처음 발심한 때에 문득 정각을 이룬다"고 했으나 이 마음이 무슨 작용〔功用〕이 있어 몰록 그러함을 얻는지는 알지 못하니 지금 이 뜻을 풀이하기에 이어진 것이다.

【주】 ────────────────

1. 거초황후(擧初況後) : 초발심 지위는 하열하고 공덕은 생각하기 어려운데, 뒤로 갈수록 지위가 높아서 덕이 한이 없다. 〈⊕ 28권 1〉

【통현론】前品旣有淨行之功. 此品所明 淨行之中 無邊功德. 是故此品須來.

⟨통⟩ 앞 〔범행〕품에서 이미 청정행의 공이 있었는데, 이 품에서는 청정행 가운데 끝없는 공덕을 밝히기에 마땅히 이어진 것이다.

【수현기】 前行已成. 今辨歎德相故.

⟨수⟩ 앞서 행을 이미 이루었고, 지금은 덕의 형상을 찬탄함을 드러내는 때문이다.

【탐현기】 有三. 一前住及梵 明行位體. 今顯其勝德故來也. 二前品末 初發心時 便成正覺 未知此心 有何功德 便能如此. 爲來釋此義故也. 三前二品 以法就機說 令行位有分齊. 今則以機就法 顯德量無限. 是故前二 通同別二敎. 今則唯明別敎 爲一乘玄妙故. 下偈中以美言詞 讚述故次來也.

⟨탐⟩ 세 가지가 있다.
1. 앞에 나왔던 십주품과 범행품에서는 행과 지위의 본체를 밝혔고, 지금은 그 뛰어난 덕을 나타내기 때문에 이어진 것이다.
2. 앞 〔범행〕품 끝에, "처음 발심한 때에 문득 정각을 이룬다"고 한 것이 이 마음에 무슨 공덕이 있어서 능히 이 같은 줄을 알지 못하니 이런 뜻을 풀기 위해서 이어진 것이다.
3. 앞의 〔보살십주·범행〕 두 품은 법으로써 근기에 나아가 설하여 행과 지위로 하여금 분제가 있게 하였는데 지금은 근기로써 법에 나아가 무한한 양의 덕을 나타냈다. 앞의 둘은 두 가지 동교·별교에 통한 것이고, 지금은 오직 별교를 밝히는데 일승의 현묘함을 삼으니, 다음 게송에서 미사여구로써 찬술하기 때문에 이어진 것이다.

Ⅲ. 초발심공덕품의 주제와 취지

【청량소】即以初心攝德爲宗. 令物窮究 發心爲趣.

청 초발심에 덕을 거둠으로 주제를 삼고, 중생들로 하여금 궁구하여 발심케 함으로 취지를 삼는다.

【수현기】功德分量 爲此品宗.

수 공덕의 분량이 이 품의 주제가 된다.

【탐현기】辨初發心 攝普賢德具因果 分量與法界等. 是其宗也.

탐 초발심에 보현의 덕을 거두고 인과를 갖추니, 분량이 법계와 같음을 드러내는 것이 그 주제다.

Ⅳ. 초발심공덕품의 간추린 경문

법혜 보살께서 제석천왕에게 말씀하셨다.

"불자여, 처음 보리심을 낸 보살의 공덕은 삼세의 모든 부처님과 동등하다. 삼세의 부처님 경계1)와 같고, 삼세의 부처님 공덕과 같으며, 부처님의 한 몸과 무한한 몸이 궁극적으로 같고 진실한 지혜를 얻으리라. 막 발심할 때에 시방의 부처님께서 함께 칭찬하실 것이며, 내지는 모든 세계를 진동하고 성불하심을 나타내 보일 것이다."

이 때 시방에 수많은 동명의 법혜 부처님께서 각각 법혜 보살의 앞에 몸을 나타내

---

1) 깨달음의 경지를 말한다.

고 말씀하셨다.

"훌륭하구나. 법혜여, 그대가 지금 이 법을 말하듯이 시방의 모든 부처님도 설하신다. 이 법으로 많은 보살들이 보리심을 내어 수기를 주되, 미래에 성불하여 세상에 나거든, 다 청정심여래라 할 것이요, 각기 다른 세계에 머무를 것이다. 우리는 모두 이 법을 지켜 듣지 못한 이들이 다 듣게 하고, 사바 세계 사천하의 수미산정2)에서 이 법으로 중생을 교화함과 같이 시방 세계에서도 이런 법을 설한다.

설법하는 이는 같은 '법혜'시니 다 부처님의 신력인 때문이고, 세존의 본래 원력인 때문이며, 불법을 나타내 보이기 위한 때문이다. 지혜의 빛으로 널리 비추려는 때문이요, 실다운 뜻을 천명하기 위한 때문이며, 법의 성품을 증득케 하려는 때문이다. 모든 대중을 다 기쁘게 하려는 때문이고, 불법의 인연을 열어 보이고자 하는 때문이다. 모든 부처님의 평등함을 얻기 위한 때문이요, 법계가 둘이 없음을 깨닫게 하려고 이러한 법을 설하신다.

그 때 법혜 보살께서 중생을 이루기 위해 부처님의 신력을 받아 게송으로 말씀하셨다.

온갖 불법 알고자 하면
마땅히 빨리 보리심을 낼지니
이 마음은 공덕 중에 최고 수승하여
반드시 부처님의 지혜 얻으리.

중생의 마음씀 세어서 알고
먼지 수 같은 국토 또한 그러하며
허공 끝을 헤아려도
초발심 공덕은 헤아릴 수 없네.

---

2) 승수미산정 · 수미정상게찬 · 십주 · 범행 · 초발심공덕 · 명법 등의 6품은 수미산정〔도리천〕
   에서 설하신다.

제18. 명법품(明法品)

구역 : 제14. 명법품(明法品)

Ⅰ. 명법품의 이름 풀이

【청량소】準梵本具翻 應云法光明品. 統有四義 一法慧智慧 於能所詮 進趣行法 分明照了故. 卽明所知法. 二明是能詮 以能顯行故. 法是所詮 可軌則故. 此則詮旨合目. 明有法故 法之明故 通二釋也. 三明是智用. 法是理行及果. 境智合說 俱是所詮. 法之明明之法 依主名也 四所修行法 體離無明. 亦唯所詮. 有明之法 法卽是明 通有財持業也.

[청] 범본에 준해 갖추어 번역하면 마땅히 '법광명품'이라 할 것인데 통틀어 네 가지 뜻이 있다.

1. 법혜의 지혜로 능·소전에 나아가는 행법을 분명히 비추어 요달하기 때문이니 곧 아는 법을 밝힌다.

2. '명(明)'은 능히 설명하는 것이니 행을 나타내기 때문이요, '법'은 설명되는 것이니 규범으로 삼기 때문이다. 이는 설명과 지취를 합해 제목한 것이니 '명'에 '법'이 있기 때문이요, '법'의 '명'인 까닭이니 두 가지 해석에 통한다.

3. '명'은 지용(智用)이요, '법'은 이행(理行) 및 불과인데 경계와 지혜를 합하여

설하니 다 설명되는 것이다. '법'의 '명'이요, '명'의 '법'이니 의주석으로 이름했다.

4. 닦은 행법이 본체가 무명을 떠나며 또한 오직 설명되는 것이니 '명'이 있는 '법'이요, '법'이 곧 '명'이기에 유재석과 지업석에 통한다.

【통현론】明前之昇須彌頂品 偈讚品十住品 梵行品初發心功德品 五品法門 已發菩提之心 得廣大功德. 此精進慧 所問之法 有二義. 一令前五品之法 其心更明. 二令後所行之法 轉勝明白. 故云明法品. 明昇進前後法故. 是精進慧菩薩 啓請法慧菩薩言. 所有大願 悉使滿足. 獲諸菩薩 廣大之藏. 此明前所得法 使令更明 後之昇進 使令明白. 是修十行之向. 長養本位 十住之法.

통 앞의 승수미산정품·수미정상게찬품·십주품·범행품·초발심공덕품의 다섯 품의 법문은 이미 보리심을 내어 광대한 공덕을 얻음을 밝혔다.

여기〔명법품〕에서 정진혜 보살이〔법혜 보살께〕여쭌 법에 두 뜻이 있다.

1. 앞의 다섯 품의 법으로 하여금 그 마음을 더욱 밝게 한다.

2. 뒤에 행해지는 법으로 하여금 더더욱 수승해 명백케 하기에 명법품이라 하니 승진의 전·후법을 밝히기 때문이다. 정진혜 보살이 법혜 보살께 청하여 말씀하시되 갖고 있는 대원을 다 만족케 하며 모든 보살의 광대한 장(藏)을 얻는다 하였다. 이는 앞서 얻은 법을 더욱 밝히고, 전도의 승진을 명백케 함을 밝히니 바로 십행으로 향하는 수행으로 본 지위인 십주의 법을 증대시키는 것이다.

【수현기】言明法者有二. 一約敎. 阿含法照理 現故名明. 法卽義也. 二約行. 由行增勝 後位相現故. 卽用前位 法義解行等爲明. 用後位敎義等爲法也.

수 '명법'을 말함에 두 가지가 있다.

1. 교(敎)에 의하니, 아함법이 이치를 비추어 나타내기 때문에 '명(明)'이라 하고, '법'은 바로 뜻이다.

2. 행에 의하니, 행이 더욱 뛰어나 나중 지위의 형상이 나타남을 말미암기 때문이

다. 앞 지위의 법의와 해행 등을 사용하여 '명'을 삼고, 뒷 지위의 교의(敎義) 등을 써서 '법'을 삼았다.

【탐현기】 有四義. 一後位行法 垂明前位. 此明卽法也. 二明是敎法是義. 三明是智法是境. 此二法之明明之法. 四智行離染 當相名明. 卽明可軌 是以稱法. 又諸行煥照稱性爲明. 當體妙軌 故亦云法. 故云明法. 不爾是闇 則亦非法.

탐 네 가지 뜻이 있다.

1. 뒤의 지위의 행법은 앞의 지위를 밝혀 드리워진 것이니 이 '명'이 바로 '법'이다.
2. '명'은 가르침이고 '법'은 뜻이다.
3. '명'은 지혜요, '법'은 경계다. 이 둘은 '법'의 '명'이요, '명'의 '법'이다.
4. 지혜의 행이 더러움을 떠난 실제 그대로의 형상을 '명'이라고 하니, '명'은 본보기로서 '법'이라고 칭한다. 또 모든 행을 훤히 비추어서 성품에 걸맞음을 '명'이라 하고 당체가 묘한 본보기인 때문에 또한 '법'이라고 말한다. 그래서 '명법'이니 그렇지 않으면 어둡기 때문에 또한 법이 아니다.

II. 명법품을 설하는 까닭

【청량소】 前明當位 所成之德. 今辨趣後 勝進之行. 故次來也. 又前明發心之勝德. 今辨所具之行相. 故次來也.

청 앞서 해당 지위에서 이루어진 덕을 밝혔고, 지금은 전도를 향한 승진 행을 드러내기에 이어진 것이다. 또 앞은 초발심의 수승한 덕을 밝혔고, 지금은 갖추어진 행상(行相)을 말하기 때문에 이어졌다.

【통현론】 釋品來意 及名目如前.

〔통〕 품이 이어진 뜻과 제목 이름을 푸는 것은 앞과 같다.

【수현기】 用前行德更修. 與後地爲方便故也.

〔수〕 앞의 행과 덕을 일층 더 닦고, 뒤의 십지의 방편이 되기 때문이다.

【탐현기】 前明當位體德. 今辨勝用趣.[1] 後義次第故 是故來也. 又前明自分. 今顯勝進. 故次來也.

〔탐〕 앞 〔초발심보살공덕품〕은 해당 지위의 본체와 덕을 밝혔고, 지금은 수승한 작용의 나아감을 설하는데 뒤에 오는 것이 뜻의 순서이다. 또 앞서 자분을 밝혔고, 지금은 승진을 나타내기 때문에 이어졌다.

【주】 ─────────────

　1. 취(趣) : 금변승용취(今辨勝用趣) 후의차제고(後義次第故) 〈大 35권 207 下〉
　　〈續 3권 235 上〉

Ⅲ. 명법품의 주제와 취지

【청량소】 明法不同. 略有四種. 謂敎理行果. 尋敎悟理. 觀理起行. 行成得果. 皆初宗後趣. 又此四皆宗. 爲成後位 及成勝德爲趣.

〔청〕 명법이 같지 않음이 간략히 네 가지가 있으니, 가르침·이치·행·불과를 이른다. 가르침을 찾고 이치를 깨치며, 이치를 관하여 행을 일으키고, 행을 이루어 불과를 얻으니 모두 처음은 주제고 뒤는 취지다. 또 이 넷이 모두 주제고, 전도의 지위를 이루고 수승한 덕을 이루는 것이 취지가 된다.

【수현기】 卽行敎法 義等爲此品宗.

 행에 걸맞는 교법이나 뜻 등이 이 품의 주제가 된다.

【탐현기】 明法不同有四種. 一理法謂眞如性. 二行法謂六度等行. 三敎法謂十二分
敎. 四果法謂菩提涅槃. 今此正明行法 兼明餘三故以爲宗. 又此四中 依理起行 依行成
果. 敎說前三 故唯四耳.

 명법에 같지 않음이 네 가지가 있다.

1. 이법(理法)으로 진여의 성품을 이른다.
2. 행법으로 육바라밀 등의 행을 말한다.
3. 교법으로 십이분교를 이른다.
4. 과법으로 보리 열반을 말한다.

지금 여기서는 정식으로 행법을 밝히고, 나머지 셋을 겸하여 밝힘으로 주제를 삼았
다. 또 이 넷 중에 이치에 의해서 행을 일으키고, 행에 의해서 불과를 이룬다. 교는
앞의 셋을 설하니 오직 넷이다.

Ⅳ. 명법품의 간추린 경문

법혜 보살께서 정진혜 보살에게 말씀하셨다.

"보살이 온갖 것을 아는 지혜를 얻는 마음을 냈으면, 마땅히 어리석음을 떠나고
부지런히 수호하여 방일치 말 것이다. 보살이 열 가지 법에 머물면 방일하지 않는다
고 한다. 하나는 계율을 지키고, 둘은 어리석음을 떠나 보리심을 청정하게 하며, 셋
은 마음이 솔직하고 기만을 떠났다. 넷은 부지런히 선근을 닦아 물러나지 않고, 다섯
은 자기가 발심한 것을 늘 잘 생각하며, 여섯은 재가든 출가든 범부를 가까이 하기를
좋아하지 않는다. 일곱은 선업을 닦으면서도 세간의 과보를 구하지 않고, 여덟은 이

승을 길이 떠나 보살도를 행한다. 아홉은 온갖 선을 닦아서 단절되지 않게 하고, 열은 스스로 상속하는 힘을 늘 잘 관찰한다. 보살이 만약 이 열 가지 법을 행하면 방일1)하지 않는데 머문다고 한다.

또 열 가지 법이 있어 보살들로 하여금 행이 청정케 한다. 하나는 재물을 다 희사하여 중생들의 뜻을 충족시키고, 둘은 계를 청정하게 지녀 손상시키지 않으며, 셋은 부드럽고 온순하게 인욕하여 다함이 없다. 넷은 부지런히 온갖 행을 닦아 길이 물러나지 않고, 다섯은 바른 기억으로 마음이 미혹하여 혼란치 않으며, 여섯은 무한한 법을 분별하여 안다. 일곱은 온갖 행을 닦되 집착이 없고, 여덟은 마음이 흔들리지 않음이 큰 산과 같다. 아홉은 중생들을 널리 건지기를 다리와 같이하고, 열은 중생이 부처님과 동일한 실체요, 본성임을 아는 것이다.”

불자여, 보살이 이러한 원을 만족할 때에 곧 열 가지 무진장을 얻는다. 이른바 모든 부처님을 널리 친견하는[普見諸佛] 무진장과, 다 지녀 잊지 않는[總持不忘] 무진장과, 온갖 법을 밝게 깨닫는[決了諸法] 무진장이다. 대비로 건지는[大悲救護] 무진장과 갖가지 삼매[種種三昧] 무진장과, 중생심을 만족시키는 광대한 복덕[滿衆生心廣大福德] 무진장이다. 모든 법을 연설하는 심원한 지혜[演一切法甚深智慧] 무진장과 신통의 과보로 얻는[報得神通] 무진장과, 무한한 겁에 머무는[住無量劫] 무진장과, 끝없는 세계에 들어가는[入無邊世界] 무진장이다.

---

1) 마음이 산만하고 선행에 전심하지 않는 것이다.

제4회 야마천궁설(夜摩天宮說) : 3권 4품

(三賢中 中賢 十行)

【經文】爾時世尊 不離一切 菩提樹下 及須彌山頂 而向於彼夜摩天宮 寶莊嚴殿.

그 때 세존께서는 모든 보리수 아래와 수미산 정상을 떠나지 않고 야마천궁의 보배로 장엄한 궁전으로 향하셨다.

Ⅱ. 인행을 닦아 불과를 맺는 이해를 내는 부분 ― 해
· 제2주 차별인과
· 법 사 : 공덕림 보살
· 법 문 : 십행
· 삼 매 : 보살의 선사유삼매
· 광 명 : 발 방광 (발은 행에 의지하는 때문이다.)

1. 야마천궁회의 연유
   (1) 교화주께서 중생에게 순응해 주신다.
      승야마천궁품 제19
   (2) 교화를 돕고 부처님을 찬탄한다.
      야마궁중게찬품 제20
2. 야마천궁회의 정종(십행 지위의 개별적 행에 의하거나 지위의 행을 이룸을 밝힌다.)
   십행품 제21
3. 전도〔십회향〕의 지위를 향하는 부분
   (행을 깨끗이 다스리거나 혹은 처음과 끝에 통하는 행이다.)
   십무진장품 제22

Ⅰ. 야마천궁회의 이름 풀이

【청량소】 夜摩此云時分. 卽空居之首. 表十行涉有化物 宜適其時. 時而後言 聞者悅伏. 時而後動 見者敬從. 涉有依空. 卽事入玄. 託此而說. 約人名功德林. 約法名十行會. 並如後釋. 三皆依主.

청 '야마'는 이쪽 말로 '시분(時分)'이니 공중에 있는 제일 처음이다. 십행이 사람들의 여러 존재방식에 응하여〔涉有〕 대중을 교화함에 의당 그 때에 맞춤을 나타낸다. 때때로 말한 뒤는 듣는 자들이 기쁜 마음으로 복종하고, 때때로 움직인 뒤에는 보는 자들이 공경히 따른다. 사람들의 여러 존재방식에 응하여 공을 의지함에 현상에 걸맞게 오묘한 데 들어가니, 이에 의탁해 설한 것이다. 사람에 의하면 '공덕림회'라 하고, 법에 의하면 '십행회'라 할 것인데 다 뒤의 해석과 같으니 셋 다 의주석이다.

【탐현기】 約處名夜摩天會. 約法名十行會. 準釋可知.

탐 장소에 의해 '야마천회'라 이름 했는데 법에 의하면 '십행회'라 할 것이니, 풀이에 준하면 알 수 있다.

Ⅱ. 야마천궁회를 설하는 까닭

【청량소】 自下第四 中賢十行會. 初來意[1]者. 酬前十行問故. 匪知之艱 行之惟艱. 前解此行. 若膏明相類 目足更資. 故次來也.

청 이 다음 제4〔야마천궁〕는 중현 십행회인데 처음 설하는 까닭은 앞의 십행의 물음에 답하기 때문이다. 알기가 어려운 것이 아니라 오직 행하기가 어려운 것이니, 앞의 이해와 지금의 행이 기름과 횃불이 서로 의지하며 눈과 발이 서로 돕는 것과 같기 때문에 이어졌다.

【주】────────────────

    1. 초래의(初來意) : 청량소는 래의(來意)가 석명(釋名)보다 먼저인데 본서에서는 두 번째로 했다.

【탐현기】 謂依解起行故. 答前十行問故. 是故來也.

탐 이해에 의지해 행을 일으키기 때문이요, 앞의 십행의 물음에 답하기 때문에 이어진 것이다.

Ⅲ. 야마천궁회의 주제와 취지

【청량소】 會品之宗 並如名說. 意趣可知.

청 〔야마천궁〕회와 〔승야마천궁〕품의 주제는 함께 이름 설명과 같고, 취지는 알 것이다.

【탐현기】 約人化主及助化. 約法敎事及義理. 皆各體相用 相融無礙. 準前知之. 但
就行爲異.

⑪ 사람에 의하면 교화주와 교화의 보조가 있으며, 법에 의하면 교사(敎事)와 의
리(義理)가 각기 모두 본체·형상·작용에 걸림 없이 서로 원융한데, 앞〔제2 보광
법당회의 주제〕에 준하면 알 수 있으나 다만 행에 나아가면 다르다.

제19. 승야마천궁품(升夜摩天宮品)

구역 : 제15. 불승야마천궁자재품(佛昇夜摩天宮自在品)

Ⅰ. 승야마천궁품의 이름 풀이

【청량소】大同於會. 然梵本中 上無升字. 下有神變. 譯者以升爲神變. 升爲神變. 略有四義. 一不離前三 而升此故. 二升一處 卽升一切處故. 三升以廣其處故. 四前後同時 無障礙故. 謂佛以圓徧之身 不起而升時分天宮. 升屬如來 夜摩約處 相違釋也. 前升須彌 後升兜率 準此可知.

청 〔야마천궁〕회와 크게 같은데 범본에는 위에 '승'자가 없고 아래에 '신변'이 있으니 번역자가 '승'으로써 '신변'을 삼은 것이다. 승으로 신변을 삼은 데는 간략히 네 뜻이 있다.

1. 앞의〔菩提場·普光明殿·須彌山頂〕세 곳을 떠나지 않고 이 〔야마천궁〕에 오른 때문이다.

2. 한 곳에 오르는 것이 곧 모든 곳에 오르는 것이다.

3. 오름〔升〕으로써 그 〔法會〕장소를 넓힌 때문이다.

4. 전후가 동시요, 장애가 없으니 부처님은 원만히 두루한 몸으로써 일어나지 않

고 시분천궁에 오르셨다. '승'은 여래에 속한 것이요, '야마'는 장소에 의한 것이
니 상위석이다. 앞서 '승수미산정'과 뒤의 '승도솔천궁'도 이에 준하면 알 것이다.

【통현론】 何故名夜摩天宮. 明以處表法. 此天名爲時分天. 爲此天無日月晦明 以蓮
華開爲晝 合爲夜故. 名時分天故. 爲表十行法門 知時而應物化 不可不知時故. 故以時
分天. 以表知根而對行 不可一向爲也. 知是人天種 二乘三乘一乘種. 知可以何善根 而
接引之故. 以時分天 以表所行之行 須以知時故. 須彌山以表十住之法門. 明以從信昇
進 離凡夫地故. 又表十住之位 初登法頂 至相盡處故. 又表須彌 處大海中. 高八萬四千
由旬. 非手足所攀緣 而昇上故. 明初十住之位 非以有心思求 觀行攀緣所及. 以無思不
爲. 蕩然智應 萬法無依. 方可昇也. 此十行位 處夜摩之中. 明依空而住 不與人連. 十
行亦然. 依法空而行行 知時而益俗也. 故處此天 而表之也.

통 무엇 때문에 '야마천궁'이라 하는가. 장소로써 법을 밝히니 이 하늘을 '시분천'이
라 함은, 〔이 하늘에는〕 해와 달의 밝고 어두움이 없이 연꽃이 피면 낮으로 삼고,
다물면 밤으로 하기 때문에 〔시분천이라〕 이름한 것이다. 십행 법문에서는 때를 알고
대중에 응하는데 불가불 때를 알아야 함을 나타냈다. 그러므로 시분천으로써 근기를
알고 행을 대치(對治)함에 한결같이 하지 못함을 드러낸 것이다. 인천과 이승·삼
승·일승의 종류를 알아서 어떤 선근으로써 인도해야 하는가를 인지하기 때문에 시
분천으로써 행해지는 행에는 마땅히 때를 앎을 나타냈다.

수미산으로써 십주의 법문을 표함은 십신으로부터 승진하여 범부지를 떠남을 밝
힌 것이다. 또 십주의 지위에서 처음 법의 정상에 올라 형상이 다한 곳에 도달함을
표한 것이요, 또 수미가 큰 바다에 있으면서 높이가 84,000유순임은 수족으로 등반
할 곳이 아님을 나타낸 것이다. 처음 십주의 지위가 망념의 생각으로 구하거나 관행
으로써 반연해 미칠 것이 아니라 사려와 작위도 없이 마음에 거리낌없이 지혜로 만법
에 응함에 의지함이 없어야 비로소 오름을 밝혔다. 이 십행 지위에서 야마천에 처함
은 허공에 의지해 머물러 인간과는 연계되지 않음을 밝힐 뿐이다. 십행 또한 법공에
의지해 행을 행하며 때를 알아 세속을 유익하게 하기에 이 하늘에 머무심을 나타냈다.

【통현론 2】 於兜率天 說十廻向. 爲明其處 居欲界天之處中. 又明此天 樂知足也. 以表十廻向 以廻正智 處俗利生 處大悲門 饒益一切諸境界 無所貪求故. 處此天 以爲 所表. 昇他化天 說十地法門者. 超過化樂 明至欲界際. 表十地自在 超昇化樂 至欲界之 頂 化心魔王 至欲盡際故. 昇第三禪 說佛華法門 明普賢行滿. 表以行法悅 悅無盡衆生 故. 又彰第四禪 是佛位故. 此約進修 昇降表法. 且如是安立. 然其理智 一一徧周 無去 來也. 以此皆云 不離菩提道場 普光明殿 而昇忉利 夜摩兜率等. 如第三禪 超初禪二禪 者. 明位倍倍勝故. 此一會 未有來文. 是瓔珞本業經[1]. 如來領聲聞菩薩衆. 向菩提樹 下. 說往昔於此菩提樹下 初成正覺時 說法界經. 一一排次 至第三禪故. 是故於此夜摩 天 以表十行.

通 도솔천에서 십회향을 설함은 그 처소가 욕계천의 가운데 있음을 명시한 것이요, 또 이 하늘이 지족을 즐김을 밝힌 것이다. 십회향으로써 바른 지혜를 되돌려서 세속에 머물러 중생을 유익하게 하기 때문에 대비문에 처해 모두를 이롭게 하되 온갖 경계에 탐구함이 없음을 나타내기 때문에 이 하늘에 처함을 나타냈다.

'타화천에 올라서 십지 법문을 설함'은 화락천을 건너뛰어 육욕천의 끝에 도달함을 밝힌 것이니 십지에서 자재하게 화락천을 뛰어넘어 욕계의 정상에 도달하고는 번뇌마를 교화하여 욕망이 다한 곳에 도달함을 나타냈다.

〔색계천〕 제3 선에 올라서 불화(佛華) 법문을 설함은, 원만한 보현행을 밝히고 행의 법열로써 다함없는 중생을 기쁘게 함을 표한 것이요, 또 제4 선은 바로 부처님 지위임을 드러냈다. 이는 수행 진전의 오르고 내림에 의해 법을 나타낸 때문에 또한 이같이 안립한 것인데 그 이지(理智)는 일일이 두루하여 오고감이 없으니 이로써 다 "보리도량과 보광명전을 떠나지 않고 도리천과 야마천·도솔천 등에 오른다"고 말한 것이다. 제3 선이 초선과 2선을 초과함은 지위가 곱 배로 수승함을 밝힌 것이다. 이 일회는 경문이 없으나 보살영락본업경〔상권〕에, 여래께서 성문과 보살 대중을 거느리고 보리수 아래를 향하여, "내가 먼저 이 보리수 아래서 처음 정각을 이루었을 때에 법계의 바다〔法界經〕를 설하는데……"라고 하였으니 일일이 순서를 배열하여 제3 선에 이른 것이다. 이 때문에 이 야마천에서 십행을 나타냈다.

1. 영락본업경(瓔珞本業經) : "불자여, 내가 먼저 이 보리수 아래서 법계의 바다〔法
界經〕를 설할 때 팔만의 무구 보살이 현신에 부처를 이루었다. 이제 대중을 위해
간략히 불과의 행처를 펴리니, 그대들은 마땅히 들을지니라."(佛子 吾先在此樹下
說法界海時. 有八万無垢菩薩 現身得佛故. 今爲此大衆 略開佛果行處. 汝應頂受.)
〈보살영락본업경(菩薩瓔珞本業經) 상권, ㊐ 24권 1015下〉

【수현기】佛者化主 昇者上進 夜摩者時天 亦云戲樂. 天者明故. 自在者遊空無礙也.
約行准之可知. 卽答上十行問.

㊟ '불'은 교화주요, '승'은 위로 나아가는 것이고, '야마'는 '시천' 또는 '즐김〔戲樂〕'
이며, '천'은 밝은 것이고, '자재'는 걸림 없이 허공에 노니는 것이다. 행에 의해 준하
면 알 수 있으니, 위〔여래명호품〕십행의 물음에 답이다.

【탐현기】佛是化主. 依體起用. 赴機云昇. 應感何處. 所謂夜摩. 夜摩者若具云蘇夜
摩. 蘇者此云善也. 夜摩此云時也. 謂此天無日月 可知時節. 故大集經[1]云 觀赤蓮華開
是晝 靑蓮華開是夜. 俱舍論[2]翻 名唱樂天. 亦名多戲樂天. 天者是淨義光明義. 此天著
樂 全不念善. 賴有孔雀王菩薩. 及彼天主 名牟修樓陀天王. 每以開導. 或實天失件. 悲
泣告王. 或化天墮水. 怖令生厭故也. 問前後俱是不離而昇. 應齊名自在. 何故此會 獨
標自在. 答不動昇遊. 此空居天 過前地居[3] 故稱自在. 創越地居 不同兜率 故獨標名.
又約行入玄 過前解故. 以自在表之. 又以解行相接故. 次忉利而至夜摩. 俱是內凡 不
同前信. 以感果在此 表行離相. 故届此空天.

㊌ '불'은 교화주이시니 본체에 의지하여 작용을 일으키고, 중생계에 들어가기에
'승'이라 한 것이다. 감응하는 곳이 어딘가 하면 '야마'이다. '야마'는 혹 갖추면 '소야
마'라고 하는데, '소'는 이쪽 말로 좋다는 뜻이고 '야마'는 때라고 하니, 이 하늘에서는
시절을 알 수 있는 해와 달이 없기 때문이다. 그러므로 대방등대집경 제4권〔陀羅尼
自在王菩薩品〕에서, "〔淨光明佛土는〕붉은 연꽃이 피면 낮이고, 푸른 연꽃이 필 때는

밤으로 봤다"고 하였다. 아비달마구사석론(阿毘達磨俱舍釋論) 〔제6권〕에서는 번역하여 '창락천', 또는 '다희락천'이라고 했는데 '천'은 '청정'의 뜻이고, '광명'의 뜻이다. 이 하늘에서는 즐거움에 집착하여 선을 전혀 생각하지 않으니 공작왕 보살과 저 모수루타천왕이란 천주가 매양 〔중생을〕 개도하도록 하였다. 혹 실재 천인들이 동반자를 잃고 슬피 울면서 〔야마천〕왕에게 아뢰기도 하였고, 혹은 화현한 천인이 물에 떨어져서 두려워 싫어하게도 하였다.

　문 : 앞 뒤 〔제3 도리천회와 제5 도솔천회〕에서 모두 '떠나지 않고 오른다'고 하였기에, 마땅히 똑같이 '자재'라고 할 것인데, 무엇 때문에 이 〔야마천〕회에서만 유독 자재라고 나타냈는가?

　답 : 움직이지 않고 승천하여 거닐기 때문이다. 이 공중에 있는 하늘은 앞서의 땅에 있는 〔하늘〕보다 뛰어나기에 '자재'라고 했으며, 처음 땅에 있던 것을 초월하여 도솔천과 같지 않기에 홀로 이름을 표한 것이다. 또 행에 의하여 진리에 들어감이 앞의 이해를 초과하기에 '자재'로써 나타낸 것이며, 또 이해와 행이 서로 연결되고 있기 때문이다. 도리천 다음으로 야마천에 도달하기까지 다 안으로 평범하며, 앞의 믿음과 같지 않다. 불과에 감응하여 여기 있어도 행이 형상을 떠남을 나타내기에 이 공거천에 다다른 것이다.

【주】 ────────────

　1. 대집경(大集經) : "그 불국토에는 해와 달이 없고 오직 불광이 있을 뿐이어서 푸른 연꽃이 피면 밤인 줄 알고 붉은 연꽃이 피면 낮인 줄 알았다"고 하였다. (土無日月 唯有佛光. 靑蓮花開 則知是夜. 赤蓮花敷 則知是晝.) 〈대방등대집경(大方等大集經) 4권 다라니자재왕보살품(陀羅尼自在王菩薩品), ⑨13권 25 中〉

　2. 구사론(俱舍論) : 육천은 첫째는 사천왕천, 둘째는 삼십삼천, 셋째는 창락천, 넷째는 선지족천, 다섯째는 화락천, 여섯째는 타화자재천인데 이는 욕계 및 기세계이다. (六天者 一四天王天 二三十三天 三唱樂天 四善知足天 五化樂天 六他化自在天 是名欲界 及器世界) 〈아비달마구사석론(阿毘達磨俱舍釋論) 6권 분별세간품(分別世間品) ⑨29권 198 上〉

　3. 지거(地居) : 욕계 육천 중 수미산에 있는 사왕천과 도리천을 말한다.

Ⅱ. 승야마천궁품을 설하는 까닭

【청량소】 此會四品分三. 初二品 當會由致. 次一品當會正宗. 後一品勝進趣後. 於由致中 此品先明感應道交. 後品明讚德顯體. 前會已終. 將陳後說. 故次來也.

△ 이 회의 네 품을 셋으로 나누면 처음〔승야마천궁·야마궁중게찬〕두 품은 당〔야마천궁〕회의 유치요, 다음〔십행〕한 품은 해당 회의 정종이며, 뒤의 한〔십무진장〕품은 전도를 향한 승진이다. 유치에서 이 품은 먼저 감응도교(感應道交)를 밝히고, 뒤〔야마궁중게찬〕품은 덕을 찬탄하여 본체를 드러내어 밝히니, 앞의〔도리천궁〕회는 이미 마쳤고 장차 뒤의 설을 펴고자 하기 때문에 이어진 것이다.

【통현론】 前明十住昇進 以昇須彌之頂. 此明十行之昇進 以至夜摩. 以次此品 須來.

△ 앞은 십주의 승진으로써 수미산 정상에 오름을 밝혔고, 이는 십행의 승진으로써 야마천에 도달함을 밝히기에 마땅히 이어진 것이다.

【수현기】 依解起行也. 如第三會說准之.

△ 이해에 의해서 행을 일으키기 때문인데 제3회의 설과 같으니, 준할 것이다.

【탐현기】 謂明法是前會住極. 昇天是此會由致. 隣接次第. 是故須來. 又明法解深起用入行. 是故昇天. 故須來也. 此約法辨.

△ '명법품'은 앞〔도리천〕회 십주의 절정이었고, '승야마천궁품'은 이 회의 유치로 순서대로 인접한 것이기에 마땅히 이어진 것이다. 또 명법품의 이해가 깊어져, 작용을 일으켜 행에 들어가기 때문에 승야마천궁품이 마땅히 왔는데 이는 법에 의해서 드러낸 것이다.

Ⅲ. 승야마천궁품의 주제와 취지

【청량소】 會品之宗　並如名說. 意趣可知.

[청] 〔야마천궁〕회와 〔승야마천궁〕품의 주제는 다 이름 설명과 같고 취지도 알 것이다.

【수현기】 有二. 約人約法同上. 准思之可知也. 此品宗爲明處　及興供養.

[수] 두 가지가 있는데 사람에 의하고 법에 의하면 위와 같으니, 준해 생각하면 알 수 있다. 이 품의 주제는 장소와 공양을 일으킴을 밝히는 것이다.

【탐현기】 嚴處請佛如來赴感. 是此所明.

[탐] 장소를 장엄하고 부처님의 감응이 이르시길 청하니, 여기서 밝히는 것이다.

Ⅳ. 승야마천궁품의 간추린 경문

그 때 부처님께서는 모든 보리수 아래와 수미산 정상을 떠나지 않고 야마천궁의 보배로 장엄한 궁전을 향하셨다. 야마천왕은 멀리서 부처님께서 오심을 보고 곧 신력으로써 그 전각 안에 '보배 연꽃 창고 사자좌'를 변화하여 만들되 숱한 장엄을 다하여 모셨다. 부처님께서 청을 받으시고 보배 궁전에 오르시니, 온갖 시방에서도 마찬가지였다.

이 세계의 야마천왕이 부처님의 신력을 받아 옛날의 모든 부처님 공덕을 생각하며 찬탄함과 같이 시방 세계의 야마천왕들도 다 마찬가지다.

그 때 세존께서 마니로 장엄한 궁전에 드시어 보배 연화장사자좌에서 결가부좌하시니, 그 전각이 홀연히 넓어져서 하늘 대중이 머무는 곳과 같았으며 시방 세계도 마찬가지였다.

제20. 야마궁중게찬품(夜摩宮中偈讚品)

구역 : 제16. 야마천궁보살설게품(夜摩天宮菩薩說偈品)

Ⅰ. 야마궁중게찬품의 이름 풀이　　Ⅱ. 야마궁중게찬품을 설하는 까닭
　　【청량소】【통현론】　　　　　　　【청량소】【통현론】
　　【수현기】【탐현기】　　　　　　　【수현기】【탐현기】
Ⅲ. 야마궁중게찬품의 주제와 취지　Ⅳ. 야마궁중게찬품의 간추린 경문
　　【청량소】
　　【수현기】【탐현기】

Ⅰ. 야마궁중게찬품의 이름 풀이

【청량소】 釋名. 亦不異前. 約處約行 少有別耳.

청 석명 또한 앞과 다르지 않되, 장소와 행에 의해 조금 차별이 있다.

【통현론】 明昇夜摩天宮 以說十行之法. 此品以功德林等 十菩薩衆 各各以當位之行 以偈都讚 當位之法故. 名偈讚品.

통 야마천궁에 올라서 십행의 법을 설하여 밝히는데 이 품은 공덕림 등의 열 보살 대중이 각기 해당 지위 행의 게송으로써 해당 지위의 법을 전부 찬탄하기 때문에 '게찬품'이라 이름한 것이다.

【수현기】 自體妙因. 行集文班. 敎則顯彰. 故云菩薩說偈也. 餘義可知.

[수] 자체의 묘한 인은 행이 모인 경문을 펼치고, 가르칠 때 드러나기에 '보살설게'라고 한 것이다. 나머지 뜻도 알 수 있다.

【탐현기】 自體妙因. 行集文斑. 敎則顯彰. 故云菩薩說偈. 餘義幷來意及宗. 並同前釋.

[탐] 자체의 묘한 인은 행이 모인 경문을 펼치고, 가르칠 때 드러나기 때문에 '보살설게'라고 한 것이다. 나머지 뜻과 이어진 뜻 및 주제는 다 앞의 풀이와 같다.

Ⅱ. 야마궁중게찬품을 설하는 까닭

【청량소】 助化讚揚故. 說行體性故. 行所依故. 然三天偈讚[1] 來意宗趣 大旨是同. 但解行願[2]以爲異耳.

[청] 교화를 보조하고 찬양하기 때문이고, 행의 체성을 설하기 때문이며, 행의 의지가 되는 연고다. 이러한 세 하늘에서 게송 찬탄의 설하는 까닭과 주제와 취지의 대강 요지는 같되 다만 이해와 행과 원이 다르다.

【주】 ————————————

1. 삼천게찬(三天偈讚) : 승수미산정게찬품·야마천궁게찬품·도솔천궁게찬품을 말한다.
2. 해행원(解行願) : 승수미산정게찬품은 해(解)요, 야마천궁게찬품은 행(行)이며, 도솔천궁게찬품은 원(願)을 설한다.

【통현론】 明欲說十行之法 先須偈都讚十行之中 因果法門故. 此品須來. 若不先擧所行之因果. 十行有何依成.

⟨통⟩ 십행 법을 설하고자 함에, 먼저 마땅히 게송으로 십행 중의 인과법문을 전부 찬탄함을 밝히기 때문에 이 품이 마땅히 이어진 것이다. 만약 행해지는 인과를 먼저 듣지 않으면 십행이 무엇에 의해 이루어지겠는가?

【수현기】來意及宗 倂同上准也. 又問若義次第相生. 意同但所顯別者. 何故名目 不與上同. 答此但欲交絡 顯義意故爾也. 但增勝及託法 爲異者可知.

⟨수⟩ 설하는 까닭과 주제는 모두 위와 같이 준한다.
　문 : 또 묻기를 만약 뜻의 순서대로 상생하면 의미는 같은데 다만 나타난 것이
　　　다르니 무엇 때문에 명목이 위와 같지 않은가?
　답 : 이는 다만 서로 교차하여 의의를 나타내고자 하기 때문에 그렇다. 다만 더
　　　늘어나거나 법에 의탁함이 다름을 알 수 있다.

【탐현기】來意並同前釋.

⟨탐⟩ 설하는 까닭은 다 앞의 풀이와 같다.

Ⅲ. 야마궁중게찬품의 주제와 취지

【청량소】宗趣. 亦不異前. 約處約行 少有別耳.

⟨청⟩ 주제와 취지 또한 앞과 다르지 않되, 장소와 행에 의해서 조금 차별이 있다.

【수현기】宗同上准也.

⟨수⟩ 주제는 위에서 준한 것과 동일하다.

【탐현기】宗同前釋.

⊞ 주제는 앞의 풀이와 같다.

Ⅳ. 야마궁중게찬품의 간추린 경문

부처님의 신력으로 시방에 각기 대 보살들이 계셨는데 공덕림과 혜림 등의 보살들이고 그들이 떠나 온 국토는 친혜와 당혜 세계 등이었다. 또한 각기 부처님 처소에서 범행을 청정하게 닦았으니, 상주안 · 무승안 등의 부처님이다.

여러 보살들은 부처님께 이르러 절하고, 떠나 온 곳을 따라 제각기 '마니를 갈무리한 사자좌'를 변화로 만들고 그 위에서 결가부좌하였다. 이 세계의 야마천에 보살들이 모임과 같이, 모든 세계에서도 다 마찬가지다. 그 보살들의 세계와 부처님의 명호도 다 같아서 구별이 없었다.

그 때 세존께서 두 발등으로 백 천 억 아름다운 광명을 놓아 시방 세계를 두루 비추시니, 야마천궁의 부처님과 대중들이 모두 나타나지 않음이 없었다.

공덕림과 혜림 등의 보살들이 각기 부처님의 신력을 받아 시방을 두루 관찰하고 게송을 설하여 말씀하셨다.

온갖 법이 온 곳도 없고
지은이도 없으며
어디로부터 난 곳도 없으니
분별할 수 없네.

무한하고 무수한 겁 동안
법은 아주 만나기 어려우니
만약 누군가 듣는다면

마땅히 본래의 원력인 줄 알라.

산수법
하나씩 더하여 무한하니
셈하는 법이 자기 성품이 없거늘
지혜로 차별을 내네.

세간은 스스로 짓는 것도
남이 짓는 것도 아니되
이루어짐이 있음에
또한 다시 무너짐도 있네.

마음은 화가와 같아
능히 온갖 세간 그리니
오온이 이로부터 생겨
짓지 못하는 법 없네.

마음이 몸에 있지 않으며
몸 또한 마음에 있지 않되
능히 불사를 지으니
자재함이 일찍이 없던 일이네.

만일 누군가
삼세의 부처님을 알고자 하면
마땅히 법계의 성품
모두가 마음으로 지은 것임을 관할 것이다.

말하지 않을 것을 말하면
이는 스스로 속임이니
자기 일을 이루지 못하고
남을 기쁘게 할 수 없네.

제21. 십행품(十行品)

구역 : 제17. 공덕화취보살십행품(功德華聚菩薩十行品)

Ⅰ. 십행품의 이름 풀이

【청량소】隨緣順理 造修名行. 數越塵沙 寄圓辨十. 仁王名爲十止.[1] 就三學中 定心增故. 梵網名爲長養.[2] 長道五根故. 若具梵本 應云功德華聚菩薩說十行品. 則兼能說人. 今文略耳.

🈐 연에 따르고 순리대로 닦아 나아감을 '행'이라 하고, 수가 먼지와 모래알보다 많으나 원수(圓數)에 기탁하여 '십' 종으로 말했다. 불설인왕반야바라밀경에서는 '십지(十止)'라 이름하니 삼학에 나아가 정심(定心)이 더한 연고요, 범망경에서는 '장양'이라 이름하니 오근을 자라게 하기 때문이다. 혹 범본에서 갖추자면, '공덕화취보살설십행품'이라 하여 설법자를 겸했는데 지금의 글에서는 생략했다.

【주】━━━━━━━━━━

1. 십지(十止) : "복인의 성태(伏忍聖胎) 30인은 십신(十信)·십지(十止)·십견심(十堅心)이다. 삼세 모든 부처님께서 그 가운데서 행하시니 이 복인에서 생기지

않음이 없다." (伏忍聖胎三十人 十信十止十堅心 三世諸佛於中行 無不由此伏忍
生)〈불설인왕반야바라밀경(佛說仁王般若波羅密經) 上卷, ㉐ 8권 827 中〉(㉕ 31
권 1) 복인 - 법수의 오인(五忍) 참조, 성태(聖胎) - 성인이 될 인(因)을 말한다.
2. 장양(長養) : 삼현을 십발취(十發趣 : 십주)·십장양(十長養 : 십행)·십금강
(十金剛 : 십회향)이라고 명명했다.〈㉕ 31권 1〉(梵網經盧舍那佛說菩薩心地戒
品 제10, ㉐ 24권 997 下)

【통현론】 此品正說十種行門. 名爲十行品.

⬚통 이 품에서 정식으로 열 가지 행(行)의 부문을 설하기에 '십행품'이라고 이름했다.

【수현기】 功德者行體. 華聚者喩名也. 歎行勝妙 能與果爲依 衆行集故也. 衆德聚集
能嚴無上菩提果. 是因故安菩薩也. 十行者數行之本相故. 文云[1]譬如數法十 增一至無
量 皆悉是本數. 智慧故差別. 從五義得名耳.

⬚수 '공덕'은 행의 본체이고, '화취'는 비유 명인데 행이 수승하고 묘하여 불과의 의
지가 되니 여러 인행이 모인 것을 찬탄하고, 온갖 덕이 모여서〔聚集〕위없는 보리의
불과를 장엄하니 인행이기 때문에 '보살'이라고 안립한 것이다. '십행'은 행의 본상(本
相)을 헤아리는데〔야마천궁보살설게품〕경문에서는, "비유하면 수법의 십인데, 하
나씩 늘어 한량없음에 이르기까지 다 기본수이니 지혜로 차별함과 같네"라고 하였다.
다섯 가지 뜻으로부터 이름을 얻었다.

【주】────────────

1. 문운(文云) : 정진림 보살의 게송이다. (譬如數法十 增一至無量 皆悉是本數 智慧
故差別)〈구역 제16 야마천궁보살설게품(夜摩天宮菩薩說偈品) ㉐ 9권 465 上〉
신역 → 제20 야마궁중게찬품의 간추린 경문 참조. (譬如算數法 增一至無量 數法
無體性 智慧故差別)〈제20 야마궁중게찬품(夜摩宮中偈讚品) ㉐ 10권 101 中〉

【탐현기】 十度利潤體名功德. 有莊感之功 如華結果. 衆行交飾如華聚. 又德是行體.

華是行用. 聚是行相. 菩薩是人. 有彼德者 則有財釋也. 此是功德林之異名. 如下金剛
幢廻向品相似. 十行是位法 則帶數立名. 菩薩之十行 亦依主受稱. 人法題章.

⏹ 십바라밀로 본체를 이윤케 하므로 '공덕'이라고 이름했다. 깨달아 장엄〔莊感〕하
는 '공'이 있음은 꽃〔華〕이 결실을 맺는 것과 같고, 온갖 행으로 장식함은 꽃다발〔華
聚〕과 같다. 또 '덕'은 행의 본체이고, '화(華)'는 행의 작용이며, '취(聚)'는 행의 형상
이요, '보살'은 사람이니 그런 덕이 있는 자로 유재석이다. 이〔공덕화취 보살〕는 공
덕림 보살의 이명이요, 다음의 '금강당회향품'과 서로 비슷하다. '십행'은 이 지위의
법이니 곧 대수석으로 이름한 것이고, '보살의 십행'도 또한 의주석으로 명칭을 받았
으니 사람과 법으로써 품의 제목을 삼은 것이다.

Ⅱ. 십행품을 설하는 까닭

【청량소】 有二. 一前序 此正故. 二前辨所依佛智 此辨能依之行 故次來也.

⏹ 둘이 있다.
1. 앞은 서분이요, 이는 정종분인 때문이다.
2. 앞엔 의지가 되는 부처님 지혜를 밝혔고, 이에서는 능동적으로 의지하는 행을
   말하기 때문에 이어진 것이다.

【통현론】 此夜摩天宮本意. 說十行品爲表. 此天蓮華 開爲晝合爲夜. 爲此天光 自相
照. 及無有日月. 但看蓮華開合 而辨晝夜. 名爲時分天. 夜摩者梵語也. 如此位菩薩 知
衆生心 欲開發時. 應時引接. 未應度者 與作得度因緣. 以此處而表之. 故於此處 說十
種行門. 前之兩品[1] 且明至此天處 而稱歎之. 此一品 正說十行門故. 是故此品須來. 明
前之十住 猶依須彌之頂. 此之十行 依空所行 表行無著也.

⑧ 이 야마천궁의 본뜻은 십행품을 설하여 나타내는 것이다. 〔이 하늘은〕연꽃이 벌어지는 것으로 낮을 삼고, 다무는 것으로 밤을 삼는다. 광명이 저절로 비추고 해와 달이 없으며, 다만 연꽃이 벌어지고 다무는 것을 보아서 낮과 밤을 판단하기에 '시분천'이라고도 하는데, '야마'는 범어이다. 이 지위의 보살이 중생심을 개발하고자 하는 때를 알아서 시기에 응해 끌어주고 마땅히 건지지 못할 자는 득도의 인연을 지어주는 것과 같아 처소로써 나타낸 것이다. 그러므로 이 곳에서 열 가지 행의 부문을 설했다. 앞의 두 품은 또 이 하늘에 이르러 칭탄함을 밝혔고, 이 한 품은 정식으로 십행문을 설하기 때문에 의당 이어진 것이다. 앞의 십주는 아직 수미산 정상에 의지했으나, 이 십행은 허공에 의지해 행해짐을 밝히니 행의 집착 없음을 드러내는 것이다.

【주】————————————

  1. 전지양품(前之兩品) : 승야마천궁품과 야마천궁게찬품을 이른다.

【수현기】前衆旣集. 次須彰說故 次來也.

㊼ 앞서 대중이 이미 모였고, 다음으로 마땅히 설을 드러내기 때문에 이어진 것이다.

【탐현기】前序分旣彰. 正宗宜顯故也. 又前衆旣集. 次正說授 故次來也.

㊿ 앞 〔승야마천궁품과 야마궁중게찬품〕서 서분은 이미 드러냈고, 정종분을 의당 나타내기 때문이다. 또 앞에서 대중이 이미 모였으면 다음으로 정식 설이 주어지기 때문에 이어진 것이다.

Ⅲ. 십행품의 주제와 취지

【청량소】宗趣可知.

[청] 주제와 취지는 알 것이다.

【수현기】 此品以所修行 體及位爲宗.

[수] 이 품은 수행의 본체와 지위로써 주제를 삼는다.

【탐현기】 宗趣者有三. 一明約三乘寄位法. 二明別行法. 三一乘普賢行位法. 初中諸
聖教 散說多門 統收有十. 一因果二度中 是因度位. 二七阿僧祇中 地前三內 第二精進
行僧祇[1]攝. 三地前四行中 成破虛空器三昧行.[2] 四法身四德[3]了因中 成樂德了因種. 五
地前方便四人[4]中 是第三十行人也. 此上並如梁攝論等說. 六六慧[5]中 是第二思慧位.
七六忍[6]中是法忍. 八六種性[7]中 是性種性攝. 此上並如本業經等說. 九三持中 是行方
便持攝. 如瑜伽地持說. 十地前除四部中 是第三伏除聲聞畏苦 使得銀輪王報 王三天下.[8]

[탐] 종취에 세 가지가 있는데 첫째는 삼승에 의해 지위에 기탁한 법을 밝히고, 둘째
는 개별적 행법을 밝히며, 셋째는 일승 보현행 지위의 법이다.

1. 첫째〔삼승에 의하여 지위에 기탁한 법을 밝힌 것〕 가운데 부처님 가르침은
   많은 부문으로 나누어 설해졌으나 전부 열 가지로 거둔다.

   (1) 인과의 두 바라밀 중에서는 인바라밀 지위이다.

   (2) 칠아승지에서는 초지 아래의 셋 중 둘째인 정진행 아승지에 거두어진다.

   (3) 초지 아래의 사행(四行) 중 파허공기삼매행(破虛空器三昧行)을 이룬다.

   (4) 법신 사덕(四德)의 요인(了因) 중에는 낙덕(樂德) 요인의 종자를 이룬다.

   (5) 초지 아래의 방편 사인(四人) 중에는 셋째 십행의 사람인데 이 지위는 모
       두 양역 섭대승론석 등의 설과 같다.

   (6) 육혜(六慧) 중에서는 두 번째 사혜(思慧) 지위이다.

   (7) 육인(六忍) 중에서는 법인이다.

   (8) 육종성(六種性) 중에서는 성종성에 거두어지는데 이 위는 모두 '본업경'
       등의 설과 같다.

(9) 삼지(三持) 중에서는 행방편지(行方便持)에 거두어지는데 유가사지론·
보살지지경의 설과 같다.

(10) 초지 아래의 네 가지 장애를 제거한 중에서 제3 성문의 두려워하는 장애를
제거해서 은륜왕의 과보를 얻게 하여 삼천하에 왕 노릇하게 한다.

【주】────────────────────

1. 제이정진행승지(第二精進行僧祇) : → 부록 법수 참조.
2. 파허공기삼매행(破虛空器三昧行) : "다시, 네 가지 원인이 있어 4종 장애를 제거
   하여 여래의 성품을 얻을 수 있으니, 이 이치를 알아야 한다. 네 가지 원인은,
   첫째는 대승을 쾌히 믿어야 하고, 둘째는 분별이 없는 반야이며, 셋째는 허공을
   깨는 삼매요, 넷째는 보살의 대비이다. 4종 장애 중 첫째는 〔一闡提가〕 대승을
   비방함, 둘째는 〔외도가〕 신견에 집착함, 셋째는 〔성문이〕 생사에 두려워함, 넷째
   는 〔연각이〕 이타를 즐겨 보지 않는 것이다." (復次有四種因. 能除四障. 得如來性
   義應知. 四因者. 一信樂大乘. 二無分別般若. 三破虛空三昧. 四菩薩大悲. 四障者.
   一憎背大乘. 二身見計執. 三怖畏生死. 四不樂觀利益他事. 初障闡提. 二障外道.
   三障聲聞. 四障獨覺. 由此四惑. 能令四人 不能得見自性 淸淨法身.)〈불성론(佛
   性論) 2권 명인품(明因品), ⓣ 31권 797 上〉㊍
3. 사덕(四德) : → 부록 법수 참조.
4. 사인(四人) : → 부록 법수 참조.
5. 육혜(六慧) : → 부록 법수 참조.
6. 육인(六忍) : → 부록 법수 참조.
7. 육종성(六種性) : → 부록 법수 참조.
8. 삼천하(三天下) : → 부록 법수 참조.

【탐현기 2】 第二明其別行者. 仁王經第二[1] 性種性位 有十心 謂觀身受心法 不淨苦
無常無我. 三善根則施慈慧. 三意止 謂過去因忍 現在因果忍 未來果忍. 已過我人知見
衆生等想 及外道倒想 所不能壞. 本業經亦同. 又行有二種. 一通謂信等十行.[2] 二別謂
此十度. 此中明別非通 別中復二. 一因二果. 此中明因波羅蜜也. 此並約三乘敎中 寄
法顯行. 第三就圓敎 明普賢行者. 則此十行中 具攝前後 諸位中行. 一切皆盡. 是故此
位滿際 則至究竟位. 如第十行滿[3]云 入因陀羅網法界 自在成就 如來無礙解脫 爲人中

雄 大師子吼 爲法輪王 轉無礙法輪等. 解云此是 究竟中菩薩 猶非是佛. 以果分當不可說故.

[탐] 2. 그 개별적 행을 밝힘은 인왕호국반야바라밀다경 상권에, "성종성(性種性) 보살[位]이 [열 가지 바라밀을 닦아] 십 대치[十心]가 있는데, 신(身)·수(受)·심(心)·법(法)이 부정하고 괴로우며 무상하고 무아라고 관찰한다. 그리고 [貪·瞋·痴 삼 종의 선하지 못한 것을 다스리고] 세 가지 선근인 보시·자비·지혜를 일으켜서 삼세[三意止]의 과거 인행을 인지함·현재 인행과 불과를 인지함·미래 불과를 인지함 등을 관찰한다. 이로 인해 [이 지위의 보살은 널리 중생을 이롭게 해] 이미 나와 남·중생이란 견해와 외도의 뒤바뀐 생각을 초과하여 무너뜨릴 수 없다"고 하였다. 보살영락본업경 [상권]도 또한 같다.

또 행에는 두 가지가 있다.

(1) 믿음 등의 십행으로 통한다.

(2) 이 십바라밀로 별도인데, 여기서는 별도이지 통하는 것은 아니니 별도에 다시 둘이 있다.

1) 인 2) 과

여기서는 인(因) 바라밀을 밝힌다. 이는 모두 삼승교 가운데 법에 기탁하여 행을 나타냄에 의한 것이다.

3. [일승의 보현행 지위에 맞는 행법을 밝힌다.]

원교에 나아가 보현행을 밝히니, 이 십행에서 전후 모든 지위의 행을 거두어 온갖 것을 다 갖추기 때문이다. 그러므로 이 지위가 만위 때는 구경위에 도달하게 된다. 마치 제 십행 만위 [제10 진실행]에, "[보살은] 인다라망의 법계에 들어가, 여래의 걸림 없는 해탈을 자재하게 이루고, 사람 가운데 대장부로 크게 사자후하는 법륜왕이 되어 걸림 없는 법륜을 굴린다"는 등의 설과 같다. 풀이하면 이는 구경의 보살이지 부처님은 아니니, 불과의 분제는 말로 할 수 없기 때문이다.

【주】 ─────────────────────

1. 인왕경제이(仁王經第二) : 실제로는 상권에 나온다. 〈仁王護國般若波羅密多經
   上卷, ㊛ 8권 836 中〉
2. 신등십행(信等十行) : → 부록 법수 십행 참조.
3. 제십행만(第十行滿) : → 신역 제21 십행품의 간추린 경문 참조. 〈화엄경 제17
   공덕화취보살십행품(功德華聚菩薩十行品) 중 제10 진실행(眞實行), ㊛ 9권
   472 上〉

Ⅳ. 십행품의 간추린 경문

공덕림 보살이 부처님의 신력을 받아 '보살의 잘 생각하는 삼매'에 들자, 시방 세계
밖에서 동명의 공덕림 부처님들께서 앞에 나타나 말씀하셨다.

"훌륭하구나. 불자여, 능히 '잘 생각하는 삼매'에 들었도다. 선남자여, 이는 시방의
수많은 동명의 부처님들께서 함께 가피하심이다. 또 비로자나불의 옛날 서원력1)과
보살들의 선근력으로써 그대가 이 삼매에 들어 설법케 하려는 것이다. 마땅히 부처님
의 신력을 받아 이 법을 연설하라."

그 때 여러 부처님께서 각각 오른손을 내밀어 공덕림 보살의 머리 위를 만지자
공덕림 보살이 삼매로부터 나와 말하였다.

"보살의 열 가지 행은 삼세 부처님의 말씀이시다. 첫째는 기뻐하는 행이요, 둘째는
유익한 행이며, 셋째는 어기지 않는 행이다. 넷째는 굽히지 않는 행이요, 다섯째는
어리석음과 산란을 떠나는 행이며, 여섯째는 잘 나타나는 행이다. 일곱째는 집착없
는 행이요, 여덟째는 얻기 어려운 행이다. 아홉째는 법을 잘 말하는 행이고, 열째는
진실한 행이다."

────────────────────

1) 부처님의 뛰어난 공덕은 과거 보살 인행시의 서원의 힘에 의한다.

◇ **제1 기뻐하는 행〔歡喜行〕 : 보시바라밀을 닦다**

"이 보살은 대 시주2)가 되어 소유물을 다 보시하는데, 마음이 평등하여 후회하거나 아낌이 없다. 과보를 바라지 않고, 명예를 구하지 않으며, 이익을 탐내지도 않는다.

보살이 이 행을 닦을 때는 중생들을 기쁘고 즐겁게 하려 한다. 어디든 빈곤한 곳이 있으면 원력으로써 거기에 태어나되 부유하여 재물이 한정 없다. 시시각각 무한하고 무수한 중생들이 보살에게 와서 말하되 '선하신 이여, 저희가 매우 빈곤하여 끼니를 이을 수 없고 가난에 굶주려 명을 보전할 수 없습니다. 부디 저희에게 육신을 보시하여 목숨을 잇게 하소서'라고 한다면, 보살이 바로 보시하여 쾌히 만족케 한다. 이같이 무한한 중생이 와서 구걸하더라도 보살은 피하지 않고 다만 자비심을 키운다. 그래서 중생들이 모두 와서 구걸함을 보고는 배나 기뻐하여 이렇게 생각한다.

'좋은 이익을 얻었구나. 이 중생들은 복밭이고 선우3)이니, 청하지 않아도 와서 나를 불법에 들게 한다. 내가 지금 마땅히 이같이 닦아서 중생들의 마음을 어기지 않으리'라고 한다.

또 생각하기를 '원컨대 이미 지었거나 현재 짓거나 장차 지을 선근으로써, 미래 모든 세계의 중생 가운데서 아주 큰 몸을 받으리다. 그 육신으로써 주린 중생들의 배를 채우되, 한 조그만 중생이라도 배부르지 못하면 신명을 버리지 않을 것이다'고 한다.

그 때 보살은 삼세의 중생들이 받은 몸이 무너짐을 보고, 문득 생각하였다. '기이하다 중생이여, 어리석고 무지하여 생사에서 무수한 몸을 받았지만, 부서지기 쉬워 머물지 못하고 속히 없어진다. 이미 없어졌거나 지금 없어지거나 장차 없어질 것이되 능히 견고하지 못한 몸으로써 견고한 몸을 구하지 못하는구나. 내가 마땅히 부처님의 배우심을 다 배우고, 온갖 것을 아는 지혜를 깨쳐 모든 법을 알 것이로다. 그리고는 중생들을 위하여 삼세가 평등하고 수순하여 적정하며 무너지지 않는 법을 설하여, 길이 안락함을 얻게 하리라'고 한다. 이것이 보살의 첫째 기뻐하는 행이다."

---

2) 보시자, 베푸는 사람이다.
3) 바른 도리를 가르쳐 주는 사람으로 선지식, 또는 좋은 친구라고도 한다.

◇ **제2 유익한 행〔饒益行〕 : 지계바라밀을 닦다**

"이 보살은 청정한 계를 지녀서 색과 소리와 향기와 맛과 감촉에 대하여 집착하지 않고, 권력과 부귀영화를 구하지도 않는다. 다만 생각하기를 '청정한 계를 지켜 반드시 온갖 얽힘을 버리고 부처님께서 찬탄하시는 평등한 정법을 얻으리라'고 한다.

보살은 탐욕으로 인해서는 한 중생도 괴롭히지 않으니, 차라리 목숨을 버릴지언정 끝내 중생을 괴롭히는 일을 하지 않는다. 부처님을 친견한 뒤로 일찍이 한 생각도 탐욕을 내지 않았는데, 하물며 그렇게 하겠는가. 혹시도 그런 일은 있을 수 없다.

그 때 보살이 이러한 생각을 하되, '중생들이 오랜 기간 오욕락4)에 탐착하면서, 그 마음에 물들고 빠져서 헤매어 자재하지 못한다. 내 지금 마땅히 모든 중생을 위없는 계율에 머물게 하리다. 청정한 계에 머문 뒤에는 온갖 것을 아는 지혜로 최상의 깨달음을 얻게 하여 무여 열반에 들게 하리다. 왜냐하면 이는 마땅히 행할 일이므로 모든 부처님을 따라서 이같이 닦으리라'고 한다.

이렇게 배우고는 온갖 나쁜 행위와 아집5)의 무지를 떠나고, 지혜로 불법에 들어가서 중생에게 설법하여 뒤바뀐 생각을 버리게 한다. 그러나 중생을 떠나 전도6)가 있지도 않고, 전도를 떠나 중생이 있지도 않다. 전도 안에 중생이 있지도 않고 중생 속에 전도가 있지도 않다.

모든 법7)은 허망하고 진실하지 못하여 금방 일어났다 없어지는 것이요, 견고하지 못함이 꿈과 그림자와 환상과 신통 변화와 같아서 어리석은 이를 속인다.

이렇게 알면 곧 온갖 행을 깨달아 생사와 열반을 통달하고 부처님의 보리를 얻어 나와 남을 건지고 번뇌를 없애 열반케 한다. 이것이 보살의 둘째 유익한 행이다."

---

4) 색·소리·향·맛·감촉 등 오관의 욕망 대상으로, 세속적인 인간의 욕망이다.

5) '나는 실재한다'는 얽매임과 시비를 막론하고 자기의 의견에 집착하는 것이다.

6) 옳음을 그르다 하고, 그릇된 것을 옳다고 하는 뒤바뀐 생각이다.

7) 금강경에서 "모든 유위법은 꿈과 환상·물거품·그림자·이슬·번개와 같으니 마땅히 이렇게 관할 것이다"고 했다.

◇ 제3 어기지 않는 행〔無違逆行〕 : 인욕바라밀을 닦다

"이 보살은 항상 인욕을 닦아 하심하고 공경하여 나와 남을 해치지 않으며 둘 다 해치지 않는다. 극심한 고초를 만나 털끝이 쭈뼛하고 명이 장차 끊어지려 해도 이러한 생각을 한다. '내가 이만한 고통으로 인하여 마음이 흔들리면 스스로 조복하지 못하고 분명히 알지 못한다. 스스로 바르게 정하지도 못하여 집착을 내리니 어찌 능히 남의 마음을 청정케 하겠는가?

또다시 생각하되 '이 몸은 헛되어 나와 내 것이 없고 진실이 없으며 성품이 공8)하여 둘이 없다. 고락이 모두 있지 않으니 온갖 법이 공함을 내가 마땅히 통달하여 널리 사람들에게 말하여 중생들이 이런 소견을 없애게 하리다. 이 때문에 비록 모진 고초를 당하여도 마땅히 참아야 할 것이다'고 한다.

그것은 중생을 염려하고 이롭게 하며 편하게 하기 위해서이다. 나와 남을 깨닫기 위해서이고 마음이 물러나지 않기 위해서이며, 불도를 향해 나아가기 위해서이다. 이것이 보살의 셋째 어기지 않는 행이다."

◇ 제4 굽히지 않는 행〔無屈撓行〕 : 정진바라밀을 닦다

"이 보살은 오직 온갖 번뇌를 끊고 악습을 없애기 위하여 정진한다. 중생들의 세계와 여기서 죽어 저기서 남과 번뇌를 알기 위하여 정진하고 마음에 좋아함과 경계를 알기 위하여 정진한다. 중생들의 근기가 뛰어나건 못하건 오직 중생들의 마음씀을 알기 위하여 정진한다.

보살은 이렇게 행해지는 방편으로 중생들이 무여 열반을 끝까지 얻게 하니, 이것이 보살의 넷째 굽히지 않는 행이다."

◇ 제5 어리석음과 산란을 없애는 행〔無癡亂行〕 : 선정바라밀을 닦다

"이 보살은 바르게 기억하여 산란하지 않고 무한한 아승지겁에 불보살과 선지식

---

8) 모든 것은 공하여 인연으로 생기기에 고정적인 실체가 없다. 이에는 중생의 몸은 오온의 화합이어서 항상 하나로 주재하는 실체로서의 나가 없다는 '아공'과 존재하는 것들이 실체성을 가지고 있지 않다는 '법공'의 두 가지가 있다.

처소에서 정법을 듣고는 아승지 겁을 지나도록 잊지 않고 마음에 늘 기억하여 끊어짐이 없다. 또 갖가지 음성으로도 미혹케 하지 못하니, 극히 사람을 공포케 하는 소리와 기쁘게 하는 소리와 좋거나 나쁜 소리를 듣더라도 잠깐도 마음이 어지럽지 않다.

악업을 짓지 않으므로 악업의 장애가 없고 번뇌를 일으키지 않으므로 번뇌의 장애가 없으며, 법을 가볍게 여기지 않으므로 법의 장애가 없다.

위에서 설한 소리들이 다 능히 중생들의 심신을 무너뜨려 어지럽게 해도 이 보살의 마음은 무너뜨리지 못한다. 보살은 삼매에 들어 바른 진리에 머물며 온갖 음성을 관찰하고 사유하여, 음성의 나고 머물며 멸하는 모습과 성품을 잘 안다.

이러한 생각을 하되 '내가 마땅히 중생들이 위없이 청정한 생각에 안주하여 온갖 것을 아는 지혜에서 물러나지 않고 구경9)에 무여 열반을 이루게 하리라'고 하니, 이것이 보살의 다섯째 어리석음과 산란을 없애는 행이다."

◇ 제6 잘 나타나는 행〔善現行〕 : 반야바라밀을 닦다

"이 보살은 불법이 세간법과 다르지 않고, 세간법이 불법과 다르지 않으며, 불법과 세간법이 섞이지 않고 또 차별도 없음을 안다. 또 법계의 자체 성품이 평등함을 분명히 알아 두루 삼세에 들어간다.

이 때 생각하기를 '내가 중생을 성숙시키지 않으면 누가 성숙시키고 내가 조복하지 않으면 누가 조복하며, 내가 교화하지 않으면 누가 마땅히 교화하겠는가. 내가 깨우치지 않으면 누가 깨우치고, 내가 청정케 하지 않으면 누가 청정케 하겠는가. 이는 내가 마땅히 해야 하리라'고 한다.

또 생각하기를 '만약 혼자 깊은 법을 알면 오직 나 혼자 최상의 깨달음에 해탈을 얻을 것이다. 많은 사람들은 어둡고 험난한 길에 들어갈 것이며, 온갖 번뇌에 얽매여 중환자의 고통을 받을 것이다. 탐애의 감옥에 들어가 스스로 나오지 못할 것이요, 지옥·아귀·축생의 고통을 없애지 못하며 악업을 버리지 못할 것이다. 항상 어리석은 어두움에 있으면서 진실을 보지 못하고 생사에 윤회10)하여 벗어나지 못할 것이다.

---

9) 최후의 점까지 다달아 '궁극에는', '필경에는' 이라는 뜻이다.
10) 미혹하여 지옥·아귀·축생·수라·인간·천상의 육도를 쳇바퀴 돌듯 한다.

팔난11)에 있으면서 더러움에 물들고 갖가지 번뇌가 마음을 가려서 삿된 소견에 미혹하여 정도를 행하지 못할 것이다'고 한다.

보살이 중생을 관찰하고는 이렇게 생각한다.

'이 중생들이 미숙하고 조복되지 못함을 버려 두고 최상의 깨달음을 증득하는 것은 할 짓이 못된다. 마땅히 먼저 저 중생들을 교화하여 말로 할 수 없이 말로 할 수 없는 겁 동안 보살행을 행하되, 미숙한 이를 먼저 성숙케 하고 조복되지 못한 이를 먼저 조복케 하리라'고 한다.

보살이 잘 나타나는 행에 머무를 때에 온갖 무리들이 만나거나, 잠깐 귀로 듣거나 마음에 한번 스치기만 하여도, 헛되지 않아 반드시 최상의 깨달음을 이룰 것이다. 이것이 보살의 여섯째 잘 나타나는 행이다."

◇ 제7 집착 없는 행〔無着行〕 : 방편바라밀을 닦다

"이 보살이 생각하기를 '마땅히 한 중생을 위하여 시방 세계의 낱낱 국토에서 말로 할 수 없이 말로 할 수 없는 겁을 지나도록 교화하여 성숙케 할 것이다. 한 중생을 위함과 같이 모든 중생들을 위하여서도 다 이렇게 하되, 끝까지 이를 위하고 싫증 내어 버리고 다른 데 가지 않으리다. 또 한 털끝으로 법계에 두루 하기까지, 한 털끝 만한 곳에서도 말로 할 수 없이 말로 할 수 없는 겁이 다하도록 중생들을 교화하고 조복하며, 낱낱 털끝 만한 곳에서도 다 또한 이렇게 하리라'고 한다.

혹은 손가락 한 번 튕길 동안이라도 '나'에 집착하여 '나'와 '내 것'이란 생각을 일으키지 않는다. 낱낱의 털끝 만한 곳에서 미래 겁이 다하도록 보살행12)을 닦되 몸과 생각과 중생 등에 집착하지 않으며, 다시 법계에 들어가는 것에도 집착하지 않는다.

왜냐하면 보살이 생각하기를 '마땅히 모든 법계가 환상과 같은 줄 관하며, 부처님

---

11) 부처님을 친견하지 못하고 불법을 들을 수 없는 여덟 경계이다. 이른바 고통이 극심한 지옥, 아귀, 축생, 장수를 즐겨 구도심이 나지 않는 장수천, 즐거움이 과다한 변지(극락의 한 구석인데 의혹심으로 온갖 공덕을 닦은 이가 태어나 500세 동안 삼보를 친견할 수 없다), 감각기관이 결함 있는 맹인·농아·벙어리, 세간의 지혜가 뛰어나 정도를 따르지 않는 이, 부처님께서 세상에 안 계신 때이다.

12) 보살의 실천행이니, 자신을 버리고 중생의 괴로움을 없애 즐거움을 준다.

이 그림자 같고 보살행이 꿈과 같으며 부처님의 설법이 메아리 같은 줄 관한다'고
한다.

보살은 이같이 몸이 '나'가 없음을 관하고 부처님 친견하기를 막힘 없이 하며, 모든
이들을 구호하되 싫증을 내지 않는다. 싫증을 내지 않기에 온갖 세계에서 중생이
조복되지 못한 곳이 있으면, 다 거기에 가서 방편으로 교화하여 제도한다. 그 가운데
중생이 갖가지 업을 지어 태어나고 죽는 것들을 대원으로 그 속에 안주하여 교화하
되, 동요되어 물러나지 않게 하며 잠깐이라도 집착심을 내지 않는다.

왜 그런가 하면 집착도 의지처도 없으므로 나와 남을 이롭게 함이 청정하고 만족하
니, 이것이 보살의 일곱째 집착 없는 행이다."

◇ 제8 얻기 어려운 행〔難得行〕 : 원바라밀을 닦다

"이 보살은 비록 중생이 있지 않음을 알지만 중생 세계를 버리지 않는다.

비유하면 뱃사공은 이 쪽 저 쪽 언덕이나 물살의 흐름에 머물지 않으면서, 이 쪽
중생을 건네어 저 쪽 언덕에 이르게 하여 왕래하며 쉬지 않는다. 보살도 마찬가지로
생사와 열반과 생사의 물살에 머물지 않으면서 이 쪽 중생을 건네어 저 쪽 언덕13)의
편안한 곳에 두지만 수에 집착하지 않는다. 한 중생을 버리고 다수 중생들에 집착하
지 않고, 다수 중생들을 버리고 한 중생에 집착하지도 않는다.

왜냐하면 보살이 중생계가 법계와 같은데 깊이 들어가서 중생계와 법계가 둘이
없어서, 둘이 없는 법 가운데 증감도 없고 생멸도 없으며 유무도 없으니 모든 법과
법계가 둘이 없음을 알기 때문이다.

생각하기를 '세간의 중생들이 은혜를 보답할 줄 몰라 서로 원수로 대하고 사견에
집착하여, 탐냄과 애욕과 무명의 갖가지 번뇌가 모두 충만하였으니, 내가 보살행을
닦을 만한 곳이다. 만약 은혜를 알고 총명하여 지혜가 있으며 선지식이 세간에 충만
하다면 그 가운데서 보살행을 닦지 않으리다. 왜냐하면 나는 중생에게 대하여 맞고
맞지 않음도 없고 바라는 것도 없다. 실 한 올 털끝 하나나 칭찬 한 마디도 구하지
않고, 미래가 다하도록 보살행을 닦되 한 생각도 스스로를 위하지 않는다. 다만 중생

______
13) 미혹의 이 쪽 언덕에 대하여 피안·깨달음의 언덕·열반의 경지를 말한다.

을 건져서 청정케 하고 길이 벗어나게 하려는 것이다'고 한다.

　왜냐하면 중생의 인도자는 당연히 그래서 구함이 없고, 다만 보살도를 닦아 안락한 피안에 이르러서 최상의 깨달음을 이루게 하려는 것이다. 이것이 보살의 여덟째 얻기 어려운 행이다."

◇ 제9 법을 잘 말하는 행〔善法行〕 : 역바라밀을 닦다

"이 보살은 모든 세간을 위하여 청량한 법의 못이 되어 정법을 지니고 부처님의 종성이 단절되지 않게 한다. 뜻을 갖춘 다라니14)를 얻었으므로 뜻 변재가 다함이 없고 진실한 법을 깨닫는 다라니를 얻었기에 법 변재가 다함이 없다. 남을 말미암지 않고 깨닫는 다라니를 얻었으므로 광명 변재가 다함이 없다.

　이 보살은 대비가 견고하여 두루 중생을 거두어 삼천대천 세계에서 금색으로 변신하여 불사를 짓되, 중생의 근성과 욕구를 따라 큰 혀로써 한 음성에 무한한 음성을 내어 때맞은 설법으로 기쁘게 한다. 이것이 보살의 아홉째 법을 잘 말하는 행이다."

◇ 제10 진실한 행〔眞實行〕 : 지바라밀을 닦다

"이 보살은 제일 가는 진실한 말을 이루어 말처럼 행하고 행한 대로 말한다. '만약 중생들을 위없는 해탈 도에 머물게 하지 못하고 내가 먼저 최상의 깨달음을 이루면 본원에 위배되니, 당연히 할 짓이 못된다. 이 때문에 반드시 먼저 중생들이 위없는 보리와 무여 열반을 얻게 한 연후에 성불할 것이다. 왜냐하면 중생들이 내게 청해서 마음을 낸 것이 아니다. 내가 스스로 중생을 위한 불청객으로 선근을 만족하여 온갖 것을 아는 지혜를 이루게 하고자 한 때문이다.'

　보살은 중생들이 모두 둘에 집착하기에 대비에 안주하여 이와 같은 적멸법을 수행하고, 부처님의 십력을 얻어 인다라망 법계에 들어가 여래의 걸림 없는 해탈을 이룬다. 사람 가운데 대장부의 큰 사자후15)로 두려움 없이 능히 막힘 없는 청정 법륜을 굴리며, 지혜 해탈을 얻어 온갖 세간 경계를 밝게 깨닫는다. 생사의 소용돌이를 끊고

───────────────

14) 신비로운 힘을 가지고 있는 주문인데, 총지 또는 진언이라고도 한다.
15) 불법을 사자가 한번 포효하면, 백수가 두려워 따르는 것에 비유했다.

지혜의 큰 바다에 들어가 중생을 위하여 삼세 모든 부처님들의 정법을 지키고 불법 바다 실상의 근저에 도달한다.

보살이 이 진실한 행에 머물고는, 모든 세간에서 가까이 하는 이들을 다 깨달아 기쁘고 청정하게 한다. 이것이 보살의 열째 진실한 행이다."

제22. 십무진장품(十無盡藏品)

구역 : 제18. 보살십무진장품(菩薩十無盡藏品)

Ⅰ. 십무진장품의 이름 풀이　　　Ⅱ. 십무진장품을 설하는 까닭

　【청량소】【통현론】　　　　　　【청량소】【통현론】

　【수현기】【탐현기】　　　　　　【수현기】【탐현기】

Ⅲ. 십무진장품의 주제와 취지　　Ⅳ. 십무진장품의 간추린 경문

　【청량소】

　【수현기】【탐현기】

Ⅰ. 십무진장품의 이름 풀이

【청량소】藏是出生 蘊積之義. 謂一藏內 體含法界故. 攝德出用 一一無盡. 寄圓顯十. 卽帶數釋也.

【청】 '장(藏)'은 내거나 쌓는 뜻으로 하나의 '곳집〔藏〕'에 본체가 법계를 포함하기 때문에 덕을 거두고 작용을 내는 하나 하나가 '무진'인데 원수에 기탁해 '십' 종으로 나타냈으니 대수석이다.

【통현론】爲此說十種藏. 依法立名可知.

【통】 이는 '십' 종의 '장(藏)'을 설하기 위해 법을 의지해 이름을 명명한 것이니 알 것이다.

【수현기】菩薩者人. 十者本數. 無盡分齊也. 藏者蘊積也. 良以體非數分. 行無窮竭

而生滅所不易 故云無盡. 一攝一切 統含無外. 故曰藏也. 餘可准知.

 '보살'은 사람이고, '십'은 기본수이며, '무진'은 한도이고, '장'은 쌓는 것이다. 진실로 본체는 헤아려 나누는 것이 아니고, 행은 다함이 없으며 생멸하여 바뀜이 없기 때문에 '무진'이라고 했고, 또 하나로 온갖 것을 거두어 밖이 없는 것을 다 거두기 때문에 '장'이라 했다. 나머지는 준하여 알 수 있다.

【탐현기】 標人別法 故云菩薩之十藏. 非是人法合目 謂此十種 是諸菩薩 所行之法. 菩薩之十藏. 依主立名. 一周圓數 依則說十. 含攝蘊積 出生名藏. 此一一藏內 含法界體 非限分故云無盡. 二一一各攝一切行相 故云無盡. 三一一皆能出生果德 無有窮竭 故云無盡. 無盡卽藏. 持業釋. 約十帶數. 菩薩依主. 三釋可知.

 사람을 내세워 법을 구별하므로 '보살의 십장'이라고 한 것이지 사람과 법을 합해서 제목한 것이 아니다. 이 열 가지는 모든 보살의 행하는 법인 '보살의 십장'이니 의주석으로 명명한 것이다. 일주한 원수로 법칙에 의해 '십' 종으로 설했고, 거두어 쌓고 냄으로써 '장'이라 이름했다.

1. 이 낱낱의 장이 법계를 머금어 본체가 분한이 있는 것이 아니기 때문에 '무진'이라고 했다.
2. 낱낱[藏]이 각기 온갖 행상을 거두기에 '무진'이라고 했다.
3. 낱낱[藏]이 모두 과덕을 내게 하여 다해 없어져 버리는 것이 아니기에 '무진'이라고 했다. '무진'이 곧 '장'이니 지업석이요, '십'에 의했으니 대수석이며, '보살'에 의하면 의주석이니 세 가지 풀이로 알 수 있다.

Ⅱ. 십무진장품을 설하는 까닭

【청량소】 總有五義. 一爲答前第二會初 十藏問[1]故. 二前明正位. 今依位起行故. 同

梵行品. 三前約位別行. 今辨始終通行故. 四前明成位行. 今辨淨治彼行故. 同十地中
信等十行. 五前自分究竟. 今辨勝進趣後. 同上明法. 準問應在十廻向後[2]. 今此辨者.
略有二義. 一云. 藏有二義. 約蘊攝義 在十行後. 約出生義 在十地前. 義通二處 問答
互顯. 二云. 廻向無別自體 但以能廻前行爲其自體. 今十藏旣爲十行勝進 亦爲廻向勝
進. 故廻向後 無別勝進. 此卽前後互擧 顯義方備. 然明法品 及第五廻向 皆有十藏. 隨
三賢異 故不相濫. 又前是勝進所成[3]. 後是一位之果[4]. 今通爲勝進. 故意旨不同.

 전부 다섯 뜻이 있다.

1. 앞의 제2회 초 〔보광명전 여래명호품〕의 십장(十藏)의 물음에 답이다.

2. 앞 〔십행품〕은 정식 지위를 밝혔고, 지금 〔십무진장품〕은 지위에 의지해 행을
   일으키니 〔제3회 십주 정식 지위의〕 범행품과 같다.

3. 앞은 지위 마다 별도의 행에 의했고, 지금은 처음과 끝에 다 통하는 행을 드러낸다.

4. 앞은 지위의 행을 이룸을 밝혔고, 지금은 저 십행을 깨끗이 다스림을 밝히기
   때문에 십지 가운데 신(信) 등의 십행과 같다.

5. 앞은 자분의 절정이었고, 지금은 전도 〔십회향〕를 향해 승진함을 밝히니 위
   〔3회 말〕의 명법품〔십주 → 십행〕과 같다.
   〔제2회 보광명전 여래명호품 십장의〕 물음에 준하면 응당 십회향 뒤에 있어야
   할 것이나 지금 여기에 밝힌 것은 간략히 두 뜻이 있다.

   (1) '장'에 두 뜻이 있는데 거두어 쌓는 뜻에 의하면 십행의 뒤에 있는 것이고,
       〔해·행·덕을〕 내는 뜻〔用-地〕에 의하면 십지 앞에 있는 것이다. 뜻이
       두 곳에 통하니 문답으로 서로 나타냈다.

   (2) 회향은 별도의 자체가 없는데 다만 앞의 십행을 회향함으로써 그 자체를
       삼는다. 지금 십무진장품이 이미 십행의 승진이 되거나, 또한 십회향의
       승진이 되기 때문에 회향 뒤엔 별도의 승진이 없다. 이는 앞뒤로 서로 거론
       하여야 뜻이 나타나 비로소 갖추어진다. 이러한 〔십주의〕 명법품과 제5회
       〔도솔천궁설〕 십회향품에 모두 십장이 있으나, 삼현 〔십주·십행·십회
       향〕을 따라 다르기 때문에 서로 섞이지 않는다. 또 앞 〔명법품〕은 승진으

로 이루어진 것이요, 뒤〔십회향품〕는 한 지위의 불과이나 지금엔 통틀어
승진이 되기에 취지가 다른 것이다.

【주】 ────────────

1. 십장문(十藏問) : 여래명호품의 32가지 물음에 여래명호·사성제·광명각품은
   의지되어지는 과(본각 : 법신)의 물음에 답이고, 보살문명품에서 제보살주처품
   에 이르기까지는 행해지는 인행〔보살행〕의 물음에 답이며, 불부사의품으로부터
   여래출현품까지는 성취되는 과〔시각 : 보신·화신〕의 물음에 답이다. → 제7 여
   래명호품의 간추린 경문 참조.
2. 십회향후(十廻向後) : 십행·〔십무진장〕·십회향·〔십무진장〕·십지
3. 전시승진소성(前是勝進所成) : → 제18 명법품의 간추린 경문 참조.〈⊕ 33권
   2〉(제18 明法品, ⑧ 10권 96 下 ~ 97 上)
4. 후시일위지과(後是一位之果) : 경〔十廻向品〕에, "보살이 이 회향에 머물러 열 가
   지 무진장을 얻으니, 무엇이 열인가? 부처님을 친견하는 무진장을 얻으니 한 털
   구멍에 아승지의 모든 부처님께서 세상에 나오심을 친견한다"는 등이니 그 중에
   같은 이름이 있음은 또한 다시 우열이 다른 것이다. (菩薩摩訶薩. 住此廻向. 得十
   種無盡藏. 何等爲十. 所謂得見佛無盡藏. 於一毛孔 見阿僧祇諸佛. 出興世故.)
   〈⊕ 33권 2〉(제25 십회향품 제5 무진공덕장회향(無盡功德藏廻向), ⑧ 10권
   96 下 ~ 97 上)

【통현론】 此位已說十種行. 以此十無盡藏 成前十行之法. 使令無盡. 成後十廻向之
法. 使令進向. 令使行門不滯. 是故此品須來.

⬚통 이 지위에서 이미 열 가지 행을 설하였으니, 이 십무진장으로써 앞의 십행법을
이루어 다함이 없게 하고, 뒤의 십회향 법을 성취해 나아가게 하여 행문으로 하여금
막히지 않게 하기 때문에 이 품이 마땅히 이어진 것이다.

【수현기】 正位自分已成. 次明勝進入後位故來也. 所以前問 在迴向後 今答在前者
欲顯行通故也. 亦可迴向 屬助方便. 藏從行本故 在初前耳.

수 정식 지위의 자분은 이미 이루어졌고, 다음으로 전도의 지위로 승진함을 밝히기 때문에 이어진 것이다. 앞〔여래명호품〕의 물음에서는 회향의 뒤에 있었는데, 지금의 답에서〔회향의〕앞에 있는 까닭은 행이 통함을 나타내려고 한 때문이다. 또한 십회향은 방편을 돕는데 속한다고 할 수 있고, 십무진장은 십행의 근본을 따르기에 처음 보다 앞에 있는 것이다.

【탐현기】有五義. 一爲答普光 十藏問故. 二前明正位 今依位起行故也. 同上梵行品. 三前明約位別行 此辨始終通行. 四前行位成立 今辨淨治彼行. 同十地等[1]信等[2]十行. 五前自分究竟 今勝進趣後. 同上明法品. 準問應在迴向後.[3] 今此辨者 但藏有二義. 約蘊攝義. 在十行後.[4] 約出生義 在迴向後. 義通二處. 問答互顯.

탐 다섯 가지 뜻이 있다.

1. 보광법당회의 십장의 물음에 답하기 때문이다.

2. 앞서 정식 지위를 밝혔고, 지금은 지위에 의지해 행을 일으키기 때문이니 위의 범행품〔이 이어진 뜻〕과 같다.

3. 앞서 지위의 별도 행을 밝혔으나, 지금은 시종 통하는 행을 드러낸다.

4. 앞서 행의 지위가 성립되었고, 지금은 그것을 깨끗이 다스리는 행을 드러내니 십지나 십신 등에서의 십행과 같다.

5. 앞에서는 자분의 마지막이었고, 지금은 승진분으로서 전도를 향하니 위의 명법품〔이 이어진 뜻〕과 같다.

물음에 준하면 마땅히 십회향 뒤에 있어야 할 것이나, 지금 여기서 밝힘은 다만 장(藏)에 두 가지 뜻이 있으니 '거두어 쌓음'의 뜻에 의하면 십행 뒤에 있는 것이고, '낸다'는 뜻에 의하면 십회향 뒤에 있는 것이다. 뜻은 두 곳에 통하니 문답으로 서로 나타냈다.

【주】────────────

1. 동십지등(同十地等) : 십지의 초지에서 신(信)·사(思)·무탐(無貪)·무진(無

瞋)·불해(不害)·근(勤)·혜(慧)·참(慚)·괴(愧)·색(色)의 십행을 닦는다.
→ 부록 법수 참조.

2. 신등(信等) : 십신의 지위에서 신심(信心)·염심(念心)·정진심(精進心)·정심
(定心)·혜심(慧心)·계심(戒心)·회향심(廻向心)·호법심(護法心)·사심(捨
心)·원심(願心) 등의 십행을 닦는다. ⑧

3. 준문응재회향후(準問應在廻向後) : 여래명호품의 질문에는 십행·십회향·십
장·십지의 순으로 되어 있다. → 신역 여래명호품의 간추린 경문 참조.

4. 재십행후(在十行後) : 첫째는 '낸다'는 뜻으로 회향 뒤에 있으니 십지의 깨달음을
내기 때문이요, 둘째는 '거두어들인다'는 뜻으로 회향 앞에 두었으니 모든 행을
거두어 회향하기 때문이다. 〈탐현기 4권, ⊗ 35권 168 下〉

Ⅲ. 십무진장품의 주제와 취지

【청량소】十藏爲宗. 攝前生後 得果爲趣.

⑧ 십무진장으로 주제를 삼고, 앞〔십행〕을 거두고, 뒤〔십회향〕를 내어 불과를
얻음으로 취지를 삼는다.

【수현기】以能所甚深功德 蘊積諸義爲宗.

⑨ 능·소의 매우 깊은 공덕이 모든 뜻을 쌓음으로써 주제를 삼는다.

【탐현기】宗中作二門. 先通辨藏義. 或一謂同一法界藏. 或二謂大小. 或三謂契經等
并三乘等. 或四加雜藏. 或五¹謂名相等. 或六謂大小各三. 或九謂獨覺亦三. 或十如下
離世間品. 或無盡如此品. 二別顯此宗者. 此中正十種行法 該始括終. 具足普賢法界行
德 爲此品宗.

⑩ 주제는 두 부문으로 한다.

1. 먼저 '장'의 뜻을 전체적으로 나타내면 혹 하나이니 동일 법계장이고, 혹 둘이니 대승〔보살장〕· 소승〔성문장〕이며, 혹은 셋이니 경 〔율 · 론〕 등이요, 아울러 〔성문 · 연각 · 보살장〕 삼승 등이다. 혹은 넷이니 잡장(雜藏)을 첨가한다. 혹은 다섯이니 이름 · 형상〔분별 · 정지(正智) · 진여〕 등이요, 혹은 여섯이니 대승과 소승에 각기 셋이 있다. 혹은 아홉이니 독각에도 또한 셋이 있다. 혹은 열이니 다음의 '이세간품'과 같다. 혹은 다함없음〔無盡〕이니 이 품과 같다.

2. 개별적으로 이 주제를 나타내면 이 가운데 열 가지 행법이 처음과 끝을 포괄하고 보현 법계의 행덕을 갖추어 이 품의 주제로 삼는다.

【주】————————————

1. 혹오(或五) : → 부록 법수 오법(五法) 참조. 명(名 : 사물의 가명) · 상(相 : 사물의 색상) · 망상(妄想 : 분별허망의 상념) · 정지(正智 : 정견의 지혜) · 여여(如如 : 불변불이의 진여)의 오법이다. "대혜여, 어떤 것이 오법인가? 첫째는 명이요, 둘째는 상이며, 셋째는 분별이요, 넷째는 정지며, 다섯째는 진여이다." (大慧何等五法. 一者名二者相 三者分別 四者正智 五者眞如.)〈입능가경(入楞伽經) 7권 오법문품(五法門品), Ⓐ 16권 557 中〉

Ⅳ. 십무진장품의 간추린 경문

공덕림 보살께서 다시 여러 보살들에게 말씀하셨다.

"불자여, 보살이 열 가지 장이 있다. 이른바 믿음의 장 · 지계의 장 · 속으로 부끄러움의 장 · 밖으로 부끄러움의 장 · 많이 들음의 장 · 보시의 장 · 지혜의 장 · 기억의 장 · 지님의 장 · 말씀의 장이다."

1. 믿음의 장〔信藏〕을 설하다

"이 보살은 모든 법이 공하고, 실체적 모습이 없으며, 원이 없음을 믿는다. 지음이 없고, 무분별하며, 의지함이 없음을 믿는다. 헤아릴 수 없고, 위없으며, 초월하기 어렵고, 남이 없음을 믿는다.

부처님의 지혜에 들어서 끝없고 다함이 없는 믿음을 이루고는 마음이 물러나지 않고 혼란스럽지 않으며 파괴할 수 없고 물듦이 없다. 항상 근본이 있어서 성인을 따르며 불가에 머물러서 모든 부처님의 종성을 지킨다. 모든 보살의 믿음과 이해를 키우고 부처님의 선근을 따르며 부처님의 방편을 내니 이것을 보살의 믿음의 장이라 한다. 믿음의 장에 머물러서는 능히 모든 불법을 듣고 지녀서 중생을 위해 설하여 다 깨치게 한다."

2. 지계의 장〔戒藏〕을 설하다

"이 보살은 널리 이롭게 하는 계·수용하지 않는 계·머물지 않는 계·후회하지 않는 계·싸우지 않는 계·괴롭히지 않는 계·잡스럽지 않는 계·탐하여 구함이 없는 계·허물이 없는 계·훼범치 않는 계를 이룬다.

널리 이롭게 하는 계는, 이 보살이 청정한 계를 지킴이 본래 중생을 이롭게 하기 위한 것이다. 수용하지 않는 계는, 외도1)의 계를 받지 않고 성품이 스스로 정진하여 삼세의 모든 부처님들의 평등하고 청정한 계를 받들어 지니는 것이다. 머물지 않는 계는, 계를 지킬 때 마음이 욕계·색계·무색계2)에 머물지 않으니 그 곳에 나기 위해서 계를 지키는 것이 아니기 때문이다. 후회하지 않는 계는, 항상 후회함이 없는 마음에 안주하니 중죄를 짓지 않으며 아첨과 거짓을 행하지 않고 청정한 계를 깨지 않기 때문이다.

어기지 않는 계는 먼저 제정한 것을 어기지 않고 다시 만들지 않으니, 마음이 늘 따라서 열반 계율을 향하며 구족히 수지하여 훼범함이 없다. 계를 지킴으로써 다른 중생을 불쾌하게 하여 괴롭히지 않고, 다만 다들 쾌히 계를 지키길 원한다. 괴롭히지

---

1) 불교 이외의 여러 교를 외도라 하고, 불교는 내도라 한다. 또 불교 이외의 서적을 외전이라 하고, 불교 서적을 내전이라 한다.
2) 중생이 미혹하여 생사 윤회하는 삼계를 말한다. 욕계는 음욕과 식욕을 갖고 사는 곳으로 인간·천상 등의 육도가 있다. 색계는 음욕과 식욕을 떠난 곳으로, 묘한 색에 의해 이루어진다. 무색계는 물질을 초월한 고도의 정신 세계이다.

않는 계는, 계로 인하여 여러 가지 주술을 배우고 약을 조제하여 중생을 괴롭히지 않고 다만 중생을 건지기 위해서 계를 지킨다. 잡스럽지 않는 계는, 치우친 견해에 집착하지 않고 잡스런 계를 지키지 않으며 다만 연기를 관찰하여 벗어나는 계를 지킨다.

탐하여 구함이 없는 계는, 다른 모습을 나타내어서 자기에게 덕이 있음을 드러내지 않고 다만 벗어나는 법을 만족시키기 위한 까닭에 계를 지킨다. 허물이 없는 계는, 스스로 자랑하여 계를 지킨다고 하지 않고 파계한 자를 보고도 또한 업신여겨 창피를 주지 않으며 다만 그 마음을 한결같이 해서 계를 지킨다. 훼범치 않는 계는, 길이 살생과 도둑질과 사음과 거짓말과 이간질과 악한 말과 무의미한 말과 탐냄과 성냄과 사견을 끊고 열 가지 선한 업을 갖추어 지킨다. 보살이 훼범치 않는 계를 지킬 때, '중생이 청정한 계를 훼범함은 다 거꾸로 된 때문이다. 오직 부처님만이 중생이 무슨 인연으로 거꾸로 되어 청정한 계를 훼범하는 지를 잘 아신다. 나는 마땅히 위없는 보리를 이루고 널리 중생을 위하여 진실한 법을 설해서 거꾸로 된 것을 떠나게 하리라'고 하니 이것이 보살의 제2 지계의 장이다."

3. 속으로 부끄러움의 장〔慚藏〕을 설하다

"이 보살은 과거에 지은 온갖 악을 기억해서 속으로 부끄러움을 낸다. 마음에 스스로 생각하되 '끝없는 옛날부터 중생들과 서로 부모형제와 남녀가 되고도 탐내고 성내며 어리석어 서로 해치고 업신여겼다. 간음하고 살생하여 저지르지 않은 악이 없었고, 서로 공경하지도 순종하지도 않았으며, 서로 겸손하지도 이끌어주지도 않아 원수가 되었다. 이를 삼세의 모든 부처님들께서 다 알아보지 않으심이 없으니, 이제 만약 속으로 부끄러움을 모르는 행을 끊지 않으면 심히 불가하다.

그러므로 나는 마땅히 전심으로 끊어 없애고 최상의 깨달음을 얻어 널리 중생을 위하여 진실한 법을 설하리라'고 하니 이것이 보살의 제3 속으로 부끄러움의 장이다."

4. 밖으로 부끄러움의 장〔愧藏〕을 설하다

"이 보살은 스스로 밖으로 부끄러워하기를 '옛날부터 오욕락을 탐하여 만족할 줄

몰랐다. 그로 인해 탐내고 성내어 어리석은 온갖 번뇌를 키웠으니 내 이제 다시는 그렇게 하지 않으리라'고 한다.

또 생각하기를 '중생들이 무지하여 온갖 번뇌를 일으켜 악한 법을 행해서 서로 존중하지 않는다. 그러다가 더더욱 원수가 되어 이와 같은 악을 저지르지 않음이 없고 저지르고 나서는 칭찬을 바란다.

어머니 뱃속에서 태어나 더러운 몸을 받고 끝에는 백발로 얼굴이 쭈그러지게 된다. 지혜 있는 이가 이를 보고는, '이는 음욕으로 생기는 부정한 법이므로 삼세의 부처님들께서 다 알고 보신다. 만약 내가 지금 저지른다면 삼세 부처님들을 속이는 것이다. 그러므로 마땅히 밖으로 부끄러운 행을 닦아서 최상의 깨달음을 빨리 이루고 널리 중생을 위하여 진실한 법을 설하리라'고 하니 이것이 보살의 제4 밖으로 부끄러움의 장이다."

5. 많이 들음의 장[聞藏]을 설하다

"이 보살은 이것이 있기에 이것이 있고 이것이 없기에 이것도 없으며, 이것이 일어난 때문에 이것이 일어나고 이것이 없어진 때문에 이것도 없어짐을 안다.

이것이 있기에 이것이 있음은, 무명이 있음으로 행이 있는 것이다. 이것이 없기에 이것이 없음은, 식이 없으므로 심신이 없는 것이다. 이것이 일어난 때문에 이것이 일어남은, 애착이 일어난 때문에 괴로움이 일어나는 것이다. 이 일이 없어진 때문에 이 일이 없어짐은, 유가 없어지므로 생이 없어지는 것이다.'

보살이 이러한 생각을 하되 '중생들이 생사에서 많이 듣지 못하여 모든 법을 분명히 알지 못한다. 내가 마땅히 뜻을 내어 많이 들음의 장을 가져서 최상의 깨달음을 얻고 많은 중생들을 위해서 진실한 법을 설하리라'고 하니 이것이 보살 마하살의 제5 많이 들음의 장이다."

6. 보시의 장[施藏]을 설하다

"이 보살은 열 가지 보시를 행한다. 이른바 부분 보시·전부 보시·안 보시·바깥 보시·안팎 보시·모든 보시·과거 보시·미래 보시·현재 보시·구경 보시이다.

이것이 보살의 제6 보시의 장이다."

7. 지혜의 장〔慧藏〕을 설하다

"이 보살은 보살을 사실대로 알고, 보살 법을 사실대로 알며, 보살 열반을 사실대로 안다. 어떻게 아는가 하면 업보와 온갖 행의 인연으로 지음을 알며, 모든 것이 헛되어 공하고 진실 됨이 없음을 안다. '나'도 아니고 견고함도 아니며 조금도 성립될 것이 없음을 안다. 이것이 보살의 제7 지혜의 장이다."

8. 기억의 장〔念藏〕을 설하다

"이 보살은 어리석음을 멀리하여 구족하게 기억하니, 열 가지가 있다. 이른바 평안한 기억·맑은 기억·흐리지 않은 기억·명철한 기억·더럽고 추악함을 떠난 기억·갖가지 더러움을 떠난 기억·번뇌를 떠난 기억·광명이 빛나는 기억·사랑스러운 기억·막힘이 없는 기억이다.

보살이 이 기억에 머문 때에는 모든 세간이 요란하지 않고, 온갖 외도의 이론이 변동치 못하며, 지난 세상의 선근이 다 청정하여진다. 온갖 세간 법에 물들지 않고, 악마와 외도가 무너뜨리지 못한다. 몸을 바꿔 태어나도 잊지 않고, 과거·현재·미래에 설법함이 다하지 않는다. 모든 세계에서 중생들과 같이 있어도 허물이 없고, 부처님 회상3)에 들어감에 장애가 없으며, 부처님들의 처소에서 다 가까이한다. 이것을 보살의 제8 기억의 장이라 한다."

9. 지님의 장〔持藏〕을 설하다

"이 보살은 모든 부처님께서 설하신 수다라의 글귀와 뜻을 지니고 잊지 않는다. 일생에 지니고, 내지 말로 할 수 없이 말로 할 수 없는 생에 지니며, 한 부처님 명호와 내지 말로 할 수 없이 말로 할 수 없는 부처님 명호를 지닌다. 한 겁의 수와 내지 말로 할 수 없이 말로 할 수 없는 겁의 수를 지니며, 한 부처님의 수기와 내지 말로 할 수 없이 말로 할 수 없는 부처님의 수기를 지닌다. 한 수다라와 내지 말로 할

---

3) 대중이 모인 법회를 말한다.

수 없이 말로 할 수 없는 수다라를 지니고, 한 회상과 내지 말로 할 수 없이 말로 할 수 없는 회상을 지닌다. 한 법을 연설함과 내지 말로 할 수 없이 말로 할 수 없는 법을 연설함을 지닌다. 한 삼매의 갖가지 성품과 내지 말로 할 수 없이 말로 할 수 없는 삼매의 갖가지 성품을 지닌다. 이것이 보살의 제9 지님의 장이다."

10. 말씀의 장[辯藏]을 설하다

"이 보살은 깊은 지혜가 있어 실상을 분명히 알고 널리 중생을 위해 설법함에 모든 경전과 어기지 않으며, 한 품의 법을 설하고 내지 말로 할 수 없이 말로 할 수 없는 품의 법을 설한다. 한 부처님의 명호를 설하고 내지 말로 할 수 없이 말로 할 수 없는 부처님의 명호를 설한다. 이같이 한 부처님의 수기를 설하고 한 수다라를 설하며, 한 법을 설하고 한 근기의 무한한 갖가지 성품을 설한다. 한 삼매의 무한한 갖가지 성품을 설하고 내지 말로 할 수 없이 말로 할 수 없는 삼매의 무한한 갖가지 성품을 설한다. 혹 하루나 보름·한 달, 혹 백 년·천 년 내지 말로 할 수 없이 말로 할 수 없는 겁 동안 설하니, 겁의 수효는 다할 수 있더라도 하나하나 글귀의 이치는 다 할 수 없다.

무슨 까닭인가? 이 보살은 열 가지 무진장을 이룬 때문이요, 온 허공과 법계에 두루하는 끝없는 몸을 이룬 때문이다. 이것이 보살 마하살의 '제10 말씀의 장'이다."

이 열 가지 무진장에는 열 가지 다함 없는 법이 있어 모든 보살들로 하여금 구경에는 위없는 보리를 이루게 한다. 무엇이 열 가지인가? 많은 중생을 이롭게 하고, 본원을 잘 회향하며, 모든 겁에 단절되지 않는다. 온 허공계를 다 깨우쳐서 마음에 제한이 없고, 유위[4]에 회향하되 집착하지 않으며, 일념의 경계에 모든 법이 다함 없다. 대원이 바뀌지 않고, 모든 다라니를 잘 거두며, 부처님들께서 지켜주시고, 온갖 법이 다 환상과 같음을 안다.

이것이 열 가지 다함 없는 법이니, 능히 모든 세간에서 짓는 것을 다 이루게 하는 큰 무진장이다."

---

4) 인과 연의 화합에 의해 만들어진 생멸변화하는 것이다. 어떠한 것도 하나의 인연에 의해 생겨남은 결코 없다.

제5회 도솔천궁설(兜率天宮說) : 12권 3품

(三賢中 上賢 十廻向)

【經文】 爾時世尊 復以神力 不離於此 菩提樹下 及須彌頂 夜摩天宮 而往詣於兜率陀 天 一切妙寶 所莊嚴殿.

그 때 세존께서는 다시 위신력으로 이 보리수 아래와 수미산 정상과 야마천궁을 떠나지 않고서 도솔천으로 가 온갖 묘한 보배로 장엄한 궁전으로 나아가셨다.

- 법　사 : 금강당 보살
- 법　문 : 십회향
- 삼　매 : 보살 지혜의 광명 삼매
- 광　명 : 무릎 방광
  　　　　(무릎은 굽히고 펴서 회향하기 때문이다.)

1. 도솔천궁회의 연유
   (1) 교화주가 중생에게 순응해 주신다. : 승도솔천궁품　　제23
   (2) 교화를 돕고 부처님을 찬탄한다.　 : 도솔궁중게찬품　제24
2. 도솔천궁회의 정설　　　　　　　　　　 : 십회향품　　　　제25

Ⅰ. 도솔천궁회의 이름 풀이

【청량소】先會得名. 亦有三義 同前二會.[1]

☐청 먼저 〔도솔천궁〕회가 이름을 얻음에, 또한 세 뜻이 있으니 앞의 2회와 같다.

【주】 ────────────────────

  1. 동전이회(同前二會) : 첫째 장소에 의해 도솔천궁회라 했고, 둘째 사람에 의하면
     금강당보살회라 할 것이며, 셋째 법에 의하면 십회향회라 이름할 것이다. 〈鈔〉

【수현기】知足天約行准之. 又前第三會 但說其宮殿. 第四會但論莊嚴. 第五會云 一
切寶莊嚴. 第六會摩尼寶等者 欲顯慈悲德相 隨物轉增故也.

☐수 지족천은 행에 의해 준한 것이다. 또 앞의 제3회는 다만 그 궁전을 설했고,
제4회는 단지 장엄을 논했으며, 제5회는 온갖 보배 장엄을 이르며, 제6회의 마니
보배 등은 자비스런 덕상(德相)이 중생을 따라서 더욱 증대함을 나타낸다.

【탐현기】約處名兜率天會. 約主名金剛幢會. 約法名十迴向會.

탐 장소에 의해 '도솔천회'라 이름했는데, 설법주에 의하면 '금강당보살회'라 할 것이요, 법에 의하면 '십회향회'라고 할 것이다.

Ⅱ. 도솔천궁회를 설하는 까닭

【청량소】正爲答前 廻向問故. 廻前解行 以向眞證 廣益自他 令行彌綸. 無不周故. 菩薩大乘藏經[1]云. 以少善根 引無量果者. 謂廻向心. 以廻向心爲大利故. 故行後明之. 又前解行旣著. 今悲願彌博.

청 정식으로 앞의 회향의 물음에 답하는데 앞의 이해와 행을 되돌려 참된 깨달음에 향해서 나와 남을 널리 이롭게 하고, 행을 두루 다스리게 해서 두루하지 않음이 없기 때문이다. 보살장경〔菩薩大乘藏經〕에, "적은 선근으로써 한량없는 불과를 이끈다"고 한 것이 회향심을 말하는데, 회향하는 마음이 큰 이익이 되기에 행 뒤에 밝혔다. 또 앞서 해·행은 이미 드러났고, 지금은 대비원력이 두루 넓은 것이다.

【주】────────────────

1. 보살대승장경(菩薩大乘藏經) : 보살장경(菩薩藏經)을 말하는데, 오직 1권으로 사리불이 예불·참회·수희 등에 대해 부처님께 여쭌 내용이다. "현재의 모든 보살들이 선근을 닦아 온갖 것을 아는 지혜를 위한 것처럼, 저도 또한 이와 같이 선근을 회향하여 온갖 것을 아는 지혜를 위하겠습니다. 이 선근으로써 원컨대 많은 중생이 아뇩다라삼먁삼보리를 얻고 일체지를 얻으며,……"(如現在諸菩薩 修善根爲一切智. 我亦如是. 廻向善根爲一切智. 以此善根 願一切衆生 得 阿耨多羅三藐三菩提 得一切智.)〈㉧ 34권 1〉(㈦ 24권 1089 上)

【수현기】若不廻向 進行莫由故也. 同前准之可知.

수 만일 회향하지 않으면 진행하여 말미암지 못하기 때문이니 앞과 같이 준하면 알 수 있다.

【탐현기】 爲答前十迴向問故. 又前明解行 今起大願. 若不起願 恐證無爲. 故次來也. 又迴前解行 向於眞證故也.

[탐] 앞의 십회향의 물음에 답하는 것이다. 또 앞서 해·행을 밝혔고, 지금은 대원을 일으키는데 만약 원을 일으키지 않으면, 무위에 빠질까 걱정하여 이어진 것이다. 또 앞의 해·행을 되돌려 참된 깨달음으로 향하도록 하기 위해서이다.

Ⅲ. 도솔천궁회의 주제와 취지

【청량소】 以十向大願爲宗. 得地爲趣.

[청] 십회향의 대원으로써 주제를 삼고, 십지를 얻음으로 취지를 삼는다.

【수현기】 分別有二. 約人法. 同有體相用. 准上可知. 又因此會宗體 更擧上下諸會別. 宗有二義. 一擧普賢性起實德 隨差別緣 以起信心故說. 卽初會明世界海. 第二會十信. 第三會十解. 第四會十行. 第五會方便迴向. 第六會明修成本有 無漏因果 二行法等. 第七會依法 成因果行德. 第八會依人 成位差別德也. 此並是一乘 三乘共學法. 第二攝差別緣 以從本實. 卽初會觀圓明 五海十智以起說. 第二會位信位 成就本實 因果分量德. 第三會解位 顯證性德 普賢因果 第四會行位 顯證本性 普賢因果. 第五會 方便迴向位 顯證法界如相 普賢因果. 第六會證位 顯證性普賢因果. 第七會依法 以顯通敎 普賢因果 行德分齊. 第八會依人 顯證普賢困果 緣起理事德. 依分量差別義也.

[수] 분별하여 두 가지가 있는데 사람과 법에 의거하면 같이 본체·형상·작용이 있으니 위에 준해 알 수 있다. 또 이 회의 종체를 인해서 다시 상하 모든 회의 다름을

든다.

주제에 두 뜻이 있다.

1. 보현 성기의 실다운 덕이 차별 연을 따라 신심을 일으키기 때문에 설을 드니 곧 첫 회에서 세계를 밝힌 것과 제2회의 십신과 제3회의 십해와 제4회의 십행과 제5회의 방편 회향과 제6회에서 본유 무루의 인·과(因果) 두 행 법 등을 닦아서 이룸을 밝힌 것이다. 제7회는 법에 의거해서 인과 행덕을 이루며, 제8회는 사람에 의해서 지위의 차별 덕을 이룬 것인데, 이는 모두 일승과 삼승이 함께 배우는 법이다.

2. 차별 연을 거둠으로써 본실(本實)을 따르는 것인데 곧 첫 회는 원명한 오해 십지를 관하여 말씀을 일으키는 것이며, 제2회의 십신 지위는 근본적이고 실다운 인과 분량의 덕을 성취하는 것이다. 제3회의 해(解)의 지위는 성덕인 보현의 인과를 증득함을 나타냈고, 제4회의 행의 지위는 본성인 보현의 인과를 증득함을 나타낸 것이다. 제5회의 방편회향의 지위는 법계의 진여상인 보현의 인과를 증득함을 나타낸다. 제6회의 증위(證位)는 성기 보현의 인과를 증득함을 나타낸 것이고, 제7회는 법에 의하여 통교 보현의 인과 행덕의 분제를 나타낸 것이며, 제8회는 사람에 의해서 보현의 인과 연기의 이치와 현상을 증득한 덕을 나타내니 분량의 차별된 뜻에 의한 것이다.

【탐현기】亦有人法 主伴敎義. 各體相用 準前可知. 又以大願迴向無盡之行 爲此會宗. 至下當辨.

탐 또한 사람과 법, 주도자와 동반대중, 가르침과 뜻이 각기 본체·형상·작용이 있으니 앞에 준하면 알 수 있다. 또 큰 원을 가지고 회향하는 다함없는 행으로써 이 회의 주제를 삼는데 다음에 이르러서 마땅히 드러낼 것이다.

제23. 승도솔천궁품(升兜率天宮品)

구역 : 제19. 여래승도솔천궁일체보전품(如來昇兜率天宮一切寶殿品)

<table>
<tr><td>Ⅰ. 승도솔천궁품의 이름 풀이
【청량소】【통현론】
【탐현기】
Ⅲ. 승도솔천궁품의 주제와 취지
【청량소】【탐현기】</td><td>Ⅱ. 승도솔천궁품을 설하는 까닭
【청량소】【통현론】
【수현기】【탐현기】
Ⅳ. 승도솔천궁품의 간추린 경문</td></tr>
</table>

Ⅰ. 승도솔천궁품의 이름 풀이

【청량소】兜率是處. 佛以法界之身 不起而應 故名爲升. 處此說者. 表位超勝 是次第故.[1] 又上下放逸 此天知足. 表世間行滿故 居喜足之天. 又以彼有一生補處 表菩堤之心 功行滿故. 又積功累勳 知階未足. 廻勳授子 乃知有餘. 菩薩亦爾 勤苦積行 未見有餘. 廻向衆生 乃知自足. 又欲界六天 此居其中. 表悲智均平 處於中故. 又生此天 而修三福[2] 謂施戒定. 自餘不具 偏多不均. 故處此說也.

[청] '도솔'은 장소이니 부처님께서 법계의 몸으로써 일어나지 않고 응하시기 때문에 '승'이라 이름했는데 여기에 처해 설함은 지위가 뛰어남을 표하니 바로 차례이다. 또 아래 위〔하늘〕는 방일하나 이 하늘은 만족할 줄을 아니 세간행의 원만함을 나타내기에 희족천에 머무신 것이요, 또 저에〔일생보처〕가 계시니 보리심의 수행〔功行〕이 원만함을 나타낸다.

또 힘들게 애쓸 땐 처지가 부족한 줄로만 알다가 공을 되돌려 주고 나면 여유를 아는데, 보살도 마찬가지로 부지런히 힘써 행을 쌓을 땐 여유를 모르다가 중생에게 회향하고야 이에 스스로 만족함을 안다. 또 욕계 6천에서 도솔천이 그 중간에 있으니

자비와 지혜가 고르고 평평하여 가운데 처함을 나타냈다. 또 이 하늘에 태어나려면
보시·지계·선정의 세 가지 복을 닦아야 하는데, 여타는 다 갖추지 못하였거나 고르
지 못하고 치우치기만 하기에 이 곳에 계시면서 설하신 것이다.

【주】━━━━━━━━━━━━━━━━━━━━━

1. 차제고(次第故) : 답으로 여섯 가지 뜻이 있다.
① 앞의 십행에서 야마천에 계시다가, 지금 회향에서는 앞을 초월하기에 도솔천
에 거처하시는데 위는 다만 차례에 의한 것이다. ② 지족천의 이름을 취한다. ③
천주(天主)에 의해 설했다. ④ 다시 지족에 나아가 풀이하니 앞은 자리의 족함에
의했고, 지금은 이타의 족함에 의한다. ⑤ 중도에 의해 설한 것이다. ⑥ 공평하게
풀이한다. 〈⊕ 34권 2〉

2. 수삼복(修三福) : "도솔천이 욕계에서 가장 수승하니, 아래 있는 하늘은 마음이
방일하고 위의 하늘은 모든 근기가 암둔하기에 더 나은 것이다. 보시와 지계를
닦는 자는 상·하 천신을 얻고, 보시·지계·선정을 닦으면 도솔천의 몸을 얻는
다."(兜率陀天 欲界中勝. 在下天者 其心放逸. 在上天者 諸根闇鈍. 是故名勝. 修
施修戒 得上下身. 修施戒定 得兜率身.)〈대반열반경(大般涅槃經) 30권 사자후보
살품(師子吼菩薩品), ⊗ 12권 804 下〉(鈔)

【통현론】 以昇天所至立名也. 兜率天者 此云樂知足天也.

⑧ 승천하여 도달함으로써 이름을 지어 붙였는데 '도솔천'은 이쪽 말로는 '쾌히 족
함을 아는 하늘〔樂知足天〕'이다.

【탐현기】 如來明佛法界之身. 昇是赴機起用. 兜率是所赴之所. 三義題名 又赴此喜
足天者 表世間行滿故也. 一切寶者 表攝行多門. 可貴交飾故也.

⑳ '여래'는 부처님의 법신을 밝힌 것이고, '승'은 중생계에 들어가 작용을 일으키
는 것이며, '도솔'은 응하시는 장소이니 이 세 가지 뜻으로 제목을 했다. 또 이 희족천
에 나아감은 세간의 행이 충만함을 나타낸 것이고, '일체보'는 행의 여러 부문을 거두

어 표한 것인데 귀금속으로 장식했다.

Ⅱ. 승도솔천궁품을 설하는 까닭

【청량소】前會旣終. 將陳後說. 先明說處. 表法故來.

[청] 앞 회는 이미 마쳤고, 장차 뒤의 설을 진술함에 먼저 설하는 장소를 밝혀서 법을 나타내기 때문에 이어진 것이다.

【통현론】明前十住 十行二位 以彰出世 已成如來 智慧之業. 今於此天 以明隨見道者. 成如來大悲 處世利生之業. 會融世間出世間. 不一不二法門. 是故此品須來. 凡大悲門 初發心時. 以眞智慧進修中 悲有勝劣不同. 十住十行 智悲兼修. 仍出世心多. 望此位大悲 是理智位. 出世心終 迴入生死. 致慈之悲. 十地之中 長養大悲 更令深厚. 是故善財 十地表法中. 從初地已去 有九箇女天. 一箇瞿波是. 佛昔爲太子之時妻 表悲十地位 以終法悅. 是妻義故. 問曰. 云何於此天處 說迴向法. 答曰. 如須彌頂上 說十住. 明初生佛家 住佛智慧之頂 而無退動. 夜摩天上 說十行法. 表行依法空 一切無著. 至此兜率天宮. 表雖不離欲界 處大悲門 而於欲境 常行知足 無所染著 但爲饒益衆生 處於世間. 又此天處於欲界. 自須彌已上 五天之處中. 以會智悲 令不偏故. 如四天王 還依帝釋爲主故. 是故而於此天 說十迴向. 明和會眞俗 成大慈悲 長處生死 而不廢涅槃 名爲迴向. 從初發心住已來 如是和會位終 偏得其名 故名迴向. 此爲以處表法昇進. 亦卽不曾身 有上下去來 智悲恒徧故. 無中邊故. 但明寄處 表一生菩薩 處此天中 果行滿故. 以明發心初始 生如來智慧之家. 以佛智慧 行大悲門. 卽是圓滿如來果故. 果復常滿. 行復常行. 果行相嚴 故號佛華嚴也. 十地十一地 依此十住 十行十迴向法. 三法成其功用. 更亦無別安立. 以是他化天中 說十地時 更不別作法事興供故. 但長養此位 大智大慈大悲 令深固圓滿故 故名十地.

[통] 앞의 십주와 십행 두 지위에서는 출세간을 드러내어 이미 여래의 지혜의 업을 이룸을 밝혔다. 이제 이 하늘에서는 견도한 자를 따라서 여래의 대비로 세간에 처해 중생을 이롭게 하는 업을 이룸을 명시해 세간과 출세간을 회통하는 불일 불이의 법문을 밝히기 때문에 이 〔승도솔천궁〕품이 마땅히 이어진 것이다. 무릇 대비문이 초발심 때에 참된 지혜로써 진전하는 가운데 자비가 낫고 못한 차이가 있는데 십주와 십행은 지혜와 자비를 겸하여 닦지만 출세간심이 많다. 이 지위의 대비에 비교하면 이는 이지(理智)의 지위이니, 출세간심을 마치면 생사에 회향해 들어가 자비를 이루고 십지에선 대비를 키워 다시 심후하게 한다. 이 때문에 선재의 십지 법을 나타낸 중에 초지 이상엔 여천(女天) 아홉 분이 계셨으며, 구바 한 분은 부처님께서 옛날에 태자 때의 아내이시니 자비스런 십지의 지위가 이미 마침에 법열이 처의 뜻임을 나타낸 것이다.

문 : 무엇 때문에 이 하늘에서 십회향법을 설하셨는가?

답 : 저 수미산 정상에서 십주를 설함과 같은데 처음 불가에 태어나 부처님 지혜의 정상에 머물러 물러감이 없음을 밝혔고, 야마천상에서 십행법을 설함은 행이 법공에 의지하여 일체에 집착이 없음을 나타냈다.

이 도솔천궁에 이르러서는 비록 욕계를 떠나지 않고 대비문에 처하나 욕망의 경계에 늘 지족(知足)하여 집착함이 없고 다만 중생을 이롭게 하기 위하여 세간에 처함을 나타낸 것이다. 또 이 하늘이 욕계에 있으면서 수미산〔도리천〕 이상 다섯 하늘의 중간에 처하는데 지혜와 자비를 회통하여 치우치지 않게 했으니, 사천왕이 또한 제석을 의지하여 주도자를 삼음과 같다. 이 때문에 이 하늘에서 십회향을 설하니 진·속을 화회하여 대자비를 이뤄서 생사에 오래 처하되 열반을 폐하지 않음을 '회향'이라 이름함을 밝힌다. 초발심주 이후로부터 이같이 화회의 지위가 마치면서 그 이름을 치우쳐 얻은 때문에 회향이라고 이름하니 이는 장소로써 법의 승진을 나타낸 것이다. 또한 일찍이 몸이 왕래가 있지 않아서 지혜와 자비가 항상 두루하고 〔물살〕 가운데나 가장자리 〔차안·피안〕가 없기 때문에 다만 장소에 의지해 일생 보살이 이 하늘 가운데 처하여 과·행이 원만함을 나타내어 밝힌 것이다. 또 발심할 때 처음으로 여래 지혜의 가문에 태어나서 부처님 지혜로 대비문을 행함이 원만한 여래의 불과임을 나타냈는데 불과가 일층 더 항상 원만하고 행이 다시 늘 행해져서 불과와 행이 서로 장엄하기 때문에 불화엄이라 호칭한다. 십지와 십일지도 이 십주·십행·십회향법에 의하여 세 법이 그 공용을 이룬 것이지 다시 또한 별도로 안립한 것이 아니니 타화천에서 십지를 설할 때엔 다시 따로 법사(法事)와 공양을 일으키지 않았다. 다만 이 지위의 대지·대자·대비를 키워서 깊고 견고히 원만케 한 때문에 '십지'라고 이름한 것이다.

【수현기】若不迴向 進行莫由故也. 同前准之可知.

〔수〕 회향하지 않으면 진행하여 말미암지 못하기 때문이다. 앞과 같이 준하면 알 수 있다.

【탐현기】將欲說法 先辨所依處 故明也. 又前會旣終 赴後之始 故先辨此.

〔탐〕 장차 설법하고자 함에 먼저 그 의지처를 드러내려고 밝혔다. 또 앞의〔승야마천궁〕회는 이미 끝났고, 전도로 향한 처음이 되므로 먼저 말한 것이다.

Ⅲ. 승도솔천궁품의 주제와 취지

【청량소】以昇天赴感爲宗. 說向爲趣.

〔청〕 천상에 올라가 감응함으로써 주제를 삼고, 회향을 설함으로 취지를 삼는다.

【탐현기】謂天王嚴稱法界之器殿爲能感. 如來以遍法界之身雲爲能應. 感應契而無動. 無動寂而繁興. 緣起具德 爲此品宗.

 천왕이 법계라 일컫는 기세간의 궁전을 장엄함을 '능감'으로 삼고, 여래의 법계에 두루한 구름 같은 불신[身雲]으로써 '능응'을 삼는다. 감과 응이 걸맞되 움직임이 없으며, 움직임이 없이 고요해도 왕성하게 일어나니 연기가 덕을 갖춤으로써 이 품의 주제를 삼는다.

Ⅳ. 승도솔천궁품의 간추린 경문

부처님께서는 다시 신력으로 이 보리수 아래와 수미산 정상과 야마천궁을 떠나지 않고 도솔천으로 가시어 온갖 절묘한 보배로 장엄한 궁전으로 향하셨다.

도솔천왕이 멀리 부처님께서 오심을 보고 궁전에 마니장 사자좌를 마련하여 갖가지로 장엄하고 존중심을 내어 십 만억 아승지 도솔천자들과 더불어 무한한 공양구를 마련하여 합장하고 말씀드렸다.

"잘 오십니다. 부처님이시여, 부디 이 궁전에 머무르십시오."

부처님께서는 스스로 장엄하시고 대위덕을 갖추셨다. 중생들을 기쁘게 하기 위해 천왕의 청을 거두고 온갖 보배로 장엄한 궁전에 들어가시니, 이 세계와 같이 시방 세계에서도 마찬가지다.

그 때 도솔천궁의 음악으로 찬탄함이 치성하여 쉬지 않고, 부처님의 신력으로써 도솔천왕의 마음이 혼란스럽지 않았다. 옛날의 선근이 다 원만하여지고 청정한 신심이 늘어나 대 정진을 일으키고 환희심을 내었다. 마음가짐을 깨끗이 하여 보리심을 내었고 법을 끊임없이 생각하여 잊지 않았다.

부처님께서는 온갖 보배로 장엄한 궁전의 마니보장 사자좌에서 결가부좌하셨는데 이 자리에 앉으심에 그 궁전에서 무한히 아름다워 하늘보다 뛰어난 공양구로 부처님께 공양하니, 시방의 모든 도솔천에서도 다 또한 이와 같았다.

제24. 도솔궁중게찬품(兜率宮中偈讚品)

구역 : 제20. 도솔천궁보살운집찬불품(兜率天宮菩薩雲集讚佛品)

Ⅰ. 도솔궁중게찬품의 이름 풀이

【청량소】謂十方菩薩 於此宮中 讚佛實德. 故受斯名. 通二種釋 如第三會.

[청] 시방 보살이 이 궁중에서 부처님의 실다운 덕을 찬탄하기 때문에 이런 이름을 받았는데 두 가지 해석에 통하는 것은 제3회와 같다.

【통현론】明以金剛幢等十菩薩 各從異佛刹來 處兜率天宮 至如來所 各化作妙寶 師子之座已 各以十廻向 法門因果 而偈讚之 故名偈讚品 異佛刹者 從十行中來 入十廻向

[통] 금강당 등의 열 보살이 각각 다른 불국토로부터 와서 도솔천궁에 있으면서 여래의 처소에 이르러 각기 묘한 보배 사자좌를 변화로 만들어 마치고 각각 십회향의 인과 법문을 게송으로 찬탄하기에 '게찬품'이라 했다. 다른 불국토란 십행으로부터 와서 십회향에 들어간 것이다.

【수현기】 有四義. 一處. 二人. 三身儀. 四口業. 或六句可知.

수 네 가지 뜻이 있는데 첫째는 장소이고, 둘째는 사람이며, 셋째는 몸의 거동이요, 넷째는 구업이다. 혹 육구는 알 수 있다.

【탐현기】 明如來將說妙法 必英徒影赴電速雲臻 遍滿虛空 集於法界 各以妙偈嘆佛實德 故以爲名. 又天宮是處. 菩薩顯人. 雲集是身業自在. 讚佛是語業功德. 約身語處用以題名.

탐 여래께서 장차 묘한 법을 설하고자 하실 때는 반드시 뛰어난 무리들이 번개같고 그림자같이 빨리 따르니, 구름처럼 이르러서 허공에 가득 찬다. 법계에 운집하여 각기 묘한 게송으로써 부처님의 진실한 덕을 찬탄함을 밝히기 때문에 이름으로 삼은 것이다. 또 '천궁'은 장소요, '보살'은 사람을 나타낸 것이며, '운집'은 신업이 자재한 것이요, '찬불'은 어업의 공덕이니 신업·어업·장소에 의해서 제목했다.

Ⅱ. 도솔궁중게찬품을 설하는 까닭

【청량소】 前明化主赴感 今明助化讚揚 及顯位體所依. 故次來也.

청 앞서 교화주의 감응을 밝혔는데, 지금은 교화 보조의 찬양을 밝히고 지위의 본체가 의지됨을 나타내기에 이어진 것이다.

【통현론】 此品爲欲成十廻向中 因果法門故. 此品須來也.

통 이 품은 십회향 중의 인과 법문을 이루고자 하기 때문에 마땅히 이어진 것이다.

【수현기】 同前但所爲別耳.

수 앞과 같은데, 다만 하는 것이 다르다.

【탐현기】 來意同前釋. 但加歎菩薩德 及光益爲異.

탐 설하는 까닭은 앞 〔여래승도솔천궁일체보전품〕의 풀이와 같은데 다만 보살의 덕을 찬탄하고, 광명의 이익을 더함이 다를 뿐이다.

Ⅲ. 도솔궁중게찬품의 주제와 취지

【청량소】 集衆放光 偈讚爲宗. 爲說迴向爲趣.

청 대중을 모아 방광하여 게송으로 찬탄함으로써 주제를 삼고, 회향을 설함으로써 취지를 삼는다.

【수현기】 亦同前准之. 但迴入此品 歎方便佛行爲異耳.

수 또한 앞과 같음에 준할 것이니 다만 이 품을 되돌려 들어가서 방편의 부처님 행을 찬탄함이 다르다.

【탐현기】 宗同前釋. 但加歎菩薩德 及光益爲異.

탐 주제도 앞 〔여래승도솔천궁일체보전품〕의 풀이와 같은데 다만 보살의 덕을 찬탄하고 광명의 이익을 더함이 다를 뿐이다.

Ⅳ. 도솔궁중게찬품의 간추린 경문

부처님의 신력으로 시방에 금강당 등 대 보살이 저마다 많은 보살들과 함께 묘보 세계 등으로부터 부처님 처소에 이르러 절하고 부처님의 신력으로 묘보장 사자좌를 변화로 만들었다. 보배 그물로 널리 미치게 두루 덮고, 모든 보살 대중이 제각기 온 방향을 따라 사자좌 위에 결가부좌하였다.

부처님께서 두 무릎으로 백천 억 나유타 광명을 놓아 시방 세계를 두루 비추시니 여러 보살들이 이런 신통 변화 모습을 다 보았다.

그 때 금강당과 법당 등의 보살들께서 부처님의 신력을 받아 시방을 두루 관찰하고 게송으로 말씀하셨다.

마치 비옥한 밭에
심은 것은 잘 자라듯이
깨끗한 마음 밭에서
불법이 나오네.

마치 한마음의 힘이
능히 갖가지 마음 내듯이
한 부처님 몸으로
많은 부처님 두루 나타내네.

마치 모든 법이
많은 인연으로 생기듯이
부처님 친견함도 마찬가지로
온갖 선한 업 빌려야 하네.

부처님 몸이나 세간이나

모두 '내'가 없으니
이를 깨달아 정각 이루고
다시 중생 위해 설하시네.

만약 능히 세간에서
온갖 집착 멀리 떠나고
막힘 없는 마음에 기뻐하면
법을 깨치리.

시시각각
무한한 부처님께 공양하여도
진실한 법 알지 못하면
공양이라 할 수 없네.

제25. 십회향품(十廻向品)

구역 : 제21. 금강당보살십회향품(金剛幢菩薩十廻向品)

Ⅰ. 십회향품의 이름 풀이
　【청량소】【통현론】
　【수현기】【탐현기】
Ⅲ. 십회향품의 주제와 취지
　【청량소】
　【수현기】【탐현기】

Ⅱ. 십회향품을 설하는 까닭
　【청량소】【통현론】
　【수현기】【탐현기】
Ⅳ. 십회향품의 간추린 경문

Ⅰ. 십회향품의 이름 풀이

【청량소】廻者轉也. 向者趣也. 轉自萬行 趣向三處 故名廻向. 廻向不同 有其十種. 然十之別名 本分當釋. 廻向通稱 今當重明. 隨境所向 義有衆多. 以義通收 不出三處. 謂衆生菩提 及以實際. 上二皆隨相. 實際卽離相. 開三爲十. 一廻自向他故. 初廻向云 若有善根. 不欲饒益一切衆生 不名廻向. 二廻少向多故. 下文云. 善根雖少 普攝衆生. 以歡喜心 廣大廻向. 又云. 隨一善根 普以衆生 而爲所緣 乃名廻向. 三廻自因行 向他因行故. 第三廻向云. 菩薩以諸善根 廻向佛已. 復卽以此善根廻向 一切菩薩. 所謂願未滿者 令得願滿. 心未淨者 令得淸淨.

청 '회'는 되돌리는 것이요, '향'은 나아가는 것이니 자기의 모든 수행을 되돌려 삼처에 향하므로 '회향'이라 이름한다. 회향의 같지 않음이 열 가지가 있는데 열 가지 별명은 본분에 해당하면 풀고 회향의 통칭을 지금 거듭 밝힌다. 경계를 따라 향하는 뜻이 매우 많은데, 뜻으로써 다 거두자면 중생·보리·실제의 삼처를 벗어나지 않으니 위의 둘〔중생·보리〕은 다 차별적 형상을 따른 것〔隨相〕이고, 실제는 차별적 형상을 초월하여 떠난 것이다.

셋을 나누어 열 가지로 한다.

〔중생에 회향〕

1. 나를 되돌려 남에게 향하니 처음 십회향품에, "만약 선근이 있을지라도 많은
   중생을 유익하게 하지 않으면 회향이라 이름하지 못한다"고 했다.

2. 적은 것을 되돌려 많은 것에 향하기 때문에 다음 〔십회향품〕 경문에 "선근이
   비록 적으나 널리 중생을 거두어 환희심으로써 크게 회향한다"고 했으며, 또
   "한 선근을 따라 두루 중생으로써 반연을 삼음을 회향이라 이름한다"고 했다.

3. 자기의 인행을 되돌려 타인의 인행에 향하기에 제3 〔모든 부처님과 평등한〕
   회향에, "보살은 모든 선근으로써 부처님께 회향하고는 다시 이 선근으로써 일
   체 보살에게 회향한다. 이른바 원이 만족치 못한 자는 원만케 하고, 마음이 깨
   끗하지 못한 이는 청정케 한다"고 하였다.

【청량소 2】四廻因向果. 此復二種. 一向自果. 下文云. 修諸善根 廻向阿耨菩提故.
深密[1]瑜伽[2]梁攝論[3]等[4] 大同此說. 二廻向他果. 第三廻向云. 願以我今 所種善根 令諸
佛樂 轉更增勝故. 五廻劣向勝. 謂隨喜凡夫二乘之福 廻向無上菩提故. 六廻比向證.[5]
經文非一. 七廻事向理故. 不壞廻向云. 與諸法性 相應廻向 入無作法 成所作廻向. 第
六廻向云. 永離依處 到於彼岸 故名廻向 永絶所作 至於彼岸 故名廻向.

〔보리에 회향〕

청 4. 인행을 되돌려 불과에 향하니 이에 다시 두 가지가 있다.

　　(1) 자기 불과에 향하니 다음 〔십회향품〕 경문에, "〔여러 중생을 널리 구호
　　　　하기 위하여〕 온갖 선근을 닦아 최고의 깨달음에 회향한다"고 했는데
　　　　해심밀경 · 유가사지론 · 양역 섭대승론석 등이 이 설과 크게 같다.

　　(2) 타인의 불과에 회향하니 제3 〔모든 부처님과 평등한〕 회향에, "원컨대
　　　　내가 지금 심은 선근으로써 모든 부처님의 기쁨이 더욱 늘어나게 하여
　　　　지이다"라고 하였다.

5. 하열함을 되돌려 수승한데 향하니 범부와 이승의 복에 같이 따라 기뻐하며 무상보리에 회향하기 때문이다.

6. 비증(比證)을 되돌려 깨달음에 향하니 경문이 하나가 아니다.

[실제에 회향]

7. 현상을 되돌려 이치에 향하기에 [제2] 불괴회향에, "온갖 법의 성품과 상응하는 회향과 무작법(無作法)에 들어가 하는 일을 성취하는 [방편]회향"이라고 했다. 제6 회향에서는, "의지처를 아주 떠나 피안에 도달하기 때문에 회향이라 하고, 하는 일을 영원히 끊어 저 언덕에 이르게 하므로 회향이라 이름한다"고 하였다.

【주】 ────────────────

1. 심밀(深密) : "바른 회향은 이른바 이와 같이 하여 모은 바라밀다로써 위없는 대보리과를 되돌려 구하는 것이다."(正迴向者 謂以如是所作所集 波羅蜜多 迴求 無上大菩提果) 〈해심밀경(解深密經) 4권, ⑤ 16권 706 上〉(⑪ 35권 3)

2 유가(瑜伽) : "순일한 맛의 깨끗하고 묘한 신심으로써 위없이 바른 깨달음을 되돌려 구한다."(以淳一味 妙淨信心. 迴求無上正等菩提.) 〈유가사지론(瑜伽師地論) 47권, ⑤ 30권 551 中〉, (⑪ 35권 3)

3. 양섭론(梁攝論) : 양역 섭대승론석 제10에, "반야의 회향을 말미암아 앞의 육바라밀이 큰 보리를 얻는다. 보시 등이 다함이 없기 때문에 반야가 방편을 끈다"라고 하고, 또 방편바라밀을 풀이한 가운데, "안으로 중생들을 유익케 하고자 하기 때문에 지은 선근 공덕을 다 위없는 깨달음에 회향한다"고 하였다. 〈⑪ 35권 3〉

4. 등(等) : 무성과 세친이 다 이 설과 같은데 무성의 섭대승론석은, "이러한 선근으로써 위없이 바른 깨달음을 구하는 것은 위없는 부처님의 보리를 증득하기 위한 연고다"라고 했다. (若以此善 迴求無上正等菩提. 爲證無上佛菩提故.) 〈무성(無性)의 섭대승론석(攝大乘論釋) 제7권, ⑤ 31권 425 中〉, 세친의 섭대승론석은, "있는 선근을 모두 다 무상보리에 회향하여 온갖 유정의 이익을 짓는다[이와 같은 것을 '모든 유정과 함께 함'이라고 이름한다]"고 했다. 풀면, 글이 쉬워 소에서는 다만 생략하여 가리켰다. (所有善根 皆息迴向無上菩提. 作諸有情 一切義利.) 〈세친(世親)의 섭대승론석(攝大乘論釋) 제8권, ⑤ 31권 360 上〉, (⑪ 35권 3~4)

5. 회비향증(廻比向證) : 글이 많기에 소에서는 별도로 지적하지 않았다. 만약 깨달음을 취하자면 앞의 제3 회향에, "마음이 청정하지 못한 것을 청정케 한다"고 한 '청정'이 정심지(淨心地)이며, 정심지가 바로 초지이다. (心未淨者 令得清淨) 〈⊕ 35권 4〉

【청량소 3】八廻差別行[1] 向圓融行故. 如第九廻向廣說. 九廻世向出世故. 下文云. 所有善根 皆悉隨順 出世間法. 教化成熟 一切衆生. 心常廻向 出世之道. 第六廻向云. 永出諸蘊 到於彼岸. 故名廻向等. 十廻順理事行[2] 向理所成事故.[3] 廣如第八廻向所說. 前十義中 初三皆廻向衆生. 次三皆廻向菩提. 次二廻向實際. 後二義通於果 及與實際. 若依總云十廻向 卽帶數釋. 若準梵本晉經 皆云金剛幢菩薩十廻向品 卽人法雙擧. 或人 之法法之人 人有法通二釋也.

청 8. 차별행을 되돌려 원융행에 향하기 때문이니 제9 회향에 자세히 설한 것과 같다.

〔과(果)와 실제에 다 통한다〕

9. 세간을 되돌려 출세간을 향하기 때문에 다음〔제2 무너지지 않는 회향〕 글에, "있는 선근을 다 출세간법에 수순하여 일체 중생을 교화하고 성숙시키되 마음은 항상 출세간도에 회향한다"고 하였다. 제6 회향에는, "오온에서 길이 벗어나 피안에 도달하기 때문에 회향 등이라고 이름한다"고 했다.

10. 이치에 맞는 차별적 수행〔順理事行〕을 되돌려 이치로 이루어진 현상〔理所成事〕에 향하는 까닭이니 널리 제8 회향의 설과 같다.

　앞의 열 가지 뜻 가운데 처음 셋은 다 중생에 회향하고, 다음 셋은 모두 보리에 회향하며, 차례로 둘은 실제에 회향하는데 뒤의 둘은 뜻이 불과와 실제에 통한다. 만약 모두 '십회향'이라고 함에 의하면 곧 대수석이다. 범본과 진경에 준하면 다 '금강당보살십회향품'이라고 할 것인데, 바로 사람과 법을 쌍으로 들었으니 혹 사람의 법이며, 법의 사람이다. 사람에 법이 있으니 두 가지 해석에 통한다.

1. 회차별행(迴差別行) : 처음에 참회 등 다섯 부문의 선근을 나열함이 차별 선근이
   되는데 낱낱의 회향 가운데 다 보현의 원융행을 이루기 원하기 때문이다. 〈㊉
   35권 4〉
2. 회순이사행(迴順理事行) : 처음 선근을 모으는〔積集資糧〕 지위에 현상과 이치를
   같이 따른다. 대승을 구하길 바라 두려움 없는 용맹 등의 차별적 수행〔事行〕으로
   반야 덕의 근본을 심어서 깊은 마음이 움직이지 않아 마음의 보배를 성취하는
   등이 바로 순리행이다. 〈㊉ 35권 4〉
3. 향리소성사고(向理所成事故) : 백문 진여를 이른다. 이룬 행이 바로 이치로 이루
   어진 것임을 비교하는 것이다. 〈㊉ 35권 4〉

【통현론】 此品何故 名爲十廻向. 答曰. 以十住初生諸佛智慧家. 雖有第七方便波羅
蜜 成大悲行. 然爲創始應眞 修理智出世心多 行悲行劣故. 於初發心住. 於妙峰山頂見
比丘 名爲德雲. 得憶念諸佛 智慧光明門. 雖知以後次第 十善知識. 以十波羅 互相參
入. 和融諸行 早已具足. 然當隨本位行門 勝劣全異. 此明同中別 令昇進故. 如十行位
中 爲行之首. 卽以三眼國 比丘名善見. 卽以林中經行. 用表其十行. 以智眼慧眼法眼. 觀
根利生化 令出俗故. 以比丘所表. 爲十行廣大覆蔭衆多 以林所表.

⬚통 이 품은 무엇 때문에 십회향이라 이름하는가?

답 : 십주에서 처음 모든 부처님 지혜의 가문에 태어나서 비록 제7 방편바라밀로
대비행을 이루어 처음 진실에 응함에 이지(理智)를 닦는 출세간심은 많았지만 자비
를 행하는 행은 열등했다. 그러므로 초발심주의 묘봉산 정상에서 덕운이란 이름의
비구를 보고는 '모든 부처님을 기억하는 지혜의 광명문'을 얻었다. 비록 이후에 순서
로 열 분의 선지식이 십바라밀로써 서로서로 참가하고 온갖 행을 융화하여 일찍이
갖추었음을 알지만 마땅히 본 지위의 행문을 따라서 낮고 못함이 전혀 다른데 이는
같은 중에 다름을 밝혀서 승진케 한 때문이다.

십행의 지위에서 행의 머리에 삼안국의 선견이란 이름의 비구가 숲속에서 경행함
은 십행에 지안·혜안·법안으로써 근기를 관찰해 중생을 이롭게 하고 교화하여 세

속을 벗어나게 함을 표한 때문에 비구로서 나타낸 것이요, 또 십행이 크게 보호하고 덮음[覆蔭]이 많기에 숲으로써 표한 것이다.

【통현론 2】如此十廻向位中. 明前二位 出俗心多. 大悲行劣. 以將十住 初心所得 諸佛之智慧. 十行之中 出世之行門. 處俗利生 故名廻向. 廻眞入俗利生 故名廻向. 是 故此位 表法善知識. 卽以鬻香長者名號 靑蓮華表之. 明此十廻向法門 如合和香法. 以 將諸衆香合成爲一丸. 互相資益 以成徧熏. 十廻向者. 亦復如是. 以戒定慧 解脫解脫 知見 五分法身之香. 和合大慈大悲 諸波羅蜜 四攝四無量 涅槃生死 諸塵勞門. 共成一 箇 法界之眞香. 皆從大願爲首. 是故此位 名爲廻向. 長者名靑蓮華者. 表此位行 不染 垢淨 生死涅槃也. 又長者明處俗流. 智長於世人 名之爲長者. 靑蓮華者明色 諸華之中 此華色香第一. 以表五位行門. 此十廻向 法門第一. 何以然者. 爲此十廻向法門 以大 願力 會融悲智. 生死涅槃 成一法界之眞自在法故. 能資前位佛果. 使具普賢行門圓滿 故. 亦成後位 十地十一地行門. 使慣習自在故. 明前後十住十行 十地十一地 總是此十 廻向位中 理智大願 大智大悲 所圓融故. 以此十廻向位 通前徹後 總通收故 故表靑蓮 華. 衆華之中 色香最爲殊勝 出過餘華也.

⑤ 이 같은 십회향 지위에서는 앞의 두 지위에서 세속을 벗어나는 마음이 많았으나 대비행이 못함을 밝힘으로써 십주 초심에서 얻은 모든 부처님의 지혜와 십행의 출세 행문을 가져서 세속에 처해 중생을 이롭게 하기 때문에 '회향'이라 이름하고, 진실을 되돌려 세속에 들어가 중생을 이롭게 하기 때문에 '회향'이라 한 것이다. 이 때문에 이 지위의 법을 표한 선지식을 육향장자의 명호인 청련화로써 나타냄은 십회향 법문이 향을 화합하는 법에 온갖 여러 향을 가지고 합성해 하나의 환을 만드니 서로서로 도와 두루 스며듦과 같은 것이다. 십회향도 또한 다시 이와 같아서 계·정·혜·해탈·해탈지견인 오분법신의 향으로써 대자와 대비·모든 바라밀·사섭·사무량·열반·생사와 온갖 번뇌문을 화합해서 같이 하나의 법계 진향을 이룸이 다 대원으로부터 으뜸이 됨을 밝히기 때문에 이 지위를 회향이라고 이름한 것이다.
　　장자를 청련화라고 함은 이 지위의 행이 더럽다거나 깨끗한 생사 열반에 물들지

않음을 나타낸 것이고, 또 장자는 속세의 기류에 처해도 지혜가 세속 사람보다 뛰어남을 밝히기에 장자라 했다. 청련화는 색을 밝힌 것인데 온갖 꽃 중에 이 꽃이 색과 향이 제일이기에 다섯 계위의 행문에서 이 십회향 법문이 제일임을 나타낸 것이다. 왜 그런가 하면 이 십회향 법문이 대원력으로써 자비와 지혜와 생사 열반을 융회하여 일 법계의 참된 자재법을 이루기 때문에 앞의 지위의 불과를 도와 보현행문을 갖춰 원만케 하기 때문이다. 또한 전도의 지위인 십지와 십일지의 행문을 이뤄서 관습해 자재롭게 하기 때문이다. 이는 앞뒤의 십주·십행·십지·십일지가 다 이 십회향 지위 중의 이지(理智)와 대원·대지·대비가 원융한 것임을 밝힌 것이다. 그래서 이 십회향 위로써 앞도 통하고 뒤도 관철하여 전부 통틀어 거두니 청련화가 여러 꽃 가운데 색과 향이 최고 수승하여 나머지 꽃들보다 뛰어남을 드러냈다.

【통현론 3】又以表兜率天宮. 於諸三界 此天殊勝. 何以故. 爲世間三世 諸佛皆在此天 長菩提心滿 化世間故. 向上化樂天他化天 樂放逸故. 又向上色界無色界 是樂靜心多故. 已下夜摩忉利 是著樂之處 天非知足故. 四天王天 四面而居 非正位故. 是故此天 處欲界之天 上下處中故. 又此天要修三福德人之 共生處故. 何者爲三. 一修施. 二持戒. 三修定. 自餘諸天 不修三福 令均平故. 皆偏多也. 修戒施二福 是故餘天 或多放逸. 或多樂靜. 是故上生經云. 樂欲長菩提心者. 來生此天. 是故此天 說此十廻向門. 於此表法勝故. 又向下忉利夜摩 向上他樂他化. 此天於此五天處中故. 故說十廻向. 和會智悲均平 令處中故. 故於此天 說十廻向故. 故將此處 表所說法門. 又將鬻香長者 號靑蓮華. 所表法位 以此之義可解. 是故名十廻向. 以表十波羅蜜行 參和一多同別之門故. 爲十種廻向 以表無盡故. 以大願風 吹智慈雲 令普雨故.

통 또 도솔천궁이 모든 삼계에서 이 하늘이 수승함을 드러내는데, 왜 그런가? 세간의 삼세 모든 부처님께서 다 이 하늘에 계시면서 보리심을 원만히 키워 세간을 교화하기 때문이다. 위의 화락천과 타화자재천은 방일을 좋아하고, 그 위의 색계와 무색계는 고요함을 좋아하는 마음이 다분하다. 아래의 야마천과 도리천은 쾌락에 집착하는 곳이라서 하늘이 족함을 알지 못하고, 사천왕천은 〔수미산 중턱〕 사면에 있어 정식 지위가 아니다. 이 때문에 이 하늘은 욕계천에 처하면서 상하의 가운데 있고, 또 이 하늘은 세 가지 복덕을 닦아 이룬 사람이 함께 나는 곳인데 셋은 무엇인가?

처음은 보시를 닦고, 둘째는 계율을 지키며, 셋째는 선정을 닦는다. 이 밖의 모든 하늘은 세 가지 복을 닦아서 고루 공평하지 못한 때문에 다 많이 치우쳐 지계와 보시의 두 가지 복만 닦기에 여타 하늘은 많이 방일하거나 혹은 다분히 적정을 즐긴다.

그러므로 불설관미륵보살상생도솔천경에, "보리심을 키우길 좋아하는 자가 이 하늘에 내생한다"고 한 것이니 이 때문에 이 하늘에서 십회향문을 설해 이 곳에서 법의 수승함을 나타냈다. 또 이 하늘이 아래로 도리천과 야마천, 위로는 화락천과 타화자재천 등 다섯 하늘의 가운데 있기에 십회향을 설하고, 지혜와 자비를 화회하고 균평케 하여 중도에 있게 하기 때문에 이 하늘에서 십회향을 설했다.

이런 장소로써 설해지는 법문을 표하며, 또 육향장자의 호인 청련화로써 나타낸 법의 지위도 이런 뜻으로써 이해할 수 있기 때문에 십회향이라고 했다. 십바라밀행이 하나와 많은 것, 같고 다른 문을 서로 화합함을 나타내기 때문에 십종 회향으로써 다함없음을 나타냈고, 대원의 바람으로써 지혜와 자비의 구름을 불어 널리 비 내리게 했다.

【수현기】 迴向者 迴前行向菩提. 亦可通衆生及法性. 金剛等是人. 迴向等是法.　就二義得名也.

水 '회향'은 앞의 행을 되돌려 보리에 향하는 것이며, 또한 중생과 법성에 통한다. '금강' 등은 사람이고, '회향' 등은 법이니, 두 뜻에 나아가 이름을 얻은 것이다.

【탐현기】 德成無壞 喩號金剛. 獨出世間 舉幢以表. 此中卽以金剛爲幢. 菩薩是人. 有彼德者. 有財釋也. 迴己善根 向於三處.[1] 此是行德法. 謂剛幢之迴向. 依主釋 亦通有財. 又通持業. 以人法相卽故. 但以寄人顯法 故雙舉耳. 此卽從德 標名 依人顯法故也.

[탐] 덕이 이루어져서 무너지지 않음을 '금강'에 비유하여 부른 것이요, 홀로 세간을 벗어났기에 '당'을 들어 나타냈으니 이에서는 곧 '금강'으로써 '당'을 삼은 것이다. '보살'은 덕이 있는 사람으로 유재석인데 자기의 선근을 되돌려 삼처에 향하니 이는 행덕(行德)의 법이다. '금강당의 회향'이니 의주석이요, 또한 유재석과 지업석에도 통하니 사람과 법이 서로 걸맞기 때문이다. 다만 사람에 기탁하여 법을 나타냈기 때문에 같이 든 것이요, 덕으로부터 이름을 나타냈으니 사람에 의해 법을 표한 것이다.

【주】 ————————

1. 삼처(三處) : → 부록 법수 참조.

Ⅱ. 십회향품을 설하는 까닭

【청량소】當會序分已彰 正宗宜顯故. 又已總示 所依佛智 次別顯能依行位 故次來也.

[청] 해당 〔도솔천궁〕회의 서분은 이미 드러냈고, 정종분을 의당 나타내기 때문이다. 또 이미 의지되는 부처님 지혜를 모두 보였으니, 차례로 의지하는 행의 지위를 따로 나타내기 때문에 이어진 것이다.

【통현론】大意如前所述可知.

[통] 큰 뜻은 앞서 서술한 것과 같으니 알 것이다.

【수현기】同前耳. 但法體異前耳. 今此論所治 及成得等 並約三乘說之. 若約一乘別敎辨者. 卽或治或不治等 可准思攝.

⟨수⟩ 앞과 같은데 다만 법체만이 앞과 다를 뿐이다. 지금 이 논에서 다스려지는 것과 이루어 얻는 등은 다 삼승에 의해 설한 것인데 만약 일승의 별교에 근거하여 말하면 다스리는 것이나 다스리지 못하는 것 등을 준하여 생각으로 거둘 수 있다.

【탐현기】序分既彰. 正宗宜顯 故次來也.

⟨탐⟩ 서분은 이미 드러났고 정종분을 마땅히 나타내야 하기 때문에 이어진 것이다.

Ⅲ. 십회향품의 주제와 취지

【청량소】以無邊行海順無盡大願爲宗. 成就普賢法界德用爲趣.

⟨청⟩ 끝없는 행으로써 다함없는 대원을 따름으로 주제를 삼고, 보현 법계의 덕용을 이룸으로써 취지를 삼는다.

【수현기】總相可知. 廣在下文.

⟨수⟩ 총체적인 형상은 알 수 있으며, 자세한 것은 다음의 경문에 있다.

【탐현기】十種大行 迴向三處 爲此品宗. 又以無邊行海隨順無崖大願成就普賢 法界德用爲此宗趣. 如下文顯引之.

⟨탐⟩ 열 가지 큰 행을 삼처에 회향함이 이 품의 주제인데, 또 끝없는 행으로써 가없는 대원을 따르게 하여 보현 법계의 덕용을 이룸으로써 주제와 취지를 삼는다. 다음 글에 나타난 것은 이를 인용한 것이다.

Ⅳ. 십회향품의 간추린 경문

금강당 보살이 부처님의 신력을 받아 보살지혜광명 삼매에 들어간 뒤에, 한없는 금강당 부처님들께서 모두 그 앞에 나타나 함께 칭찬하시며 각각 오른손으로 금강당 보살의 머리 위를 만지셨다. 금강당 보살께서 마정수기를 받고 곧 삼매로부터 나와 여러 보살들에게 말씀하셨다.

"보살의 부사의한 대원이 법계에 충만하여 여러 중생을 널리 건지니, 이른바 과거·현재·미래의 모든 부처님의 회향을 수학하는 것이다.

보살의 회향이 열 가지가 있으니, 삼세의 모든 부처님들께서 함께 연설하신다. 하나는 '많은 중생을 구호하면서도 중생이라는 상을 떠나는 회향'이요, 둘은 '멸하지 않는 회향'이고, 셋은 '모든 부처님과 평등한 회향'이다. 넷은 '온갖 곳에 이르는 회향'이요, 다섯은 '다함이 없는 공덕장' 회향이며, 여섯은 '모든 평등한 선근에 들어가는 회향'이다. 일곱은 '많은 중생을 평등하게 따라주는 회향'이며, 여덟은 '진여의 모양인 회향'이다. 아홉은 '속박도 없고 집착도 없는 해탈의 회향'이요, 열은 '법계에 들어가는 무한한 회향'이다.

1. 많은 중생을 구호하되 중생이라는 상을 떠나는 회향
〔救護一切衆生離衆生相廻向〕

"이 보살은 단바라밀1)을 행하고, 시라바라밀2)을 청정히 하며, 찬제바라밀3)을 닦는다. 정진바라밀4)을 일으키고, 선바라밀5)에 들어가며, 반야바라밀6)에 머문다. 대자·대비·대희·대사로 이같이 무한한 선근을 닦을 때, 이렇게 생각한다. '이 선

---

1) '단'은 '단나'로 보시의 완성이다. 열반에 이르는 수행이므로 단바라밀이라고 한다.
2) 계를 지킴을 완전히 이룬 것이다.
3) 인내의 완성이다. 인욕행은 생사의 바다를 건너, 열반에 이르기 때문에 바라밀이라고 한다.
4) 정진의 완성으로 정진에 의해 훌륭한 공덕을 몸에 익히는 것이다.
5) 마음 통일의 완성이다.
6) 최고 지혜의 완성이다.

근으로 많은 중생을 두루 이롭게 하여 다 청정케 하며, 마침내는 지옥·아귀·축생·염라왕 등의 무한한 괴로움을 길이 떠나게 하여지이다.'

보살이 이같이 회향할 때 중생을 제도하여 항상 쉼이 없고, 법이란 상에 머물지 않는다. 비록 모든 법이 업도 과보도 없음을 알지만, 온갖 업보를 잘 내어서 서로 틀어지지 않으니, 이러한 방편으로 회향을 닦는다. 보살이 이같이 회향할 때 온갖 허물을 떠나 모든 부처님들께서 찬탄하신다. 이것이 보살의 '많은 중생을 구호하되 중생이라는 상을 떠나는 제1 회향'이다."

2. 멸하지 않는 회향〔不壞廻向〕

"이 보살이 모든 불법에 멸하지 않는 신심을 얻으니 깊은 뜻을 낸 때문이고, 수호하여 머물러 지니기 때문이다. 여러 중생에게 멸하지 않는 신심을 얻으니 자비의 눈으로 차별하지 않고 선근으로 회향하여 널리 이익을 주기 때문이다.

보살이 이같이 멸하지 않는 신심에 안주할 때 갖가지 경계에 무한한 선근을 심으니 보리심이 더욱더 자라게 하며, 자비가 광대하여 평등하게 관찰한다. 진실한 이치에 들어가서 복덕의 행을 모으고 크게 베풀어 온갖 공덕을 닦으며, 삼세에 차별하지 않는다.

이 회향에 머무를 때에는 무수한 부처님을 친견하고 무한히 청정하고 미묘한 법을 이룬다. 또 두루 중생들에게 평등심을 얻고, 온갖 법에 의혹이 없어진다. 모든 부처님의 신력을 받아 온갖 악마를 굴복시키고 업을 길이 떠났다. 귀하게 태어나 보리심을 원만히 하며, 막힘 없는 지혜를 얻되 남을 말미암지 않는다. 이것이 보살의 '멸하지 않는 제2 회향'이다."

3. 모든 부처님과 평등한 회향〔等一切佛廻向〕

"보살은 과거·현재·미래 모든 부처님의 회향 도를 따라서 수학한다. 이렇게 회향 도를 배울 때 온갖 색과 접촉물의 좋고 나쁨을 보더라도 좋아하거나 싫어하지 않는다. 마음이 자재하여 과실이 없고 청정하며, 기쁘고 즐거워서 근심이 없으며 유연하여 육근이 청량해진다.

이와 같은 안락함을 획득할 때 다시 발심해 부처님께 회향하여, '원컨대 지금 심은 선근으로 모든 부처님의 즐거움이 더욱 증대하소서'라고 한다.

온갖 선근으로 부처님께 회향하고 다시 보살에게 회향한다. 이른바 원이 원만하지 못하면 원만케 하고, 마음이 청정하지 못하면 청정케 한다. 중생들로 하여금 아만을 멀리하고 보리심을 내게 하며, 보살의 뛰어난 근성을 획득하게 하고, 선근을 닦아서 온갖 것을 아는 지혜를 얻게 한다.

이렇게 보살에게 회향하고 다시 모든 중생에게 회향한다. '원컨대 중생이 가진 선근이 하찮아 손가락 한 번 튕기는 동안에 부처님을 친견하고 법을 듣고 스님들을 공경하더라도 저 모든 선근이 다 장애를 떠나지이다. 부처님의 원만함을 생각하고 법의 방편을 생각하며, 스님들의 존중함을 생각하고, 부처님 친견함을 떠나지 않아 마음이 청정하여지이다. 불법을 얻어 무한한 덕을 모으며, 모든 신통을 청정히 하여 법에 대한 의심을 버리고 가르침에 의지하여 머물러지이다'고 한다. 중생을 위해 이같이 회향하듯이 성문과 벽지불에게 회향함도 마찬가지다. 또 원하기를 '모든 중생이 지옥·아귀·축생·염라왕 등의 온갖 나쁜 곳을 길이 떠나고 위없는 보리심을 키우며, 부처님의 안락을 얻고 심신이 청정하여 온갖 것을 아는 지혜를 증득하여지이다'고 한다. 이것이 모든 부처님과 평등한 제3 회향이다."

4. 온갖 곳에 이르는 회향〔至一切處廻向〕

"이 보살이 온갖 선근을 닦을 때 이런 생각을 한다. '원컨대 이 선근 공덕의 힘으로 온갖 곳에 이르러지이다. 마치 진여[7]는 이르지 못하는 데가 없이 온갖 물건과 세간·중생·국토·법·허공·삼세·언어와 음성에 이른다. 이 선근도 마찬가지로 모든 부처님 처소에 두루 이르러 공양한다. 광대한 지혜가 장애함이 없기 때문에 하늘에 있는 것과 같은 공양구로 공양하여 무한하고 끝없는 세계에 충만하여지이다'고 한다.

보살이 온갖 선근으로 이렇게 회향하면 부처님들의 마음에 맞고, 모든 불국토를 청정하게 장엄하며 여러 중생을 교화하여 이룬다. 모든 불법을 갖추어 수지하며 많은

---

7) 모든 존재의 참된 모습이며, 만유에 두루하는 상주 불변의 본체이다.

중생들에게 최상의 복전이 되고, 상인들의 지혜로운 인도자가 된다. 모든 세간의 깨끗한 빛이 되고, 하나하나의 선근이 법계에 가득하며, 많은 중생을 다 건져서 청정하게 공덕을 갖추게 한다. 이것이 보살의 '온갖 곳에 이르는 제4 회향'이다."

5. 다함없는 공덕장 회향〔無盡功德藏廻向〕

"보살은 온갖 업의 무거운 장애를 참회하여 없애고 일으킨 선근과, 삼세 부처님들의 초발심부터 보살행을 닦고 정각을 이루며, 내지 열반에 드시고, 열반 뒤에 정법이 세상에 머물러 있음을 다 따라 기뻐하여 가진 선근 등이 있다.

이같이 말로 할 수 없는 부처님 경계와 자기 경계와 내지 보리의 막힘 없는 경계를 생각한다. 또 이러한 광대하고 무한히 차별한 온갖 선근으로 쌓은 것을 다 회향하여 모든 불국토를 장엄한다.

이렇게 회향할 때 모든 보살행을 닦아서, 복덕이 수승하고 색상이 비할 바 없다. 위력과 광명이 온갖 세간을 뛰어넘고, 악마가 마주 대하지 못한다. 이것이 보살의 '다함 없는 공덕장 제5 회향'이다.

보살은 이 회향에 머물러 열 가지 무진장을 얻으니 무엇이 열 가지인가? 이른바 부처님을 친견하는 무진장을 얻으니 한 털구멍에서 아승지의 부처님들께서 세상에 나타나심을 친견한다. 법에 들어가는 무진장을 얻으니 부처님 지혜의 힘으로 모든 법이 한 법에 다 들어감을 관찰한다. 잘 기억하는 무진장을 얻으니 모든 부처님께서 말씀하신 법을 받아 지녀 잊지 않는다. 결정한 지혜의 무진장을 얻으니 모든 부처님께서 설하신 법과 비밀한 방편을 잘 안다. 의미를 이해하는 무진장을 얻으니 모든 법의 이치와 분제를 잘 안다. 끝없이 깨닫는 무진장을 얻으니 허공 같은 지혜로 삼세 모든 법을 통달한다. 복덕 무진장을 얻으니 모든 중생의 뜻을 충만히 하되 다함이 없다. 용맹한 지혜로 깨치는 무진장을 얻으니 많은 중생의 어리석은 번뇌를 다 능히 없애 버린다. 결정한 변재의 무진장을 얻으니 모든 부처님의 평등 법을 연설하여 중생들을 다 깨치게 한다. 십력8)의 두려움 없는 무진장을 얻으니 모든 보살행을 갖추어 더러움이 없는 비단을 이마에 매고 막힘 없는 온갖 지혜에 이르니 이것이 열이

---

8) 부처님의 특유한 열 가지 지혜의 힘인데, 십력을 갖춘 부처님이다.

다. 불자여, 보살이 온갖 선근으로 회향할 때 이 열 가지 무진장을 얻는다."

6. 견고한 온갖 선근을 따르는 회향〔隨順堅固一切善根廻向〕

"보살이 혹 제왕이 되어 대국에 군림하면, 널리 위덕이 퍼지고 천하에 명성을 떨침에 온갖 적이 귀순하지 않음이 없고, 호령할 때는 다 정법에 의한다. 법에 자재하여 보는 이는 다 복종하고, 형벌을 주지 않아도 덕으로 감화되며, 사섭법9)으로 중생을 포섭하고, 전륜성왕10)이 되어 어려운 이를 건진다.

보살이 이렇게 자재한 공덕이 있는데, 대 권속이 있어 저해할 수 없고, 온갖 과실이 없으며, 보는 이가 싫증 내지 않고, 복덕이 넘쳐 상호가 좋다.

온갖 보시를 갖추어 행하니, 혹 맛좋은 음식과 옷을 보시하고 만약 교도소의 수감자들을 보면 재보·처자 권속·몸이라도 던져서 저들을 건지고 벗어나게 한다. 사형수를 보면 몸을 버려서 저의 목숨을 대신하며, 이마의 살가죽을 벗겨 달라 하더라도 기꺼이 주어 아끼지 않는다.

혹 일찍이 없던 법을 구하기 위해 깊고 큰 불구덩이에 투신하고, 불법을 지키기 위하여 온갖 고통을 달게 받는다. 혹 법을 구하되 한 글자라도 사해 안의 온갖 가진 것을 다 버린다. 항상 정법으로 중생들을 교화하여 선행을 닦고 모든 악을 버리도록 한다. 또 중생들이 남의 몸을 해침을 보거든 자비심으로 구하여 죄업을 버리도록 한다.

만약 부처님께서 최고 정각을 이루심을 보거든 드높여 찬탄하고 널리 듣게 한다. 혹 땅을 보시하여 승방이나 요사체 법당을 지어서 머무시게 하고, 또 시자를 보내 소임을 맡겨 시중 들게 한다. 혹 자기의 몸을 달라는 이에게 주거나, 부처님께 보시하되, 법을 구하는 고로 뜰 듯이 기뻐하고 중생을 위하여 시중 들고 공양한다. 혹 왕위나 성이나 촌락이나 궁전이나 원림이나 처자 권속까지 버려서 구걸하는 대로 만족케 하고, 혹 온갖 살림 도구를 희사하여 '무차대회11)'를 베푼다.

---

9) 고난 중생을 건지는 네 방법으로 보시와 친절과 선행과 동고동락이다.
10) 인도 신화에서 세계를 통일 지배하는 제왕의 이상형이다.
11) 국왕이 시주가 되어, 누구나 제한 없이 공양하고 보시하는 대회를 말한다.

그 가운데 중생인 갖가지 복전이 멀거나 가까운 데서 왔거나 멋지거나 추하거나
남자거나 여자거나 마음 씀씀이가 같지 않고 구함이 각기 달라도 평등히 베풀어 주어
다 만족케 한다. 이것이 보살의 '견고한 온갖 선근을 따르는 제6 회향'이다."

법의 성품 온갖 곳에 두루 있으며
모든 중생과 국토와
삼세에 다 있어 남음이 없되
그 형상은 얻을 수 없네.

7. 많은 중생을 평등하게 따라주는 회향〔等隨順一切衆生廻向〕

"보살이 가는 곳마다 모든 선근을 쌓으니, 온갖 보시를 하여 수행하는 선근·수승
한 뜻을 세워 구경까지 청정 계율을 지니는 선근·모든 희사12)를 다 감내하는 선근
이다. 늘 정진하는 마음이 물러남 없는 선근·대 방편으로 무한한 삼매에 들어가는
선근·지혜로 잘 관찰하는 선근·여러 중생들의 마음씀이 다름을 아는 선근이다.
끝없는 공덕을 모으는 선근·보살의 업과 행을 부지런히 닦는 선근·모든 세간을
두루 덮어 기르는 선근이다. 이것이 보살의 '많은 중생을 평등하게 따라주는 제7 회
향'이다."

8. 진여의 모습인 회향〔眞如相廻向〕

"이 보살은 바르게 마음을 챙겨 분명하고 마음이 굳건히 머물며, 미혹을 넘어서
전심으로 닦는다. 깊은 마음이 움직이지 않아 멸하지 않는 업을 이루고, 온갖 것을
아는 지혜에 나아가 끝내 물러서지 않는다. 대승에 뜻을 두되 용맹하여 두려움이
없고, 선근의 씨앗을 심어 세간을 두루 편안케 한다. 수승한 선근을 내어 맑은 성질을
닦고 대비를 키워 마음의 보배를 이룬다. 부처님을 늘 생각하여 정법을 지키고 보살
도에는 신심이 견고해 무한히 맑은 선근을 이룬다. 모든 공덕과 지혜를 닦고, 조어장
부13)가 되어 여러 선한 일을 내게 하며, 지혜와 방편으로써 회향한다. 이것이 보살

---

12) 보상을 바라지 않고, 기쁘게 재보를 베푸는 것이다.

의 '진여의 모습인 제8 회향'이다."

　보살이 마음을 관함에 밖에 있지도 않고
　또한 다시 안에도 있지 않으니
　마음의 성품이 없음을 알아
　나와 법을 떠나 길이 적멸하도다.

9. 집착도 없고 속박도 없는 해탈의 회향〔無着無縛解脫廻向〕

"이 보살은 모든 선근에 존중심을 낸다. 이른바 생사를 벗어남에 존중심을 내고 온갖 선근을 거둠에 존중심을 내며, 모든 선근을 원하여 구함에 존중심을 낸다. 온갖 허물을 뉘우침에 존중심을 내며, 선근을 따라서 기뻐함에 존중심을 내고, 부처님들께 예경함에 존중심을 낸다. 탑에 정례함에 존중심을 내고, 부처님께 청법함에 존중심을 낸다. 이러한 갖가지 선근에 모두 존중하여 따르고 인지한다. 이것이 보살의 '집착도 없고 속박도 없는 해탈의 제9 회향'이다."

　잠깐도 거만하지 않고
　못난 생각도 내지 않으며
　부처님께서 갖추신 몸 등의 업을
　다 여쭈어 부지런히 닦네.

　강신(降神)하여 모태에 듦과
　한량없이 자재한 신통변화와
　성불하여 설법하고 열반을 보이심
　세간에 두루하여 잠시도 그치지 않네.

　존귀한 인도자 탄생하시자

---

13) 남을 잘 다스리는 자로 부처님의 칭호이다.

사방으로 각각 일곱 걸음 걸으시고
묘한 법으로써 중생을 깨우치고자
여래께서 두루 관찰하시네.

중생들이 애욕의 바다에 빠져서
어리석음의 어둠에 덮여 있음을 보고
사람 중에 자재한 이 미소 지으며
저들의 삼계 고통 구하려 하시네.

어느 때 왕궁에 계시다가도
출가하여 도를 닦으시니
중생을 이롭게 하기 위해
이러한 자재력14) 보이시도다.

10. 법계와 같이 무한한 회향〔等法界無量廻向〕

"이 보살은 때묻지 않은 비단을 머리 위에 매고 법사의 지위에 머물러 법보시를 널리 행하니 대자비를 일으켜 중생들을 보리심에 안립시킨다. 항상 유익한 일을 행하여 쉬지 않으며, 보리심으로 선근을 기른다. 지도자가 되어 중생에게 온갖 것을 아는 지혜로 향하는 길을 보이고, 중생들에게 마음이 평등하여 온갖 선행을 닦아 쉬지 않는다. 마음이 청정하여 물들지 않고 지혜가 자재하여 온갖 선근의 도업15)을 버리지 않고, 많은 중생에게 지혜 있는 경영주가 되어 편안한 정도에 들게 한다. 지도자가 되어 모든 선근의 법행16)을 닦게 하며, 멸하지 않고 강직한 선지식이 되어 선근이 자라서 이루게 한다. 이것이 보살의 '법계와 같이 무한한 제10 회향'이다."

---

14) 자유자재로 어떠한 것이라도 할 수 있는 힘이다.
15) 불도의 수행, 진실의 실천을 말한다.
16) 이치에 맞는 행위를 말한다.

과거·현재·미래에
가진 모든 선근이
나로 하여금 늘 보현행을 닦게 하여
속히 보현 보살 지위에 안주하게 하네.

제6회 타화자재천궁설(他化自在天宮說) : 6권 1품

(聖位 十地分)

【經文】爾時世尊 在他化自在天王宮 摩尼寶藏殿. 與大菩薩衆俱. 其諸菩薩 皆於阿耨
多羅三藐三菩提 不退轉. 悉從他方 世界來集.

그때 세존께서는 타화자재천왕궁의 마니보장전에서 대 보살 대중과 함께 계셨다. 그 모든 보살들은 다 최상의 깨달음에서 물러가지 않는 이들이니, 모두 다른 세계로 부터 왔다.

- 법 사 : 금강장 보살
- 법 문 : 십지
- 삼 매 : 보살의 대 지혜 광명 삼매
- 광 명 : 미간의 백호광명

(십지에서 미간의 백호광명을 놓음은 증득한 열 가지 진여가 중도를 갖춘 때문이다.)

〈십지품 제26〉

1. 서분 2. 삼매분 3. 가분 4. 기분 5. 본분 6. 청분
7. 설분 :

  (1) 환희지 (2) 이구지 (3) 발광지 (4) 염혜지 (5) 난승지

  (6) 현전지 (7) 원행지 (8) 부동지 (9) 선혜지 (10) 법운지

8. 지영상분 9. 지이익분 10. 지중송분

Ⅰ. 타화자재천궁회의 이름 풀이

【청량소】會名有三. 一約人名金剛藏會. 二約處名他化自在天[1]會. 謂他化作樂具 自得受用. 表所入地 證如[2]無心. 不礙後得 而起用故. 事理存泯 非卽離故. 因他受用 而有所作 非自事故. 自他相作 皆自在故. 將證離欲之實際故[3]. 不處化樂者 表凡聖隔絶故. 三約法 名十地會. 卽同品名.

청 〔타화자재천궁〕회의 이름에 세 가지가 있다.

1. 사람에 의하면 '금강장회'라 이름할 것이다.

2. 장소에 의해 '타화자재천회'라고 했으니, 다른 이가 변화로 만든 생필품을〔자유자재하게〕 스스로 받아씀을 이른다.

   〔첫째〕들어간 〔각〕 십지에서 〔근본지로〕 진여를 증득해 무심하고, 후득지로 작용을 일으킴에 걸리지 않음을 나타낸다. 〔둘째〕현상과 이치가 있고 없음에 부합하거나 떠나는 것이 아니다. 〔셋째〕남을 인해 수용하고 지음이 있으니 자기 일이 아니며, 자타의 서로 지음이 모두 자재하다. 장차 욕망을 떠난 실제를 증득하기 때문이요, 화락천에 처하지 않음 〔건너뜀〕은 범부 〔초지 아래〕와 성인이 현격함을 표한 것이다.

3. 법에 의하면 '십지회'라고 할 것이니 품명과 같다.

【주】 ────────────

1. 타화자재천(他化自在天) : 자유자재하게 타인의 생필품을 스스로 수용할 뿐 아니라 타인을 제멋대로 변화시키는 마왕 파순이〔도솔천에 내원과 외원이 있듯이〕 일부 거처한다는 설도 있다.
2. 증여(證如) : → 부록 법수 십진여 참조.
3. 장증이욕지실제고(將證離欲之實際故) : 제6천의 뜻을 통틀어 해석하니 욕계의 정상이 범천에 가깝기 때문이다. 색계의 범천은 탐욕을 떠났으니 부처님의 지위와 같다. 지금 십지가 제6천에 있으면서 장차 올라 지극한 증득에 가까이 하고자 희망함을 밝힌 것이다. 〈⊕ 41권 4〉

【수현기】 他化自在天會 從處得名也.

⊞ 타화자재천회는 장소로부터 이름을 얻은 것이다.

【탐현기】 約處爲名. 謂他化作樂具 自得受用 顯非己力. 表入地所證眞如[1] 非由緣造 故名也.

⊞ 장소에 의해 이름을 삼았는데 다른 이가 변화시킨 생필품을 스스로 수용할 수 있다는 것은 자기의 힘이 아님을 나타낸 것이다. 십지에 들어가서 깨닫는 진여가 연을 말미암아 조작된 것이 아님을 표한 때문에 이름했다.

【주】 ────────────

1. 진여(眞如) : → 부록 법수 십진여 참조.

Ⅱ. 타화자재천궁회를 설하는 까닭

【청량소】 爲答普光 十地問[1]故. 夫功不虛設 終必有歸. 前明解導行願 賢位因終. 今

明智冥眞如^2 聖位果立. 故有此會來也. 前是敎道. 此是證道. 敎爲證因. 證卽證前三心
^{3}之敎. 故無性攝論云. 此聞熏習 雖是有漏 而是出世心種子性. 卽斯義也. 然會來卽是
品來. 一會之中 唯一品故.

청 〔제2회〕보광명전〔여래명호품〕의 십지의 물음에 답하기 때문이다. 공은 헛되
이 베풀지 않아 마침내 반드시 돌아감이 있으니 앞엔 십주〔解〕가 십행〔行〕과 십회향
〔願〕을 인도하여 현위(賢位)의 인행이 마침을 밝혔고, 지금엔 지혜가 진여에 그윽이
부합하여 성위(聖位)의 불과가 세워짐을 밝히기에 이 〔타화자재천궁〕회가 이어진
것이다. 앞은 교설〔敎道〕이요, 이는 증도〔證道〕이니, 교설은 깨달음의 원인이 되고
깨달음은 앞의 삼심(三心)의 교설을 증득한 것이다. 그러므로 무성의 섭대승론석〔제
3〕에, "부처님의 가르침을 듣고 뒤에 진실에 눈뜨는 인〔聞熏習〕이 비록 세간〔有漏〕
이나 무루심〔出世心〕의 종자 성품이다"라고 한 것이 이 뜻이다. 이러한 〔타화자재천
궁〕회가 이어진 뜻이 바로 십지품의 이어진 뜻이니, 한 회에 오직 한 품인 때문이다.

【주】 ────────────

  1. 문(問) : → 제7 여래명호품의 간추린 경문 참조.
  2. 지명진여(智冥眞如) : 진리와 지혜가 그윽이 부합한 것인데 통현장자는 이를 이
    지(理智)로 표현했다.
  3. 삼심(三心) : → 부록 법수 참조.

【수현기】 前是阿含. 次入證故來也.

수 앞은 아함이었고, 다음으로 깨달음에 들어가기에 이어진 것이다.

【탐현기】 前是阿含行滿. 次明入證成果 義次第故 是故來也.

탐 앞 〔도솔천궁회〕에서는 가르침 〔阿含〕의 행을 원만히 했고, 차례로 깨달음에
들어가서 불과를 이룸을 밝힌 것이니 뜻의 차례로 이어진 것이다.

Ⅲ.　타화자재천궁회의 주제와 취지

【수현기】有四. 一明所治. 謂正使煩惱 業報及性 三障上心種子. 二能治. 謂正無分別智 及普賢性起智. 三所成德. 謂有二 所謂人法. 人有二種. 謂正化及助化. 各有體相用 並通性起等. 法者謂理教行果. 並通性起 及修生等也. 准以思攝可知. 四明所成位. 謂十地位 及普賢性起 無漏法門等也.

⟨수⟩ 네 가지가 있다.

1. 다스려지는 대상을 밝히니, 현재 나타난 번뇌〔正使煩惱〕와 업보 및 성품의 세 가지 장애 위의 마음 종자이다.
2. 다스리는 주체이니, 올바른 무분별지와 보현의 성기지이다.
3. 이루어진 덕에 두 가지이니 사람과 법이다.
   사람에 두 가지가 있으니, 정식 교화와 교화의 보조다. 각기 본체·형상·작용이 있는데 성기 등에 함께 통한다. 법은 이치·가르침·행업·과보를 이르니, 성기와 수생 등에 함께 통한다. 준해서 생각하여 거두면 알 수 있다.
4. 성취된 지위를 밝히니, 십지의 지위와 보현 성기의 무루(無漏) 법문 등을 이른다.

【탐현기】謂約人有化主及助化 各有體相用 並通性起 及修生可知. 約法有生了因果 及差別平等 二種因果. 亦是修生 本有因果 亦有教事 及義理體相用 準前可知. 但通性起爲異. 餘義準知.

⟨탐⟩ 사람에 의하면 교화주와 교화의 보조가 있고 각기 본체·형상·작용이 있어 성기(性起)와 수생(修生)에 함께 통함을 알 수 있다.

법에 의하면 생·요〔生·了〕 인과와 차별·평등의 두 가지 인과가 있으니, 또한 이것이 수생과 본유 인과이다. 또한 교화의 현상적 문제〔教事〕와 도리〔義理〕에 본체·형상·작용이 있으니 앞에 준해 알 수 있는데 다만 성기를 통하는 것만이 다르다. 나머지 뜻은 이에 준해서 알 것이다.

제26. 십지품(十地品)

구역 : 제22. 십지품(十地品)

Ⅰ. 십지품의 이름 풀이
　　【청량소】 【통현론】
　　【수현기】 【탐현기】
Ⅲ. 십지품의 주제와 취지
　　【청량소】
　　【수현기】 【탐현기】

Ⅱ. 십지품을 설하는 까닭
　　【청량소】 【통현론】
　　【수현기】 【탐현기】
Ⅳ. 십지품의 간추린 경문

Ⅰ. 십지품의 이름 풀이

【청량소】 所以得此名者. 本業云. 地名爲持. 持百萬阿僧祇功德. 亦名生成一切因果 故名爲地. 本論云. 生成佛智住持故. 卽斯義也. 唯識第九云. 與所修行 爲勝依持 令得 生故者. 但語其因 闕生果義. 有別行譯本 名十住經.[1] 住是地中一義. 故仁王兼明云. 入理般若[2]名爲住. 住生功德稱爲地. 而下經 又名集一切智智法門. 亦兼因果. 復有別 釋 名漸備一切智德經.[3] 以後後過前前 故名爲漸備. 漸備卽是集義 若名十地 就義約喩 以受其名. 若云十住 唯就法稱. 十是一周圓數. 十十無盡. 皆帶數釋. 後之二釋 皆是依 主. 一切智智之法門故. 漸備一切智之德故. 十之別名 見於本分.[4]

【청】 이런 이름을 얻은 까닭은 보살영락본업경〔상권〕에, "지(地)는 백만 아승지 공 덕을 지녔기에 '지(持)'라 하거나, 또한 온갖 인과를 내기 때문에 '지(地)'라고도 한 다"고 하였다. 본 십지경론〔제1권〕에, "〔이 십지에서〕 부처님 지혜를 내어 〔세상에〕 안주하여 〔불법을〕 지니는 까닭이다"라고 한 것이 바로 이 뜻이다. 성유식론 제9권에 는, "〔이와 같은 십지가 유위·무위의 공덕을 거두어 자성을 삼으니〕 수행한 것이

수승한 의지가 되어 생장케 하기 때문이다"라는 것은 다만 그 인(因)만 말하고 과(果)를 내는 뜻은 빠진 것이다.

별도의 번역본으로 '십주경'이 있는데, '주(住)'는 지(地) 가운데 한 뜻이다. 그러므로 인왕호국반야바라밀다경〔상권〕에 겸해 밝히되, "이치를 증득한 반야를 '주(住)'라 하고, 머물러 공덕을 내기에 지(地)라고 일컫는다"고 했다. 다음의 경문〔십지품〕에는 또, '온갖 지혜 가운데 최상의 지혜를 모은 법문'이라 하니 역시 인과를 겸한 것이다. 또 다른 풀이로 '점비일체지덕경'이 있는데 뒤로 갈수록 앞보다 낫기에 '점비(漸備)'라고 한 것인데 '점비'는 바로 '모은다'는 뜻이다. '십지'라 하면 뜻에 나아가고 비유에 의해 그 이름을 받은 것이요, '십주'라 하면 오직 법에 나아가 일컫는 것이다.

십은 일주한 원수이니 십을 십 승한 다함없음으로 모두 대수석이고, 뒤의 두 가지 풀이는 다 의주석이다. 모든 지혜 가운데 가장 뛰어난 지혜 법문인 까닭이며, 일체를 아는 지혜의 덕을 점차 갖추기 때문이다. 십의 개별 명칭은〔제5〕본분에 나타난다.

【주】 ────────────────────

1. 십주경(十住經) : 구마라습의 번역으로 화엄경 십지품의 별역인데, 금강장 보살이 부처님의 위신력을 받아 해탈월에게 보살의 수행 지위인 십지 법문을 베풀어 설한 것이다. 서진의 축법호가 번역한 점비일체지덕경 5권과 당나라 시라달마 번역의 십지경 9권은 다른 번역본이며, 주석서는 십주비바사론 17권, 십지경론 12권 등이다. ㉁

2. 입리반야(入理般若) : 입(入)은 증(證)의 뜻이다. 초지 아래에서는 진리를 증득하지 못하여 반야를 '주(住)'라 하지 못한다고 구별하였다. '주'에는 또한 두 가지 뜻이 있는데, 첫째는 머무름 없이 머무름이요, 둘째는 안주하여 흔들리지 않는 것이다. 〈㊉ 41권 6〉

3. 점비일체지덕경(漸備一切智德經) : 전 5권으로 화엄경 십지품의 다른 번역이다. 삼장법사인 서진의 축법호가 번역했다. (㊤ 10권 458~497)

4. 본분(本分) : 십지품 본분에서 금강장 보살이 삼매로부터 일어나서 십지의 이름을 드러내 나열한다. → 제26 십지품의 간추린 경문 참조.

【통현론】 以明如來 普光明智. 以成地體. 如經如是菩薩 已踐如來 普光明地. 卽大

圓鏡智是. 所說四智 及一切種智. 一切智之差別. 以此智爲體. 以諸菩薩 雖登十住 十行十廻向. 不離此體 道力未充 更以十波羅蜜 十重進修. 令其道力圓滿. 名爲十地. 又以一波羅蜜中 而自具十法. 名爲十地. 十十之中具百. 百不移十故. 名爲十地. 乃至十百 十千十萬 十千萬十億 乃至十不可說 明十數 該含一多無盡. 故云十地. 此十地之法通因十 卽通十信所信 十箇佛果 卽以普光明殿所說十箇佛果不動智佛爲初信故. 乃至無礙智佛 解脫智佛 乃至通十箇智佛 爲所信之果. 進修之中 經十住十行十廻向. 還將十信之中 十箇智果. 以成此十地之體. 十箇智佛. 以不動智佛爲本. 不動智佛 以普光明智爲本. 普光明智. 以無依住智爲本. 又無依住智 以一切衆生爲本. 如善財見 彌勒菩薩 彌勒菩薩 還令善財 却見初善知識 文殊師利. 是其義也. 乃至於五位終滿 不離初信之佛果也. 以此十地之法 通初徹末 一際法門. 是故號名十地品. 品者均分義 一多次第 昇進同別 層級義故. 此乃是無昇進中進修. 無層級中級. 且略言之. 十地之體. 若無十信 能信自心 初佛果者. 十地亦不成故. 十信之初心 無十地十一地之佛果 亦無成信心故. 始終總全是不動智之果故. 能信心者 亦佛果故. 所信佛果 亦佛果故. 修行之身亦佛果故. 如是信心 方得成信. 其所修因果 終始不異 不動智佛故. 是故此經 十住十行十廻向. 皆有隨位進修. 因果十佛號故. 十地十一地. 以取十廻向中 佛果通號. 更不別立 佛名號故. 爲此後十地十一地. 但取十廻向中 理智大悲 妙用蘊積. 使德行功熟. 更無異法. 以此義故. 十廻向中 十箇佛果. 總同名號之爲妙 爲明十廻向 已和會理事悲智妙用法成故. 以此如來 亦不云昇天. 他化天王 亦不云遙見. 亦無迎佛 及以興供. 古人云. 十地無迎佛 及敷座者. 以經來文未足者. 此非爲得經之意也. 但爲法則. 如十廻向中 大願及智悲 修令圓滿如彼故 無敷座等事. 爲明法則 依地前舊法. 不更別有 加行進修. 以十地法門 但依十信. 十住中法則 以不動智爲體. 以十住中十箇月佛 十行中十箇眼佛 十廻向中十箇妙佛. 以爲十信中 不動智佛. 上加行進修之名 十地同此 准知不移初法.

　　<u>통</u> 여래의 보광명 지혜로 지(地)의 본체를 이룸을 밝히는데 경〔세주묘엄품〕에, "이 같은 보살들이〔부처님의 평등법을 잘 알고〕여래의 보광명 지(地)를 이미 밟았다"는 것이 바로 대원경지이다. 설한 네 가지 지혜와 온갖 것을 아는 지혜의 지·온갖 것을 아는 지혜의 차별이 이 지혜로써 본체를 삼는다. 모든 보살이 비록 십주·십

행·십회향에 오르나 이 본체를 떠나지 않으니, 도력이 충족치 못하면 다시 십바라밀로써 십중으로 닦아 나아가 그 도력을 원만케 함을 십지라 한다. 또 일 바라밀에 스스로 십법을 갖춤을 십지라고 이름하니 또한 십에다가 십 곱을 하여 백을 갖추나 백이 십에서 이동치 못하기에 십지라 이름하는 것이다. 내지 십백과 십천과 십만과 십천만과 십억과 내지 십불가설에 이르기까지 십이라는 수가 하나건 많건 다함 없는 것을 모두 포함함을 밝히기 때문에 십지라 했다. 이 십지의 법이 십을 인(因)해 통하니, 십신의 믿는 바인 십개 불과를 통하여 보광명전의 설인 십개 불과의 부동지불로써 첫 믿음을 삼고, 내지 무애지불과 해탈지불 내지 십개 지불을 통하여 믿어지는 불과를 삼는다. 진보하는 중에 십주·십행·십회향을 지나면서도 도리어 십신 중의 십개 지과(智果)를 가져서 십지의 본체를 이룬다. 십개 지불은 부동지불을 근본으로 삼고, 부동지불은 보광명지를 근본으로 삼으며, 보광명지는 의지해 머무름 없는 지혜를 근본으로 하고, 의지해 머무름 없는 지혜는 일체 중생을 근본으로 삼는다. 선재가 미륵 보살을 친견함에 미륵 보살이 선재로 하여금 도리어 처음 선지식인 문수사리를 보게 한 것이 그런 뜻이다. 이에 다섯 계위의 원만함에 이르기까지 첫 믿음의 불과를 떠나지 않으니, 이 십지의 법은 처음에도 통하고 끝도 관철한 한 때〔一際〕 법문이니 이 때문에 십지품이라 하여 부르는 것이다.

품은 균등히 나눈 뜻으로 하나나 많은 것의 차례와 승진의 같거나 다른 층급의 뜻인데, 이것이 승진 없는 가운데 닦아 나아가는 것이요, 급수 없는 중의 급이다.

또 간략히 말하면 십지의 체가 만약 십신에서 능히 자기 마음의 첫 불과를 믿음이 없으면 십지도 또한 이루지 못하며, 십신의 첫마음이 십지·십일지의 불과가 없으면 또한 신심을 이룰 수 없는 것이다. 처음부터 끝까지 모두 온전히 이 부동지의 과이기 때문이며, 능히 믿는 것도 또한 불과인 까닭이다. 믿어지는 불과도 또한 불과이기 때문이며, 수행하는 몸도 또한 불과인 연고다. 이 같은 신심이라야 비로소 믿음을 이루니, 그 닦은 바 인과가 시종 부동지불과 다르지 않기 때문이다. 이 때문에 이 경의 십주·십행·십회향이 다 지위에 따라 진전하는 인과의 열 부처님 호가 있기에 십지·십일지는 십회향 중 불과의 통칭을 취하고 다시 부처님 명호를 별도로 세우지 않는다. 이 뒤에 십지·십일지는 다만 십회향 중 이지(理智)와 대비의 묘한 작용을

취해 쌓아 덕행의 공을 성숙케 하며 다시 다른 법이 없다. 이런 뜻으로 십회향 중
십개 불과가 전부 같은 명호로 '묘'라 했으니, 십회향 중에 이미 이치·현상·자비·
지혜의 묘용을 조화하여 법이 성취됨을 밝힌 것이다.

이로써 여래도 또한 승천한다고 하지 않고, 타화자재천왕도 또한 멀리서 보았다고
하지 않으며, 또한 부처님을 영접함도 없고, 공양함도 없다. 고인이, "십지에서 부처
님을 영접함과 법좌를 폄이 없는 것은 경문이 충족하지 못한 것이다"고 하니, 이는
경의 뜻을 아는 것이 아니다. 다만 법칙에 십회향 중 대원·지혜·자비와 같아서
수행을 원만케 하여 저와 같이 하기 때문에 법좌를 펴는 등의 일이 없고, 법칙이
초지 아래의 구법을 의지하고 다시 별도로 가행 진전함이 있지 않음을 밝혔다. 십지
법문이 다만 십신과 십주 중의 법칙에 의해 부동지를 본체로 삼으니, 십주 중 월불
(月佛) 열 분과 십행 중 안불(眼佛) 열 분, 십회향 중 묘불(妙佛) 열 분이 십신 중
부동지불 위에 가행으로 진보한 이름이 되며, 십지도 이와 같아 최초 법에서 옮기지
않음을 준하여 알 것이다.

【수현기】 十地品者 數義以彰名也.

［수］ '십지품'은 수와 뜻으로써 이름을 드러낸 것이다.

【탐현기】 此品名有四種. 一別本名漸備一切智德經. 二下文[1]名集一切智智法門品.
此二就功能立名. 謂十地因行 能集生一切佛智德. 然十德漸增 故云漸備. 三更別譯一
本名十住經 四此中名十地. 此二約義 帶數[2]受稱. 謂十是一周圓數. 地是就義 約喩爲
名. 謂生成佛智 住持故也. 餘釋總別名等 下本分中辨.

［탐］ 이 품의 이름에 네 가지가 있다.
1. 별역본 이름은 '점비일체지덕경'이다.
2. 다음 경문〔십지품〕에서는 '집일체지지법문품'이라 하니, 이 둘은 공능에 나아
   가서 명명한 것이다. 십지의 인행이 능히 모든 부처님의 지혜와 덕을 모으는데,

이러한 열 가지 덕이 점차 증가하기 때문에 '점비(漸備)'라고 했다.

3. 또 다른 번역본의 이름은 '십주경'이다.

4. 이〔화엄경 탐현기〕중에 십지라 함은, 이 둘이 뜻에 의해서 대수석으로 명칭을 받았다. '십'은 일주한 원수요, '지'는 뜻에 나아가 비유에 의해서 이름한 것이니, 부처님의 지혜를 내어 머물러 지니는 것이다. 여타는 총명과 별명 등을 풀이한 것이니 다음〔제5〕본분에서 밝힌다.

【주】

1. 하문(下文) : 60권 화엄경 제27권 십지품에 '집일체지혜공덕법문품(集一切智慧功德法門品)'으로 나온다.
2. 대수(帶數) : → 부록

Ⅱ. 십지품을 설하는 까닭

【청량소】 會來卽是品來. 一會之中 唯一品故. 故釋名宗趣 亦品會無差. 晉經此會 有十一品 卽名等皆別.

〔청〕 회를 설하는 까닭이 바로 품을 설하는 까닭인데, 한 회에 오직 한 품인 때문이다. 이름 풀이와 주제와 취지에 또한 품과 회가 다름이 없으나, 구역〔晉經〕에는 이〔타화자재천궁〕회에 11품이 있어 이름 등이 모두 다르다.

【통현론】 爲明已說地前 三十心竟. 以十廻向方法 和會理智大悲 及廣興大願竟此十地. 但依前法則 以積行蘊修. 令使功成 滿前智願. 令使大悲 深厚功畢. 以是此品須來. 是故善財 以九箇夜神 皆是女天. 以表慈悲故 一箇佛爲太子時妻. 號曰瞿波. 以表十地 慈悲法喜 以悅一切衆生. 以此十地 是蘊積慈悲 滿前智願故. 以此十地之初歡喜地 得願求一切 佛法心故. 如後地中所說故. 又以三十七箇菩薩 俱名爲藏. 亦表此十地 俱依

地前之法. 以三十七助菩提分法 助成地前志樂. 智悲大願 令行滿故 含容衆德 成滿無功 諸佛德門. 名之爲藏故. 一箇菩薩 獨名解脫月. 是三十七箇助菩提行中. 得法清涼之果故. 一一皆有所表 思之可解. 是故以此十地品. 成就地前 志樂智悲大願 令功畢故. 此品須來.

囲 이미 초지 아래〔지위〕에서 삼현〔三十心〕을 설해 마쳤다. 십회향의 방법으로 이지(理智)와 대비를 화회하고 대원을 널리 일으켰는데, 이에 10지에서는 다만 앞의 〔삼현〕 법에 의지해 수행을 쌓아 공을 이루며 앞의 지혜와 원을 원만케 해서 대비로 하여금 심후한 공을 마치게 함으로써 이 품이 마땅히 이어진 것이다. 이 때문에 선재의 아홉 야신이 다 여천으로서 자비를 나타내고 한 분은 부처님께서 태자로 계실 때 처로 '구바'라고 부르는데, 십지의 자비와 법의 환희로 많은 중생을 기쁘게 함을 표한다. 이는 이 십지가 자비를 쌓아 앞의 지혜와 원을 원만케 했기 때문이며, 이 십지의 처음 환희지에 모든 불법을 원하고 구하는 마음을 얻은 것이니, 전도의 지 가운데 설해진 것과 같다.

또 37보살을 다 '장(藏)'이라 함은 또한 이 십지가 모두 초지 아래의 법을 의지하여 37도품〔助菩提分法〕으로 초지 아래의 지락·지혜·자비·대원을 도와 이룸으로 행을 원만케 함을 나타낸 것이다. 온갖 덕을 포용하여 공용이 없는 모든 부처님 덕의 문을 원만히 이룸을 '장'이라 이름하고, 한 보살을 유독 해탈월이라 함은 이 37 도품〔助菩提行〕 가운데 법의 청량함을 얻은 과(果)인 때문이다. 일일이 다 나타내는 것이 있으니 생각하면 알 것이다. 이 때문에 이 십지품에 초지 아래의 지락·지혜·자비·대원을 성취하여 공을 마치게 하기에 이 품이 마땅히 이어진 것이다.

【수현기】 前方便迴行 向於菩提. 今行相增明 轉入十地. 義次第故也.

囲 앞은 방편으로 행을 되돌려 보리를 향하는 것이었고, 지금은 행상이 더욱 밝아져서 십지에 들어가니, 뜻의 차례이다.

【탐현기】前明迴比[1]向證. 今明迴已得證 顯行不虛 故次來也. 又前約比位 寄顯普賢 圓滿行德. 今約證位 寄顯三乘 差別行德[2]. 顯法次第 故次來也. 是故前諸位內 皆悉廣 顯普賢 自在之德 於此地上 絶無其名者 是此事也. 豈可地前深廣 證地反劣. 但是寄顯 不同故也. 問宜應證地是深 順同普德. 地前位淺. 應順三乘 何不爾耶. 答此中文意 爲 顯敎相 不同故爾. 謂若於地上 得普賢德 則與三乘敎 便不別. 今明若是三乘行位 則於 地前 實不自在. 顯此一乘 則不如是故 於彼地前 則便自在 得普賢德 是故若準此普賢 地前 而取地上 其地上行相甚深. 甚深非如此說 此卽下普賢行品是也. 若準此三乘 證 地行相 而取地前 其地前行 甚極麤淺. 不同前說. 卽是瑜伽 菩薩地內 十二住[3]中 初二 是也. 問何故不齊. 謂一乘地前 有普賢德. 一乘地上 亦有普賢行 如普賢行品說. 三乘 地上德 如此品說. 三乘地前行 文中何不說. 答此經宗 明一乘故 是故一乘行廣. 論三乘 位略辨也. 又釋以一乘 十地甚深故 通攝三乘等 總爲十地. 仍以六相陀羅尼門 融顯無 盡 成普賢十地 自在之義. 地前則未能如是. 但直顯普賢故 不同地上也.

탐 앞에서는 비증(比證)을 되돌려 깨달음에 향함을 명시했는데, 지금은 회향하고 나서 깨달음을 얻음을 밝히니 수행이 헛되지 않음을 나타내기에 이어진 것이다.

또 앞은 비증 지위에 의해서 보현의 원만한 행덕을 밝혔고, 지금은 현증 지위에 의해서 삼승의 차별 행덕을 나타내는데 법의 차례로 이어졌다. 그러므로 앞의 여러 지위에서는 모두 다 보현의 자재한 덕을 자세히 나타냈으나, 십지에서는 그 이름조차 절무한 것이 이 일인데 어찌 초지 아래는 깊고 넓으면서 깨달음의 지위〔證地〕가 도리 어 못하겠는가? 다만 나타내는 것이 같지 않기 때문이다.

문 : 마땅히 깨달음의 십지는 심후하여 함께 두루한 덕을 마땅히 따르고 초지 아래는 그 지위가 얕아서 마땅히 삼승에 순응함인데 어째서 그렇지 않은가?

답 : 이 중에 경문의 뜻은 교상(敎相)이 같지 않음을 나타내기에 그런 것이다. 혹 초지 이상에서 보현의 덕을 얻었다면 삼승교와 다르지 않을 것이다. 지금 혹 삼승 행의 지위라면 곧 초지 아래가 실로 부자재함을 밝히고, 이것이 일승 이라면 이와 같지 않기에 저 초지 아래에서 자재하여 보현의 덕을 얻음을 나 타낸 것이다. 그러므로 만약 이 보현의 초지 아래에 준해서 십지를 취한다면

그 초지 이상의 행상이 심히 깊으리니, 심히 깊다면 이 설과 같지 않으니 곧 다음 '보현행품'이 바로 그것이다.

만약 이 삼승의 깨달음의 지의 행상에 준해서 초지 아래를 취하면 그 초지 아래 행은 아주 지극히 초보적이어서 앞의 설과 같지 않다. 곧 이는 유가사지론〔제47권〕 보살지의 12주(住) 가운데 처음 둘이 그것이다.

문 : 무엇 때문에 같지 않은가? 일승의 초지 아래에도 보현의 덕이 있고, 일승의 초지 이상에도 또한 보현의 행이 있으니 '보현행품'의 설과 같다. 삼승의 초지 이상의 덕은 이 품에서 설한 것과 같은데 삼승의 초지 아래 행은 경문에서 무슨 이유로 설하지 않았는가?

답 : 이 경의 주제는 일승을 밝힌 것이므로 일승의 행은 자세히 논했으나, 삼승의 지위는 약술했다. 또 풀면 일승의 십지는 매우 깊기에 삼승 등을 통틀어 거두어서 전부 십지가 되는데 이에 육상 다라니문으로 다함없이 융화해 나타냄으로 보현 십지의 자재한 뜻을 이루나 초지 아래는 이와 같지 않아서 다만 보현을 바로 나타내니 십지와 다르다.

【주】 ————————————

1. 비(比) : 삼현(三賢)의 불완전한 비증(比證)을 말하는데 이에 비해 십지는 성과(聖果)로 현증(現證)이다.
2. 삼승차별행덕(三乘差別行德) : 초·2·3지는 세간 인천승이요, 4·5·6·7지는 출세간 삼승이며, 8·9·10지는 출세간조차 초월한 일승법이다. 〈卍 41권 7~8〉
3. 십이주(十二住) : → 부록 법수 참조.

Ⅲ. 십지품의 주제와 취지

【청량소】 先總. 後別. 總有二義. 一以地智斷證 寄位修行爲宗. 以顯圓融無礙　行相爲趣. 二前二皆宗. 爲成佛果爲趣. 後別者別於上總 略有十義. 一約本. 唯是果海 不

可說性. 以離能所證故. 雖通一部 此品正明. 二約所證. 是離垢眞如. 三者約智. 謂根
本後得 亦通方便 四約所斷. 謂離二障種現.[1] 五約所修. 初地修願行. 二地戒行. 三禪
行. 四道品行. 五四諦行. 六緣生行. 七菩提分行. 八淨土行. 九說法行. 十受位行. 六
約修成. 有四行. 謂初地信樂行. 二戒行. 三定行. 四地已上皆慧行. 於中四五六地 是
寄二乘慧. 七地已去 是菩薩慧. 七約寄位行. 十地各寄一度. 八者約法. 有三德.[2] 謂證
德阿含德 及不住道. 是十地之德故. 九約寄乘[3]法. 謂初二三地 寄世間人天乘. 四五六
七 寄出世三乘. 八地已上 出出世間 是一乘法. 故以諸乘爲此地法. 十者攝要 爲六決定.[4]
宗辨此故. 於此十中 二三四八十 通於圓融行布. 初一雙非. 餘皆行布. 多約寄法 顯淺
深故. 若以圓融 融彼行布 則無不圓融. 故以別從總 皆十地宗 若別中之別 則地地別宗.
別論其趣 不異總趣.

[청] 먼저는 전체적이요, 뒤는 개별적인 것이다.

1. 전체적인 것에 두 뜻이 있다.

   (1) 십지의 지혜로 끊고 증득함에 지위에 의해 수행함으로써 주제를 삼고, 원
       융하고 걸림 없는 행상을 드러냄으로써 취지를 삼는다.

   (2) 앞의 둘은 모두 주제고, 불과를 이룸으로써 취지를 삼는다.

2. 뒤의 개별적인 것은 위의 전체적인 것에 별개로 간략히 열 가지 뜻이 있다.

   (1) 근본에 의하면 오직 과해의 말로 할 수 없는 성품으로서 능·소의 증득을
       떠난 때문이다. 비록 일부에 통하나 이 품에서 정식으로 밝힌다.

   (2) 깨달은 바에 의하면 번뇌를 떠난 진여이다.

   (3) 지혜에 의하면 근본지와 후득지이니 또한 방편에 통한다.

   (4) 끊어지는 것에 의하면 〔번뇌장·소지장〕 두 가지 장애의 종자와 현행을
       떠난 것이다.

   (5) 닦는 것에 의하면 초지는 원행을 닦고, 2지는 계행이며, 3지는 선행, 4지
       는 〔37〕도품행, 5지는 사제행, 6지는 연생행, 7지는 보리분행, 8지는 정
       토행, 9지는 설법행, 10지는 수위(受位)행이다.

   (6) 닦아 이룸에 의하면 네 가지 수행이 있는데 초지는 기꺼이 믿는 행이요,

2지는 계행, 3지는 정행, 4지 이상은 모두 혜행이다. 그 중에 4·5·6지는 이승의 지혜에 의한 것이며, 7지 이상은 보살의 지혜이다.

(7) 지위에 기탁한 행에 의하면 십지에 각기 하나씩 바라밀을 배당한다.

(8) 법에 의하면 세 가지 덕이 있는데 증덕과 아함덕 및 부주도(不住道)니 바로 십지의 덕이다.

(9) 승(乘)에 맡긴 법에 의하면 초·2·3지는 세간의 인천승에 기탁하고, 4·5·6·7지는 출세간의 삼승에 의한다. 8지 이상은 출세간조차 초월한 법이요, 일승법이니 모든 승으로써 이 십지의 법을 삼는다.

(10) 요긴함을 추리면 육결정을 종(宗)으로 구변한다. 이 열 가지 가운데 2·3·4·8·10은 원융과 항포문에 통하고 처음 1은 둘 다 아니며, 나머지 〔5·6·7·9〕는 모두 항포문인데 다분히 법에 기탁함에 의해 얕고 깊음을 나타냈으니 만약 원융문으로써 저 항포문을 융섭하면 원융치 못함이 없다. 그러므로 별로써 총을 따르게 함이 모두 십지의 주제고, 만약 별 가운데 별인즉 매 지의 개별적 주제가 다를 것이나 그 취지를 따로 논하면 전체적인 취지와 다르지 않다.

【주】

1. 이장종현(二障種現) : → 부록 법수 참조.
2. 유삼덕(有三德) : 원공(遠公)이 이르길, "종취는 무엇인가? 경의 본뜻에 나아가면 종요로이 세 가지가 있으니, 첫째는 설해지는 교설〔教道〕행이요, 둘째는 밝힌 증도(證道)며, 셋째는 나타나는 십지의 법이다"라고 했다. 〈⊕ 41권 10〉
3. 약기승(約寄乘) : 초지에서 보시와 인왕(人王)을 밝혔으니 바로 사람의 승(乘)이요, 2지에서 십선의 업으로 생천하니 욕계 하늘의 승이며, 3지는 입정이니 색계와 무색계 하늘의 승이 된다. 그러므로 초지에서 3지까지를 인천승이라 하였다. 4지에서는 처음에 선천적인 번뇌〔俱生〕와 아견〔身見〕을 끊고 〔37〕도품을 관찰하니 수다원과 같고, 5지에는 사제의 이치를 마쳤으니 아라한에 기탁한다. 6지는 연기를 관하니 연각에 의탁하고, 7지는 일체의 칠각지〔菩提分法〕로 방편을 삼아 건넜기에 삼승 가운데 대승 보살에 기탁한다. 8지 이상은 이미 바로 일승이기에 기탁한다고 하지 않았다. 〈⊕ 41권 10〉

4. 육결정(六決定) : → 부록 법수 참조.

【청량소 2】論其體性 多不出前. 爲成十故 小有加減. 一卽離言體. 二所證體. 梁攝論云. 出離眞如 爲地體故. 三能證體. 無性論云. 法無我智 分地位故. 此論亦名爲智地故. 其所斷約離故非地體. 若取離惑所顯 又卽眞如. 四合能所證 以爲地體. 獨不立故. 梁攝論[1]云. 如如及如如智 獨存故. 五收五六七 及其第九 爲隨相體. 此等皆爲成地法故. 六取光明三昧 卽證入體. 正相應[2]故. 論云. 三昧是法體故. 七就德體 卽敎證不住三道爲體. 八隨要體. 謂六決定. 九總攝體. 成唯識云. 總攝一切有爲 無爲功德 爲自性故. 十唯因體. 取其別相 異果海故. 收此十體 不出三體. 一總含體. 二剋實體. 謂智與證. 三離言體. 配屬可知.[3] 上二卽因 下一爲果. 因果非卽離 言慮雙絶 以爲地體.

[청] 그 체성을 논하면 대개 앞을 벗어나지 않는데 열 가지를 이룬다. 다소 가감이 있으나 첫째는 명언을 떠난 체성이고, 둘째는 증득되는 체성이니, 양역 섭대승론석에는 "해탈[出離] 진여가 십지의 체성이 된 때문이다"고 하였다. 셋째는 능히 증득하는 체성이니, 무성의 섭대승론석에는 "법무아를 깨친 지혜로 지위를 나눈다"고 하였으니, 이 논에도 또한 '지혜의 지'라 이름했다. 그 끊어지는 것은 출리(出離)에 의했으므로 지의 체성은 아닌데 만일 번뇌를 떠남을 취하여 밝힌다면 또한 바로 진여이다. 넷째는 능히 증득하는 것과 증득되는 것을 합하여 지의 체성으로 삼았으니 홀로 세우지 못한다. 양역 섭대승론석 13권에는, "〔이 법의 의지인 법신을 어떻게 알아야 하는가? 청정과 일체지를 떠나지 않으니 곧〕 여여(如如)와 여여한 지혜가 독존하는 것이다"고 하였다. 다섯째는 5·6·7과 제9를 거두어 모양을 따르는 체성을 삼으니 이들이 모두 십지의 법을 이루기 때문이다. 여섯째는 광명 삼매를 거두니, 곧 깨달아 들어가는 체성과 바로 상응하기 때문인데 논에는, "삼매가 바로 법의 체성이다"고 하였다. 일곱째는 덕에 입각한 체성이니 곧 교도와 증도와 부주도(不住道)의 삼도로 체성을 삼고, 여덟째는 요긴함에 따르는 체성으로 육결정을 말한다. 아홉째는 총괄적으로 거두는 체성이니 성유식론〔제9권〕에, "〔이상의 십지는〕 온갖 유위와 무위의 공덕을 총괄적으로 거두어 자성으로 삼는다"고 하였다. 열째는 오직 인의 체성이니

그 별상을 취하면 과(果)와는 다르다.

이 열 가지 체성을 거두는 것이 세 가지 체성을 벗어나지 않으니, 첫째는 총괄적으로 포함하는 체성이요, 둘째는 진실에 나아간 체성이니, 지혜와 증득을 말한다. 셋째는 명언을 떠난 체성이니, 배속시키면 알 수 있다. 위의 둘은 인행이요, 아래 하나는 불과가 되는데, 인ㆍ과는 걸맞지도 떠나지도 않고, 말과 생각을 함께 끊음으로 지의 체성을 삼는다.

【주】─────────────

1. 양섭론(梁攝論) : 금광명최승왕경(金光明最勝王經)에 같은 구절이 나오며, 섭대승론석 13권에 있다. 〈大 16권 408, 31권 249〉

2. 정상응(正相應) : 금강장 보살이 여여한 지혜로 여여한 이치에 명합하기에 "정식으로 상응한다"고 했다. 〈卍 41권 13〉

3. 배속가지(配屬可知) : 열 가지 중에 처음은 명언을 떠난 체성이고, 2ㆍ3ㆍ4ㆍ6은 모두 진실에 다가간〔剋〕 체성이며, 5ㆍ7ㆍ8ㆍ9ㆍ10은 모두 총괄적으로 포함하는 체성이 된다. 〈卍 41권 13〉

【청량소 3】問何爲地前顯圓融德 地上行布 彰淺劣耶. 答顯一乘故. 云何顯耶. 三乘之位. 地前行布 地上圓融 今一乘位 地前地上 俱有行布圓融. 若俱雙辨 則前後不異. 若地前行布 地上圓融. 則全同三乘 前淺後深. 又似行布圓融 各別教行. 不知法性教行 非卽非離. 故於地前 但顯圓融 已過三乘. 地上多明行布 以顯超勝. 勝相云何. 謂賢位 始終 已圓融自在. 登地已去 則甚深甚深. 言所不至. 若不寄位 何以顯深. 不包三乘 何以顯廣. 故虛空鳥迹 迹迹合空. 大海十德 德德皆海. 地地之中 具攝一切諸地功德. 文文之內. 皆云若以殊勝願力 復過於此 不可數知. 故剛藏俟五請而方說. 世親以六相而圓融. 意在於斯矣. 又此一會 文唯一品. 闕於方便 及勝進者. 正表斯義. 所以闕方便者. 有二義故. 一表證法無二 離方便故. 二總攝三賢 皆爲入地之方便故. 闕進趣者 亦有二義. 一十地如佛 更無趣故. 二以十定等品 卽此勝進故. 若爾何以別會說耶. 含二義故. 一開此勝進 成等覺故. 二勝進趣佛 行深遠故. 若別立方便勝進. 卽不得包攝前後. 顯地圓融. 十地甚深 良在於此. 地前乃我地之前. 安得云深. 異於地上 此解尤妙.

學者應思.

[청] 묻기를, 무엇 때문에 초지 아래서는 원융문의 공덕을 밝히고, 초지 이상에서는 항포문의 얕고 용열함을 드러내는가?

답하길, 일승을 나타내기 때문이다.

어떻게 밝히는가?

삼승의 지위에서는 초지 아래가 항포문이고 초지 이상이 원융문이나, 지금 일승의 지위에서는 초지 아래와 초지 이상에 항포문과 원융문을 다 갖추었는데 만일 함께 쌍으로 밝힌다면 앞뒤가 다르지 않다. 혹 초지 아래서는 항포문이요, 초지 이상은 원융문이라면 삼승의 앞은 얕고 뒤는 깊다는 것과 전부 같고, 또 항포문과 원융문이 각각 교행(敎行)이 다른 것처럼 법성(法性)과 교행(敎行)이 합하지도 떠나지도 않음을 알지 못한다. 그러므로 초지 아래는 다만 원융문만 밝혀 삼승을 초월하게 했고, 초지 이상에서는 다분히 항포문을 밝혀 빼어난 점을 나타냈다.

수승한 모양은 어떤가? 삼현 지위의 처음과 끝에서 이미 원융자재 하였으니, 십지에 오른 이후에는 더욱 깊어져서 말로써 표현할 수 없다. 만일 지위에 의탁하지 않으면 어떻게 깊음을 나타낼 것이며, 삼승을 포섭하지 않으면 어떻게 광대함을 밝힐 수 있겠는가? 이 때문에 허공의 새 발자국이 발자국마다 공에 합하고, 대해의 열 가지 공덕이 공덕마다 모두 바다요, 매 지마다 온갖 십지의 공덕을 구족히 거두었으니 문구마다 모두, "만일 수승한 원력이라면 다시 헤아려서 알 수 없음을 초월할 것이다"라고 한 것이다. 그러므로 금강장 보살이 다섯 번이나 청을 기다리고 비로소 설법한 것이나 세친 보살이 육상이 원융하다고 한 뜻이 여기에 있는 것이다.

또 이 일회는 경문이 오직 한 품인데 방편과 승진을 빠뜨렸다 함은 바로 이 뜻을 나타낸 것이다. 방편이 빠진 까닭에는 두 뜻이 있으니, 첫째로 증득한 법이 둘이 없이 방편을 떠난 때문이고, 둘째로 삼현을 전부 거두면 모두 십지에 드는 방편인 까닭이다. 승진이 빠진 것에 역시 두 뜻이 있으니, 첫째로 십지는 불위와 같아서 다시 나아갈 것이 없기 때문이요, 둘째로 십정품 등이 곧 이 [십지품]의 승진이기 때문이다. 만일 그렇다면 왜 별도의 회로 설하였는가? 두 가지 뜻을 포함하기 때문이니, 첫째는 이 승진을 열어서 등각을 이룬 까닭이고, 둘째는 승진하여 불위에 나아간다면 수행이 더욱 심원해지기 때문이다.

만일 방편과 승진을 따로 세운다면 앞뒤를 거두어 십지의 원융을 밝힐 수 없게 되니 십지가 더욱 깊은 점이 진실로 이에 있는 것이다. 초지 아래는 십지 전인데 어찌 깊다고 말할 수 있겠는가. 초지 이상과는 다르다고 하여야 이 견해가 더욱 묘할 것이니, 배우는 이들은 잘 생각할 것이다.

【수현기】若論品宗四義. 准上唯取修生爲異耳. 又此品以不說爲說 義卽證普賢德位. 以說爲說三乘宗.

㈜ 품의 주제를 논하면 네 뜻이 있는데 위〔타화자재천회〕에 준하면 오직 수생을 취하는 것만이 다를 뿐이다. 또 이 품은 설하지 않음으로써 설을 삼으니 뜻은 바로 보현의 덕을 증득하는 지위요, 설함으로써 설을 삼으니 삼승의 주제이다.

【탐현기】此品約總 正以十地證行爲宗. 別說有十義. 一約本唯是果海 不可說性. 二約所證 是離垢眞如. 三約智謂根本 後得等[1]三智. 四約斷謂離 二障種現. 五約所修. 初地修願行. 二地戒行. 三禪行. 四道品行. 五諦行. 六緣生行. 七菩提分行. 八淨土行. 九說法行. 十受位行. 六約修成有四行. 謂初地信樂行. 二戒行. 三定行. 四已上總是慧行 慧行中四五六 是二乘慧. 七地已去 是菩薩慧. 七約位有二位. 謂證位阿含位. 是十地之位故也. 八約寄乘法. 謂初二三地 寄世間人天乘. 四五六七地 寄出世間是三乘. 八地已上 出出世間 是一乘法. 故以諸乘爲此地法也. 九約寄位之行. 謂於十地 成檀等十度行. 十約報現十王[2]事相. 餘義下當別辨.

㈼ 1. 이 품을 전체적으로 하면 바로 십지의 깨달은 행〔證行〕을 가지고 주제를 삼는다.

2. 개별적으로 말하면 열 가지 뜻이 있다.

(1) 근본에 의하면 오직 불과(佛果)의 말로 할 수 없는 성품이다.

(2) 증득되는 것에 의하면 번뇌를 떠난 진여이다.

(3) 지혜에 의하면 근본지·후득지·〔加行智〕 등의 세 가지 지혜이다.

(4) 〔번뇌를〕 끊는데 의하면 두 가지 장애의 종자와 현행을 떠난 것이다.

(5) 닦는 것에 의하면 초지는 원행을 닦고, 2지는 계행을, 3지는 선행을, 4지는 〔37〕도품행을, 5지는 사제행을, 6지는 연생행을, 7지는 보리분행을, 8지는 정토행을, 9지는 설법행을, 10지는 수위행을 닦는다.

(6) 수행에 의해 완성됨에 의하면 네 가지 행이 있는데 초지는 신락행이요, 2지는 계행이며, 3지는 선정행이요, 4지 이상은 전부 혜행이다. 혜행 가운데 4·5·6지는 이승의 지혜이고, 7지 이후는 보살의 지혜이다.

(7) 지위에 의하면 두 가지 계위가 있는데 깨달음의 지위와 교법〔阿含位〕의 지위로 바로 십지의 지위이다.

(8) 승법에 의하면 초·2·3지는 세간에 맡기니 인천승이요, 4·5·6·7지는 출세간법에 기탁하니 삼승이며, 8지 이상은 출세간조차 초월한 법으로 일승법이다. 그러므로 모든 승(乘)으로써 이 지의 법을 삼았다.

(9) 지위의 행에 의하면 십지에서 보시 등 십바라밀행을 이룸을 말한다.

(10) 과보에 의하니 〔각 십지에 배대된〕 시왕의 일들을 나타낸 것이며 여타의 뜻은 다음에 마땅히 따로 밝힌다.

【주】 ————————————

1. 등(等) : 초(鈔)에서는 가행지를 가리키는데, 다만 초지의 가행지는 초지 아래이므로 제외하였다.

2. 시왕(十王) : → 부록 법수 참조.

Ⅳ. 십지품의 간추린 경문

부처님께서 타화자재천왕궁의 마니보배를 간직한 궁전에서 대 보살들과 함께 계셨다. 그들은 다 최상의 깨달음에서 물러나지 않으며 다른 세계로부터 왔다. 무수한 대중 가운데서 금강장 보살이 우두머리가 되었는데 부처님의 신력을 받아 보살의 '대지혜 광명 삼매'에 들었을 때에 시방 세계에 수많은 동명의 금강장 부처님들께서 앞에 나타나 말씀하셨다.

"훌륭하구나. 금강장 보살이여, 삼매에 잘 들었구나. 이는 시방의 수많은 부처님들께서 함께 가피하심이니, 비로자나불의 본원력이요, 신력이다. 또한 그대의 수승한 지혜의 힘 때문이며, 그대로 하여금 부사의한 모든 불법의 광명을 설하게 하려는 것이다. 또 보살 십지의 처음부터 끝까지 얻게 하려는 것이며, 모든 중생계를 성숙케 하려는 때문이다."

시방의 부처님들께서 각각 오른손을 펴서 금강장 보살의 머리 위를 만지시자 보살이 삼매에서 나와 대중에게 과거·현재·미래 모든 부처님의 지혜 경지에 들어감을 말씀하셨다.

"보살의 지혜 지에는 열 가지가 있다.

하나는 〔비로소 법의 맛을 알아〕 환희심을 내는 지요, 둘은 〔계를 범한〕 더러움을 멀리 떠난 지며, 셋은 〔지혜의〕 광명을 내는 지이다. 넷은 〔번뇌의 땔나무를 태우는〕 지혜의 불꽃 지요, 다섯은 〔지혜가 지극하여〕 더 수승하기가 어려운 지이며, 여섯은 〔진리를 관하는〕 지혜가 앞에 드러나는 지이다. 일곱은 원대하게 수행하는 지요, 여덟은 〔온갖 번뇌의 행에〕 움직이지 않는 지이다. 아홉은 최고 수승한 지혜 지요, 열은 〔허공처럼 광대한 장애를 덮는〕 법 구름 지이다."

금강장 보살은 보살 십지의 이름만 설하고 잠자코 계시면서 다시 분별하지 않으셨다.

그러자 여러 보살들은 십지의 이름만 듣고 풀이는 듣지 못하여 다 갈망하여, 게송으로 여쭈었다.

갈증에 냉수를 생각하고
기아에 좋은 음식 생각하며
환자가 양약 생각하고
벌들이 단 꿀 좋아하듯이

저희들도 또한 이같이

감로법 듣기 원합니다.

이 때 부처님께서 미간에서 청정한 광명을 놓으시니 시방에 두루 비치어 삼악도의 고통이 다 쉬었다. 또 모든 부처님의 회상에 비치어 부사의한 힘을 나타내며, 설법하는 보살의 몸에 비치었다.

금강장 보살께서는 시방을 관찰하고 대중으로 하여금 깨끗한 믿음을 키우고자 게송으로 설하셨다.

허공의 새 발자국

말하기도 보이기도 어려우니

십지의 깊은 이치 이와 같아

마음으로는 알지 못하네.

1. [비로소 법의 맛을 알아] 환희심을 내는 지[歡喜地]

"누군가 선근을 깊이 심으면, 온갖 행을 잘 닦고 선지식의 잘 거두어 주심이 되며 깊이 믿는 마음을 청정하게 한다. 광대한 뜻을 세우며 넓은 이해를 내고 자비가 앞에 나타난다.

처음 이런 마음을 내면, 범부 지위를 초월하여 보살 지위에 들고 불가에 태어나니 그 종족의 과실을 말할 수가 없다. 세간을 떠나서 출세간도에 들며, 보살 법을 얻고 보살의 거처에 머물며, 삼세가 평등한데 들어가 부처님의 종성에서 결정코 위없는 보리를 마땅히 얻을 것이다. 이와 같은 법에 머물면 보살의 환희지에 머물렀다 하니, 움직이지 않음으로써 상응하기 때문이다.

이 환희지에 머무름에 부처님의 교화와 중생을 유익하게 함과 부처님의 지혜와 방편에 들어감을 생각하므로 환희한다.

또 '온갖 세간 경계를 점점 떠나고, 범부 지위를 떠났기에 환희한다. 지혜의 지위에 가까워지거나 온갖 나쁜 곳을 길이 끊고 중생들의 의지처가 되고, 두려워 털이 곤두섬을 떠났으므로 환희한다'고 생각한다.

이 보살이 환희지를 얻고 나서는 두려움을 다 없앤다. 이른바 살아갈 수 없거나 악명·죽음·나쁜 길·대중 공포증 등이다.

아상을 없앴기에 자신도 아끼지 않는데, 하물며 재물이겠는가? 그러므로 살지 못할 두려움이 없고, 다른 곳에서 공양을 바라지 않으며 여러 중생에게 베풀기만 하니, 악명의 공포가 없다. 아집을 멀리 떠나 '나'라는 생각이 없으니 죽음의 공포가 없고 죽어도 결정코 모든 불보살을 떠나지 않을 줄 아니 악도의 공포가 없으며 두려워 털이 곤두섬을 멀리 떠난다.

대비로 으뜸을 삼아 광대한 뜻을 무너뜨릴 이가 없고, 점점 부지런히 온갖 선근을 닦아서 이루니, 밤낮으로 선근을 닦되 싫증 내지 않는다. 이같이 깨끗이 다스리는 지의 법을 이룸을 보살이 환희지에 안주함이라고 한다.

보살이 대자비를 따라서 침착하게 초지에 머물 때 온갖 물건에 인색함이 없다. 부처님의 대 지혜를 구하여 크게 희사하니 소유물을 베풀되, 온갖 것을 하나도 아끼지 않고 모든 부처님의 광대한 지혜를 구한다. 이것이 보살이 초지에 머물러 크게 베풂을 이루는 것이다.

이 보살이 모든 부처님께 공양하였기에 중생을 이루는 법을 얻어서, 앞의 보시와 친절, 둘로 중생을 거두어들인다. 뒤의 선행과 동고동락으로 거둠은 다만 믿고 아는 힘으로 행하지 잘 통달하지는 못했다. 이 보살은 십바라밀 중에 보시바라밀에 치중하니 다른 바라밀을 닦지 않는 것은 아니나 힘을 따르고 분수를 따를 뿐이다.

보살이 이 초지에 머물러서는 흔히 염부제[1]의 왕이 되어 훌륭하고 자재하며 항상 정법을 보호하고, 크게 보시함으로 중생들을 거두어 인색한 허물을 잘 없애 주며, 항상 다함없이 크게 베풀어 보시와 친절과 선행과 동고동락을 한다.

이같이 온갖 행위가 모두 삼보를 생각하고, 함께하는 보살을 생각한다.

또 생각하기를, '여러 중생들 가운데서 으뜸이 되고 나은 이가 되며 매우 나은 이가 되리다. 뛰어나고 미묘하며 위가 되고 위없는 이가 되며 인도자가 되고 장수가 되고 통솔자가 되며, 내지 온갖 지혜 가운데 최상의 지혜의 의지함이 되리라'고 한다.

---

1) 수미산 남쪽의 남섬부주로 현실의 인간 세계이다.

이 보살이 만약 출가하여 불법에 부지런히 정진하고자 한다면, 곧 능히 집과 처자와 오욕락을 버리고 부처님 가르침에 의지하여 출가하여 도를 배운다. 이미 출가하고는, 부지런히 정진하여 순간에 백 삼매를 얻고, 백 부처님을 친견하여, 백 부처님의 신력을 안다. 백 부처님 세계의 중생을 교화하고, 백 겁을 살고, 전후로 백 겁 일을 안다. 백 법문에 들어가고, 백 가지 몸을 나타내고, 낱낱의 몸에 백 보살을 보여 권속을 삼는다.

만약 보살의 수승한 원력으로 자재하게 나타내면 이 수를 초과하여 백 겁·천 겁·백천 겁으로 내지 백천 억 나유타 겁을 세도 알 수 없다."

그 때 금강장 보살께서 이 뜻을 다시 펴고자 게송으로 말씀하셨다.

투쟁과 협박
성냄을 제거하고
참회하여 순수하게
모든 근을 잘 수호하네.

2. 〔계를 범한〕 더러움을 멀리 떠난 지〔離垢地〕

금강장 보살께서 해탈월 보살에게 말씀하셨다.

"보살이 초지를 닦고 나서, 제2지에 들고자 하면 마땅히 열 가지의 깊이 믿는 마음을 일으켜야 한다. 이른바 정직하고 부드러우며 잘 감당하는 마음이다. 또 억제되고 고요하며 순박하게 착한 마음과 잡스럽지 않고 걱정하지 않으며 넓고 큰 마음이다.

보살이 이구지에 머무름에, 성품이 스스로 모든 살생을 멀리하여, 칼과 몽둥이를 두지 않고, 원한을 품지 않으며, 생명을 항상 자비롭게 위하는 마음을 낸다. 나쁜 마음으로 중생을 괴롭히지도 않는데 하물며 남에게 중생상을 내어 짐짓 거친 마음으로 살해하겠는가.

훔치지 않아 자기의 재산에 항상 족하고 남에게는 인자하여 헐뜯지 않는다. 남의 물건을 훔치려는 마음이 없어 풀잎이라도 주지 않거든 가지지 않는데, 하물며 생필품이겠는가. 사음하지 않으니, 자기 아내에 만족하고 남의 처에 탐욕심을 내지 않는다.

거짓말을 하지 않아 항상 진실하고 때에 맞는 말을 한다. 꿈에서라도 숨기는 말을 차마 하지 않으니, 하려는 마음도 없는데 하물며 고의로 범하겠는가. 성품이 이간질을 하지 않아, 이간할 마음도 없고 괴롭히는 마음도 없다. 이 말로써 저를 깨기 위하여 저를 향해 말하지 않고, 저 말로써 이를 파탄시키기 위하여 이에게 대놓고 말하지 않는다.

나쁜 말을 하지 않는다. 이른바 지독한 말·거친 말·괴롭히는 말·불공스런 말·버릇 없는 말·듣기 싫은 말 등이다. 이런 말은 모두 버리고, 윤택하고 부드럽고 듣는 이가 기뻐하며 사람의 마음에 와 닿는 말을 늘 한다. 꾸밈말을 하지 않으니 언제나 잘 생각하고 이치에 맞으며 진실한 말, 때 맞추어 요량하여 확정적인 말을 좋아한다. 우스갯소리도 항상 심사숙고하고 말하는데, 어찌 짐짓 산란한 말을 하겠는가.

탐내지 않으니, 남의 재물과 자본을 탐내지 않고 바라지도 않는다. 성내지 않으니, 늘 자비롭게 가엾이 여기는 마음을 내어, 미워하고 원망하는 마음을 아주 버리며, 항상 인자하게 도와주고 이롭게 하려고 생각한다.

또 삿된 소견이 없으니, 보살은 정도에 머물러서 점치지 않는다. 마음과 소견이 정직하고, 속이거나 아첨하지 않으며 삼보에 굳건한 신심을 낸다.

보살은 이런 열 가지 선한 법을 지켜서 늘 끊어짐이 없다.

또 생각하기를 '여러 중생이 악도에 떨어짐은 모두 열 가지 불선업 때문이다. 그러니 마땅히 스스로도 바른 행을 닦고 남에게도 권할 것이다. 왜냐하면 자기는 바르게 행하지 못하면서 남을 닦게 함이 옳지 못하기 때문이다'고 한다.

또 '십악2)은 지옥·아귀·축생에 태어나는 원인이며, 십선3)은 인간이나 천상 내지 색계나 무색계에 태어나는 씨앗이다.

또 열 가지 악업의 제일 심한 것은 지옥의 원인이 되고, 중간은 축생의 인이 되며 아래는 아귀의 씨앗이 된다.

그 중에서 살생죄로는 인간에 태어나더라도 단명하거나 병이 많은 두 가지 과보를

---

2) 몸으로 짓는 살생·도둑질·사음과 입으로 짓는 거짓말·아첨하는 말·이간질하는 말·악한 말, 마음으로 짓는 욕심과 성냄과 어리석음 등이 있다.
3) 십악을 행하지 않음이 십선이 된다.

받을 것이다. 훔친 죄로는 빈궁하거나 재물을 공유하여 마음대로 하지 못하고, 사음한 죄로는 아내가 부정하거나 뜻대로 권속을 얻지 못할 것이다.

거짓말한 죄로는 비방을 많이 입거나 남에게 속게 되며, 또 이간질한 죄로 권속이 동떨어지거나 친족들이 저열할 것이다. 나쁜 말 한 죄로는 항상 험한 소리를 듣거나 송사로 다툼이 많을 것이다. 농지거리를 한 죄로 사람들이 말을 듣지 않거나 말소리가 어눌할 것이다.

탐욕한 죄로 만족을 모르거나 욕심이 끝이 없을 것이다. 성낸 죄로 항상 시비에 오르거나 괴롭힘을 받고, 사견을 가진 죄로는 삿된 소견을 가진 집에 나게 되거나 아첨하고 굽을 것이다' 한다.

열 가지 나쁜 업은 이렇게 한없이 큰 괴로움 더미를 낸다.

마치 진금을 명반 가운데 넣고 제대로 연단하면 온갖 더러움이 없어지고 점점 더 청정해지듯 보살이 '더러움을 멀리 떠난 지'에 머뭄도 이와 같다. 무한한 백 천 억 나유타 겁에 아끼고 미워하며 파계한 허물을 멀리하였으므로 보시와 지계가 청정하고 만족하다. 이 보살은 힘과 분수를 따라 친절과 지계바라밀에 치중한다.

이구지에 머물러서는 흔히 전륜성왕으로, 대법주가 되어 칠보[4]를 갖추고 자재력이 있어, 중생들의 인색하고 파계한 허물을 없앤다.

또 생각하기를 '나는 중생들 가운데서 으뜸이 되고, 내지 온갖 지혜 가운데 최상의 지혜의 의지함이 되리라'고 한다.

이 보살이 불법 가운데서 부지런히 정진한다면, 한 생각에 천 삼매를 얻고 천 부처님을 친견하리라."

3. 지혜의 광명을 내는 지 [發光地]

그 때 금강장 보살께서 해탈월 보살에게 말씀하셨다.

"보살이 제2지를 청정히 하고, 제3지에 들고자 하면 마땅히 열 가지 깊이 믿는 마음을 일으켜야 한다. 이른바 청정한 마음과 안주하는 마음·싫어 함을 버리는 마음·탐욕을 버리는 마음·물러나지 않는 마음·견고한 마음·왕성한 마음·용맹스

---

4) 주로 금·은·유리·파려(수정)·차거(산호)·적주·마노 등을 말한다.

런 마음·넓은 마음·큰마음이다.

제3지에 머물고는, 온갖 함이 있는 법의 진실한 모습을 관찰한다. 이른바 무상하고, 괴롭고, 편안하지 못하며, 애증에 얽매인다. 탐욕·성냄·어리석음의 불이 쉬지 않고 환상처럼 진실하지 못하다.

이와 같음을 보고는 온갖 함이 있는 법에 대한 싫증이 배나 더하여 부처님 지혜로 나아가니 불가사의하며, 동등할 이 없고 무한히 고난의 중생을 건짐을 보았다.

이 보살이 발광지에 머무를 때에 욕심과 악을 없애고, 깨달음도 관찰함도 있으면 환희를 내어 초선에 머문다.

조악하거나 미세한 마음5)을 멸하여 속으로 일심을 청정하게 하고, 조악하고 미세한 마음이 없으면 선정으로 환희함을 내어 제2 선에 머문다. 기쁨을 떠나고 희사에 머물며 생각이 있고 바로 알아 몸으로 즐거움을 받으니, 부처님의 말씀대로 능히 희사하며 생각이 있고 즐거움을 받아 제3 선에 머문다.

즐거움을 끊어, 먼저 고통과 기쁨과 근심을 없애고, 괴롭지도 즐겁지도 않아 버리는 생각이 청정하여 제4 선에 머문다.

온갖 물질이란 생각을 넘어 상대의 생각을 없애며, 갖가지 상상을 하지 않고 끝없는 허공에 들어가 허공이 끝없는 곳에 머문다. 모든 허공이 끝없는 곳을 초월하여 끝없는 식에 들어가 식이 다함 없는 곳에 머문다. 모든 식이 끝없는 곳을 초월하여 드문 것도 없는데 들어가 아무것도 존재하지 않는 곳에 머문다. 일체 아무것도 존재하지 않는 곳을 초월하여 생각이 있는 것도 없는 것도 아닌 경지에 머물되, 다만 법을 따르기에 행할지언정 욕망으로 집착함은 없다.

이 보살은 무한한 신력을 얻어서, 대지를 진동하며, 한 몸으로 많은 몸이 되고, 많은 몸으로 한 몸이 된다. 숨기도 하고 나타나기도 하며, 암벽이나 산에 막혔더라도 막힘 없이 통과하기를 허공과 같이 한다. 허공에서 결가부좌하고 가기를 나는 새와 같이 하며, 땅에 들어가기를 물같이 한다. 물을 밟기를 땅같이 하며, 몸에서 연기와 불꽃을 냄이 큰 불더미 같다. 비 내리기를 큰 구름같이 하며 해와 달이 허공에 있듯이

---

5) 각관(覺觀)을 풀이한 것인데, 각(覺)은 사물을 헤아리는 마음의 조악한 작용이요, 관(觀)은 미세한 작용의 의미로 함께 선정의 마음을 방해한다.

큰 위력이 있어 능히 손으로 어루만지고 접촉하며, 몸이 자재하여 범천에까지 도달한다.

천이통이 청정함이 인간의 귀를 초과하여, 인간이나 천상이나 가깝거나 먼 음성을 다 듣고, 모기와 파리 따위의 소리들도 다 능히 듣는다.

또 타심통의 지혜로 남의 마음을 여실히 아니, 탐심이 있고 없음을 다 알고 무한히 다른 과거사를 안다. 내가 이전에 아무 곳에서 어떤 가문의 성명과 얼마의 수명으로 고락을 받았는지 안다. 죽어서는 어느 곳에 태어났는지, 형상과 음성 등의 한없는 차별을 다 생각해 낸다.

또 천안통이 청정함이 인간의 눈보다 뛰어나 많은 중생들의 나고 죽는 때와 좋거나 나쁜 몸과 갈래에 업을 따라감을 본다. 만약 중생이 악행을 지어 현성6)을 비방하고 나쁜 소견을 가지면, 그 인연으로 몸이 죽어 나쁜 곳에 떨어져서 지옥에 태어난다. 만약 중생이 선한 행을 짓고 현성을 비방하지 않으며 바른 소견을 갖추면, 그 인연으로 몸이 죽어 좋은 곳에 태어나 천상에 태어남을 여실히 다 안다.

마치 진금을 잘 연단하면 근량이 감하지 않고 더욱 청정해짐과 같다. 보살도 마찬가지로 이 발광지의 머무름에 삿된 탐욕과 성냄과 어리석음이 모두 끊어지고 온갖 선근이 점점 더 청정해지니 힘과 분수를 따라 선행을 하고 인욕바라밀에 편중한다.

이것을 이름하여 보살의 제3 발광지라 한다.

발광지에 머물러서는 흔히 삼십삼천왕이 되어, 방편으로써 중생들로 하여금 탐욕을 버리게 하고, 보시와 친절과 선행을 하며 동고동락을 한다. 이같이 온갖 행위가 모두 삼보를 생각함을 떠나지 않는다.

또 생각하기를 '의당 중생들 가운데서 으뜸이 되고, 내지 온갖 지혜 가운데 최상의 지혜의 의지함이 되리라'고 한다.

만약 부지런히 정진하면 순간에 백천 삼매를 얻고, 백 천 부처님을 친견한다. 혹 보살의 수승한 원력으로 자재하게 나타내면, 이 수를 초과하여 백 겁, 천 겁 내지 백천 억 나유타 겁을 능히 세어도 알 수 없다."

---

6) 현(賢)은 미혹에 굴복하는 지위이고, 성(聖)은 미혹을 끊은 지위이다. 십주·십행·십회향 지위를 삼현이라 하고, 초지부터 십지까지를 십성이라고 한다.

그 때 금강장 보살께서 이 뜻을 다시 펴고자 게송으로 말씀하셨다.

초발심부터 성불까지
그 간 아비지옥의 고초도
법을 듣기 위해 능히 감수했거든
어찌 하물며 사람의 고통을 다 말하겠는가.

4. 〔번뇌의 땔나무를 태우는〕 지혜의 불꽃 지〔焰慧地〕

이 때 금강장 보살께서 해탈월 보살에게 말씀하셨다.

"보살이 제3지를 청정하게 하고서 제4 염혜지에 들고자 하면, 마땅히 법에 밝은 문 열 가지를 닦아야 한다. 이른바 중생계와 법계·세계·허공계·식계·욕계·색계·무색계와 넓거나 큰마음으로 믿어 아는 세계를 관찰한다.

이 보살은 아직 생기지 않은 악하고 불선한 법은 생기지 않게 하려 하고, 이미 생긴 것은 끊으려고 부지런히 정진하여 마음을 내어 바로 끊는다. 아직 생기지 않은 선한 법은 생기게 하려 하고, 이미 생긴 것은 잃지 않고 더욱 키우려고 부지런히 정진하여 마음을 내어 바로 행한다.

또 진리에 대한 바른 소견과 바른 생각과 바른 말과 바른 행위와 바른 생활과 바른 노력과 바르게 마음을 챙김과 바른 선정을 수행한다. 싫어함을 의지하고 끊음을 의지하며 멸함을 의지하고 희사로 회향한다. 이 보살은 힘과 분수를 따라 고락을 함께하고 정진바라밀에 치중하니, 이것이 보살의 제4 염혜지를 간략히 설한 것이다.

이 지에 머물러서는 흔히 수야마천왕이 되며 좋은 방편으로써 중생들의 몸이란 소견 등의 미혹을 없애 바른 견해에 머물게 하고 보시와 친절과 선행을 하며 동고동락을 한다. 이런 일들이 모두 삼보를 생각함을 떠나지 않으며, 내지 온갖 것을 아는 지혜와 모든 지혜 가운데 최상의 지혜를 갖추려는 생각을 떠나지 않는다.

또 생각하기를 '의당 중생들 가운데 으뜸이 되고, 내지 온갖 지혜 가운데 최상의 지혜의 의지함이 되리라'고 한다."

그 때 금강장 보살께서 이 뜻을 다시 펴고자 게송으로 설하셨다.

부처님께서 꾸짖으신 번뇌의 행은
이로움이 없으므로 끊어 버리고
지혜로운 이 수행하는 청정한 업은
중생을 건지려 짓지 않음이 없네.

5. 〔지혜가 지극하여〕 더 수승하기가 어려운 지〔難勝地〕

그 때 금강장 보살께서 해탈월 보살에게 말씀하셨다.

"보살이 제4지에서 행한 도가 이미 원만하여, 제5지에 들고자 하면 마땅히 열 가지 평등하고 청정한 마음으로 들어가야 한다. 이른바 과거·현재·미래의 불법과 계율·소견과 의혹을 끊는데 평등하고 청정한 마음이다. 도와 도 아님을 가리는 지혜·수행하는 지혜의 눈·온갖 보리의 부분법을 최상으로 관찰함·많은 중생을 교화함에 평등하고 청정한 마음이다.

이 보살은 중생을 이롭게 하기 위하여 세간의 기예를 모두 익히지 않음이 없다. 이른바 도서와 인장과 갖가지 언론을 모두 통달하고, 약방문을 잘 알아서 온갖 병을 치료하며, 신들린 것과 저주를 없앤다. 가무와 풍악·유머 따위를 잘하고, 조경에 재주가 있다. 금·은·보석 등의 있는 데를 다 알고 파내어 사람들에게 보이며, 천문 지리와 관상과 신수의 좋고 나쁨을 잘 관찰하여 조금도 틀리지 않는다.

계행을 가지고 선정에 들며, 신통과 사무량심7)과 사무색정8)과, 그 외의 여러 세간사로 중생을 해치지 않고 유익한 일이면 모두 열어 보여 위없는 불법에 안주하게 한다.

이 보살은 힘과 분수를 따라 선정바라밀에 치중하니, 이것이 보살의 제5 난승지를 간략히 말한 것이다.

이 지에 머물러서는 흔히 도솔타천왕이 되니 중생들에게 하는 일이 자재하여 온갖 외도들의 사견을 꺾어 제도시킨다. 중생들을 진실한 진리에 머물게 하며, 보시와 친

─────────────────

7) 자(자애)·비(동정)·희(기쁨)·사(평등심)의 네 가지 한없는 이타심이다.

8) 공무변처·식무변처·무소유처·비상비비상처인데, 선정수행에 있어서 모든 물질적인 속박을 받지 않게 된 경계를 4 단계로 나눈 것이다.

절과 선행을 하고 동고동락을 한다. 이런 일들이 모두 삼보를 생각함을 떠나지 않으며, 내지 온갖 것을 아는 지혜와 모든 지혜 가운데 최상의 지혜를 갖추려는 생각을 떠나지 않는다.

또 생각하기를 '마땅히 중생들 가운데 으뜸이 되고, 온갖 지혜 가운데 최상의 지혜의 의지함이 되리라'고 한다."

그 때 금강장 보살께서 이 뜻을 다시 펴고자 게송으로 설하셨다.

보살이 제5지에 머무름에
뛰어나게 청정한 도 점점 닦아
불법을 구하여 물러남이 없고
자비로 생각하여 권태롭지 않네.

6. 〔진리를 관하는 지혜가〕 앞에 나타나는 지〔現前地〕

그 때 금강장 보살께서 해탈월 보살에게 말씀하셨다.

"보살이 제5지를 갖추고 제6 현전지에 들고자 하면, 마땅히 열 가지 평등 법을 관찰하여야 한다. 이른바 온갖 법이 실체적 모습도 자체도 생김도 없고 이루어짐도 없으며, 본래부터 청정하므로 평등하다. 헛소리와 취하고 버림이 없고 고요하기 때문에 평등하다. 환상과 꿈·그림자·메아리·물 속의 달·거울 속에 비친 모습·아지랑이·변화하여 됨과 같으므로 평등하며 있고 없음이 다르지 않으므로 평등하다.

이렇게 온갖 법의 자성이 청정함을 관찰하여, 따라 어김이 없으면 제6 현전지에 들어가되, 뛰어난 수순인은 얻었으나 무생법인은 얻지 못하였다.

이 같이 관찰하고는 다시 대비로 으뜸을 삼아 증가하고 만족하여 세간의 생사를 관찰하고는 이런 생각을 한다. '세간에 태어남이 모두 아집 때문이니, 만일 이 집착을 떠나면 나온 곳도 없도다.'

또 생각하되 '만약 짓는 자가 있으면 움직임도 있을 것이요, 짓는 자가 없으면 움직임도 없을 것이거니와 제일 가는 이치에는 모두 얻을 수 없다'고 한다.

보살이 또 이렇게 생각한다. '삼계가 오직 일심인데, 부처님께서 열두 가지로 분별

하여 연설하심은 다 한마음에 의해 이 같이 세운 것이다.'

보살이 이런 열 가지 모습으로 온갖 연기를 관찰하여 나와 남이 없고 수명이 없으며, 자성이 공하여 짓는 이나 받는 이가 없음을 알면, 바로 공한 해탈문9)이 앞에 나타나게 된다.

모든 생존이 다 자성이 멸함을 관찰하여 필경 해탈하고 조그만 법도 생김이 없으면, 곧 실체적 모습 없는 해탈문이 앞에 나타나게 된다. 이같이 공하고 실체적 모습 없는데 들어가서는 원하고 구함이 없으며, 다만 대비로 최고를 삼아 중생을 교화하면, 곧 욕망을 떠난 해탈문이 앞에 나타나게 된다.

보살은 이렇게 삼 해탈문을 닦아 나와 남이니, 짓는 이니 받는 이니 하는 생각을 없애고 있다 없다는 생각도 떠난다.

마치 진금을 비유리 보배로 자주자주 갈고 닦으면 더욱 청정해짐과 같아, 이 보살의 선근도 또한 방편과 지혜로 따르고 관찰함에 더욱 청정해지고, 다시 적멸10)하여서 그 밝음을 가릴 수 없다.

이 보살은 힘과 분수를 따라 반야바라밀에 치중한다.

이것이 보살의 제6 현전지를 간략히 말한 것이다. 이 지에 머물러서는 흔히 선화천왕이 되며, 행위가 자재하여 모든 성문의 힐난으로는 물러나게 할 수 없다. 중생들로 하여금 아만을 없애고 연기에 깊이 들게 하며, 보시와 친절과 선행을 하고 동고동락을 한다. 이렇게 온갖 행위가 모두 부처님 생각을 떠나지 않으며, 내지 온갖 것을 아는 지혜와 모든 지혜 가운데 최상의 지혜를 갖추려는 생각을 떠나지 않는다.

또 생각하기를 '내가 중생들 가운데 으뜸이 되고, 내지 온갖 지혜 가운데 최상의 지혜의 의지함이 되리라'고 한다. 이 보살이 부지런히 정진하면 순간에 백천 억 삼매를 얻으며, 내지 백천 억 보살을 나타내어 권속을 삼는다. 만약 원력으로 자재하게 나타내면 이 수를 초과하여, 내지 백천 억 나유타 겁을 세어도 알 수 없다."

이 때 금강장 보살께서 이 뜻을 다시 펴고자 게송으로 설하셨다.

---

9) 공·무상(無相 : 실체적 모습이 없는 것)·무원(無願 : 욕망을 떠난 상태)의 삼 해탈문은 깨달음에 드는 문이다.

10) 깨달음의 경지로 번뇌의 불을 완전히 꺼버린 마음의 궁극적 고요함이다.

삼계11)가 마음을 의지하여 있음을 깨치고

십이 인연 또한 그러하며

나고 죽음 모두 마음의 작용이니

마음이 없으면 생사도 다하네.

7. 원대하게 수행하는 지〔遠行地〕

금강장 보살께서 해탈월 보살에게 말씀하셨다.

"보살이 6지의 수행을 갖추고 나서 제7 원행지에 들고자 하면, 마땅히 열 가지 방편 지혜를 닦아 뛰어난 도를 일으켜야 한다. 이른바 공하고 실체적 모습 없고 욕망을 떠난 삼매를 닦으나 자비로 중생을 버리지 않으며, 부처님의 평등 법을 얻었지만 항상 즐거이 부처님께 공양한다. 비록 사물의 공한 본성을 관조하는 지혜의 문에 들었으나 복덕을 부지런히 모으고, 삼계를 떠났지만 삼계를 장엄한다. 필경에는 온갖 번뇌의 불꽃을 멸하였지만 능히 많은 중생을 위하여 탐내고 성내고 어리석은 번뇌의 불꽃을 일으킨다. 온갖 법이 환상과 꿈·그림자·메아리·아지랑이·변화·물 가운데 달과 거울 속에 비친 모습과 같아서 자성이 다르지 않음을 알지만 마음을 따른 행위가 무한히 차별하다.

비록 모든 국토가 허공과 같음을 알지만 청정하고 묘한 행으로 불국토를 장엄하며, 부처님의 법신은 본성이 몸이 없음을 알지만 상호로 몸을 장엄한다. 부처님의 음성은 성품이 적멸하여 말로 할 수 없음을 아나, 많은 중생을 따라서 갖가지 차별한 청정 음성을 낸다. 비록 부처님을 따라서 삼세가 오직 일념12)임을 알지만 중생들이 마음으로 이해하는 분별을 따라서 갖가지 모습·때·겁으로써 온갖 행을 닦는다.

보살이 이와 같은 열 가지 방편 지혜로 수승한 행을 일으켜서 제6지로부터 제7지에 들어간다. 들어간 뒤에 이 행이 항상 앞에 나타남을 제7 원행지에 머문다고 한다.

이 보살은 시시각각 항상 열 가지 바라밀을 갖추니, 생각마다 대비로 으뜸을 삼아 불법을 수행하여 부처님 지혜에 향한다. 갖고 있는 선근으로 부처님 지혜를 구하기

---

11) 욕계·색계·무색계로 중생이 생사 윤회하는 세 가지 미혹한 세계이다.

12) 한 번의 생각, 현재 찰나의 마음이다.

위하여 중생에게 줌은 보시바라밀이고, 온갖 번뇌의 뜨거움을 능히 없앰은 지계바라밀이다. 자비로 으뜸을 삼아 중생을 손상시키지 않음은 인욕바라밀이요, 뛰어나고 선한 법을 구하되 싫증 내지 않음은 정진바라밀이다. 온갖 것을 아는 지혜의 길이 항상 앞에 나타나서 잠깐도 산란하지 않음은 선정바라밀이요, 모든 법이 생멸하지 않음을 인정하는 것은 반야바라밀이다. 무한한 지혜를 냄은 방편바라밀이고, 최상품의 수승한 지혜를 구함은 서원바라밀이다. 온갖 이론과 악마가 무너뜨릴 수 없음은 역바라밀이요, 온갖 법을 여실히 앎은 지혜바라밀이다.

보살이 초지에서 모든 불법을 반연13)하고 원하여 구함으로 보리의 부분법을 만족하며, 제2지에서는 마음의 때를 없애고, 제3지에서는 원이 더욱 강화하여 법의 광명을 얻는다. 제4지에서는 도에 들어가며, 제5지에서는 세상의 행을 따른다. 제6지에서는 심원한 법문에 들어가며, 제7지에서는 모든 불법을 일으키기 때문에 다 또한 보리분법14)을 만족한다.

왜냐하면 보살이 초지로부터 제7지에 이르기까지 지혜의 공용15)이 있는 부분을 이루니, 이 힘으로써 제8지로부터 제10지에 이르기까지 공용이 없는 행을 모두 다 이룬다.

비유하면 두 세계가 있다. 물들고 깨끗한 두 중간을 지나가기 어렵지만, 오직 보살로서 대 방편과 신통 원력이 있는 이는 제외한다. 보살의 여러 지도 마찬가지로 물든 행과 깨끗한 행의 두 중간을 지나가기 어렵지만, 오직 보살의 대 원력과 방편과 지혜가 있는 이는 능히 지나갈 수 있다.

초지로부터 제7지에 이르기까지 수행하는 모든 행이 다 번뇌의 업을 멀리하여 위없는 보리로 회향하며, 부분적으로 평등한 도를 얻었지만 번뇌를 뛰어넘은 행이라고는 이름하지 못한다.

비유하면 전륜성왕이 하늘 코끼리를 타고 사천하를 다님에, 빈궁하여 괴로워하는

---

13) 휘감겨 걸리는 것으로 모든 상관 관계를 말한다.
14) 삼십칠도품이라고도 한다. 깨달음을 얻기 위한 실천 수행법인 4 염처·4 정근·4 신족·
    5 근·5 력·7 각지·8 정도의 37 가지이다.
15) 결과를 낳는 작용을 말한다.

사람이 있음을 알고도 그들의 근심에 물들지 않지만 인간의 지위를 넘었다고는 이름하지 않는다. 만약 왕의 몸을 버리고 범천의 세계에 태어나서 천궁을 타고 천 세계를 보고 다닐 적에, 범천의 광명과 위덕을 나타내면 그제야 인간의 지위를 넘었다고 한다.

보살도 마찬가지다. 처음 초지로부터 제7지에 이르기까지 바라밀의 수레를 타고 세간을 거닐 적에 세간의 번뇌와 과도한 근심을 알면서도 정도를 탔기에 번뇌의 과실에 물들지는 않는다. 그러나 번뇌를 뛰어넘은 행이라고는 이름하지 못한다. 만약 모든 공용이 있는 행을 버리고 제7지로부터 제8지에 들어가서 보살의 청정한 수레를 타고 세간을 편력할 때에, 번뇌의 과실을 알고도 물들지 않으면 그 때에야 번뇌를 뛰어넘은 행이라 이름한다. 이는 온갖 것을 다 초과한 때문이다.

이 제7지 보살은 욕심이 많은 등의 번뇌를 모두 뛰어넘어 이 지에 머무름에 번뇌가 있는 이라고도, 번뇌가 없는 이라고도 않는다. 왜냐하면 온갖 번뇌가 현재에 작용하지 않으므로 있는 이라 하지도 않고, 부처님의 지혜를 구하는 마음이 아직 원만하지 못하므로 번뇌가 없는 이라 하지도 않는다.

보살이 제6지로부터 멸정16)에 들어가거니와 지금 이 지에 머물러서는 시시각각 들어가며, 또한 시시각각 일어나되 증득하지는 않는다. 그러므로 이 보살을 '부사의한 삼업을 이루고, 진여를 행하되 증득하지는 않는다'고 한다. 마치 누군가 배를 타고 바다에 들어감에 교묘한 방편의 힘으로 조난을 당하지 않는다. 이 지의 보살도 마찬가지로 바라밀의 배를 타고 진여의 바다에 다니되, 원력으로 열반을 증득하지 않는다.

이 보살은 힘과 분수를 따라 방편바라밀에 치중한다.

이것이 보살의 제7 원행지를 간략히 말한 것이다.

보살이 이 지에 머물러서는 흔히 자재천왕이 된다. 중생들에게 증득한 지혜의 법을 말하여 깨쳐 들게 하며, 보시와 친절과 선행을 하며 동고동락을 한다. 이 같은 모든 행위가 다 부처님 생각함을 떠나지 않으며, 내지 온갖 것을 아는 지혜와 모든 지혜 가운데 최상의 지혜를 갖추려는 생각을 떠나지 않는다.

또 생각하기를 '마땅히 모든 중생들 가운데 으뜸이 되고, 내지 온갖 것을 아는 지혜

---

16) 멸진정(滅盡定) 혹은 무심정(無心定)이라고도 하는데 모든 정신 작용을 멸한 선정이다.

의 의지함이 되리라'고 한다."

그 때 금강장 보살께서 이 뜻을 다시 펴고자 게송으로 말씀하셨다.

이 지에서 비록 온갖 미혹을 뛰어넘었으나
번뇌가 있다 없다 하지 않으니
번뇌 없이 그 속에서 행하되
부처님 지혜 구하는 마음 원만치는 못하네.

8. 온갖 번뇌의 행에 움직이지 않는 지〔不動地〕

금강장 보살께서 해탈월 보살에게 말씀하셨다.

"보살이 제7지에서 방편 지혜를 잘 닦아, 모든 도를 청정하게 한다. 조도법17)을 잘 모으고 대 원력으로 거두며 불력으로 가피하고, 자기 선근의 힘으로 유지한다. 항상 여래의 힘과 두려움18) 없음과 불공불법19)을 생각하고, 깊이 믿는 마음으로 정신 작용을 청정하게 한다. 복덕과 지혜를 이루고 대자대비로 중생을 버리지 않고 무한한 지혜의 도에 들게 한다.

온갖 법에 들어가니, 본래 생김도 없고 일어남도 없으며 실체적 모습도 없고 이루어짐도 무너짐도 없고 다함도 없고 변함도 없다. 성품 없음으로 성품을 삼고, 처음과 중간과 나중이 다 평등하며, 분별을 떠난 여여지20)로 들어갈 것이다.

모든 심의식으로 분별하는 생각을 떠나 허공처럼 집착이 없고 온갖 법이 허공의 성품 같은데 들어가니 이를 '무생법인을 얻음'이라고 이름한다.

보살이 이 무생법인을 이루면 바로 제8 부동지에 들어가, 깊이 행하는 보살이 된다. 알기 어려우며, 차별이 없고, 온갖 모습·생각·집착을 여읜다. 무한하고 끝이

---

17) 본연의 자세를 돕는 수행 방법을 말한다.
18) 두려움 없이 용감히 법을 설하는 것으로 사무소외라고 한다.
19) 부처님만 갖추고 계시는 뛰어난 성질이다. 십팔 불공법으로 십력·사무소외·삼염주와 대비가 있다.
20) 지혜로, 진여의 이치에 맞는 것이다.

없으며, 모든 성문과 벽지불이 미칠 수 없고 온갖 떠들썩함을 떠나서 적멸이 앞에 나타난다.

마치 비구가 신통을 갖추고 마음이 자재하여 차례로 멸진정까지 들면 온갖 동요되는 마음과 이것저것 생각함이 모두 쉰다. 이 보살도 마찬가지로 부동지에 머무름에, 모든 공용 행을 버리고 공용이 없는 법을 얻는다. 그래서 몸과 입과 뜻으로 짓는 업과 생각과 일이 다 쉬어서 과보의 행에 머문다.

보살이 제8지에 머무름에 대 방편과 교묘한 지혜로 일으킨 공용이 없는 지혜의 힘으로써 온갖 지혜 가운데 최상의 지혜로 대상을 관찰한다. 이른바 세간이 이루어지고 무너짐을 관찰하되, 이 업이 모임으로 이루어짐과 이 업이 다함으로 무너짐과, 얼마 동안 이루어지고 얼마 동안 무너짐과, 얼마 동안 성립하여 머묾과 얼마 동안 파괴되어 머묾을 다 여실히 안다.

또 욕계·색계·무색계의 이루어짐과 무너짐과 작고 크거나 무한하거나 다른 모습을 알아서 이같이 삼계의 다름을 관찰하는 지혜를 얻는다.

이 보살의 지혜 지를 부동지라 하니 무너뜨릴 수 없기 때문이요, 불퇴전지라 하니 지혜가 물러나지 않기 때문이다. 얻기 어려운 지라 하니 모든 세간에서 헤아릴 수 없기 때문이며, 동진지라 하니 온갖 과실을 떠난 때문이다.

이 보살은 힘과 분수를 따라 원바라밀에 치중한다.

이것이 보살의 제8 부동지를 간략히 설한 것이니, 만약 상세히 설하자면 무한한 겁이라도 다할 수 없다.

이 지에 머무르면 흔히 대범천왕21)이 되어 일천 세계를 주관한다. 최고 뛰어나게 자재하고 온갖 이치를 말하여 성문이나 벽지불과 모든 보살에게 바라밀 도를 일러주며, 세계의 차별을 묻는 이가 있어도 물러나지 않는다.

보시와 친절과 선행을 하며 동고동락을 하니, 이 같은 모든 행위가 다 부처님 생각함을 떠나지 않는다. 내지 온갖 것을 아는 지혜와 모든 지혜 가운데 최상의 지혜를 생각함을 떠나지 않는다.

---

21) 범왕이라고도 하는데, 부처님께서 세상에 오실 때마다 반드시 맨 처음에 와서 불법을 청하고 제석천과 함께 부처님의 좌우에서 모신다고 한다.

또 생각하기를 '마땅히 중생들 가운데 으뜸이 되고, 내지 온갖 것을 아는 지혜의
의지함이 되리다'고 한다."

그 때 금강장 보살께서 이 뜻을 다시 펴고자 게송으로 말씀하셨다.

이 지에 머물면 분별하지 않으니
멸진정에 들어간 비구와 같고
꿈에 강을 건너도 깨면 없으며
범천에 태어나 욕심을 끊은 듯하네.

그대는 비록 이미 번뇌의 불 껐으나
세간에는 미혹의 불꽃이 아직도 치성하니
본원을 생각하고 중생 건져서
선근을 닦아 해탈케 할지어다.

9. 최고 수승한 지혜 지〔善慧地〕

금강장 보살께서 해탈월 보살에게 말씀하셨다.

"보살이 이 같이 무한한 지혜로 사고하여 관찰하고는, 다시 더 뛰어난 적멸 해탈을
구하고자 한다. 또 부처님의 지혜를 닦고 부처님의 비밀 법에 들어가며, 부사의한
대 지혜의 성품을 관찰한다. 다라니와 삼매문을 청정하게 하고, 뛰어난 신통을 갖춘
다. 모든 부처님들을 따라 법륜을 굴리고, 대비의 본원력을 버리지 않으려고 보살의
제9 선혜지에 들어간다.

보살이 이 선혜지에 머무름에 대 법사가 되어 법사의 행을 갖추고는 부처님의 경전
을 잘 수호한다. 무한히 정교한 지혜로 네 가지 막힘 없는 변재를 일으켜서 보살의
언사로 설법한다. 이 보살은 늘 네 가지 막힘 없는 지혜를 따라서 연설하고 잠깐도
멀리하지 않는다. 이른바 법과 뜻과 말씀과 기분 좋게 설법함에 막힘 없는 지혜다.

보살이 제9지에 머무름에 이 같은 정교하고 막힘 없는 지혜를 얻으며, 부처님의
묘법장22)을 얻어서 대 법사가 된다. 무한한 부처님 전마다 백만 아승지 다라니 문으

로 정법을 듣고 잊지 않으며 한없이 차별한 문으로써 남을 위해 연설한다.

이 보살은 힘과 분한을 따라 힘바라밀에 치중한다.

이 지에 머물러서는 흔히 이천 세계의 주도자인 대범천왕이 되어 잘 다스리고 자재하게 이롭도록 한다. 여러 성문과 연각과 보살들을 위하여 바라밀 행을 분별하여 연설하며, 중생들이 마음껏 질문해도 물러나지 않는다. 또 보시와 친절과 선행을 하고 동고동락을 한다. 이같이 모든 행위가 다 부처님 생각함을 떠나지 않고, 온갖 것을 아는 지혜와 모든 지혜 가운데 최상의 지혜를 생각함을 떠나지 않는다.

또 생각하기를 '마땅히 중생들 가운데 머리가 되고 나은 이가 되며, 내지 온갖 지혜 가운데 최상의 지혜의 의지함이 되리라'고 한다."

그 때 금강장 보살께서 이 뜻을 다시 펴고자 게송으로 설하셨다.

이 지에 머물고는 법장을 지녀서
선이거나 악이거나 둘 다 아니거나
번뇌가 있거나 없거나 세간과 출세간
생각할 수 있음과 없음을 다 잘 아네.

10.〔허공처럼 광대한 장애를 덮는〕법 구름 지〔法雲地〕

금강장 보살께서 해탈월 보살에게 말씀하셨다.

"보살이 초지로부터 제9지에 이르기까지, 이같은 무한한 지혜로 관찰하여 깨닫고는 곰곰이 생각하여 닦는다. 백법23)을 만족하고 끝없는 조도법을 모은다. 큰 복덕과 지혜를 증대하고 대비를 널리 행한다. 부처님께서 행하신 곳에 들어가고 부처님의 적멸행을 따른다. 여래의 힘과 두려움 없음과 불공불법을 항상 관찰함을, '온갖 것을 아는 지혜와 모든 지혜 가운데 최상의 지혜를 얻는 직책을 받는 지위'라고 이름한다.

보살이 이러한 지혜로 직책을 받는 지위에 들어가서는 보살의 더러움을 떠난 삼매와 해인 삼매 등에 들어가니 이 같은 등의 백만 아승지 삼매가 다 앞에 나타난다.

---

22) 묘법인 진리를 안에 넣는 것이니, 자연의 이치가 만유의 진리 그 자체이다.

23) 외도의 삿된 법인 흑법에 대해 부처님께서 설하신 정법을 백법이라고 한다.

보살이 이 모든 삼매에 들고남에 다 능란하여 온갖 삼매의 작용이 차별함도 잘 안다. 그 최후 삼매를 이름하여 '온갖 것을 아는 지혜와 뛰어난 직책을 받는 지위'라 한다.

이 삼매가 앞에 나타날 때 큰 보배 연꽃이 갑자기 솟아나 보살이 꽃자리에 앉으시니, 몸의 크기가 잘 맞고 무한한 보살로 권속을 삼았다. 그들은 각기 다른 연꽃 위에 앉아서 둘러쌌으며, 일일이 각각 백만 삼매를 얻어서, 대 보살을 향해 일심으로 우러러보았다.

이 대 보살과 권속들이 꽃자리에 앉았을 때 있던 광명과 음성이 두루 시방 법계에 충만하여 모든 세계가 다 함께 진동하였다. 나쁜 길은 쉬고 국토가 청정하게 장엄되어 동행24) 보살이 모두 와서 모였다. 인간과 천상의 음악이 동시에 소리를 내니 많은 중생들이 다 안락하고, 부사의한 공양구로 모든 부처님께 공양하니 부처님들의 회상이 다 나타났다.

이 보살이 큰 연꽃 자리에 앉았을 때에 무한한 아승지 광명을 놓아 시방 모든 중생들의 고통을 없애고, 부처님들의 처소에 두루하여 온갖 장엄구를 비 내리듯 공양하였다. 이는 모두 출세간의 선근으로부터 난 것이어서 모든 세간의 경계를 넘었으니, 중생들이 이를 보고 알면 다 최상의 깨달음에서 물러나지 않는다.

이 대 광명이 이같이 공양하는 일을 마치고 다시 시방의 온갖 세계에 있는 낱낱 부처님의 회상을 열 바퀴 돌고 부처님의 발 아래로 들어갔다.

그 때 모든 불보살들께서, 어느 세계의 아무 보살이 능히 이같이 광대한 행을 행하여 직책을 받는 지위에 이름을 알았다. 이 때 시방의 무한하고 끝없는 제9지의 보살 대중까지 다 와서 둘러싸고 공경히 공양하였다. 일심으로 관찰하니, 바로 관찰할 때에 그 모든 보살들이 각기 십천 삼매를 얻었다.

마치 전륜성왕의 태자가 마정수기를 받고서 찰제리왕의 수에 들며, 곧 십선도25)를 행하여 전륜성왕이란 이름을 얻게 되듯이 보살이 직책을 받음도 마찬가지다. 부처님의 지혜 물로 머리 위에 부으므로 직책을 받는다 하니, 부처님의 십력을 갖추었으

---

24) 마음을 함께함과 동시에 불도를 닦는 자이다.

25) 살생하지 않고, 도둑질하지 않으며……등의 십선과 같다.

므로 부처님 수에 들어간다.

이것을 보살이 대 지혜의 직책을 받았다 하고, 무한한 백 천 만 억 나유타의 행하기 어려운 행을 행하여, 한없는 지혜와 공덕을 키우니 '법운지에 안주함'이라고 이름한다. 이같은 지혜를 통달함에 무한한 보리를 따르며 정교하게 생각에 몰두하는 힘을 이룬다. 그리고 시방의 한없는 부처님들께서 소유하신 대 법의 광명과 대 법의 비춤과 대 법의 비를 순간에 다 능히 수용한다.

가령 사가라 용왕이 내리는 큰비를 오직 큰 바다를 제외하고는 어느 곳에서도 받아내지 못한다. 마찬가지로 부처님의 비밀한 법장인 대 법의 광명과 비춤이나 비도 오직 제10지 보살을 빼고는 다른 모든 중생이나 성문·독각·제9지 보살들은 다 수용하지 못한다.

마치 큰 바다는 능히 용왕이 내리는 큰비를 다 받아들인다. 둘이나 셋 내지 무한한 용왕의 비가 일순간 한꺼번에 내리더라도 다 수용하니, 이는 한없이 광대한 그릇인 때문이다. 법운지에 머문 보살도 마찬가지로 부처님의 법의 광명과 비춤과 비를 다 받아들인다. 둘이나 셋 혹은 무한한 부처님께서 일순간 한꺼번에 연설하시더라도 다 마찬가지다. 그러므로 이 지를 '법운'이라 이름한다.

이 지의 보살은 스스로의 원력으로 대비의 구름을 일으키고 큰 법의 천둥을 진동한다. 삼명·육통[26]과 두려움 없음으로 번개가 되며 복덕과 지혜로 두껍게 겹친 구름이 된다. 갖가지 몸을 나타내어 오가며 널리 돌아다니되, 순간에 시방 국토에 두루하여 큰 법을 연설하여 악마들을 꺾어 제도시킨다. 다시 이 수를 더 초과하여 무한한 국토에서, 중생심의 집착을 따라서 단비를 퍼부어 온갖 미혹의 불꽃을 멸하기에 법운지라 한다. 이 보살은 지혜바라밀에 치중한다.

법운지에 머물러서는 흔히 마혜수라천왕이 되어 법에 자재하다. 중생이나 성문과 독각과 많은 보살에게 바라밀 행을 주며, 법계의 질문으로도 물러나게 할 수가 없고, 보시와 친절과 선행을 하며 동고동락을 한다. 이같은 온갖 행위가 부처님 생각함을 떠나지 않으며, 온갖 것을 아는 지혜와 모든 지혜 가운데 최상의 지혜를 갖추도록

---

26) 신족통·천안통·천이통·타심통·숙명통·누진통 등 여섯 가지 불가사의한 작용이다. 이 가운데 천안통·숙명통·누진통의 셋을 특히 삼명이라고 한다.

생각함을 떠나지 않는다.

또 생각하기를 '마땅히 중생들 가운데 머리가 되고 나은 이가 되리다. 내지 온갖 것을 아는 지혜와 모든 지혜 가운데 최상의 지혜의 의지함이 되리라'고 한다.

만일 부지런히 정진하면 일순간 무수한 삼매를 얻고, 먼지 수 같은 보살을 나투어 권속을 삼는다. 만일 보살의 뛰어난 원력으로 자재하게 나타내면 이 수를 초과한다. 이른바 수행과 장엄과 믿고 이해함과 행위와 몸과 말과 광명과 모든 근과 신통 변화와 음성과 행하는 곳을, 백 천 억 나유타 겁을 능히 헤아려도 알 수 없을 것이다."

"보살의 십지가 부처님의 지혜를 기인하여 차별이 있음이, 마치 대지를 인하여 열 산이 있는 것과 같다. 이른바 설산·향산·비타리산·신선산·유건타산·마이산·이민타라산·작갈라산·계도말저산·수미산이다. 이 열 가지 보배 산들은 다 같이 큰 바다에 있으면서도 다른 명칭을 얻었다. 보살의 십지도 마찬가지로 다 같이 온갖 것을 아는 지혜에 있으면서도 달리 이름을 얻었다.

마치 큰 바다는 열 가지 모습으로 대해의 이름을 얻어 바꾸어 뺏을 수 없다. 하나는 차제에 점점 깊어짐이요, 둘은 시체를 거두지 않는다. 셋은 다른 물이 유입하면 모두 본명을 잃고, 넷은 동일한 맛이요, 다섯은 무한한 보배가 있다. 여섯은 바닥까지 도달할 수 없으며, 일곱은 광대하여 무한하고, 여덟은 큰 몸들이 거처한다. 아홉은 조수가 기한을 넘지 않고, 열은 두루 큰비를 수용하되 넘치지 않는 것이다. 보살행도 마찬가지로 열 가지 모습으로써 보살행이라 이름하여 바꾸어 뺏을 수 없다. 이른바 〔비로소 법의 맛을 알아〕 환희심을 내는 환희지는 대원을 내어 점점 깊어지고, 〔계를 범한〕 더러움을 멀리 떠난 이구지는 온갖 파계한 시체를 받지 않는다. 지혜의 광명을 내는 발광지는 세간의 가명을 멀리하며, 〔번뇌의 땔나무를 태우는〕 지혜의 불꽃인 염혜지는 부처님의 공덕과 동일한 맛이다. 〔지혜가 지극하여〕 더 수승하기가 어려운 난승지는 무한한 방편과 신통과 세간에서 만들어진 보배들을 내고, 〔진리를 관하는 지혜가〕 앞에 나타나는 현전지는 인연의 화합에 의해 나타나는 매우 깊은 이치를 관찰한다. 원대하게 수행하는 원행지는 광대하게 사고 분별하는 의식으로 잘 관찰하며, 온갖 번뇌의 행에 움직이지 않는 부동지는 광대하게 장엄하는 일을 나타낸다. 최고 수승한 지혜의 선혜지는 깊은 해탈을 얻어 세간에 다니되 있는 그대로 알아서 기한을 어기지 않고, 〔허공처럼 광대한 장애를 덮는〕법 구름의 법운지는 모든 부처님 큰 법의 밝은 비를 받으면서 싫증냄이 없다.

대 마니 구슬은 열 가지 성질이 있어 온갖 보배보다 뛰어나다. 하나는 큰 바다에서 나온 것이요, 둘은 명장이 다듬었으며, 셋은 원만하여 흠이 없다. 넷은 청정하여 때가 없고, 다섯은 안팎으로 투명하게 밝으며, 여섯은 정교하게 구멍을 뚫었다. 일곱은 보배 실로 꿰었고, 여덟은 유리 당기 위에 달았다. 아홉은 갖가지 광명을 두루 놓았으며, 열은 왕의 뜻을 따라 온갖 보물을 비 내리듯하여 중생들의 마음을 원대로 충족시킨다. 보살도 마찬가지로 열 가지 일로 많은 성인들보다 뛰어남을 알 것이다. 하나는 온갖 것을 아는 지혜를 얻으려는 마음을 내며, 둘은 계율을 지켜 두타27) 행이 청정하고, 셋은 오로지 좌선에 힘씀이 원만하여 흠이 없다. 넷은 도행이 청백28)하여 더러움을 떠났고, 다섯은 방편과 신통이 안팎으로 명철29)하며, 여섯은 연기의 지혜로 깊이 파고들었다. 일곱은 갖가지 방편과 지혜의 실로 꿰었으며, 여덟은 자재하게 높은 깃발 위에 두었다. 아홉은 중생들의 행을 관찰하여 듣고 잊지 않는 광명을 놓으며, 열은 부처님 지혜의 직책을 받고는 부처님 수에 들어가 중생을 위하여 불사를 널리 행한다.

이 온갖 것을 아는 지혜의 공덕을 모으는 보살행 법문은 모든 중생이 선근을 심지 않으면 듣지 못한다."

해탈월 보살이 여쭈었다.

"이 법문을 들으면 얼마나 되는 복을 얻습니까?"

금강장 보살께서 말씀하셨다.

"온갖 것을 아는 지혜로 모으는 복덕과 같이, 이 법문을 들은 복덕도 마찬가지다. 이 공덕 법문을 듣지 못하고는 믿고 알거나 수지 독송하지도 못한다. 하물며 정진하여 설한 대로 수행하겠는가. 그러므로 마땅히 알라. 반드시 이 온갖 것을 아는 지혜의 공덕을 모으는 법문을 듣고야 능히 믿고 알며 받아 기억하고 수습30)할 것이다. 그런

---

27) 번뇌의 때를 벗고 의·식·주를 탐하지 않으며 오로지 불도를 행하는 것이다.
28) 결백한 것이니, 온갖 번뇌의 더러움을 떠난 선법을 말한다.
29) 사리가 분명하고 투철한 것이다.

연후에 온갖 것을 아는 지혜의 지위에 이를 수 있을 것이다."

이 때 부처님의 신력으로써 시방 세계 밖에 무수한 보살들이 이 회상에 와서 말하였다.

"훌륭하십니다. 금강장이시여, 이 법을 쾌히 설하십니다. 저희들도 다 또한 동명의 금강장이요, 머물고 있는 세계는 각기 다르지만 다 같이 금강덕이며, 부처님의 호는 모두 금강당이십니다. 저희들도 다 부처님의 신력을 받아 이 법을 설하되, 회상도 다 같으며, 문자와 내용도 여기서 설함과 같이 더도 덜도 없습니다.

다 부처님의 신력으로써 이 회상에 와서 당신을 위하여 증명하니, 저희들이 지금 이 세계에 들어온 것과 같이 시방 세계에도 다 또한 이대로 가서 증명합니다."

옛적의 지혜와 서원과 신력으로
한 생각에 시방국토 두루하여
단비 내려서 번뇌를 없애니
이 때문에 부처님께서 법운지라 이름하셨네.

---

30) 몸에 익숙할 때까지 수행하는 것이다.

제7중회 보광명전설(普光明殿說) : 13권 11품

(因果가 圓滿한 부분)

【經文】爾時世尊 在摩竭提國 阿蘭若法 菩提場中. 始成正覺. 於普光明殿. 入刹那際
諸佛三昧.

그 때 세존께서는 마갈타국 고요한 법의 보리장에서 비로소 바른 깨달음을 이루시
고, 보광명전에서 모든 부처님의 찰나제 삼매에 드시었다.

- 법 사 : 여래(아승지품·여래수호광명공덕품), 심왕 보살(여래수량품·제보살
  주처품), 청연화장 보살(불부사의법품), 보현 보살(십정품·십통품·
  십인품·여래십신상해품·보현행품·여래출현품)
- 법 문 : 등각과 묘각지
- 삼 매 : 여래께서 스스로 머무시는 찰나제 삼매
- 광 명 : 처음에 방광치 않다가 여래출현품에 두 종류의 방광을 하니 미간에서
  방광을 하여 묘한 덕을 보태고, 또한 입에서 광명을 놓아 보현에 가피하
  신다.

(미간에서 출현함은 중도가 생사와 열반의 두 끝에 머물지 않음을 표한 것이요,
입에서 광명을 놓음은 부처님의 입으로부터 남이 참된 장자임을 나타낸 것이다.)

1. 차별인과
   (1) 전도 지위 인상(因相) : 등각지 - 인행이 원만함
      1) 정식으로 앞의 물음에 답한다.
         ① 업용의 광대함
         ㄱ. 선정에 나아가 작용을 밝힌다.
         십정품 제27

ㄴ. 신통에 나아가 작용을 밝힌다.

　　십통품 제28

② 지혜의 심오함

　　십인품 제29

2) 총괄적으로 심오하고 위대함을 나타낸다.

① 수승한 덕이 무수함(전부 불보살의 덕을 나타낸다.)

　　아승지품 제30

② 모든 때를 다함

(정식으로 부처님의 덕을 나타내고 아울러 보살을 밝힌다.)

　　여래수량품 제31

③ 온갖 곳에 두루함(오직 보살의 덕을 밝힌다.)

　　제보살주처품 제32

(2) 차별 과상(果相) : 묘각지 - 불과가 원만함

1) 총괄적으로 부처님 덕의 본체와 작용을 나타낸다.

덕 : 불부사의법품 제33

2) 개별적으로 수승한 덕의 형상을 나타낸다.

상 : 여래십신상해품 제34

3) 개별적으로 수승한 덕용의 이익을 표한다.

호 : 여래수호광명공덕품 제35

제3주. 평등인과

2. 평등인과 : 원만한 불과

(1) 인행을 밝힘 : 불과라 일컫는 인행이나 혹 인행이 불과를 모두 모은다.

보현행품 제36

(2) 불과를 밝힘 : 인행과 같은 불과 또는 불과가 인행의 근원을 거둔다.

여래출현품 제37

Ⅰ. 중 보광명전회의 이름 풀이

【청량소】會名有二. 約處名重會普光明殿會. 由第二會已曾會此. 故重意如前. 約法名說普法會.

청 회명에 둘이 있다.

1. 장소에 의해 '중 보광명전회'라고 이름한 것인데 제2회에 이미 일찍이 여기에 모였던 것을 말미암아 '중복'이라 하니 뜻이 앞과 같다.

2. 법에 의하면 '보편적인 법을 설하는 회'라 이름한다.

Ⅱ. 중 보광명전회를 설하는 까닭

【청량소】有二. 一約圓融. 謂前明普門中所具 差別正位故 寄歷人天. 今明位後德用不離普門. 是則會別入普 有此會來. 重會普光 意在斯矣. 等妙二位. 全同如來 普光明智故. 二約次第. 前明十地 今顯等妙 二覺故來. 以極果由於始信 故重會普光. 謂前依本不動智體 起差別之位. 今位極成果. 不離本智之因. 後出現因果. 因是果中之因. 得果不捨因故. 果是果中之果. 大用無涯故.

청 두 가지가 있다.

1. 원융에 의하면 앞은 보문 중에 갖춘 차별의 정식 지위를 밝히기 때문에 인천에

붙여서 경과했고, 지금은 전도 지위의 덕용이 보문을 떠나지 않음을 밝히는데 '별'을 회통하여 '보'에 들어가기에 이 회가 이어진 것이다. 중회보광이 뜻이 이에 있으니 등각과 묘각의 두 지위는 여래의 보광명 지혜와 전부 같다.

2. 순서에 의하면 앞서 십지를 밝혔고, 지금은 등각과 묘각의 두 깨달음을 나타내기 때문에 이어진 것이다. 지극한 불과가 첫 십신을 말미암기에 보광명전에 거듭 모인 것이다. 앞서는 본래 부동지체를 의지하여 차별 지위를 일으켰고, 지금은 지위가 지극해 불과를 이룸에 본 지혜의 인행을 떠나지 않는다. 뒤에 출현인과는 인행이 불과 가운데 인행이니 불과를 얻음이 인행을 버리지 않는 까닭이요, 불과는 불과 가운데 불과이니〔중생을 이끄는〕큰 작용이 끝없기 때문이다.

【통현론】以從此普光明 大智殿中起信. 以不動智爲昇進修行. 至十地十一地 道滿行周. 至於佛果. 不離本智. 是故此會須來 明不移因也. 爲時不移. 智不移. 行不移. 因果一體故. 還如善財見慈氏. 慈氏還令却見文殊[1] 及入普賢身[2]是也.

통 이 보광명의 대 지혜 전각에서 십신을 일으키고 부동의 지혜로써 수행의 승진을 삼아 십지와 십일지에 이르렀는데 도가 원만하고 행이 두루하여 불과에 이르기까지 본 지혜를 떠나지 않기 때문에 이 회가 마땅히 이어진 것이니 인행에서 옮기지 않음을 밝혔다. 때를 옮기지 않고, 지혜를 옮기지 않으며, 행을 옮기지 않고 인과가 한 본체가 되니 저 선재가 미륵을 본즉 미륵 보살이 다시 문수를 보게 한 것과 보현의 몸에 듦이 바로 이것이다.

【주】————————————

1. 환령각견문수(還令却見文殊) : "선남자여, 그대는 마땅히 문수사리 선지식께 가서, '보살이 어떻게 보살행을 배우며, 어떻게 보현의 수행문에 들어가는지……'를 여쭈어라."(善男子. 汝當往詣文殊師利善知識所. 而問之言. 菩薩云何學菩薩行. 云何而入普賢行門.)〈제39 입법계품(入法界品) 52 미륵 보살, ㊀ 10권 438 上〉→ 간추린 경문 참조.

2. 입보현신(入普賢身) : "선재동자는 또 자신이 보현 보살의 몸 속에 있는 시방

모든 세계에 있으면서 중생을 교화함을 보았다."(時善財童子 又見自身 在普賢身
內. 十方一切諸世界中 教化衆生.)〈제39 입법계품(入法界品) 54 보현 보살, Ⓗ
10권 442 上〉

Ⅲ. 중 보광명전회의 주제와 취지

【청량소】會以普賢因果 德用圓備爲宗. 令物證入爲趣.

Ⓒ 〔중 보광명전〕회는 보현 인과의 덕용이 원만히 갖추어짐으로 주제를 삼고, 중
생으로 하여금 깨달아 들게 함으로 취지를 삼는다.

<h1 align="center">≪7회 11품의 大意≫</h1>

【통현론】明次第釋十一品之大意者. 一明十定品. 是古今一切諸佛 寂用遍周 無時之大體也. 二明十通品. 是古今諸佛 普光明智 利生自在 及業報之神通徧周. 三十忍品. 是十方古今 諸佛自體 無作法身 一切法無生 隨行之忍門. 四阿僧祇品. 五隨好光明功德品. 是明佛果所迷二愚[1]之法. 以此二品經 是如來自說. 六如來壽量品. 是一切諸佛 隨衆生根性長短 所現不同之壽 而自報命 與虛空之齊年. 七菩薩住處品. 是佛果攝衆生之分界. 明菩薩行門 常不斷故. 八佛不思議法品. 明一切十方 古今諸佛 智德難思. 非情識之測度. 九如來十身相海品. 明佛報身 依正二果難量. 十普賢行品 明十方一切 古今諸佛 共所行自利 利他之行周故. 十一如來出現品. 明五位修行者. 昇進位滿自佛出興. 出世入纏 二行圓滿. 文殊[2]是主 出纏智慧. 普賢是主 入俗行周. 於此品中二行圓滿故. 令二人自相問答 說此出現之門.

통 순서대로 열 한 품의 대의를 풀어 밝힌다.

1. 십정품은 고금 모든 부처님의 적용이 두루하여 무시(無時)의 대체(大體)임을 밝힌다.

2. 십통품은 고금 모든 부처님의 보광명 지혜로 중생을 이롭게 하는 자재함과 업보의 신통이 두루함을 밝힌다.

3. 십인품은 시방 고금 모든 부처님의 자체 무작(無作) 법신과 온갖 법의 무생(無生) 행을 따라 인지하는 부문이다.

4. 아승지품과 5. 여래수호광명공덕품은 불과에 미혹한 두 가지 아둔한 법을 밝히니 이 두 품의 경문은 부처님께서 직접 설하셨다.

6. 여래수량품은 모든 부처님께서 중생 근기의 장단에 따라 나타나는 수명이 같지 않으나, 스스로 과보로 받은 목숨은 허공과 같이 장구하다.

7. 제보살주처품은 불과의 중생을 거두는 경계이니 보살 행문이 늘 끊어지지 않음

을 밝힌다.

8. 불부사의법품은 모든 시방 고금 부처님의 지혜와 덕이 생각키 어려워서 범부의 미혹한 마음의 견해〔情識〕로는 헤아릴 게 아님을 밝힌다.

9. 여래십신상해품은 부처님 보신의 의보와 정보 두 불과를 측량하기가 어려움을 밝힌다.

10. 보현행품은 시방 고금의 모든 부처님께서 함께 행하시는 자리이타의 행이 두루함을 밝힌다.

11. 여래출현품은 다섯 계위 수행자의 승진 지위가 원만함에 스스로의 부처님께서 나오셔서 세간을 벗어나거나 세속에 들어가는 두 행이 원만함을 밝힌다. 문수는 세간을 벗어나는 지혜를 주도하고, 보현은 세속에 들어가 행이 두루함을 주재하니 이 품에서 두 행이 원만하기 때문에 두 사람으로 하여금 스스로 서로 문답하여 이 여래출현의 부문을 설하게 했다.

【주】 ────────────

1. 불과소미이우(佛果所迷二愚) : 제11. 정행품의 주제와 취지 통현론 참조.
2. 문수(文殊) : 경문의 여래성기묘덕 보살(如來性起妙德菩薩)을 지칭한다. 여래현상품의 이름 풀이(통현론) 참조. (⊕ 62권 7)

제27. 십정품(十定品)

Ⅰ. 십정품의 이름 풀이

【청량소】定謂心一境性. 十是數之圓極. 以普賢深定 妙用無涯. 寄十以顯無盡. 故云十定品. 卽帶數釋. 若依梵本. 具云如來十三昧品. 以等覺三昧 上同佛故. 三世諸佛之所行. 故云如來三昧. 譯家以義通因果. 故略如來二字. 然三昧爲定. 雖非敵對 由等持心 至一境故. 義旨相順 從略云定. 又別行本. 名等目菩薩所問三昧經.[1] 皆人法雙擧. 梵本是依主釋.[2] 別行卽依士釋.

청 '정'은 마음을 한 경계에 집중하는 것이요, '십'은 가장 원만한 수인데 보현의 깊은 선정의 묘한 작용이 끝없음으로써 십에 기탁해 다함없음을 드러내어 '십정품'이라 했으니 곧 대수석이다.

만약 범본에 의해 갖추면 '여래십삼매품'으로 등각의 삼매는 위로 부처님과 같으며 삼세 모든 부처님의 행이기에 '여래삼매'라 하는데, 번역가가 뜻으로써 인과에 통한 때문에 '여래' 두 자를 생략했다. 이러한 '삼매'로써 '정'을 삼은 것이 비록 맞상대는 아니나 삼매[等持心]를 말미암아 한 경계에 이르기 때문에 뜻이 서로 따르는데 생략한 것을 좇아 이르면 '정'이다. 또 별행본은 '등목보살소문삼매경'이라 이름하여 다 사람과 법을 같이 들었는데 범본과 별행본이 바로 의주석, 의사석이다.

【주】━━━━━━━━━━━━━━━

　　1. 등목보살소문삼매경(等目菩薩所問三昧經) : 화엄경 십정품에 해당되는데 서진
　　　의 축법호가 번역했다. 보현보살정의경(普賢菩薩定意經)이라고도 하는데 등목
　　　보살이 물은 삼매에 대해 보현 보살이 설하고 있다. 〈大 10권 574~591〉

　　2. 의주석(依主釋) : → 부록

【통현론】明此品如來自說 十種定名. 故因說法 而立其名. 此定乃是古今 一切諸佛
常恒之法. 令諸五位菩薩 皆同得之. 一切衆生 亦同此體. 普賢說用. 明佛是體 普賢是用.

　통 이 품은 여래께서 스스로 설하신 열 가지 선정의 이름을 밝힌 때문에 설법을
인해 명명했는데 이 선정은 고금 모든 부처님의 항상한 법이기에 다섯 계위의 보살들
로 하여금 다 같이 얻게 한다. 일체 중생도 또한 이 본체와 같고 보현은 작용을 설하
는 것이니 부처님은 본체요, 보현은 작용임을 밝힌다.

Ⅱ. 십정품을 설하는 까닭

【청량소】爲答第二會中 十定問[1]故.

　청 제2회〔보광명전설 여래명호품〕의 십정의 물음에 답하기 때문이다.

【주】━━━━━━━━━━━━━━━

　　1. 십정문(十定問) : → 제7. 여래명호품의 간추린 경문 참조. 〈大 10권 58 上〉

【통현론】明此十一地前 已說進修行行 及智用差別已滿 此佛果普光明智 明五位法
界 自體寂用 重重無礙. 又明昇進因果 修行始終 明時法不遷故. 此品須來. 又明一多純
雜 同別自在故. 此品須來. 又明十地菩薩 自知未具普賢行 不見普賢身故. 此品須來.
如此品自具明也.

통 이 십일지 이전에 이미 진보의 행을 행함과 지혜 작용의 차별 원만을 설해서 밝혔다. 여기서는 불과의 보광명 지혜로 다섯 계위 법계의 자체 적용이 중중무애함을 명시한다. 또 승진 인과와 수행의 시종을 명시하는데 때와 법을 옮기지 않음을 밝히기 때문에 〔이 품이〕 모름지기 이어진 것이다. 또 하나나 많은 것, 순수하거나 잡스러움의 같고 다름이 자재함을 밝히기 때문에 마땅히 이어졌다. 또 십지 보살이 스스로 보현행을 갖추지 못하면 보현의 몸을 보지 못함을 스스로 앎을 밝히기에 이 품이 마땅히 이어졌으니 이 품에서 스스로 갖추어 밝힌 것과 같다.

Ⅲ. 십정품의 주제와 취지

【청량소】 以普賢三昧無礙自在無邊大用而爲宗趣.

청 보현 삼매의 걸림 없이 자재하고 끝없이 큰 작용으로써 주제와 취지를 삼는다.

Ⅳ. 십정품의 간추린 경문

부처님께서는 마갈타국[1] 고요한 법의 보리 도량에서 비로소 정각을 이루시고 보광명전에서 모든 부처님의 찰나제 삼매에 드셨다. 많은 보살들과 함께 계셨는데 다들 신통이 자재하여 부처님과 같았다. 또 지혜가 깊어 진리를 연설하고 집착이 없는 해탈에 머물렀다.

보안 보살이 부처님의 신력을 받아 자리에서 일어나 오른쪽 어깨를 드러내고 우슬착지[2]하여 합장하고 여쭈었다.

---

1) 중인도의 옛 왕궁인데, 석존은 이 곳의 니련선하 강가에서 성도하셨다.
2) 오른쪽 무릎과 발끝을 땅에 붙이고, 왼쪽 무릎을 세워 경례하는 인도의 예법이다.

"세존이시여, 보현 보살과 보현행원에 머무는 보살 대중이 얼마만큼의 삼매와 해탈을 이루었기에 보살의 삼매에 들고 남이 자재하고 신통 변화가 쉬지 않습니까?"

부처님께서 말씀하셨다.

"훌륭하구나. 보안이여, 그대가 과거·현재·미래의 보살들을 유익하게 하려고 이런 도리를 묻는구나.

보현 보살이 지금 여기 있으니, 이미 불가사의하게 자재한 신통을 이루어 모든 보살의 훌륭함을 넘었다. 대비로 많은 중생을 이롭게 하니, 저에게 청하면 마땅히 그대에게 삼매의 자재한 해탈을 말할 것이다."

그 때 회상의 보살들은 보현의 이름을 듣고 즉시 불가사의하고 무한한 삼매를 얻었으며 마음에 막힘 없이 아주 고요하고 움직이지 않았다. 과거·현재·미래의 일을 밝게 비추지 못할 것이 없으며, 있는 복덕은 끝이 없고 온갖 신통을 이미 다 갖추었다.

그 때 부처님께서 보현 보살에게 말씀하셨다.

"보현이여, 마땅히 보안과 회상의 모든 보살들을 위하여 십대 삼매를 설하여서 보현의 온갖 행원에 들어가 이루게 하라.

모든 보살이 이 십대 삼매를 설함으로써 생사를 초월하게 한다. 하나는 보광 대 삼매요, 둘은 묘광 대 삼매며, 셋은 차제로 여러 불국토에 두루 가는 대 삼매다. 넷은 청정하고 깊은 생각의 대 삼매요, 다섯은 과거에 장엄한 가르침을 아는 대 삼매며, 여섯은 지혜 광명의 가르침인 대 삼매다. 일곱은 모든 세계의 부처님 장엄을 아는 대 삼매요, 여덟은 중생들의 차별 몸인 대 삼매다. 아홉은 법계에 자재한 대 삼매요, 열은 막힘 없는 바퀴인 대 삼매이다.

이 십대 삼매는 모든 대 보살들이 잘 들어갔으며, 삼세 모든 부처님의 말씀이시다.

만약 모든 보살이 원하고 추구하며 존중하고 수습하여 게으르지 않으면 곧 이루게 될 것이다. 이와 같은 이를 대 도사라 하고, 모든 경계를 통달한 이라 하며 온갖 법에 자재한 이라 한다. 그러므로 보현이여, 이제 모든 보살의 열 가지 대 삼매를 분별해서 말하라. 여기 모인 이들이 다들 듣기를 원한다."

"불자여, 어떤 것이 보살 마하살의 묘광명 삼매인가?

보살은 모든 법이 모두 '나'가 없음을 알기에 무명법(無命法)과 무작법(無作法)에

든 자라고 한다. 보살은 일체 세간에서 무쟁법(無諍法)을 부지런히 수행하기에 '나' 없는 법에 머무른 자라 이름하며, 보살은 모든 몸이 연(緣)으로부터 일어난 것을 여실히 보기에 중생 없는 법에 머무른 이라 이름하며, 보살은 일체 생멸법이 인(因)으로부터 생긴 것임을 알기에 보특가라 없는 법에 머무른 이라 이름하며, 보살은 모든 법의 본성이 평등함을 알기에 의지만으로 생함이 없으며 마납파(摩納婆) 없는 법에 머무른 이라 이름한다.

보살은 온갖 법의 본성이 적정함을 알기에 적정법(寂靜法)에 안주한 이라 이름하며, 보살은 온갖 법이 하나의 모습임을 알기에 무분별법에 머무른 이라 이름하며, 보살은 법계에 갖가지 차별 법이 없음을 알기에 부사의법에 머무른 이라 이름하며, 보살은 모든 방편을 부지런히 닦아서 중생을 잘 조복하기에 대비법에 머무른 자라 이름한다.

불자여, 보살은 이와 같이 아승지 세계로 한 세계에 들며 무수한 중생의 갖가지 차별을 알며, 무수한 보살의 각각 발취(發趣)를 보며, 무수한 부처님이 곳곳에 나심을 관찰하며, 저 여래께서 연설하신 법문을 보살들이 모두 듣고는 자신도 그 가운데서 수행함을 보지만 그러나 이 곳을 버리고 저 곳에 있음을 보지 않고, 저 곳을 버리고 이 곳에 있음을 보지 않나니, 이 몸, 저 몸에 차별이 없이 법계에 들어가며, 부지런히 관찰하고 쉬지 않아 지혜를 버리지 않고 물러남이 없다.”

제28. 십통품(十通品)

구역 : 제23. 십명품(十明品)

Ⅰ. 십통품의 이름 풀이

【청량소】 通卽神通. 謂妙用難測曰神. 自在無擁曰通. 妙用無極 寄十顯圓. 晉經本業 俱稱十明者. 委照無遺故. 然通與明 經論皆異. 故智度第三[1]云. 直知過去宿命之事 爲通. 若知過去因緣 行業爲明等. 今以此經 通卽委照 亦得稱明 如文廣說. 故下經[2]云. 非諸菩薩 通明境界. 晉經意存順義. 今譯務不違文.

청 '통'은 곧 '신통'인데 묘하게 작용하여 측량키 어려움을 '신'이라 하고 자재하여 막힘 없음을 '통'이라 한다. 묘한 작용이 다함없음을 '십'에 기탁해 원만함을 드러냈다. 〔구역〕 진경과 불설보살본업경 〔제1권〕에서 다 '십명'이라 일컬음은 남김 없이 자세히 비추기 때문이다. 이러한 '통'과 '명'이 경과 논에서 다 다르기에 대지도론 제2에는, "과거 숙명사를 그대로 앎을 '통'이라 하고, 저 과거 인연과 행업을 앎을 '명'이라고 한다"고 하였다. 이 경은 '통'이 자세히 비추기 때문에 또한 '명'이라 일컬으니 글에 자세히 설한 것과 같다. 그러므로 다음 경문 〔구역 제57권〕에, "〔불가사의한〕 모든 보살의 통·명(通明) 경계가 아닌 〔셀 수 없는 겁을 지나 정광명(淨光明)이라는 겁이 있었고]……"라고 했으니, 구역[晉經]의 의미는 순조로운 뜻에 있다. 지금 번역은 경문에 어긋나지 않는데 힘쓴다.

【주】────────────

  1. 지도제삼(智度第三) : 실지로는 대지도론 제2권에 나온다. 〈大 25권 71 下〉
  2. 하경(下經) : 60권 구역 화엄경 제57권 입법계품에서 법문을 얻은지 얼마나 되는지 여쭌 선재의 질문에 대한 마야 부인의 말씀에 나온다. 〈大 9권 764 下〉 신역에는, "지나간 옛적 등각[最後身] 보살의 신통한 도의 눈으로도 헤아릴 수 없는 겁을 지나 이미 '깨끗한 빛'이란 겁이 있었고, 세계의 이름은 수미덕(須彌德)이다"라고 했다. (乃往古世. 過不可思議. 非最後身菩薩 神通道眼 所知劫數. 爾時 有劫名淨光. 世界名須彌德.) 〈大 10권 417 上〉

【수현기】十者數. 明者用 從二義得名.

[수] '십'은 수이며, '명'은 작용이니, 두 뜻으로부터 이름을 얻었다.

【탐현기】謂妙用自在. 委照稱明. 明用無限 寄圓辨十. 卽帶數釋.[1]

[탐] 뛰어난 작용이 자재하여 자세히 비추므로 '명'이라고 일컫고, 밝은 작용이 무한하므로 원수에 기탁해 '십' 종으로 밝혔으니 곧 대수석이다.

【주】────────────

  1. 대수석(帶數釋) : → 부록

II. 십통품을 설하는 까닭

【청량소】爲答第二會中 十通問故. 以二品明業用廣大. 前定此通. 義次第故. 亦由

依定發通.

〔청〕 제2회〔보광명전회 여래명호품〕 중 십통의 물음에 답하기 때문이다.〔십정·십
통〕 두 품은 업의 작용이 광대함을 밝히는데 앞의 '정'과 지금의 '통'은 뜻의 순서이다.
또한 선정에 의해 신통을 냄을 말미암는다.

【통현론】 爲明前有十定品. 此明以定起用 卽有十種神通.

〔통〕 앞서 십정품이 있음을 명시했고, 이는 선정으로써 작용을 일으키니 '십' 종의
신 '통'이 있음을 밝힌다.

【수현기】 此下五品 爲明地德 勝用分齊 故次來也

〔수〕 이 다음 다섯 품은 십지 덕의 뛰어난 작용의 분제를 밝히기 때문에 이어진 것이다.

【탐현기】 一通論以下　五品[1]來意. 謂前顯證位成滿. 自下明其勝進行用. 又前是位
體. 此辨行用. 又前位內行. 此位後行. 又前本智證滿. 今辨後智大用. 由斯四義是故來
也. 古人亦有配 等覺妙覺. 依此經中 不辨斯義. 況前法雲地 終心已顯等覺之義. 二別
明此品. 謂答前十自在問[2]也. 以別譯菩薩本業經[3] 彼經問中 名爲十明故.

〔탐〕 1. 통틀어 이 다음 다섯 품을 설하는 까닭을 논한다. 앞서 깨달음의 지위가
　　　원만히 이루어짐을 나타냈고, 이 다음으로 그 승진 행의 작용을 밝힌다. 또
　　　앞은 지위의 본체였고, 이는 행의 작용을 말한다. 또 앞은 〔본〕지위 안의
　　　행이었는데, 이는 전도 지위의 행이다. 또 앞은 근본지의 깨달음이 원만한
　　　것이었고, 지금은 후득지의 큰 작용을 말한다. 이 네 가지 뜻으로 말미암아
　　　이어진 것이다.
　　　　고인이 또한 등각과 묘각에 배대함이 있었지만, 경에 의해 이 뜻을 말하지

않았는데 하물며 앞의 법운지의 종심(終心)에서 이미 등각의 뜻을 나타냈
겠는가.

2. 이 품을 별도로 밝히니, 앞의 '십자재'의 물음에 답이요, 별역의 불설보살본
업경의 물음에서는 '십명'이라 이름했다.

1. 오품(五品) : 십명품·십인품·아승지품·수량품·보살주처품
2. 전십자재문(前十自在問) : 여래명호품의 십자재(十自在)가 지금의 십명(十明)
   에 해당한다. 탐현기 제4권에서는 "십자재는 십명품〔구역 화엄경〕에서 답하였으
   니 작용이 명위(明委)하므로 두 이름〔십자재와 십명〕을 성립한다"고 하였다.
   〈⑦ 35권 168 下〉
3. 보살본업경(菩薩本業經) : 불설보살본업경 제1권에서 "부처님의 본업과 십지(十
   地)·십지(十智)·십행(十行)·십투(十投)·십장(十藏)·십원(十願)·십명(十明)·
   십정(十定)·십현(十現)·십인(十印)을 다 나타내어……"라고 했다. (佛之本業.
   十地十智. 十行十投. 十藏十願. 十明十定. 十現十印.)〈⑦ 10권 446 下〉

Ⅲ. 십통품의 주제와 취지

【청량소】智用自在爲宗. 爲滿等覺 無方攝化[1]爲趣.

🅒 지혜의 작용이 자재함으로 주제를 삼고, 등각에서 제한 없이 교화를 원만히
함으로 취지를 삼는다.

1. 섭화(攝化) : 섭취화익(攝取化益)의 준말로, 중생을 구해내고 이익을 주는 교화
   를 말한다. 🅑

【수현기】此通釋五品 次第及宗體. 所以先明者 前既得體. 次明依體 起用自在 故次

明也. 明用不自起. 何以成爲證. 理法故. 次辨十忍 卽理用也. 大果因行 非十數測量故. 次明阿僧祇 以數行法也. 旣廣德已成. 非小時而得遷動故. 次明壽量品. 旣德無方 隨緣依現故. 次明菩薩住處耳. 初十明者 德用相也. 卽答上十自在一問[1]. 亦可地中答也. 此通答上問耳. 次十忍者 卽答上十定一問. 十願在初地答. 次十頂及隨喜心等十句. 僧祇後三品總答之. 亦可通前 二品答也. 問此下五品 屬前十地. 何以不剛藏說. 答若德體難明. 須託人寄事以說. 下五相寄別義顯也. 所以明忍普賢說[2]. 爲表勝德 大用廣高也.

㊜ 이는 다섯 품의 차례와 종체를 통틀어 푼다. 먼저 밝힌 이유는 앞에서 이미 본체를 얻었으며 다음으로 본체에 의해서 자재한 작용이 일어남을 차례로 명시한 것인데 작용이 스스로 일어나지 않으면 어찌 이법(理法)을 증득하여 이루겠느냐? 이룸을 증명으로 삼는 까닭은 진여의 이치인 때문이요, 다음으로 십인은 이치에 걸맞는 작용임을 말했는데 대과(大果)의 인행은 '십'의 수로 헤아릴 것이 아니다. 다음으로 아승지를 밝힘으로써 행법을 헤아리니, 이미 광대한 덕을 이루어 잠깐이 아니라도 옮겨 움직이기 때문이다. 다음으로 수량품을 밝히니, 이미 덕이 제한 없이 연을 따라 의지해 나타내기 때문이다. 다음으로는 보살의 주처를 밝혔다.

처음 십명은 덕용의 형상이다. 즉 위의 십자재의 일 문에 답한 것이며, 또한 십지의 답이기도 한데 이는 위의 질문에 통틀어 답한 것이다. 다음으로 '십인'은 위에 나온 '십정'의 일 문에 답이다.

십원은 초지의 답에 있고, 다음의 십정과 수희심 등 열 구는 아승지 뒤 세 품에서 총괄적으로 답했으며, 또한 앞의 두 품의 답을 통틀은 것이기도 하다.

문 : 이 다음 다섯 품은 앞의 십지에 속하는데 왜 금강장 보살이 설하지 않았는가?

답 : 혹 덕의 본체를 밝히기 어려우면, 모름지기 사람에 의탁하고, 현상에 의지하여 설해야 하는데 다음의 다섯 품[五相]은 별개의 뜻에 의해서 나타냈다. 십명과 십인품을 보현이 설한 까닭은 수승한 덕의 큰 작용이 넓고 높음을 나타내기 위한 것이다.

1. 문(問) : 60권 화엄경 제2회 보광법당회의 여래명호품에, "……보살의 십주·십행·십회향·십장·십지·십원·십정·십자재·십정과 또 보살들이 남을 따라 기뻐하는 마음 등을 설해 주소서……"라고 보살들이 생각으로 부처님께 여쭌 내용이다. 〈㊛ 9권 418 中〉

2. 보현설(普賢說) : 구역의 제6회에서 십명·십인·여래상해·보현 보살·보왕여래성기품의 5품은 보현 보살께서 설하셨다.

【탐현기】 卽此十明 是理量二智[1] 明用自在 無礙爲宗. 十明義略作三門. 一顯名者. 一他心. 二天眼. 三宿命. 四未來際. 五天耳. 六無畏神力. 七音聲. 八色身. 九眞實. 十滅定. 於中滅定 相應受稱 天眼天耳. 從趣及根爲名. 餘從境爲目. 此十皆是智之業用故. 同名智用也. 二體性同以大智爲性. 然通普賢 性起之智. 若隨相分之. 前八是量智. 後二是理智. 據實唯一無礙智. 以後二明 亦不礙起用故. 前八亦不廢卽寂故.

탐 이 십명은 여리지와 여량지 두 가지 명(明)의 작용이 자재하여 걸림 없음으로 주제를 삼는다.

십명의 뜻을 간략히 세 부문으로 나타낸다.

1. 이름을 나타내니 첫째는 타심이고, 둘째는 천안이며, 셋째는 숙명이고, 넷째는 미래제이다. 다섯째는 천이이고, 여섯째는 무외신력이며, 일곱째는 음성이요, 여덟째는 색신이며, 아홉째는 진실이고, 열째는 멸정이다. 그 가운데 멸정은 [신통은 아니나 신통을 일으킬 때에] 상응하므로 그렇게 일컬어지고, 천안과 천이는 취(趣) 및 근(根)을 좇아 이름하고 나머지는 경계로부터 지칭한 것이다. 이 열 가지는 모두 지혜의 업용이기 때문에 같이 지혜의 작용이라고 이름한다.

2. 체성이니, 같이 큰 지혜로 성품을 삼는데 보현 성기의 지혜에 통달한 것이다. 만약 형상에 따라서 이를 나누면 앞의 여덟 가지는 여량지요, 뒤의 둘은 여리지이다. 실에 의거하면 오직 한결같이 걸림 없는 지혜인데 뒤의 두 '명(明)' 또한 작용을 일으키는데 걸림 없고, 앞의 여덟 '명' 또한 적정에 걸맞게 폐하지 않기 때문이다.

【주】 ────────────────

　　1. 이량이지(理量二智) : → 부록 법수 참조.

【탐현기 2】 三諸門分別中有十. 一下與離世間品十明[1]相攝者. 彼文約所知明了　非約業用自在.　唯彼第四出生不可思議淨妙音聲無量世界無不普聞方便智明.　此一約用同此. 餘竝別事. 二約與十通[2]相攝者. 此中他心 天眼宿命 天耳如名 攝彼十中四通. 此中無畏神力　攝第五出生不可思議自在神力示現衆生智通　及第七於一念中往詣不可說不可說世界智通. 此中色身莊嚴　攝彼第六一身示現不可思議世界智通 及第九出生不可說不可說示現衆生智通.　彼中第八出生不可思議莊嚴具莊嚴一切世界智通　亦入此收. 彼約嚴依報 此約嚴正報. 此中未來際智明 亦攝彼天眼. 以彼所見故. 此中音聲明 亦攝天耳.　此中末後二明　攝第十不可說世界成阿耨菩提不可思議示現衆生智通 餘準可知.

탐　3. 여러 부문을 분별하는 가운데 열 가지가 있다.

(1) 다음의 이세간품의 십명과 서로 관계된다는 것은 저 〔이세간품〕 경문에서는 아는 것이 명료한데 의하고, 업용이 자재한데 의하지는 않는다. 오직 저 〔이세간품〕의 넷째인 '불가사의하고도 맑은 음성을 내어 한량없는 세계에서 두루 들리지 않음이 없는 방편 지혜의 밝음〔智明〕'은 업용에 의한 것이니 이 〔십명품〕와 같다. 나머지는 모두 별도의 것이다.

(2) 〔이세간품의〕 십통과 서로 관계된다는 것은 이 중에 타심・천안・숙명・천이는 이름과 같이 저 〔이세간품〕의 열 가지 〔通〕 중의 네 신통을 거둔다. 이 중 〔여섯째〕의 무외위신력은 제5의 '불가사의한 자재 신통력을 내어 중생에게 나타내 보이는 지혜의 신통' 및 제7 '한 생각에 말로 할 수 없이 말로 할 수 없는 세계에 가는 지혜의 신통'을 거둔다. 이 중의 〔여덟째〕 색신 장엄은 저 〔십통〕의 제6 '한 몸을 불가사의한 세계에 나타내 보이는 지혜의 신통'과 제9 '말로 할 수 없이 말로 할 수 없는 〔변화의 몸을〕 중생에게 나타내 보이는 지혜의 신통'을 거둔다. 저 〔십통〕 중의 제8 '불가사의한 장엄구를 내어 온갖 세계를 장엄하는 지혜의 신통' 또한 이에 거두어지는 것이다. 저

〔이세간품의 십통〕는 의보를 장엄함에 의하고, 이는 정보를 장엄하는 입장이다. 여기의 〔넷째〕 미래제 지혜의 밝음 또한 저 천안통을 거두니, 저 〔천안통〕 소견으로 보기 때문이다. 이 중 〔일곱째〕의 음성명 또한 천이통을 거둔다. 여기서 마지막 두 가지 명(明)〔眞實・滅定〕은 〔이세간품 십통의〕 제10 '말로 할 수 없는 세계에서 최상의 깨달음을 이루어 불가사의하게 중생에게 나타내 보이는 지혜의 신통'을 거둔다. 나머지는 준하여 알 수 있다.

【주】 ────────────

1. 이세간품십명(離世間品十明) : 〈㊅ 9권 639 下〉 신역은 제38 이세간품 십행의 삼십 부문 중 제5 이치란행(離癡亂行)의 십종 신통(神通)에 해당된다.
2. 십통(十通) : 〈㊅ 9권 639 中〉 신역은 제38 이세간품 십행의 삼십 부문 중 선현행(善現行)의 십종 명(明)에 해당된다.

【탐현기 3】 三與智論中三明[1]相攝者有二義. 一非三所攝. 以彼亦爲二乘所得 此不爾故. 二縱佛菩薩 所得三明. 於此十中 但三攝五. 亦非盡故. 謂天眼攝二. 謂天眼及未來際明. 宿命唯一也. 漏盡攝二. 謂末後二也. 依涅槃經 亦有三明.[1] 一諸佛明 謂一切智. 二菩薩明 謂般若波羅蜜. 三無明明 謂畢竟空. 與此不同也. 四約六通 相攝者亦二義. 一非六所攝. 以彼亦爲二乘得故. 二若佛所得 攝非不盡. 謂於六中 天眼天耳 神足漏盡. 此四各分二故 爲十也. 則天眼 約見現未分二. 以未來生死智明 亦是天眼所見故. 天耳約聽聞聖教 及分別音聲 故分爲二. 神足約業用 及色身爲二. 漏盡約定慧爲二. 第九是慧也. 餘二不分故. 六攝十也.

㊅ (3) 대지도론의 삼명과 서로 관계된다는 것에 두 뜻이 있다.
1) 삼명에 거두어지는 것이 아닌데 저 〔대지도론〕에는 또한 〔대아라한・벽지불〕 이승이 얻는 것이라 하지만, 이는 그렇지 않다.
2) 가령 불보살이 얻은 삼명이라도 이 열 가지 가운데 다만 셋으로 다섯을 거둘 뿐 모두 다하지는 않는다.
천안은 둘을 거두니, 천안〔명〕과 미래제명이요, 숙명〔明〕은 오직 하나이며, 누진[명]은 둘을 거두니 최후의 [아홉째 진실과 열째인 멸정] 둘이다.
열반경에 의해 또한 삼명이 있다.

① 제불 명으로 온갖 것을 아는 지혜이다.

② 보살 명으로 반야바라밀이다.

③ 무명 명으로 필경 공인데 이와는 같지 않다.

(4) 육신통에 의해 서로 관련된다는 것에 두 뜻이 있다.

1) 육신통에 거두어짐이 아니니 저 [육신통] 또한 이승이 얻기 때문이다.

2) 만약 부처님께서 얻은 것이라면 거두어 다하지 않음이 없으니, 육신통 가운데 천안·천이·신족·누진통의 이들 넷은 각기 둘로 나누어지니 열 이 된다. 천안통은 현재와 미래를 봄에 의해 둘로 나누는데, 미래 생사 지혜의 명(明) 또한 천안으로 보는 것이기 때문이다. 천이통은 성스러운 가르침을 듣는 것과 음성을 분별함에 의해 둘로 나누고, 신족통은 업용 및 색신에 의해 둘로 나누며, 누진통은 선정과 지혜에 의해 둘로 나누는 데 제9[眞實]가 지혜이다. 나머지 둘[타심통과 숙명통]은 나누어지지 않 기에 육신통으로 열 가지를 거둔 것이다.

【주】───────────────

1. 삼명(三明) : → 부록 법수 참조.

【탐현기 4】五通明差別者. 智論第二[1] 問曰神通明 有何等異. 答曰直知過去 宿命事 是名通. 知過去因緣 行業是名明. 復次直知死此 生彼是名通. 知行業因緣際會 不失是 名明. 復次直知盡結使 不知更生不生. 是名漏盡通. 若知漏盡 更不復生是名明. 六約 教顯異者. 若小乘三乘 竝三明六通 但分齊差別. 若一乘十明十通. 與前亦寬狹爲異.

[탐] (5) '통'과 '명'의 차별이라는 것은 대지도론 제2권에, "묻기를 신통과 명은 무엇 이 다른가? 답하길 과거 숙명사만 곧이 앎을 '통'이라 하고, 과거 인연과 행업까지 앎을 '명'이라 한다"고 하였다. 또 차례로, "여기서 죽어 저기서

태어나는 것만을 곧이 앎을 '〔천안〕통'이라 하고, 행업과 인연의 때를 알아
서 실추하지 않음을 '명'이라 한다"고 하였다. 또 재차, "번뇌가 다함을 곧이
아나 다시 생하거나 생하지 않는 것을 알지 못함을 '누진통'이라 하고, 혹 번뇌
가 다하여 다시 생하지 않는 것을 앎을 '명'이라 한다"고 하였다.

(6) 가르침에 의해 다름을 나타낸다는 것은 만약 소승과 삼승이라면 모두 삼명
과 육통이 단지 분제가 다르나, 혹 일승이라면 십명과 십통이 앞과는 또한
넓고 좁은 차이가 있다.

【주】————————————

1. 지론제이(智論第二) :〈대지도론 제2권, ㊅ 25권 71 下〉

【탐현기 5】七約所知分齊者. 智論第二云. 此三明二乘亦得. 但有不滿. 謂於過去
或知一世 極至八萬. 後不能知. 未來亦爾. 又不能一念 頓知四諦十五心[1] 結使生住滅
等相. 故不同佛也. 以佛知三世 衆生漏盡故. 解云小乘 但知三明 知不能遍. 三乘三明
互平遍滿知. 一乘十明 重重遍知. 因陀羅網. 謂一念攝九世等. 一塵內十刹. 餘念餘塵
皆亦如是. 於中所有 皆如實知. 八約三業分別者. 十中天耳 及音聲境 是語業淨. 神力
及色身 是身業淨. 餘六屬意業淨. 若據自體 但是意業. 以悉是智明故. 九約見等分別
者. 十中二是見. 謂天眼及未來. 二是聞. 謂天耳及音聲. 餘竝是智. 十約建立者. 三乘
等中 但約所知三世 以立三明. 今此一乘理實 明用限量無盡. 依則表圓. 寄十以顯故.
唯說十不增不減.

㊗ (7) 알고 있는 정도에 의한다는 것은 대지도론 제2권에, "이 삼명은〔대아라
한·대벽지불〕이승도 또한 얻으나 다만 원만하지는 못하다. 혹 과거 한
세상을 알거나〔혹 두 세상·세 세상·열부터 백천 만 겁〕마지막에 팔만
겁까지 알 수 있으나, 그 뒤는 알지 못하며 미래도 또한 그렇다. 또한 일념
에 사성제를〔관할 때 생기는〕15심의 번뇌가 나고 머물며 멸하는 등의
형상을 모두 알지 못하기 때문에 부처님과 같지 않으니 부처님은 삼세 중

생의 번뇌가 다했음을 알기 때문이다"고 했다. 풀이하면 소승은 단지 삼명만을 알기에 앎이 두루할 수 없으며, 삼승은 삼명을 평등하게 두루 안다. 일승은 십명이 겹겹이 두루 인다라망과 같이 아는데 한 생각에 구세 등을 거두어들이니 한 먼지에 열 국토가 있으며, 나머지 생각과 여타의 먼지 또한 모두 이와 같고 그 가운데 있는 것을 모두 여실히 안다.

(8) 삼업에 의해 분별한다는 것은 열 가지 중에서 천이 및 음성의 경계는 어업이 깨끗한 것이고, 신력과 색신은 신업이 청정한 것이며, 나머지 여섯은 의업을 밝힌데 속한다. 만약 자체에 근거하면 다만 의업이니, 다 지혜의 명(明)인 때문이다.

(9) 보는 것 등에 의해 분별한다는 것은 열 가운데 둘은 보는 것이니 천안 및 미래요, 둘은 듣는 것이니 천이 및 음성이며, 나머지는 다 지혜이다.

(10) 건립에 의한다는 것은 삼승 등에서는 다만 아는 바 삼세에 의해 삼명을 세웠다. 지금 이 일승의 본질〔理實〕에서는 십명의 작용이 한량없어서 법칙에 의해 원만함을 표한 것이니, 십에 의해 나타내기 때문에 오직 열 가지를 설할 뿐 더 많지도 적지도 않다.

【주】 ——————————————

1. 십오심(十五心) : → 부록 법수 참조.

Ⅳ. 십통품의 간추린 경문

보현 보살께서 여러 보살들에게 말씀하셨다.

"열 가지 신통이 있으니 첫째, 남의 마음을 아는 지혜의 신통으로 무한히 다른 갖가지 중생들의 마음을 다 분별하여 안다.

둘째, 자재하게 청정한 하늘 눈 지혜의 신통으로 중생들이 여기서 죽어 저기서 태어남의 좋거나 나쁜 세계·복이나 죄를 받음·좋거나 추함과 더럽거나 깨끗한 이와 같은 종류의 무한한 중생을 본다.

셋째, 과거사를 아는 지혜의 신통으로 중생들의 지난 일을 다 안다. 이른바 아무 곳에 태어나서 아무 종족의 성명·고락을 받음·시작도 모르는 먼 옛날부터의 생존 속에서 인연으로 점점 자라나고 차례로 상속하여 끊어지지 않고 윤회하던 갖가지 종류를 모두 다 확실히 안다.

넷째, 미래가 끝날 때까지 아는 지혜의 신통으로써 온갖 겁을 안다. 하나하나의 겁마다 중생들이 명이 다해 다시 태어나던 일과, 생사가 상속되며, 업과 과보가 선하거나 불선하고, 초월하거나 초월하지 못함을 안다.

다섯째, 막힘 없이 청정한 하늘 귀로 듣는 지혜의 신통으로 온갖 음성을 듣기도 듣지 않기도 함에 뜻대로 자재하다.

여섯째, 자체 성품과 동작이 없이 모든 불국토에 가는 지혜의 신통이다. 뜻대로 다가가는 신통에 머물면 이 보살이 아주 먼 세계의 부처님 명호를 들으니, 듣고 나서는 자신이 그 불국토에 있음을 보게 된다.

일곱째, 온갖 언사를 잘 분별하는 지혜의 신통으로써 중생들의 갖가지 언사를 안다. 각기 표시하고 갖가지로 다른 것들을 모두 다 안다. 마치 햇빛이 두루 온갖 색을 비추면 눈 있는 자는 다 확실히 알게 되듯이 보살도 마찬가지다. 모든 언사를 잘 분별하는 지혜로써 언사의 구름에 깊이 들어가 일체 언사를 세간의 지혜로운 자들은 다 알게 한다.

여덟째, 무한한 아승지 몸의 장엄을 내는 지혜 신통으로써, 온갖 법이 분별하는 모습이 없으며 청·황·적·백의 모습이 없음을 안다.

아홉째, 모든 법의 지혜 신통으로써, 세속제[1]를 취하지도 않고 제일의제[2]에 머물지도 않는다. 비록 말을 하나 집착하지 않고, 온갖 법을 연설하여도 변재가 다함이 없다. 항상 능히 막힘 없는 법문을 연설하며 온갖 묘한 음성으로 중생심을 따라 법비를 두루 내리되 시기를 놓치지 않는다.

열째, 온갖 법이 멸해 없어지는 삼매에 들어가는 지혜의 신통으로써, 시시각각 모

1) 일반적인 진리로 세속 입장에서의 진리다.
2) 완전한 진리로 승의제·진제라고도 한다.

든 법이 멸해 없어지는 삼매에 들지만 보살도에서 물러나지 않고 보살의 일을 버리지도 않는다. 이른바 모든 중생을 항상 멀리하지 않고 교화하여 다루는 때를 잃지 않으며, 불법을 증대하되 보살행이 원만케 한다. 중생을 유익하게 하기 위하여 신통 변화가 쉬지 않음이 마치 그림자가 온갖 곳에 두루 나타나는 듯하지만 삼매에는 아주 고요하여 움직이지 않는다.

이것이 보살의 열 가지 신통이니, 보살이 만약 이 신통에 머물면 모든 삼세에 막힘 없는 지혜의 신통을 얻는다."

제29. 십인품(十忍品)

구역 : 제24. 십인품(十忍品)

Ⅰ. 십인품의 이름 풀이

【청량소】忍謂忍解印可. 卽智照觀達. 寄圓顯十.

청 '인'은 알고 인지하는 것이니 곧 지혜로 비추어 관찰·통달하는 것으로 원수에 의해 열 가지로 나타냈다.

【통현론】明此品通初發心之始自位　昇進行之門. 亦通佛果後　利衆生成行之方便. 以隨行之忍　依行立名. 若以權敎菩薩地前爲伏忍. 地上見道　方入順無生忍.　若以一乘通十住初心　得憶念諸佛智慧光明門　名生佛智慧家.　名得音聲忍. 亦名順無生忍. 但爲隨行名異故. 且約十住　初生佛智慧家. 約名順佛　正智慧無生忍. 以十行中　名以佛智慧隨行無生忍. 以十廻向中　以約理智之中. 以無限大願　起大慈悲門. 和融理智大慈悲　使令均調. 名和融大願　大悲大智　寂用無生忍. 此是地前　隨行順無生忍. 從初地至三地　總取地前三位. 總作一法修行　名長養智悲　使令慣習成滿. 以初地依地前　十住十行　十廻向大願　圓滿發心　起常處生死　守護衆生之志. 是故亦名順忍. 直至八地　名得無生忍. 善

財童子 初地善知識 名婆珊婆演底. 此名主當春生苗稼. 亦名依止無畏 爲明表主當衆生
初發心之菩提苗稼. 亦名主當衆生與作依止使令無畏. 此初地菩薩 以地前願力 處衆生
界行故. 二地明修上上十善戒 治欲界惑習 使令無着故. 三地修上界八禪 及以九定. 令
於禪界不着. 此名順其理智利俗 長養大悲 順無生忍. 四地方明三界不汚 又明生在佛
家. 五地以禪定門 發善巧智慧 修世間技藝. 六地修世間 出世間智慧已終 滅定三空現
前 名寂滅忍. 七地常處生死行圓. 八地現行菩薩行 功用已終 得無生忍. 九地以法師位
明說法得自在用 十地佛用 一分方終. 十一地普賢行滿已去 純是妙覺如來. 不離菩薩方
便. 以用濟生. 此十種忍. 若以十地 昇進論之. 一地得一忍. 十定十通亦然. 約以堪忍
之位. 至普賢行內. 以立品之名目. 又隨位進修之位. 調治之功. 隨行立名. 名之十忍品.

⬚ 이 품은 초발심의 처음 자기 지위와 승진 행 부문에 통하며, 또한 불과 뒤에
중생을 이롭게 하여 행을 이루는 방편에도 통하는데 행을 따라 인지하므로 행에 의해
명명했음을 밝힌다.

만약 권교 보살로써 하면 초지 아래는 복인이 되고, 초지 이상에서 견도하면 비로
소 순인(順忍)이나 무생인(無生忍)에 든다.

만약 일승으로써 한다면 십주 초심에 통하여 모든 부처님 지혜를 기억하는 광명문
을 얻기에 '부처님 지혜의 가문에 태어난다'고 이름하거나, '음성인을 얻는다' 또는
'순무생인'이라고 이름하니 다만 행을 따라 이름을 달리한 것이다.

또 십주에서는 처음으로 부처님 지혜의 가문에 태어나는 것에 의해서 간략히 '부처
님의 바른 지혜의 무생인에 수순함'이라 이름하고, 십행에서는 '부처님의 지혜로써
무생인을 따라 행함'이라 이름한다. 십회향에서는 이지(理智) 가운데 무한한 대원으
로써 대자비문을 일으켜 이지(理智)와 대자비를 융화해서 균등케 함에 의하니 '대
원·대비·대지를 융화하는 적용 무생인'이라 이름한다. 이는 바로 초지 아래에서의
행을 따르는 순무생인이다.

초지로부터 3지에 이름은 초지 아래 삼현의 지위를 모두 취하여 총체적으로 하나
의 법을 수행하기에 '지혜와 자비를 기르고 익숙히 익혀 원만케 함'이라고 이름한다.
초지는 [초지] 아래의 십주·십행·십회향의 대원에 의지하여 발심을 원만히 함으

로써 늘 생사에 처해 중생을 수호하는 뜻을 일으키기 때문에 또한 '순인'이라 하고, 팔지에 바로 도달하고야 '무생인을 얻었다'고 이름한다.

선재동자의 초지 선지식을 '바산바연저'라고 이름함은 '봄에 농작물〔苗稼〕을 내는 것을 주로 담당한다'는 이름이요, 또한 '두려움 없는 것에 의지함'이라고 이름하니 중생의 처음 발심한 깨달음의 농작물을 주로 담당함을 나타내어 밝힌 것이다. 또한 '중생에게 의지가 되어주어 두려움 없도록 주로 담당함'이라고 이름한다.

이 초지 보살은 초지 아래의 원력으로써 중생계에 처한 행인 것이며, 2지는 최상의 십선계를 닦아 욕계의 미혹한 습을 다스려서 집착이 없게 함을 밝혔다. 3지는 상계 팔선과 구정을 닦아서 선계에 집착치 않게 하니 '이지(理智)에 수순해 세속을 이롭게 하여 대비를 기르는 순무생인'이라 이름한다. 4지는 비로소 삼계에서 오염되지 않음을 밝히고, 또 불가에 태어남을 밝힌다. 5지는 선정문으로 정교한 지혜를 내어 세간의 기예를 닦고, 6지는 세간과 출세간의 지혜를 닦아 마치고는 멸정의 삼공이 앞에 드러나기에 '적멸인'이라고 이름한다. 7지는 늘 생사에 처하는 행이 원만하고, 8지는 보살행을 행하여 공용을 끝내 무생인을 얻고, 9지는 법사의 지위에서 설법이 자재한 작용을 얻음을 밝혔으며, 10지는 부처님 작용의 일부가 비로소 마치는 것이며, 11지 는 보현행이 원만하여 이미 마침에 순수하게 묘각의 여래께서 보살의 방편을 떠나지 않고 작용으로써 중생을 제도하는 것이다.

이 십 종의 인(忍)을 만약 십지의 승진으로써 논하면 한 지에 하나의 인을 얻고 십정과 십통도 또한 그러하니 감인의 지위로써 보현행 안에 도달함에 의해서 품의 이름을 지어 붙였다. 또 지위를 따라 진보해 나가는 계위에서 조치(調治)하는 공으로 행을 따라 명명했기에 십인품이라 한 것이다.

【수현기】 十者數. 忍者境與神 會情諦可也.

㊒ '십'은 수이고, '인'은 경계와 정신이 정(情)에 합해서 아는 것이다.

【탐현기】 十者圓數無盡. 忍者智照觀達. 亦帶數釋.

[탐] ‘십’은 원수로 다함이 없는 것이며 ‘인’은 지혜로 비추고 관찰하여 통달함이니, 또한 대수석이다.

Ⅱ. 십인품을 설하는 까닭

【청량소】爲答普光 十忍問故 義如前釋. 前二已明定通用廣. 今此辨其智慧深奧 故次來也.

[청] 보광명전 〔여래명호품〕의 십인의 물음에 답하기 때문이니 뜻은 앞의 풀이와 같다. 앞의 둘은 이미 선정과 신통의 작용이 광대함을 밝혔고, 지금 여기서는 지혜의 심오함을 말하기 때문에 이어진 것이다.

【통현론】前已有十通. 此乃約通有忍. 若無神智通達 但成伏忍.[1] 法忍[2]不生. 以故此品須來. 此乃十地以前 以忍成通. 十一地內 以通成忍. 亦是十通十忍. 是一德之功用故.

[통] 앞서 이미 십통이 있었는데, 이제 십통에 의해서 십인이 있다. 만약 신비로운 지혜의 통달함이 없으면, 다만 복인만 이루고 법인이 나지 않기에 이 품이 마땅히 이어진 것이다. 이는 십지 이전은 십인으로써 십통을 이루고, 십일지에서는 십통으로써 십인을 이루니 또한 십통과 십인이 한 덕의 공용인 때문이다.

【주】 ────────────
 1. 복인(伏忍) : 인왕호국반야바라밀다경 상권에서 설한 오인〔五忍 : 복인(伏忍), 신인(信忍)·순인(順忍)·무생인(無生忍)·적멸인(寂滅忍)〕 중 첫 번째로 번뇌를 눌러 일어나지 못하게 하는 지위이다. 〈대승의장 12권, ⑦ 44권 701 中〉 [불]
 2. 법인(法忍) : 법의 지혜를 얻기 전에 일어나는 확실하게 인정하여 아는 결정의 마음〔淨業〕이다. [불]

【수현기】 餘二意前已辨.[1]

⟨수⟩ 나머지 두 뜻은 앞에서 이미 밝혔다.

【주】━━━━━━━━━━━━━━━━━━

1. 전이변(前已辨) : 십명품을 말한다. 〔이하의(십명·십인·아승지·수량·보살
주처) 5품은 십지 덕의 뛰어난 작용의 범위를 밝히기 위해 이어진 것이다.〕

【탐현기】 有二. 遠答前普光 十定問[1]故來也. 以忍受眞理 情安不動故名也. 近顯十
明所依故次來也.

⟨탐⟩ 두 가지가 있다.
1. 앞의 보광법당회 〔여래명호품〕의 십정의 물음에 멀리 답하기에 이어진 것이다.
진리를 인수(忍受)하면 정(情)이 편안하여 움직이지 않기에 이름한 것이다.
2. 십명의 의지됨을 가까이 나타내기 때문에 이어졌다.

Ⅲ. 십인품의 주제와 취지

【청량소】 智行深奧爲宗. 爲得佛果 無礙無盡爲趣. 然此忍行 約位卽等覺後心. 爲斷
微細無明. 若約圓融 實通五位. 寄終極說. 體卽是智. 不同餘宗 忍因智果. 雖是一智
隨義別說. 二三四五等 諸敎不同. 今此圓敎 故說十忍.

⟨청⟩ 심오한 지혜와 행으로 주제를 삼고, 거리낌없이 다함없는 불과를 얻음으로 취
지를 삼는다. 그러나 이 인행의 지위에 의하면 등각의 후심(後心)이다. 미세한 무명
을 끊기 위하여 원융에 의하면 실로 다섯 계위에 통하고 종극에 의해 설했다. 본체는
곧 지혜인데, 나머지 종의 인(忍)은 인(因)이요, 지혜는 과(果)라는 것과는 같지 않

다. 비록 한 지혜가 뜻을 따라 별도로 둘이나 셋·넷·다섯 등을 설하나 여러 가르침
이 같지 않고, 지금 이는 원교인 때문에 십인을 설한 것이다.

【수현기】 餘二意前已辨.[1]

[수] 나머지 두 뜻은 앞에서 이미 밝혔다.

【주】 ————————————

1. 전이변(前已辨) : 십명품에서 밝힌 것이다. 〔십인(十忍)이 이용(理用)임을 밝힌
   것이니, 대과의 인행은 십수의 측량이 아니기 때문이다. 십인은 위에 나온 십정의
   일 문에 답이다. 십인의 보현설을 밝힌 것은 뛰어난 덕의 대용(大用)이 넓고 높음
   을 나타내기 위한 것이다.〕

【탐현기】 先宗後趣. 宗有五門. 一體性. 此忍以智爲性. 若小乘忍劣屬因. 智勝屬
果. 大乘不二. 但忍受鑒徹 約用分之. 二所斷障. 此中寄當斷微細著 微細礙無明. 三定
位者. 若漸教此十忍行通諸位. 寄當十地之後 等覺位中. 若圓教遍通五位. 寄於此說.
四種類者. 或一. 謂無生忍. 或二.[1] 謂二無我忍. 或三. 謂三無性忍. 出佛性論.[2] 或三.
謂信忍順忍無生忍. 出地持論. 或四. 謂四種無生. 如第八地論中.[3] 或五. 謂地前名伏
忍. 初二三地名信忍. 四五六地名順忍. 七八九地 名無生忍. 第十地及佛地 名寂滅忍.
此依仁王經. 或六忍. 謂信忍法忍 修忍正忍 無垢忍一切智忍. 解云初三如次 是地前三
賢. 後三如次 是十地等覺 妙覺可知. 此依瓔珞經. 或苦忍等八[4] 非此所辨. 或十[5]亦如
第八地經中. 又十此文. 或十四. 依仁王經. 五忍中. 前四[6]各分三. 謂上中下 後一唯分
二.[7] 謂因果. 五別釋十忍.[8] 於中初三約法. 後七就喩. 法中初一 約資糧位. 次一約加行
位. 後一約正證位. 寄相如此. 若通則遍在十地可知. 第二宗趣者. 由學如此 十忍行故.
得因圓果滿. 故文云能得一切等也.

[탐] 먼저는 주제고 뒤는 취지이다.
1. 주제에 다섯 부문이 있다.

(1) 체성이다. 이 인(忍)은 지혜로써 본성을 삼는다. 소승의 인(忍)은 낮아서 인(因)에 속하고 지혜는 뛰어나서 과(果)에 속한다고 하지만 대승에서는 〔인·과가〕 둘이 아니다. 다만 인수(忍受)와 분명히 살핌〔鑒徹〕은 작용에 의해 나눈 것이다.

(2) 끊어지는 장애이다. 이 가운데는 미세한 집착과 미세한 무명의 장애를 끊음에 해당한다.

(3) 지위를 정함은 점교에서는 이 십인의 행이 여러 지위에 통하나 십지 이후의 등각의 지위에 배당시킨다. 혹 원교에서는 다섯 계위에 두루 통하나, 이에 의지해 설한다.

(4) 종류로 혹 하나이니 무생인이요, 혹은 둘이니 이무아인(二無我忍)이다. 혹은 셋이니 삼무성인(三無性忍)으로서 불성론〔제2권〕에서 나오며, 또는 신인·순인·무생인인데 보살지지경〔地持論〕에서 나온다. 혹은 넷이니 네 가지 무생으로서 십지경론의 제8지와 같다. 혹은 다섯이니 초지 앞을 복인, 초지·2지·3지를 신인, 4지·5지·6지를 순인, 7지·8지·9지를 무생인, 제10지 및 불지를 적멸인이라 이름하는데 이는 인왕반야바라밀경〔상권〕에 의한 것이다. 혹은 여섯 인이니, 믿음의 인·법의 인·수행 인·바른 인·더러움이 없는 인·온갖 것을 아는 지혜의 인이다. 풀이하면, 처음의 셋은 차례대로 초지 앞의 삼현이요, 뒤의 셋은 순서대로 십지·등각·묘각으로 알 것인데, 이는 보살영락본업경〔상권〕에 의한 것이다. 혹은 고인(苦忍) 등의 여덟 가지가 있으나 이에서는 분별하지 않는다. 혹은 열 가지이니, 경〔십지품〕의 제8지와 같다. 또한 열 가지이니, 이 본문이다. 혹은 열 넷으로 인왕반야바라밀경에 의하니 오인(五忍)의 앞의 넷을 각각 상·중·하의 셋으로 나누고, 뒤의 하나는 오직 인·과의 둘로 나눈다.

(5) 별도로 십인을 푼다. 이 중에 처음의 셋은 법에 의하고, 뒤의 일곱은 비유에 나아간다. 법 가운데 처음 하나는 자량위에 의하고, 다음 하나〔順忍〕는 가행위에 의하며, 뒤의 하나〔무생인〕는 정식으로 증득한 지위에 의한

다. 형상에 의하면 이와 같고, 혹 회통하면 두루 십지에 있으니 알 것이다.

2. 둘째는 주제와 취지이다.

이러한 십인의 행을 배움을 말미암기에 인·과가 모두 원만해짐을 얻는다. 그러므로 [초발심공덕품] 경문에서, "[금방 발심하였을 때……] 곧 능히 일체 [부처님의 지혜 광명]를 얻을 것이다"고 말한 것이다.

【주】————————————

1. 혹이(或二) : 대지도론에서는 중생인(衆生忍)과 법인(法忍)의 둘을 말했다.
2. 불성론(佛性論) : "여래는 분별성의 입장에서 본래(本來) 무생인을 설하고, 의타성(依他性)의 입장에서 자성(自性) 무생인을 설하며, 진실성에 의해 의혹과 더러움과 괴로움인 본성(本性) 무생인을 설하셨다." 〈불성론 제2권, ⊗ 31권 795 上〉
3. 지론중(地論中) : "무생법인(無生法忍)은 네 가지 무생(無生) 중에 있음을 알아야 한다. 사종 무생은 사무생(事無生)·자성무생(自性無生)·수차별무생(數差別無生)·작업무생(作業無生)을 말한다." 〈십지경론 제10권, ⊗ 26권 179 中〉
4. 팔(八) : → 법수 십육심 참조.
5. 혹십(或十) : "금강장 보살이 말씀하셨다.〔보살이 7지를 수행한 뒤에는……〕온갖 법이 본래부터 나지도 않고〔無生〕, 일어나지도 않으며〔無起〕, 모습도 없고〔無相〕, 이루어짐도 없으며〔無成〕, 무너짐도 없고〔無壞〕, 옴도 없으며〔無來〕, 감도없고〔無去〕, 처음도〔無初〕, 중간도〔無中〕, 나중도 없는〔無後〕경지에 들어간다. …… 이를 일러 '보살이 무생법인을 얻어 제8지에 듦'이라고 이름한다." 〈구역 26권 십지품, ⊗ 9권 564 中〉 → 제26 십지품(8 부동지)의 간추린 경문 참조.
6. 전사(前四) : 복인(伏忍)·신인(信忍)·순인(順忍)·무생인(無生忍)
7. 후일유분이(後一唯分二) : 마지막 적멸인은 상·하로만 나눈다.
8. 십인(十忍) : → 십인품의 간추린 경문과 법수 참조.

Ⅳ. 십인품의 간추린 경문

보현 보살께서 여러 보살에게 말씀하셨다.

"열 가지 인지함이 있으니 만약 이 인지함을 얻으면 모든 보살의 막힘 없이 인지함에 이르러 온갖 불법에 막힘 없고 다함이 없다.

첫째는 음성을 인지하니, 불법을 듣고 두려워하지 않아 깊이 법을 믿고 깨달아 쾌히 나아가며, 일심으로 생각하고 닦아서 안주한다.

둘째는 따라서 인지하니, 온갖 법을 사유하고 관찰하여 평등하고 어김없이 따라서 이해하며, 마음을 청정케 하고 바로 머물러 수습해 들어가 이룬다.

셋째는 생사 없음을 인지하니, 하찮은 법도 나거나 사라짐을 보지 못한다.

넷째는 환상과 같음을 인지하니, 온갖 법이 모두 다 환상 같아서 인연으로 일어남을 알아, 한 법 가운데 많은 법을 이해하고 많은 법 가운데 한 법을 이해한다.

다섯째는 아지랑이 같음을 인지하니, 온갖 세간이 아지랑이와 같음을 안다. 마치 아지랑이는 있는 데가 없어 안도 밖도 아니며, 있지도 없지도 않고 단지 세간의 언어를 따라서 나타내 보인다. 보살도 마찬가지다. 있는 그대로 관찰하여 모든 법을 분명히 알고 일체를 깨달아 원만케 한다.

여섯째는 꿈과 같음을 인지하니, 모든 세간이 꿈과 같음을 안다. 마치 꿈은 세간도 아니고 세간을 떠난 것도 아니며, 나고 없어지는 것도 아니지만 모습을 보인다.

일곱째는 메아리 같음을 인지하니, 부처님의 설법을 듣고 법의 성품을 관찰하여 수학해 이루어 피안1)에 도달한다. 모든 음성이 다 메아리 같아서 오고 감이 없음을 알지만 이렇게 나타낸다.

여덟째는 그림자 같음을 인지하니, 세간에서 나는 것도 사라지는 것도 아니다. 마치 일월과 남녀·사택·산림·하천·생물들이 기름이나 물·거울 등의 청정한 물상에 그림자를 나타내지만, 그림자는 기름과 같지도 다르지도 않다. 멀리함도 합함도 아니며 흐르는 냇물에 흘러가지도 않고 못 속에 빠지지도 않으면서 그 속에 나타나나 사로잡히지 않는다. 그러나 중생들은 이 곳에는 그림자가 나타남을 알고, 저 곳에는 없음을 안다. 원근의 물상들이 비록 그림자를 나타내나 그림자는 멀고 가까움이 없다. 보살도 마찬가지로 능히 나와 남의 모두가 다 지혜의 경계임을 알아서 두 가지로 알아 자타의 구별을 하지 않으나 자국과 타국에 각각 달리 한때에 두루 나타난다.

마치 씨앗 속에 뿌리·움·줄기·마디·가지·잎이 없되, 능히 이와 같은 것을

---

1) 미혹의 차안에 대해, 생사의 바다를 건넌 깨달음의 언덕이다.

낸다. 보살도 마찬가지로 다르지 않은 법에서 두 모습을 분별하여 정교한 방편으로 막힘 없이 통달한다.

아홉째는 마술 같음을 인지하니, 온갖 세간이 모두 다 마술과 같음을 안다. 온갖 고락이 뒤바뀐 것이 마술이니 허망한 법으로 생긴 것이다. 마치 마술은 세간에서 남도 사라짐도 아니다. 생사도 열반도 아니며 있는 것도 없는 것도 아니다.

열째는 허공 같음을 인지하니, 온갖 법계가 허공과 같음을 안다. 실체적 모습이 없는 까닭이며, 모든 세계가 허공과 같으니 일어남이 없는 까닭이다. 이것이 보살의 열 가지 인지함이다."

이 때 보현 보살께서 그 뜻을 다시 펴고자 게송으로 설하셨다.

삼십삼천2)에
있는 모든 천자들이
한 그릇에 함께 먹되
먹는 것은 제각기 같지 않네.

제각기 먹는 갖가지 음식이
시방에서 옴도 아니고
이같이 닦은 업으로
자연히 그릇에 차네.

중생과 국토는
갖가지 업으로 지어진 것
환상 같은데 들어가
거기에 집착할 것 없네.

---

2) 수미산 정상에 있는 하늘이다. 수미산 중턱 동·서·남·북의 둑에 각기 팔보천중이 있어 32천이 되고 정상의 제석천을 합하면 33천이 된다.

온갖 생각 없애고
무의미한 말까지 떠나면
어리석게 모습에 집착하는 자
다들 해탈을 얻게 하리.

마치 꿈속에서
갖가지 다른 모습 보듯이
세간도 마찬가지로
꿈과 다를 것 없네.

마치 물 속에 그림자
안도 아니고 또한 밖도 아니듯
보살이 깨달음 구함에
세간이 세간 아님을 아네.

제30. 아승지품(阿僧祇品)

구역 : 제25. 심왕보살문아승지품(心王菩薩問阿僧祇品)

Ⅰ. 아승지품의 이름 풀이
　【청량소】【통현론】
　【수현기】【탐현기】
Ⅲ. 아승지품의 주제와 취지
　【청량소】
　【수현기】【탐현기】

Ⅱ. 아승지품을 설하는 까닭
　【청량소】【통현론】
　【수현기】【탐현기】
Ⅳ. 아승지품의 간추린 경문

Ⅰ. 아승지품의 이름 풀이

【청량소】阿之言無. 僧祇曰數.[1] 全帶數名. 若晉本云 心王菩薩問阿僧祇品.[2] 兼能問人. 卽人法雙擧. 及菩薩所問之算數. 梵本同此. 然僧祇是十大數[3]之創首. 經論多用故以標名. 又顯此數 卽離數故. 寄無數標名.

［청］'아'는 없다는 말이고, '승지'는 수이니 완전한 대수석의 명칭이다. 저 진본에는 '심왕보살문아승지품'이라 하여 질문자를 겸했는데 사람과 법을 같이 들었으니 보살과 질문된 산수로 범본이 이와 같다. 이러한 '승지'는 십대수의 첫머리로 경과 논에 많이 쓰이기에 이름으로써 표했다. 또 이 수는 곧 수를 떠남을 드러냈기 때문에 '무수함'에 의해 이름을 나타낸 것이다.

【주】────────────────

1. 아지언무승지왈수(阿之言無僧祇曰數) : 대수석의 풀이에 맞추자면 '무수하다'는 말이나, '아'를 부정사로, '수'는 헤아리거나 셈하는 것으로 하여 '셀 수 없는', '헤아릴 수 없는'의 뜻을 갖추고 있다.

2. 심왕보살문아승지품(心王菩薩問阿僧祇品) : 심왕 보살이 아승지에 대해서 부처
   님께 질문하는 품이다. 〈⊛ 9권 586 上〉

3. 십대수(十大數) : 일 아승지가 단위가 되어서 점차 배로 증가하여 불가설불가설
   등에 이르는 열 가지 큰 수로 아승지(阿僧祇)·무량(無量)·무변(無邊)·무등
   (無等)·불가수(不可數)·불가칭(不可稱)·불가사(不可思)·불가량(不可量)
   ·불가설(不可說)·불가설불가설(不可說不可說)을 말하는데 아승지(阿僧祇)는
   지극히 큰 수를 표시한다. ⊛

【통현론】 菩薩名心王 此明得心 成忍之後 心業自在 名之爲王. 此品何故 如來自說.
明此數法廣大. 下位智所不及. 唯佛能究竟故. 此是佛果二愚[1]非至. 差別智滿方了. 卽
此阿僧祇. 隨好光明功德品. 二品法. 是如來自說. 自餘五位 各各隨位 菩薩自說. 十信
菩薩 說十信法. 卽文殊覺首等是. 十住菩薩 說十住法. 卽法慧財慧等是. 如是准此例
知. 以此此品 非至差別智果滿 佛位方明. 還是如來自說故. 能問之主. 還是如來 心智
自在. 名之爲王. 表心自在故. 方堪能問. 總是佛自在之心故. 設教法則 令學者倣之故.
說行以普賢主之. 以行成忍 卽以心王主之. 又此數法智滿 佛果方終. 以智徧故. 任運
而知. 非是加行 作意而知. 以此佛自說.

[통] 보살 이름이 심왕인 것은 마음으로 인(忍)을 이룬 후에 심업이 자재하기에 '왕'
이라고 이름하여 밝힌 것이다.

이 품은 무엇 때문에 여래께서 직접 설하셨는가? 이 수법이 광대하여 하위의 지혜
로는 미치지 못하고, 오직 부처님이라야 다 끝내실 수 있음을 밝힌 것이다. 이는 불과
에 대한 두 가지 아둔함으론 도달할 것이 아니고 차별지가 원만하여야 비로소 요달할
것이다. 아승지품과 여래수호광명공덕품의 두 품의 법은 여래께서 몸소 설하셨고,
나머지 다섯 계위는 각각의 지위에 따른 보살들이 설했다.

십신 보살이 십신법을 설함은 문수와 각수 등이요, 십주 보살이 십주법을 설함은
법혜와 재혜 등이니 이같이 이런 예로 준해 알 것이다.

이로써 이 품은 오직 차별지의 과만(果滿)으로는 이르지 못하고 부처님 지위에
이르러야 비로소 밝아지기에 또한 여래께서 직접 설하신 것이다. 묻는 주체는 또한

여래의 마음의 지혜가 자재하기에 왕이라 했다. 마음이 자재하기에 비로소 물음을 감당함을 표하니 총체적으로 부처님의 자재한 마음인 때문이다. 가르침을 베풂이 배우는 이로 하여금 본받게 하기 때문에 행을 설함엔 보현으로써 주체를 삼고, 행으로써 인(忍)을 이룸엔 심왕으로써 주재했다. 또 이 수법의 지혜가 원만함은 불과라야 비로소 마치는 것인데, 지혜가 두루하기에 마음대로 알고, 가행으로 뜻을 지어 앎이 아니기에 부처님께서 직접 설하신 것이다.

【주】————————————

   1. 불과이우(佛果二愚) : 처음은 광대한 수법에 우둔한 것이요, 둘째는 여래수호광명공덕에 대한 어리석음이다. 〈大 36권 933 下〉

【수현기】僧祇者十數之始名也. 此品從三義得名.

【수】'아승지'는 십대수의 첫 이름인데, 이 품은 세 뜻으로부터 이름을 얻었다.

【탐현기】心王菩薩 是能問人. 表數法依心. 如數識[1]等. 菩薩洞達 自在名王. 阿僧祇 是所問法. 十數之初. 從首爲名. 若具應名十大數品.

【탐】'심왕보살'은 질문자다. 수법이 '심(心)'에 의지함을 나타내니 수식 등과 같고, 보살이 통달하여 자재함을 '왕'이라 했다. '아승지'는 질문된 법으로 십대수의 처음이니 머리로부터 이름한 것인데 혹 갖추자면 마땅히 '십대수품'이라고 이름해야 할 것이다.

【주】————————————

   1. 수식(數識) : 십일식(十一識) 중의 하나로 '일에서 아승지(阿僧祇)까지의 수식'이다. (數識謂從一 乃至阿僧祇數識)〈섭대승론석 제5권, 大 31권 181 下〉→ 부록 법수 참조.

Ⅱ. 아승지품을 설하는 까닭

【청량소】 有二. 一通. 謂前三品 別答前問. 此下三品 總明等覺深奧故. 二別. 謂前
旣智圓證極. 此品校量 行德難思. 故次來也. 又難思佛德 菩薩盡窮故 亦爲遠答變化海
[1]故. 故下偈中 廣顯變化大用. 又通顯一部之數量故.

청 둘이 있다.

1. 전체적으로, 앞의 〔십정·십통·십인〕 세 품은 이전의 물음에 따로 답한 것이
   고, 이 다음 〔아승지·여래수량·보살주처〕 세 품은 등각의 심오함을 모두 밝
   힌다.

2. 개별적으로, 앞 〔십인품〕은 이미 지혜가 원만하고 깨달음이 지극한데, 이 품은
   행덕의 생각키 어려움을 헤아리고 측량하기에 이어진 것이다. 또한 생각키 어
   려운 불덕을 보살이 다한 연고며, '불변화해'에 멀리 답하기 때문이다. 게송 가
   운데 변화의 큰 작용을 자세히 나타내고 또 일부의 수량을 통틀어 나타냈다.

【주】────────────

1. 원답변화해(遠答變化海) : 제2 여래현상품에서 보살과 세간주들이 마음속으로
   불변화해(佛變化海) 등에 대해 가진 의문이다. 〈㊅ 10권 26 中〉

【통현론】明前十定 十通十忍三品. 明該括因果 初終始末 不遷刹那之際 已成神通
法忍具足. 明一切諸佛 所施因果 敎行方便 果行相資 始終不絶 不離刹那之時 如仁王
經 一念中 具九十刹那 一刹那 經九百生滅 如是三世佛果 及普賢方便行 總時不遷故
但以刹那爲量 不立生滅之名. 設論生滅 但於刹那內安立. 更無長短. 自此已下 至如來
出現品 明佛果之中 三業廣大 自在行門. 且如此阿僧祇一品. 明如來心業 廣大自在. 二
如來壽量品. 明如來命 廣大自在. 三菩薩住處品. 明如來行 攝生廣大 常住自在. 四佛
不思議品. 歎佛三業神德 廣大自在. 五如來十身相海品. 明佛身業 報功德莊嚴 廣大自
在. 六如來隨好光明功德品. 明佛三業所順 法身所感之功德 廣大自在. 依瓔珞經 配第

三禪 說佛華三昧. 有百万億頌 卽是此普賢行品 是其略也. 當第七會 合名佛華三昧品.
七普賢行品. 明佛三業 果行徧周 廣大自在. 八如來出現品. 明佛覺行徧周 常於一切世
間 無時不出現 廣大自在. 此之八品經. 總歎佛 果行智德 三業功用. 及莊嚴報相 廣大
自在故. 以次此品須來.

[통] 앞서 십정·십통·십인의 세 품을 밝힘은 인과의 처음과 끝을 모두 총괄하여
찰나제를 옮기지 않고 이미 신통을 이루어 법인을 갖춤을 명시한 것이요, 모든 부처
님께서 시설하신 인과·교행(敎行)·방편·과행(果行)이 서로 도와 시종이 단절되
지 않음이 찰나의 때를 떠나지 않음을 밝혔다. 인왕호국반야바라밀다경〔상권〕에,
"한 생각에 90찰나를 갖추고, 일찰나에 900생멸을 지낸다"고 하니, 이와 같이 삼세
불과와 보현의 방편행이 총체적으로 때를 옮기지 않기 때문에 다만 찰나로써 양을
삼고 생멸의 이름을 지어 붙이지 않는다. 설사 생멸을 논할지라도 다만 찰나 내에
안립하기에 다시 길고 짧음이 없다. 이로부터 여래출현품에 이르기까지는 불과 중의
삼업이 뛰어나 자재한 행문을 밝히는데 대략 이 아승지 한 품은 여래의 심업이 뛰어
나 자재함을 밝힌다. 둘째의 여래수량품은 여래의 수명이 뛰어나 자재함을 밝히고,
셋째의 제보살주처품은 여래의 행이 중생을 거둠이 뛰어나 항상 자재함을 밝힌다.
넷째의 불부사의법품은 부처님 삼업의 신령스러운 덕이 뛰어나 자재함을 찬탄하고,
다섯째의 여래십신상해품은 부처님의 신업의 과보로 얻은 공덕장엄이 뛰어나 자재
함을 밝힌다. 여섯째의 여래수호광명공덕품은 부처님의 삼업에 따르는 법신에 감득
된 공덕이 뛰어나 자재함을 밝힌 것이다. 영락경에 의하면 제3 선에 배대하여 불화삼
매를 설함이 백만억 송이 있는데 바로 이 보현행품이 대략 제7회에 해당하니 '불화삼
매품'이라 이름할 것이다.
　일곱째의 보현행품은 부처님 삼업의 과행이 두루하고 뛰어나 자재함을 밝히고,
여덟째의 여래출현품은 부처님의 각행이 두루하여 늘 모든 세간에 때마다 출현치
않음이 없음이 뛰어나 자재함을 밝힌다.
　이 경의 여덟 품이 다 부처님 과행의 지덕과 삼업의 공용과 장엄의 보상(報相)이
뛰어나 자재함을 찬탄하기 때문에 이 품이 마땅히 온 것이다.

【수현기】 來意上已辨.[1]

㊒ 온 까닭은 위에서 이미 밝혔다.

【주】────────────────

1. 상이변(上已辨) : "십명품 이하 다섯 품은 십지 덕의 뛰어난 작용 분제를 밝히기
   위해 이어졌다."(此下五品. 爲明地德勝用分齊 故次來也.) 〈십명품, ㊍ 35권 73
   中, ㊓ 3권 98 下〉

【탐현기】 非答前問何故來. 前十明辨行用. 十忍明行體. 今顯行德 校量分齊. 卽下
頌中 所數德是也. 又釋前諸品中 所有數量. 謂如光覺品[1]等中. 皆有數法. 今此釋成故也.

㊌ 앞의 질문에 답하는 것도 아닌데, 무엇 때문에 왔는가? 앞의 '십명품'은 행의
작용을 밝혔으며, '십인품'은 행의 본체를 밝혔고, 지금은 행덕을 헤아리는 분제를
나타낸다. 다음〔아승지품〕게송에서 헤아리는〔셀 수 없는〕덕이 바로 이것이다.
  또 풀면 앞의 여러 품에 있는 수량, 이른바 광명각품 등에 모두 수법이 있는 것과
같이 지금 여기서 풀어 이루기 때문이다.

【주】────────────────

1. 광각품(光覺品) : 여래광명각품에서 백억·천억·백천억·억 나유타·백억 나
   유타·천억 나유타·백천억 나유타 등의 수를 사용하고 있다. (爾時光明過十億
   世界. 遍照東方百億世界. 千億世界. 百千億世界. 億那由他世界. 百億那由他世界.
   千億那由他. 百千億那由他.) 〈구역 여래광명각품, ㊍ 9권 426 中〉신역 화엄경
   에서도 화장세계품·비로자나품·보살문명품·십행품·십무진장품·승도솔천
   궁품·도솔궁중게찬품·십회향품·십지품·불부사의법품·여래수호광명공덕
   품 등 대부분의 품에서는 억 단위가 나유타 앞에 쓰였으나, 광명각품에서 나유타
   뒤에 사용하고, 초발심공덕품·십정품·십통품·입법계품에서는 혼용하고 있
   다. 〈신역 광명각품, ㊍ 10권 426 中〉(……那由他億世界 百那由他億世界 千那
   由他億世界 百千那由他億世界……)

Ⅲ. 아승지품의 주제와 취지

【청량소】 寄數顯德 分齊爲宗. 令知普賢諸佛 離數重重無盡爲趣.

⑬ 수에 기탁해 덕의 분제를 나타냄으로 주제를 삼고, 보현과 모든 부처님의 수를 떠난 중중무진함을 알게 함으로 취지를 삼는다.

【수현기】 宗上[1]已辦.

⑭ 주제는 위에서 이미 밝혔다.

【주】 ─────────────

1. 상(上) : 십명품을 말한다. 아승지를 밝힘으로써 행법을 센 것이니, 이미 광대한 덕을 성취해서 잠깐〔小時〕이 아니라도 옮겨 움직임을 얻기 때문이다. 십원(十願)은 초지의 답에 있으며, 다음의 십정(十頂)과 수희심 등 열 구〔보살들이 남을 따라 기뻐하는 마음과 끊이지 않는 부처님의 종성·중생을 구하여 번뇌를 없앰·여러 행과 온갖 법을 앎·더러움을 떠나고 온갖 어려움을 떨쳐냄·의심의 그물과 갈애의 욕망을 끊음·부처님의 위없는 지·부처님의 경계·부처님의 수명·부처님의 수행 ─ 여래명호품의 물음〕는 아승지 뒤의 3 품이 총체적인 답이며, 또한 이전 두 품의 답을 통틀은 것이라 할 수 있다. (隨喜心·不斷如來性·救衆生滅煩惱·知衆行解諸法·離垢穢拔衆難·決疑網竭愛欲·佛無上地·佛境界·佛住壽·佛行) 〈여래명호품, ㊛ 9권 418 中〉

【탐현기】 有二. 一能數之數. 二所數之德. 前中亦二. 先定所知. 後顯能知. 前中阿僧祇 此云無數. 卽數之極故. 諸聖教中 通有四說. 一準俱舍論. 數至六十重[1] 名一阿僧祇.(擡錄) 此約小乘. 二依智論第九[2] 數過十重已後 名阿僧祇. 論云一一名二. 二二名四. 三三名九. 十十名百. 十百名千. 十千名萬. 千萬名億. 千億名那由他.[3] 千萬那由他名頻婆. 千萬頻婆名迦他. 過迦他名阿僧祇. 如是數三阿僧祇. 解云此旣云過迦他. 亦

卽通過後諸數 故名阿僧祇. 此約始敎說. 三依智論第六.[4] 引此品文. 還有百數. 至阿僧祇等. 此約終敎說. 四依此品. 百數僧祇. 始是初數. 如是次第 以所數等能數至第十 名不可說轉.[5] 不可說轉等 方爲數極. 是故前敎[6] 數極乃是此中初數. 故知此門極廣 約圓敎辨也.

[탐] 둘이 있는데 처음은 능히 헤아리는 수이며, 둘째는 헤아려지는 덕이다. 앞에 또한 둘이 있으니 먼저는 아는 대상을 정하고, 다음은 아는 주체를 나타낸다.

1. 〔헤아리는 수〕

　(1) 아는 대상을 정한다.

　　앞의 '아승지'는 이쪽 말로 '헤아릴 수 없음'인데, 수의 극이기 때문이다. 온갖 성스러운 가르침은 통틀어 네 가지 설이 있다.

　　1) 구사론에 준하면 수가 육십째 단위에 이르는 것을 일 아승지라고 이름하니 〔살펴 검토할 것이다〕 이는 소승에 의한 것이다.

　　2) 대지도론 제4권에 의하면 수가 열 번째 단위를 지난 뒤를 아승지라고 이름하는데 논에서는, "하나에다 하나는 둘이고 둘씩 둘은 넷이며, 셋씩 셋은 아홉이다. 열씩 열은 백이며 열씩 백은 천이고, 열씩 천을 만이라 한다. 천씩 만을 억이라 하면 천씩 억은 나유타이고, 천 만씩 나유타는 빈바이다. 천 만씩 빈바는 가타이고, 가타를 초과함을 아승지라고 이름한다. 이와 같이 해서 3 아승지를 헤아린다"고 하였다. 풀면, 이는 이미 가타를 지나면 또한 이후의 온갖 수를 초과하는 것에도 통하므로 아승지라고 이름하니 이는 시교에 의해 설한 것이다.

　　3) 대지도론 제5권에 의하면, 이 〔아승지〕품의 경문을 인용하여 백 번째 단위를 더 지나 아승지에 이르게 한 등이 있으니, 이는 종교에 의해 설한 것이다.

　　4) 이 품에 의하면 백 번째 단위의 아승지를 비로소 〔십대수의〕 처음 수라 하니, 이와 같은 차례로 헤아려지는 수 등으로써 헤아려 열 번째에 이른 것을 '불가설전'이라 하고, 불가설전 등을 비로소 수의 극치로 삼는

다. 이 때문에 앞의 교판에서의 수의 극치가 이에서는 처음 수가 되므로 이 부문이 지극히 광대함을 알 것이니, 원교에 의해 밝혔다.

【주】 ─────────────

1. 지육십중(至六十重) : 구사론에 준하면 수가 60째 단위에 이르는 것을 '일 아승지'라고 했는데 곱해 가는 수를 단위라 옮겼다. 예컨대 육십 단위는 10의 60제곱이라는 뜻이다. 아승지품을 비롯하여 불교에서는 단순히 1의 60제곱을 숫자로만 나타내지 않고 고유명을 붙였다. 〈탐현기 15권, ⓧ 35권 389 中〉, (아비달마구사론 12권, ⓧ 29권 63 中~下)
2. 지론제구(智論第九) : 실제는 대지도론 제4권에 나온다. 〈ⓧ 25권 86 下 ~ 87 上〉
3. 천억명나유타(千億名那由他) : 탐현기 15권, (ⓧ 35권 389 中)에서 대지도론을 인용하면서 '천억'을 '나유타'라고 했으나 실제 대지도론 4권 (ⓧ 25권 87 上)에는 '천만 억'을 '나유타'라고 했다.
4. 지론제육(智論第六) : 실제는 대지도론 제5권에 나온다. 〈ⓧ 25권 94 下〉
5. 불가설전(不可說轉) : 경문에서는 불가설불가설이 일 불가설전이 된다고 하였다. 〈ⓧ 10권 238 中〉
6. 전교(前教) : 소승·시교·종교를 지칭한다.

【탐현기 2】 二顯能知者 亦有五重. 一人中數法最下. 二諸天數法過於人. 天中亦不同 如自在天王 一念數知大千雨滴等. 三小乘中 舍利弗善知數法 過於人天. 四諸菩薩中 數知亦差別. 如下釋天童子[1] 算沙數法. 非二乘能知. 亦如文殊普賢 知刹塵數等. 非下位所知. 五佛自所知 最極自在. 一切餘位 總不能知. 智論第九[2]云. 佛在祇恒外 林中樹下坐. 有一婆羅門來 問佛是林有幾葉. 佛答若干數. 彼心生疑. 誰證知者. 卽私却少葉還問佛. 此樹林定有幾葉. 佛答今少若干葉. 如所却語之. 婆羅門知已心大敬信. 求佛出家 得阿羅漢果. 以是故知佛 能知恒河沙數. 釋云此約佛 知恒沙之數. 今此品文. 唯佛所知 無極之數 故佛自說. 又云佛智境界 甚深之義故也. 二所數之德亦二. 謂普賢因德 及佛果德. 竝各通因陀羅網等. 具如下頌中辨.

탐 (2) 능히 아는 주체를 나타내는 데에 다섯 가지가 있다.

1) 사람들의 수법으로써 최하다.

2) 여러 하늘의 수법으로써, 인간을 초과하는데 천상에서도 똑같지는 않
   다. 타화자재천왕이 한 생각에 대천 세계의 빗방울을 다 헤아려서 앎
   과 같다.

3) 소승에서 사리불은 수법을 잘 아는데 인·천보다 뛰어나다.

4) 여러 보살 중 수를 아는 것 역시 다른데, 다음 석천 동자의 모래알을
   헤아리는 수법과 같으니 이승이 알 수 있는 것이 아니다. 또한 문수와
   보현이 국토의 먼지 수를 아는 일과 같은데, 아래 지위로는 알 것이
   아니다.

5) 부처님께서 스스로 아시는 것은 아주 지극히 자재하여 모든 나머지
   지위는 전혀 알 수 없다. 대지도론 제7권에서, "부처님께서 기원정사
   밖의 숲 속 나무 아래에 앉아 계실 때, 한 바라문이 와서 부처님께
   여쭈었다. '이 숲에 잎이 얼마나 있습니까?' 부처님께서는 〔바로〕 얼마
   쯤이라고 답하셨다. 그 〔바라문〕는 마음으로 의심하여 '바로 아는지
   누가 입증하겠는가?'고 하였다. 〔그리고는〕 곧 〔한 나무 곁으로 가서〕
   스스로 나무 위의 몇 개의 잎을 따서 감추고 다시 부처님께 여쭈었다.
   '이 숲에 잎이 딱 얼마나 있습니까?' 부처님은, '지금 대략 얼마만큼
   줄었다'고 딴 양만큼 말씀하셨다. 그러자 바라문은 〔이를〕 알고 스스
   로 마음으로 크게 공경히 믿어서 부처님께 출가하였고, 〔뒤에는〕 마침
   내 아라한과를 얻었다. 그러므로 알라. 부처님은 갠지스강의 모래알
   수를 능히 다 아신다"고 하였다. 풀이하면 이는 부처님께서 갠지스강의
   모래수를 다 아신다는 것에 의한 것이다.

   지금 경문에서 이 품은 오직 부처님만이 아시는 다함 없는 수이므로
   부처님께서 스스로 설하신 것이요, 또 부처님 지혜의 경계가 매우 깊
   은 뜻이기 때문이라고 하였다.

2. 헤아려지는 덕에도 또한 둘이 있는데 보현의 인(因) 덕과 부처님의 과(果) 덕으
   로 모두 각기 인다라망 등에 통한다. 자세한 것은 다음 게송에서 밝힌 것과

같다.

【주】 ─────────────────

1. 석천동자(釋天童子) : 석천주동자(釋天主童子)로 신역에서는 열 셋째 선지식인 자재주동자(自在主童子)에 해당한다. 모랫더미도 헤아려 아는데 '보살의 산수법'에 통달하였다.〈④ 9권 704 下〉→ 신역 간추린 경문 참조.
2. 지론제구(智論第九) : 실제로는 대지도론 제7권에 나온다. (問曰 恆河中 沙爲有幾許. 答曰……)〈대지도초품중불토원석론(大智度初品中佛土願釋論) 13, ④ 25권 114 中〉

Ⅳ. 아승지품의 간추린 경문

심왕 보살이 부처님께 여쭈었다.

"세존이시여, 여러 부처님께서 아승지와 무한함과 끝없고, 비할 바 없고, 셀 수 없으며, 일컬을 수 없고, 생각할 수 없고, 헤아릴 수 없고, 말로 할 수 없고, 말로 할 수 없이 말로 할 수 없음을 연설하셨습니다. 어떤 것이 아승지이며, 내지 말로 할 수 없이 말로 할 수 없는 것입니까?"

부처님께서 심왕 보살에게 말씀하셨다.

"훌륭하구나. 선남자여, 그대가 지금 세인들로 하여금 부처님께서 알고 계신 수량의 뜻을 알게 하기 위하여 묻는구나. 자세히 듣고 신중히 생각하라, 너에게 말하리다.

백 낙차가 한 구지고, 구지에 구지 곱이 한 아유다며, 아유다에 아유다 곱이 한 나유타다. 나유타에 나유타 곱이 한 빈바라요, 빈바라에 빈바라 곱이 한 긍갈라며, 긍갈라에 긍갈라 곱이 한 아가라다. …… 지(至)에 지 곱이 한 아승지요, 아승지에 아승지 곱이 한 아승지 제곱이며, 아승지 제곱에 아승지 제곱이 한 한량없음이며, 한량없음에 한량없는 곱이 한 한량없는 제곱이다. 한량없는 제곱에 한량없는 제곱이 한 끝없음이요, 끝없음에 끝없는 곱이 한 끝없는 제곱이다. …… 말로 할 수 없음에 말로 할 수 없는 곱이 한 말로 할 수 없는 제곱이고, 말로 할 수 없는 제곱에 말로 할 수 없는 제곱이 한 말로 할 수 없이 말로 할 수 없음이다. 여기에 재차1) 말로 할 수 없이 말로 할 수 없음이 한 말로 할 수 없이 말로 할 수 없는 제곱이다."

세존께서 심왕 보살에게 게송으로 말씀하셨다.

말로 할 수 없는 모든 불국토를
모두 다 부수어서 미세한 먼지 만들어도
한 먼지 속에 있는 세계 말할 수 없으니
하나하나처럼 모두가 다 그러하네.

---

1) '여기에 재차'라는 말로 한 '말로 할 수 없이 말로 할 수 없음'을 대체 한 것이다.

제31. 수량품(壽量品)

구역 : 제26. 수명품(壽命品)

Ⅰ. 수량품의 이름 풀이 　　Ⅱ. 수량품을 설하는 까닭

　【청량소】【통현론】 　　　【청량소】【통현론】

　【수현기】【탐현기】 　　　【수현기】【탐현기】

Ⅲ. 수량품의 주제와 취지 　　Ⅳ. 수량품의 간추린 경문

　【청량소】

　【수현기】【탐현기】

Ⅰ. 수량품의 이름 풀이

【청량소】壽謂報命. 量卽分限. 染淨土之報壽. 隨機見之分限. 以顯無盡之命 無限之量. 壽之量故. 壽有斯量. 通二釋也. 別行經名無邊佛土經. 卽以處顯人.

[청] '수'는 정해진 수명이고, '량'은 분한이다. 염·정토의 과보로 받은 수명에 근기를 따른 분한을 보고 다함 없는 명과 무한한 양을 나타내니 수명의 양이고, 수명에 이 양이 있으니 두 가지 해석에 통한다.

별행본의 경명은 '무변불토경'이니 장소로써 사람을 나타낸 것이다.

【통현론】說此品教主. 以心王菩薩說者. 明佛壽量 以心爲體. 以心王表命自在故. 卽明如來 心王之命 隨根延促長短 任物自在 而實如來 無壽命者. 無長短者故.

[통] 이 품의 교주를 말함에 심왕 보살로서 설한 것은 부처님의 수량이 '심(心)'으로써 체가 됨을 밝힌 것이요, 마음[心王]으로써 명의 자재함을 표했다.

　여래 심왕의 명이 근기의 길고 짧음을 따라서 중생에 맡겨 자재함을 밝히나 실로 여래는 수명이 없으며 길고 짧음이 없음을 명시했다.

【수현기】壽者命根. 亦可命壽無二. 依大乘卽陰相續. 依小乘別有不相應性.

⟨수⟩ '수'는 목숨〔命根〕이요, 또한 명과 수가 둘이 아닌데, 대승에 의하면 명부 세계〔陰〕의 상속이고 소승에 의거하면 따로 상응하지 않는 성품이 있다.

【탐현기】往業所引 報果名壽. 任持色心 不斷名命. 品內辨此. 故以爲名.

⟨탐⟩ 과거의 업이 이끄는 과보를 '수'라고 이름하고 심신을 유지하여 끊이지 않음을 '명'이라 하니, 품에서 이를 밝혀 이름을 삼았다.

Ⅱ. 수량품을 설하는 까닭

【청량소】夫玄鑒虛朗. 出乎數域之表. 豈有殊形萬狀 修短之壽哉. 然應物隨機. 能無不形 而無不壽 故上品彰其實德. 此品以辨隨機. 雖積少至多 顯時無不徧 卽前多德之一. 故粗廣之. 亦爲遠答[1] 壽量海故. 所以來也.

⟨청⟩ 마음〔玄鑒〕은 밝고 비어 수의 영역을 벗어났으니, 어찌 온갖 형상에 길고 짧은 수명이 있겠는가. 그러나 중생에 응하고 근기를 따름에 형상과 수명을 보이지 않음이 없기에 위의 품에서는 그 실다운 덕을 드러냈고, 이 품에서는 근기를 따름을 말한다. 비록 적은 것을 쌓아 많음에 이르러 때가 두루하지 않음이 없음을 나타냈으나 곧 앞의 많은 덕의 하나이니, 크게 한 것이다. 또한 멀리 부처님의 수명〔壽量〕에 답하기 때문에 왔다.

【주】 ─────────────

　　1. 원답(遠答) : 여래현상품에서 보살과 세간주들이 마음속으로 불수량해(佛壽量
　　　海) 등에 대해 가진 의문이다. 〈(大) 10권 26 中〉 여래현상품의 간추린 경문 참조.

【통현론】 明前品旣是阿僧祇　此卽合便有壽量

통 앞 품이 이미 셀 수 없는 것 〔아승지〕인 바에야, 이는 곧 수명에 양이 있음을 밝힌다.

【수현기】 來意上已辨.[1]

수 온 까닭은 위에서 이미 밝혔다.

【주】 ─────────────

　　1. 상이변(上已辨) : 십명품을 말하는데 십지 덕의 뛰어난 작용의 분제를 밝히기에
　　　이어진 것이다.

【탐현기】 有二. 一遠意. 爲答普光 十頂問故. 以十重相望各爲終極. 得名頂 故知安
樂界 爲娑婆頂等. 古釋將答佛壽命問. 此名字雖亦相當 文勢不順. 謂此壽命問 在十地
等前.[1] 不合答在此處 十頂問在地後. 更無別答之文. 故知屬此. 二近意. 前僧祇品 顯
佛菩薩 實德平等 超過數量. 此品別辨佛德. 就機示有修短. 後住處品 別辨菩薩法用.
約機明住處差別.

탐 두 가지가 있다.

1. 먼 뜻
　　〔제2〕 보광회 〔여래명호품〕 십정의 물음에 답이다. 열 가지〔세계〕를 서로 거듭
　　비교하여 각각 종극이 됨을 ‘정(頂)’이라 이름했으니 안락 세계가 바로 사바
　　세계의 정상이 됨을 알 것이다. 예전의 풀이로는 부처님 수명의 물음에 답한

것이라 했는데 이 명자가 비록 맞은 듯하지만 문장의 흐름[文勢]이 순조롭지 못하다. 이 '수명'의 물음이 십지 등의 〔질문〕 앞에 있으니, 답이 이 곳에 있는 것이 맞지 않은 것이다. 십정의 물음이 십지의 〔질문〕 뒤에 있고 다시 별도로 답한 글이 없으니 이에 속함을 알 것이다.

2. 가까이 온 뜻

앞의 아승지품은 불보살의 실다운 덕이 평등하여 수량을 초과함을 나타낸 것이며, 이 품은 별도로 부처님의 덕을 밝혀 근기에 맞춘 〔수명의〕 장단을 보인 것이다. 이후의 보살주처품에서는 따로 보살의 법용을 밝히니, 근기에 의한 '주처'의 차별을 밝혔다.

【주】────────────

1. 재십지등전(在十地等前) : 여래명호품에서 보살들이 가진 의문은 '……십지(十地)·십원(願)·십정(十定)·십자재(十自在)·십정(十頂)……불주수(佛住壽)……' 등의 순으로 나온다. 〈구역 제3 여래명호품, ㉘ 9권 418 中〉

Ⅲ. 수량품의 주제와 취지

【청량소】 應物修短爲宗. 顯窮來際 無限爲趣. 以就同敎. 且積劣之勝. 若就別敎. 則修短圓融故.

【청】 중생에 응한 〔수명의〕 길고 짧음으로 주제를 삼고, 미래제가 다하도록 무한함을 나타냄으로 취지를 삼는다. 동교에 나아가면 또 하열함을 쌓아 수승하나, 만약 별교에 접근하면 〔수명의〕 장단이 원융하다.

【수현기】 宗上已辨.[1]

⟨수⟩ 주제는 이미 위에서 밝혔다.

　　1. 상이변(上已辨) : 십명품을 말한다. (이미 덕이 제한 없이 연에 따라 나타나기
　　　때문이다.)

【탐현기】 有三義. 一汎明命有三種. 一報命謂煖識不捨 不退衆同分[1]故. 不相應行爲
性. 二戒命經中名淨命 由不破戒 故不失比丘法. 以淨戒爲性. 三慧命由不放逸故 不退
正法 名爲慧命. 正慧爲性. 二別定此文者. 諸佛壽命 亦有三義. 一約德 謂具足如前 三
種命故. 其報命是無盡. 善根所生故也. 二就實 謂命根[2]無盡 盡於未來故. 三就權 謂隨
機所感 現修短故. 今此文中 具斯三義. 三顯次第者 亦有三義. 一約漸敎. 謂娑婆等 局
爲地前 爲化佛土故. 安樂等通爲地上 爲報佛土故. 乃至賢首刹 當十地後 不可說處也.
二約同敎. 謂娑婆等 爲三乘土. 漸漸向細. 入於一乘 乃至賢首刹等 方爲究竟. 何以故.
以就別敎 娑婆卽是 蓮華藏故. 三約別敎. 娑婆是見聞解行處. 中間諸土 唯解行處. 末
後佛土 通解行滿 及證入故. 是故信滿位處 亦名賢首故也.

⟨탐⟩ 세 가지 뜻이 있다.

1. 대체로 수명을 밝히는 데 세 종류가 있다.

　　(1) 보명(報命)으로, '체온〔煖〕'과 '식(識)'을 버리지 않으면 중동분에서 물러
　　　나지 않으니, 불상응행을 성질로 삼는다.

　　(2) 계명(戒命)으로, 경에서는 '정명'이라 하니 파계하지 않음을 말미암기에
　　　비구의 법을 실추하지 않고 청정한 계로써 성품을 삼는다.

　　(3) 혜명(慧命)으로, 방일하지 않음을 말미암기에 정법에서 물러나지 않음을
　　　혜명이라 하고 바른 지혜로써 성품을 삼는다.

2. 이 경문을 별도로 정하니 모든 부처님의 수명 또한 세 뜻이 있다.

　　(1) 덕에 의하니, 앞과 같은 세 종류의 명을 갖추기 때문이다. 그 보명은 다함
　　　없으니, 선근으로 난 때문이다.

　　(2) 실에 나아가니, 목숨은 무진하여 미래를 다하기 때문이다.

(3) 방편에 나아가니, 중생이 느끼는 것에 따라서 장단을 나타내기 때문이다. 지금 경문에서는 이 세 가지 뜻을 갖추었다.

3. 차례를 나타내는 데도 또한 세 가지 뜻이 있다.

(1) 점교에 의한다. 사바 세계 등은 초지 아래에만 국한되니 화신불의 국토요, 안락 세계 등은 십지에 통하니 보신불의 국토이며, 내지 현수의 불국토는 십지 다음의 불가설 처에 해당된다.

(2) 동교에 의한다. 사바 세계 등은 삼승의 국토가 되며 점점 미세한데 향하여 일승에 들어가면서 내지 현수의 불국토 등에 이르러 비로소 구경을 삼는데 무슨 까닭인가? 별교에 나아가면 사바 세계가 바로 연화장 세계이기 때문이다.

(3) 별교에 의한다. 사바 세계는 보고 듣고 이해하고 행하는 곳이다. 중간의 여러 국토는 오직 이해와 행의 장소며, 최후의 불국토만이 이해와 행의 원만함과 깨달음에 통하기 때문이다. 그러므로 십신 만위 처에서도 또한 '현수'라고 이름한 것이다.

【주】

1. 중동분(衆同分) : 다르마의 동류성, 유정의 공통성으로 많은 생명존재를 서로 비슷하게 하는 요소이다. 이것이 있기에 인간은 인간으로 태어나고, 원숭이는 원숭이같이 서로 닮은 것이다. 설일체유부에서는 14 불상응행의 하나이다. ㉛

2. 명근(命根) : 구사론에서 명(命)은 수(壽)이고, 유정의 일 기간에 난(煖)과 식(識)을 지속시키고, 또 난과 식에 의해 지속되어지는 다른 원리를 말한다. 설일체유부에서는 이를 실유(實有)라고 했다. 중동분에 있어서 과거에 지은 업의 영향력으로 받게 되는 바 머무는 시간 속에서 임시로 성립하는 목숨을 말한다. ㉛

Ⅳ. 수량품의 간추린 경문

심왕 보살께서 대중 가운데서 여러 보살에게 말씀하셨다.

"사바 세계 석가모니 부처님 나라의 한 겁이 극락 세계 아미타 부처님 나라에서는 만 하루고, 극락 세계의 한 겁이 가사당 세계 금강견 부처님 나라에서는 만 하루다. …… 이러한 순서로 백만 아승지 세계를 지나서 최후 세계의 한 겁은 승련화 세계 현승 부처님 나라의 만 하루인데, 보현 보살과 같이 수행하는 대 보살들이 그 가운데 충만하셨다."

제32. 제보살주처품(諸菩薩住處品)

구역 : 제27. 보살주처품(菩薩住處品)

Ⅰ. 제보살주처품의 이름 풀이

【청량소】 菩薩大悲 隨機住處 能住非一. 故名曰諸. 諸菩薩之住處 故以爲名.

[청] '보살'은 대비로 근기에 따라 '주처'에 머물데 머묾이 비일비재하기에 '제(諸)'라 하여 '제보살주처'로서 이름했다.

【통현론】 明菩薩攝化住持[1]之行. 是心王自在 隨智之行故. 令心王菩薩 說此住處之品. 總明隨自心王 起智用故. 明以普賢行 隨行成忍已後 皆名心王. 於世自在 明不與物違.

[통] 보살이 교화하여 유지하는 행이 바로 심왕의 자재롭게 지혜를 따른 행인 까닭에 심왕 보살로 이 제보살주처품을 설함을 밝혔고, 총체적으로 자기의 심왕을 따라서 지혜의 작용을 일으킴을 명시했다. 보현행으로써 행을 따라 인(忍)을 이룬 이후를 다 '심왕'이라고 하니 세간에 자재하여 중생과 어기지 않음을 밝힌다.

  1. 섭화주지(攝化住持) : 섭화(攝化)는 섭취화익으로 중생을 구해내고 이익을 주는
     것이니 교화를 말하고, 주지(住持)는 가르침을 유지함을 이른다.

【수현기】 人義及所依 三義得名可知.

[수] 사람과 뜻과 의지처의 세 가지 뜻으로 이름을 얻었으니 알 것이다.

【탐현기】 菩薩大悲 隨方攝化 應物之所 名爲住處. 人處題名.

[탐] '보살'이 대비로 곳에 따라서 교화하되 중생에 응하는 장소를 '주처(住處)'라
이름하니, 사람과 장소로써 제목한 것이다.

Ⅱ. 제보살주처품을 설하는 까닭

【청량소】 上約化益 盡一切時. 今明菩薩 徧一切處. 故次來也. 故僧祇中 明法界毛
端之處. 皆有多多普賢. 此則據實而談. 今約機緣[1]所宜. 指有方所. 使物欣厭 翹心有
歸. 若知能住菩薩 毛含刹海. 所住之處 塵納無邊. 則未有一方 非菩薩住. 亦遠答[2]前壽
量海問. 菩薩隨機 住壽異故. 昔將此品. 遠答第二會初問意十句.[3] 非唯義意不同. 抑亦
文不相次.

[청] 위 〔수량품〕는 교화의 이익이 온갖 때를 다함에 의했고, 지금은 보살이 여러
장소에 두루함을 밝히는 까닭에 이어진 것이다. 그러므로 아승지품은 법계의 털끝
만한 곳도 모두 많은 보현이 있음을 밝혔고, 여기서는 사실에 근거해 말하니 지금엔
시기인연의 마땅함에 의해서 방소가 있음을 가리켜 중생들로 하여금 족히 기쁘게
해서 우러러 사모하게 한다. 만약 머무는 보살이 한 털에 국토를 머금고, 머문 곳의

한 먼지가 끝없이 들임을 알면 한 방소도 보살의 주처 아님이 없다.

또한 앞서〔제1회 여래현상품〕불수량해(佛壽量海)의 물음에 멀리 답하니 보살이 근기를 따라 머무는 수명이 다른 때문이다. 과거에 이 품을 가져 제2회 초〔여래명호품〕에서 물은 열 구절의 뜻을 멀리 답했다 했으나 오직 의의가 같지 않을 뿐 아니라 또한 경문도 순서가 맞지 않다.

【주】————————————————

  1. 기연(機緣) : 시기인연(時機因緣)을 말한다.
  2. 원답(遠答) : 여래현상품의 간추린 경문 참조.
  3. 제이회초문의십구(第二會初問意十句) : 탐현기에서 밝힌 구역 화엄경의 "보살수
    희심(菩薩隨喜心)……불주수(佛住壽), 불행(佛行)"등의 열 가지 물음이다. 〈⑦
    9권 418 中〉

【통현론】前有如來 壽命住劫. 此品佛以菩薩行 住持世間. 人間海中 攝化徧故. 此方如是. 十方國土 及閻浮提例然. 且約住處 雖有所依. 化行無方不至. 總是塵含佛刹. 毛容法界之衆. 於一刹那際. 應十方而等周. 對現色身 隨根普見. 爲明菩薩 住持攝化境界. 此品須來.

[통] 앞서 여래의 수명이 머무는 겁이 있었고, 이 품은 부처님께서 보살행으로써 세간에 머물러 인간 세계에 교화가 두루하니 이 세계가 이와 같음에 시방 국토와 염부제도 같다. 또 '주처'에 의하면 비록 의지처가 있으나 교화행은 방소마다 이르지 않음이 없다. 다 먼지가 불국토를 머금고 털이 법계의 무리를 포용함이 일찰나제에 시방에 응해 평등히 두루한다. 색신을 대해 나타내되 근기를 따라 두루 보게 하는데 보살이 머물러 교화하는 경계를 밝히기에 이 품이 마땅히 온 것이다.

【수현기】來意上已辨.[1]

[수] 이어진 까닭은 위에서 이미 밝혔다.

1. 상이변(上已辨) : 십명품을 말하는데 이는 지덕(地德)의 뛰어난 작용의 분제를 밝히기 위하여 이어진 것이다.

【탐현기】亦二. 一遠答普光[1] 隨喜心等 十句問故. 二近顯菩薩 應機所在故也. 又前品賢首刹等 皆是淨土 菩薩充滿. 未知娑婆染界 爲有菩薩以不. 今辨此界 亦有無量菩薩所住 故次來也.

[탐] 또한 둘이다.

1. 멀리 보광법당회〔여래명호품〕의 '〔보살들이〕남을 따라 기뻐하는 마음〔隨喜心〕' 등 열 구절의 물음에 답하기 때문이다.

2. 가까이는 보살이 중생의 근기에 응하는 장소를 나타내기 때문이다. 또 앞 품에서 현수의 불국토 등은 모두 정토이기에 보살이 충만했으나, 사바의 염계(染界)는 보살의 유무를 알지 못하니 이제 이 세계에도 또한 한량없는 보살이 머무는 장소가 있음을 말하기 때문에 이어진 것이다.

1. 원답보광(遠答普光) : 보살들이 생각으로 '보살들이 남을 따라 기뻐하는 마음과 끊어지지 않는 여래의 성품……부처님께서 머무시는 수명·부처님의 행' 등에 대해 청했다. 〈구역 제3 여래명호품, ⓧ 9권 418 中〉

Ⅲ. 제보살주처품의 주제와 취지

【청량소】隨機應感方所爲宗. 使物歸憑 及悟無方爲趣.

[청] 근기에 따라 응감하는 장소로 주제를 삼고, 중생으로 하여금 돌아가 의지하여 제한 없이 깨치게 함으로 취지를 삼는다.

【수현기】 宗上已辨.[1]

⟨수⟩ 주제는 위에서 이미 밝혔다.

【주】 ────────────────
　　　1. 상이변(上已辨) : 십명품을 말하는데 보살의 주처를 밝혔다.

【탐현기】 有二. 一心住. 謂智證眞理 悲念衆生. 二身住. 謂實報居淨土 權現於染界.
此由大悲 就機所住. 亦由大智 非世所染. 由此悲智 無二相故 則住無住處.

⟨탐⟩ 두 가지가 있다.
1. 마음이 머무니, 지혜로 진리를 깨닫고 자비로 중생을 생각한다.
2. 몸이 머무니, 실보는 정토에 머물면서 방편으로 염계에 나타난다. 이는 대비로
　　말미암아 중생이 머무는 곳에 나아가거나, 큰 지혜로 말미암아 세간에 오염되
　　지 않으니 이 자비와 지혜는 두 가지 모습이 없으므로 머무는 곳 없이 머무는
　　것이다.

Ⅳ. 제보살주처품의 간추린 경문

심왕 보살께서 대중 가운데서 여러 보살에게 말씀하셨다.

"동방의 선인산에 옛적부터 보살들이 계셨는데 지금은 금강승 보살께서 그의 권속
삼백 보살 대중과 함께 계시면서 설법하신다. 남방의 승봉산에도 옛적부터 보살들이
계셨는데 지금은 법혜 보살께서 그의 권속 오백 보살 대중과 함께 계시면서 설법하신다.

서방의 금강염산에도 옛적부터 보살들이 계셨는데 지금은 정진무외행 보살이 그
의 권속 삼백 보살 대중과 함께 계시면서 설법하신다. 북방의 향적산에도 옛적부터
보살들이 계셨는데 지금은 향상 보살이 그의 권속 삼천 보살 대중과 함께 계시면서
설법하신다."

제33. 불부사의법품(佛不思議法品)

구역 : 제28. 불부사의법품(佛不思議法品)

Ⅰ. 불부사의법품의 이름 풀이

【청량소】 如來果法　逈超言慮. 故以爲名. 斯卽佛之不思議法也.

[청] 여래의 과법이 말과 생각을 멀리 뛰어넘은 것으로 이름했는데 이것이 바로 '불부사의법'이다.

【통현론】 此品依如來身口智　三業得名. 云何名不思議. 想心不能及. 故名爲不思. 情識[1]名言不能及. 故言不議. 以想心曰思. 是有所得心[2]故　言義名識是世情.[3] 名言義量 是妄度量 心不能及. 情亡識滅 任智用故. 明如來智用　非識心妄情[4] 思慮[5]所知故. 非情亡想寂智現. 應是修方便　三昧力方現也. 識滅情昧　正智現前 名爲不思議.

[통] 이 품은 여래의 몸·말씀·지혜의 삼업을 의지해 이름을 얻었는데 왜 '부사의'라 이름했는가? 마음속의 생각으로 미치지 못하기에 '부사[의]'라 하고 범부의 말 표현으로 미치지 못하기에 '부[사]의'라 말한 것이다. 마음의 생각을 '사'라 하니 이는

유소득심이며 언의명식(言義名識)은 세정이요, 명언의량(名言義量)은 망령되이 재
는 것이니 마음이 미치지 못함에 정이 없고 식이 멸하여 지혜의 작용에 맡긴다. 여래
지혜의 작용이 식심의 망정과 사려로 알 것이 아니기에 뜻이 없고 생각이 고요하여
지혜가 나타나지 않으면 방편 삼매를 닦는 힘에서 비로소 나타나는 것이니 식이 멸하
고 뜻이 매함에 바른 지혜가 앞에 드러남을 부사의라고 했다.

【주】————————————

　1. 정식(情識) : 범부의 미혹한 마음의 견해.
　2. 유소득심(有所得心) : 자신의 이익, 일의 성부(成否) 등에 구애되는 것이다.
　3. 세정(世情) : 세간적인 선악에 의한 사고분별, 속세에 있어서 습관이 된 분별비
　　　판, 정(情)은 감각・의식에 이끌려서 일어나는 마음 작용이다.
　4. 망정(妄情) : 그릇된 분별에 의해 분별된 것이다.
　5. 사려(思慮) : '사'는 생각해 내는 것, '려'는 이러쿵저러쿵 생각하는 것이다. ⑫

【수현기】佛不思議法者. 此由果故 標佛爲初果. 非下地測量也. 法者因人所軌也.
亦可自體也. 就三義得名.

🈁 '불부사의법'은 이것이 과를 말미암기에 부처님을 표방하여 초과로 삼은 것이
고, 아래 지위로 헤아릴 것이 아니다. 법은 사람을 인해서 궤칙할 것이요, 또한 자체
라 할 수 있으니 세 뜻에 나아가서 이름을 얻은 것이다.

【탐현기】如來果之法. 逈超言慮 故以爲名.

🈁 여래 불과의 법이 언어나 생각을 멀리 뛰어넘었기 때문에 이름했다.

Ⅱ. 불부사의법품을 설하는 까닭

【청량소】先通後別. 通則此下五品.[1] 爲答第二會初 如來地等 二十句問[2]故. 古德但有三品答前.[3] 謂前明修生之因. 今辨修生之果. 因圓果滿 故次來也. 若答前問. 何以重請. 由因果隔絶 念法希聞. 因德尙深. 果必玄妙故 念請耳. 別明此品. 則前品因終. 此品果始. 故次來也.

　　먼저는 전체적인 것이고, 뒤는 개별적인 것이다.

1. 전체적으로 이하 다섯 품은 제2회 초의 '여래의 지위' 등 20구 물음에 답이다. 고덕은 다만 세 품에서 앞을 답한다고 했는데 앞은 수생〔差別〕인 〔여래명호품~제보살주처품〕을 밝혔고, 지금은 수생과 〔불부사의법품·여래십신상해품·여래수호광명공덕품〕를 말하니 인·과가 원만하기에 이어진 것이다. 만약 앞의 물음에 답한다면 어째서 거듭 청했는가? 인·과가 끊어짐을 말미암아 법을 생각하고 듣기를 희망하니 인(因)인 덕이 깊으면 불과가 반드시 현묘하기에 마음으로 청한 것이다.

2. 개별적으로 이 품을 밝히면 앞 품에서 인을 마쳤고, 이 품은 불과의 시작이기에 이어진 것이다.

【주】────────────

1. 차하오품(此下五品) : 불부사의법품·여래십신상해품·여래수호광명공덕품·보현행품·여래출현품을 말한다.

2. 이십구문(二十句問) : 보살들이 생각으로 '여래의 지위·여래의 경계……여래의 최고 수승함' 등에 대해 청한 내용이다. 〈㊅ 10권 58 上〉 → 제7 여래명호품의 간추린 경문 참조.

3. 삼품답전(三品答前) : 이후의 두 〔보현행·여래출현〕품은 따로 평등〔修顯〕인과가 되기에 용품(用品)이 비록 넓고 좁음은 같지 않으나 과를 답하는 뜻은 같다. 〈㊉ 59권 1〉

【통현론】 明前品旣說菩薩住處　攝生住持之宜. 此品卽明能化之智故. 名佛不思議.
非情識　議量所爲. 任智自性徧周　不爲而應物故. 有此品來也.

[통] 앞 〔제보살주처〕품에서 이미 여러 보살의 주처와 머물러 중생을 거두는 마땅함
을 설했고, 이 품은 교화하는 지혜를 밝히기에 '불부사의'라고 이름했다. 범부의 미혹
한 마음의 견해로 헤아릴 것이 아니요, 지혜의 자성이 두루함에 맡겨서 하지 않으면
서도 중생에 응하기 때문에 이 품이 이어진 것이다.

【수현기】 由因行滿已. 次行成得果耳.

[수] 인행이 이미 원만해진 것을 말미암아 차례로 행이 이루어져 불과를 얻는다.

【탐현기】 有三. 一遠者. 此下三品　爲通答普光　佛無上地等句問[1]故. 問若遠答前問.
何故此更有請耶. 釋以相去遠故. 更發起也. 若爾前諸品　何不爾耶. 釋以前諸品　同是
因位. 今辨果法　隔位故也. 又釋此是念法悕說. 非是別請. 若爾何爲前諸品　無此例耶.
釋爲果法深細. 顯法器懇至故須念. 說因法反此　故非例也. 二次來意者. 爲前已辨修生
因滿. 今此正顯酬因果圓故. 次三品來也. 二近來意者. 前住處品　是因滿之終. 此品是
果成之首　故次來也.

[탐] 셋이 있다.
1. 멀리 이어진 까닭
　　이하 세 〔불부사의법・여래상해・불소상광명공덕〕 품은 모두 〔제2회〕 보광법
　　당회 '부처님의 위없는 지위' 등 구절의 물음에 답이다.
　　문 : 만약 앞의 물음에 멀리 답한 것이라면 무엇 때문에 여기서 다시 청하는가?
　　답 : 거리가 멀기 때문에 다시 〔청을〕 일으킨 것이다.
　　문 : 혹 그러면 앞의 여러 품은 왜 그렇지 않았는가?
　　답 : 앞의 여러 품은 똑같이 수생인 〔차별인〕의 지위였고, 지금은 〔차별〕과의

법을 드러내어 지위가 현격한 때문이다. 또 풀면 여기서는 법을 생각하고 설하시길 희구했으니 따로 청한 것은 아니다.

문 : 혹 그러면 어째서 앞의 여러 품에서 이런 유례가 없었는가?

답 : 풀자면 과법이 깊고 섬세하면 법기가 은근히 도달함을 나타내기 때문에 마땅히 염해야 한다.

인법(因法)을 설함은 이에 반하기에 예로 들지 않았다.

2. 차례대로 이어진 까닭

앞에서는 이미 수생인이 원만함을 밝혔고, 지금 이는 바로 인(因)을 갚는 과가 원만함을 나타내기에 차례로 [불부사의법 · 여래상해 · 불소상광명공덕] 세 품이 이어진 것이다.

3. 가까이 이어진 까닭

앞의 보살주처품은 [수생]인(因)이 원만하여 마쳤고, 이 품은 [수생]과 (果)가 이루어지는 처음이기에 이어진 것이다.

【주】────────────────

1. 문(問) : 구역 여래명호품에서 '보살들이 마음으로, 부처님의 위없는 지위와 경계 · 수명 · 수행 · 힘 · 두려움 없음 · 선정 · 신통 · 수승한 법 · 흔들리지 않음 등을 다 저희들에게 나타내 주소서'라고 부처님의 덕을 여쭌 내용이다. 〈⦿ 9권 418 中〉

Ⅲ. 불부사의법품의 근본 취지

【청량소】先總後別. 總明說佛 果德體用. 心言罔及爲宗. 令總忘言 絶想速滿爲趣. 別就宗中 三門分別. 一通辨佛德. 若說百四十 不共佛法 通於權小. 若五法攝大覺性. 猶通於權. 若言唯一味實德者. 約理頓說. 若言具無盡德. 是此所明故. 後文中 初標十問. 答具多門. 類通十方. 一一無盡. 二別顯義相. 諸佛功德 不出二種. 一者修生 二者本有. 初謂信等 本無今有. 後謂眞如 具性功德. 此二無礙 應成四句. 一唯修生. 二唯

本有. 以性相區分故. 三本有修生. 謂如來藏 待彼了因. 本隱今顯故. 四修生本有. 無
分別智 冥符理故. 若權敎所明 二德不雜. 法報四句 亦有差殊. 依此經宗. 雖有四義 而
無四事. 本有如眞金. 修生如嚴具. 然由嚴具 方顯金德. 嚴具無體 全攬金成故. 唯金不
礙嚴具 唯法身而不礙報化. 唯嚴具亦然. 旣互全收故. 十身無礙. 八相該於法界. 丈六
徧於十方. 諸根毛孔 各無限量. 亦不礙量. 量與無量 無有障礙.

 먼저는 전체적인 것이요, 뒤는 개별적인 것이다.

1. 전체적으로 부처님 과덕의 체용을 설함을 밝힌다. 말과 생각으로는 미치지 못
   함으로 주제를 삼고, 총체적으로 말과 생각을 끊어 속히 원만케 함으로 취지를
   삼는다.

2. 개별적으로 주제에 나아가 세 부문으로 나눈다.

   (1) 통틀어 불덕을 분별한다. 혹 140의 불공(不共) 불법을 설하면 권대승과
       소승에 통하고, 만일 오온〔五法〕이 대각의 성품을 거두면 오히려 방편에
       통한다. 만약 오직 차별 없이 실다운 덕이라 말하면, 이치에 의해 몰록
       설하는 것이다.

       혹 다함없는 덕을 갖추었다고 말함이 이에서 밝히는 것인데 뒤의 경문에
       처음 열 가지 물음을 표함은 많은 부문을 갖추어 답하는 것이다. 유형이
       시방에 통하니 하나하나가 다함이 없다.

   (2) 별도로 뜻을 나타내면 모든 부처님의 공덕이 두 가지를 벗어나지 않으니
       처음은 수생이요, 두 번째는 본유다.

       1) 수생

          처음 신(信) 등은 본래 없으나 지금은 있다.

       2) 본유

          뒤〔本有〕는 진여가 성품의 공덕을 갖추었으니 이 둘의 막힘 없는 것이
          응당 네 구를 이룬다.

          ① 오직 수생이다.

          ② 오직 본유이니 성상으로써 구분하기 때문이다.

③ 본유의 수생으로 여래장이 저 요인(了因)을 기다리니, 본래 숨은 것
　　이 지금 나타나기 때문이다.
④ 수생의 본유이니 무분별지로 이치에 그윽이 부합하기 때문이다. 저
　　권교의 밝힌 것은 두 가지 덕이 잡란치 않다.

　법·보의 사구가 또한 다름이 있으니 이 경의 주제에 의하면 비록 네 뜻이 있으나
네 가지 현상은 아니다. 본유는 순금과 같고, 수생은 장엄구와 같은데 이러한 장엄구
로 말미암아 비로소 금의 진가가 나타나고, 장엄구는 본체가 없이 전부 금으로 이루
어졌다. 그러므로 금은 장엄구에 걸리지 않고, 법신은 보신·화신을 장애하지 않는
다. 장엄구 또한 그러하여 이미 서로 전부 거둔 때문에 십신이 무애하다. 팔상이 법계
에 나열되고, 장육〔금신〕이 시방에 두루함에 온갖 제근과 모공이 각기 무한량하면서
한량있음과 장애되지 않으니, 양과 무량이 장애가 있지 않은 것이다.

【청량소 2】　三顯不思議之義. 泛明有四. 一理妙難測. 二事廣難知. 三行深越世. 四
果用超情. 今文通四 正辨後一. 就後一中 復開爲四　一何者不思議.[1] 略辨十種. 一智
超世表. 二悲越常情. 三無思成事. 四同染恒淨. 五所作秘密. 六業用廣大. 七多少卽
入. 八分圓自在. 九依正無礙. 十理事一味. 文並具之. 恐繁不引. 二於何不思議.[2] 此有
四位. 一過世間. 二越權小. 三超因位. 四顯法自體. 三云何不思議.[3] 亦有四種. 謂非聞
思修及報智境故.[4] 四何用不思議.[5] 亦有四種. 謂令信向故. 起行求故. 隨分證故　圓滿
得故. 前並是宗. 唯何用爲趣. 卽此宗趣 可以釋名.

　〔청〕 3) 부사의의 뜻을 나타내자면 대강 밝혀 넷이 있다.
　　　　① 이치가 묘하여 측량하기 어렵다.
　　　　② 현상이 광대하여 알기 어렵다.
　　　　③ 행이 심오하여 세간을 초월한다.
　　　　④ 과의 작용이 유정을 뛰어넘는다.
　지금 경문은 넷에 통하지만 정식으로 뒤의 하나를 분별하니 뒤의 하나에 나아가

다시 넷으로 나눈다.

    ㄱ. 무엇이 부사의한가는 간략히 열 가지를 말한다.

        ㄱ) 지혜가 세표를 뛰어넘는다.

        ㄴ) 자비가 일상의 생각을 뛰어넘는다.

        ㄷ) 생각치 않고 일을 이룬다.

        ㄹ) 더러움과 함께해도 늘 깨끗하다.

        ㅁ) 하는 것이 비밀하다.

        ㅂ) 업용이 광대하다.

        ㅅ) 많고 적음이 서로 부합하고〔相卽〕 서로 거둔다〔相入〕.

        ㅇ) 분원이 자재하다.

        ㅈ) 의보와 정보가 걸림 없다.

        ㅊ) 이치와 현상에 차별이 없다.

경문에서 다 갖추었는데 번잡할까 싶어 인용하지 않는다.

    ㄴ. 어디가 부사의한가에 네 지위가 있다.

        ㄱ) 세간을 초월한다.

        ㄴ) 권교와 소승을 뛰어넘는다.

        ㄷ) 인행 지위를 초월한다.

        ㄹ) 법자체를 나타낸다.

    ㄷ. 어떻게 부사의한가에 또한 네 가지가 있으니 문·사·수혜 및 과보의 지혜 경계가 아니다.

    ㄹ. 어떻게 부사의를 활용하는가에 또한 네 가지가 있다. 믿고 회향하게끔 하며, 행을 일으켜 구하도록 하고, 분수에 따라 증득케 하며, 원만히 얻게 한다.

앞은 다 주제고, 오직 어떻게〔부사의를〕 활용하는가로 취지를 삼으니 이것이 주제와 취지요, 이름 풀이라고도 할 수 있다.

【주】 ────────────────

1. 하자부사의(何者不思議)　: 부사의의 법체를 묻는데, 답은 비(悲)·지(智) 등이다. 鈔

2. 어하부사의(於何不思議) : 부사의의 사람을 묻는데, 답은 세간 등이니 이 사람들
은 사의할 수 없다. 鈔

3. 운하부사의(云何不思議) : 부사의의 체를 묻는데, 답은 문(聞)·사(思) 등이니
생각으로 미칠 수 없는 것이다. 鈔

4. 문사수급보지경고(聞思修及報智境故) : 삼종 지혜는 십지 아래며, 보생의 지혜
는 십지 이후여서 모두 미칠 수 있는 경계가 아니므로 부사의한 것이다. 鈔

5. 하용부사의(何用不思議) : 부사의의 의미를 묻는데, 여래의 설법은 본래 중생을
이롭고자 하는 것이다. 鈔

【수현기】 此品三身內 以法身爲宗. 若體相用以分. 卽果德自體爲宗. 亦可初體 次相
後用. 約三身通此三耳.

【주】 이 품은 삼신 안에서 법신으로써 주제를 삼는데, 혹 본체·형상·작용으로 나
누면 과덕 자체로 주제를 삼는다. 또한 처음은 본체고, 다음은 형상이며, 뒤는 작용
이니, 삼신에 의해 이 셋을 통틀었다.

【탐현기】 此中正明佛果德法. 略作四門. 一通辨佛德. 二別顯義相. 三辨定此文. 四
顯不思議. 初中若說一百四十 不共法等 通小乘及初敎等. 若辨淨法界 及四智爲德 卽
通始終漸敎. 若以一味實德 則唯頓敎. 如光覺等品說. 若具一切 無盡之德. 如此文等
是一乘圓敎. 二別顯義相者. 諸佛功德 無過二種. 謂修生本有. 此二相對 總有四句. 一
唯修生. 謂信等善根 本無今有故. 二唯本有. 謂眞如恒沙 性功德故. 三本有修生. 謂如
來藏 待彼了因 本隱今顯故. 四修生本有. 謂無分別智等 內契眞如. 冥然一相故. 此有
四義 而無四事. 猶如金莊嚴具. 若稱取斤兩. 本有如金. 若嚴具相 狀工匠修生. 若由成
嚴具 方顯金德 則修生之本有. 若嚴具攬金成 無別自體. 則本有之修生. 是知唯金 而不
礙嚴具故. 唯一法身 不礙報化也. 唯嚴具而不礙金故. 單報化亦卽具法身也. 餘竝准之. 是
故得說化身 卽法身等. 全體收盡. 餘准思之.

[탐] 이에서는 정식으로 부처님 과덕의 법을 밝히니, 간략히 네 부문으로 나타낸다. 처음은 전체적으로 부처님의 덕을 말하며, 둘째는 별도로 뜻〔義相〕을 나타내고, 셋째는 이 글을 정하여 분별하며, 넷째는 부사의를 나타낸다.

1. 〔통틀어 부처님의 덕을 분별한다.〕처음에 만약 140불공법 등을 설한다면 소승과 초교 등에 통한다. 만약 청정 법계와 네 가지 지혜가 덕이라고 말한다면 시교·종교·점교에 통한다. 만약 차별 없이 실다운 덕으로써 한다면 오직 돈교이니 '여래광명각품' 등의 설과 같다. 만약 온갖 다함없는 덕을 갖춘다면 이 경문 등과 같으니, 일승원교이다.

2. 별도로 뜻을 나타낸다.

모든 부처님의 공덕이 수생과 본유 두 종류에서 벗어남이 없는데 이 둘을 상대하면 전부 네 구절이 있다.

(1) 오직 수생이니, 신(信) 등의 선근은 본래 없으나 지금은 있다.

(2) 오직 본유이니, 진여는 항하사와 같은 성품의 공덕을 갖고 있다.

(3) 본유의 수생인데, 여래장이 요인(了因)을 기다리니 본래 숨은 것이 지금 나타나기 때문이다.

(4) 수생의 본유이니, 무분별지 등이 안으로 진여에 부합하여 그윽이 하나의 형상이 되기 때문이다. 이에는 네 뜻이 있으나 네 가지 현상은 아니다. 마치 금 장엄구와 같은데 만약 근량〔斤兩〕을 취하여 일컬으면 본유는 금과 같고, 장엄구의 형상은 수생의 장인을 묘사한다. 장엄구를 이룸으로 말미암아서 비로소 금의 덕이 나타나니 수생의 본유이며, 혹 장엄구는 금으로 이루어진 것이지 별 자체가 없음은 본유의 수생이다. 그러므로 알 것이니 금이 장엄구에 걸리지 않듯 오직 한 법신도 보신과 화신에 장애되지 않고, 장엄구도 금에 걸리지 않듯 다만 보신과 화신 또한 법신을 갖추고 있다. 여타의 것은 다 이에 준하기에 '화신이 그대로 법신이다'는 등을 설한 것이다. 전체를 다 거두니, 나머지는 준하여 생각할 것이다.

【탐현기 2】 三辨定此文者. 然上四義 攝有二門. 一約佛自德. 圓融無礙 不可說也.

二就機出現 復有二門. 一分相門. 謂化身爲化地前 現染土等. 報身爲地上 現於淨土.
此約三乘 差別機說. 二無礙門. 謂報化不分. 卽權恒實. 如樹王下 現十佛身. 丈六遍於
十方. 八相該於法界. 諸根毛孔 各無限量. 亦不礙限量. 是則限無限無礙. 此約一乘圓
機說. 攝有四重. 如此品說. 一略擧十門. 如品初所問. 二次辨三十二門. 如答中大位.
三具顯有三百二十門. 如答中別辨. 四廣明多門. 如類十方 一一皆各無盡無盡也. 四顯
不思議義者. 汎論有四. 一理妙難測. 二事廣難知. 三行深超世. 四果用超情. 今此品文
通具前四. 別辨第四 辨第四中 復開爲四. 一何者不思議.[1] 略辨十種. 一智超世表. 二
悲越常情. 三無思成事. 四同染恒淨. 五所作祕密. 六業用廣大. 七多少卽入. 八分圓自
在. 九依正無礙. 十理事一味. 竝如文顯. 恐繁不列. 二於何不思議 亦有四位. 一過世
間故. 二越二乘故. 三超因位故. 四顯法自體故. 三云何不思議 亦四種 謂非聞思修 及
報生智境故. 四何用不思議 亦四種. 謂令信向故. 起行求故. 隨分證故. 圓滿得故.

⚎ 3. 이 경문을 정하여 분별하나 위의 네 가지 뜻을 거두면 두 부문이 있다.

    (1) 부처님 스스로의 덕에 의하니 원융하여 걸림 없으며 말로 할 수 없다.

    (2) 근기에 나아가 출현하는 데에 다시 두 부문이 있다.

        1) 분상문인데 화신은 초지 아래를 교화하기 위하여 〔사바의〕 염토 등
            에 나타내 보인 것이며, 보신은 초지 이상을 위하여 정토에 나타내
            보인 것이다. 이는 삼승의 차별 근기에 의해 설한 것이다.

        2) 무애문인데 보신·화신은 나누지 않으니 방편에 즉하여 늘 실다운
            것이 보리수 아래에 열 부처님 몸을 나타낸 것과 같다. 장육〔금신〕
            이 시방에 두루하며 팔상이 법계에 펼쳐짐과 마찬가지로, 제근과
            모공이 각각 한량없으며 또한 정해진 양을 장애하는 것도 아니다.
            이것이 한량·무한량·무장애이다. 이는 일승원교의 근기에 의해
            서 설함으로 거두어 네 가지가 있으니, 이 품의 설과 같다.

            ① 간략히 열 부문을 드니, 품의 처음 물음과 같다.

            ② 다음으로 32 부문을 분별하니, 답 가운데 대위(大位)와 같다.

            ③ 320부문이 있음을 구체적으로 나타내니, 답에서 따로 분별함과

같다.

④ 자세히 많은 부문을 밝히니 시방을 유추하여 하나하나가 모두 각기 다함없이 다함없음과 같다.

4. 부사의의 뜻을 나타내는 것으로 대강 네 가지를 논한다.

(1) 이치가 묘하여 헤아리기 어렵다.

(2) 현상이 광대하여 알기 어렵다.

(3) 행이 깊어서 세간을 뛰어넘는다.

(4) 불과의 작용이 유정을 초월한다.

지금 이 품의 경문은 전체적으로 앞의 넷을 다 갖추었으나, 따로 네 번째를 밝힌다.

네 번째를 밝힌 가운데 다시 넷으로 나눈다.

1) 무엇이 부사의한가는 간략히 열 가지로 분별한다.

① 지혜가 세표(世表)를 초월한다.

② 자비가 일상적 생각을 넘는다.

③ 생각지 않고 일을 이룬다.

④ 더러움과 함께해도 항상 깨끗하다.

⑤ 하는 것이 비밀하다.

⑥ 업용이 광대하다.

⑦ 많고 적음이 서로 부합하고〔相卽〕 서로 거둔다〔相入〕.

⑧ 분원이 자재하다.

⑨ 의보와 정보가 걸림 없다.

⑩ 이치와 현상에 차별이 없다.

모두 경문에 나타난 것과 같은데, 번잡할 것 같아서 나열치 않는다.

2) 어디가 부사의한가에 네 지위가 있다.

① 세간을 초과한다.

② 이승을 뛰어넘는다.

③ 인행 위를 넘는다.

④ 법자체를 나타낸다.

3) 어떻게 부사의한가 또한 네 가지가 있는데 문·사·수혜 및 과보의
지혜 경계가 아니다.

4) 어떻게 부사의를 활용하는가 또한 네 가지가 있는데 믿고 회향하게
끔 하고, 행을 일으켜 구하게 하며, 분수에 따라서 증득케 하고,
원만함을 얻게 한다.

【주】────────

1. 부사의(不思議) : 다른 판본에는 그 다음에 "둘째, 어느 곳에서 부사의한가? 셋
째, 어떻게 부사의한가? 넷째, 어떻게 부사의를 사용하는가? 첫째, 중에서"라는
글이 더 들어가 있다. (議＋二於何不思議 三云何不思議 四何用不思議初中)〈⑦
35권 392 中 (注. 3)〉

Ⅳ. 불부사의법품의 간추린 경문

그 때 회상의 여러 보살들이 '모든 부처님들의 국토와 부처님들의 본래 소원·종
성·출현·몸·음성·지혜·자재 하심·막힘 없음·부처님들의 해탈이 왜 부사의
한가?'라고 생각하였다.

세존께서는 보살들의 생각을 아시고 신력으로 가피하시되, 청련화장 보살을 부처
님의 두려움 없음에 머물게 하셨다. 청련화장 보살은 막힘 없는 법계를 통달하고,
부처님의 신통력을 받아 연화장 보살에게 말씀하셨다.

"부처님께 열 가지 법이 있어 무한한 법계에 두루하신다. 이른바 부처님께는 끝없
이 청정한 몸이 있어 온갖 갈래에 두루 들되 집착하지 않으시고, 끝없이 막힘 없는
눈이 있어 온갖 법을 확실히 아신다. 끝없이 막힘 없는 귀가 있어 온갖 음성을 통달하
시며, 끝없는 코가 있어 부처님의 자재하신 피안에 이르신다. 큰 혀가 있어 미묘한
음성을 내어 법계에 두루하시며, 끝없는 몸이 있어 중생심에 응해서 다 볼 수 있게
하신다.

모든 부처님께서 끝없는 의식이 있어 막힘 없는 평등 법신에 머무시며, 끝없이 막힘 없는 해탈이 있어 다함없는 대 신력을 나타내신다. 끝없이 청정한 세계가 있어 중생들의 좋아함을 따라서 온갖 불국토를 나타내시며 무한한 갖가지 장엄을 갖추되 거기에 집착하지 않으신다. 끝없는 보살행원이 있어 원만한 지혜를 얻고 자재하게 유희하여 온갖 불법을 다 통달하신다. 이것이 부처님의 법계에 두루하시는 끝없는 열 가지 불법이다.

부처님께 열 가지 시기를 놓치지 않음이 있으시다. 다 정각을 이루심에 시기를 놓치지 않고, 인연 있는 이를 성숙시킴에 시기를 놓치지 않으며, 보살에게 수기1)함에 시기를 놓치지 않으신다. 중생심을 따라 신력을 보임에 시기를 놓치지 않고, 중생들의 이해를 따라 불신을 나타냄에 시기를 놓치지 않으며, 크게 버림에 머물되 시기를 놓치지 않으신다. 여러 마을에 들어감에 시기를 놓치지 않으며, 온갖 청정한 신심을 거둠에 시기를 놓치지 않는다. 악한 중생을 다스림에 시기를 놓치지 않으며, 부사의한 모든 부처님의 신통을 나타냄에 시기를 놓치지 않으시니, 이것이 열이다."

---

1) 수행자가 미래에 최고의 깨달음을 얻음을 부처님께서 약속하시는 것이다.

제34. 여래십신상해품(如來十身相海品)

구역 : 제29. 여래상해품(如來相海品)

Ⅰ. 여래십신상해품의 이름 풀이
【청량소】
【수현기】 【탐현기】

Ⅱ. 여래십신상해품을 설하는 까닭
【청량소】 【통현론】
【수현기】 【탐현기】

Ⅲ. 여래십신상해품의 주제와 취지
【청량소】
【수현기】 【탐현기】

Ⅳ. 여래십신상해품의 간추린 경문

Ⅰ. 여래십신상해품의 이름 풀이

【청량소】 如來十身 標人顯德. 言相海者. 依人顯相. 如來十身 並如前釋. 福報奇狀 炳著名相. 相德深廣 故稱爲海. 故文云[1] 有十蓮華藏 微塵數相. 相體廣矣. 一一用徧. 相用廣矣. 一一難思. 互相融入. 體用深矣. 若此之相 唯屬圓敎. 標以十身. 故觀佛三昧海經.[2] 辨相有三類. 一略中略說. 有三十二相. 二略說八萬四千相. 三廣說有無量相. 如雜華經[3]中. 爲普賢賢首等說. 雜華卽此經異名. 三中初通權小 示同於人. 端正不亂 故. 次唯大乘菩薩. 修八萬四千 波羅密故. 後唯一乘. 一乘修無盡行故. 又初化次報. 後屬十身. 十身一相海 依主釋也. 又初凡聖同見. 次唯地上. 後唯圓機. 然通五位 若語其體 初以形色. 次卽定慧. 後以無盡法界. 若語其因 後通純雜. 如初會說. 故一一相果 皆周法界. 前二相因 如瑜伽智度等論. 涅槃大集等經. 廣如章說.

［청］ '여래십신'은 사람을 표방해 덕을 나타내고, '상해(相海)'라 함은 사람에 의해 형상을 나타낸 것이다. 여래십신은 다 앞의 해석과 같은데 복의 과보인 기특한 형상이 뚜렷이 드러난 것을 '상'이라 하고, 덕스런 형상이 깊고 넓기에 '해'라고 일컬었다.

그러므로 [여래십신상해품] 경문에서, "[비로자나여래는 이와 같은 등의] 십 연화장 세계의 미세한 먼지 수 같은 대인상이 있다"고 하였으니 상의 본체가 넓고, 낱낱의 작용이 두루하며, 상의 작용이 광대하고, 하나하나 생각키 어려워 서로서로 융입하며 본체의 작용이 깊다. 이 형상은 오직 원교에 속하니 십신으로써 표했다. 그러므로 불설관불삼매해경에서는 세 종류의 형상을 밝히는데 "[이 때 모인 대중과 정반왕을 위해] 간략하고 간략히 설하면 32형상이 있고, [여러 보살들을 위해] 간략히 설하면 84,000형상이 있으며, 자세히 설하면 형상이 한량없으니 [내가 처음 마갈타국 적멸 도량에서 성도하고] 잡화경에서 보현·현수 등을 위해 설했다"라고 하니 잡화는 이 [화엄]경의 다른 이름이다.

세 가지에서 처음은 권교와 소승에 통하는데 사람들과 같음을 보이며 단정하여 산란치 않고, 다음은 오직 대승 보살로 84,000바라밀을 닦으며, 뒤는 오직 일승이니 일승은 다함없는 행을 닦는다.

또, 처음은 화신이요, 다음은 보신이고, 뒤는 십신에 속하는데 '십신의 상해(相海)'이니 의주석이다. 또 처음은 범부와 성인을 같이 보고, 다음은 오직 초지 이상이며, 뒤는 오직 원교의 근기인데 다섯 계위에 통한다.

혹 그 본체를 말하면 처음은 형색으로써 하고, 다음은 정과 혜요, 뒤는 다함없는 법계로써 한다.

만약 그 인(因)을 말하면 뒤는 순수하거나 잡스런 데에 통하니 초회의 설과 같다. 그러므로 낱낱 상(相)의 과가 모두 법계에 두루한다. 앞의 두 상의 인은 유가사지·대지도 등의 논과 열반·대집 등의 경과 같고 자세히는 문장의 설과 같다.

【주】 ────────────

1. 문운(文云) : 〈㊋ 10권 255, 下〉
2. 관불삼매해경(觀佛三昧海經) : 불설관불삼매해경(佛說觀佛三昧海經) 9권 제8 본행품(本行品). 〈㊋ 15권 687, 중〉, (㊉ 60권 2)
3. 잡화경(雜華經) : 구역과 신역의 해당 품에서 다 보현 보살이 여러 보살들을 위해 설법주로 등장한다.

【수현기】佛相無窮 故如海也. 今寄同人說三十二耳. 勝諸天故 說八十好也. 亦可應神耳. 此約三乘解. 今此文是一乘相. 故如海也. 所以普賢說 寄德無邊故也. 問上不思議法品 別告一人. 今何故不也. 答上法是體 顯勝故別告耳.

㊦ 부처님의 형상은 무궁하기가 바다와 같은데 지금은 사람과 같음에 의해 32가지를 설하고, 모든 하늘보다 뛰어남으로 80호를 설한 것은 또한 신에 응했다고 할 수 있으니 이는 삼승에 의해 풀이한 것이다. 지금 이 경문은 일승의 상이기 때문에 바다와 같은데 보현 보살이 설한 까닭은 끝없는 덕에 의한 때문이다.
　문 : 위의 불부사의법품은 〔청연화장 보살이 연화장 보살〕 한 사람에게만 따로
　　　말씀하셨는데 지금은 왜 그렇지 않은가?
　답 : 위의 법은 본체가 수승함을 나타내기 때문에 따로 말씀하신 것뿐이다.

【탐현기】言如來者 標人顯德. 相海者依人顯相. 福報奇狀 炳著名相 相德廣多 奧積如海. 勘梵本名如來十身相海品. 以深廣之相 在十身[1]故.

㊦ '여래'라 말함은 사람을 표방해 덕을 나타낸 것이요, '상해'는 사람에 의해 상을 나타낸 것이다. 복의 과보로써 기묘한 모습이 드러난 것이 '상'이요, 상의 덕이 넓고 다분하여 오묘히 쌓여 있음이 '해(海)'와 같다. 범본을 살펴 '여래십신상해품'이라 이름했는데 깊고 넓은 형상은 십신에 있다.

【주】────────────
　　1. 십신(十身) : → 부록 법수 참조.

Ⅱ. 여래십신상해품을 설하는 까닭

【청량소】前品總明果法. 此品別顯相德. 近答前品身問.[1] 遠答普光眼等六根.[2] 非唯

眼等 徧於法界. 而各具多相用 難思議故.

[청] 앞 [불부사의법]품은 전체적으로 과법을 밝혔고, 이 품은 개별적으로 상(相)의 덕을 나타내니 가까이는 앞 [불부사의법]품의 불신의 물음에 답하고, 멀리 [제2] 보광법당회의 눈 등 육근에 답하니 오직 눈 등이 법계에 두루할 뿐 아니라 각각 많은 형상과 작용을 갖추어 생각키 어려운 때문이다.

【주】 ─────────────────
  1. 전품신문(前品身問) : 보살들이 생각한 '모든 부처님들의 국토·부처님들의 본원……모든 부처님들의 몸……' 등 열 가지 법 가운데 부처님 몸에 대한 의문이다. 〈제33 불부사의법품, ㈅ 10권 242 上〉
  2. 원답보광안등육근(遠答普光眼等六根) : 여래명호품에서 보살들이 '여래의 눈과 귀……' 등의 부처님 체상(體相)에 대해 의문을 가졌다. → 제7 여래명호품의 간추린 경문 참조.

【통현론】 明前品說自佛 三業二智 入不思議際遍周 廣大無限 饒益衆生. 此品約三業二智 入不思議智中之報身故. 此品來也.

[통] 앞 품은 스스로 부처님의 [신·구·의] 세 가지 업과 [근본지·후득지] 두 가지 지혜로 부사의제에 들어가 두루 광대하고 끝없이 중생을 유익하게 함을 설했고, 이 품은 세 가지 업과 두 가지 지혜에 의해 부사의한 지혜 가운데 보신에 들어감을 밝히는 까닭에 이어진 것이다.

【수현기】 前體後相故來也.

[수] 앞은 본체요, 뒤는 형상인 까닭에 이어졌다.

【탐현기】 若約遠此與前品同. 答普光會中 後佛果德問.[1] 若約近則前品 總明果法.

此品別顯相德故來也.

[탐] 혹 먼데 의하면 이는 앞 품과 더불어 같은데, 보광법당회 중 뒤의 부처님 과덕의 물음에 답이다. 가까운 데 의하면 앞 품은 전체적으로 과법을 밝혔고, 이 품은 별도로 상의 덕을 나타내기에 이어진 것이다.

【주】────────────────────

1. 문(問) : 보살들이 생각으로, ‘부처님의 위없는 지위와 경계·수명·수행·힘·두려움 없음·선정·신통·훌륭한 법·흔들리지 않음……’ 등 불과(佛果)의 덕에 대해 여쭌 내용이다. 〈大 9권 418 中〉

Ⅲ. 여래십신상해품의 주제와 취지

【청량소】顯無盡相海爲宗. 令修無盡之行. 顯成爲趣.

[청] 다함없는 상을 나타냄으로 주제를 삼고, 끝없는 행을 닦아 분명히 이룸으로 취지를 삼는다.

【수현기】依三乘用三十二等 諸大相爲宗. 亦可增廣 不可同三十二相也. 卽如文辨 相德爲體耳.

[수] 삼승에 의한 32가지 등의 여러 대인상으로 주제를 삼고, 또한 확대하여 32상과 같지 않지만, 경문에서 밝힌 것과 같이 상의 덕으로 본체를 삼는다.

【탐현기】 正辨佛果 無邊相海. 卽以爲宗. 別釋此義 略作八門. 一釋名者. 智論第四 問相義云何. 答易知故名相. 如水異火. 以相故知. 解云顯著義明了義 標別義是相義.

二體性者. 此三十二相 小乘俱以色形[1]爲體. 若初敎大乘依瑜伽 於二十二根[2]中 四根爲體. 一眼根. 二舌根. 三男根. 四身根. 若依終敎 依對法論 以定慧爲體. 又攝相歸本唯是淨識爲體. 又會緣歸實 唯是眞如爲性. 若圓敎中相海 以無盡法界爲性. 三種類者. 依觀佛三昧經[3]有三類. 一略中略說 有三十二相. 二略說有八萬四千相. 三廣說有無量相 如雜花經中 爲普賢賢首等說. 解云雜花 卽華嚴異名. 此品中十蓮華藏世界 塵數相名無量也. 此三中初唯小乘. 次兼前爲三乘. 後具前爲一乘. 又初唯地前見. 次唯地上見. 後通五位[4]見. 又初唯化身相. 次唯報身相. 後是十身相.

탐 불과의 끝없는 상을 정식으로 밝힘으로 주제를 삼는데 별도로 이 뜻을 풀어 간략히 여덟 부문으로 한다.

1. 이름 풀이인데 대지도론 제4권에서, "묻기를, 상(相)의 뜻이 어떤가? 답하길, 알기 쉽기에 '상'이라 이름하는데 마치 물과 불이 다른 것을 상으로써 〔쉽게〕 알 수 있는 것과 같다"고 하였다. 풀이하면 현저하거나, 명백하며, 따로 나타나는 의미가 상(相)의 뜻이다.

2. 체성인데 이 32상은 소승에서는 다 색형으로써 체성을 삼는다. 혹 초교 대승에서는 유가사지론 〔제38권〕에 의해 22근 중의 네 근으로써 체성을 삼으니 처음은 눈이고, 둘째는 혀며, 셋째는 생식기요, 넷째는 몸이다. 혹 종교에 의하면 대승아비달마잡집론 〔14권 對法論〕에 의해 선정과 지혜로써 체성을 삼는다고 했다. 또한 형상을 거두어 근본으로 돌아가면 오직 청정한 식(識)으로 체성을 삼거나, 연을 거두어서 진실에 돌아가면 오직 진여로써 체성을 삼는다. 원교에서 형상은 다함없는 법계로써 체성을 삼는다.

3. 종류이다. '불설관불삼매해경 〔제9권〕'에 의하면 세 부류가 있다. "첫째는 간략한 데서도 더 간략히 설하면 32상이 있고, 둘째는 간략히 설하면 8만 4천 상이 있다. 셋째는 자세히 하면 한량없는 상이 있으니 잡화경에서 보현·현수 보살 등을 위해 설한 것과 같다"고 하였다. 풀이하면 잡화는 화엄의 다른 명칭인데 이 〔여래십신상해〕품에서 십연화장 세계의 먼지 수와 같은 형상을 '한량없다'고 이름했다. 이 셋 중에서 처음은 오직 소승이며, 다음은 앞을 겸해 삼승이 되며,

뒤〔셋째〕는 앞을 갖추어서 일승으로 삼는다. 또 처음은 오직 초지 아래로 보고, 다음은 오직 초지 이상으로 보며, 뒤〔셋째〕는 다섯 계위를 통틀어 본다. 또한 첫째는 오직 화신의 형상이고, 다음은 오직 보신의 형상이며, 뒤〔셋째〕는 십신의 형상이다.

【주】────────────────

1. 색형(色形) : 색은 현색(顯色)과 형색(形色) 즉 색과 형태의 두 가지 뜻을 갖고 있는데, 여기서는 형색을 가리킨다.
2. 이십이근(二十二根) : → 부록 법수 참조.
3. 관불삼매경(觀佛三昧經) : 〈불설관불삼매해경(佛說觀佛三昧海經), ⑧ 15권 687 中〉
4. 오위(五位) : → 부록 법수 참조.

【탐현기 2】 四出因者. 略明七種. 一依智論 此三十二相 俱以布施爲因. 彼論中一一約施 別別釋出. 二依瑜伽地持 俱以持戒爲因. 三有經中 用忍辱爲因. 四善生經 以大悲爲因. 彼經云是三十二相 卽是大悲之果報 五楞伽經 及如來藏經. 竝如來藏中 恒沙功德 具三十二相. 則以藏性爲因. 六依涅槃經 以十善爲因. 七依大集經第七 三十二相一一各別出因. 餘經云云. 解云良以佛果 萬德圓融故. 或一行通感多相. 或萬行俱成一相. 或性待了因 而唯說行. 或行證理成. 唯約性具. 五積成者. 智論第四云. 一一相皆爲百福所成. 其百福者 或以一轉輪聖王福爲一 如是數至百. 或以一帝釋福爲一. 或以一他化天王福爲一. 或云除補處菩薩. 餘一切衆生福爲一. 或云同感 一三千大千世界福爲一 或云如大千世界 一切衆生皆盲. 一人治差. 一切人被毒藥. 一人治差. 一切人應死. 一人救脫. 一切人破戒破見 一人敎淨戒正見. 如是等爲一福 數至百等. 或云福德 不可量不可譬喩等爲一. 乃至百. 解云彼約小乘 及初敎等說 若准此相海 無盡福所成. 上文云求空邊際猶可得. 佛一毛孔無涯限. 是則若大若小 皆滿法界. 悉無限量.

탐 4. 인(因)을 내는 것으로 간략히 일곱 가지를 밝힌다.

　　(1) 대지도론에 의하면, 이 32상은 다 보시로써 인(因)을 삼으니 저 논에서

　　는 낱낱이 보시에 의해 따로따로 푼다.

(2) 유가사지론과 보살지지경[제10권]에 의하면, [32상의 무차별은]다
　　지계로써 인을 삼는다.

(3) 어떤 경에서는 인욕으로써 인을 삼는다.

(4) 선생경은 대비로써 인을 삼고, 저 [우바새계]경에서는 "32상은 곧 대비
　　의 과보이다"라고 하였다.

(5) 대승입능가경[제2권]과 여래장경에서는 다 여래장 중의 항하사와 같
　　이 많은 공덕이 [본성이 청정하여] 32상을 갖추고 있다고 하니 곧
　　여래장의 성품으로써 인을 삼는다.

(6) 열반경에 의하면 십선으로써 인을 삼는다.

(7) 대집경 제7권에 의하면, 32상은 낱낱이 각기 따로 인을 낸다고 하는데
　　나머지는 경에서 운운……

풀면 진실로 불과는 만덕이 원융하기에 혹 하나의 행이 통틀어 여러 형상에
감응하기도 하며, 혹 만 가지의 행이 다 하나의 형상을 이루기도 한다. 혹은
성품이 요인(了因)을 기다려서 오직 행을 말하기도 하며, 혹은 행이 이치를
깨달아 이루기도 하는데 오직 성구(性具)에 의거한 것이다.

5. 쌓아 이루는 것인데 대지도론 제4권에서는, "[하나하나의 생각으로 낱낱의
　　모습을 심으니] 하나하나의 형상이 모두 백 가지의 복으로 이루어졌다. 백
　　가지의 복은 혹 전륜성왕의 복을 하나로 삼아 이와 같이 헤아려서 백에 이른
　　다. 혹은 석제환인의 [자유자재한] 복으로써 하나를 삼으며, 혹은 타화자재
　　천왕의 [자유자재한] 복을 하나로 삼는다. 혹은 보처 보살을 제외하고 나머
　　지 모든 중생의 복을 하나로 삼으며, 혹은 일삼천대천 세계의 [동감하는]
　　복을 하나로 삼는다. 혹 대천 세계의 여러 중생이 모두 앞을 못 볼 때 한
　　사람이 치료하거나, 모든 사람이 독약의 해를 입었을 때 한 사람이 낫게
　　하거나, 모든 사람이 다 죽게 되었을 때 한 사람이 건져주거나, 모든 사람이
　　파계하고 바른 견해를 깨뜨렸을 때에 한 사람이 청정한 계행과 바른 견해를
　　가르쳐 주는 이러한 것들을 하나의 복으로 삼아 헤아려서 백에 이른다. 혹

복덕이 헤아릴 수 없고 비유할 수 없는 등을 하나로 삼아서 내지 백에 이르게 한다"라고 하니, 풀이하면 저〔설명〕는 소승과 초교 등에 의해 설한 것이다. 혹은 이 상(相)은 다함 없는 복으로 이루어진 것에 준한다. 위의〔세간정안품〕경문에서는 "허공의 끝을 구하는 것은 오히려 가능하지만, 부처님의 한 털구멍은 끝이 없다"고 하였다. 이는 대승이건 소승이건 다 법계에 충만하여 모두 한량이 없는 것이다.

【탐현기 3】 六修時者. 三十二相 若小乘及初敎 三僧祇後 百劫中修相好別業. 若或極遲百劫. 或超九劫等. 如智論第四說也. 若終敎已去. 從初發心 修因滿果. 便現或是修生 或是修顯. 若一乘相海 無量劫修. 七建立者. 智論第四云. 問菩薩相 何以故三十二 不多不少. 答有言以端正不亂故. 若少則不端正. 若多身相亂. 又觀佛三昧經 佛生世間示同人. 故說三十二相. 爲勝諸天 故說八十種好. 爲諸菩薩 說八萬四千相. 以菩薩修八萬四千 諸度行故. 上約三乘等說. 若一乘此十蓮華藏塵數相. 爲普賢等說者. 以修普賢 無盡行海故. 八明業用者. 一乘業用 如小相品說. 餘乘相用如別說.

6. 수행의 시간인데 32상은, 소승이나 초교에 의하면 3아승지 뒤의 백겁 중에서 상호의 개별적 업인을 닦는데, 혹 아주 지체하면 백 겁이요, 빠르면 91겁〔超九劫〕이니 대지도론 제4권의 설과 같다. 혹 종교 이상은 초발심으로부터 인을 닦아서 과를 원만히 하여 수생이나 수현을 문득 나타낸다.〔漸敎〕일승에 있어서도 상은 한량없는 겁을 닦아야 한다.

7. 건립인데 대지도론 제4권에서, "묻기를 보살의 형상은 왜 32가지에서 많지도 적지도 않은가? 답하길 어떤 이는 단정하고 산란하지 않기 위함이라고 하였으니, 만일 적으면 단정치 못하고, 혹 많으면 몸이 산란하게 된다"고 하였다.

또한 불설관불삼매해경〔제9권〕에서는 "부처님께서 세간에 태어나오셔서 사람과 같음을 보이기 위해 32상을 설하시고, 온갖 하늘보다 뛰어나기에 80종호를 설하시며, 모든 보살을 위해서 84,000상을 설하셨다"고 하였다.

이는 보살이 84,000의 온갖 바라밀행을 닦는 때문이다. 위는 삼승 등에 의거하여 설한 것인데 혹 일승에 의하면 "이 십연화장의 미세한 먼지 수만큼 많은 상을 보현 보살 등을 위해서 설하셨다"는 것은 보현이 다함 없는 행을 닦은 때문이다.

8. 업용을 밝히는데 일승의 업용은 〔구역〕 불소상광명공덕품의 설과 같으며, 여타 승의 상의 작용은 따로 설한 것과 같다.

IV. 여래십신상해품의 간추린 경문

보현 보살께서 여러 보살에게 말씀하셨다.

"이제 그대들에게 부처님의 대인상[1]을 말하겠다.

머리 위에 보배로 장엄한 32가지 대인의 형상이 있어 갖가지 광명으로 서른 두 가지 작용을 한다.

미간에도 있어 법계에 두루한 광명 구름으로 대 광명을 놓으니 온갖 보배 색을 갖추어 일월과 같이 환히 통하여 청정하다. 그 광명이 시방국토에 두루 비추고, 모든 부처님의 몸과 미묘한 음성을 내어 법을 연설하니, 서른 셋이다.

눈에도 있으니 자재하게 두루 보는 구름으로 모든 것을 널리 봄에 장애가 없으니, 서른 넷이다. 코에 모든 신통한 지혜 구름이 있다. 무한한 화신불을 나타내는데 보배 연꽃에 앉아 온갖 세계에 가서 모든 보살과 중생에게 부사의한 불법을 연설하니, 서른 다섯이다.

혀에 음성과 영상을 보이는 구름이 있다. 그 혀가 커서 모든 세계에 두루 덮였다. 부처님께서 기뻐 미소 지으실 적에는 반드시 마니 보배 광명을 놓으시고 시방 법계에 두루 비추어 여러 사람의 마음을 시원하게 하니, 서른 여섯이다. 또한 법계 구름이 있으니, 혓바닥이 반듯하고 많은 보배로 장엄하였다. 묘한 보배 광명을 놓아 무한한

---

1) 부처님과 전륜성왕이 몸에 갖추고 있는 32가지 뛰어난 용모와 형상이다.

부처님께서 나타나시어 묘한 음성으로 모든 법을 연설하시니, 서른 일곱이다.

혀끝에는 법계를 비추는 광명 구름이 있다. 항상 금색 보배 불꽃이 자연히 나며 그 속에 모든 부처님께서 모습을 나타내시고, 다시 미묘한 음성을 내어 설법하시니 듣는 이의 마음이 기뻐 오랫동안 잘 잊혀지지 않는다. 이것이 서른 여덟이다. 또한 법계를 비추어 빛나는 구름이 있으니, 많은 색상과 미묘한 광명을 내어 시방의 무한한 국토에 충만하였다. 온 법계가 청정하지 않음이 없으며 그 속에 무한한 불보살들이 계시면서 묘한 음성을 내어 갖가지로 열어 보임에 보살들이 나타나 들으니, 서른 아홉이다.

입 윗잇몸에 부사의한 법계를 나타내는 구름이 있다. 모든 세계에서 심원하고 부사의한 법을 연설하니, 마흔이다. 입 오른뺨 아랫니에 부처님 어금니 구름이 있다. 대광명을 놓아 두루 모든 부처님의 몸을 나타내어 중생을 깨우치니, 마흔 하나이다.

입 오른뺨 윗니에 보배 불꽃 미로[2]장 구름이 있어, 금강 향 불꽃과 청정 광명을 놓아 모든 부처님의 신력과 시방 세계의 맑은 도량을 나타내니, 마흔 둘이다. 입 왼뺨 아랫니에 보배 등불 두루 비추는 구름이 있어, 연화장 사자좌에 앉으신 모든 부처님을 보살 대중이 함께 둘러 모심을 나타내니, 마흔 셋이다. 입 왼뺨 윗니에 부처님을 조명하여 나타내는 구름이 있어 큰 불꽃 바퀴를 놓으니 모든 부처님들께서 나타나서 신력으로 허공에서 법의 젖과 등불·보배를 유포하여 여러 보살 대중을 교화한다. 이것이 마흔 넷이다.

치아에 광명을 두루 나타내는 구름이 있어, 미소 지으실 때는 다 광명을 놓는데 부처님의 음성을 연설하여 보현행을 설하니, 마흔 다섯이다.

입술에 모든 보배 광명 모습을 나타내는 구름이 있다. 광대한 광명을 놓아 다 청정케 하니, 마흔 여섯이다.

목에 모든 세계에 두루 비추는 구름이 있다. 감포[3]를 이루어 부드럽게 윤기가 나고 비로자나의 청정 광명을 놓아 모든 부처님을 나타내니, 마흔 일곱이다.

오른 어깨에 부처님의 광대한 보배 구름이 있어 연꽃색 광명을 놓아 보살들을 두루

---

2) 음역으로 수미산이다.

3) 과일로 세 줄의 무늬가 있는데 부처님의 목에 있는 삼도와 비슷하다.

나타내니, 마흔 여덟이다. 오른 어깨에 최고 수승한 보배로 두루 비추는 구름이 있어 마니 광명을 놓아 여러 보살을 나타내니, 마흔 아홉이다.

왼 어깨에 최고 수승한 광명으로 법계에 비추는 구름이 있다. 많은 보배 광명을 놓아 모든 신력을 나타내니, 쉰이다. 왼 어깨에 광명이 두루 비추는 구름이 있다. 향기 불꽃 광명을 놓아 모든 부처님과 청정하게 장엄한 국토를 나타내니, 쉰 하나이다. 왼 어깨에 두루 비추는 구름이 있다. 청정 광명을 놓아 보살들의 갖가지 장엄을 나타내어 다 절묘하니, 쉰 둘이다.

가슴에 형상이 '만(卍)4)'자와 같은 길상 구름이 있어, 미묘한 음성을 내어 법을 펴니, 쉰 셋이다.

길상한 모습 오른편에 광명을 내어 비추는 구름이 있어 대 광명 바퀴를 놓아 무한한 부처님을 두루 나타내니, 쉰 넷이다. 또 거기에 부처님을 두루 나타내는 구름이 있어 대 광명을 놓아 시방 세계를 비추어 다 청정케 한다. 그 속에서 삼세 부처님들께서 도량에 앉아서 신력을 나타내어 법을 널리 펴시니, 쉰 다섯이다. 또 꽃피는 구름이 있어, 보배 향기 불꽃 등불의 청정 광명을 놓음에 형상이 연꽃 같아 세계에 충만하니, 쉰 여섯이다. 또 기뻐하며 즐기는 금색 구름이 있다. 청정 광명을 놓아 부처님 눈같이 광대한 광명인 마니 보장5)을 나타내니, 쉰 일곱이다. 또 부처님 구름이 있으니, 큰 불꽃 청정 광명을 놓아 시방국토에 충만하다. 그 가운데 도량의 대중들을 나타내니, 쉰 여덟이다.

길상한 모습 왼편에 광명을 나타내는 구름이 있다. 마니왕이 갖가지로 사이사이 섞인 보배 불꽃 광명을 놓아 무한한 부처님과 부처님의 미묘한 음성을 나타내어 온갖 법을 연설하니, 쉰 아홉이다. 또 거기에 법계에 두루한 광명을 나타내는 구름이 있어 대 광명을 놓아 보살 대중을 두루 나타내니, 예순이다. 또 두루 수승한 구름이 있어 대 광명의 불꽃을 놓아 세계에 충만하며, 그 속에 모든 부처님과 중생을 나타내니, 예순 하나이다. 또 법륜을 굴리는 미묘한 음성 구름이 있어 대 광명을 놓아 법계에 충만하며, 모든 부처님의 대인상과 마음을 나타내니, 예순 둘이다. 또 장엄한 구름이

---

4) 부처님 가슴의 원만한 상징인데 길상과 미덕을 나타낸다.
5) 보물창고를 이른다.

있다. 청정한 광명을 놓아 시방의 모든 불보살과 그 행을 나타내니, 예순 셋이다.

오른손에 바다를 비추는 구름이 있다. 달빛 청정 광명을 항상 놓아 큰 음성을 내어 여러 보살행을 찬미하니, 예순 넷이다. 또 그림자로 나타나 비추는 구름이 있다. 대 광명을 놓아 무한한 부처님들께서 청정 법신으로 보리수 아래 앉으시어 시방국토를 진동함을 다 나타내니, 예순 다섯이다. 또 등빛 화만으로 두루 장식한 구름이 있다. 대 광명이 그물로 변화한 것을 놓고 그 속에 보살 대중들이 보관을 쓰고 온갖 행을 연설함을 나타내니, 예순 여섯이다. 또 모든 마니를 두루 나타내는 구름이 있다. 해 장6) 광명을 놓아 무한한 부처님께서 연화좌에 앉으심을 나타내니, 예순 일곱이다. 또 광명 구름이 있다. 온갖 보배 불꽃 청정 광명을 놓아 부처님들의 도량을 두루 나타내니, 예순 여덟이다.

왼손에 비유리 청정 등불 구름이 있다. 부처님의 금색 광명을 놓아 시시각각 최상 의 모든 장엄구를 나타내니, 예순 아홉이다. 또 국토의 지혜 등불 음성 구름이 있다. 염부단 금의 청정 광명을 놓아 시방 세계에 두루 비추니, 일흔이다. 또 보배 연꽃에 안주하는 광명 구름이 있다. 수미 등처럼 대 광명을 놓아 시방 세계에 비추니, 일흔 하나이다. 또 법계에 두루 비추는 구름이 있다. 대 광명을 놓아 온갖 세계의 부처님께 서 연화좌에 앉으심을 나타내니, 일흔 둘이다.

오른 손가락에 모든 겁과 국토를 나타내는 둥근 구름이 있다. 대 광명을 놓아 법계 에 충만하며 항상 미묘한 음성을 내어 시방국토에 가득하니, 일흔 셋이다. 왼 손가락 에 모든 보배에 안주하는 구름이 있다. 마니왕 보배무리 광명을 놓아 모든 불보살들 을 나타내니, 일흔 넷이다.

오른 손바닥에 비추어 빛나는 구름이 있다. 보배 광명을 놓으니 모든 부처님들께서 나타나시고, 낱낱 부처님 몸에 광명의 불꽃이 치성하다. 설법으로 사람을 제도하여 세계를 청정하게 하니, 일흔 다섯이다. 왼 손바닥에 불꽃 바퀴가 두루 증장하여 법계 도량을 변화로 나타내는 구름이 있다. 대 광명을 놓아 여러 보살을 나타내어 보현행 을 연설하고 모든 불국토에 두루 들어가서 무한한 중생을 각각 깨우치니, 일흔 여섯 이다.

---

6) 바다와 같은 모태의 뜻으로, 부처님의 설법을 말한다.

부 자지에 부처님의 음성을 두루 내는 구름이 있다. 마니 등불 꽃빛 광명을 놓으니 모든 부처님들께서 두루 왕래하여 다니시며 처처마다 두루함을 나타내니, 일흔 일곱이다.

오른 볼기에 보배 등 화만의 널리 비추는 구름이 있다. 부사의한 보배 불꽃 광명을 놓아 하나하나의 모습에 모든 부처님들의 자재하신 신통 변화를 나타내니, 일흔 여덟이다. 왼 볼기에 모든 법계의 광명으로 허공을 뒤덮는 구름이 있다. 광명 그물을 놓아 갖가지 대인상의 구름을 두루 나타내니, 일흔 아홉이다.

오른 넓적다리에 두루 나타내는 구름이 있다. 넓적다리와 장딴지의 상하가 서로 맞으며, 마니 불꽃 미묘 법 광명을 놓아 순간에 모든 보왕[7]이 노니는 대인상을 두루 나타내니, 여든이다. 왼 넓적다리에 모든 부처님의 무한한 대인상을 나타내는 구름이 있다. 광대하게 여기저기 다니면서 청정 광명을 놓아 중생에게 비추어 모두 다 위없는 불법을 구하게 하니, 여든 하나이다.

오른편 금색 사슴왕 장딴지에 모든 허공 법계의 구름이 있다. 그 모습이 곧고 온전하여 잘 걸어다닌다. 염부단 금색 청정 광명을 놓고 큰소리를 내어 두루 진동하며, 또 모든 불국토가 허공에 머묾을 나타내어 보배 불꽃으로 장엄하였다. 무한한 보살이 몸으로부터 변화로 나타나니, 여든 둘이다. 왼편 금색 사슴왕 장딴지에 장엄 구름이 있다 모든 보배의 청정 광명을 놓아 법계에 가득히 불사를 하니, 여든 셋이다.

보배로 된 장딴지 털에 법계의 영상을 두루 나타내는 구름이 있다. 보배 광명을 놓아 시방법계에 가득하여 부처님들의 신력을 나타낸다. 많은 털구멍에서 광명을 놓는데 모든 불국토가 그 가운데 나타나니, 여든 넷이다.

발 아래 모든 보살에 안주하는 구름이 있다. 보배 광명을 놓아 시방 세계에 비추니 보배향기 불꽃 구름이 여기저기 두루하다. 다리를 들고 걸을 적에 향기가 널리 흐르며 온갖 보배 색이 법계에 충만하니, 여든 다섯이다.

오른발 위에 모든 것에 두루 비추는 광명 구름이 있다. 대 광명을 놓아 법계에 충만하여 모든 불보살들을 나타내니, 여든 여섯이다. 왼발 위에 모든 부처님을 두루 나타내는 구름이 있다. 보배 광명을 놓아 시시각각 부처님들의 신통 변화와 법에서

---

7) 부처님의 존칭인데 온갖 공덕을 닦아 장엄하시므로 보왕이라 한다.

앉으신 도량이 미래가 다하도록 끊어짐이 없으니, 여든 일곱이다.

오른 발가락 사이에 광명이 온갖 법계에 비추는 구름이 있다. 대 광명을 놓아 모든 부처님께서 갖고 계신 갖가지 보배로 장엄한 모습을 나타내니, 여든 여덟이다. 왼 발가락 사이에 모든 부처님을 나타내는 구름이 있다. 보배의 청정 광명을 항상 놓아 모든 불보살들의 원만한 음성과 '만'자 등의 모습을 나타내어 무한한 중생을 이롭게 하니, 여든 아홉이다.

오른 발꿈치에 자재하게 비추어 빛나는 구름이 있다. 부처님의 미묘한 보배 광명을 항상 내어 여러 부처님께서 도량에 앉으시어 묘법을 연설함을 나타내니, 아흔이다. 왼 발꿈치에 미묘한 음성을 나타내어 묘음으로 온갖 법을 연설하는 구름이 있어 대 광명을 놓아 부처님들의 신력을 나타내니, 아흔 하나이다.

오른 발등에 모든 장엄을 나타내는 광명 구름이 있다. 염부단 금색 청정 광명을 놓으니 광명의 모습이 큰 구름같이 두루 모든 부처님의 도량을 덮는다. 이것이 아흔 둘이다. 왼 발등에 온갖 색신을 나타내는 구름이 있다. 시시각각 법계에 거닐며, 마니 등의 향기 불꽃 광명을 놓아 모든 법계에 충만하니, 아흔 셋이다.

오른발 네 둘레에 두루 갈무리한 구름이 있다. 보배 광명을 놓아 모든 부처님들께서 도량의 마니 보배 사자좌에 앉으심을 나타내니, 아흔 넷이다. 왼발 네 둘레에 광명이 법계에 두루 비추는 구름이 있다. 대 광명을 놓아 모든 불보살의 자재한 신력을 나타내어 크고 미묘한 음성으로 법계의 다함없는 법문을 연설하니, 아흔 다섯이다.

오른 발가락 끝에 장엄을 나타내는 구름이 있다. 대 광명을 놓아 모든 불보살들의 다함없는 법과 여러 가지의 공덕과 신통 변화를 나타내니, 아흔 여섯이다. 왼 발가락 끝에 모든 부처님의 신통 변화를 나타내는 구름이 있다. 많은 보배색 청정 광명을 놓아 불보살들이 온갖 불법을 연설함을 나타내니, 아흔 일곱이다.

비로자나불께서는 이러한 십 화장 세계에 무수한 대인의 형상이 있으시니, 신체 부분에 따로따로 온갖 보배의 뛰어난 모습으로 장엄하셨다."

제35. 여래수호광명공덕품(如來隨好光明功德品)

구역 : 제30. 불소상광명공덕품(佛小相光明功德品)

Ⅰ. 여래수호광명공덕품의 이름 풀이

【청량소】如來標人表德. 隨好等顯德依人. 隨好是體 隨逐大相. 盆姿好[1]故. 光明者 用. 功德者德. 謂從好發光. 光能盆物. 顯好之德 故以爲名. 如來之隨好等. 亦如來有 隨好等. 通二釋也.

[청] '여래'는 사람을 표방하여 덕을 나타낸 것이고, '수호' 등은 사람에 의한 덕을 나타낸다. '수호'는 체이니 대인상을 따라서 자태〔姿好〕를 더한 것이고, '광명'은 작용 이며, '공덕'은 덕인데 '호'로부터 빛을 놓아 광명이 중생을 이롭게 하니 호의 덕을 나타낸 때문에 이름했다. '여래의 수호' 등이며, 또한 '여래'에 '수호' 등이 있으니 두 가지 해석에 통한다.

【주】────────────

1. 자호(姿好) : 자태를 말한다. 호(好)는 부처님의 신체에 있는 부차적 특징으로 80종호가 있다.

【통현론】明前品已明十身相海 有十蓮華藏世界 微塵數相海 莊嚴其身. 此品約其佛身相中 隨相無性功德故. 以約行報得 成大人之相. 隨行法身之理智 以成光明故. 以立品名故. 以隨行破煩惱之妙理智慧. 以成報相之光.

통 앞 품에서는 이미 여래십신상해가 십연화장 세계의 미세한 먼지 수와 같은 상으로 그 몸을 장엄함을 밝혔고, 이 품은 부처님 몸의 상 가운데 상을 따르는 자성 없는 공덕에 의한다. 행의 과보로 대인상을 이루고 행을 따르는 법신의 이지(理智)로 광명을 이룸에 의해 품의 이름을 지어 붙였으니, 행을 따라 번뇌를 부수는 묘한 이치와 지혜로써 보상(報相)의 광명을 이룬다.

【수현기】小相者相形別德也. 所以佛自說者. 化身之用 唯佛方窮故. 亦可化身隨物劣 令生信. 有實德故. 佛自說也.

수 '소상'은 상형(相形)의 별개의 덕인데 부처님께서 직접 설하신 것은 화신의 작용이 오직 부처님만이 비로소 다하시기 때문이다. 또한 화신이 중생의 하열함을 따라 믿음을 내게끔 하니, 실다운 덕이 있기 때문에 부처님께서 직접 설하신 것이다.

【탐현기】佛者標人表德. 小相者形大辨體. 光明者依體起用. 功德者用所成益.　此則依人顯德. 體用爲名.

탐 '불'은 사람을 표방해 덕을 나타낸 것이고, '소상'은 대상을 형용해서 체를 분별한 것이다. '광명'은 체에 의지하여 작용을 일으킨 것이요, '공덕'은 작용으로 이루어진 이익이다. 이는 사람에 의해 덕을 나타낸 것이니, 체와 작용으로써 이름한 것이다.

Ⅱ. 여래수호광명공덕품을 설하는 까닭

【청량소】前品明相. 此品辨好. 相好雖殊. 俱用嚴身. 以答前身及眼等 兼自在問.[1] 好依相有. 德劣於相 故次明之. 劣德之用 用成頓益. 翻顯大相德難思矣.

［청］ 앞 품에서 대인상을 밝혔고, 이 품에서는 미세한 대인상〔好〕을 말하는데, 대인상과 미세한 대인상이 비록 다르나 다 몸을 장엄하는 것이다. 앞의 몸과 눈 등과 겸해 자재의 물음에 답이다. 미세한 대인상은 대인상에 의지해 있는데 덕이 대인상보다 떨어지기에 다음으로 밝힌 것이다. 하열한 덕의 작용이 몰록 이익을 이루니 대인상의 덕이 생각키 어려움을 반대로 나타낸 것이다.

【주】 ————————

  1. 문(問) : 제7 여래명호품에서 보살들이 생각으로 '여래의 자재(自在)……안(眼)……신(身)……' 등에 대해 의문을 가져진 내용이다. 〈㊀ 10권 58 上〉

【통현론】明前品大人之相. 約如來行 生報得故. 即令普賢說故. 爲普賢行 是一切諸佛行故. 此隨好光明. 法身根本智 無性隨行 無體無相 功德以爲光明. 能大利物. 還以無形質 無體性光照有緣. 如無形質天鼓 音聲說法 令解脫故. 此品須來. 然雖理行 無二同爲一體. 今約感果利物[1]之殊. 不可無其次第.

［통］ 앞 품에서 대인상은 여래의 행으로 난 과보로 얻은 데 의하기에 보현 보살로 하여금 설하게 하였는데 보현행이 모든 부처님의 행이 됨을 밝혔다. 이 여래수호광명공덕품은 법신의 근본 지혜가 자성이 없이 행을 따라 본체도 형상도 없는 공덕으로써 광명이 되어 크게 중생을 유익하게 한다. 또한 형질과 체성이 없는 광명으로써 인연〔있는 중생〕을 비춤이 형질 없는 하늘 북이 음성으로 설법하여 해탈케 함과 같으므로 이 품이 의당 이어진 것이다. 비록 이치와 행이 둘이 없이 함께 일체가 되더라도 지금 과를 감득하거나 중생을 이롭게 하는 다름에 의해 그 순서가 없을 수 없는 것이다.

1. 감과이물(感果利物) : 바로 상구보리(上求菩提) 하화중생(下化衆生)이다.

【수현기】次第等上已說.

㊀ 순서 등은 위에서 이미 설했다.

【탐현기】前品大相[1] 各有光明. 皆照法界 而未顯所照 利益之相故. 今此品正明益事. 爲大相難明 故辨小相. 小相復多 但論一相. 一相有多時之益. 且說一時. 此一時益復難明故 佛自說也. 以此而論. 前大相業用 無邊無邊. 極難知耳. 又依前大相 流出形好[2] 故次來也.

㊀ 앞 품에서 대인상에 각기 있는 광명이 다 법계를 비추었으나 비춰지는 유익한 모습은 나타내지 못했는데 지금 이 품은 정식으로 이익되는 일을 밝힌다. 대인상은 밝히기 어려워 미세한 대인상을 분별하는데, 미세한 대인상이 번잡하게 많기에 다만 한 가지 상만을 논했고, 한 가지 상에도 많은 시간에 이익이 있으나 한때만을 설했다. 이 한때의 이익이 다시 밝히기 어려우므로 부처님께서 직접 설하신 것이다. 이로써 논하면, 앞의 대인상의 업용은 끝이 없고 끝이 없어서 극히 알기 어려우니 앞의 대인상에 의지해 미세한 대인상을 내기 때문에 이어진 것이다.

1. 전품대상(前品大相) : 여래상해품과 불소상광명공덕품의 상(相)과 호(好)를 탐현기에서는 각기 대상(大相)과 소상(小相)이라 했다.
2. 형호(形好) : 부처님 몸은 32대인상을 갖추었고, 낱낱의 상마다 80종호의 호(好)가 있는데, 이 호는 상에 따르는 모양이므로 이렇게 말한다.

Ⅲ. 여래수호광명공덕품의 주제와 취지

【청량소】明好勝德爲宗. 令物敬修爲趣.

[청] 미세한 대인상〔好〕의 수승한 덕을 나타냄으로 주제를 삼고, 중생들로 하여금 공경히 수행케 함으로 취지를 삼는다.

【수현기】上已說.

[수] 위에서 이미 설했다.

【탐현기】宗明如來 相德利用. 略作二門. 一定分齊者. 旣三十二相 有八十隨好以嚴. 卽知十蓮華藏 微塵數相 一一各有塵數等好. 又此大相 旣一一深廣 與三十二中 諸相不同. 則知隨好 亦甚深廣大 不可量也. 二辨業用者. 如八十隨好 但嚴形佛生淨信.[1] 今此明小相. 佛爲菩薩時 相輪隨好 最下位處用. 謂放一光 照十世界塵數刹. 地獄衆生皆得生天. 成就十地 十眼[2]耳等. 卽此天子 毛孔香華 普熏衆生. 亦得十地 白淨轉輪王.[3] 又此輪王放光 復令無量衆生 復得十地十眼等. 如是展轉 盡於未來 傍無邊際. 皆不可說. 菩薩小相旣爾. 如來大相之海. 利用自在 不可說不可說[4]也.

[탐] 주제는 여래〔께 있는 미세한 대인〕상의 덕과 유익한 작용을 밝히는 것이니, 간략히 두 부문으로 한다.

1. 영역을 정한다는 것은 이미 32가지 대인상에 80가지 따르는 미세한 대인상으로써 장엄하니, 십 연화장 세계의 미세한 먼지 수만큼의 대인상 하나하나에 각기 먼지 수만큼 미세한 대인상이 있음을 알 것이다. 또 대인상은 이미 낱낱이 깊고 넓어서 32가지의 여러 대인상과 같지 않고, 미세한 대인상 역시 매우 깊고 광대하여 헤아릴 수 없음을 알 것이다.

2. 업용을 분별한다는 것은 마치 80가지 미세한 대인상과 같으니 다만 부처님의

형상을 장엄함으로써 청정한 믿음을 내게 한다. 지금 이에서는 따르는 미세한 대인상〔小相〕을 밝혀서 부처님께서 보살로 계실 때 대인상의 바퀴 무늬〔相輪〕와 미세한 대인상이 최하위 처에서 쓰였는데 이른바 한 빛을 내어 열 세계의 먼지 수 같은 국토를 비추니, 지옥 중생이 〔그 곳에서 업이 다한 뒤〕 다 하늘에 태어나 십지·십안·십이 등을 이루었다. 이 천자의 털구멍의 향과 꽃이 두루 중생에게 풍기며 또한 십지의 백정전륜왕위를 얻는데 또 이 전륜성왕이 방광하여 한량없는 중생으로 하여금 다시 십지·십안 등을 얻게 한다. 이와 같이 점차로 미래가 다하도록 끝이 없어서 다 말로 할 수 없다. 보살의 미세한 대인상이 이미 그러하니 여래의 대인상은 유익한 작용이 자재하여 말로 할 수 없이 말로 할 수 없는 것이다.

【주】────────────────

1. 형불생정신(形佛生淨信) : 이는 신수대장경의 표기인데 속장경의 불형이생정신 (佛形以生淨信)과 차이를 보인다. 〈⊛ 3권 425 下〉

2. 십안(十眼) : 육안(肉眼)·천안(天眼)·혜안(慧眼)·법안(法眼)·불안(佛眼)·지 안(智眼)·명안(明眼)·출생사안(出生死眼)·무애안(無碍眼)·일체지안(一切 智眼)을 말한다. 〈구역 4권 이세간품, ⊛ 9권 657 下〉

3. 백정전륜왕(白淨轉輪王) : 백정보망전륜왕(白淨寶網轉輪王)인데 하얗고 아름다 운 옥 그물 장식을 가진 금륜왕으로 십지 만심(滿心)에 해당한다. ⊛ 〈60권 화엄 경탐현기 6권〉, 신역과 구역 십지품 경문에는 제2 이구지(離垢地) 보살이 전륜성 왕이 되고〈⊕ 45권 84〉, 제10 법운지(法雲地) 보살은 마혜수라천왕이 된다고 하였다. 〈⊕ 54권 48〉

4. 불가설불가설(不可說不可說) : 불가설불가설에 재차 불가설불가설을 곱한 '일 불 가설불가설전'이 불교에서 제일 큰 수의 단위가 된다. 아승지품 〈⊕ 10권 238 中〉

Ⅳ. 여래수호광명공덕품의 간추린 경문

세존께서 보수 보살에게 말씀하셨다.

"여래께 미세한 대인상이 있으신데 '원만하신 왕'이요, 미세한 대인상에서 '치성함'이란 대 광명이 나온다. 내가 보살로 있을 때 도솔천궁에서 대 광명을 놓았으니 '광명당기왕'이며 수많은 세계를 비추었다.

그 세계의 지옥 중생으로서 이 광명을 만난 이는 온갖 고통이 쉬고 열 가지 청정한 눈을 얻었다. 귀·코·혀·몸·뜻도 마찬가지로 환희하여 뛸 듯이 좋아하였다. 지옥에서부터 명이 다하고는 도솔천에 태어났는데, 그 하늘에 '대단히 사랑스러움'이란 북이 소리를 내어 말하였다.

'그대들은 마음이 게으르지 않고 부처님 처소에서 온갖 선근을 심었고 옛날에 많은 선지식을 친근하였기에 비로자나의 대 신력으로 이 하늘에 태어났다.

천자들이여, 비로자나 보살이 '번뇌를 떠난 삼매'에 드셨으니 그대들은 마땅히 공경한 예를 하라.

내가 내는 소리는 온갖 선근의 힘으로 이루어진 것이다. 내가 나라고 설하여도 나와 내 것에 집착하지 않음과 같아 모든 부처님들께서도 마찬가지로 스스로 부처님이라고 말씀하셔도 나와 내 것에 집착하지 않는다. 마치 내 음성이 시방에서 온 것이 아니듯이, 업과 과보와 성불함도 마찬가지로 시방에서 온 것이 아니다. 마치 그대들이 옛날 지옥에 있었을 때, 지옥과 몸이 시방에서 온 것이 아니다. 다만 전도된 악업과 어리석음에 얽매여서 지옥과 몸이 생긴 것이니, 이는 근본도 없고 온 곳도 없다.

비로자나보살이 위엄과 덕망의 힘으로 대 광명을 놓으심이 시방에서 온 것이 아니듯이, 나의 하늘 북1)소리도 마찬가지다. 다만 삼매의 선근력으로 이같이 청정 음성을 내며 갖가지 자재함을 나타낸다.

마치 수미산에 삼십삼천과 최상의 궁전과 갖가지 생필품이 있는데 이 생필품이 시방에서 온 것이 아니듯이, 나의 하늘 북소리도 마찬가지로 시방에서 온 것이 아니다.

너희들은 마땅히 저 보살을 친근히 하고 공양할지언정 다시 오욕락에 탐착하지 말지니, 오욕락에 탐하면 선근을 장애한다. 여러 천자들이여, 마치 종말의 대 화재가 수미산을 태울 때는 남김없이 다 없앤다. 탐욕이 마음을 얽어맴도 마찬가지로 끝내 염불할 뜻을 내지 못한다.

---

1) 도리천의 선법당에 있는 북으로 치지 않아도 저절로 묘음을 낸다고 한다.

너희들은 마땅히 은혜를 알고 보답해야 할지니, 어떤 중생이든 은혜를 알고 보답할
줄 모르면 비명횡사하여 지옥에 태어난다. 너희들이 옛날 지옥에 있다가 광명을 받고
여기 태어났으니, 마땅히 빨리 회향하여 선근을 더할 것이다.

하늘 북에서 나는 음성은 무한한 겁에도 다함이 없고 끊어짐이 없으며 오고 감이
없다. 만약 오고 감이 있다면 아주 단절되거나 항상함이 있을 것이다. 모든 부처님은
끝내 아주 단절되거나 항상한 법을 연설하지 않으시니, 방편으로 중생을 성숙시키는
일은 제외할 것이다.

마치 나의 소리가 무한한 세계에서 중생심을 따라 다 듣게 하듯이, 모든 부처님께
서도 마찬가지로 중생들의 마음대로 다들 보게 하신다.

여기 유리 거울이 있어 '잘 비침'이라 한다. 끝없는 국토에 있는 온갖 산천과 중생과
내지 지옥·축생·아귀들의 영상이 그 속에 나타날 때, 저 영상들이 거울 속에 드나
든다고 말하겠는가? 온갖 업도 마찬가지로 비록 업의 과보를 낸다 하나 오고 감이
없는데 마치 마술사가 사람들의 눈을 속이듯 하는 것과 같다. 만약 이같이 알면 진실
한 참회요, 모든 죄악이 다 청정해질 것이다."

이런 법을 설할 때에 도솔 천자들은 무생법인을 얻었다.

천자들은 보현 보살의 광대한 회향을 듣고 십지를 얻어 온갖 힘으로 장엄한 삼매를
얻었다. 중생 수와 같은 청정 삼업으로써 모든 중대한 업장을 참회하고 바로 수많은
칠보 연꽃을 보았다. 하나하나의 꽃 위에서 많은 보살들이 결가부좌하여 대 광명을
놓았다. 그 광명 속에 중생 수와 같은 부처님들께서 결가부좌하여 중생심을 따라
설법하시나 오히려 '번뇌를 끊는 삼매'의 미진한 정도도 나타내지 못하였다.

"가령 누군가 억 나유타 불국토를 부수어 먼지를 만들었다. 한 먼지를 한 국토라
하고, 다시 그러한 먼지 수처럼 많은 국토를 모두 부수어 먼지를 만든다. 그런 먼지들
을 왼손에 놓고 동방으로 가면서, 그와 같은 먼지 수 국토를 지나가서 한 먼지를
떨어뜨리고, 이렇게 하면서 이 먼지가 다하도록 동방으로 간다. 또 남방·서방·북
방과 네 간방과 상하로도 그렇게 하였다 하자. 이같이 시방 세계들을 먼지가 떨어진
것이나 떨어지지 않은 것을 다 모아서 한 불국토를 이룬다 하자. 그러면 보수여, 그대
의 뜻은 어떠한가? 이와 같은 불국토가 광대 무량함을 헤아릴 수 있겠는가?"

보수 보살이 대답하였다.

"불가사의합니다. 이러한 불국토는 광대 무량하여 희유하고 특이하여 불가사의합니다. 만약 어떤 중생이 이 비유를 듣고 믿고 이해함을 내면 더욱 희유하고 특이하겠습니다."

부처님께서 보수 보살에게 말씀하셨다.

"그렇다. 그대의 말과 같다. 만약 선한 이가 이 비유를 듣고 믿는다면 내가 그에게 수기하되 결정코 최상의 깨달음을 이루며 마땅히 부처님의 위없는 지혜를 얻을 것이라 할 것이다."

제Ⅲ. 인행을 닦아 불과를 맺는 이해를 내는 부분[修因契果生解分] 중 수현인과(修顯因果) 혹, 평등인과(平等因果)

Ⅰ. 수인계과생해분의 이름 풀이　　【탐현기】

Ⅱ. 수인계과생해분을 설하는 까닭　　【탐현기】

Ⅲ. 수인계과생해분의 주제와 취지　　【청량소】

Ⅰ. 수인계과생해분의 이름 풀이

【탐현기】 先辨分名　就第二[1]修因契果生解分中有二.[2]上來[3]明修生因果竟.　自下二品[4]明修顯因果. 亦是上明差別因果. 下顯平等因果. 若就五周因果[5]中. 此是第三 明自體因果.[6]

탐 먼저 분명을 밝히자면 제2의 수인계과생해분에 둘이 있는데 지금까지 수생인과를 밝힌 것은 마치고, 이 아래 두 품은 수현인과를 밝힌다. 또한 위 〔여래명호~불소상광명공덕품〕는 차별인과를 밝힌 것이요, 이 다음 〔보현보살품·보왕여래성기품〕은 평등인과를 드러낸다. 혹 오주인과에 나아가면, 이는 셋째의 자체〔평등〕인과를 밝히는 것이다.

【주】 ────────────────

1. 취제이(就第二) : 법장은 화엄경을 교기인연분(教起因緣分)·거과권락생신분(舉果勸樂生信分)·수인계과생해분(修因契果生解分)·탁법진수성행분(託法進修成行分)·의인증입성덕분(依人證入成德分)으로 나누었다. 〈⊗ 35권 403, 上〉

2. 유이(有二) : 둘은 수생인과(修生因果)와 수현인과(修顯因果)이다. 수생인과는 오위를 하나하나 수행하여 과를 이루는 것이며, 수현인과는 본래 갖추고 있는 본성이 번뇌를 물리치고 현전하는 것이다.

3. 상래(上來) : 지금까지 말한 것을 총괄한다. (제3. 여래명호품에서부터 제30. 불소상광명공덕품까지이다.)

4. 이품(二品) : 보현보살행품과 보왕여래성기품.

5. 오주인과(五周因果) : 소신인과(所信因果)·차별인과(差別因果)·평등인과(平等因果)·성행인과(成行因果)·증입인과(證入因果)〈탐현기 제1권〉

6. 자체인과(自體因果) : 오주인과의 셋째 평등인과를 가리킨다. "보현보살품(혹 보현행품) 이하 보왕여래성기품(혹 여래출현품)까지는 자체의 인과를 밝힌 것이다."〈화엄경수현기 제1권 명난품, ⊕ 35권 28 上〉

Ⅱ. 수인계과생해분을 설하는 까닭

【탐현기】謂會前差別因果 令歸平等. 卽會前從第二會 至菩薩住處品來差別因. 歸此普賢圓因故. 性起品會不思議品 來三品差別果 歸平等性故. 是故來也. 又釋上來差別 明三乘因果. 此下明一乘因果. 明與上三乘 爲所依故也. 又推前差別 至此本位故來也. 又前明修生 此明修顯故也.

[탐] 앞의 차별인과를 회통하여 평등〔인과〕에 돌아가게 했는데 앞의 제2〔보광법당〕회〔여래명호품〕로부터 보살주처품까지의 차별인을 회통하여 이 보현의 원만한 인으로 돌아가게 한다. 보왕여래성기품은 불부사의품부터〔여래상해·불소상광명공덕까지〕세 품의 차별과를 회통하여 평등한 성품으로 돌아가도록 하기 때문에 이어진 것이다. 또 풀면 위의 차별〔인과〕은 삼승인과를 밝힌 것이고, 이 아래는 일승인과를 밝히는 것이니 위의 삼승과 더불어 의지가 됨을 밝힌다. 또 앞의 차별을 확대하여 이 본 지위에 이르기에 이어진 것이다. 또한 앞에서는 수생〔인과〕을 밝혔고, 지금은 수현〔인과〕을 밝힌다.

Ⅲ. 수인계과생해분의 주제와 취지

【청량소】 通以二品明平等因果爲宗. 會前差別爲趣.

[청] 통틀어 두 〔보현행·여래출현〕품의 평등인과를 밝힘으로써 주제를 삼고, 앞의 차별인과를 회통함으로써 취지를 삼는다.

제36. 보현행품(普賢行品)

구역 : 제31. 보현보살행품(普賢菩薩行品)

Ⅰ. 보현행품의 이름 풀이

【청량소】初通顯二品義名. 依性起修 依性起用. 差別相盡 因果體均. 故云平等因果. 又因是果因. 量周法界. 果是果果. 境界如空. 因果俱盡未來 利樂含識[1] 故名出現. 別則品名普賢. 卽標人顯法. 明此行法 非次第法. 行者顯法非人. 品明所行 非說人體. 德周法界爲普. 至順調善[2]曰賢. 依性造修曰行. 然普賢行. 諸經多有其名. 品中雖廣. 今略顯十義 以表無盡. 一所求普. 謂要求證一切如來 等所證故. 二所化普. 一毛端處 有多衆生 皆化盡故. 三所斷普. 無有一惑 而不斷故. 四所行事行[3]普. 無有一行 而不行故. 五所行理行[4]普. 卽上事行. 皆徹理源 性具足故. 六無礙行普. 上二交徹故. 七融通行普. 隨一一行 融攝無盡故. 八所起用普. 用無不能 無不周故. 九所行處普. 上之八門. 徧帝網刹 而修行故. 十所行時普. 窮三際時 念劫圓融. 無竟期故. 上之十行 參而不雜. 涉入重重故. 善財入普賢一毛. 所得法門. 過諸善友 不可說倍. 又上十行 通收爲二. 若位後普賢. 則得果不捨因. 徹窮來際 爲普賢行. 以人彰法 則普賢之行. 若位前位中普賢 則以德成人. 但修普行 卽曰普賢 亦則普賢卽行. 但從行名故. 若獨位後普賢. 則普賢之行 無施下位. 廣釋普賢 如初會辨.

청 처음은 전체적으로 두 품의 이름 뜻을 나타낸다. 자성을 의지해 수행을 일으키고, 성품을 의지해 작용을 일으켜 차별상이 다하고 인과의 본체가 균등하기에 평등인과라 한다. 또 인은 과의 인이라 양이 법계에 두루하고 과는 과의 과요, 경계는 공(空)과 같다. 인과가 모두 미래가 다하도록 중생을 쾌히 유익하게 하기 때문에 '출현'이라 이름했다.

별도로, 품명을 '보현'이라 이름함은 사람을 표방해 법을 나타낸 것이니, 이는 행법이 순서대로의 법이 아님을 밝힌 것인데 행은 법이 사람이 아님을 나타낸다. 품에서는 행을 밝히고 사람의 몸을 설한 것이 아니니 덕이 법계에 두루함을 '보'라 하고, 지극히 수순하여 유연함을 '현'이라 하며 자성을 의지해 수행해 나아감을 '행'이라 한다.

보현행은 여러 경에 그 이름이 많이 있으며 품에서는 자세하나 지금 열 가지 뜻을 간략히 나타냄으로써 다함없음을 표한다.

1. 바라는 것이 '두루함〔普〕'이니 모든 여래께서 평등히 깨치신 것을 증득하길 바라는 까닭이다.

2. 교화되는 것이 '두루함'이니 한 털끝만한 장소에 많은 중생이 있음을 모두 교화하여 다하는 연고다.

3. 끊어지는 것이 '두루함'이니 하나의 미혹도 끊지 않음이 없는 까닭이다.

4. 행해지는 사행(事行)이 '두루함'이니 한 행도 행하지 않음이 없는 때문이다.

5. 행해지는 이행(理行)이 '두루함'이니 위의 사행이 모두 이치의 근원에 사무쳐서 성품을 구족한 까닭이다.

6. 무애행이 '두루함'이니 위의 둘이 서로 사무친 까닭이다.

7. 융통행이 '두루함'이니 낱낱의 행을 따라 융섭함이 다함이 없는 까닭이다.

8. 일어난 작용이 '두루함'이니 작용이 능하지 않음이 없으며 두루하지 않음이 없는 까닭이다.

9. 행해지는 곳이 '두루함'이니 위의 여덟 부문이 제망찰에 두루하여 수행하는 까닭이다.

10. 행해지는 때가 '두루함'이니 과거·현재·미래의 시간을 다하여 념(念)·겁이 원융해서 마칠 기약이 없기 때문이다.

위의 십행이 섞이되 잡란하지 않고, 섭입이 중중한 까닭으로 선재가 보현의 한 터럭에 들어가 얻은 법문이 여러 선우를 초과함이 말로 할 수 없는 배나 된다. 또 위의 십행을 다 거두어 두 가지가 되니, 만약 지위 뒤의 보현이라면 불과를 얻되 인행을 버리지 않아서 미래제가 다하도록 보현행을 하니 사람으로서 법을 드러낸즉 보현의 행이요, 만약 지위 이전 계위의 보현이라면 덕으로써 사람을 이룬다. 다만 보편적인 행을 닦기에 보현이라 하며, 또한 '보현'이 곧 '행'이니 다만 행으로부터 이름했다. 만약 홀로 전도 지위의 보현이라면 보현의 행이 아래 지위에 베풀어질 수 없다. 보현을 자세히 해석하는 것은 초회에 밝힌 것과 같다.

【주】————————————————

1. 함식(含識) : 중생.
2. 조선(調善) : 유연함, 적합함이다. 조(調)는 맞다, 정돈되다, 부드럽다 등의 뜻이다.
3. 사행(事行) : 사(事)는 상대의 현상이니, 절대성이 임시로 구원된다고 하는 목적을 지향하는 방면으로 나타난 수행, 즉 차별적·상대적인 수행을 말한다. ⓑ
4. 이행(理行) : 이(理)는 절대의 본체이니, 사람은 본래 구원된다고 하는 절대의 위치에 서서, 행도 깨달음도 필요로 하지 않는 수행이다.

【통현론】爲明從初會菩提場[1] 如來是佛果. 如十普賢菩薩 幷已下菩薩 神天等衆 是佛普賢行故. 從第二會 普光明殿. 說不動智佛 無礙智佛等 十智如來. 以成十信心. 明其能信自心 是不動智佛 是自心之本果. 餘九亦然. 文殊師利 覺首目首等 十首菩薩. 是自身所行 普賢之行. 以次十住 十行十廻向 十地十一地. 所有十十等佛號. 十十等菩薩名. 乃至無量佛號. 無量菩薩名. 皆是自身自心 進修佛果. 自普賢行 直至於此 普賢行品. 是一箇自心佛果. 一箇自心普賢行. 至如來出現品. 方明自已 佛果理智 體用方終. 以此出現品中 如來放眉間光 灌文殊頂.[2] 放口中光 灌普賢口.[3] 令其理智 法身妙慧 文殊師利 共普賢菩薩 自相問答 如來出現 所有境界. 方明自身 理智妙慧. 普賢行海 佛果進修 始終圓滿 付囑流通. 亦在出現品內. 離世間品 是佛果後常道 無始終普賢行故. 法界品是佛常道法界. 如以佛果後 普賢行依義 亦可作利世間品 是自己道行已滿. 純是利益世間 無世間可離. 無出世間可至故. 以普賢行 恒利益衆生爲本故 餘義至後品重明.

以此品通該十信以來 至出現品. 一勢始終 因果本末. 以立其品名. 大約此一會 十定以來 十一品經. 總以十定之體 通收始末. 不出一刹那際故. 此品以明佛果位內 自行普賢行滿故. 以立其名.

통 초회 보리장으로부터 여래는 불과요, 저 열 보현 보살과 이하의 보살·신·천 등 대중은 부처님의 보현행임을 밝힌다.

제2회 보광명전으로부터 부동지불과 무애지불 등 십지(十智)의 여래를 설하여 십신을 이룸은 자기 마음이 부동지불이고 〔자기 마음의〕 본과(本果)임을 능히 믿는 것을 밝힌다. 나머지 아홉도 또한 그러한데 문수사리와 각수·목수 등 십수 보살은 자신이 행할 보현행이다.

다음으로 십주·십행·십회향·십지·십일지에 있는 십과 십 등 불보살 명호와 내지 한량없는 불보살 명호는 다 자기의 심신이 불과에 나아가는 것이며, 스스로의 보현행이다. 이 보현행품에 바로 도달함은 일개 자기 마음의 불과와 보현행인 것이다.

여래출현품에 이르러서 비로소 자기 불과와 이지(理智)의 본체와 작용이 비로소 마침을 밝히는데 이로써 여래출현품에서 여래께서 미간 광명을 놓아 문수의 정수리에 관(灌)하시고, 입으로 광명을 놓아 보현의 입에 관(灌)하셨다. 그 이지(理智)와 법신의 묘혜(妙慧)인 문수사리와 보현 보살이 함께 각자 서로 여래출현에 있는 경계를 문답케 하여 비로소 자신의 이지와 묘혜를 밝혀 보현행과 불과를 닦아 나가는 시종의 원만함을 밝히니 부촉하여 유통함도 또한 여래출현품에 있다.

이세간품은 불과 뒤의 상도(常道)니 처음과 끝이 없는 보현행이다.

입법계품은 부처님의 상도 법계다. 만약 불과 뒤의 보현행으로써 하는 뜻에 의하면 또한 세간을 이롭게 하는 품이라 할 것이다. 이는 자기의 도행이 원만해져서 순전히 세간을 이롭게 하여 세간을 떠나지 않고, 출세간도 도달할 게 없기 때문에 보현행으로 항상 중생을 유익하게 함으로써 근본을 삼았다. 나머지 뜻은 뒤의 품에 이르러 거듭 밝힌다.

이 〔보현행〕품은 전체적으로 십신부터 여래출현품에 이르기까지 일세(一勢)의 처음과 끝, 인과의 본말을 다 포괄하여 그 품명을 지어 붙인 것이다. 대략 이 일 〔제7중

보광명전]회의 십정 이후 11품의 경문에 의거하여 전체적으로 십정의 본체로써 처음과 끝을 다 거두어 일 찰나제에서 벗어나지 않는다. 이 품은 불과의 지위 안에서 스스로 보현행을 행하여 원만히 함을 밝힌 까닭에 그 이름을 지어 붙인 것이다.

【주】────────────────

  1. 초회보리장(初會菩提場) : 속장경본의 표기인데 신수 대장경은 보리수하(菩提樹下)로 되어 있다.
  2. 관문수정(灌文殊頂) : 여래께서 광명으로 문수의 정수리에 관(灌)하여 지혜를 가피하셨다.
  3. 관보현구(灌普賢口) : 여래께서 광명으로 설법주인 보현의 입에 관(灌)하여 구변을 가피하셨다.

【수현기】行周法界云普. 體順調善稱賢. 菩薩是人. 行者明因. 行體從二義得名.

[수] 행이 법계에 두루함을 '보'라 하고, 본체가 수순히 유연함을 '현'이라 일컫는데 '보살'은 사람이요, '행'은 인을 밝힌 것인데 행의 본체는 두 뜻으로부터 이름을 얻었다.

【탐현기】德周法界曰普. 用順成善稱賢. 攝德表人 名爲菩薩. 對緣造修 目之爲行. 普賢之行. 普賢卽行[1]可知.

[탐] 덕이 법계에 두루함을 '보'라 하고, 작용이 수순하여 선을 이룸을 '현'이라 일컫는다. 덕을 거두어 사람을 나타내기에 '보살'이라 이름하고, 연에 상대하여 수행해 나아가므로 지목해 '행'이라 한다. '보현의 행'이요, '보현'이 바로 '행'이니 알 것이다.

【주】────────────────

  1. 보현즉행(普賢卽行) : 지업석이다. → 부록 (육합석) 참조.

Ⅱ. 보현행품을 설하는 까닭

【청량소】先通後別. 通謂二品 明出現因果. 故次來也. 亦名平等因果. 謂會前差別因. 成此普賢之圓因. 會差別果. 成性起出現之果. 又前約修生. 此約修顯故. 若爾何以更無別問. 復何以差別果終. 而無瑞證.[1] 平等因竟 便有瑞耶. 卽以此義 顯是會前. 若更別問 便有隔絶. 欲會前故 不以瑞隔. 普法希奇 因果各瑞. 又前應有瑞. 經來未盡. 故所以無耳. 別謂此品 先因後果. 義次第故. 亦遠答前 第二會初所行問. 及不思議品 念請本願問故. 前雖已答. 下二深妙 故重明之. 亦猶相海隨好. 而妙中之妙. 古德別爲一段因果.

청 먼저는 전체적인 것이고 뒤는 개별적인 것이다.

1. 전체적으로 두 품이 출현인과를 밝히는 까닭에 이어졌는데, 또한 평등인과라 이름하니 앞의 차별인을 회통하여 보현의 원만한 인(因)을 이루며, 차별과를 회통하여 성기출현의 과(果)를 이룬다. 또 앞은 수생〔인과〕에 의했고 이는 수현〔인과〕에 의한다. 만약 그렇다면 어찌 다시 별도의 물음이 없으며, 왜 다시 차별과가 마칠 때엔 상스러운 증명이 없다가 평등인이 마침엔 서기가 있는가? 곧 이런 뜻으로써 앞을 회통하는데 만약 다시 별도로 물으면 문득 단절이 있게 되니 앞을 회통하고자 한 까닭에 상서로써 격리하지 않은 것이며 별교일승〔普法〕은 기이함을 바라니 인과가 각기 상스럽다. 또 앞엔 응당 상서가 있어야 하나 경의 온 것이 미진한 때문에 없는 것이다.

2. 개별적으로는 이 품이 먼저는 인이요, 뒤는 과이니 뜻의 순서이다. 또한 멀리 앞의 제2회 초에 제기된 물음과 불부사의품에 생각으로 청한 ‘〔모든 부처님〕본원’의 물음에 답이다. 앞에서 비록 답했으나 다음의 둘이 심묘하기에 거듭 밝히는 것이다. 또한 여래십신상해품·여래수호광명공덕품과 같으나 묘한 가운데 묘하기에 고덕이 따로 일단의 인과로 삼았다.

【주】

【주】

1. 서증(瑞證) : 화엄경에서 현수·십주·초발심공덕·십행·십회향·십지·보현행·여래출현·이세간·입법계 등의 품에서 상서가 나타난다.

【통현론】 爲明前品 果極性智光明[1] 以利衆生. 此品明普賢行 能利物故. 有理智無行. 理智乃處俗不圓. 有行無理智. 其行無由出俗. 故理行體徹[2] 方成不二自在之門. 以此此品須來.

통 앞〔여래수호광명공덕〕품은 불과가 지극한 성지(性智)의 광명으로써 중생을 유익하게 함을 명시했고, 이 품은 보현행으로써 능히 중생을 이롭게 함을 밝힌 것이다. 이지(理智)만 있고 행이 없으면 이지가 세속에 처함에 원만치 못하고, 행만 있고 이지가 없으면 그 행이 세속을 벗어날 수 없기 때문에 이치와 행의 본체가 철두철미하여야 비로소 둘이 없이 자재한 문을 이룬다. 이로써 이〔보현행〕품이 의당 이어진 것이다.

【주】

1. 과극성지광명(果極性智光明) : 속장경본 표기인데 신수장경에는 명극과성지광명(明極果性智光明)으로 되어 있다. 〈卍 4권 519 中〉, 〈大 36권 936 下〉
2. 이행체철(理行體徹) : 속장경본 표기인데 신수장경에는 이지체철(理智體徹)로 되어 있다. 출처는 상동.

【수현기】 有二. 一疑者 云向前因果 以何爲體. 依何以成. 爲決此疑也. 此卽第二 自體因果. 此品是因 性起是果. 此因果與上修成 云何取別. 若約緣分齊取. 卽屬上. 離性泯始終. 卽屬此. 問上地中 廣明離性. 此云何也. 答前欲攝別行 爲趣體方便故也. 此中所明 正是順理之行性也. 而無二體. 義不相是耳. 以緣盡緣. 以性卽並性也. 問性起絶言離相. 云何有因果. 答有二意. 一爲經內因中 辨性起果中 明性起故二也. 二性由不住故起. 起時離相 順法故有因果也. 問起時離 與緣修[1]何別. 答緣修離緣則不成. 性起無緣 卽不損故別也. 其普賢行 亦如性起 分順修生也. 何故下文云 多法成出現於世也.

答此望解知. 非約性體也. 故下數云 若如是知也. 問若不知 云何辨起. 答餘觀異見故.
緣修卽不爾也.　第二又解. 攝前別行 成其普德. 以發性起故來也. 若作此解 由屬修生
性起已下文 入本有也. 問普賢行何位成. 答實卽不依位. 就彼解位已去成. 爲上經文
在解已上說故. 餘準思攝.

㊎ 두 가지가 있다.

1. 첫째 의문은 '앞의 인과는 무엇으로 본체를 삼고, 무엇에 의해서 이루어졌는
   가?'라고 하는 의심을 끊기 위해서이다. 이는 두 번째 자체 인과이니 이 품은
   인이고, 보왕여래성기품은 과이다. 이 인·과와 위에서 닦아 이룬 것을 어떻게
   취하여 구분하는가? 만약 연의 분제에 의하여 취하면 위〔차별인과〕에 속하고,
   성품을 떠나서 시종을 없앰은 이〔평등인과〕에 속한다.

문 : 위의 지위에서는 성품을 떠남을 자세히 밝혔는데 이는 어떤가?

답 : 앞에서는 별도의 행을 거두어 본체의 방편에 나아가고자 한 때문이고, 이에서
　　 밝힘은 바로 순리대로 행의 성품이다. 두 본체가 없고 뜻이 서로 옳지 않기에
　　 연으로써 연을 다하고, 성품으로써 성품을 겸한다.

문 : 성기는 말을 끊고 형상을 떠났는데 어떻게 인과가 있다고 하는가?

답 : 두 뜻이 있는데 첫째는 경의 인(因)에 성기과를 말한 중에서 성기를 밝히는
　　 때문에 둘이다. 둘째는 성품이 머물지 않음을 말미암기 때문에 '기(起)'이고, 일
　　 어날 때는 형상을 떠나서 법에 따르기 때문에 인과가 있는 것이다.

문 : 일어날 때 떠남이 연의 수행과는 어떻게 다른가?

답 : 연의 수행이 연을 떠나는 것이라면 이루지 못하고, 성기가 연이 없는 것은
　　 손실이 아니기 때문에 다르다.

문 : 그 보현행 또한 성기와 같아서 수생을 나누어 따르는데 왜 다음 문에서 '많은
　　 법을 이루어 세간에 나툰다'고 했는가?

답 : 이는 해(解)에 비교해 안 것이고, 성품의 본체에 의함은 아니다. 그러므로
　　 다음에서 자주 '만약 이와 같이 안다면'이라고 말한 것이다.

문 : 만약 알지 못한다면 어떻게 '기(起)'를 밝히는가?

답 : 나머지 관은 견해가 다르기에 연의 수행이 그렇지 못하다.

2. 둘째 이해는 앞의 별행을 거두어 그 보편적인 덕을 이룸으로써 성기(性起)를 내기 때문에 이어진 것이다. 만약 이런 이해로 한다면 수생에 속하니, 성기 이하의 경문은 본유에 들어간다.

문 : 보현행은 어떤 지위에서 이루어지는가?

답 : 실은 지위에 의하지 않는데 저 이해의 지위 이후에 나아가서 이룸은 위의 경문이 이해 이상에 있으면서 설한 때문이다. 나머지는 준해서 생각하여 거둘 것이다.

【주】 ————————————

　　1. 연수(緣修) : 두 가지 수행 중 하나로 진수(眞修)의 대칭이다. 연에 의지해〔藉緣〕 수행함을 연수라 하고, 연에 의지함 없이 수행함, 곧 닦지 않으면서 닦는 것을 진수라고 한다. 천태 별교의 수행 계위에서 연수는 초지 아래 보살이 닦는 계위이고, 진수는 초지 이상 보살이 닦는다고 했다. ㊉

【탐현기】 前品明前位修果. 此品辨後位了因. 義次第故　是故來也.

【탐】 앞 품은 전 지위의 수과(修果)를 밝혔고, 이 품은 전도 지위의 요인(了因)을 분별하니, 뜻의 차례로 이어진 것이다.

Ⅲ. 보현행품의 주제와 취지

【청량소】 亦先通後別. 通以二品明平等因果爲宗. 會前差別爲趣. 別以此品明平等圓因爲宗. 成平等果　無二爲趣.

【청】 먼저는 전체적이고 뒤는 개별적이다.

　　1. 전체적인 것은 두〔보현행·여래출현〕품의 평등인과를 밝힘으로써 주제를 삼

고, 앞의 차별인과를 회통함으로써 취지를 삼는다.

2. 개별적인 것은 이 품에서 평등하여 원만한 인을 밝힘으로써 주제를 삼고, 평등 과를 이루어 둘이 없이 함으로써 취지를 삼는다.

【수현기】二門分別. 約人約法. 人體德用 修生離始 廣大異前耳. 二法是普賢行法. 亦有體相用. 具有理教 行果等也. 但義異耳. 問此二品 無定及加集衆. 云何有體相. 答此二品 體表在玄. 爲彰法體 極深廣故. 加集衆等 如地品初釋也. 法寄人顯. 故此人說也

☐ 두 부문으로 나눈다. 사람에 의하고 법에 의한 것이다.

1. 인체의 덕용은 닦아서 번뇌를 떠나고 시각(始覺)을 이루어서 생기는데 광대한 것이 앞과 다를 뿐이다.

2. 법은 보현행법으로, 또한 본체·형상·작용이 있는데 이교(理教)와 행과(行 果) 등을 갖추고 있으니 다만 뜻이 다르다.

문 : 이 두 품은 선정과 더 모인 대중이 없는데 왜 본체와 형상이 있다고 이르는가?

답 : 이 두 품은 본체가 현묘함에 있음을 나타냈으니, 법의 본체가 아주 깊고 넓음 을 드러내는 때문이다. 더 모인 대중 등은 십지품의 처음 풀이와 같고, 법은 사람에 의해 나타나기 때문에 이런 사람으로 설한 것이다.

【탐현기】先宗後趣. 宗明普賢行 略有十種. 一達時劫. 二知世界. 三識根器. 四了因 果. 五洞理性. 六鑒事相. 七常在定. 八恒起悲. 九現神通. 十常寂滅. 此上十種 各有 十門. 如時劫中. 一陀羅尼門.[1] 一念中有多劫等. 二相卽門. 三世卽一念等. 三微細門. 多在一中現等. 四帝網門. 重重顯現等. 五不思解脫門. 隨智自在現修短等. 六一身普 遍門. 身遍卽入 三世劫等. 七一身普攝門. 三世劫海 在一毛孔等. 八現因門. 遍前後際 常行菩薩 大行願等. 九現果門. 普於三世 現成正覺等. 十現法門. 普於劫海 雲雨說法 等. 前五意業自在. 後五身語自在. 如約時劫 有此十門. 餘九亦各十. 准之卽略辨 百 門普賢行. 餘義具如文顯. 第二趣者. 明此普行意 在對顯性起果用. 問此與性起何別. 答有三別. 一此約因彼就果. 二此是能發 彼爲所發. 三此通修生 彼唯性起. 餘如性起

品說.

[탐] 먼저는 주제요, 뒤는 취지다.

1. 보현행을 밝힘으로 주제를 삼으니, 간략히 열 가지가 있다.

  (1) 때를 통달하는 것이다.

  (2) 세계를 아는 것이다.

  (3) 근기를 식별한다.

  (4) 인과를 요달하는 것이다.

  (5) 이치와 자성에 통달하는 것이다.

  (6) 현상을 살펴보는 것이다.

  (7) 항상 선정에 있다.

  (8) 늘 자비를 일으킨다.

  (9) 신통을 나타낸다.

  (10) 언제나 적멸하다.

이상의 열 가지에 각기 열 부문이 있다.

(1) 시간 가운데는

  1) 다라니문이니 일념에 다겁(多怯)이 포함되어 있는 것이다.

  2) 상즉문이니 삼세가 곧 일념이다.

  3) 미세문이니 많은 것이 하나 속에 있으면서 나타난다.

  4) 제망문이니 겹겹이 나타난다.

  5) 부사의한 해탈문이니 지혜를 따라 자재하게 장단 등을 나타낸다.

  6) 한 몸이 널리 미치는 문이니 몸이 두루하여 삼세의 시간 속에 들어가는 것이다.

  7) 한 몸이 두루 거두는 문이니 삼세 시간이 한 털구멍에 있다.

  8) 인행을 나타내는 문이니 과거와 미래에 두루하여 항상 보살의 큰 행원을 행하는 것이다.

  9) 불과를 나타내는 문이니 두루 삼세에서 정각을 이룬다.

10) 법을 나타내는 문이니 두루 한량없는 시간 속에서 비를 내리는 듯한 설법
    이다.

앞의 다섯은 의업에 자재하고, 뒤의 다섯은 신업과 어업이 자재하다. 시겁에 의해
열 가지 문이 있는 것과 같이 다른 아홉 역시 열 가지가 있는데 준하면 간략히 백
가지의 보현행을 분별하게 되고, 나머지 뜻은 구체적으로 경문에 나타난 것과 같다.

2. 취지는 보행의 뜻을 밝힘이 보왕여래성기품의 과의 작용을 대하여 나타내는데
    있다.

문 : 이 〔보현행〕와 보왕여래성기품은 어떻게 다른가?

답 : 세 가지 차별이 있는데, 첫째 이는 인에 의하고 저는 과에 나아가며, 둘째
    이는 내는 주체요 저는 내지는 대상이며, 셋째 이는 수생에 통하나 저는 오직
    성기이다. 여타는 보왕여래성기품의 설과 같다.

【주】────────────────────
    1. 다라니문(陀羅尼門) : 상입문(相入門)이다.

Ⅳ. 보현행품의 간추린 경문

보현 보살께서 다시 보살 대중에게 말씀하셨다

"앞서 말한 것은 다만 중생들의 근기에 따라서 부처님 경계의 미미한 정도만 말한
것이다. 왜냐하면 부처님들은 중생들이 지혜가 없어 악한 짓을 하고 나와 내 것을 따지
며 몸에 집착하고, 생사의 흐름을 따르고 불도를 멀리하기에 세상에 나신 것이다.

나는 어떤 법도 보살이 다른 이에게 성내는 것보다 더 큰 허물이 되는 것을 한
번도 본 적이 없는데, 성을 내면 백만의 장애를 만든다.

어떤 것들이 백만의 장애인가? 이른바 깨달음을 보지 못하는 장애, 정법을 듣지
못하는 장애, 부정한 세계에 나는 장애, 악도에 태어나는 장애, 곤란한 곳에 나는
장애, 질병이 많은 장애, 훼방을 많이 당하는 장애, 지혜롭지 못한 장애, 눈 장애,

귀 장애, 코 장애, 혀 장애, 몸 장애, 의식 장애, 악지식 장애, 나쁜 친구 장애, 바른 소견이 없는 이와 함께 하길 좋아하는 장애, 마구니 경계에 머무는 장애, 부처님의 바른 가르침을 떠나는 장애, 좋은 벗을 못 보는 장애, 선근이 가로막히는 장애, 불선한 법이 느는 장애, 못한 곳에 가게 되는 장애, 변방에 태어나는 장애, 악인의 집에 나는 장애, 악신 중에 나는 장애, 두려움이 많은 장애, 늘 걱정하는 장애, 큰 복을 받지 못하는 장애, 온갖 지혜로운 말을 비방하는 장애, 의심이 많은 장애, 마음이 항상 어리석은 장애, 견디고 참지 못하는 탓에 어리석고 시끄럽게 성냄을 일으키는 장애, 보살의 열 가지 눈을 이루지 못한 탓에 눈이 봉사와 같은 장애, 귀로 걸림 없는 듣지 못한 탓에 벙어리와 같은 장애, 상호를 갖추지 못한 탓에 코가 내려앉은 장애, 중생의 말을 잘 알지 못해 혀가 굳은 장애, 중생을 무시한 탓에 몸이 문제가 있는 장애, 마음이 광란하여 의식에 문제가 있는 장애, 도둑의 마음으로 법을 구하는 장애이다.

불자여, 만일 보살이 다른 보살들에게 한 번 성내는 마음을 내면 곧 이와 같은 백만 가지 장애 문을 이루게 되니 왜 그런가?

나는 어떤 법도 보살이 다른 이에게 성내는 것보다 더 큰 허물이 되는 것을 한 번도 본 적이 없다. 그러므로 온갖 보살행을 빨리 만족하고자 하면 열 가지 법을 부지런히 닦아야 한다. 이른바 마음으로 많은 중생에게 무관심하지 않고 보살에게 부처님이라는 생각을 내는 것이다. 불법을 길이 비방하지 않고 모든 국토가 다함이 없음을 안다. 보살행을 깊고도 쾌히 믿으며 평등한 허공법계의 보리심을 버리지 않는다. 깨달음을 관찰하여 부처님의 십력에 들어가며, 막힘 없는 변재를 부지런히 수습한다. 중생을 교화함에 싫증 내지 않고 모든 세계에 머물되 집착하지 않으니, 이것이 열이다.

보살이 이 법을 듣고 나서는 다 발심하여 공경히 받아 기억하여야 한다. 이 법을 지닌 자는 노력을 조금만 해도 빨리 최상의 깨달음을 얻고 다 모든 불법을 갖추어 삼세의 불법과 같게 된다"라고 하셨다.

그 때 부처님의 신력인 때문이며 당연히 그런 까닭으로 시방 세계가 육종으로 진동하고 하늘보다 뛰어난 온갖 장엄구를 비 내리듯했다. 모든 음악 구름을 비 내리고 많은 보살 구름을 비 내리며 말로 할 수 없는 부처님의 육신 구름을 비 내리듯했다.

이 세계 사천하의 보리수 아래 보리장에 있는 보살 궁전에서 부처님께서 등정각을 이루시고 설법하심과 같이, 시방 세계에서도 다 마찬가지다.

그 때 보현 보살께서 모든 중생들을 설법으로 깨치고자 게송으로 설하셨다.

하나의 미세한 먼지 속에서
많은 세계들을 다 보니
중생들이 혹 들으면
마음이 혼란하여 발광하리.

모든 세간 깨달으니
가명이요 실다움이 없으며
중생과 세계가 꿈과 같고
해 그림자 같네.

말로 할 수 없는 많은 겁이
곧 순식간이니
길다거나 짧게 보지 말라
궁극에는 찰나 법이로다.

두루 시방 국토에
무한한 몸들을 나타내되
이 몸은 인연으로 생겨
궁극에 집착할 것 없음을 아네.

확실히 알지어다 모든 세간이
아지랑이와 해 그림자 같고

메아리와 꿈과 같으며
환상과 변화와 같음을.

마치 청정수에 비친
영상 오고 감이 없는 것과 같이
법신이 세간에 두루함도
마찬가지임을 마땅히 알 것이다.

온갖 삿된 소견 없애
올바른 견해 열어 보이니
법성1)은 오고 감이 없어서
‘나’와 내 것에 집착 않네.

보살이 세간을 관찰하니
망상의 업으로 일어남이라
잘못된 생각이 끝없는 때문에
세간도 또한 무한하네.

---

1) 모든 것의 진실한 모습으로 진여와 같다.

제37. 여래출현품(如來出現品)

구역 : 제32. 보왕여래성기품(寶王如來性起品)

Ⅰ. 여래출현품의 이름 풀이

【청량소】如來是有法之人. 卽三身十身之通稱. 出現是依人之法. 果用化用之總名. 如來雖見上文. 對出現故重辨 十身皆有出現. 且寄三身以明. 然來卽出現. 爲分人法 曉喩分明. 故重辨之. 若依法身如來者. 卽諸法如義. 如理常現名爲出現 故文云. 普現 一切 而無所現. 又云體性平等 不增減等. 若依報身 乘如實道 來成正覺. 故曰如來. 本 性功德 一時頓顯. 名爲出現故. 文云. 如來成正覺時. 於一切義 無所疑惑. 普見一切衆 生 成正覺等. 若依化身 則乘薩婆若乘 來化衆生. 故曰如來. 則應機大用 一時出現. 文 云. 以本願力現佛身. 令見如來大神變. 又云. 隨其所能 隨其勢力. 於菩提樹下. 以種 種身 成正覺等. 今以新佛舊成[1] 曾無二體. 新成舊佛[2] 法報似分. 無不應時故 卽眞而 應. 應隨性起故 卽應而眞. 三佛圓融 十身無礙故. 辨應現 卽顯眞成. 是以晉經名性起. 性字雖是義加 未爽通理. 以應雖從緣 不違性故. 無不從此法界流故. 以淨奪染 性卽起 故. 若離於緣 性叵說故. 下加性起菩薩 表所說故. 妄雖卽眞 不順性故. 今以起義多含 直云出現. 從性從因 從眞從感. 皆出現故. 若唯辨應身出現. 非唯失前二義 亦未足顯 深 何能融前 差別之果 若以來爲現義. 則如來卽出現. 持業釋也. 若分人法. 三皆如來

之出現. 揀餘出故.

［청］ '여래'는 법이 있는 사람인데 삼신·십신의 통칭이요, '출현'은 사람에 의지하는 법이니 과용(果用)·화용(化用)의 총명이다. 여래는 비록 위의 문에 나타났으나 출현을 대해 거듭 밝히는데 십신에 다 출현이 있지만 다시금 삼신에 의해 명시한다. '래(來)'가 바로 '출현'이나 사람과 법을 나누어 비유로 알게 함〔曉喩〕을 분명히 하기 때문에 거듭 드러냈다.

법신에 의한 여래는 온갖 법이 여한 뜻이니 진리에 맞는 것이 항상 나타남을 '출현'이라 한다. 그러므로 〔여래출현품〕 경문에서, "〔큰 바다는 사천하의 많은 중생 몸과 형상을 두루 나타내므로 다같이 바다라 말하듯이, 부처님의 보리도 그와 같아서〕 두루 일체 〔중생의 마음과 근성과 욕망〕를 나타내면서도 나타냄이 없네"라 하고 또, "〔진여는 허망을 떠나 항상 고요해 생멸 없이 두루하니 모든 부처님 경계 또한 그러하여〕 성품이 평등하여 증감이 없네" 등이라고 했다.

보신에 의하면 여실한 도를 타고 와서 정각을 이룬 때문에 '여래'라 하며 본성 공덕이 일시에 몰록 나타나기에 '출현'이라 이름했다. 그러므로 〔여래출현품〕 경문에서, "여래께서 정각을 이루실 때에 온갖 이치에 〔관찰함이 없고 법에 평등하여〕 의혹이 없으며, ……〔그 몸에서〕 모든 중생이 정각을 이룸을 두루 본다"는 등이라 한 것이다.

화신에 의하면 '온갖 것을 아는 지혜의 수레'를 타고 와서 중생을 교화하기 때문에 '여래'라 하니 근기에 응한 대 작용이 일시에 출현하는 것이다. 경문 〔여래출현품〕에는, "〔온갖 법의 성품이 새가 허공에 낢에 발자취가 없는 것과 같음을 분명히 아나〕 본래 원력으로써 불신을 나타내어 여래의 대신통 변화를 보게끔 하시네"라고 하였다. 또, "그 능함과 세력을 따라서 〔도량의〕 보리수 아래 〔사자좌 위〕에서 갖가지 몸으로 정각을 이룬다"는 등이라 했다. 지금의 새 부처님은 옛날에 이루신 것이라 일찍이 두 자체가 없으시며 새로운 이룸이 옛 부처님의 법신·보신이 나뉜 듯하다. 응하지 않는 때가 없기 때문에 진리에 걸맞게 응하며 응함이 성품을 따라 일어나기 때문에 응함에 걸맞는 진리요, 삼신불(三身佛)이 원융하여 십신이 걸림 없기 때문에 응현(應現)이 곧 진성(眞成)을 나타냄을 말한다.

이로써 진경〔구역〕엔 '보왕여래성기'라 이름하니 '성'자는 비록 뜻으로 추가했으나 전체적 이치에 어긋나지 않는다. 응이 비록 연을 좇으나 자성을 어기지 않으며, 이 법계로부터 유출되지 않음이 없고, 깨끗함으로써 더러움을 없애니 '성(性)'이 바로 '기(起)'이다. 만약 연을 떠나면 성품을 설할 수 없으니 다음에 성기 보살을 추가하여 설해지는 것을 나타냈는데 망령됨이 비록 진실에 걸맞으나 성품을 따르지 않는다. 지금은 '기(起)'의 뜻을 많이 포함하기에 바로 '출현'이라 하는데 자성을 따르고 인을 따르며 진리를 따르고 감응을 따름이 모두 출현이다. 만약 오직 응신의 출현만 밝힌다면 앞의 두 뜻을 잃을 뿐 아니라 또한 족히 심오함을 나타내지 못하니 어찌 앞서 차별의 과를 융통할 것인가. 만약 '래(來)'로써 '현(現)'의 뜻을 삼은즉 '여래'가 곧 '출현'이니 지업석이다. 만약 사람과 법을 나눈다면 셋이 모두 여래의 출현이니 나머지 출현과 구별한다.

【주】 ─────────────

1. 신불구성(新佛舊成) : 보신으로써 법신에 나아감에 거푸집〔出模〕의 형상과 같으니 형상은 본래 옛날에 이루어진 까닭에 본체가 둘이 없는 것이다.〈⊕ 62권 3〉
2. 신성구불(新成舊佛) : 법신으로써 보신에 나아감에 금으로 형상을 이룸과 같아서 금과 형상이 분리된 듯한데 형상을 이루지 않은 금이 있기에 지금 형상을 이룬 뒤에 둘을 나눈 듯한 것이다. 앞의 대구는 다른 것이 아니고, 이 대구는 하나가 아니니 하나가 아님이 곧 다름이 아니기에 사분(似分)이라 말했으나 마침내 본체 둘이 없는 것이다.〈⊕ 62권 3〉

【통현론】 爲從第二 普光明殿 說十信心 以不動智佛爲初信首. 次無礙智佛等餘九佛 是十信中進修. 又明一智中 具十種智故. 隨行立名. 從十信中. 信進修行 不離根本智 不動智體. 起大悲願行. 修差別智 成大慈悲. 至此位滿. 名爲如來出現品. 明前初會 菩提場中 出現始成正覺者. 是毗盧遮那佛出現. 此品中出現 是菩薩進修 五位行解 智悲位滿出現故. 故名出現品. 亦如善財 見德生童子 有德童女. 表智悲二行滿故. 便見慈氏如來. 是表如來出現義. 是故如來 以光加此二人 問答說如來 出現之門. 文殊表現根本智. 普賢是差別智. 成就饒益衆生之門.

⑤ 제2회 보광명전에서 십신을 설함에 부동지불로써 처음 믿음의 머리를 삼음으로부터 다음에 무애지불 등 나머지 아홉 부처님은 십신에서 진보한 것이요, 또 한 지혜에 열 가지 지혜를 갖춤을 밝히기에 행을 따라 명명했다. 십신으로부터 십신에서 진보한 행이 근본지와 부동지의 본체를 떠나지 않고 대비의 원행을 일으켜 차별지를 닦아서 대자비를 이루고 이 지위에 이르러 원만함을 '여래출현품'이라고 이름한다.

앞의 초회 보리장에서 출현하여 비로소 정각을 이루심은 비로자나불의 출현이요, 이〔여래출현〕품에서 출현은 보살이 진보하는 다섯 지위의 수행·이해·지혜·자비의 지위가 원만한 출현임을 밝히기 때문에 '출현품'이라 이름한 것이다. 또한 선재가 덕생동자와 유덕동녀를 봄은 지혜와 자비의 두 행이 원만함을 표한 것이요, 미륵불을 친견함은 여래출현의 뜻을 나타낸 것과 같다. 이 때문에 여래께서 광명으로써 두 사람에게 가피하시어 문답으로 여래출현의 문을 설하게 하시니 문수는 근본지를 표현한 것이요, 보현은 차별지로 중생을 이롭게 함을 성취하는 문이다.

【수현기】 寶王者攝德 自在爲王. 可貴名寶也. 如來者如實道 來成正覺. 性者體. 起者現在心地耳. 此卽會其起相入實也.

⑤ '보왕'은 덕을 거둔 것이니, 자재함을 '왕'이라 하고 귀한 것을 '보'라 한다. '여래'는 여실한 도로 와서 정각을 이룬 것이요, '성'은 본체이며, '기'는 현재의 마음〔心地〕이니 이는 그 일어나는 형상을 회통하여 진실에 들어간 것이다.

【탐현기】 寶王是摩尼寶珠. 最可珍貴故名寶也. 以能出寶自在故. 寶中最勝故. 衆寶所依故. 故名王也. 喩性起法 亦具三義. 謂出智義. 最勝義. 所依義. 佛性論如來藏品云. 從自性住 來至得果 故名如來. 不改名性. 顯用稱起. 卽如來之性起. 又眞理名如名性. 顯用名起名來. 卽如來爲性起. 此等從人法 及法用題品目. 又別翻一本名 如來祕密藏經.[1] 又一本名如來興顯經.[2] 又此下文 具有十名. 竝可知.

⑤ '보왕'은 마니보주인데 최고 진귀하기에 '보'라고 이름하고, 보배를 냄이 자재하

고 보배 중에 최고 수승하며 온갖 보배의 의지처가 되기에 '왕'이라 했다. '성기'의 법 또한 세 가지 뜻을 갖춤에 비유하니, 지혜를 내는 뜻이요, 최고 수승한 뜻이며, 의지되어지는 뜻이다.

불성론의 여래장품에서는, "자성이 머무름으로부터 불과를 얻음에 이르기에 '여래'라 이름한다"고 하였으며, 고치지 않음을 '성'이라 이름하고, 작용을 나타냄을 '기'라고 일컬으니 바로 여래의 성기이다. 또 진리를 '여'라 하고, '성'이라 하며, 작용을 나타냄을 '기'라 하고, '래'라 하니, 곧 여래가 성기가 된다. 이는 사람과 법과 법의 작용으로부터 품목을 표제한 것이다. 또한 별도의 다른 번역이 있으니 '여래비밀장경'이라 하며, 또 한 판본은 '여래흥현경'이라 이름한다. 또한 이 다음 본문에서 열 가지 이름을 갖추고 있으니 다 알 수 있다.

【주】────────────────

1. 여래비밀장경(如來祕密藏經) : 역자 미상의 "대방광여래성기비밀장경"을 가리키는데, 지금은 전하지 않는다.
2. 여래흥현경(如來興顯經) : 축법호 역의 불설여래흥현경(佛說如來興顯經)이다. 〈㉐ 10권 592~617〉

II. 여래출현품을 설하는 까닭

【청량소】前品明稱果之因. 此品辨如因之果. 體雖平等 不壞二相. 先因後果 義次第故. 亦爲答前 不思議品 出現念故. 答第二會 所行問故. 會釋如前.

[청] 앞 품에서 과에 걸맞는 인을 밝혔고, 이 품에서는 인과 같은 과를 밝힌다. 본체가 비록 평등하나 두 상을 무너뜨리지 않으니 먼저의 인과 뒤의 과가 뜻의 차례인 때문이다. 또한 앞의 불부사의품에 〔보살들이〕부처님의 출현을 생각한데 답이요, 앞의 제2회에서 질문된 물음에 답이다. 회의 풀이는 앞과 같다.

【통현론】前明五位中 文殊普賢 及佛果三法已周. 此明佛果 行圓滿故. 此品須來.

【통】 앞에서 다섯 지위 가운데 문수와 보현 및 불과의 세 법이 이미 두루함을 밝혔는데, 여기서는 불과의 행이 원만함을 밝히기에 의당 이어진 것이다.

【수현기】前普賢明能起之緣. 次辨所起也.

【수】 앞은 보현이 능히 일으키는 연을 밝혔고, 차례로 일어나는 것을 말한다.

【탐현기】前品明能發之因. 今辨所顯之果 故次來也.

【탐】 앞 품에서 능히 내는 인을 밝혔고, 지금은 나타나는 불과를 드러내기에 이어진 것이다.

Ⅲ. 여래출현품의 주제와 취지

【청량소】平等出現爲宗. 融差別果爲趣.

【청】 평등출현으로 주제를 삼고, 차별과를 융섭함으로 취지를 삼는다.

【수현기】分別有二. 約人約法. 人但本有異前. 法者如文耳. 問性起分齊云何. 答此有二義. 一始終相對. 二闊狹相對明分齊. 初始發心 至佛性起. 終至大菩提 大涅槃 流通舍利也. 闊狹頓悟 及三乘始終 出世至聲聞緣覺 世間下至地獄等諸位也 仍起在大解大行大見聞心中. 文義俱在下辨. 至當指釋. 問若聲聞等 有性起者. 何故文云 於二處不生根. 答言不生者 不生菩提心性起芽. 不言無果葉. 若無者微塵中 不應有經卷. 準喩可知 若細分別 地獄無果葉有體. 聲聞有體 及果葉也.

㉔ 분별하여 둘이 있는데 사람과 법에 의거한 것이다. 사람은 다만 본유로써 앞과 다르며, 법은 경문과 같다.

　문 : 성기의 분제는 무엇인가?

　답 : 이에 두 뜻이 있는데, 첫째는 처음과 끝을 상대하고, 둘째는 넓고 좁음을 상대하여 분제를 밝힌다. 처음은 비로소 발심하여 불성이 일어남에 이르고 마지막에 대보리와 대열반 사리를 유통함에 이른다. 넓고 좁음의 돈오와 삼승 시교·종교에서는 세간을 벗어나 성문과 연각에 이르며, 세간 이하는 지옥 등의 여러 지위에 이른다. 그래서 '기'는 대해와 대행과 대견문심의 가운데 있다. 경문의 뜻은 모두 다음에 밝힌 것에 있으니 해당하는데 이르면 가리켜 둔다.

　문 : 만약 성문 등에도 성기가 있다면 왜 〔보왕여래성기품〕 경문에서 '〔부처님 지혜의 대 약왕수가〕 두 곳에서는 뿌리를 내리지 못한다'고 했는가?

　답 : 내지 못한다고 함은 보리심의 성품이 싹을 내지 못한 것이지 과실과 잎이 없다고 말한 것은 아니다. 만약 없다면 작은 먼지 속에도 마땅히 경권이 있지 않아야 하니, 비유로 준하면 알 수 있다. 혹 자세히 분별하면 지옥은 과실과 잎이 없으면서 체(體)만 있고, 성문은 체와 과실과 잎이 있다.

【탐현기】 明性起法門. 卽以爲宗. 分別此義 略作十門. 一分相門. 二依持門. 三融攝門. 四性德門. 五定義門. 六染淨門. 七因果門. 八通局. 九分齊. 十建立. 初分相者. 性有三種. 謂理行果. 起亦有三 謂理性得了因 顯現名起. 二行性由待聞熏 資發生果名起. 三果性起者. 謂此果性 更無別體. 卽彼理行 兼具修生 至果位時. 合爲果性. 應機化用名之爲起. 是故三位 各性各起 故云性起. 今此文中 正辨後一 兼辨前二也. 二依持門者. 一行證理成. 則以理爲性. 行成爲起. 此約菩薩位. 以凡位有性 而無起故. 二證圓成果. 卽理行爲性. 果成爲起. 此約佛自德. 三理行圓成之果爲性. 赴感應機之用爲起. 是則理行徹 至果用故起. 唯性起也. 三融攝門者. 旣行依理起. 則行虛性實. 虛盡實現. 起唯性起. 乃至果用 唯是眞性之用. 如金作鐶等. 鐶虛金實. 唯是金起 思之可見.

〖탐〗성기의 법문을 밝힘으로써 주제를 삼으니 이 뜻을 분별하는데 간략히 열 부문으로 한다. 첫째는 분상문이며, 둘째는 의지문이고, 셋째는 융섭문이다. 넷째는 성덕문이며, 다섯째는 정의문이고, 여섯째는 염정문이다. 일곱째는 인과문이며, 여덟째는 통국문이고, 아홉째는 분제문이며, 열째는 건립문이다.

1. 분상문이다. '성'에 세 가지가 있는데 진여〔理〕·십바라밀〔行〕·사덕바라밀과 백사십불공법〔果〕이다.

   '기'도 또한 셋이 있다.

   (1) 진리의 성(性)이 요인(了因)을 기다려 나타나기에 '기'라고 이름한다.

   (2) 행의 성이 문훈(聞熏)을 기다림을 말미암아서 과를 내도록 돕는 것을 '기'라고 이름한다.

   (3) 과의 성이 일어남으로, 이 과의 성은 다시 별도의 본체가 없는데 저 진리와 행의 성이 수생까지 겸비하여 과위에 이를 때 합하여 과의 성이 되고, 중생에 응해 화용(化用)하므로 '기'라고 이름한다. 이 때문에 세 지위에 각기 '성'과 '기'가 있어 '성기'라고 한 것이다. 지금 문에서는 정식으로 뒤의 하나만을 밝혔는데, 앞의 〔진리와 행의 성〕 둘을 겸하여 말하고자 했다.

2. 의지문이다.

   (1) 행이 이치를 증득하여 이룬즉, 이치로써 '성(性)'을 삼고 행이 이루어짐으로 '기(起)'를 삼는다. 이는 보살 지위에 의한 것이니, 범부의 지위는 '성'은 있으나 '기'가 없다.

   (2) 원만히 깨쳐 과를 이루니, 이치에 걸맞는 행으로써 '성'을 삼으며, 과가 성취됨을 '기'로 한다. 이는 부처님 자덕에 의한 것이다.

   (3) 이치와 행이 원만히 성취된 과가 '성'이 되며, 근기에 감응하는 작용이 '기'가 된다. 이는 이치와 행이 서로 사무쳐서 과의 작용에 철저히 이르기에 '기'이니, 오직 '성기'이다.

3. 융섭문이다. 이미 행이 이치에 의지해서 일어나기에 행은 허하고 성품은 실하니, 허가 다하여 진실이 나타나면 일어나더라도 오직 성품이 일어나는 것이다. 내지 과의 작용에 이르러서는 오직 진성(眞性)의 작용이니, 마치 금으로 반지

등을 만들면 반지는 허하고 금은 실하여 금만이 일어나니 생각하면 알 수 있다.

【탐현기 2】 四性德門者. 以理性卽行性. 是故唯理性起. 此與前門何別者. 前約以
理奪行說. 今約理本具行說. 問理是無爲. 行是有爲. 理顯爲法身. 行滿爲報身. 法報不
同爲無爲異. 云何理性 卽是行耶. 答以如來藏中 具足恒沙 性功德故. 起信論中. 不空
眞如 有大智慧光明義 遍照法界義等. 涅槃云.[1] 佛性者名第一義空. 第一義空 名爲智
慧. 解云此則無爲性中 具有有爲功德法故. 如來藏經 模中像等.[2] 及寶性論 眞如爲種
性[3]等 皆是此義. 是故藉修 引至成位 名爲果性. 果性赴感名爲性起. 五定義門者. 問云
下文云 非少因緣 成等正覺. 此乃是緣起. 何故唯言性起耶. 釋云有四義. 一以果海自
體 當不可說不可說性. 機感具緣. 約緣明起. 起已違緣 而順自性. 是故廢緣 但名性起.
二性體不可說. 若說卽名起. 今就緣說起. 起無餘起. 還以性爲起. 故名性起 不名緣起.
三起雖攬緣 緣必無性. 無性之理 顯於緣處. 是故就顯 但名性起. 如從無住本 立一切法
等. 四若此所起 似彼緣相. 則屬緣起. 今明所起 唯據淨用. 順證於眞性 故屬性起.

탐 4. 성덕문이다. 이성이 곧 행성이기에 오직 이성이 일어남이니 이는 앞의 부문
과 무엇이 다른가? 앞은 이치로써 행을 뺏는데 의해 설했고, 지금은 이치가
본래 행을 갖추고 있는데 의해 말한 것이다.

문 : 이치는 무위요, 행은 유위라고 하면 이치가 나타남은 법신이 되고, 행이
원만하면 보신이 된다. 법신·보신이 같지 않고 유위·무위가 다르니 어
째서 이성이 바로 행이겠는가?

답 : 여래장에 항하사 성품의 공덕을 갖추고 있기 때문이다. 대승기신론〔상권〕
에 불공(不空) 진여는 "〔일체 범부·성문·연각·보살이나 부처님께 더
많고 적음이 없으며 앞에서 남도, 뒤에서 없어짐도 아니어서, 필경에 늘
변함없이 본래부터 성품이 스스로 온갖 공덕을 가득 채운 것이다. 이른바
자체에〕 대 지혜 광명의 뜻이 있고, 법계를 두루 비추는 뜻이 있다"고 하
였다. 열반경 〔제25권 사자후보살품〕에는, "불성은 제일의공이라 하고,
제일의공은 지혜라 이름한다. 〔공이라 말함은 공과 불공을 보지 않는 것

이요, 지혜라 함은 공과 불공·상·무상·고·낙·아·무아를 보는 것이다. 공은 온갖 생사요 불공은 대열반이며, 내지 무아는 생사요, 아(我)는 대열반이다. 온갖 공만 보고 불공을 보지 못함은 중도라 할 수 없으며, 내지 온갖 무아만 보고 아를 보지 못함은 중도라고 이름할 수 없다. 중도를 불성이라고 이름한다]”고 하였다. 풀이하면, 이는 무위의 성품 가운데 유위의 공덕법을 갖추고 있기 때문이다. 대방광여래장경의 모형 속의 형상 등과 구경일승보성론〔1권 무량번뇌소전품〕에서 진여를 종성으로 삼는 등은 다 이 뜻이다. 그러므로 수행을 가자하여 지위를 이룸에 도달함을 ‘과성’이라 하고 과성에 부감함을 ‘성기’라 이름하는 것이다.

5. 정의문이다.

문 : 다음 〔보왕여래성기품〕 경문에서 “적은 인연으로 등정각을 이룬 것이 아니다”고 한 것은 ‘연기’인데 왜 오직 ‘성기’라고만 했는가?

답 : 풀면 네 가지 뜻이 있다.

(1) 불과 자체가 말로 할 수 없이 말로 할 수 없는 성품에 해당한다. 근기에 감응함에 연을 갖추고 있어서 연에 의해 ‘기’를 밝히나 일어나서는 이미 연에 어긋나며 자성에 수순하기에 연을 폐하고 다만 ‘성기’라고만 이름한 것이다.

(2) 성(性)의 체를 말로 할 수 없으니, 혹 설한다면 ‘기’라 이름할 것이다. 지금 ‘연’에 나아가 ‘기’라 설하나 일어나도 달리 일어남이 없으며 도리어 성으로 ‘기’를 삼기에 ‘성기’라고 하며 ‘연기’라고 이름하지는 않는다.

(3) ‘기’가 비록 ‘연’을 반람하나 연은 반드시 성(性)이 없으며 성이 없는 이치는 연처(緣處)에 나타나기에 나타남에 나아가면 단지 ‘성기’라고 이름한다. 마치 머무름 없는 근본으로부터 온갖 법을 세우는 등과 같다.

(4) 만약 이 일어난 것이 저 연의 상(相)과 비슷하다면 연기에 속할 것이나, 지금 일어난 것을 밝히면 오직 청정한 작용에 근거하여 진성에

따라 증득하기에 성기에 속하는 것이다.

【주】 ─────────────────

1. 열반운(涅槃云) : 〈天 12권, 767 下〉
2. 등(等) : 대방광여래장경에서 아홉 가지 비유로 유정들의 번뇌에 덮인 여래장을 보게 하는데 '등'은 나머지 여덟 가지 비유를 가리킨다. 곧 추하게 변화시킨 연꽃 가운데 광명의 여래, 벌집, 벼·보리·조·콩을 찧는 것, 거름더미 속의 금 벽돌, 가난한 장부의 집에 묻힌 보배 창고, 등나무 씨·다라 씨·섬부과 씨 등이 싹이 터 불괴 법을 이룸, 가난한 이가 만든 보배 상(像)이 냄새나는 헝겊에 쌓여 방치된 것, 추하여 귀신 같은 여인이 전륜왕을 잉태한 것, 납으로 모형을 만드는 비유이다. 〈天 16권, 461 中∼464 中〉
3. 진여위종성(眞如爲種性) : 후위의 늑나마제 번역으로 여래장사상을 조직적으로 설명하고 있다. 대방광여래장경의 아홉 비유를 게송으로 풀이한다. 구경일승보성론(究竟一乘寶性論)〔1권　무량번뇌소전품(無量煩惱所纏品)〕〈天 31권, 816 上〉

【탐현기 3】　六染淨門者. 問一切諸法 皆依性立. 何故下文 性起之法. 唯約淨法 不取染耶. 答染淨等法 雖同依眞. 但違順異故. 染屬無明. 淨歸性起. 問染非性起. 應離於眞. 答以違眞故 不得離眞. 以違眞故 不屬眞用. 如人顚倒 帶靴爲帽. 倒卽是靴 故不離靴. 首帶爲帽. 非靴所用. 當知此中 道理亦爾. 以染不離眞體故 說衆生卽如等也. 以不順眞用故 非此性起攝. 若約留惑 而有淨用. 亦入性起收. 問衆生及煩惱 皆是性起不. 答皆是. 何以故. 是所救故. 所斷故. 所知故. 是故一切 無非性起. 七因果門者. 問菩薩善根 亦順性而起. 何故下文 唯辨佛果. 答以未圓 故不辨耳. 若約爲性起因義 及眷屬義 皆性起攝. 如下文藥樹王生牙時 一切樹同生等. 若從此義. 初發菩提心已去 皆性起攝. 唯除凡小 以二處不生牙故.[1] 若據爲緣 令彼生善. 亦性起攝. 如日照生盲等.

탐 6. 염정문이다.

문 : 온갖 법이 다 성(性)에 의지하여 세워진다면 왜 다음의 경문에서 성기의 법은 오직 정법에만 의하고 염법을 취하지 않는가?

답 : 염(染)·정(淨) 등의 법은 비록 같이 진여에 의지하나 다만 어기거나 따름이 다르기에 염은 무명에 속하고, 정은 성기로 돌아가는 것이다.

문 : 염이 성기가 아니면 응당 진여에서 떠나야 할 것이다.

답 : 진여와 위배되기에 진여를 떠날 수도 없으며, 진여와 어긋나기에 진여의 작용에 속하는 것도 아니다. 어떤 사람이 거꾸로 되어 신발을 모자로 쓰는 것과 같은데 거꾸로 된 것은 신발이니 신발을 버리지 않고 머리에 써서 모자를 삼는다면 이는 신발의 용도가 아닌 것이다. 마땅히 이 가운데 도리도 또한 그러함을 알아야 한다. 더러움이 진여의 본체를 떠나지 않기에 '중생이 바로 진여다'는 등으로 설한 것이요, 진여의 작용에 따르지 않기에 이는 성기에 거두어지는 것이 아니다. 만약 번뇌에 있으면서도 청정한 작용이 있다면 또한 성기에 거두어진다.

문 : 중생과 번뇌는 다 성기인가 아닌가?

답 : 다 〔성기가〕 맞다. 왜냐하면 구해야 할 것이기 때문이고, 끊어야 할 것이기 때문이며, 알아야 할 것 〔중생과 번뇌〕들이기 때문이다. 이 때문에 온갖 것이 성기 아님이 없다.

7. 인과문이다.

문 : 보살의 선근 또한 '성(性)'을 따라 일어나는데 왜 다음 문에서는 다만 불과 만을 밝혔는가?

답 : 아직 원만하지 못하기에 밝히지 않는다. 만약 성기의 인이 되는 뜻과 권속의 뜻에 의하면 다 성기에 거두어질 수 있다. 다음 〔구역 보왕여래성기품〕 경문의, "〔설산 꼭대기의〕 큰 약 나무에서 싹이 틀 때 〔염부제의〕 모든 나무도 같이 난다"는 등과 같다. 만약 이 뜻을 좇으면 처음 보리심을 낸 이후로 다 성기에 거두어지나 오직 법·소는 제외되니, 그 둘은 싹을 내지 못하기 때문이다. 만약 연으로 삼음에 근거하면 저로 하여금 선을 낳게 하는 것 또한 성기에 거두어지니, 마치 태양이 배냇 소경을 비춤과 같다.

1. 이이처불생아고(以二處不生牙故) : 〈수현기 제4권, ⊛ 35권 79 下〉

【탐현기 4】 八通局門者. 問此性起 唯據佛果. 何故下文[1] 菩薩自知身中 有性起菩提. 一切衆生 心中亦爾. 答若三乘敎 衆生心中 但有因性 無果用相. 此圓敎中 盧舍那果法 該衆生界 是故衆生身中 亦有果相. 若不爾者 則但是性 而無起義. 非此品說. 文意不爾. 以明性起 唯果法故. 但以果中 具三世間. 是故衆生 亦此所攝. 問旣局佛果. 何故下文 通一切法. 答若三乘敎 眞如之性 通情非情. 開覺佛性 唯局有情故. 涅槃云 非佛性者 謂草木等. 若圓敎中 佛性及性起 皆通依正. 如下文辨. 是故成佛 具三世間. 國土身[2]等 皆是佛身. 是故局唯佛果. 通遍非情.[3] 九分齊門者. 旣此眞性 融遍一切故. 彼所起亦具一切. 分圓無際. 是故分處 皆悉圓滿 無不皆具 無盡法界. 是故遍一切時 一切處一切法等. 如因陀羅網 無不具足. 十建立門者. 問法門無涯. 何故下文 唯辨十種. 答顯無盡故. 何等爲十. 一總辨多緣 以成正覺. 二正覺身. 三語業. 四智. 五境. 六行. 七菩提. 八轉法輪. 九入涅槃. 十見聞恭敬 供養得益. 此十略收佛果業用故. 不增減. 此十義通前九位.[4] 皆具准之. 餘義下文當現.

[탐] 8. 통국문이다.

문 : 이 성기는 오직 불과에만 의거하는데 왜 다음 〔구역 보왕여래성기품〕경문에서, "보살은 자신 안에 모든 부처님〔性起〕의 보리가 〔다〕 있음을 안다. 〔왜냐하면 그 보살의 마음이 모든 부처님의 보리를 떠나지 않기 때문이다. 자기 마음 안에서와 같이〕 일체 중생의 마음에도 다 또한 그와 같음을 안다"고 했는가?

답 : 혹 삼승의 가르침은 중생의 마음에 다만 인성(因性)만이 있고 과용(果用)의 형상은 없을 것이나, 이 원교 중 노사나불의 과법은 중생계를 다 망라하고 있기에 중생의 몸에도 역시 과의 형상이 있다. 혹 그렇지 않으면 다만 '성'뿐이지 '기'의 뜻은 없을 것인데 이 품의 설은 아니다. 경문의 뜻은 그렇지 않으니, 성기는 오직 과법임을 밝히고 다만 과에서 삼 세간을 갖추

고 있기에 중생 또한 이에 거두어짐이 된다.

문 : 이미 불과에 국한된다면 왜 다음 경문에서 "온갖 법에 통한다"고 했는가?

답 : 삼승교의 진여의 성이 유정·무정에 통하나 불성을 깨닫는 것은 오직 유정에 국한되기에 열반경 [제33권 가섭보살품]에서, "불성이 아닌 것은, 온갖 장벽과 질그릇과 돌 따위의 무정물[草木] 등이다. [이러한 무정물을 깨뜨리기 위해 불성이라 한다]"고 한 것이다. 원교에서는 불성과 성기가 모두 의보와 정보에 다 통하니, 다음 경문에서 밝힌 것과 같다. 이 때문에 성불하여 삼 세간을 갖추는데, 국토신 등이 다 불신이니 국한하면 오직 불과이나 회통하면 무정까지 두루하는 것이다.

9. 분제문이다. 이미 이러한 진성이 온갖 것에 두루하기에 저로부터 일어남 또한 일체를 갖추어서 분원이 끝이 없기에 분처가 다 원만하니 모두 다함없는 법계를 갖추지 않음이 없다. 이 때문에 모든 시간·공간·법 등에 두루한 것이니, 마치 인다라망과 같이 갖추지 않음이 없다.

10. 건립문이다.

문 : 법문이 끝이 없는데 왜 다음의 [보왕여래성기품] 경문에서는 오직 열 가지만 밝혔는가?

답 : 다함없음을 나타내기 때문인데 무엇이 열 가지인가?

(1) 총체적으로 많은 연으로써 정각을 이룸을 말한다.

(2) 정각의 몸, (3) 어업, (4) 지혜,

(5) 경계, (6) 행, (7) 보리,

(8) 전법륜, (9) 입열반, (10) 보고 듣고서 공경 공양하여 이익을 얻는 것이다.

이 열 가지는 간략히 불과의 업용에 거두어지기에 증감이 없으며 이러한 열 가지 뜻은 앞의 아홉 지위에 통한다. 다 갖추고 있으니 준할 것이요, 여타의 뜻은 다음 경문에 의당 나타난다.

  1. 하문(下文) : 〈60권 화엄경 제35권 보왕여래성기품〉
  2. 국토신(國土身) : 부록 법수 십신(十身) 참조.
  3. 비정(非情) : 초목·국토 등이 정(情)을 가지고 있지 않더라도, 모두 성불한다는 뜻이다. 천태종의 세계관에서 마음도 사물도 자기도 환경도 모두 원융하고 불성의 나타남이라고 설한다. 이는 열반경 사상에서 유래하는데 초목국토실개성불(草木國土悉皆成佛), 법화경 약초유품(法華經 藥草喩品) 등과 관련 있다. ⓫
  4. 전구위(前九位) : 분상문·의지문·융섭문·성덕문·정의문·염정문·인과문·통국문·분제문이다.

Ⅳ. 여래출현품의 간추린 경문

이 때 세존께서 미간 백호 광명을 놓으시니 이름이 '여래출현'으로 시방세계를 두루 비추며 오른쪽으로 열 번 돌고 무한히 자재함을 나타내었다. 무수한 보살 대중을 깨우치고 시방세계를 진동하며, 온갖 악도의 고통을 없애고 악마의 궁전을 가렸다. 또 부처님들께서 보리좌에 앉아 정각을 이루심과 회상을 나타내었다. 이렇게 하고는 와서 보살 대중을 오른쪽으로 돌고 여래성기묘덕1) 보살의 머리 위로 들어갔다.

또 입으로 대 광명을 놓으시니 '막힘 없고 두려움 없음'으로 미간 백호 광명과 같이 하고는 보살 대중을 오른쪽으로 돌아 보현 보살의 입으로 들어갔다. 그 광명이 든 뒤에 보현 보살의 몸과 사자좌가 본래 있던 것과 다른 보살의 몸이나 자리보다도 백 갑절이나 뛰어났거니와, 오직 부처님의 사자좌는 제외한다.

이 때 여래성기묘덕 보살이 보현 보살께 여쭈었다.

"부처님께서 나타내 보이시는 광대한 신통 변화가 많은 보살을 환희케 하시며, 불가사의하여 세인들이 알 수 없는데 어떤 길조입니까?"

───────────────

1) 청량소에서는 "혹자는 '묘덕'은 문수이고 여래 성품의 법문을 설하기에 '성기'란 호칭을 더했다고 한다. 또 문수의 대지혜로써 나타냄을 삼고 보현의 법계로 나타냄을 삼아 비로자나의 출현을 함께 이루었다"라고 했다.

보현 보살께서 대답하셨다.

"내가 옛날에 많은 부처님을 친견할 때 이같이 광대한 신통 변화를 보이시고는 바로 부처님께서 출현하는 법문을 말씀하셨다. 지금 이런 길조를 나타내시니 마땅히 그 법을 설하시리라."

그 때 여래성기묘덕 보살이 보현 보살께 여쭈었다.

"보살은 마땅히 어떻게 부처님께서 출현하시는 법을 알고 계신지 말씀해주소서."

1. 부처님께서 출현하시는 법

보현 보살께서 여래성기묘덕 보살과 많은 보살 대중에게 설하셨다.

"불자여, 이는 불가사의하다. 이른바 부처님께서는 무한한 법으로써 출현하신다. 왜냐하면 한 가지 인연이나 한 가지 일로써 부처님께서 출현하여 이루지 않고 십 무량 백 천 아승지 일로써 이루신다.

과거에 무한히 여러 중생을 거두려는 보리심으로 이룬 때문이며, 깨끗하고 뛰어난 뜻으로 이룬 때문이요, 많은 중생을 건지려는 대자대비로 이룬 때문이요, 상속한 행원으로 이룬 때문이다. 온갖 복을 닦으면서 싫증 내지 않는 마음으로 이룬 때문이고, 모든 부처님께 공양하고 중생을 교화함으로 이룬 때문이다. 지혜와 방편과 청정한 도로써 이룬 때문이요, 청정한 공덕장으로 이룬 때문이다. 장엄한 도의 지혜로 이룬 때문이며, 통달한 가르침의 의의로 이룬 때문이다. 이같이 무한한 아승지 법문이 원만하여야 부처를 이룬다."

이 때 보현 보살께서 이 뜻을 다시 밝히고자 게송으로 설하셨다.

법성은 지음도 없고 변하여 바뀌지도 않아
마치 허공이 본래 깨끗함과 같으니
모든 부처님의 성품이 청정함도 이와 같아
본성이 성품도 아니고 있고 없음을 떠났네.

법성은 언론에 있지 않으니

말이 없고 말을 떠나 항상 적멸하네
부처님의 깨달음 경지도 마찬가지로
온갖 문장으로 변론하지 못하네.

누군가 부처님 경계 알고자 하면
그 뜻을 허공처럼 청정하게 할지니
망상과 집착 멀리 떠나
마음 향하는 곳 막힘 없이 할 것이다.

2. 부처님의 신업

"보살들은 마땅히 어떻게 부처님의 몸을 보아야 하는가?

무한한 곳에서 부처님의 몸을 친견하여야 한다. 마땅히 하나의 법이나 일·몸·국토·중생에서 부처님을 친견할 것이 아니고, 온갖 곳에 두루하여 부처님을 친견하여야 한다.

마치 허공이 모든 색과 색 아닌 곳에 두루 이르나, 이르는 것도 이르지 않는 것도 아니니, 허공은 몸이 없는 때문이다. 부처님의 몸도 마찬가지로 온갖 장소와 중생·법·국토에 두루하나, 이르는 것도 이르지 않는 것도 아니다. 부처님은 몸이 없는 때문이요 중생을 위해 그 몸을 나타내시는 것이다.

이것이 부처님 몸의 첫째 모습이니 모든 보살들은 마땅히 이같이 보아야 한다.

또 마치 허공이 넓고 물질이 아니되, 온갖 물질을 잘 나타내면서 분별하지 않고 실없는 말도 없다. 부처님의 몸도 마찬가지로 지혜의 광명이 두루 비춤으로써 중생들이 세간과 출세간의 온갖 선근의 업을 이루게 하면서도 분별하지 않고 실없는 말도 없다. 왜냐하면 본래 온갖 집착과 실없는 말을 영원히 끊었기 때문이다.

이것이 부처님 몸의 둘째 모습이니 보살들은 마땅히 이같이 보아야 한다.

또 마치 해가 뜨면 염부제의 무한한 중생이 유익하다. 이른바 어둠을 밝히고 젖은 것을 말리며 초목을 키우고 곡식을 성숙케 하며 행인이 길을 보게 하니 무한한 광명을 두루 내기 때문이다. 부처님의 지혜 해도 마찬가지로 무한한 일로 두루 중생을 이롭게 한다. 이른바 악을 멸하고 선을 내며, 어리석음을 깨뜨리고 지혜롭게 하여 대비로 건진다. 천안2)을 얻어서 나고 죽는 곳을 보게 하며, 지혜를 닦고 밝혀서 깨달음의 꽃을 피우고 발심하여 본행3)을 이루게 한다. 이는 부처님의 광대한 지혜의 해가 무한한 광명을 놓아 두루 비추기 때문이다.

이것이 부처님 몸의 셋째 모습이니 보살들은 마땅히 이같이 보아야 한다.

또 마치 염부제에서 해가 뜨면 먼저 수미산 등의 온갖 큰 산에 비추고, 차례로 흑산과 높은 고원에 비추며 나중에 모든 대지에 비춘다. 그러나 해가 여기 먼저 저기 먼저 비추리라고는 생각하지 않고, 산과 땅이 고하가 있으므로 먼저와 나중이 있게 된다. 부처님도 마찬가지로 끝없는 법계 지혜의 법륜을 이루어 막힘 없는 지혜의 광명을 놓을 때 먼저 보살 등의 큰 산에 비추고 차례로 연각에게 비추며 다음에 성문에게 비춘다. 그 다음에 선근이 결정된 중생에게 비추되, 그 마음 그릇을 따라 광대한 지혜를 보인 연후에 모든 중생에게 두루 비추고, 못한 이에게도 미치어 미래에 좋은 인연을 지어 준다. 그러나 부처님의 대지혜 광명이 먼저 보살의 크게 수행한 이에게 비추고, 나중에 못한 중생에게 비추리라고는 생각지 않는다. 다만 광명을 놓아 평등하게 두루 비추어 막힘도 장애도 없고 분별도 않는다.

마치 해와 달이 수시로 출현하여 큰 산과 깊은 골짜기를 사심 없이 두루 비춤과 같이 부처님의 지혜도 마찬가지다. 모든 것을 두루 비추고 분별하지 않지만, 중생들의 소질과 의욕이 같지 않음을 따라 지혜의 광명에도 갖가지로 차이가 있는 것이다. 이것이 부처님 몸의 넷째 모습이니 마땅히 이같이 보아야 한다.

또 마치 일출을 배낸 소경은 일찍이 보지 못하였으나 햇빛의 도움을 받는다. 왜냐하면 이로 인해 밤낮의 시간을 알아 갖가지 의식4)을 해결하여 몸을 다루고 온갖 근심을 벗어나는 때문이다. 부처님의 지혜 해도 마찬가지로 믿고 이해하지 못하여 파계하고 바른 소견이 없이 부정하게 생활하는 배낸 소경의 무리들은 믿음의 눈이 없어 보지 못한다. 그러나 또한 지혜의 태양의 이익을 받으니, 부처님의 신력으로써

---

2) 초인적인 눈으로, 모든 것을 꿰뚫어 보는 능력이다.
3) 부처님의 지혜를 얻기 위한 근본이 되는 행위이다.
4) 의복과 음식물이다.

저 중생들이 갖고 있는 육신의 고통과 온갖 번뇌와 미래에 괴로움이 될 원인을 다 없애기 때문이다.

부처님의 지혜 태양은 이렇게 배냇 소경인 중생을 이롭게 하여 선근을 얻어 성숙시킨다.

이것이 부처님 몸의 다섯째 모습이니 마땅히 이같이 보아야 한다.

또 가령 달에는 네 가지 특이한 미증유의 법이 있으니, 하나는 모든 별의 광명을 가리고, 둘은 시기를 따라서 차거나 기울거나 한다. 셋은 염부제의 맑고 청정한 물 속에는 다 그림자가 나타나고, 넷은 일체 보는 자가 자기의 눈앞에 있다 하지만 달은 분별하지 않고 실없는 말도 없다. 부처님 몸의 달도 마찬가지로 네 가지 특별한 미증유 법이 있는데, 이른바 모든 성문과 독각의 배우는 이와 배울 것 없는 이들을 가린다. 그들에게 합당한 대로 수명을 보이니, 수명의 길고 짧음이 있지만 부처님의 몸은 증감이 없다.

모든 세계의 마음이 청정한 중생들의 깨달음 그릇에는 다 그림자가 나타나 각기 '내 앞에 계신다'고 하니, 그들의 좋아함을 따라서 설법하며 지위를 따라서 해탈케 한다. 교화받을 만한 이는 부처님의 몸을 보게 하지만, 부처님의 몸은 분별하지 않고 실없는 말도 없으시되 이익은 다 끝까지 얻는다.

이것이 부처님 몸의 여섯째 모습이니 마땅히 이같이 보아야 한다.

또 저 삼천대천 세계의 대 범천왕이 적은 방편으로써 대천 세계에 몸을 두루 나타내도 중생들이 다들 범왕이 자기 앞에 있다고 한다. 그러나 이 범천왕은 몸을 나누지도 않았고 여러 가지 몸도 없다. 부처님들도 마찬가지로 분별하지 않고 실없는 말도 않으시며 분신하지도 않고 여러 가지 몸도 없으시다. 그러나 중생들의 좋아함을 따라서 몸을 나타내시면서도 조금도 몸을 나타낸다는 생각을 하지 않으신다.

이것이 부처님 몸의 일곱째 모습이니 마땅히 이같이 보아야 한다.

또 마치 어떤 의사가 온갖 약과 주문을 잘 알며 염부제에 있는 많은 약들을 다 쓰지 않음이 없고, 전생의 선근의 힘과 크고 밝은 주력으로써 방편을 삼아 만난 자들은 다들 병이 쾌유하였다. 저 의사가 자신의 명이 다한 줄을 알고 생각하기를 '내가 명이 다한 뒤에는 모든 중생이 의지처가 없으리니, 방편을 나타내리라'고 하고는 약을 만들어 몸에 바르고 주력으로 부지하였다. 죽은 뒤에도 몸이 분산하지 않고 시들지도 마르지도 않아서 위의5)나 보고 들음이 본래와 다르지 않고, 병을 치료만 하면 다 쾌유하였다. 부처님이신 위없는 대 의왕도 마찬가지로 무한한 백 천 억 나유타 겁에 법약을 수련하여 이루시니, 모든 방편의 정교함을 수학하여 피안에 이르렀다. 모든 중생들의 온갖 번뇌의 병을 잘 없애고 수명도 무한하며, 몸이 청정하여 모든 불사를 쉬지 않거든 만난 자들은 번뇌 병이 다 소멸한다.

이것이 부처님 몸의 여덟째 모습이니 마땅히 이같이 보아야 한다.

또 큰 바다에 마니 보배가 있으니 '모든 광명을 모으는 비로자나 광'이라고 이름한다. 어떤 중생이나 그 빛이 닿으면 다 그 색과 같아지고 눈이 청정해진다. 또 그 광명을 따라 비추는 데는 안락이라는 마니 보배가 비 내리듯하여 중생들의 괴로움을 없애고 조화롭게 한다. 부처님들의 몸도 마찬가지로 큰 보배 무더기로써 모든 공덕의 대 지혜 장이 된다. 누군가 부처님 몸의 보배 지혜 광명이 닿으면 부처님 몸의 색과 같아지고 법안이 청정해진다. 그 광명이 비추는 곳에는 중생들이 가난한 괴로움을 여의게 된다. 내지 부처님 깨달음의 즐거움을 갖추니, 부처님의 법신은 분별하지 않고 실없는 말도 없지만 두루 모든 중생을 위하여 대 불사를 한다.

이것이 부처님 몸의 아홉째 모습이니 보살들은 마땅히 이같이 보아야 한다.

또 마치 큰 바다에 여의 마니 보배가 있으니 '모든 세간의 장엄장'이다. 백만 공덕을 갖추어 이루었으므로 거처하는 곳마다 중생들의 재해는 제거되고 소원이 만족케 하지만 박복한 중생들은 보지도 못한다. 부처님의 몸 여의 보배도 마찬가지로 '많은 중생들로 하여금 모두 다 환희케 함'이라 한다. 만약 그 몸을 보거나 명성을 듣고 덕을 찬탄하면 생사의 근심을 길이 떠난다. 가령 모든 세계의 중생들이 일시에 전념하여 부처님을 친견하고자 하더라도 소원이 다 만족하게 된다. 그러나 박복한 중생들은 친견할 수가 없거니와, 부처님의 자재하신 신력으로 조복받을 수 있는 이는 제외된다. 만약 중생이 부처님 몸을 친견하면 곧 선근을 심어서 성숙될 것이며 성숙시키기 위해서 부처님의 몸을 보게 한다. 이것이 부처님 몸의 열째 모습이니 보살들은 마땅히 이같이 보아야 한다."

---

5) 본래 예법에 맞는 태도를 말한다. 행·주·좌·와의 4위의가 있다.

그 때 보현 보살께서 이 뜻을 거듭 펴고자 게송으로 설하셨다.

마치 염부제에 해가 뜸에
광명으로 남김 없이 어둠을 깨고
산의 나무와 못의 연꽃 온갖 물상들
갖가지 종류들이 다 이익 받네.

배냇 소경들은 해를 못 보나
햇빛은 마찬가지로 이익을 주니
때를 알고 음식을 먹게 하며
길이 온갖 근심 떠나 몸을 안락케 하네.

믿음이 없는 중생들 부처님 친견 못하나
부처님 또한 그들도 이롭게 하시어
명성 듣고 광명 비침에
이로 인해 깨달음 얻게 되네.

3. 부처님의 어업

"어떻게 부처님의 음성을 알아야 하는가? 부처님의 음성이 그들의 마음에 좋아함을 따라 환희케 함을 알아야 하니 설법을 명백하게 하기 때문이다. 그들의 믿고 이해함을 따라 환희케 함을 알아야 하니 마음이 청량해지기 때문이다. 부처님의 음성은 교화하는 시기를 놓치지 않음을 알아야 하니 들을 만한 이는 다 듣기 때문이다. 생멸이 없음을 알아야 하니 메아리와 같기 때문이다.

'너희들은 이승의 지위를 초과하여 다시 '대승'이란 수승한 길이 있음을 마땅히 알 것이다. 보살의 행으로 육바라밀을 수순하며, 보살행을 끊지 않고 보리심을 버리지 않는다. 무한한 생사에 처하면서도 싫증 내지 않고 이승을 뛰어넘기에 대승·제일승·수승한 수레·최고 수승한 수레·높은 수레·위없는 수레·많은 중생을 이롭게 하는 수레라고 한다. 만일 중생의 믿음과 이해가 광대하고 모든 근기가 용맹하여 숙세에 좋은 선근을 심었으면 여래의 신력으로 가피를 받는다. 또 수승한 욕구가 있어 불과를 쾌히 희구할 것이다'라고 하니 이 음성을 듣고는 보리심을 낸다. 부처님 의 음성은 심신에서 나지도 않지만 무한한 중생을 잘 이롭게 한다.

이것이 부처님 음성의 첫째 모습이니 보살들은 마땅히 이렇게 알아야 한다.

또 마치 메아리는 골짜기와 음성에 의해 생기는 것으로써, 형상이 없어 볼 수도 없고 또한 분별하지도 않지만 온갖 말을 따른다. 부처님의 음성도 마찬가지로 형상이 없어 볼 수가 없으며, 장소가 있지도 없지도 않다. 그러나 중생들의 욕망과 이해를 따라 남으로 그 성품이 끝까지 말함도 보임도 없어 설명하여 전할 수 없다.

이것이 부처님 음성의 둘째 모습이니 보살들은 마땅히 이같이 알아야 한다.

또 하늘에 깨우침이란 큰북이 있어서 모든 천자들이 게으를 때는 허공에서 소리를 내어 말하기를 '너희들은 마땅히 알라. 모든 욕망은 다 무상하고 허망하여 뒤바뀐 것으로써 일시에 무너지고 어리석은 사람을 속여서 애착하게 하니 방일하지 말라. 만일 방일하면 악도에 떨어져 후회해도 소용없다'고 하였다. 게으른 자들이 이 소리 를 듣고는 매우 걱정하고 두려워 궁전의 욕망을 버리고 천왕에게 나아가 법을 구하여 불도를 수행하였다. 저 하늘 북 소리가 주동도 하지 않고 짓지도 않으며 일어나지도 사라지지도 않지만 한없는 중생들을 이롭게 한다. 부처님도 마찬가지로 나태한 중생 을 깨우치려고 무한히 미묘한 법음을 내어 법계에 두루하여 깨닫게 한다.

이것이 부처님 음성의 셋째 모습이니 보살들은 마땅히 이렇게 알아야 한다.

또 자재천왕에게 '좋은 입'이란 천녀가 있는데, 입으로 한 소리를 내면 백 천 가지 음악과 상응하며 낱낱 음악 가운데 다시 백 천의 다른 소리가 있다.

천녀가 한 음성으로부터 이같이 무한한 음성을 내듯이, 여래도 한 음성에서 무한한 음성을 내어 중생들의 차별심을 따라 해탈케 한다. 이것이 여래 음성의 넷째 모습이 니 보살들은 마땅히 이같이 알아야 한다.

또 마치 대범천왕이 범천의 소리를 내면, 모든 범천의 대중들이 듣지 못하는 이가 없다. 그 음성도 대중 밖을 벗어난 것이 아니지만, 범천의 대중들이 다 생각하기를 '대범천왕이 유독 나만을 위해 설하신다'고 한다. 부처님의 묘한 음성도 마찬가지로 도량의 대중들이 듣지 못함이 없다. 그 음성도 대중 밖을 벗어난 것이 아니지만, 근기가 미숙한 이는 듣지 못하고 듣는 이는 다 생각하기를 '부처님께서 유독 나만을 위해 설하신다'고 한다. 부처님의 음성은 나고 머묾이 없지만 모든 일을 이룬다.

이것이 부처님 음성의 다섯째 모습이니 보살들은 마땅히 이같이 알아야 한다.

또 마치 다 같은 물맛도 그릇에 따라 물에 차별이 있지만 물은 곰똘히 생각지도 분별하지도 않는다. 부처님의 음성도 마찬가지로 오직 같은 해탈 맛이라도 중생들의 마음 그릇이 다름에 따라 무한한 차별이 있지만 곰똘히 생각지도 분별하지도 않는다.

이것이 부처님 음성의 여섯째 모습이니 보살들은 마땅히 이같이 알아야 한다.

또 마치 아나바달다 용왕이 짙은 구름을 일으켜 염부제에 두루 단비를 내리면, 모든 백곡의 농작물이 잘 자라고 하천과 저수지가 가득 찬다. 이 큰비는 용의 심신으로부터 나는 것이 아니지만, 갖가지로 중생을 이롭게 한다. 부처님도 마찬가지로 대자비의 구름을 일으켜 시방세계에 두루하고 위없는 감로의 법비를 두루 내려 많은 중생이 환희하고 선한 일을 키우게 한다. 부처님의 음성은 안팎으로부터 나오는 것이 아니나 많은 중생을 이롭게 한다.

이것이 부처님 음성의 일곱째 모습이니 보살들은 마땅히 이같이 알아야 한다.

또 마나사 용왕은 비를 내리고자 할 때에 바로 내리지 않는다. 먼저 큰 구름을 일으켜 허공을 가득 덮고 이레를 지체하면서 중생들의 일이 끝나길 기다린다. 이는 용왕이 대 자비심이 있어 중생들을 혼란시키지 않을 양으로 이레를 기다리고 가랑비를 내려 땅을 적시고 부드럽게 하는 것이다. 부처님도 마찬가지로 장차 법의 비를 내리려 하되 바로 내리지 않으신다. 먼저 법의 구름을 일으켜 중생을 성숙시킨다. 놀라지 않게 성숙되길 기다려서 감로의 법비를 내려 심원하고 미묘한 법을 연설하여 부처님의 온갖 지혜 가운데 최상의 지혜인 위없는 법비를 점점 만족케 한다.

이것이 부처님 음성의 여덟째 모습이니 보살들은 마땅히 이같이 알아야 한다.

또 마치 바다 가운데 대장엄용왕이 있으니 큰 바다에서 비를 내릴 때에 백천 가지 장엄한 비를 내린다. 그러나 물은 분별하지 않고 다만 용왕의 부사의력으로 장엄하며 무한한 차별이 있게 한다. 부처님도 마찬가지로 중생들에게 설법하실 때에 팔만 사천 가지 다른 음성으로 팔만 사천 가지 행을 말씀하신다. 내지 무한한 백천 억 나유타 음성으로 각기 다르게 설법하시어 다들 환희하지만 부처님의 음성은 분별하지 않는다. 다만 부처님들께서 심원한 법계를 원만히 청정케 하고 중생들의 근기에 마땅함을 따라서 갖가지 음성을 내어 환희케 하신다.

이것이 부처님 음성의 아홉째 모습이니 마땅히 이같이 알아야 한다.

또 저 사갈라 용왕이 대 자재력으로 중생들을 이롭게 하여 사천하로부터 타화자재천에 이르기까지 한없이 다른 색의 큰 구름 그물을 일으켜 두루 덮고는 갖가지 색의 번개와 갖가지 천둥소리를 내어 중생의 마음을 따라 기쁘게 하니, 이른바 천녀의 노랫소리나 하늘의 음악 소리 · 아름다운 새가 우는 소리 같은 다양한 소리이다. 우렛소리가 진동하고는 다시 시원한 바람을 일으켜 중생의 마음을 기쁘게 하고, 또다시 갖가지 비를 내려 한없는 중생을 이롭고 안락케 하는데, 타화자재천에서 지상까지 온갖 곳에 내린 비가 같지 않으나 용왕의 마음은 평등하여 차별이 없는데 다만 중생들의 선근이 달라서 비에 차별이 있는 것이다.

부처님도 그와 같아서, 정법으로 중생을 교화하심에 먼저 몸 구름을 일으켜 법계를 두루 덮고는 갖가지 광명의 번개와 삼매의 천둥소리를 내고는 장차 법비를 내릴 때에 먼저 상서를 나투어 중생을 깨우치시니, 이른바 막힘 없는 큰 자비심으로 '많은 중생에게 부사의한 환희심을 내어 기쁘게 함'이란 부처님의 대 지혜 풍륜을 나타내신다. 이런 현상이 나타나고 나서 많은 보살과 중생들의 심신이 다 맑고 시원해진 연후에 부사의하고 광대한 법비를 내려 청정케 하신다. 부처님께서 중생들의 마음을 따라서 이렇게 광대한 법비를 내려 온갖 끝없는 세계에 충만한데, 부처님은 그 마음이 평등하여 법에 인색하지 않으시지만 중생들의 근기와 욕망이 같지 않아 내리는 법비에 차별이 있음을 보이신다.

이것이 부처님 음성의 열째 모양이니 보살 마하살들은 마땅히 이렇게 알 것이다."

그 때 보현 보살께서 이 뜻을 거듭 밝히고자 게송으로 설하셨다.

가령 마나사 용왕은
이레 동안 구름 일으키나 비 안 내리고
중생들의 일이 다 마친

연후에 비 내려 이익 주네.

부처님의 법문도 마찬가지로
먼저 중생을 교화하여 성숙시킨
연후에 심원한 법을 말하여
듣는 이를 두렵지 않게 하시네.

4. 부처님의 의업

보살은 부처님의 심성과 사려와 인식을 다 얻을 수 없으니 다만 무한한 지혜로써 부처님의 마음을 알아야 한다.

마치 허공이 모든 물체의 의지가 되지만 허공은 의지처가 없다. 부처님의 지혜도 마찬가지로 모든 세간과 출세간 지혜의 의지가 되나 부처님의 지혜는 의지처가 없다.

이것이 부처님 마음의 첫째 모습이니 마땅히 이같이 알아야 한다.

또 마치 큰 바다의 물이 사천하의 땅과 팔십억의 온갖 작은 섬 밑으로 흘러서 땅을 파면 다 물을 얻는다. 그러나 큰 바다는 물을 낸다고 분별하지 않는다. 부처님 지혜의 바닷물도 마찬가지로 여러 중생심 가운데로 흘러들므로 중생들이 경계를 관찰하거나 법문을 수습하면 지혜가 청정하고 명료하게 된다. 그러나 부처님의 지혜는 둘이 없이 평등하여 분별하지 않으면서도 중생들의 마음씀이 달라 얻는 지혜도 각각 같지 않다.

또 가령 큰 바다에 보배 구슬 넷이 있어 무한한 덕을 갖추고서 바다의 온갖 보배를 낸다. 만약 바다에 이 보배 구슬이 없다면 한 보배도 얻을 수 없다. 네 개의 구슬 중 하나는 '모음의 보배'요, 둘은 '무진장'이다. 셋은 '치성함을 멀리 떠남'이요, 넷은 '장엄을 갖춤'이다. 이 네 보배 구슬을 범부들이나 용의 무리들은 보지 못한다. 사가 라 용왕이 우아하고 반듯하다고 해서 궁중의 깊은 곳에 간직한 때문이다. 부처님 지혜의 바다도 마찬가지로 네 가지의 대 지혜 보배 구슬이 있다. 집착하지 않는 정교 한 방편인 대 지혜의 보배와 함이 있거나 없는 법을 잘 분별하는 대 지혜의 보배이다. 또 무한한 법을 분별하여 설하여도 법성을 깨뜨리지 않는 대 지혜의 보배와 때와 때 아님을 알아서 그르치지 않는 대 지혜의 보배이다.

만약 부처님의 대 지혜 바다에 이 네 보배 구슬이 없다면 한 중생도 대승에 들 수 없다. 이를 박복한 중생은 보지 못하니, 부처님의 깊은 창고에 둔 때문이다. 이 네 지혜 보배는 조촐하고 절묘하여서 보살들을 두루 이롭게 하여 다 지혜의 광명을 얻게 한다.

또 마치 삼천대천 세계에 종말의 불이 일어날 때 모든 초목과 총림6)이 타고, 철위 산과 대 철위산까지도 남김없이 다 타 버린다. 가령 누군가 손으로 마른 풀을 들어 저 불구덩이에 던진다면 타지 않겠는가? 혹 마른 풀은 타지 않더라도, 부처님의 지혜 는 삼세의 모든 중생과 국토와 겁과 법을 분별하여 하나도 모를 것이 없으시다. 혹 모르는 것이 있다고 하면 옳지 않으니 지혜가 평등하여 통찰력이 있으시기 때문이다.

마치 큰 경전이 있어 양이 삼천대천 세계와 같고 삼천대천 세계의 일을 옮겨 썼으 니 이른바 대 철위산의 일을 쓴 것은 양이 대 철위산 만하고, 땅덩이 가운데 일을 쓴 것은 양이 땅덩이만하다. 중천 세계의 일을 쓴 것은 양이 중천 세계만하고, 소천 세계의 일을 쓴 것은 양이 소천 세계만하다. 이같이 사천하나 큰 바다·욕계·색계· 무색계의 궁전을 낱낱이 옮겨 쓰면 그 양이 다 같다. 이 큰 경전의 양이 비록 대천 세계와 같지만, 전부 한 미세한 먼지 속에 있으며, 한 미세한 먼지와 같이 온갖 미세 한 먼지들도 마찬가지다. 이 때 어떤 총명한 이가 청정한 천안을 빠짐없이 이루어 이 경전이 미세한 먼지 속에 있어 중생들에게 도움을 주지 못함을 보았다. 그리고는 '내가 힘써 노력하여 저 먼지를 깨뜨리고 경전을 내어서 많은 중생을 이롭게 하리라' 고 생각했다. 그리고는 바로 방편을 내어서 미세한 먼지를 깨뜨리고 경전을 꺼내어 중생들이 두루 이익을 얻게 하였다. 한 먼지와 같이 온갖 미세한 먼지도 다 그렇게 하였다.

부처님의 지혜도 마찬가지로 무한히 막힘 없어서 많은 중생을 두루 이롭게 함이 중생들의 몸 가운데 갖추어 있건만, 범부가 망상과 집착으로 지각치 못하여 이익을 얻지 못한다. 이 때 부처님께서 막힘 없이 깨끗한 지혜의 눈으로 여러 중생을 두루 관찰하고 이런 말씀을 하셨다.

---

6) 스님들이 화합하여 모여 삶을 수목이 군집한 숲에 비유했다.

'괴이하다. 이 많은 중생들이 깨달음의 지혜를 갖추고 있건만 어찌하여 무지하고 미혹하여 알아보지 못하는가. 내가 마땅히 성자의 도를 가르쳐서 망상과 집착을 길이 떠나고 자신에게 깨달음의 큰 지혜가 부처님과 같아서 다름이 없음을 보게 하리라.'

그리고 바로 중생들이 성자의 도를 닦아서 망상을 길이 떠나고, 부처님의 무한한 지혜를 얻게 한다.

보살은 마땅히 이같이 무한하고 막힘 없으며 부사의하게 광대한 모습으로써 부처님의 마음을 알아야 한다."

이 때 보현 보살께서 이 뜻을 거듭 밝히고자 게송으로 설하셨다.

마치 여기 크나큰 경전의
양이 삼천세계와 같은데
미세한 먼지 속에 있으며
온갖 먼지도 다 그래.

한 총명한 이가
맑은 눈으로 밝게 보고
먼지를 쪼개 경전을 내어
두루 중생을 이롭게 하네.

부처님 지혜도 마찬가지로
중생 마음에 두루 있되
망상에 뒤얽혀
지각치 못하네.

5. 부처님 출현의 경계

"어떻게 부처님의 경계를 알아야 하는가?

모든 세간의 경계가 무한하듯이 부처님의 경계도 무한하고, 과거·현재·미래의 경계가 무한하듯이 부처님의 경계도 무한하다.

마땅히 마음의 경계가 부처님의 경계임을 알아야 한다. 마음의 경계가 무한하고 끝없고 얽매임도 벗어남도 없는 것같이, 부처님의 경계도 마찬가지임을 알아야 한다.

왜냐하면 있는 그대로 사유 분별함으로써 있는 그대로 무한히 나타나기 때문이다.

마치 큰 용왕이 마음 여하에 따라 비를 내리지만, 그 비는 안팎에서 나오는 것이 아니다. 그렇듯이 부처님의 경계도 마찬가지로 분별을 따라서 그대로 무한히 시방에 나타나지만, 다 온 곳이 없다.”

그 때 보현 보살께서 이 뜻을 거듭 밝히고자 게송으로 설하셨다.

바다의 진기함 무한하며
중생과 대지 또한 그러하니
물의 성품 한 맛으로 같아 차별 없으나
그 가운데 생성되는 것은 이익을 봄이 각각이네.

6. 부처님 출현의 행

“어떻게 부처님의 행을 알아야 하는가? 보살은 마땅히 막힘 없는 행이 부처님의 행임을 알아야 하며, 진여의 행이 부처님의 행임을 알아야 한다.

마치 법계는 무한함도 무한하지 않음도 아니니, 형상이 없기 때문이다. 부처님의 행도 마찬가지로 무한함도 무한하지 않음도 아니니 형상이 없기 때문이다.

마치 새가 백 년을 지나도록 허공을 날아도 이미 지난 곳이나 지나지 못한 곳이나 다 헤아릴 수 없으니 허공계가 끝이 없기 때문이다. 부처님의 행도 마찬가지로 누군가 백 천 억 나유타 겁을 지내도록 분별하여 연설했다 하여도 이미 설한 것이나 설하지 않은 것이나 헤아릴 수 없으니 부처님의 행이 끝이 없기 때문이다.

비유하면 금시조왕은 허공을 비행하면서 깨끗한 눈으로 바닷속 용궁을 살피고 용맹한 힘으로 좌우의 날개를 휘둘러 바닷물을 두 쪽으로 가르고 명이 다한 용을 잡아간다. 부처님이신 금시조왕도 마찬가지로 막힘 없는 행에 머물러 깨끗한 부처님 눈으로 법계의 궁전에 있는 여러 중생을 관찰한다. 혹 미리 선근을 심어 이미 성숙하였으

면 부처님께서 용맹한 십력을 떨치어 지(止)와 관(觀)의 두 날개로 생사의 바닷물을
둘로 가른다. 그리고 들어다가 불법 가운데 두어 온갖 망상과 실없는 말을 끊어버리
고 부처님의 분별함이 없고 막힘 없는 행에 안주하게 한다.
　마땅히 이같이 무한한 방편과 성상으로써 부처님의 행을 깨달아 보아야 한다.”
이 때 보현 보살께서 이 뜻을 거듭 밝히고자 게송으로 말씀하셨다.

　마치 새가 억천 년을 날아도
　허공은 앞뒤로 같아 차별 없음과 같이
　많은 겁 동안 부처님의 행을 연설하되
　이미 설한 것이건 아니건 헤아릴 수 없네.

　금시조가 허공에서 큰 바다 살피고
　물 헤쳐 용을 포획하듯
　부처님도 선근 중생 가려내어서
　생사의 바다 벗어나게 하여 온갖 미혹 없애네.

　마치 일월이 허공을 돌며
　모든 것을 비추고도 분별 않듯
　세존께서 법계에 두루 다니시어
　중생을 교화해도 동요됨이 없으시네.

7. 부처님 출현의 정각

　“어떻게 부처님의 정각을 알아야 하는가? 부처님께서 바른 깨달음을 이루심은 무
한하고 한계가 없다. 또 양극단을 멀리 떠나서 중도에 머물며, 모든 언어를 초과한
줄을 알아야 한다. 여러 중생들의 마음씀과 근성과 욕망과 번뇌와 습기를 알아야
한다. 요점을 말하면 순간에 삼세의 온갖 법을 알아야 한다.
　가령 허공은 모든 세계가 이루어지고 무너지고 간에 늘어나거나 줄어듦이 없으니

나는 일이 없기 때문이다. 부처님의 보리도 마찬가지로 정각을 이루건 못하건 간에 늘거나 줄어듦이 없다. 왜냐하면 보리는 형상도 형상 아님도 없으며 하나도 갖가지도 없기 때문이다.

보살은 마땅히 부처님 몸의 한 털구멍 속에 많은 중생들 수와 같은 부처님의 몸이 있음을 알아야 하니 성불하신 몸은 끝까지 생멸이 없기 때문이다. 한 털구멍이 법계에 두루하듯이 모든 털구멍도 마찬가지니 하찮은 곳도 부처님의 몸이 없으신 데가 없다.

보살은 자기의 마음에 시시각각 항상 불성7)이 있어 정각을 이룸을 알아야 한다. 왜냐하면 부처님은 이 마음을 떠나지 않고 정각을 이루신 때문이다. 자기의 마음과 같이 여러 중생들의 마음도 마찬가지로 다 불성이 있어 정각을 이룬다. 광대하고 두루하여 있지 않은 데가 없으며, 떠나지 않고 끊이지 않아 쉬지 않고 부사의한 방편 법문에 들어간다.

보살은 마땅히 이같이 부처님께서 정각을 이루신 것을 알아야 한다.”

이 때 보현 보살께서 이 뜻을 거듭 밝히고자 게송으로 설하셨다.

깨친 이 온갖 법 확실히 아시니

둘이 없고 둘을 떠나 다 평등하며

자성이 허공과 같이 청정하여

나와 나 아님을 분별치 않으시네.

8. 부처님 출현의 법륜

“어떻게 부처님의 법륜 굴리심을 알아야 하는가?

부처님께서는 마음의 자재력으로써 일어남도 굴림도 없이 법륜을 굴리시니 온갖 법이 늘 일어남이 없음을 아시기 때문이요, 말씀 없이 법륜을 굴리시니 온갖 법이 말로 할 수 없음을 아시기 때문이다. 끝까지 적멸하게 법륜을 굴리시니 온갖 법이 열반의 성품임을 아시기 때문이며, 소리가 메아리와 같음을 알고 법륜을 굴리시니

---

7) 누구나 부처님이 될 수 있는 가능성으로 모든 존재에 갖추어져 있다고 한다.

온갖 법의 진실한 성품을 아시기 때문이다. 남김 없고 다함 없이 법륜을 굴리시니 안팎으로 집착이 없기 때문이다.

비유하면 미래가 다하도록 온갖 언어로 설하여도 다할 수 없다. 부처님의 법륜을 굴리심도 마찬가지로 모든 문자로 잘 정돈하여 쉬지 않고 나타내 보여도 다할 수 없다."

하나하나 음성 가운데 각기 다른
무한한 말들을 다시 연설하되
세상에 자재하여 분별하지 않고
그 욕망대로 두루 듣게 하시네.

9. 부처님 출현의 열반

"어떻게 부처님의 열반을 알아야 하는가?

부처님은 중생들로 하여금 마음 편하게 하려고 세상에 출현하시며 연모하게 하려고 열반을 보이시지만, 부처님은 실로 세상에 출현하심도 열반하심도 없다. 왜냐하면 부처님은 청정한 법계에 늘 계시면서 중생들의 마음을 따라서 열반을 보이신다.

가령 해가 떠서 두루 세간을 비추되 모든 깨끗한 물이 있는 그릇에는 그림자가 나타나서 많은 곳에 두루하지만 오고 감이 없다. 그러다가 그릇이 깨지면 그림자가 나타나지 않는데, 그것이 해의 잘못인가? 부처님의 지혜 해도 마찬가지로 법계에 두루 나타나되, 선후가 없으시다. 여러 중생들의 깨끗한 마음 그릇에는 부처님께서 나타나지 않으심이 없어서, 마음 그릇이 깨끗하면 항상 부처님 몸을 친견하고 흐리면 보지 못한다.

만약 열반으로써 제도할 중생이 있으면 부처님께서 바로 열반하시나, 실로 부처님께서는 생사와 열반이 없으시다. 마치 불이 모든 세간에서 불타다가, 혹 한 곳에서 꺼지면 모든 세간의 불이 다 꺼지겠는가? 아니다. 부처님도 마찬가지로 모든 세계에서 불사를 하시다가, 혹 한 세계에서 할 일을 마치면 열반을 보이시지만, 모든 세계의 부처님들께서 다 열반하심은 아니다.

보살은 마땅히 이같이 부처님의 완전한 열반을 알아야 한다.

또 가령 마술사가 마술로 삼천대천 세계의 여러 곳에서 환상의 몸을 나타낼 적에 여러 겁을 머무나, 다른 곳에서 마술이 마치면 몸을 숨기고 나타내지 않는다. 저 마술사가 한 곳에서 몸을 감춘다고 모든 곳에서 다 없어지겠는가? 아니다. 부처님도 마찬가지로 무한한 지혜 방편인 갖가지 마술로 온갖 법계에 두루 몸을 나타내어 미래가 다하도록 하여도 한 곳에서 중생들의 마음을 따라서 하는 일이 끝나면 열반하신다. 그러나 어찌 한 곳에서 열반하신다고 해서 모든 곳에서 다 열반하신다고 하겠느냐?

보살은 마땅히 이같이 부처님의 완전한 열반을 알아야 한다.

부처님의 몸은 방소가 있는 것이 아니어서 진실도 허망함도 아니시다. 다만 부처님들의 본원력으로써 중생이 제도를 받을 만하면 나타나시니, 마땅히 이같이 부처님의 열반을 알아야 한다."

불이 세간에서 타다가
한 도시에서 혹 꺼지듯
부처님 몸 법계에 두루하시어
교화가 끝난 데서는 열반을 보이시네.

마술사가 온갖 곳에서 몸을 나투어
할 일이 마친 곳에선 없어지듯
부처님 교화 끝나신 곳도 마찬가지나
다른 국토에선 항상 부처님 친견하네.

10. 부처님 출현의 선근

"부처님을 가까이 친견하고 법을 들으며 심은 선근을 어떻게 알아야 하는가? 마땅히 부처님 처소에서 친견하고 법을 들으며 심은 선근이 다 헛되지 않은 줄을 알아야 한다.

가령 장부가 금강을 조금만 삼켜도 끝내 소화되지 않고 몸을 뚫고서 밖에 나오는데 금강은 육신의 더러움에 함께 섞이지 않기 때문이다. 부처님께 조그만 선근을 심은 것도 마찬가지여서 온갖 함이 있는 행과 번뇌의 몸을 통과하여 함이 없는 가장 높은 지혜에 이른다. 왜냐하면 이 작은 선근은 함이 있는 온갖 행의 번뇌와 함께 머물지 않기 때문이다.

가령 마른 풀을 수미산처럼 쌓았더라도 거기다 겨자씨만한 불을 던지면 전소되고 마니, 불이 태우기 때문이다. 부처님께 조그만 선근을 심은 것도 마찬가지로 반드시 온갖 번뇌를 태워버리고 필경에 남음이 없는 열반을 얻으니, 이 작은 선근이 끝까지 가는 특성 때문이다.

설산에 '선견'이란 약왕수8)가 있어서 보면 눈이 깨끗해지고 들으면 귀가 깨끗해지며 맡으면 코가 깨끗해진다. 맛보면 혀가 깨끗해지고 닿으면 몸이 깨끗해지며 누군가 그 흙을 가져도 병이 낫게 된다. 부처님의 위없는 최상의 묘약도 마찬가지로 많은 중생을 이롭게 한다. 누군가 부처님의 몸을 보면 눈이 깨끗해지고, 명호를 들으면 귀가 깨끗해진다. 계의 향기를 맡으면 코가 깨끗해지고, 불법을 맛보면 혀가 깨끗해지며 큰 혀를 갖추고 말하는 법을 안다. 부처님의 광명에 닿으면 몸이 깨끗하여 마침내 위없는 법신을 얻고, 부처님을 생각하는 이는 염불 삼매가 청정하여진다.

혹 부처님께서 지나가신 땅이나 탑에 공양하더라도 또한 선근을 갖추어서 온갖 번뇌와 근심을 없애고 성현의 즐거움을 얻는다. 누군가 부처님을 친견하거나 듣고 업장이 두터워 쾌히 믿지 못하더라도 또한 선근을 심게 되니 헛되지 않을 것이다. 내지 마침내 열반에 드니 보살이 마땅히 이같이 부처님 처소에서 친견하고 법을 들으면 그 선근으로 모든 악한 법을 여의고 선한 법을 갖추리다.

이 법문은 부처님께서 다른 중생에게는 설하지 않고, 오직 대승을 실천하는 보살에게 설하며 부사의한 수레를 타는 보살에게 설하신다. 그러므로 나머지 중생들의 손에는 들어가지 않으나 오직 보살마하살9)만은 제외한다.

가령 전륜왕이 가지고 있는 일곱 가지 보배로 말미암아 전륜왕임을 나타내 보인다. 이는 다른 중생들의 손에는 들어가지 않으나 오직 첫째 부인의 소생인 태자로서 성왕

---

8) 약수왕이라고도 하며 이 나무를 가지고 사람을 비추면, 뱃속의 것이 전부 보인다고 한다.

9) 보살의 존칭으로 쓰이기도 하며, 10지 이상의 보살을 나타내기도 한다.

의 모습을 갖춘 이는 제외할 것이다. 만약 전륜왕이 이런 태자로서 많은 덕을 갖춘 자가 없으면, 왕의 명이 마친 뒤 이 일곱 보배는 7일 간에 다 없어진다. 이 경의 보물도 마찬가지로 다른 중생들의 손에는 들어가지 않으나, 오직 부처님의 친자로 불가에 나서 부처님의 모습과 선근을 심은 이는 제외할 것이다. 만약 이같은 부처님의 친자가 없으면 이런 법문이 오래지 않아 없어진다. 왜냐하면 모든 이승은 이 경을 듣지도 못하거든 하물며 수지 독송하고 분별 해석함이겠는가. 오직 보살만이 이같이 할 수 있다.

그러므로 보살이 이 법문을 듣고는 크게 환희하고 존중심으로 공경히 받들면 최상의 깨달음을 빨리 얻게 된다.

보살들이 설사 무한한 백천 억 나유타 겁에 육바라밀을 행하고 갖가지 보리분법을 수습하였다 하자. 그래도 만일 여래의 부사의한 대 위덕 법문을 듣지 못하였거나, 듣고도 믿어 알지 못하며 따르지 않고 들지 못한다면 진실한 보살이라 하지 못하니, 불가에 태어나지 못한다. 이 부처님의 무한히 부사의하고 막힘 없는 지혜의 법문을 듣고, 듣고 나서는 믿고 이해하여 따라서 깨쳐 들면 이 사람은 불가에 나서 모든 부처님의 경계를 따르고 온갖 보살 법을 갖추리다. 온갖 것을 아는 지혜의 경계에 안주하고 온갖 세간 법을 벗어나며 모든 부처님의 행을 내며, 스승에 의하지 않는 법에 머물러 부처님의 막힘 없는 경계에 깊이 들어가리다.

보살이 이 법을 들으면 평등한 지혜로 무한한 법을 알고 정직한 마음으로 온갖 분별을 떠난다. 훌륭히 뛰어난 욕구로 부처님을 친견하고, 의지를 움직임으로 평등한 허공계에 들며, 자재한 생각으로 끝없는 법계에 행한다. 지혜의 힘으로 온갖 공덕을 갖추고 보리심으로 모든 시방의 그물에 들어가며, 크게 관찰함으로 삼세 부처님들의 동일한 체성을 안다. 선근을 회향하는 지혜로 이같은 법에 두루 들되 들지 않으면서 들며 한 법에도 반연하지 않고 늘 한 법으로써 온갖 법을 관찰한다.

보살이 이같은 공덕을 이루고 조그만 공으로도 스승 없이 자연히 지혜를 얻는다."

그 때 보현 보살께서 이 뜻을 거듭 펴고자 게송으로 설하셨다.

마치 누군가 적은 금강을 삼켜도

끝내 소화되지 않고 나오는 것같이
부처님께 공양한 온갖 공덕도
미혹 끊고 금강 지혜에 이르리.

마른 풀이 수미산 같이 쌓여도
겨자만한 불로 다 태우듯
부처님께 공양한 적은 공덕도
반드시 번뇌를 끊어 열반에 이르리.

설산에 선견이란 약이 있어서
보고 듣고 맡으면 병이 소멸되니
누군가 부처님 친견하거나 들으면
수승한 공덕 얻어 부처님 지혜에 이르리.

이같이 비밀하고 매우 깊은 법
백 천만 겁에도 듣기 어려우니
정진과 지혜로써 조복한 자라야
심오한 이치 들으리.

제8삼중회 보광명전설(普光明殿說) : 7권 1품

（普賢大行分）

【經文】爾時世尊 在摩竭提國 阿蘭若法 菩提場中 普光明殿. 坐蓮華藏師子之座.

그 때 세존께서는 마갈타국 아란야법 보리도량의 보광명전에서 연화장 사자좌에 앉으셨다.

Ⅲ 분. 법에 의탁해 진보하여 행을 이루는 부분〔託法進修成行分〕

　　（믿음·앎·**수행**·깨달음）

제4주. 행을 이루는 인과 혹 세간을 벗어난 인과〔成行因果·出世因果〕

· 법 사 : 여　　래
· 법 문 : 2,000 행문
· 삼 매 : 보현 보살 불화엄삼매
· 광 명 : 전체적으로 방광하지 않는다. (행이 이해에 의하여 광명을 내는 때문이다.)
· 200가지 물음을 해당 회에 답하고 행을 다하여 장애가 없는 6위〔십신·십주·
　십행·십회향·십지·불위〕를 닦아 몰록 이룬다.

1. 서분 2. 삼매분 3. 발기분 4. 기분 5. 청분　－ 이세간품 제38
6. 설분
　　(1) 20문 : 앞의 십신의 물음에 대한 답이다.
　　(2) 20문 : 앞의 십주의 물음에 대한 답이다.
　　(3) 30문 : 앞의 십행의 물음에 대한 답이다.
　　(4) 29문 : 앞의 십회향 물음에 대한 답이다.
　　(5) 50문 : 앞의 십지의 물음에 대한 답이다.
　　(6) 51문 : 인원 과만의 물음에 대한 답이다.

Ⅰ. 삼중 보광명전회의 이름 풀이

【청량소】約法不異分名. 約處名三會普光明殿之會. 第七重會 會終歸始故. 雖越四天 同爲生解之會. 今復重會 通對彼分始終. 依解成行 故會普光. 而前分生解差別故. 寄歷處以顯淺深. 今分起行圓融故. 一會並收因果. 亦表成行 不離普光明智故. 此中不隔餘處. 何有重會之義. 若約次第. 前時後時 卽是重義. 若約圓融. 就義名重故. 不動前二 而升四天. 二七相望 亦何所隔明知. 約義亦猶燈光 涉入無礙. 亦似燈炷 重發重明. 約人名普慧普賢 問答之會.

청 법에 의하면 분명(分名)과 다르지 않다.

장소에 의해 '삼중 보광명전회'라 이름했다. 제7중회의 회가 마치고 처음에 돌아가기에 비록 네 하늘을 초월했으나 같이 이해를 내는 모임이었다. 지금 다시 중복 회동함은 저 수인계과생해분의 시종을 다 대하여 이해를 의지해 행을 이루기 때문에 보광회에 집회한 것이다. 앞부분은 차별적 이해를 내기 때문에 장소를 편력함에 의해 깊고 얕음을 나타냈고, 지금의 탁법진수성행분은 원융행을 일으키기 때문에 한 회에 인과를 같이 거두고 또한 행을 이룸이 보광명의 지혜를 떠나지 않음을 표했다.

여기서는 여타의 장소와 가르지 않았는데 거듭 모인 뜻은 무엇인가?

만약 순서에 의하면 앞뒤의 때가 바로 '중(重)'의 뜻이요, 만약 원융에 의하면 뜻에 나아가 '중'이라 이름한다. 그러므로 앞의 둘에서 움직이지 않고 사천에 오르며 2〔보광명전회〕·7〔중보광명전회〕과 서로 비교하는데 또한 어찌 가르겠는가? 분명히 알 것이다.

뜻에 의하면 또한 등불의 빛이 걸림 없이 섭입함과 같고, 또한 등불 심지가 겹겹이 밝음과 유사하다. 사람에 의하면 보혜와 보현 보살이 묻고 답한 회라 할 것이다.

【수현기】解行法相 動靜無礙 此會成也.

㊌ 이해와 행의 법상과 동·정의 걸림 없음이 이 회에서 이루어진다.

【탐현기】約處名普光重會. 今何故於此 而重會者. 以前普光 是生解之初. 今明依解 起行 故重會之. 若爾何不三四等處 亦重會邪. 釋前是生解之法. 可寄多處. 今但依前 法 成行故不多會.

㊦ 장소에 의해 '중회보광'이라고 했는데 지금 여기서 왜 '중회'했는가? 앞의 〔제2〕 보광명전회는 이해를 내는 처음이었고, 지금은 이해에 의지하여 행을 일으킴을 밝히기에 '중회'이다. 만약 그렇다면 왜 3·4 회 등의 장소를 또한 중회라 하지 않는가? 풀이하자면 앞은 이해를 내는 법이기에 여러 장소에 의지했으나, 지금은 다만 앞의 법에 의해 행을 이루기 때문에 여러 회가 아니다.

Ⅱ. 삼중 보광명전회를 설하는 까닭

【청량소】前會因圓果滿 生解之終. 此會正行 處世無染. 通於始終 故次來也.

㊐ 앞 〔제7중 보광명전〕회는 인원 과만으로 이해를 내어 마쳤고, 이 〔제8삼중 보광명전〕회는 정식 행이니 세간에 처하여도 물들지 않고, 시종에 통하기에 이어진 것이다.

【탐현기】前第六會 明修因契果生解周圓. 次顯正行 處世無染 故次來也.

㊦ 앞의 제6회는 수인계과생해가 두루 원만함을 밝혔고, 다음으로 정식 행이니 세간에 처하더라도 물들지 않음을 나타내기 때문에 이어진 것이다.

제Ⅳ. 법에 의탁해 진보하여 행을 이루는 부분
[託法進修成行分]

Ⅰ. 탁법진수성행분의 이름 풀이　Ⅱ. 탁법진수성행분을 설하는 까닭
【청량소】【탐현기】　　　　　　　　【청량소】【탐현기】

Ⅰ. 탁법진수성행분의 이름 풀이

【청량소】 沒彼位名 但彰行法. 欲顯行位無礙. 前後圓融. 故以名也.

[청] 저 지위의 이름을 없애고 다만 행법을 드러내는데 행의 지위가 걸림 없이 앞뒤가 원융함을 나타내고자 한 때문에 이름하였다.

【탐현기】 謂此明第三 名託法進修分. 卽依託行法 修成正行故立斯名.

[탐] 여기서는 '제3 탁법진수분'이라 이름함을 밝히는데 행법에 의탁해 정식 행을 닦아 이루기에 이런 이름을 지어 붙인 것이다.

Ⅱ. 탁법진수성행분을 설하는 까닭

【청량소】 前明修因契果生解分 則於法起解. 今明託法進修成行分 則依解起行. 義次第故.

[청] 앞 〔여래출현품〕은 수인계과생해분을 밝혀 법에 이해를 일으켰고, 지금은 탁법

진수성행분을 밝혀 이해에 의지해 행을 일으키니 뜻의 순서이다.

【탐현기】 上明修因契果生解分.[1] 則於法起解. 今明託法進修行德分. 則依解起行 義次第故. 是故須來.

［탐］ 위에서 수인계과생해분을 밝혀 법에 대한 이해를 일으켰고, 지금은 탁법진수행덕분을 밝혀 이해에 의한 행을 일으키니 뜻의 순서로 마땅히 이어진 것이다.

【주】────────────────

1. 수인계과생해분(修因契果生解分) : 제3 여래명호품에서 제32 보왕여래성기품까지이다.

제38. 이세간품(離世間品)

구역 : 제33. 이세간품(離世間品)

Ⅰ. 이세간품의 이름 풀이

【청량소】有二 一得名. 二釋名. 今初又二 一異名. 下文十義 至彼當辨. 有別行本名度世經 度卽離義. 又有別行. 名普賢菩薩答難二千經. 此就能離人法受稱. 二正辨本稱. 總由超絶世染. 故受其名. 別有三義. 一約法. 二約行. 三約位. 約法之中 先世後離 世有三類. 一約事相 有二世間 謂器及有情. 此約依正分之. 二約麤細 亦二. 一有爲世間. 二無爲世間. 此約分段 變易分之. 以變易非三有攝. 名之無爲. 故勝鬘云. 有爲生死 無爲生死. 然麤細雖殊 體不出二. 三約染淨 有三. 於初二中. 加智正覺 示同世間. 不同世故. 如地論辨. 二明離者. 離有二義. 一性離.[1] 世間性空 卽是出世間故. 二明事離 行成無染故. 力林頌云. 三世五蘊法 說名爲世間. 彼滅非世間. 如是但假名. 滅通二義. 於事離中. 有似離眞離 分離全離. 次下當辨.

청 두 가지가 있는데 첫째는 득명(得名)이고, 둘째는 석명(釋名)이다.

1. 지금 처음〔득명〕에 또 둘이 있다.

　(1) 다른 이름이니 다음 경문의 열 가지 뜻은 저에 이르러 마땅히 밝힌다. 별행

본이 있으니 '도세경'으로, '도'는 떠남의 뜻이다. 또 별행이 있으니 '보현보살답난이천경'으로, 이는 능히 떠나는 사람과 법에 나아가 명칭을 받은 것이다.

(2) 본래 명칭을 정식으로 밝히는데, 전체적으로 세간의 더러움을 멀리 끊음을 말미암아 이름을 받았으니 따로 세 뜻이 있다.

1) 법에 의하며, 2) 행에 의하고, 3) 지위에 의한다.

1) 법에 의한 것에 먼저는 '세(世)'요, 뒤는 '이(離)'다.

　① '세'는 세 종류가 있다.

　ㄱ. 사상(事相)에 의해 기·유정 두 세간이 있으니 이는 의보와 정보에 의해 나눈 것이다.

　ㄴ. 거칠고 세밀함에 의하면 또한 둘인데 처음은 유위세간이고, 둘째는 무위세간이다. 이는 분단과 변역에 의해 나눈 것이니 변역은 삼유에 거두어지는 것이 아니기에 무위라 이름한다. 그러므로 승만경에 유위생사와 무위생사라 하였으니 거칠고 세밀함이 비록 다르나 본체는 둘에서 벗어나지 않는다.

　ㄷ. 또 더럽고 깨끗함에 의하면 셋이 있으니 처음 둘[기세간·유정세간]에 지정각을 더하는데 세간과 같음을 보이나 세간과 같지 않은데 십지경론에서 밝힌 것과 같다.

　② '이'를 밝힌 것으로 '이'에 두 뜻이 있다.

　ㄱ. 성리(性離)니 세간의 성품이 공함이 바로 출세간이다.

　ㄴ. 사리(事離)를 밝히니 행을 이룸에 무염인 연고다.

　　[제20 야마궁중게찬품] 역림송에는, "삼세와 오온법을 설해 '세간'이라 이름하고 저가 멸함을 세간이 아니라 하니, 이와 같이 다만 가명이로다"고 하였다. 멸은 두 가지 뜻에 통한다.

　　사리에는 유사한 떠남과 진실한 떠남·부분 떠남·전체 떠남이 있으니 다음에 마땅히 밝힌다.

1. 성리(性離) : 사물의 본성이 모든 것을 멀리 떠나고 있는 것.

【청량소 2】 二約行者 略爲四句. 一隨 二離 三俱 四泯. 言隨者. 凡夫沈溺世蘊 非離非隨. 二乘無悲 不能隨世. 雖離非眞. 菩薩能隨 方爲眞離. 故以隨釋離. 二離者. 有大智故 了世性離. 處而不染 亦異凡小. 三俱者. 悲故常行世間 智故不染世法. 旣以世與性離無二爲其境故. 以悲智無二爲其行. 境行融通 有其三句. 一悲無不智 則世無不離. 是以常在世間. 未曾不出. 二智無不悲故. 離無不世. 是以恒越世表 無不遊世. 三雙融故 動靜無二. 唯是一念 所謂無念. 無念等故 世與出世 無有障礙. 四俱泯者 謂境旣世與性離 形奪兩亡. 故令悲智俱融 二念雙絶. 又由境行相由 形奪齊離. 則絶待離言. 融前四句 皆無障礙. 方爲眞離世間也. 三約位者. 凡夫染而非離. 二乘分離非眞. 謂果離分段 因唯事離. 非今所明. 菩薩具上眞行 可得名離 而非究竟. 唯佛爲離故. 經云. 佛常在世間 而不染世法. 然今文中. 備六位之行 卽是行離. 行所依位 卽是位離. 故若事若理 若因若果. 皆名離也. 二約法事離 無他受稱. 離非世間 卽相違釋. 若約性離. 通持業釋. 約行四句. 前三句俱通持業相違二. 事理離故 泯句並非六釋. 亦可持業 泯卽離故.

[청] 2) 행에 의하면 간략히 네 구가 있는데 처음은 따름이고, 둘째는 떠남이요, 셋째는 다함이고, 넷째는 없앰이다.

① 따른다고 말함은 범부는 세온에 침닉하니 떠남도 아니고, 따름도 아니다. 이승은 자비가 없어서 세간을 능동적으로 따르지 못하니 비록 떠나나 참된 것은 아니요, 보살은 능동적으로 따라 비로소 참된 떠남이 되기에 따름으로써 떠남을 푸는 것이다.

② 떠남은 큰 지혜가 있기에 세간의 성품을 떠남을 깨달아 처하면서도 물들지 않는데 또한 범·소와 다르다.

③ 다함은 자비로 항상 세간에서 행하고, 지혜로 세간법에 물들지 않는다. 이미 세간이 성리와 더불어 둘이 없음으로써 그 경계를 삼고, 자비와

지혜가 둘이 없음으로써 그 행을 삼는데 경계와 행이 융통함에 세 구가
있다.

  ㄱ. 자비가 지혜 아님이 없는 즉 '세간'이 '떠남' 아님이 없다. 이로써 항상
세간에 있되 일찍이 떠나지 않음이 없는 것이다.

  ㄴ. 지혜가 자비 아님이 없기에 '떠남'이 '세간' 아님이 없다. 이로써 늘
세표에 초월하되 세간에 거닐지 않음이 없다.

  ㄷ. 쌍으로 융섭하기 때문에 움직이거나 고요함이 둘이 아니요, 오직 일
념인데 이른바 무념이다. 무념이 평등하기 때문에 세간이 　출세간
과 더불어 장애가 없다.

④ 다 없앰은 경계를 이르니 이미 세간이 성리로 더불어 형체를 빼앗아 다
없앤 때문에 자비와 지혜를 모두 융섭하며 두 생각을 쌍으로 끊게 한다.
또 경계와 행이 서로 연유됨을 말미암아 형체를 빼앗고 나란히 없앴기에
절대 말을 떠났으니 앞의 네 구를 융섭하여 다 장애가 없어야 비로소
진실로 세간을 떠남이 된다.

3) 지위에 의하면 범부는 물들어서 참된 떠남이 아니고, 이승은 부분적 떠남이
라 참되지 않다. 불과는 분단을 떠나고 인행은 오직 사리(事離)니 지금 밝힐
것은 아니다. 보살은 위의 참된 행을 갖추어 '떠남'이라고 하나 구경은 아니고
오직 부처님만이 '떠남'이 된다. 그러므로 〔제33 불부사의법품〕 경문에, "부
처님은 〔다 법신이 있으니 청정하여 걸림 없고 온갖 법을 끝까지 통달하여
끝없는 법계에 머물며〕 늘 세간에 계시나 세간 법에 물들지 않는다"고 했다.
그러나 지금 경문에는 육위의 행을 갖추었으니 행리(行離)요, 의지할 지위에
행하니 위리(位離)로 현상·이치·인·과를 다 '떠남'이라고 한다.

2. 이름 풀이

법의 사리(事離)에 의하면 다른 명칭을 받음이 없고, '이(離)'는 '세간'이 아니
니 바로 상위석이다. 만약 성리(性離)에 의하면 지업석에 통하고 행의 네 구에
의하면 앞의 세 구는 지업석과 상위석 둘 다에 통하니 현상과 이치를 떠난 때문
이다. '다 없앰'의 구는 아울러 육합석이 아니나, 또한 지업석이라 할 수 있으니

'민(泯)'이 곧 '이(離)'인 때문이다.

【통현론】 所以名離世間品. 明前品旣名如來出現 此品卽得離世間故. 故名離世間.
此有二義. 一望說法之主. 說敎益衆生. 是利益世間品. 合作利益之名 二望衆生聞法
處世無染. 是離世間品故. 此約說法之主 及得益者 二義通釋.

통 이세간품이라고 이름하는 까닭은 앞 품에 이미 '여래출현'이라 이름했고, 이
품은 곧 세간을 떠났기에 '이세간'이라 이름함을 밝히는데 이에 두 뜻이 있다.
  1. 설법주에 비교하면, 가르침을 설해 중생을 유익하게 함은 바로 '이익세간품'이
     니 합당히 이익이라 이름할 것이다.
  2. 중생이 법을 들음에 비교하면, 세상에 처해 물듦이 없음이 바로 '이세간품'이니
     이는 설법주와 이익을 얻는 자 두 뜻을 통해 푼 것이다.

【수현기】 離者行體淨義也. 世間者所離之法. 世者時. 間者中. 但在時中者 名世間也.

수 '이(離)'는 행의 본체가 청정한 뜻이고 '세간'은 떠나야 할 법이다. '세'는 시간이
요, '간'은 가운데이니 다만 시간 가운데 있음을 세간이라 이름한다.

【탐현기】 有四. 一下文有十義. 至彼當辨. 二別翻一本 名度世經. 三更有一本 名普
賢菩薩答難二千經. 四此品名離世間 亦有四義. 一約妄執爲世間. 卽空爲離故. 上文云
一切諸世間 皆從妄想生. 是諸妄想法 其性未曾有. 二約緣起爲世間. 無自性故 名爲離
也. 上文[1]云 三世五陰法 說名爲世間. 斯由虛妄有. 無則出世間. 三約行. 謂常在世 而
非世攝 故云離也. 四約位. 人天是世. 二乘爲離. 二乘爲世. 菩薩爲離. 菩薩分段變易
俱爲世間. 佛果究竟 方以爲離. 今此所辨. 六位[2]行故. 因果二位 俱卽世而非世 故云離
也. 品內明此 故以爲名.

탐 네 가지가 있다.

1. 다음 경문에 열 가지 뜻이 있으니 저에 이르러 마땅히 밝힌다.

2. 별도로 번역된 한 역본이 있으니 '도세경'이란 이름이다.

3. 한 역본이 또 있으니 '보현보살답난이천경'이다.

4. 이 품으로 '이세간'이라 이름하니, 또한 네 뜻이 있다.

   (1) 망령된 집착으로 세간을 삼으니 공(空)에 걸맞게 떠난다. 그러므로 위의
      경문〔구역 제5 여래광명각품〕에서 이르길, "세간의 모든 것이 다 망상으로
      부터 생긴 것인데, 온갖 망상 법은 그 성품이 일찍이 있는 것이 아니네"라
      고 하였다.

   (2) 연기에 의하여 세간을 삼는데 자성이 없기 때문에 '떠남'이라고 이름하니,
      위의 〔구역 제16 야마천궁보살설게품〕 경문에서 이르길, "삼세오음 법을
      설해 세간이라 이름하지만 이는 헛된 망상으로 말미암아 있는 것이요, 없
      으면 출세간이라 하네"라고 하였다.

   (3) 행에 의하니 늘 세간에 있으나 세간에 포섭되지 않기에 '떠남'이라 한다.

   (4) 지위에 의하니 하늘과 사람이 세간이라면 이승이 '떠남'이 되고, 이승이
      세간이면 보살이 '떠남'이 된다. 보살의 분단·변역생사가 다 세간이면,
      불과 구경이 비로소 '떠남'이 된다.
      지금 이에서 분별함은 여섯 지위의 행이기에 인·과의 두 지위가 갖추어
      지면 세간에 걸맞으면서도 세간이 아니기에 '떠남'이라 한다. 품에서 이를
      밝혔기에 이름으로 삼았다.

   1. 상문(上文) : 야마천궁보살설게품에 있는 역성취림 보살(力成就林菩薩)의 게송
      이다. 〈⑦ 9권 465 中〉
   2. 육위(六位) : → 부록 법수 참조.

Ⅱ. 이세간품을 설하는 까닭

【청량소】前品出現之果殊勝. 今明依彼 起行圓融. 故次來也. 雖一分一會 一品是同. 所對旣殊 來意亦別.

[청] 앞 〔여래출현〕품은 출현의 과가 수승했고, 지금은 저에 의지해 원융행을 일으킴을 밝히기에 이어진 것이다. 비록 하나의 분·회·품이 같으나 대하는 것이 이미 다르며 이어진 까닭도 또한 다르다.

【통현론】明前品是五位 昇進已終 自己佛果 是覺行已滿. 此品是普賢常行. 自從初如來 始成正覺以來. 一時同說. 是古今諸佛共行. 乃至從普光明殿 說十信心法 十定十通十忍. 阿僧祇如來壽量 菩薩住處 佛不思議 如來十身相海 如來隨好光明功德 普賢行 如來出現離世間 如是等十二品經. 乃至四十品經. 天上人中 不離一刹那際三昧. 以普光明智 一時普印 一時同說. 以此諸會 及至昇天 皆云不離始成正覺 普光明殿. 此明圓通始末 時法不遷. 此品須來.

[통] 앞 품에서 오위의 승진이 마쳤기에 자기 불과의 각행이 이미 원만했고, 이 품은 보현의 평상 행이다. 처음 여래께서 비로소 정각을 이루신 이후로부터 일시에 같이 설하시니, 이는 고금의 모든 부처님의 공통적인 행이다.

보광명전에서 십신법을 설함으로부터 십정·십통·십인·아승지·여래수량·제보살주처·불부사의·여래십신상해·여래수호광명공덕·보현행·여래출현·이세간의 이와 같은 등 12품경과 내지 40품 경문에 이르기까지는 천상과 사람 가운데 일찰나제 삼매를 떠나지 않는다. 또 보광명 지혜로써 한때에 널리 인가하여 일시에 같이 설하기에 이 모든 회상과 하늘에 오름에 다 "처음 정각을 이루신 보리수 아래〔普光明殿〕를 떠나지 않는다"고 했다. 이는 처음과 끝을 원만히 통해 때와 법을 옮기지 않음을 밝혔기에 의당 이어진 것이다.

【수현기】 有二. 一辨教興會來由. 此下第三 依緣修行成德分. 所以來者. 上旣得法. 次須依法 就緣使修成行德故也. 故下二品文中 皆有勸辭 故知二品來者. 前聖性現前. 欲得不與凡共分齊 故次來也.

수 두 가지가 있는데 가르침이 일어남과 회가 이어진 연유를 밝힌 것이다.
이 다음은 제3 의연수행성덕분인데 이어진 까닭은 위에서 이미 법을 얻었고, 다음으로 반드시 법에 의해 연에 나아감으로써 행의 덕을 닦아 이루기 때문이다. 그러므로 다음 경문의 두 품에서 모두 권유의 말씀이 있으니 두 품은 앞에서 성성(聖性)이 현전하여 범부와 더불어 공유하지 않는 분제를 얻고자 하기 때문에 이어진 것임을 알 것이다.

【탐현기】 前性起品 明顯性果殊勝. 今明依彼 所起行用 故次來也.

탐 앞의 보왕여래성기품에서는 성과(性果)의 수승함을 밝혀 나타냈고, 지금은 저에 의지하여 일어나는 행의 작용을 밝히기 때문에 이어진 것이다.

Ⅲ. 이세간품의 주제와 취지

【청량소】 頓彰六位 理事二離爲宗. 令體性離 頓成眞離 究竟爲趣.

청 몰록 육위를 드러내어 이치와 현상 둘을 떠남으로 주제를 삼고, 체성을 떠나게 해서 단박에 구경의 참된 떠남을 이루게 함으로 취지를 삼는다.

【수현기】 分別有二. 一約人. 人有正助. 二人各有體相用. 問此人 與下知識人何異. 答此是能宣敎人. 下知識 是敎所詮法人也 准取之. 二約法. 法謂行法. 卽一乘道品也. 三乘及小乘名數 雖同三十七 而意異也. 廣如諸經. 一乘之行 學亦有始. 若依定學 明始

分齊者. 若約迴心人[1] 卽用非至定 及初禪定等 爲學始. 若據直進人.[2] 卽用光得意言定 爲初學始. 若約一乘不共敎.[3] 據行卽寂靜勝三昧 爲初學始. 若約行解 卽華嚴定 爲初學始. 若約行位 卽十行位定 爲初學始. 若約人知識軌則 用師子奮迅定[4] 爲初學始. 若約解信等 卽用淨藏定[5]等 爲初學始. 若約正解 用性起法門 爲初學始. 若約解位 卽十解位定 爲初學始. 此等約歸向本實爲言. 頓悟人意言 無分別定爲初也. 餘可准知耳.

㊅ 분별하여 두 가지가 있다.

1. 사람에 의하니 사람에는 정과 보조가 있는데 〔이〕 두 사람에 각기 본체·형상·작용이 있다.

문 : 이 사람과 다음 선지식은 어떻게 다른가?

답 : 이 〔사람〕은 가르침을 펴는 사람이고, 다음 선지식은 가르침에서 법을 말하는 사람이니, 준하여 취할 것이다.

2. 법에 의하는데 법은 행법이니, 일승의 도품이다. 삼승과 소승의 명수는 비록 같은 37이나 뜻은 다르니 자세한 것은 여러 경과 같다.

일승의 행을 배움에도 또한 시점이 있는데 선정〔定學〕에 의해서 시점의 분제를 밝힌다.

회심인에 의하면 이르지 못한 선정과 초선의 선정 등을 사용하여 배움의 시점으로 삼고, 직진인에 의하면 광명이 뜻과 말을 얻는 선정을 사용하여 초학의 시점으로 삼는다. 일승의 불공교에 의하면 행에 의거함이 적정승 삼매로 초학의 시점을 삼으며, 행·해에 의하면 화엄의 선정으로 초학의 시점을 삼는다. 행위에 의하면 십행 지위의 정을 초학의 시점으로 삼고, 인지식의 궤칙에 의하면 사자분신정을 사용하여 초학의 시점으로 삼는다. 이해와 믿음 등에 의하면 정장정(淨藏定) 등으로써 초학의 시점을 삼으며, 바른 이해에 의하면 성기의 법문으로써 초학의 시점을 삼고, 이해의 지위에 의하면 십해 지위의 정을 초학의 시점으로 삼는다.

이런 것들이 근본 진실에 귀향함에 의해 말하면 단박에 깨달은 사람은 뜻과 말의 무분별 정으로 시초를 삼는다. 나머지는 준하여 알 것이다.

1. 회심인(迴心人) : 회심향대(廻心向大)의 뜻으로, 소승에 집착한 마음을 돌려 대승으로 돌리는 것이다. 圖

2. 직진인(直進人) : 곧바로 대승으로 나아가는 사람이다. 圖

3. 불공교(不共敎) : 이승과 함께 배우지 않는, 보살만의 가르침을 말한다. 화엄종에서는 별교일승(別敎一乘)이라 한다. 圖

4. 사자분신정(師子奮迅定) : 사자분신삼매이니, 부처님께서 드신 삼매로 이 삼매에 들면 대비의 몸을 떨쳐, 중생의 소질에 응하는 위력을 나타내고, 외도나 이승이라고 하는 소수(小獸)를 외복(畏伏)시킨다. 그 모습이 사자가 힘차게 내지르는 것과 같기에 이렇게 표현했다. 圖

5. 정장정(淨藏定) : 정장삼매(淨藏三昧)이다. 법화경 제7권에 있는 16종 삼매의 하나이다. 圖

【탐현기】　有二. 先約類. 二約義. 前中亦二. 先約人. 後約法. 人有化主助化 化主以內證行海爲體. 助化以入定 動地爲相. 餘並同前準之. 二法中敎事內. 以略標二百問爲本. 廣答二千爲相. 讚成益物爲用義. 理中平等性海爲體. 塵算行德爲相. 與敎相應爲用. 餘相即等並准之. 二約義者有四. 一法. 二行. 三俱. 四泯. 初中二. 先明世間. 後明離. 前中有三類. 一約事相 世間有二. 一器世間. 二五蘊世間. 此就依正分之. 如餘論說. 二約麤細亦有二. 一有爲世間. 二無爲世間. 此據分段 變易爲二. 以變易非是三有[1] 攝故 名爲無爲. 勝鬘云. 有爲生死 無爲生死者 是此義也 三約染淨有三種. 一器世間. 二衆生世間. 三智正覺世間. 初是所依. 次是所化. 後是能化. 如地論說.

圖 둘이 있는데 먼저는 종류에 의하고, 두 번째는 뜻에 의한다.

1. 앞〔종류〕에서 또한 둘이니, 먼저는 사람에 의하고 뒤는 법에 의한다.

　(1)〔사람에 의거〕

　　사람에는 교화주와 보조가 있으니, 교화주는 안으로 증득한 행으로써 본체를 삼고, 보조는 선정에 들어가서 땅을 진동함으로써 상을 삼는다. 나머지는 다 앞〔여래명호품〕과 같으니 준할 것이다.

　(2)〔법에 의거〕

법의 가르침에는 간략히 200가지 물음을 표함으로 근본을 삼고, 자세히 2,000가지 답으로 형상을 삼으며, 찬탄하여 중생을 이롭게 함으로써 작용의 뜻을 삼는다. 이치 가운데 평등한 성품으로써 본체를 삼으며, 먼지 수와 같이 많은 행덕으로 형상을 삼고, 가르침과 더불어 상응함으로써 작용을 삼는다. 나머지 상즉 등은 다 준한다.

2. 뜻에 의하면 네 가지가 있는데 첫째는 법이요, 둘째는 행이며, 셋째는 모두요, 넷째는 다 없앰이다.

(1) 앞 〔법〕에는 둘이니 먼저는 '세간'을 밝히고, 뒤에 '이(離)'를 밝힌다.

　1) 처음 〔세간을 밝힘〕에 세 종류가 있다.

　① 사상(事相)에 의하면 세간에 둘이 있는데 첫째는 기세간이요, 둘째는 오온 세간이니 이는 의보와 정보에 나아가 나눈 것으로 다른 논의 설과 같다.

　② 거친 것과 미세한 것에 의해 또한 둘이 있는데 첫째는 유위세간이요, 둘째는 무위세간이니 이는 분단·변역생사에 의거해서 둘이다. 변역은 이 삼유에 거두어지지 않기에 무위라고 이름한다. 승만경에서 '유위생사와 무위생사'라고 한 것이 이런 뜻이다.

　③ 더러움과 깨끗함에 의해 세 종류가 있다.

　　ㄱ. 기세간

　　ㄴ. 중생세간

　　ㄷ. 지정각세간

처음 〔기세간〕은 의지처이며, 다음 〔중생세간〕은 피교화자이고, 뒤 〔지정각세간〕는 교화주이시니 십지경론의 설과 같다.

【주】─────────────

　1. 삼유(三有) : → 부록 법수 참조.

【탐현기 2】　二明離者有二. 初明世間卽是離. 二明世間之離. 前中有三種. 一不同

故名離. 如智正覺 名爲世間. 而不同世 故名爲離. 二相望離. 如無爲世間 望於分段. 亦名爲離. 三性自離. 如諸世間 皆無自性. 本來無生 故亦名離. 論云 世間與涅槃 無有少分別. 是故世間 卽爲離也. 二超出世間 名爲離中亦三. 初不同離 及相望離. 皆超出他世名爲離. 性離之理 亦非世攝. 是故俱名超出世間 方爲離也. 二約行中亦三. 一行從緣起 名爲世間. 自性無生 卽名爲離. 二行體能滅惑 令背於世 故名爲離. 三行成妙果 永超二死[1] 故名爲離. 此三如次 同前三離.[2] 又同三種佛性[3]等思之. 三約俱辨中. 以世間爲境. 悲智爲行. 以悲故常行世間. 以智故恒離世間. 又以世間與性離無二爲境. 悲智無二爲行. 境行通融 亦有三句. 一智無不悲故 世無不離. 是故常在世間 未曾不出. 二悲無不智故 離無不世. 是故恒超世表 無不遊世. 三雙融故 動靜無二. 唯是一念. 謂無念也. 是故菩薩 無念不起念. 常行世間. 常出世間 無障無礙. 四俱非中亦三. 一約境世間與離 形奪兩亡. 二悲智俱融. 二念雙泯. 三境行相由 形奪齊遣. 絶待離言 不可說也. 思之可知. 下文二千行相 是此等義. 思以准之.

탐 2) 떠남을 밝힘에 두 가지가 있는데 처음은 '세간이 바로 떠남'임을 밝히는 것이고, 두 번째는 '세간의 떠남'이다.

① 앞〔세간이 바로 떠남〕에 세 종류가 있다.

ㄱ. 같지 않기에 떠남이니 마치 지정각을 세간이라 이름하나 세간과 같지 않기에 '떠남'이라 이름함과 같다.

ㄴ. 서로 비교하여 떠나니, 마치 무위세간을 분단에 비교하여 역시 '떠남'이라 이름함과 같다.

ㄷ. 성품 스스로 떠나니 마치 온갖 세간이 자성이 없이 본래 나지 않기에 또한 '떠남'이라 이름함과 같다. 중론〔제4권〕에서는, "세간은 열반과 더불어 조금의 분별도 있지 않다"고 하였으니 이 때문에 세간이 곧 떠남이 된다.

② 세간을 멀리 벗어남을 '떠남'이라 하는 중에도 또한 셋이 있다.

ㄱ. 같지 않아서 떠남과

ㄴ. 서로 비교해서 떠남은 다 저 세간을 멀리 벗어났기에 '떠남'이라 이름하

며, 성리(性離)의 이치 또한 세간에 거두어진 것이 아니기에 모두 세간을 멀리 벗어남을 비로소 떠남이라 이름하는 것이다.

(2) 행에 의하면 또한 셋이 있다.

　　1) 행이 연으로부터 일어남을 '세간'이라 하고 자성이 생기지 않음을 '떠남'이라 한다.

　　2) 행의 본체가 능히 미혹을 없애 세간을 등지도록 하기에 '떠남'이라 한다.

　　3) 행이 묘과를 이루어 두 가지 생사를 길이 초월하므로 '떠남'이라 한다. 이 셋이 차례와 같이 앞의 세 가지 떠남과 같다. 또 세 종류의 불성 등과도 같으니, 생각할 것이다.

(3) 다 분별하는 중에 세간으로써 경계를 삼고, 자비와 지혜로 행을 삼아 자비로써 늘 세간에 행하며, 지혜로써 언제나 세간을 떠난다. 또한 세간이 성리로 더불어 둘이 없음으로써 경계를 삼는다. 자비와 지혜가 둘이 없음으로써 행을 삼으면, 경계와 행이 통하여 원융하니 또한 세 구가 있다.

　1) 지혜가 자비롭지 않음이 없기에 세간이 떠남 아님이 없다. 이 때문에 늘 세간에 있으면서도 일찍이 벗어나지 않음이 없다.

　2) 자비는 지혜롭지 않음이 없기에 '떠남'이 '세간' 아님이 없다. 이 때문에 항상 세표를 초월하면서도 세간에서 거닐지 않음이 없다.

　3) 같이 원융하므로 동·정이 둘이 아니며 오직 일념이요 무념이다. 이 때문에 보살은 생각이 없고 생각을 일으키지 않기에 늘 세간에서 행하며 세간을 벗어남에 장애가 없는 것이다.

　4) 다 아닌 것에도 또한 세 가지가 있다.

　　① 경계에 의해 세간과 떠남은 형체를 빼앗겨서 둘 다 없다.

　　② 자비와 지혜가 다 원융하여 두 생각을 함께 없앤다.

　　③ 경계와 행이 서로 말미암아서 형체를 빼앗아 나란히 없앴기에 절대 언설을 떠나 설할 수 없으니, 생각하면 알 수 있다. 다음 경문의 2,000가지 행상은 이런 등의 뜻이니 준하여 생각할 것이다.

1. 이사(二死) : → 부록 법수 참조.
2. 전삼리(前三離) : 부동리(不同離)·상망리(相望離)·성자리(性自離)이다.
3. 삼종불성(三種佛性) : → 부록 법수 참조.

IV. 이세간품의 간추린 경문

부처님께서는 마갈타국 아란야법 보리장의 보광명전에서 연화장 사자좌에 앉으셨는데, 절묘한 깨달음이 원만하시어 말로 할 수 없이 수많은 보살들과 함께 계셨다. 다들 일생에 최상의 깨달음을 이루실 이들로 각기 타방 국토로부터 와서 모였다.

그 때 보현 보살께서 광대한 '불화장엄(佛華莊嚴)' 삼매에 드신 뒤에 때맞춰 시방세계가 여섯 종류인 열 여덟 모양으로 진동하면서 들리지 않음이 없이 큰소리가 난 뒤 삼매에서 나오셨다.

보혜 보살이 대중이 다 모였음을 알고 보현 보살께 법을 청하였다.

보현 보살께서 말씀하셨다.

"열 가지 선지식이 있다. 이른바 보리심에 안주하게 하는 선지식이고, 선근을 내게 하는 선지식이며, 모든 바라밀을 행하게 하는 선지식이다. 온갖 법을 해설하게 하는 선지식이며, 많은 중생을 성숙케 하는 선지식이고, 확고한 변재를 얻게 하는 선지식이다. 모든 세간에 집착하지 않게 하는 선지식이며, 오랜 기간에 수행하되 싫증 내지 않게 하는 선지식이다. 보현행에 안주하게 하는 선지식이며, 모든 부처님의 지혜로 들게 하는 선지식이다.

보살이 열 가지로 마음이 안락함이 있다. 이른바 나와 남을 보리심에 머물게 하여 마음이 안락해지며, 끝까지 분쟁을 떠나게 하여 마음이 안락해지고, 범부의 법을 떠나게 하여 마음이 안락해진다. 선근을 부지런히 닦게 하여 마음이 안락해지고, 바라밀 도에 머물게 하여 마음이 안락해지며, 불가에 태어나게 하여 마음이 안락해진다. 자성이 없는 진실한 법에 깊이 들게 하여 마음이 안락해지고, 모든 불법을 비방하지 않게 하여 마음이 안락해진다. 온갖 것을 아는 지혜의 보리원을 만족케 하여 마음이 안락해지고, 모든 부처님의 다함없는 지혜의 장에 깊이 들게 하여 마음이 안락해진다. 만약 보살이 이 법에 안주하면 부처님의 위없는 대 지혜의 안락을 얻는다.

보살은 열 가지 중생을 이룸이 있으니, 이른바 보시로 중생을 이루고, 몸으로 중생을 이루며, 설법으로 중생을 이룬다. 동행함으로 중생을 이루고, 집착하지 않음으로 중생을 이루며, 보살행을 가르쳐 보임으로 중생을 이룬다. 모든 세계를 불타듯이 보임으로 중생을 이루고, 불법의 대 위덕을 보임으로 중생을 이룬다. 갖가지 신통 변화로 중생을 이루고, 미묘하고 정교한 방편으로 중생을 이룬다.

보살은 열 가지 싫증 내지 않는 마음이 있으니, 이른바 모든 부처님께 공양하는데 싫증 내지 않는 마음과 선지식을 가까이 함에 싫증 내지 않는 마음과 온갖 법을 구함에 싫증 내지 않는 마음이다. 정법을 듣거나 설함에 싫증 내지 않는 마음과 많은 중생을 교화하고 조복함에 싫증 내지 않는 마음이다. 많은 중생을 부처님의 보리에 두는 데 싫증 내지 않는 마음과 낱낱 세계에서 말로 할 수 없이 말로 할 수 없는 겁 동안 보살행을 행함에 싫증 내지 않는 마음이다. 모든 세계에 다님에 싫증 내지 않는 마음과 온갖 불법을 사유 관찰함에 싫증 내지 않는 마음이다. 만약 이 법에 안주하면 부처님의 싫증 내지 않고 위없는 대 지혜를 얻는다.

보살은 열 가지 바라밀이 있으니, 이른바 보시바라밀로 온갖 소유를 다 버리며, 지계바라밀로 부처님의 계를 깨끗이 한다. 인욕바라밀로 부처님 인욕에 머물며, 정진바라밀로 온갖 하는 일에 물러나지 않는다. 선정바라밀로 한 경계를 생각하고, 반야바라밀로 온갖 법을 여실히 관찰한다. 지혜바라밀로 부처님의 힘에 들어가며, 서원바라밀로 보현의 모든 대원을 원만히 한다. 신통바라밀로 온갖 자재한 작용을 보이며, 법바라밀로 두루 모든 불법에 들어간다. 만약 보살들이 이 법에 안주하면 부처님의 위없는 대 지혜 바라밀을 갖춘다.

보살은 열 가지 분명히 앎이 있으니, 이른바 온갖 법이 한 모양임을 알며, 온갖 법이 무한한 모양임을 알고, 온갖 법이 한 생각에 있음을 안다. 여러 중생들의 마음씀이 막힘 없음을 알고, 모든 근기가 평등함을 알며, 번뇌의 습기 행을 안다. 여러 중생들의 마음씀을 알고, 선하고 악한 행을 안다. 모든 보살의 원행이 자재하게 머물러

지니고 변화함을 알며, 일체 부처님들께서 십력을 갖추고 정등각을 이루심을 안다. 만약 보살들이 이 법에 안주하면 온갖 법의 정교한 방편을 얻는다.

또 생각하되, '내가 옛날 위없는 대 보리심을 내기 전에는 온갖 두려움이 있었으니, 살지 못할까 두려움·악명의 두려움·죽음의 두려움·악도에 떨어질까 두려움·대중 위신의 두려움이다. 한 번 발심하고는 다 벗어나 놀라지 않고 무섭지도 않아 온갖 악마와 외도들이 무너뜨릴 수 없다'고 생각하고 크게 기뻐 안심이 되었다. 또 '마땅히 많은 중생들이 위없는 보리를 이루게 하며, 보리를 이룬 뒤에는 저 부처님 처소에서 보살행을 닦고, 육신의 명이 다하도록 대 신심으로 부처님께 온갖 공양구를 마련하여 공양하리라. 열반하신 뒤에는 각기 무한한 탑을 쌓아 사리에 공양하고, 유법을 수지하여 지키리라'고 생각하고 크게 기뻐 안심하였다.

또 '마땅히 많은 중생들의 근심을 끊고 욕구를 청정히 하며, 마음을 열고 번뇌를 없애리라. 많은 중생들의 나쁜 길을 닫고 좋은 길을 열며 칠흑의 어두움을 깨어 광명을 주며, 온갖 악마의 소행을 떠나고 안락한 곳에 이르게 하리라'고 생각하고 크게 기뻐 안심한다.

보살이 또 '부처님은 우담바라꽃과 같아서 만나기 어렵다. 그러나 내가 미래에 부처님을 친견하고자 하면 바로 친견이 되며, 나를 항상 버리지 않으시고 늘 나의 거처에 머물러서 친견하며 나를 위해 설법하여 끊어지지 않게 될 것이다. 법을 듣고는 마음이 청정하여 아첨을 멀리 떠나고 솔직하여 거짓이 없으며 시시각각 항상 부처님을 친견하게 되리라'고 생각하고 크게 기뻐 안심한다. 또한 '미래에 마땅히 정각을 이루고 부처님의 신력으로써 여러 중생을 위하여, 청정하고 두려움 없이 대 사자후를 하리다. 본래의 큰 원으로 법계에 두루하여 대 법고를 치고 법비를 내려 크게 법보시를 하리다. 무한한 겁에 정법을 연설하지만 대 자비로 유지되어 몸과 말과 뜻에 싫증내지 않으리라'고 생각하고 크게 기뻐 안심한다. 이것이 보살의 열 가지 크게 기뻐 안심함이니 만약 이 법에 안주하면 곧 위없는 정각의 지혜를 이루어 크게 기뻐 안심한다.

보살은 열 가지 두려움 없는 마음을 내니, 이른바 온갖 장애의 업을 멸하는데 두려움 없는 마음을 내며, 부처님 열반하신 뒤에 정법을 지킴에 두려움 없는 마음을 낸다.

온갖 악마를 항복시킴에 두려움 없는 마음을 내며, 신명을 아끼지 않음에 두려움 없는 마음을 낸다. 온갖 외도의 잘못된 논리를 깨뜨림에 두려움 없는 마음을 내고, 많은 중생을 기쁘게 함에 두려움 없는 마음을 낸다. 회상의 대중들을 다 기쁘게 함에 두려움 없는 마음을 내고, 모든 하늘과 용과 야차와 건달바와 아수라와 가루라와 긴나라와 마후라가를 조복함에 두려움 없는 마음을 낸다. 이승의 지위를 벗어나 깊은 법에 들어감에 두려움 없는 마음을 내고, 말로 할 수 없이 말로 할 수 없는 겁에 보살행을 행하고도 싫증 내지 않고 두려움 없는 마음을 낸다. 만약 보살들이 이 법에 안주하면 부처님의 위없는 대 지혜의 두려움 없는 마음을 얻는다.

불자여, 보살마하살은 금강과 같은 대승의 서원심을 내니, 혹시 중생이 욕하고 헐뜯고 치고 때리거나, 팔다리를 절단하고 코나 귀를 베고, 눈을 후벼파든가 머리를 베더라도 이러한 모든 것을 다 능히 참고 받아 끝끝내 이로 인해 해치려는 마음을 내지 않고 말로 할 수 없이 말로 할 수 없는 무수한 겁 동안 보살행을 닦아 중생을 거두어 주면서 늘 버리지 않는다. 왜냐하면 보살마하살이 이미 온갖 법이 둘이 아님을 잘 관찰하여 마음이 동요되지 않고 자신을 버려 고통을 참기 때문이다.

보살은 열 가지 마음이 있는데, 이른바 대지와 같은 마음이니 많은 중생들의 온갖 선근을 유지하여 키우기 때문이요, 큰 바다 같은 마음이니 모든 부처님의 무한한 대 지혜 법의 물이 다 유입하기 때문이다. 수미산과 같은 마음이니 많은 중생을 출세간에서 최상의 선근에 두기 때문이며, 마니 보배와 같은 마음이니 욕구가 청정하여 더러워지지 않는 때문이다. 금강과 같은 마음이니 확고히 온갖 법에 깊이 들어가기 때문이며, 철위산과 같은 마음이니 악마와 외도들이 동요하지 못하기 때문이다. 연꽃과 같은 마음이니 온갖 세간 법이 더럽히지 못하기 때문이요, 우담바라꽃과 같은 마음이니 많은 겁에서 만나기 어렵기 때문이다. 청정한 해와 같은 마음이니 어둠을 깨뜨리는 때문이요, 허공과 같은 마음이니 헤아릴 수 없기 때문이다. 만약 보살들이 이 가운데 안주하면 부처님의 위없는 대 청정심을 얻는다.

보살이 열 가지 일로써 일곱 걸음을 걸었으니, 이른바 보살의 힘을 나타내기 위해 일곱 걸음을 걸었고, 일곱 가지 재물로 보시함을 나타내기 위해 일곱 걸음을 걸었다. 지신의 소원을 만족시키기 위해 일곱 걸음을 걸었고, 삼계를 초월한 모습을 나타내기 위해 일곱 걸음을 걸었다. 보살의 최고 수승한 행인 코끼리·소·사자의 행을 뛰어넘음을 나타내기 위해 일곱 걸음을 걸었고, 금강 지위의 모습을 나타내기 위해 일곱 걸음을 걸었다. 중생에게 용맹한 힘을 줌을 나타내기 위해 일곱 걸음을 걸었고, 일곱 가지 깨달음의 보배를 수행함을 나타내기 위해 일곱 걸음을 걸었다. 얻은 법이 남의 가르침을 말미암지 않음을 나타내기 위해 일곱 걸음을 걸었고, 세간에서 최고 수승해 비할 바 없음을 나타내기 위해 일곱 걸음을 걸었다. 이것이 열이니 보살이 중생을 조복하기 위하여 이같이 나타낸다.”

이 품을 설하실 때에 부처님의 신력과 법이 당연히 그러함으로 시방세계가 크게 진동하고 대 광명이 두루 비추었다.

그 때 시방의 부처님들께서 보현 보살의 앞에 나타나시어 찬탄하셨다.

“훌륭하도다. 그대가 이 법을 잘 배워 설하고 그대의 위력으로 이 법을 지켜서 보유하는구나. 우리가 다 따라 기뻐하고 같은 마음으로 이 경을 보호하여 현재와 미래의 듣지 못한 보살들로 하여금 다들 듣게 하리라.”

이 때 보현 보살께서 부처님의 신력을 받아 시방의 모든 대중과 법계를 관찰하고 게송으로 설하셨다.

무한한 억 겁에 덕을 연설함이
바다의 한 방울 물과 같지만 적지 않아
그 공덕 견줄 수도 비유할 수도 없어
부처님의 신력으로 지금 간략히 설하리.

마음은 높낮이가 없고
구도에 싫증이 없으며
두루 모든 중생들이 선에 머물러
청정한 법을 늘리게 하리.

깨끗한 해와 달이

밝은 거울 허공에 있는 듯
물 속에 그림자 나타내지만
물과 섞이지 않네.

보살의 깨끗한 법륜도
마찬가지로
세간의 마음 물에 비치지만
세간에 섞이지 않네.

누군가 아지랑이를 보고
물로 여겨
쫓아가지만 마시지 못하고
점점 갈증만 더하네.

중생들의 번뇌도
마찬가지니
보살이 불쌍히 여겨
구하고 벗어나게 하네.

제9회 급고독원설(給孤獨園說) : 21권 1품

【經文】 爾時世尊 在室羅筏國 逝多林給孤獨園 大莊嚴重閣. 與菩薩摩訶薩 五百人俱.

그 때 세존께서는 실라벌국 서다림 급고독원의 크게 장엄한 누각에서 보살마하살 오백인과 함께 계셨다.

　·법 사 : 여래와 선지식
　·법 문 : 전체적으로 과(果) 법계를 설하고, 개별적으로 인(因) 법계를 설함
　·삼 매 : 여래 사자빈신 삼매
　·광 명 : 미간의 백호광명(미간은 법계의 중도를 다 깨친 때문이다.)

Ⅳ. 사람에 의지해 깨달아 들어가 덕을 이루는 부분〔依人證入成德分〕: 1품
　　(믿음·앎·수행·깨달음)
제5주. 깨달아 들어가는 인과〔證入因果〕

1. 본회　　　　　　　　　　　- 입법계품 제39
　　(1) 서분 (2) 청분 (3) 삼매분
　　(4) 멀리 새로운 대중이 모이는 부분
　　(5) 잃음을 들고 얻음을 나타내는 부분
　　(6) 게송으로 덕을 찬탄함 (7) 보현의 개발
　　(8) 털끝 광명이 비추어 이익을 줌
　　(9) 문수가 덕을 말씀하심 (10) 큰 작용의 헤아릴 수 없는 부분
　　〈유통분〉
2. 말회 - 선재 동자 남순 이하 (혹 중생심 미진 이하)
　　(1) 지위에 의해 수행하는 모습

1) 십신 지위에 의한 문수 보살 1인

2) 십주 지위에 의한 덕운 비구 이하 10인

3) 십행 지위에 의한 선견 비구 이하 10인

4) 십회향 지위에 의한 육향 장자 이하 10인

5) 십지 지위에 의한 바산바연 주야신 이하 10인

(2) 연을 모아 실상에 들어가는 모습, 마야 부인 이하 11인

(3) 덕을 거두어 인을 이루는 모습, 미륵 보살 1인

(4) 지혜로 둘이 없음을 비추는 모습, 다시 문수 보살을 친견함

(5) 인의 광대함을 나타내는 모습

Ⅰ. 급고독원설의 이름 풀이

【청량소】 約處名逝多林[1]園重閣會. 林名戰勝.[2] 以表依人. 園名給孤 用表悲厚. 重閣之義 以顯二智互嚴悲智並爲能證 亦爲重義. 若兼取城名聞物[3] 亦表依人.[4] 約法如品名釋.

청 장소에 의한 이름이 '서다림원중각회'인데 공원 숲을 '전승(戰勝)'이라 함은 사람에 의지함을 나타내고, 정원을 '급고'라 함은 자비가 두터움을 표한 것이다. '중각'의 뜻은 두 지혜가 서로 장엄함을 나타내며, 자비와 지혜를 다 증득했으니 또한 '중(重)'의 뜻이다. 만약 도성 이름인 '문물'을 아울러 취하면 또한 사람에 의지함을 나타내는 것이고, 법에 의하면 품명의 풀이와 같다.

【주】 ─────────────

1. 서다림(逝多林) : 중인도 교살라국 사위성 남쪽에 있는 기수급고독원(祇樹給孤獨園)을 기원(祇園)·기수(祇樹)·기원정사(祇園精舍)·서다림(逝多林) 등으로 약칭하며, 송림(松林)·승림(勝林) 등으로 의역한다.
2. 전승(戰勝) : 기원정사 부지의 원 임자인 기타 태자의 범명 Jeta를 기다(祈多)·기타(祈陀) 등으로 쓰고, 승(勝)·전승(戰勝) 등으로 번역한다.
3. 문물(聞物) : 중인도 옛 왕국의 범명 Śrāvastī를 사위국(舍衛國)·실라벌국(室羅伐國) 등이라 하고, 의역으로 문물(聞物)·문자(聞者)·무물부유(無物不有)·다유(多有)·풍덕(豐德)·호도(好道)라고 한다. 사위는 본래 북 교살라국

의 도성 이름인데 남 교살라국과 구별하여 도성으로써 대신 부른 것이다.

　4. 역표의인(亦表依人) : 이 사위성에서 인물이 많이 배출되었고, 좋은 물건이 많이
　　생산되기에 문물국(聞物國)이라고도 일컬었다.

【탐현기】 約處名祇洹重閣會. 謂表此法 濟物攝生 故在給園. 又現悲依本智 起重出
之相 故在重閣.

탐 장소에 의해 '기원중각회'라고 한 것이니, 이 법이 중생을 제도하여 거두어들임
을 표하기에 '급고독원'에 있는 것이요, 자비가 근본지에 의지하여 거듭나는 모습을
나타내기에 '중각'에 계신다.

Ⅱ. 급고독원설을 설하는 까닭

【청량소】 會品來意[1] 不異分來. 無別會品故.

청 회·품을 설하는 까닭은 분이 이어진 까닭과 다르지 않으니, 별도의 회·품이
없다.

　【주】 ────────────────

　1. 회품래의(會品來意) : 분래(分來)로 → 의인증입성덕분(依人證入成德分)

【탐현기】 謂前顯托法進修. 今辨依人入證. 義次第故 是故來也. 會來品來. 亦同此說.

탐 앞〔탁법진수성행분의 이세간품〕에서는 법에 의탁하여 닦아 나아감을 밝혔고,
지금은 사람에 의하여 깨쳐 들어감을 말하니 뜻의 순서로 이어진 것이다. 회와 품을
설하는 까닭도 또한 이 설과 같다.

제Ⅴ. 사람에 의지하여 깨달아 들어가 덕을 이루는 부분
[依人證入成德分]

> Ⅰ. 의인증입성덕분의 이름 풀이　　　Ⅱ. 의인증입성덕분을 설하는 까닭
> 　【청량소】　　　　　　　　　　　　　【청량소】 【탐현기】
> 　【수현기】 【탐현기】

Ⅰ. 의인증입성덕분의 이름 풀이

【청량소】謂依佛菩薩 諸勝善友. 深證法界故 名依人入證. 證法在己 謂之成德.

⒝ 불보살과 여러 수승한 선우를 의지하여 깊이 법계를 깨치기에 '의인입증'이라 하고, 법을 깨달음이 자기에게 있기에 '성덕'이라 했다.

【수현기】此是第八會 在祇桓重閣說. 所以在祇桓 攝化始故. 所以在重閣表悲心 在正智上重生故. 此卽第二依人入證分.

⒮ 이는 제8회로 '기원중각'에 계시면서 설한 것이다. '기원'에 계신 까닭은 섭화를 비롯한 때문이요, '중각'에 계신 까닭은 자비심으로 바른 지혜에 있으면서 거듭 남을 나타낸 때문이다. 이는 바로 제2 '의인입증분'이다.

【탐현기】謂廣依勝友. 深證法界故 名依人入證成德分矣.

⒯ 널리 선지식〔勝友〕에 의지하여 법계를 깊이 깨치기에 '의인입증성덕분'이라 이름했다.

Ⅱ. 의인입증성덕분을 설하는 까닭

【청량소】 夫行因證立. 證藉行深. 前分[1]託法行成. 故此依人入證. 亦爲遠答 解脫海[2]故. 會品來意 不異分來. 無別會品故.

【청】 대저 행은 깨달음을 인해 세우고 증득은 행을 빌려 깊어진다. 앞의 부분은 법에 의탁해 행이 이루어진 것이었고, 여기서는 사람에 의지해 깨달아 들어간다. 또한 멀리 해탈에 답함이 된다. 회·품을 설하는 까닭도 분을 설하는 까닭과 다르지 않으니 별도의 회·품이 없다.

【주】 ————————————

1. 전분(前分) : 제3의 탁법진수성행분(託法進修成行分)이다.
2. 원답해탈해(遠答解脫海) : → 제2. 여래현상품의 간추린 경문 참조

【탐현기】 謂前[1]顯託法進修. 今辨依人入證. 義次第故 是故來也. 會來品來 亦同此說.

【탐】 앞에서는 법에 의탁해 진보함을 나타냈고, 지금은 사람에 의지해 깨달아 들어감을 밝히니 뜻의 차례로 이어진 것이다. 회와 품을 설하는 까닭 역시 이 설명과 같다.

【주】 ————————————

1. 전(前) : 이세간품(離世間品)의 탁법진수성행분(託法進修成行分)이다.

제39. 입법계품(入法界品)

구역 : 제34. 입법계품(入法界品)

Ⅰ. 입법계품의 이름 풀이

【청량소】入通能所. 謂悟解證得之名. 法界是所入之法. 謂理事等別. 然法含持軌界有多義. 梁論十五云. 欲顯法身 含法界五義故. 轉名法界. 一性義. 以無二我爲性. 一切衆生 不過此性故. 二因義. 一切聖人 四念處等法 緣此生故. 三藏義. 一切虛妄法 所隱覆故. 非凡夫二乘 所能緣故. 四眞實義. 過世間法. 以世間法 或自然壞 或對治壞. 離此二壞故. 五甚深義. 若與此相應 自性成淨善故. 若外不相應 自性成殼故. 上之五義 皆理法界. 復有持義族義 及分齊義. 然持曲有三. 一持自體相. 二持諸法差別. 三持自種類 不相雜亂. 與法義同. 族者種族 卽十八界. 上二並通事理. 分齊者. 緣起事法 不相雜故. 於中性通依主持業. 因唯依主. 後六唯持業. 心境合目 名入法界. 始卽相違. 終卽持業. 入卽法界故.

　[청] '입'은 능·소에 통하니 깨달아 완성하는 이름이다. '법계'는 들어가는 법이니 이치와 현상 등의 다른 것이다. 이러한 '법'은 지궤를 포함하고 '계'는 많은 뜻이 있는데, 양역 섭대승론석 제15에는, "법신에 법계의 다섯 가지 뜻을 포함하고 있음을

나타내고자, 바꾸어서 법계라고 이름했다. 〔다섯 가지 의미란〕

1. 성(性)의 뜻인데 두 가지 자성이 없음으로써 성품을 삼으니, 모든 중생은 이 자성에서 벗어나지 않는다.

2. 인(因)의 뜻인데 모든 성인의 사념처(四念處) 등의 법은 법계〔此〕를 인연으로 난다.

3. 감추는 뜻인데 온갖 허망한 법에 의해 덮이고 감추어져서 범부와 이승이 반연할 것이 아닌 때문이다.

4. 진실한 뜻인데 세간 법을 초과하니 세간 법은 자연히 무너지거나, 대치해 무너지니 이 두 가지 무너짐을 떠난 때문이다.

5. 매우 깊은 뜻인데 혹 이와 더불어 상응한다면 자성이 청정한 선을 이루고, 만약 외로 상응하지 못하면 자성이 껍데기만 될 것이다"라고 했다.

위의 다섯 뜻은 다 이법계인데, 다시 지님과 종족 및 분제의 뜻이 있다.

6. 지님에는 자세히 셋이 있다.

    (1) 자체 형상을 지닌다.

    (2) 온갖 법의 차별을 지닌다.

    (3) 자기 종류를 지녀 서로 잡난치 않으니 법의 뜻과 같다.

7. 족은 종족으로 18계이다.

    * 위의 둘은 현상과 이치에 같이 통한다.

8. 분제는 연기의 현상 법이 서로 섞이지 않는다.

이 가운데 성(性)은 의주석과 지업석에 통하고, 인(因)은 오직 의주석이며, 뒤의 여섯은 오직 지업석이다.

마음과 경계를 합목하여 '입법계'라 했는데 처음은 곧 상위석이요, 끝은 지업석인데 '입'이 곧 '법계'이다.

【통현론】明信樂者. 從迷創達 名之爲入. 身心境界 性自無依. 名之爲法. 一多通徹 眞假是非障亡. 名之爲界. 又純與智 俱非情識境. 名之爲法界. 又達無明識種 純爲智用. 不屬迷收. 是無依智之境界. 名爲法界. 又以智體無依 無方不遍. 普見眞俗 總不思

議. 毛孔身塵 參羅衆像 無邊境界 佛刹重重 智凡同體 境像相入. 名爲法界. 又一塵之
內 普含衆刹. 無空不遍. 無刹不該. 不壞報境. 重重法無不眞[1] 通理徹事 名爲法界. 又
以一妙音 遍聞刹海. 以一纖毫 量等無方. 大小見亡 物我同體 識謝情滅 智通無礙. 名
爲入法界. 此約智境普名. 勿依肉眼情識所見.

통 쾌히 믿는 자가 미혹으로부터 비로소 통달함을 '입'이라 하고, 심신의 경계 성품
이 스스로 의지가 없음을 '법'이라 하며, 하나와 많은 것이 통하여 참과 거짓, 옳고
그름의 장애가 없음을 '계'라 함을 밝힌다.

또 순전히 지혜로 더불어 함께 미혹한 마음의 경계가 아님을 '법계'라 하며, 무명의
식 종자가 순전히 지혜의 작용임을 요달해서 미혹의 거둠에 속하지 않음이 바로 의지
함이 없는 지혜의 경계이니 '법계'라 이름한다. 또 지혜의 본체가 의지함이 없어서
방소마다 두루하지 않음이 없는데 널리 진·속을 보면 다 부사의하기에 모공·신
(身)·진(塵)·삼라만상의 끝없는 경계에 불국토가 거듭거듭하여 지혜와 범부가 동
체요, 경계와 상(像)이 서로 들어감이 '법계'가 된다.

또 한 먼지에 널리 온갖 국토를 머금어 허공마다 두루치 않음이 없고 국토마다
나열치 않음이 없어서 과보와 경계를 무너뜨리지 않는데 중중하여 법이 참되지 않음
이 없어서 이치에 통하고 현상에 사무침을 '법계'라 이름한다.

또 일 묘음으로써 국토에 두루 들리게 하고, 가는 털로써 양이 제한 없이 크고
작은 소견이 없어짐에 주객이 한 몸이요 식(識)이 물러가고 정(情)이 소멸되니 걸림
없이 지혜가 통함으로 '입법계'를 삼는다. 이는 지혜와 경계가 두루함에 의해 이름한
것이니, 육안과 미혹한 마음의 소견에 의지하지 말 것이다.

【주】────────────────

1. 법무부진(法無不眞) : 속장경과 신수대장경이 조금씩 차이가 있다. 중중법무부
진통리철사(重重法無不眞通理徹事) - 〈續 4권 589 中〉, 중중무진진통리철(重
重無盡眞通理徹) - 〈大 36권 943 下〉

【수현기】何義故名入法界. 答其法有三種. 謂意所知法. 自性及軌則也. 此中通三也. 界者是一切法通性. 亦因. 亦分齊也. 入者得此法門.

⟮수⟯ 무엇 때문에 '입법계'라 이름하는가?

답 : '법'에는 세 가지가 있으니, 뜻으로 알고 있는 법과 자성과 궤칙인데 여기서는 세 가지에 통한다. '계'는 온갖 '법'과 통하는 성질이고, 인(因)이거나, 또는 분제이다. '입'은 이런 법문을 얻는 것이다.

【탐현기】入是能入. 謂悟解證得故也. 法界是所入 法有三義. 一是持自性義. 二是軌則義. 三對意義. 界亦有三義. 一是因義. 依生聖道故. 攝論[1]云. 法界者謂是一切淨法因故. 又中邊論[2]云. 聖法因爲義故. 是故說法界. 聖法依此境生. 此中因義是界義. 二是性義. 謂是諸法 所依性故. 此經上文云 法界法性. 辯亦然故也. 三是分齊義. 謂諸緣起 相不雜故. 初一[3]唯依主. 後一唯持業. 中間通二釋. 心境合目 故云入法界也.

⟮탐⟯ '입'은 능히 들어가는 주체이니 깨달아 완성함을 이른다.

'법계'는 들어가는 대상인데 '법'에는 세 뜻이 있다.

1. 자성을 지닌 뜻이며,

2. 궤칙의 뜻이고,

3. 의식에 대한 뜻이다.

'계'에도 역시 세 뜻이 있다.

1. 인(因)의 뜻으로, 의지하여 깨달음〔聖道〕을 내니 섭대승론석 〔제1권〕에서, "법계는 모든 청정한 법의 인이 된다"고 하였다. 또 변중변론 〔상권〕에서는 "성스러운 법의 인(因)이 되는 뜻이기에 '법계'라고 하는데 성스러운 법은 이러한 경계에 의해 난다. 이 중에 인(因)의 뜻이 바로 계(界)의 뜻이다"고 하였다.

2. 성품의 뜻으로, 온갖 법의 의지하는 바 성품이니 이 위의 경문에서 법계와 법성이라고 말한 것도 또한 그렇다.

3. 분제의 뜻으로, 온갖 연기가 서로 섞이지 않는다.

첫째〔因〕는 오직 의주석이요, 뒤〔분제〕는 오직 지업석이며, 중간〔성품〕은 두 가지 해석〔의주석과 지업석〕에 통한다. 마음과 경계를 합하여 제목하였기에 '입법계'라고 한 것이다.

【주】────────────────────

1. 섭론(攝論) : 섭대승론석 제1권에, "이 '계(界)'는 시작함이 없는 때부터 모든 법의 의지가 된다"고 했다. 〈㉦ 31권 156 下〉
2. 중변론(中邊論) : 천친 보살이 미륵 보살의 변중변론송(辨中邊論頌)을 해석하여 지은 변중변론(辨中邊論)이다. 〈㉦ 31권 452 下〉
3. 초일(初一) : → 부록 법수 참조.

Ⅱ. 입법계품을 설하는 까닭

【청량소】 會品來意 不異分來.[1] 無別會品故.

㉰ 회·품을 설하는 까닭이 분을 설하는 까닭과 다르지 않으니, 별도의 회·품이 없다.

【주】────────────────────

1. 분래(分來) 참조.

【통현론】 前明自己如來出現. 又明心無所染 名離世間. 此乃純是法界 無虛妄界. 以是此品須來也. 此品是一切諸佛 成道之已 智之常果. 無始無終. 亦是前之五位進修. 以此爲體. 至此慣習滿故. 任智施爲 還源本法也.

㉱ 앞서 자기의 '여래출현'을 명시하고, 또 마음에 물듦이 없음을 '이세간'이라 함을 밝혔다. 여기서는 순전히 법계요, 허망함이 없는 법계이니 이로써 이 품이 의당 이어

진 것이다. 이 품은 모든 부처님께서 성도하신 뒤 지혜의 항상한 불과이다. 처음도 끝도 없으며 또한 앞의 다섯 지위의 진보가 이로써 본체가 되어 이에 이르러 관습이 원만하기에 지혜에 맡겨 베풀고 본법에 환원시키는 것이다.

【수현기】 上雖得行解法. 若不依知識加持 無由進會故來也.

⟨수⟩ 위에서 비록 수행과 이해의 법을 얻었더라도, 만약 선지식의 가지에 의지하지 않으면 이로 말미암아 회상에 나아가지 못하기 때문에 이어진 것이다.

【탐현기】 謂前顯託法進修. 今辨依人入證. 義次第故 是故來也.

⟨탐⟩ 앞에서는 법에 의탁해 진보함〔행을 이룸〕을 밝혔고, 지금은 사람에 의지하여 깨달아 들어가는 것이니 뜻의 순서로 이어진 것이다.

Ⅲ. 입법계품의 주제와 취지

【청량소】 分會品同 旣入法界爲目. 卽以爲宗. 於中三門分別. 一約義. 二約類. 三約位. 初中有二. 先明所入. 總唯一眞無礙法界. 語其性相 不出事理. 隨義別顯 略有五門. 一有爲法界. 二無爲法界. 三俱是. 四俱非. 五無障礙. 然五各二門. 初有爲二者. 一本識能持諸法種子. 名爲法界. 唯識云 無始時來界[1]等. 此約因義. 而其界體 不約法身. 二三世之法 差別邊際 名爲法界. 不思議品云. 一切諸佛 知過去一切法界. 悉無有餘等. 此卽分齊之義. 二無爲法界二者 一性淨門. 在凡位中 性恒淨故. 眞空一味 無差別故. 二離垢門. 謂由對治 方顯淨故. 隨行淺深 分十種故. 三亦有爲 亦無爲 法界有二者. 一隨相門. 謂受想行蘊 及五種色.[2] 幷八無爲.[3] 此十六法. 唯意所知 十八界中 名爲法界. 二無礙門. 謂一心法界 具含二門. 一心眞如門. 二心生滅門. 雖此二門 皆各總攝一切諸法. 然其二位 恒不相雜. 其猶攝水之波非靜. 攝波之水非動故. 第四回向云. 於

有爲界 示無爲法 而不滅壞 有爲之相. 於無爲界 示有爲法. 而不分別 無爲之性. 此明
事理無礙.

[청] 분·회·품이 같은데 이미 '입법계'로써 제목을 하고 주제를 삼았으니 그 가운
데 세 부문으로 나눈다.

첫째, 뜻에 의한다. 둘째, 종류에 의한다. 셋째, 지위에 의한다.

1. 뜻에 의함[初中]에 둘이 있다.

　(1) 먼저는 들어가는 대상을 밝히니 다 오직 하나의 참되고 막힘 없는 법계인
　　　데 그 성질과 형상을 말하면 현상과 이치에서 벗어나지 않는다. 뜻을 따라
　　　별도로 나타내면 간략히 다섯 부문이 있다.

1) 유위법계 2) 무위법계 3) 둘 다거나 4) 둘 다 아님 5) 무장애법계이다.
이러한 다섯에 각기 두 부문이 있다.

1) 처음[유위법계]에 둘이 있다.

　① 본식이 온갖 법 종자를 지니므로 '법계'라고 한다.
　　　성유식론〔제2권〕에, "그 시작도 모르는 먼 옛날부터 법계는〔온갖 법 등
　　　의 의지처이다〕" 등이라고 했으니 이는 인(因)에 의한 뜻이나 그 법계의
　　　본체가 법신에 의하지는 않는다.

　② 삼세 법의 차별과 변제를 '법계'라고 이름한다.
　　　〔제33〕 불부사의법품에, "모든 부처님은〔열 가지로 일체 법을 남김 없이
　　　다 아시니〕 과거의 온갖 법계를 남김 없이 아신다……"는 등이라 했으니
　　　이는 분제의 뜻이다.

2) 무위법계에 둘이다.

　① 성품이 청정한 부문 : 범부의 지위에 있으면서 성품이 항상 청정하니,
　　　진공은 일미라 차별이 없기 때문이다.

　② 더러움을 떠난 부문 : 대치로 말미암아서 비로소 청정함을 나타내니, 행의
　　　깊고 얕음에 따라서 열 가지로 나눈다.

3) 유위나 무위법계에 둘이 있다.

① 형상을 따르는 부문 : 수·상·행온 및 다섯 가지 색과 여덟 가지 무위이
　　　다. 이 열 여섯 법은 오직 의식으로 알아지는 것이며 십팔계 중에서는
　　　'법계'라고 이름한다.
② 장애 없는 부문 : 일심 법계가 두 부문을 갖추어 포함함을 이른다.
　　　ㄱ. 심진여문
　　　ㄴ. 심생멸문

비록 이 두 가지 부문이 모두 각기 온갖 법을 다 거두어들이나 그 두 지위는 항상
서로 섞이지 않으니, 그것은 마치 물에 쓸린 파도가 고요하지 않으며 파도에 휩쓸린
물이 요동치 않는 것과 같다.

그러므로 〔십회향품〕 제4〔至一切處〕 회향에, "유위 법계에서 무위법을 보이나 유
위의 모습을 무너뜨리지 않고, 무위 세계에서 유위법을 보이나 무위의 성품을 분별하
지 않는다"고 하였으니, 이는 사리무애를 밝힌 것이다.

【주】 ————————————

1. 무시시래계(無始時來界) : 성유식론 제2권〈⊙ 31권 8 上〉에 나온다. 또한 섭대
　　승론본 상권에는, "그 시작도 모르는 먼 옛날부터의 법계에 온갖 법이 평등히 의
　　지하고 이로 말미암아 모든 윤회 세계가 존재하며 열반을 증득하네"라고 했다.
　　(無始時來界 一切法等依 由此有諸趣 及涅槃證得, ⊙ 31권 133 中)
　　이미 보살문명품〔⊕ 제21권 13, 달마경(達磨經) 게송에 "무시시래(無始時來)의
　　계(界)가 제법의 의지가 된다"고 했고, 섭론(攝論) 등에는 "초교에 나아가 풀이하
　　길 '계'란 것은 인(因)의 뜻이니 곧 종자식이라고 한다"는 등이다〕에서 나왔다.
　　〈⊕ 70권 6〉
2. 오종색(五種色) : → 부록 법수 참조.
3. 팔무위(八無爲) : → 부록 법수 참조.

【청량소 2】 四非有爲 非無爲法界 二門者. 一形奪門 謂緣無不理之緣. 故非有爲.
理無不緣之理. 故非無爲. 法體平等 形奪雙泯. 大品三十九中.[1] 須菩提白佛言. 是法平
等. 爲是有爲 爲是無爲. 佛言. 非有爲法 非無爲法. 何以故. 離有爲法 無爲法不可得
離無爲法 有爲法不可得. 須菩提. 是有爲性無爲性. 是二法不合不散. 此之謂也. 二無

寄門. 謂此法界 離相離性. 故非此二. 又非二諦故. 又非二名言 所能至故. 是故俱非.
解深密第一云. 一切法者 略有二種. 所謂有爲無爲. 是中有爲非有爲非無爲 無爲非無
爲非有爲等. 五無障礙 法界二門者. 一普攝門. 謂於上四門. 隨一卽攝餘一切故. 是故
善財. 或覩山海. 或見堂宇. 皆名入法界. 二圓融門. 謂以理融事故. 令事無分齊. 微塵
非小 能容十刹. 刹海非大 潛入一塵也. 以事顯理故 令理非無分. 謂一多無礙. 或云一
法界. 或云諸法界. 然由一非一故卽諸. 諸非諸故卽一. 乃至重重無盡 是以善財 暫時
執手 逐經多劫. 纔入樓閣 普見無邊. 皆此類也. 上來五門十義. 總明所入法界. 皆應以
六相融之. 二明能入 亦有五門. 一淨信. 二正解. 三修行. 四證得. 五圓滿. 此五於前所
入法界. 有其二門. 一隨一能入 通五所入. 隨一所入 遍五能入. 二此五能入 如其次第.
各入一門. 此上心境 二義十門 六相圓融. 總爲一聚 無障礙法界.

[청] 4) 유위도 무위도 아닌 법계에 두 부문이 있다.

① 형탈문 : 연은 이치 아닌 연이 없기에 유위가 아니요, 이치는 연 아닌
이치가 없기에 무위가 아니니 법 자체는 평등하여 형체를 뺏어 모두 없앤
것이다. 대품반야경 39권에서, "수보리가 부처님께 여쭈었다. 〔세존이시
여〕법은 평등하니 유위입니까, 무위입니까?' 부처님께서는, '유위법도 무
위법도 아니다. 왜 그런가? 유위법을 떠나 무위법을 얻을 수 없고, 무위
법을 떠나 유위법을 얻을 수 없다. 수보리야, 이것은 유위의 성품이면서
무위의 성품이니, 이 두 법은 합하거나 흩어지는 것이 아니다'고 하셨다"
는 것이 이를 말한다.

② 무기문 : 이 법계는 형상을 떠나고 성품을 떠난 때문에 이 〔유위와 무위〕
둘이 아닌 것이다. 또 이제(二諦)가 아니며, 또 두 가지 명언으로 능히
도달할 것이 아니기에 〔유위와 무위〕 둘 다 아니다. 해심밀경 제1 〔勝義諦
相品〕에, "온갖 법은 간략히 두 종류가 있으니, 유위와 무위이다. 이 가운
데 유위는 유위도 무위도 아니며, 무위 또한 무위도 유위도 아니다"고 하
였다.

5) 장애가 없는 법계에 둘이 있다.

① 두루 거두는 부문 : 위의 네 부문에 하나를 따르면 나머지 모두를 거두기에 선재가 혹 산이나 바다를 보거나 혹 집을 봄을 다 '입법계'라고 이름한다.

② 원융한 부문 : 이치로써 현상을 융섭하기에 현상에 분제가 없는 것이니, 작은 먼지라고 해서 작은 것이 아니요, 능히 열 국토를 포용할 수 있다. 국토라고 해서 큰 것이 아니라 한 먼지에 스며드는데 현상으로써 이치를 나타내기에, 이치에 분한이 없지 않은 것이다.

하나와 많음이 걸림 없다고 하며, 혹 한 법계라 하거나 혹 모든 법계라고 한다. 그러나 하나는 하나가 아님을 말미암아 곧 모두며, 모두는 모두가 아니기에 곧 하나다. 내지는 거듭거듭하여 다함없음에 이른다. 이로써 선재가 잠시 손을 잡더라도 마침내 많은 겁을 지나고, 잠시 누각에 들어가 끝없이 두루 보는 것이 다 이런 유형이다. 이상 다섯 부문의 열 가지 뜻으로 들어가는 법계를 다 밝혔으니, 모두 마땅히 육상으로써 원융하다.

(2) 들어가는 주체를 밝히는 데도 또한 다섯 부문이 있다.

1) 청정한 믿음 2) 바른 이해 3) 수행 4) 증득 5) 원만

이 다섯이 앞서의 들어가지는 법계에 두 부문이 있다.

① 처음은 하나의 들어가는 주체를 따라서 다섯 가지 들어가는 대상에 통하고, 하나의 들어가는 대상에 따라서 다섯 가지 들어가는 주체에 두루 한다.

② 이 다섯 가지 들어가는 주체는 그 차례대로 각기 한 문에 들어간다. 이 위의 주체와 대상의 두 뜻인 십문은 육상으로 원융하여 전체가 다 한 무리가 되니 장애 없는 법계가 된다.

【주】 ────────────────

　1. 대품삼십구중(大品三十九中) : 마하반야바라밀경(摩訶般若波羅密經) 제86 평등품 〈⑧ 8권 415 中〉

【청량소 3】　第二法界類別 亦有五門. 謂一所入. 二能入. 三無二. 四俱泯. 五存亡無礙. 初所入中 亦有五重. 一法法界. 二人法界. 三俱融. 四俱泯. 五無障礙. 初中有

十. 一事法界. 謂十重居宅等. 二理法界. 謂一味湛然等. 三境法界. 謂所知分齊等. 四行法界. 謂悲智廣深等. 五體法界 謂寂滅無生等. 六用法界. 謂勝通自在等. 七順法界. 謂六度正行等. 八逆法界. 謂五熱無厭等. 九教法界. 謂所聞言說等. 十義法界. 謂所詮旨趣等. 此十法界 同一緣起 無礙鎔融. 一具一切. 二人法界 亦有十門. 謂人天男女 在家出家. 外道諸神 菩薩及佛. 此並緣起相分 參而不雜. 善財見已 便入法界. 故名人法界. 三人法俱融法界者. 謂前十人十法 同一緣起. 隨義相分 融攝無二. 四人法俱泯法界者. 謂平等果海 離於言數. 緣起性相 俱不可說. 五無障礙法界者. 謂合前四句. 於彼人法 一異無障. 存亡不礙 自在圓融. 如理思之.

청 2. 법계의 유형별로 또한 다섯 부문이 있다.

   (1) 들어가는 대상이며 (2) 들어가는 주체요,

   (3) 무이(無二)이고 (4) 다 없으며 (5) 있고 없음에 걸림 없다.

   (1) 처음의 들어가는 때에 또한 다섯 겹이 있다.

     1) 법의 법계 2) 사람의 법계 3) 다 원융함 4) 다 없음

     5) 걸림 없음

     1) 처음〔법의 법계〕에 열 가지가 있다.

       ① 현상의 법계이니 10층의 거택 등이다.

       ② 이치의 법계이니 동일미로 담연한 등이다.

       ③ 경계의 법계이니 알아지는 대상의 정도 등이다.

       ④ 행의 법계이니 자비와 지혜가 넓고 깊은 등이다.

       ⑤ 자체의 법계이니 적멸하여 남이 없는 등이다.

       ⑥ 작용의 법계이니 수승하여 신통이 자재한 등이다.

       ⑦ 수순하는 법계이니 육바라밀을 바로 행하는 등이다.

       ⑧ 거역하는 법계이니 오열과 무염 등이다.

       ⑨ 가르침의 법계이니 들은 언설 등이다.

       ⑩ 뜻의 법계이니 설명된 지취 등이다.

  이 열 가지 법계는 동일한 연기로 걸림 없이 원융하고, 하나가 모두를 갖추었다.

2) 사람의 법계에 또한 열 부문이 있다.

　　사람·하늘·남·여·재가·출가·외도·여러 신과 불보살인데 이
　　는 모두 연기의 상분이라 섞여도 혼란스럽지 않다. 선재가 보고 난
　　뒤에는 바로 법계에 들어갔기에 '인(人) 법계'라고 이름하는 것이다.

3) 사람과 법이 다 원융한 법계는 앞의 열 가지씩의 사람과 법이 동일한
　　연기인데 또 뜻에 따라 서로 나누어도 융섭하여 둘이 없다.

4) 사람과 법이 다 없는 법계인데 평등한 불과가 말을 떠났으니, 연기의
　　성상을 다 말로 할 수 없다.

5) 걸림 없는 법계는 앞의 네 구에 부합하여 저 사람과 법이 하나이되
　　다름에 장애가 없고, 있고 없음이 걸림 없으며 원융자재하니 이치대
　　로 생각할 것이다.

【청량소 4】 二明能入 亦有五重. 一身. 二智. 三俱. 四泯. 五圓. 謂入褸觀 而還合
身證也. 鑑無邊之理事 智證也. 同普賢而普遍俱證也. 身智相卽 而兩亡 俱泯也. 一異
存亡 而無礙自在圓融也. 餘可準知. 三能所渾融無二 際限不分. 就義開殊 理仍不雜.
此五能所 如次及通 可以意得. 四能所圓融 形奪俱泯. 五一異存亡 無礙具足. 如理思
之. 上來約類辨竟. 第三約位 明入法界者. 準下文中 所入法界 大位有二. 卽因與果.
於前人法. 無不皆是佛果所收. 卽如來師子嚬申三昧 所現法界 自在是也. 又於前人法.
無不皆屬因位所攝. 卽文殊普賢 所現法界 法門是也. 因中曲有信等 五位法界不同. 二
明能入 準文亦二. 對前果位. 明諸菩薩 頓入法界. 對前因位. 寄顯善財 漸入法界. 因
果旣其無礙 漸頓亦乃圓融. 但以布敎成詮 寄斯位別耳.

［청］ (2) 능히 들어가는 주체를 밝힘에 또한 다섯 겹이 있다.

1) 몸 2) 지혜 3) 몸과 지혜〔俱〕 4) 몸과 지혜 둘 다 아니다.〔俱〕

5) 원융한 것

1) 몸 : 누각에 들어가서 다시 합함은 몸으로 증득하는 것이다.

2) 지혜 : 끝없는 이치와 현상을 살핌은 지혜로 증득하는 것이다.

3) 몸과 지혜 : 보현과 같이 보편적으로 둘 다 증득하는 것이다.

4) 몸과 지혜 둘 다 아니다. : 몸과 지혜가 서로 부합하면서도 둘 다 없음은 모두 소멸하는 것이다.

5) 원융 : 하나와 다름, 있고 없음에 걸림 없이 원융자재하다.

나머지는 준하여 알 것이다.

(3) 들어가는 주체와 대상이 혼융하여 둘이 없는데 제한하여 분리하지 않으니 뜻에 나아가 다름을 나누나 이치는 이에 혼란스럽지 않다. 이 다섯 가지 주체와 대상이 차례로 미쳐서 통하니 가히 뜻을 얻을 수 있다.

(4) 주체와 대상이 원융하며 형체를 이탈하여서 다 소멸된 것이다.

(5) 하나와 다름, 있고 없음에 걸림 없이 구족하니 이치대로 생각할 것이다.

이상으로 종류에 의해 분별함은 마친다.

3. 지위에 의해 '입법계'를 밝힌다.

(1) 다음 경문에 준해 들어가는 법계는 대위(大位)에 둘이 있으니, 곧 인·과이다. 앞의 사람과 법에 있어서는 모두 불과에서 거두어지지 않음이 없는데 곧 여래사자빈신삼매가 나타나는 법계의 자재함이 이것이다. 또 앞의 사람과 법에 대하여 모두 인위에 거두어지지 않음이 없으니, 곧 문수·보현이 나타나는 법계 법문이 이것이다.

인위에는 자세히 십신 등 다섯 지위의 법계가 같지 않음이 있다.

(2) 들어가는 주체를 밝히는데 경문에 준하면 또한 둘이 있다.

1) 앞의 과위를 대하여는 많은 보살이 단박에 법계에 들어감을 밝힌다.

2) 앞의 인위에 대하면 선재가 점차 법계에 들어감을 나타내는데 의한다. 인·과가 이미 걸림 없기에 점·돈이 또한 원융한데 다만 가르침을 펴고 말씀을 이룸은 이 지위의 차별에 의할 뿐이다.

【수현기】宗體者分別有二. 約人及約法. 初人者正化及助化 各有體相用. 准思攝之. 二法者人法也有二. 謂約人. 二約法. 人者謂因人及果人. 各成師及伴知識. 并有同生及異生. 亦有五生[1]之身. 此可思准. 二約法者有十. 一因. 二果. 三約行. 四理. 五敎.

六義. 七事. 八人. 九法. 十解. 前人是弘敎人. 後人是所依法人也. 此可思准之.

☆ 종체는 두 가지로 분별하니, 사람에 의하고 법에 의거한다.

1. 사람은 정식 교화주와 보조에 각기 본체·형상·작용이 있으니 준하여 생각할
   것이다.

2. 법은 사람과 법으로 두 가지이다.

   첫째, 사람에 의한 것이고 둘째, 법에 의한 것이다.

   (1) 사람은 인행의 사람과 불과의 사람이니, 각기 스승과 도반의 선지식을 이
       루며, 아울러 동생(同生)과 이생(異生)이 있다. 또한 다섯 가지로 태어나
       는 몸이 있으니, 준하여 생각할 수 있다.

   (2) 두 번째로 법에 의하면 열 가지가 있다.

       1) 인 2) 과 3) 행 4) 이치 5) 가르침 6) 뜻 7) 현상

       8) 사람 9) 법 10) 이해이다.

앞서 사람은 가르침을 널리 펴는 사람이요, 뒤의 사람은 법에 의지하는 사람이니
준하여 생각할 수 있다.

　　【주】————————————————

　　1. 오생(五生) : → 법수 참조.

【수현기 2】入法界分齊云何. 答有二義. 一始從初發心. 終卽不定. 若依經文 但至
金剛心已還. 若義求卽通果德耳. 依文爲定. 果位不可說故. 又望機卽不通果. 約知識
自行 則通因果. 爲用通果因. 又果位無求相. 此約三乘說. 若約一乘時亦通果. 如離世
間品說. 所以准之可識也. 二闊狹者 唯在大乘心. 小菩薩聲聞凡夫 不說入法界. 問性
起卽通. 此品局者何也. 答性起宗 欲明約法 辨分齊故通. 此明約入心 辨分齊故局耳.
性起約法. 假使不證 不名不起. 餘義對文分釋.

☆ 문 : 입법계의 분제는 무엇인가?

　　답 : 두 뜻이 있다.

1. 처음은 초발심으로부터 시작하나, 끝은 정해지지 않은 것이다. 만약 경문에 의하면 다만 금강심에 이르고 나서 돌아오는데, 만약 뜻을 구한다면 과덕을 통틀은 것이다. 경문에 의해 정하면 불과의 지위는 설할 수 없다. 또한 중생에 비하면 과에 통하지 않으며, 선지식의 자기 행에 의하면 인·과에 통하니, 과와 인에 통하여 쓴다. 또한 과위는 구하는 형상이 없는데 이는 삼승에 의해 설한 것이요, 만약 일승에 의한 때라면 또한 과에 통하니 '이세간품'의 설과 같다. 그러므로 준하여 알 수 있다.

2. 넓고 좁음은 오직 대승심에만 있지, 작은 보살과 성문과 범부는 입법계를 말하지 못한다.

문 : 보왕여래성기품은 통하고 이 품은 국한된다는 것은 무엇인가?

답 : 보왕여래성기품의 주제는 법에 의해 분제를 변별하여 밝히고자 하기 때문에 통하고, 이는 마음에 들어감에 의해 분제를 변별하여 밝히기 때문에 국한된다고 하는 것이다. '성기(性起)'는 법에 의한 것인데 가령 증득하지 못하더라도 '불기(不起)'라고 하지는 않는다. 나머지 뜻은 경문을 대해서 분석한다.

【탐현기】 亦分會品同. 旣明入法界. 卽以此爲宗. 於中分別作三門. 一約義. 二約類. 三約位. 初中先明所入 法界義有五門. 一有爲法界. 二無爲法界. 三亦有爲 亦無爲法界. 四非有爲 非無爲法界. 五無障礙法界. 初有爲法界 有二門. 一本識[1]能持諸法種子 名爲法界. 如論云.[2] 無始時來界等. 此約因義. 二三世諸法 差別邊際 名爲法界. 不思議品云. 一切諸佛 知過去一切法界 悉無有餘. 知未來一切法界 悉無有餘. 知現在一切法界 悉無有餘等. 二無爲法界 亦有二門. 一性淨門. 謂在凡位 性恒淨故. 眞空一味 無差別故. 二離垢門. 謂由對治 方顯淨故. 隨行淺深 分十種[3]故. 三亦有爲 亦無爲者 亦有二門. 一隨相門. 謂受想行蘊 及五種色 幷八無爲. 此十六法 唯意識所知. 十八界中 名爲法界. 二無礙門. 謂一心法界 具含二門. 一心眞如門. 二心生滅門. 雖此二門. 皆各總攝 一切諸法. 然其二位 恒不相雜. 其猶攝水之波非靜 攝波之水非動. 故迴向品云. 於無爲界 出有爲界 而亦不壞無爲之性. 於有爲界 出無爲界 而亦不壞有爲之性.

㉧ 역시 분·회·품이 같은데 이미 '입법계'를 밝혔기에 이로써 주제를 삼는다.
여기서는 세 부문으로 분별한다.

1. 뜻에 의한다.

2. 유형에 의한다.

3. 지위에 의한다.

1. 처음〔뜻에 의거함〕

(1) 들어가는 법계의 뜻을 밝히니 다섯 부문이 있다.

　　1) 유위법계 2) 무위법계 3) 유위 또는 무위법계

　　4) 유위도 무위도 아닌 법계　5) 장애 없는 법계

1) 유위법계에 두 부문이 있다.

① 본식이 온갖 법의 종자를 지니기에 법계라고 이름하는데 논에, "그 시작
도 모르는 먼 옛날부터 법계는 〔온갖 법 등의 의지처이다〕" 등이라고
한 것과 같다. 이는 인에 의한 뜻이다.

② 삼세 온갖 법의 차별과 변제를 '법계'라고 이름하는데 불부사의법품에서,
"모든 부처님께서는 과거의 온갖 법〔法界〕을 남김없이 다 아시고, 미래
의 온갖 법도 다 알아 남김이 없으며, 현재의 온갖 법조차도 다 알아
남김이 없으시다"고 하였다.

2) 무위법계에 또한 두 부문이 있다.

① 성품이 청정한 부문 : 범부의 지위에 있으면서 성품은 항상 청정하니,
진공은 일미라 차별이 없는 때문이다.

② 더러움을 떠난 부문 : 대치로 말미암아서 비로소 청정함을 나타내니,
행의 깊고 얕음에 따라서 열 가지로 나누는 때문이다.

3) 유위이거나 무위이기도 함에 또한 두 부문이 있다.

① 형상을 따르는 부문 : 수·상·행온 및 다섯 가지 색과 여덟 가지 무위니
이 열 여섯 법은 오직 의식으로 알아지는 것이며 십팔계 중에서는 '법계'
라고 이름했다.

② 장애 없는 부문 : 일심법계가 두 부문을 갖추어 포함함을 이른다.

ㄱ. 심진여문

ㄴ. 심생멸문

비록 이 두 부문이 각기 온갖 법을 다 거두어들이나 그러한 두 지위는 항상 서로 섞이지 않으니, 그것은 마치 물에 쓸린 파도가 고요하지 않고, 파도에 휩쓸린 물이 요동치 않음과 같다. 그러므로 십회향품〔제4 至一切處廻向〕에서, "무위법계에서 유위법을 보이나〔出〕무위의 성품을 무너뜨리지 않고, 유위법계에서 무위법을 보이나 또한 유위의 성품을 파괴하지 않는다"고 하였다.

【주】 ————————————

1. 본식(本識) : 제8 아뢰야식.

2. 여논운(如論云) : 입법계품의 주제와 취지, 청량소 참조.

3. 십종(十種) : 열 가지 지위에서 증득하는 십진여이니 진여가 비록 하나이지만 지혜의 깊고 얕음에 따라서 열 가지 차별이 있다. → 부록 법수 참조.

【탐현기 2】 四非有爲 非無爲者 亦二門. 一形奪門 謂緣無不理之緣 故非有爲. 理無不緣之理 故非無爲. 法體平等 形奪雙泯. 大品經三十九云. 須菩提白佛言. 是法平等. 爲是有爲法. 爲是無爲法. 佛言非有爲法 非無爲法. 何以故. 離有爲法 無爲法不可得. 離無爲法 有爲法不可得. 須菩提 是有爲性無爲性. 是二法不合不散. 此之謂也. 二無寄門. 謂此法界 離相離性故非此二. 由離相故非有爲. 離性故非無爲. 又由是眞諦 故非有爲. 由是安立諦 故非無爲. 又非二名言[1]所能至故. 是故俱非. 解深密經第一云. 一切法者 略有二種 所謂有爲無爲. 是中有爲 非有爲非無爲 無爲非無爲 非有爲. 乃至廣說. 五無障礙法界者 亦有二門. 一普攝門. 謂於上四門 隨一卽攝餘一切故. 是故善財 或觀山海. 或見堂宇. 皆名入法界. 二圓融門. 謂以理融事故. 全事無分齊. 謂微塵非小 能容十刹. 刹海非大. 潛入一塵也. 以事融理故 全理非無分. 謂一多無礙. 或云一法界. 或云諸法界. 性起品云 譬如諸法界 分齊不可得. 一切非一切. 非見不可取. 此明諸卽非諸也. 舍那品云. 於此蓮華藏 世界海之內. 一一微塵中 見一切法界. 此明一卽非一也. 是故善財 或暫時執手. 遂經多劫. 或入樓觀. 普見三千. 皆此類也. 上來五門十義 總明所入法界. 應以總別 圓融六相準之. 二辨能入 亦有五門. 一淨信. 二正解. 三

修行. 四證得. 五圓滿. 此五於前所入法界 五門之內 有其二門. 一隨一能入 通五所入.
隨一所入 通五能入. 二此五能入 如其次第 各入所入 五中之一. 又此上心境二義 十門
無礙圓融 總爲一團. 無障礙法界　亦以六相準攝思之.

탐 4) 유위도 아니고 무위도 아닌 것〔법계〕에 또한 두 부문이 있다.

   ① 형탈문 : 연은 이치 아닌 연이 없기에 유위가 아니요, 이치는 연 아닌 이치가 없기에 무위가 아닌데 법 자체는 평등하니 형체를 빼앗아 모두 없앴다. 대품반야경 제39권에서, "수보리가 부처님께 여쭈었다. 〔세존이시여〕법은 평등하니 유위법입니까, 무위법입니까?' 부처님께서는, '유위법도 무위법도 아니다. 왜 그런가? 유위법을 떠나서 무위법을 얻을 수 없고, 무위법을 떠나서 유위법을 얻을 수 없다. 수보리야, 이것은 유위의 성품이면서 무위의 성품이니, 이 두 법은 합하거나 흩어지는 것이 아니다'고 하셨다"는 것이 이를 말하는 것이다.

   ② 무기문 : 이 법계는 형상을 떠나고 성품을 떠난 때문에 이〔유위와 무위〕 둘이 아니다. 형상을 떠남으로 말미암아서 유위가 아니며 성품을 떠남으로 말미암아서 무위도 아니다. 또한 진제임을 말미암아 유위도 아니며, 안립제를 말미암아 무위가 아니다. 또한 두 가지 명언으로 능히 도달할 것이 아니기에〔유위와 무위〕 둘 다 아니다. 해심밀경 제1권〔勝義諦相品〕에서는 "온갖 법은 간략히 두 종류가 있으니, 유위와 무위이다. 이 가운데 유위는 유위도 무위도 아니며, 무위 또한 무위도 유위도 아니다"고 이르고 내지는 널리 설한다.

 5) 장애가 없는 법계에 또한 두 부문이 있다.

   ① 두루 거두는 부문 : 위의 네 부문에 하나를 따르면 나머지 모두를 거두기에 선재가 혹 산이나 바다를 보거나 혹 집을 봄을 다 '입법계'라고 이름한다.

   ② 원융한 부문 : 이치로써 현상을 융섭합하기에 온갖 현상에 분제가 없는 것이니, 작은 먼지라고 해서 작은 것이 아니요, 능히 열 국토를 포용할 수 있다. 국토라고 해서 큰 것이 아니라 한 먼지 안에 스며드는데 현상으

로써 이치를 융섭하기에 온갖 이치에 한계가 없지 않은 것이다.

하나와 많음이 걸림 없다고 하며, 혹 한 법계라고 하거나 혹은 모든 법계라고 한다. 보왕여래성기품에서는 "비유하면 모든 법계의 한계를 얻을 수 없으니 일체라 하나 일체가 아니어서 볼 수도 취할 수도 없는 것처럼〔여래의 경계도 한량없나니……〕"라고 하였다. 이는 모두가 곧 모두 아님을 밝힌 것이다.

노사나불품에서는, "이 연화장 세계 안의 낱낱의 작은 먼지 속에 모든 법계가 다 보이네"라고 하였는데 이는 하나가 하나 아님을 밝힌 것이다. 그러므로 선재가 혹 잠시 손을 잡더라도 마침내 많은 겁을 지나고, 혹 누각에 들어가서 널리 삼천〔대천 세계〕을 본다고 한 것이 다 이런 종류이다. 이상 다섯 부문의 열 가지 뜻으로 들어가는 법계를 다 밝혔으니, 마땅히 총·별이 원융한 육상에 준한다.

(2) 들어가는 주체를 밝히는 데도 또한 다섯 부문이 있다.

1) 청정한 믿음 2) 바른 이해 3) 수행 4) 증득 5) 원만

이 다섯이 앞서 말한 들어가는 법계의 다섯 부문 안에 두 부문이 있다.

① 하나의 들어가는 주체를 따라서 다섯 가지 들어가는 대상에 통하고, 하나의 들어가는 대상에 따라서 다섯 가지 들어가는 주체에 두루 한다.

② 이 다섯 가지 들어가는 주체는 그 차례대로 들어가는 다섯 대상 중에 하나씩 각기 들어간다. 또 이상 주체와 대상의 두 가지 뜻인 열 부문은 걸림 없이 원융하여 다 한 덩어리가 되니, 장애가 없는 법계 또한 육상에 준해 생각하여 거둘 것이다.

【주】────────────

1. 이명언(二名言) : → 부록 법수 참조.

【탐현기 3】 第二法界類 別亦有五門. 謂所入能入 存亡無礙. 初所入中 亦有五重. 一法法界. 二人法界. 三人法俱融法界. 四人法俱泯法界. 五無障礙法界. 初中有十. 一

事法界. 謂十重居宅[1]等. 二理法界. 謂一味湛然等. 三境法界. 謂所知分齊等. 四行法界. 謂悲智廣深等. 五體法界. 謂寂滅無生等. 六用法界. 謂勝通自在等. 七順法界. 謂六度正行等. 八違法界. 謂五熱[2]衆鞞[3]等. 九教法界. 謂所聞言說等. 十義法界. 謂所詮旨趣等. 此十法界 同一緣起 無礙(擬)鎔融. 一具一切. 思之可見. 二人法界者 準此下文 亦有十門. 謂人天男女 在家出家 外道諸神 菩薩及佛. 此並緣起相分. 參而不雜. 善財見已. 便入法界故 名人法界也. 三人法俱融法界者. 謂前十人十法 同一緣起. 隨義相分. 融攝無二. 思之可見. 四人法俱泯法界者. 謂平等果海 離於言數. 緣起性相 俱不可說. 五無障礙法界者. 謂合前四句. 於彼前人法 一異無障. 存亡不礙. 自在圓融 如理思之.

탐 2. 법계의 부류에도 별도로 또한 다섯 부문이 있는데 들어가는 대상과 들어가는 주체, 있고 없음에 걸림 없음을 이른다.

(1) 들어가는 대상에 또한 다섯 겹이 있다.

1) 법의 법계 2) 사람의 법계 3) 사람과 법을 다 융섭한 법계

4) 사람과 법을 다 없앤 법계 5) 걸림 없는 법계

1) 처음〔법의 법계〕에 열 가지가 있다.

① 현상의 법계이니 10층의 거택 등이다.

② 이치의 법계이니 동일미로 담연한 등이다.

③ 경계의 법계이니 알아지는 대상의 정도 등이다.

④ 행의 법계이니 자비와 지혜가 넓고 깊은 등이다.

⑤ 자체의 법계이니 적멸하여 생함이 없는 등이다.

⑥ 작용의 법계이니 수승하여 신통이 자재한 등이다.

⑦ 수순하는 법계이니 육바라밀을 바로 행하는 등이다.

⑧ 거역하는 법계이니 오열과 중비 등이다.

⑨ 가르침의 법계이니 들은 언설 등이다.

⑩ 뜻의 법계이니 설명된 지취 등이다.

이 열 가지 법계는 동일 연기이기에 걸림 없이 원융하고 하나가 모두를

갖추었으니, 생각하면 알 수 있다.

2) 사람의 법계는 이 다음 경문에 준하면 또한 열 부문이 있는데 사람·하늘·남·여·재가·출가·외도·여러 신·불보살이다. 이들은 모두 연기의 상분이라 서로 섞여도 혼잡스럽지 않다. 선재가 보고 난 뒤에 바로 법계에 들어갔기에 '인(人) 법계'라고도 이름한다.

3) 사람과 법이 다 원융한 법계는 앞의 열 가지씩의 사람과 법이 동일한 연기인데 뜻에 따라서 서로 나누어도 융섭하여 둘이 없으니, 생각하면 알 수 있다.

4) 사람과 법이 다 없는 법계인데 평등한 과가 말을 떠났으니 연기의 성상을 다 설할 수 없다.

5) 장애 없는 법계는, 앞의 네 구절에 부합하여 저 앞의 인·법에 하나이되 다름에 장애가 없다. 있고 없음이 걸림 없으며 원융자재하니 이치대로 생각할 것이다.

【주】 ────────────────

1. 십중거택(十重居宅) : 제16 선지식 법보주라(法寶周羅)에게 십층의 누각이 있다. 〈㊟ 9권 706 下〉 → 신역 입법계품 제16 법보계장자의 간추린 경문 참조.
2. 오열(五熱) : 방편명(方便命) 바라문의 다섯 군데의 뜨거움이다. 〈㊟ 9권 701 上〉 → 신역 입법계품 제10 승열 바라문 선지식의 간추린 경문 참조.
3. 중비(衆鞞) : 아중비(阿衆鞞)로 입맞춤인데 구역 바수밀다녀 선지식 편에 나온다. 〈㊟ 9권 717, 中〉 → 신역 입법계품 제26 바수밀다녀 선지식의 간추린 경문 참조. 〈㊟ 10권 366 上 참조.〉

二明能入 亦有五重. 一身. 二智 三俱. 四泯. 五圓. 謂入樓觀 而還合身證也. 鑒無邊之理事智證也. 同普賢而普遍俱證也. 身智相卽 而兩亡俱泯也. 一異存亡 無礙自在圓融也. 又發心品云. 甚深眞法性 妙智隨順入 無邊佛土中. 一念悉周遍. 案云前二句 智入法界. 後二句 身入法界. 由身智無礙故. 智入理身遍土也. 餘準可知. 三能入所入 混融無二. 際限不分. 就義開異. 理仍不雜. 此五能所 如次及通. 如理思攝. 四能所圓融

形奪俱泯. 五一異存亡 無礙具足. 上來約類辨竟.

(2) 들어가는 주체를 밝히는 데도 또한 다섯 겹이 있다.

1) 몸 2) 지혜 3) 몸과 지혜〔俱〕 4) 몸과 지혜 둘 다 아니며〔泯〕 5) 원융한 것

1) 몸 : 누각에 들어가서 다시 합함은 몸으로 증득하는 것이다.

2) 지혜 : 끝없는 이치와 현상을 살핌은 지혜로 증득하는 것이다.

3) 몸과 지혜 : 보현과 같이 보편적으로 둘 다 증득하는 것이다.

4) 몸과 지혜 둘 다 아니다 : 몸과 지혜가 서로 부합하면서도 둘 다 없음은 모두 소멸하는 것이다.

5) 원만한 것 : 하나와 다름, 있고 없음에 걸림 없이 원융자재하다.

또한 초발심보살공덕품에서는 "매우 깊고 참된 법성의 묘한 지혜로 따라 들어가니 끝없는 불국토를 일념에 다 두루한다"고 하였다. 살펴보면, 앞의 두 구절은 지혜가 법계에 들어간 것이며, 뒤의 두 구절은 몸이 법계에 들어간 것이다. 몸과 지혜가 걸림 없음을 말미암아 지혜가 이치에 들어가며, 몸이 국토에 두루한다. 나머지는 준해 알 것이다.

(3) 들어가는 주체와 들어가는 대상이 혼융하여 둘이 없는데 제한하여 분리하지 않으니 뜻에 나아가 다름을 나누지만 이치는 이에 혼란스럽지 않다. 이 다섯 가지 주체와 대상이 차례로 미쳐서 통하니, 이치대로 생각해 거둘 것이다.

(4) 주체와 대상이 원융하며 형체를 이탈하여 다 소멸된 것이다.

(5) 하나와 다름, 있고 없음에 걸림 없이 구족하다.

이상으로 종류에 의해 분별함은 마친다.

【탐현기 4】 第三約位 明入法界者. 準下文中. 所入法界 大位有二. 所謂因果. 於前人法 無不皆是佛果所收. 卽如來師子奮迅三昧 所現法界 自在是也. 又於前人法 無不皆屬因位所收. 卽文殊普賢 所現法界 法門是也. 此因位中 曲分有五. 卽信等五位之法界也. 準攝可知. 二明能入. 準文亦二. 對前果位 明諸菩薩 頓入法界. 對前因位 寄顯

善財 漸入法界. 因果旣其無礙. 漸頓亦乃圓融.[1] 但以布敎 成詮寄斯位別耳.

③ 3. 지위에 의해 '입법계'를 밝힌다.

(1) 다음 경문에 준해 들어가는 법계는 대위에 둘이 있으니 인・과이다. 앞의 사람과 법에 있어서는 모두 불과에서 거두어지지 않음이 없는데 여래의 사자분신삼매가 나타나는 법계의 자재함이 이것이다. 또한 앞의 사람과 법에 대하여 모두 인위에 거두어지지 않음이 없으니, 곧 문수・보현이 나타나는 법계 법문이 이것이다. 이 인위에서는 자세히 나누어 다섯이 있는데 십신 등 다섯 지위의 법계이다. 이를 준하여 거두면 알 수 있다.

(2) 들어가는 주체를 밝히는데 경문에 준하면 또한 둘이 있다.

1) 앞 과위를 대하여는 많은 보살이 단박에 법계에 들어감을 밝힌다.

2) 앞의 인위에 대하면 선재가 점차 법계에 들어감을 나타내는데 의한다.

인・과가 이미 걸림 없기에 점・돈 또한 원융한데 다만 가르침을 펴고 말씀을 이룸은 이러한 지위의 차별에 의할 뿐이다.

【주】────────────

1. 점돈역내원융(漸頓亦乃圓融) : 과위(果位)의 입장에서는 돈오이고, 인위(因位)의 입장에서 볼 때는 점수이다. 그런데, 인에 과가 있고 과에 인이 있기에 돈오와 점수는 원융하다.

IV. 입법계품의 간추린 경문

가. 근본 법회

세존께서는 실라벌국 서다림 급고독원의 대장엄중각에서 오백 보살마하살과 함께 계셨는데, 보현과 문수가 상수 보살이 되었다. 이 때 모든 보살과 대덕 성문과 세간주와 그 권속들은 다 마음으로 법을 청하길 원하였다.

그 때 부처님께서는 보살들의 마음을 아시고는 대비로 몸을 삼고 대비 법으로 방편을 삼아 허공에 충만하여 '사자가 기운 뻗는 삼매'에 드셨다. 그러자 온갖 세간이 다 장식되고 누각이 갑자기 넓고 풍부해져서 끝이 없었다. 이 서다림 급고독원에서 불국토가 깨끗이 장엄된 것을 보듯이, 시방세계에서도 부처님의 몸이 서다림에 머무심에 보살들이 다 가득찼다.

그 때 새로운 대중들이 시방 세계로부터 부처님 처소에 이르러 부처님께 절하고 보배 연화장 사자좌를 변화로 만들고 권속들과 같이 결가부좌하였다. 이같이 무수한 보살들이 서다림에 충만함은 다 부처님의 신력 때문이었다.

보살들이 부처님의 신력을 받아 게송으로 설하였다.

마치 물을 맑히는 구슬이
더러운 물을 맑히듯
부처님 친견함도 마찬가지로
감관이 다 청정해지네.

차라리 무한한 겁에
악도의 고통을 받을지언정
끝까지 부처님 버리고
벗어나기를 바라진 않으리.

<유통분>

나. 지말 법회

1. 문수 보살

문수 동자[1]는 '잘 머무름[2]' 누각으로부터 나와서, 공덕으로 장엄한 보살들과 같이 부처님을 오른쪽으로 무한히 돌며 갖가지 공양구로 공양하기를 마치고는 물러나 남쪽으로 세상을 향해 갔다.

사리불 존자는 그것을 보고 '문수를 따라 남으로 가리라'고 생각하였다. 그리고는 6천 비구들과 함께 부처님의 허락을 받아 문수께 가서 뵙기를 청하였다.

그 때 문수 동자는 무한히 자재한 보살들에게 둘러싸여 대중들과 같이 코끼리가 돌 듯이 보았다. 비구들이 절하고 합장하여 말씀드렸다.

"저희들이 지금 우러러 뵙고 공경히 예배하며 나머지 모든 선근을 어지신 문수와 사리불과 석가모니 부처님께서 분명히 아십니다. 어지신 이가 갖추신 그런 몸과 음성·상호·자재하심을 저희들도 다 갖추어 얻게 하여지이다."

문수 보살께서 비구들에게 말씀하셨다.

"비구들이여, 선남자 선여인이 열 가지 대승을 향하는 법을 이루면 부처님의 지위에 빨리 들어가리니 하물며 보살의 지위이겠는가?

이른바 모든 선근을 쌓거나, 부처님을 친견하여 시중 들고 공양하며, 불법을 구함에 싫증 내지 않는다. 온갖 바라밀을 행하며, 보살의 삼매를 이룸에 싫증 내지 않는다. 모든 삼세에 차례로 들어감과, 시방의 불국토를 두루 깨끗이 함에 싫증 내지 않는다. 많은 중생을 교화하고 조복하며, 모든 국토의 온갖 겁에서 보살행을 이룸에 싫증 내지 않는다. 한 중생을 이루기 위하여 무수한 바라밀을 닦고 부처님의 십력을 이루며 이 같은 차례로 모든 중생계를 이루기 위하여 부처님의 온갖 힘을 이룸에 싫증

---

1) 불법에 비로소 들어감과 동자의 천진난만한 행이 아니면 들어가지 못함을 나타냈다.
2) 자비와 지혜로 머무름 없음이 곧 잘 머무름이다.

내지 않는다."

비구들은 이 법을 듣고 바로 삼매를 얻었으니, '막힘 없는 눈으로 모든 부처님의 경계를 봄'이었다.

문수 보살은 비구들을 권하여 보리심을 내게 하고는, 점점 남으로 가면서 세상을 지나다가 복성의 동쪽에 이르러 장엄당 사라숲에 머물렀다. 이 곳은 옛날 부처님들께서 교화하시던 대 탑이 있는 곳이며, 보살행을 닦아 무한히 주기 어려운 것을 주시던 곳이다.

문수 보살께서 권속들과 같이 이 곳에 이르러 '법계를 두루 비추는 경'을 말씀하시니, 복성 인들이 문수 동자가 장엄당 사라 숲 속 대 탑 있는 곳에 오셨다는 말을 듣고 모였다. 대지 우바새와 대혜 우바이 등이 각기 오백 권속들과 함께 문수 동자 있는데 와서 절하고 오른쪽으로 세 번 돌며 한 곁에 물러나 앉았다. 또한 선재를 위시한 오백 동자와 선현 등 오백 동녀도 와서 마찬가지로 하고 앉았다.

문수 동자는 복성 인들이 다 모였음을 알고 그들이 좋아하는 대로 자재한 몸을 나투었다. 다시 선재를 살피면서 무슨 인연으로 그런 이름을 갖고 있는지 살펴보았다. 이 동자가 입태시 집안에 자연히 칠보 누각이 생기고 갖가지 보배와 재물들이 모든 창고에 가득하였다. 그래서 부모 친족과 관상가가 이 아이를 선재라고 부른 줄을 알았다.

이 동자는 일찍이 과거에 여러 부처님께 공양하여 선근을 많이 심었고, 믿고 이해함이 광대하여 늘 여러 선지식을 친근하였다. 몸과 말과 뜻으로 짓는 일이 허물이 없이 보살도를 깨끗이 하고 온갖 것을 아는 지혜를 구하여 불법의 그릇이 되었다. 마음이 청정하기 허공과 같으며 보리에 회향하여 장애가 없음을 알았다.

문수 보살은 선재 동자를 관찰하고 위안하여 이끌어주면서 설법하셨다.

선재 동자가 여쭈었다.

"거룩하신 이여, 바라옵건대 저에게 자세히 설해 주소서. 보살은 어떻게 보살행을 배우고, 닦으며, 나아갑니까? 어떻게 보살행을 행하며, 깨끗이 하고 들어갑니까? 어떻게 보살행을 이루며, 따라가고, 생각합니까? 어떻게 보살행을 더 넓히고, 보현의 행을 속히 원만케 합니까?"

문수 보살께서 선재 동자를 위하여 게송으로 말씀하셨다.

그대 모든 국토에 두루하여
오랜 시간 동안
보현행을 닦아
보리도를 이룰지어다.

문수 보살께서 이 게송을 설하시고 선재 동자에게 말씀하셨다.

"훌륭하구나. 선남자여, 그대가 보리심을 내고 보살행을 구하는구나. 누구나 보리심을 냄은 매우 어려운 일이며, 발심하고 나서 또 보살행을 구함은 더욱더 어렵다.

온갖 지혜 가운데 최상의 지혜를 이루려거든 결정코 선지식을 구해야 한다. 선지식을 구함에 고달퍼서 게으름을 내지 말고 보고는 싫증내지 말라. 선지식의 가르침은 다 따르고 정교한 방편에 허물을 보지 말라.

여기서 남쪽에 승락국이 있고 그 나라의 묘봉산에 덕운 비구가 계시니 가서 보살도를 여쭈면 마땅히 설해 주실 것이다."

선재 동자는 뛸 듯이 기뻐하면서 문수 보살께 절하고 수없이 돌았다. 그리고는 은근히 우러러보면서 눈물을 흘리며 작별 인사를 하고 남으로 떠났다.

2. 덕운 비구 : 제1. 처음 보리심을 내는 주[初發心住] 선지식

승락국을 향하여 가다가 묘봉산에 올라 애타게 덕운 비구를 찾았다. 칠일이 경과한 뒤 다른 산 위에서 그 비구가 거니는 것을 보고는 절하고 오른쪽으로 세 번 돌며 앞에 서서 보살도를 여쭈었다.

덕운 비구께서 선재에게 말씀하셨다.

"훌륭하구나. 선남자여, 그대가 보리심을 내고 또 보살행을 물으니 이런 일은 어려운 중에도 어렵다.

나는 자재하고 확고한 이해력을 얻어서 믿음의 눈이 청정하고 지혜의 빛이 밝다. 그러므로 경계를 두루 관찰하여 온갖 장애를 벗어났다.

나는 오직 모든 부처님의 경계를 기억하여 지혜의 광명으로 두루 보는 법문을 얻었다. 그러나 수많은 대 보살들의 끝없는 지혜와 청정한 수행 문이야 어찌 알겠는가. 이른바 자기의 업에 안주하는 염불문이니, 중생들이 쌓은 업대로 영상을 나타내어 깨치게 할 줄을 안다. 이러니 어떻게 저의 공덕 행을 알고 말하겠는가."

3. 해운 비구 : 제2. 수학하여 마음을 다스리는 주〔治地住〕 선지식

선재는 일심으로 선지식의 가르침을 숙고하며 점점 남으로 가서 해문국에 도달했다. 해운 비구께 절하고 오른쪽으로 돌며 앞에서 합장하여 보살도를 여쭈었다.

해운 비구가 선재에게 말씀하셨다.

"선남자여, 중생들이 선근을 심지 않고는 보리심을 내지 못한다. 여러 가지 광대한 복을 내야 하며, 선지식을 섬김에 싫증을 내지 말아야 하고, 신명을 아끼지 말아야 한다.

나는 이 해문국에 십이 년을 있으면서 항상 큰 바다로 경계를 삼았다. 이른바 광대하고 매우 깊어서 헤아릴 수 없음을 생각하고, 무한한 보배가 절묘하게 장엄함을 생각한다. 바다는 무한한 중생들의 거처임을 생각하고, 갖가지 엄청나게 몸 큰 중생들을 수용함을 생각하며, 떼구름이 내리는 비를 받아냄을 생각한다.

이런 생각을 할 때 바다 밑에서 큰 연꽃이 갑자기 나타나 바다를 가득히 덮었다. 그 때 연꽃 위에서 부처님께서 결가부좌하고 계시면서 오른손을 펴서 나의 머리 위를 만지고 보안 법문을 연설하시면서 부처님의 경계를 가르쳐 보이셨다. 그리고 온갖 외도의 삿된 논리를 꺾고 악마를 없애며 중생들을 기쁘게 하였다.

내가 그 부처님 처소에서 이 법문을 듣고 수지 독송하며 기억하고 관찰한 것을 가령 누군가 바닷물로 먹을 삼고 수미산으로 붓을 삼더라도 다 쓸 수 없다.

어떤 중생이든지 나에게 오면 이 법문을 가르쳐 보여 풀이하고 찬탄하며 드날려 애호하게 하고, 모든 불보살행의 광명인 보안 법문에 들어가 안주하게 한다.

나는 다만 이 보안법문을 알지만 저 보살들은 보살행에 깊이 들어간다. 여러 중생들에게 들어가 그 마음에 좋아함을 따라 널리 이롭게 하니, 어떻게 저 공덕 행을 잘 알고 말하겠는가."

4. 선주 비구 : 제3. 수행주(修行住) 선지식

선재는 오직 선지식의 가르침과 넓은 눈 법문을 생각하며, 점점 남으로 가다가 능가산 도로 변의 해안 마을에 이르렀다.

한편 선주 비구는 허공을 오가며 걷는데 무수한 하늘들이 공경히 둘러서서 하늘 꽃을 흩으며 풍류를 짓고 있었다. 선재는 이런 일을 보고 마음이 기뻐 합장 예경하고 보살도를 여쭈었다.

이 때 선주 비구께서 선재에게 말씀하셨다.

"훌륭하구나. 선남자여, 그대가 보리심을 내고 또 발심하여 불법과 온갖 것을 아는 지혜의 법과 자연의 법을 묻는구나.

나는 보살의 막힘 없는 해탈 행을 이루었고, 지혜의 광명을 얻었는데 '끝까지 막힘 없음'이라고 한다. 여러 중생들의 마음씀을 아는 데 막힘 없고, 죽고 삶을 아는 데 막힘 없으며, 과거·현재·미래사를 아는 데 막힘 없다.

나는 오직 속히 두루 부처님께 공양하고 중생들을 이룸에 막힘 없는 해탈문 만을 알거니와, 저 보살들의 대자 대비한 지계 공덕이야 어떻게 알고 말하겠는가."

5. 미가 장자 : 제4. 〔바른 가르침에서〕존귀함이 생긴 주〔生貴住〕 선지식

선재는 일심으로 법광명 법문을 바로 생각하고 깊고 굳건히 나아 들어갔다. 점점 남으로 가다가 자재성에 이르러 미가를 찾다가 보니, 시장 가운데서 사자좌에 앉아 일만이나 되는 사람들에게 바퀴 륜3)자 장엄 법문을 연설하고 계셨다.

선재는 절하고 무한히 돌며 앞에서 합장하여 보살도를 여쭈었다.

그 때 미가께서 선재에게 말씀하셨다.

"선남자여, 보리심을 내는 이는 불국토를 깨끗이 하고 많은 중생을 성숙시키며 온갖 법성을 깨닫는다.

보살은 많은 중생들의 믿는 데가 되니 낳아 길러 이루는 때문이요, 중생을 건짐이 되니 온갖 고난을 없애는 때문이다. 대지와 같으니 중생들의 선근을 더하게 하는 때문이며, 큰 바다와 같으니 복덕이 충만하여 다함이 없는 때문이다. 청정한 해와

---

3) '륜(輪)'은 전륜성왕의 칠보의 하나이다.

같으니 지혜의 광명으로 두루 비추기 때문이며, 맹렬한 불과 같으니 중생들의 자기 애착심을 태우기 때문이다. 때 맞춰 내리는 단비와 같으니 믿음의 싹을 키우기 때문이다.

나는 묘음다라니를 얻어 삼천대천 세계의 온갖 하늘·용·야차·건달바·아수라·가루라·긴나라·마후라가·사람·사람 아닌 이와 범천들의 말을 다 분별하여 안다. 이 삼천대천 세계와 같이 시방 세계와, 내지 말로 할 수 없이 말로 할 수 없는 세계들도 마찬가지다.

나는 다만 이 보살들의 '묘음다라니 광명의 법문'만을 안다. 그러나 저 보살들은 중생들의 다양한 생각·시설·명호·언어에 들어가고 온갖 깊은 뜻의 법구4)에 두루 들어가니, 이 같은 공덕을 어떻게 알고 설하겠는가."

6. 해탈 장자 : 제5. 방편을 갖춘 주〔具足方便住〕선지식

선재는 보살의 막힘 없이 이해하는 다라니의 광명으로 장엄한 문을 생각하며, 점점 걸어서 십이 년5) 동안을 여기저기 돌아다녔다. 주림성에 이르러 해탈 장자를 두루 찾다가 보고는 절하고 일어서서 합장하여 보살도를 여쭈었다.

해탈 장자는 과거의 선근과 부처님 신력과 문수 동자의 기억력으로써 보살의 삼매 문에 들어갔으니, '모든 불국토를 두루 거두어 끝없이 도는 다라니'이다.

이 삼매에 들어갔다가 청정한 몸을 얻고 나와서 선재에게 말씀하셨다.

"선남자여, 나는 부처님의 막힘 없는 장엄 해탈문에 들어갔다 나왔다. 안락 세계의 아미타불을 친견하려 하면 생각하는 대로 친견하고, 전단 세계의 금강광명불이나 '보배 사자 장엄 세계'의 비로자나불을 친견하고자 하면 이런 부처님을 다 친견하게 된다.

그러나 저 부처님께서 여기 오시지도 않고 내 몸 또한 저기에 가지도 않는다. 모든 부처님과 내 마음이 다 꿈과 같음을 알며, 부처님은 그림자 같고 내 마음은 물 같음을

---

4) 진리의 말씀으로 불경의 글귀이다.

5) 자분과 승진에 각각 육바라밀을 닦는 때문이며, 또한 십이 연에 머물지 않음을 나타내기에 여기저기 돌아다녔다고 했다.

안다. 부처님의 모습과 내 마음이 환상과 같음을 알며 메아리 같음을 안다. 나는 이렇게 알고 친견하는 부처님이 모두 자기 마음으로 말미암음을 생각한다.

그러기에 마땅히 모든 경계에서 제 마음을 깨끗이 다스릴 것이요, 힘써 노력함으로 제 마음을 굳히며, 참음으로써 자기 마음을 너그럽게 할 것이다.

나는 다만 부처님의 막힘 없는 장엄 해탈문에 든다. 그러나 저 여러 보살들은 자기의 몸과 모든 세계가 둘이란 생각을 내지 않으니, 이같은 미묘한 행을 어떻게 알고 말하겠는가."

7. 해당 비구 : 제6. 찬불과 훼불을 듣고도 동요되지 않는 주[正心住] 선지식

선재는 일심으로 저 장자의 가르침을 바르게 유념하며 점점 남으로 가서 염부제의 끝인 마리 마을에 이르러 해당 비구를 두루 찾았다. 문득 보니 가부좌하고 삼매에 들었는데 숨도 쉬지 않은 채 별 생각이 없고 편안히 움직이지 않았다.

선재는 일심으로 해당 비구를 관찰하기를 만 하루를 지내고 일주일·보름·한 달·여섯 달을 보내고 다시 엿새를 지냈다. 이렇게 지난 뒤에 해당 비구가 삼매에서 나왔다.

선재가 찬탄하고는 보살도를 여쭈니, 해당 비구께서 말씀하셨다.

"이 삼매는 '널리 모든 것을 관하는 눈으로 얻음을 버림'이라고도 하고, '반야바라밀 경계의 청정한 광명'이라고도 한다. 이 삼매에 드는 때에는 모든 세계를 확실히 알거나, 감에 막힘이 없다. 깨끗이 함에 막힘이 없으며, 많은 중생들의 근기를 앎에 막힘이 없다.

나는 오직 이 한 가지 반야바라밀 삼매의 광명만을 안다. 그러나 저 보살들은 지혜에 들어가 법계의 경계를 깨끗이 하며 중생의 의지가 된다. 그러니 내가 어떻게 그 묘한 행을 알고 공덕을 말하며 행한 것을 깨치겠는가? 또 그 경계를 밝히고 원력을 궁구하며 요긴한 문에 들어가고 깨친 것을 확실히 알겠는가? 또한 그 도의 부분을 설하고 삼매에 머물러 마음의 경계를 보며 소유하고 있는 평등한 지혜를 얻겠는가?"

8. 휴사 우바이 : **제7. 부처님의 유무를 듣고도 물러나지 않는 주〔不退住〕 선지식**

선재는 선지식의 힘을 받아 가르침에 의지하고 말씀을 생각하면서 점점 남으로 가서 해조에 이르렀다.

휴사 우바이는 '장엄당'이라는 광대한 궁전의 순금 자리에 앉아서 '바다에 간직된 진주 그물 관'을 쓰고, 하늘 것보다 뛰어난 순금 팔찌를 끼었으며, 검푸른 머리카락을 드리우고 있었다. 백 천 억 나유타 중생이 허리를 굽혀 공경하였는데, 이 우바이를 보는 이는 모든 병고가 다 낫고, 번뇌의 더러움을 벗어나 나쁜 소견을 뽑아 버렸다.

선재가 여쭈었다.

"거룩하신 이께서 보리심을 낸 지는 얼마나 되었습니까?"

휴사 우바이께서 대답하셨다.

"나는 과거 연등불 처소에서 범행을 닦고 공경히 공양하면서 법문을 듣고 수지하였다. 그 전에는 이구불 처소에 출가하여 도를 배우며 정법을 받아 지녔다. 과거의 무한한 겁 동안, 수없이 태어나면서 이러한 차례로 삼십 육 항하의 모래 수만큼 많은 부처님 처소에서 공경히 섬기고 공양하여 법을 듣고 수지하여 범행을 닦던 일을 기억한다. 그 이전은 부처님의 지혜로나 알지 나로서는 헤아릴 수 없다.

이 해탈은 '근심을 떠난 안락한 당기'라 한다.

나는 오직 이 해탈문만을 알거니와, 저 보살들의 마음은 바다 같아서 모든 불법을 수용하고 수미산과 같아 의지가 확고히 움직이지 않는다. 깨끗한 해와 같아서 중생들의 어두운 무명을 깨고 대지와 같아서 여러 중생들의 의지처가 된다. 떼구름과 같아서 중생에게 고요한 법을 비 내리듯하며, 깨끗한 달과 같아서 중생에게 복덕의 광명을 놓으니 내가 그 공덕의 행을 어떻게 알고 말하겠는가."

9. 비목구사 선인 : **제8. 삼업이 순진한 동자와 같이 되는 주〔童眞住〕 선지식**

선재는 보살의 바른 가르침을 생각하면서 점점 다니다가 나라소국에 이르러 비목구사 선인을 찾았다. 그러다가 전단나무 아래 풀밭에 앉아 일만 무리를 거느리고 이끎을 보았다.

그 곳에 나아가서 절하고 땅에서 일어나 무한히 돌며 합장하여 서서 보살도를 여쭈었다.

비목 선인이 오른손을 펴서 선재의 머리 위를 만지고 손을 잡으니, 선재는 자기의 몸이 시방 세계에 가서 수많은 부처님 처소에 이르렀음을 보았다. 그리고는 부처님께서 중생들의 마음에 좋아함을 따라 설법하심을 듣고 구절구절을 다 통달하였다. 이를 따로 지녀 섞지 않고 보살의 '뛰어난 깃발 해탈의 지혜 광명'이 비추어 '비로자나 광삼매의 광명'을 얻었다.

비목 선인이 선재의 손을 놓자 선재는 자기의 몸이 도로 본처에 있음을 보았다.

그 때 비목 선인께서 선재에게 말씀하셨다.

"선남자여, 나는 오직 이 보살의 이길 이 없는 당기 해탈만을 안다. 그런데 저 보살은 온갖 수승한 삼매를 이루어 지혜의 몸이 모든 법계에 들어가서 중생심을 따라 앞에 두루 나타나 깨끗한 광명을 놓는다. 그러니 저의 공덕 행과 지혜의 광명을 어떻게 알고 말하겠는가."

10. 승열 바라문 : **제9. 모든 법에 막힘 없는 지혜를 얻은 주〔法王子住〕 선지식**

선재는 선지식을 생각하면서 점점 가다가 이사나 마을에 이르렀다. 승열바라문께서 온갖 고행을 닦으며 모든 것을 아는 지혜를 구함을 보니, 사면에 있는 불덩이가 큰 산과 같았다. 그 속에는 칼산이 있어 높고 가파르기 끝없는데 승열 바라문이 산 위에 올라가서 몸을 날려 불덩이에 들어가는 것이었다.

선재는 절하고 합장하여 서서 보살도를 여쭈었다.

바라문께서 말씀하셨다.

"그대가 만약 이 칼산 위에 올라가서 불구덩이에 투신하면 모든 보살행이 다 청정해질 것이다."

선재는 이렇게 생각하였다.

'사람 몸을 받기 어렵고 불법을 얻기 어렵다. 선인과 선지식을 만나기 어렵고 이치대로 가르침을 받기 어렵다. 바른 생활을 하기 어렵고 법을 따라 행하기 어렵다더니, 이는 악마의 짓이 아닌가? 악마의 험악한 무리들이 짐짓 선지식의 모양을 꾸며 가지고 나쁜 길로 끌고 불법을 막는 것이 아닌가?'

이렇게 생각할 때에 일만의 범천이 허공에서 말했다.

"선남자여, 그렇게 생각하지 마라. 이 거룩하신 이는 금강불꽃 삼매의 광명을 얻었고, 크게 정진하여 중생을 건지려는 마음이 물러나지 않는다. 삿된 소견의 그물을 끊고 번뇌의 땔나무를 태우며 의혹의 숲을 비추려 한다."

또 무한한 욕심 세계 하늘들이 허공에서 묘한 공양구로 공경히 공양하고 이렇게 외쳤다.

"선남자여, 이 바라문이 다섯 군데 뜨거움으로 몸을 구울 때에 불의 광명이 아비지옥 등에 비치어 온갖 수고가 쉬었다. 우리도 그 불의 광명을 보고 깨끗한 신심을 내고는 명이 다한 뒤 천상에 태어났다. 그 은혜를 알기에 바라문의 처소에 와서 공경히 우러러보아 싫증내지 않고 바라문의 설법으로 무한히 보리심을 내었다."

선재는 이런 법을 듣고 크게 기뻐하여 바라문의 처소에서 진실한 선지식이란 마음을 내어 엎드려 절하고 말씀드렸다.

"제가 거룩하신 선지식께 좋지 못한 마음을 내었으니 바라옵건대 거룩하신 이여, 저의 참회를 받아주소서."

바라문은 선재에게 게송으로 말씀하셨다.

어떠한 보살들도
선지식의 가르침 따르면
온갖 의심이 없어지고
안주하여 마음이 흔들리지 않으리.

선재는 즉시 칼산에 올라가서 불구덩이에 투신했다. 내려가는 도중에 '보살의 잘 머무는 삼매'를 얻었고 몸이 불꽃에 닿자 또 '보살의 적정락6)'을 얻었다.

선재가 여쭈었다.

"매우 기이합니다. 거룩하신 이여, 이 칼산과 불 무더기에 제 몸이 닿을 때 안락하고 쾌락하였습니다."

---

6) 제2 선(기쁨과 잔잔한 쾌락을 동반하는 색계의 선정)천의 즐거움이다.

이 때 바라문께서 선재에게 말씀하셨다.

"선남자여, 나는 다만 이 보살의 다함이 없는 바퀴 해탈문을 얻었다. 그러나 저 보살이 큰 공덕 불꽃으로써 많은 중생들의 잘못된 생각을 태워서 남음이 없게 하는 공덕 행을 어떻게 알고 말하겠는가."

11. 자행 동녀 : **제10. 관정식으로 왕위에 오름과 같은 지혜 주〔灌頂住〕 선지식**

선재는 선지식에게 지극한 존중심을 내며, '내'가 없음을 알고, 온갖 소리는 다 메아리 같음을 알았다.

점점 남으로 가다가 사자분신성에 이르러 널리 자행 동녀를 찾았다. 이 동녀는 사자당 왕의 딸로서 오백 동녀로 시종을 삼아 비로자나장 궁전에 금실 망을 두르고 하늘 옷을 깐 자리에 앉아 설법하고 계셨다.

선재는 앞에 나아가 절하고 수없이 돌며 합장하여 서서 보살도를 여쭈었다.

자행 동녀는 선재에게 궁전의 장엄을 보라고 말씀하셨다.

선재가 절하고 두루 살펴보니, 낱낱 벽과 기둥 등에 온 법계의 모든 부처님의 초발심부터 등정각을 이루심과 가르침을 설하시다가 열반을 보이심이 영상처럼 나타났다. 마치 깨끗한 물 속에 해와 달과 별과 온갖 물상이 비치는 듯하니 이런 것은 모두 자행 동녀께서 과거에 심은 선근의 힘이었다.

선재는 부처님들의 여러 가지 모습을 기억하면서 합장하고 자행 동녀를 우러러보았다.

자행 동녀가 선재에게 말씀하셨다.

"내가 이 반야바라밀로 두루 장엄하는 문에 들어가서 보문 다라니를 얻으니, 백만 아승지 다라니문이 나타났다.

나는 다만 이 반야바라밀로 두루 장엄하는 해탈문을 안다. 그러나 저 보살은 마음이 광대하기 허공계와 같고, 많은 중생들의 마음씀을 두루 알며, 그들에게 알맞게 설법하여 온갖 때에 늘 자재하다. 그러니 그 공덕 행을 내가 어떻게 알고 말하겠는가."

12. 선견 비구 : 제1. 즐거움의 행[歡喜行] 선지식

선재는 보살의 증득한 법과 갖가지로 심은 업과 행이 심원함을 생각하면서 점점 남으로 갔다. 삼안국에 이르러 도시와 마을의 상점들과 내와 평원과 산골짜기 등을 두루 다니며 선견 비구를 찾다가 숲 속에서 왔다갔다 하심을 보았다. 장년기에 잘 생긴 얼굴이 단정하고 피부는 금색이요, 목에는 세 줄 무늬가 있었다.

선견 비구께 절하고 허리 굽혀 합장하여 보살도를 여쭈었다.

선견 비구께서 대답하셨다.

"선남자여, 나는 나이도 젊으며 출가한 지도 얼마 되지 않으나, 이생에서 무수한 부처님 처소에서 범행을 깨끗이 닦았다. 그 동안에 미묘한 법을 듣고 가르침을 받아 실행하며 온갖 원을 장엄하고 증득할 곳에 들어가 모든 행을 깨끗이 닦아서 육바라밀 을 만족히 하였다.

나는 다만 이 보살이 따르는 등불의 해탈문을 알거니와, 저 보살들은 항상 지혜의 등불을 켜서 다하여 없어짐이 없다. 대 광명을 놓아 시방에 두루 비치고 만약 보는 이가 있으면 온갖 장애의 산을 깨고 광대한 선근을 심는다. 이런 사람은 보기도 어렵 고 세상에 나기도 어려운데 내가 그 공덕 행을 어떻게 알고 말하겠는가."

13. 자재주 동자 : 제2. 유익한 행[饒益行] 선지식

선재는 선견 비구의 가르침을 받아 기억하여 수지 독송하면서 깨달아 들어갔다. 하늘·용·야차·건달바의 무리들에게 앞뒤로 둘러싸여 명문국으로 향하면서 자재 주 동자를 널리 찾다가 일만 동자에게 둘러싸여 모래 장난을 하고 있음을 보았다. 선재가 보고는 절하고 무한히 돌며 합장하여 한 곁에 물러나 보살도를 여쭈었다.

자재주 동자께서 말씀하셨다.

"선남자여, 나는 옛날에 문수 동자께 글씨와 산수 등을 배워서 온갖 정교한 신통과 지혜의 법문에 깨쳐 들어갔다. 이 법문으로 인하여 세간의 글씨와 산수 등의 법을 알았다. 또 풍병·간질·신병을 치료하며 도시와 시골·누각·궁전·가옥들을 세우 기도 하였다. 갖가지 특효약을 만들기도 하고, 농사와 상업을 하기도 하며, 취하고 버리고 나아가고 물러남에 다 적당하게 하였다. 또 중생들의 모습을 잘 분별하여 선악을 지어 좋거나 나쁜 길에 태어날 것을 알았다. 또 보살의 계산법을 알았으니 광대한 모래 더미를 셈하여 그 안에 있는 알맹이 수의 다소를 다 안다.

나는 다만 정교한 대 신통과 지혜의 광명 법문만을 안다. 그러나 저 보살은 많은 중생들의 수와 이름을 알고, 그 바라고 구함을 말하며 훌륭한 지혜의 광명을 낸다. 그러니 내가 그 공덕 행을 어떻게 알고 말하겠는가.”

14. 구족 우바이 : 제3. 어기지 않는 행〔無違逆行〕 선지식

선재는 선지식의 가르침이 큰 바다와 같아서 떼구름의 비를 거두어도 싫증내지 않음을 관찰하였다. 그리고는 해주성에 이르러 여기저기 다니며 이 우바이를 찾았다. 집이 널찍한데 다양하게 장엄하였으며 온갖 보배 담장이 둘러 있고 사면에는 다 보배문이 있었다.

선재가 들어가니 그 우바이가 보배 자리에 앉아 있었다. 좋은 나이에 형상이 단정하고 거룩한 모습에는 위덕과 광명이 있어 불보살을 제외하고는 미칠 이가 없었다. 집안에 옷과 음식이나 생활용품은 없고 앞에 조그만 그릇 하나만 놓여 있었다.

또 일만의 동녀가 둘러 모셨으니 위의와 색상이 천상의 채녀와 같았고 묘한 보배 장엄구로 몸을 장식하였다. 또한 음성이 미묘하여 듣는 이가 좌우로 가까이 모시면서 우러러보았다. 동녀들의 몸에서는 미묘한 향기가 나서 여러 곳에 풍기니 누군가 향기를 맡으면 물러나지 않고 성냄과 원결도 없어진다. 인색하고 아첨하며 성내고 교만한 마음이 없으며 소리를 듣는 이는 뛸 듯이 기뻐하고 몸을 보는 이는 탐욕이 떠난다.

보살도를 여쭙는 선재에게 구족 우바이께서 말씀하셨다.

“선남자여, 나는 보살의 다함없는 복덕장 해탈문을 얻었으므로 이런 작은 그릇으로도 중생들의 갖가지 욕구를 따라서 진수성찬을 내어 다 배부르게 한다. 음식처럼 온갖 옷과 꽃·향·보배·생활용품들도 좋게 생각하는 대로 다 만족케 한다.

또 동방의 한 세계나 내지 말로 할 수 없이 말로 할 수 없는 세계의 일생보처보살이 나의 음식을 먹으면 다 악마를 항복 받고 최상의 깨달음을 이룬다. 동방과 같이 시방도 다 마찬가지다.

나는 다만 이 다함없는 복덕장 해탈문을 알거니와, 저 보살들의 공덕은 여의주와 같아서 중생들의 소원을 만족시킨다. 또한 밝은 등불과 같아서 미혹의 어둠을 깨뜨리며, 높은 일산과 같아서 많은 중생을 그늘지어 주니 그 공덕을 내가 어떻게 알고 말하겠는가."

15. 명지 거사 : 제4. 굽히지 않는 행〔無屈撓行〕 선지식

선재는 다함없이 장엄한 복덕장 해탈의 광명을 얻고, 복덕의 종자를 닦으면서 점점 거닐어 대흥 성에 도달하여 명지 거사를 두루 찾았다. 그 거사는 성 안의 네 거리 칠보 누각 위에서 무수한 보배로 장엄한 자리에 앉아 있었다. 선재는 절하고 무한히 돌며 합장하여 서서 보살도를 여쭈었다.

거사께서 말씀하셨다.

"선남자여, 나는 '생각하는 대로 복덕을 내는 광 해탈문'을 얻었으므로 필요한 것은 다 원대로 채워진다. 이른바 옷과 꽃·향·음식·탕약·집과 온갖 생활용품이 필요한 대로 만족하며 진실하고 미묘한 법까지 설한다.

나는 다만 이 생각하는 대로 복덕을 내는 광 해탈문을 알거니와, 저 보살들은 자재력으로 온갖 생활용품을 비 내리듯한다. 많은 중생들의 거처와 부처님의 도량에 가득하여 중생을 성숙시키기도 하고 부처님께 공양하기도 한다. 그러니 그 공덕과 자재한 신통력을 내가 어떻게 알고 말하겠는가."

16. 법보계 장자 : 제5. 어리석음과 산란을 여의는 행〔無癡亂行〕 선지식

선재는 명지 거사에게 이 해탈을 듣고 복덕의 기세를 늘리면서, 점점 남으로 사자 성을 향하여 법보계 장자를 두루 찾았다. 그 장자가 시장에 있음을 보고는 이르러 공손하게 절하고 무수히 돌며 합장하여 서서 보살도를 여쭈었다.

이 때 장자가 선재의 손을 잡고 집을 보라고 말씀하시어 보니, 청정한 광명의 진금으로 되어 있었다. 무수한 보배 가로수가 널리 있고 집은 너르며 십 층에 여덟 문이 있었다.

들어가서 차례로 살펴보니 일층에서는 온갖 음식을 보시하고 이층에서는 보배 옷을 보시하였다. 삼층에서는 온갖 보배장엄구를 보시하고 사층에서는 많은 채녀와 온갖 최상의 보배를 보시하였다. 오층에서는 제 오지의 보살이 구름처럼 모여 설법하여 세간을 유익하게 하며 지혜의 광명을 이루었다.

육층에서는 많은 보살들이 매우 깊은 지혜를 이루어 온갖 법의 성품을 확실히 이해하고, 백만 아승지 반야바라밀문을 분별하여 보았다. 칠층에서는 보살들이 메아리 같은 지혜를 얻고 방편 지혜로 분별 관찰하여 벗어나며 다 부처님의 정법을 듣고는 기억하였다.

팔층에서는 무한한 보살이 그 가운데 모였는데 다 신통을 얻어 물러나지 않았다. 한 음성이 시방 국토에 두루하며 몸이 모든 도량에 널리 나타나 온 법계에 두루 하지 않는 곳이 없었다. 구층에서는 일생보처 보살들이 모였다.

십층에서는 부처님들께서 가득하신데 초발심부터 보살행을 닦아 생사를 뛰어넘으며 가르침을 설해 중생을 조복하셨다.

이러한 모든 것을 다 명확히 보게 하였다.

이런 과보는 과거 원만히 장엄한 세계의 '끝없는 광명으로 법계를 두루 장엄하시는 왕' 부처님께서 성에 들어오실 때 주악을 울리고 향을 살라 공양한 공덕이다. 그 공덕으로 온갖 가난과 괴로움을 길이 여의고 부처님과 선지식을 항상 친견하며 정법을 들었기에 이 과보를 얻었다고 하였다.

나는 다만 보살의 무한한 '복덕 보배 광 해탈문'을 알거니와, 저 보살들은 부사의한 공덕의 보배 광을 얻고 모든 겁에 있으면서도 피곤함이 없으니 그 공덕 행을 내가 어떻게 알고 말하겠는가.

17. 보안 장자 : 제6. 잘 나타나는 행〔善現行〕 선지식

선재는 법보계 장자에게서 이 해탈문을 듣고 등근국에 이르러서는 보문성이 있는 데를 물어 찾았다. 비록 어려움을 당하여도 노고로 생각지 않고 오직 선지식의 가르침을 유념하면서, 늘 가까이 모시고 섬겨 공양하려고 나태함을 물리쳤다. 그런 뒤 보문성을 보았는데 백천 마을이 주위에 둘러져 있고 성 위의 담은 높고 도로가 넓으며 평평하였다. 장자를 보고 앞에 나아가 엎드려 절하고 합장하여 서서 보살도를 여쭈었다.

장자가 말씀하셨다.

"훌륭하구나. 선남자여, 그대가 보리심을 잘 내었구나. 나는 많은 중생들의 온갖 병을 아니, 다 방편으로 구원해서 치료한다. 시방의 중생들로 병자들이 다 내게 오면 치료하여 낫게 한다. 또 향기로운 물로 목욕시켜 좋은 옷을 주고 음식과 재물을 보시하여 조금도 부족하지 않게 한 뒤에 그들에게 각각 알맞게 설법한다. 탐욕이 많은 이는 부정관을 가르치고 분노와 원망이 많은 이는 자비관을 가르친다.

또 여러 가지 향을 만드는 비법을 아니, 비할 바 없는 향·뛰어난 향·깨우침의 향·모든 감관이 혼란스럽지 않는 향이다.

또 선남자여, 나는 이 향으로 널리 공양하고 부처님을 친견하여 소원이 만족하였으니 여러 중생을 건지는 원·불국토를 깨끗이 하는 원·부처님께 공양하는 원이다.

나는 다만 중생들로 하여금 부처님을 널리 친견하고 기뻐하는 법문만을 안다. 그러나 저 보살마하살들은 대 약왕과 같아서 보거나 듣는 이들이 다 이익을 얻어 헛되이 보내는 이가 없다. 누군가 잠시 만나더라도 반드시 온갖 번뇌를 없애고 불법에 들어가 괴로움을 떠난다. 모든 생사에 무서움이 아주 없어지고 두려움이 없이 온갖 것을 아는 지혜에 이르니, 그 공덕 행을 어떻게 알고 말하겠는가."

18. 무염족왕 : 제7. 집착 없는 행〔無着行〕 선지식

선재는 선지식의 가르침을 기억하여 생각하며, 점점 남으로 가면서 나라와 도시와 마을을 지나서 다라당성에 이르렀다. 무염족 왕은 나라연 금강좌에 앉았고 그 앞에는 십만의 용맹스러운 병졸이 있었다. 다들 용모가 추악하고 의복이 누추하며 무기를 손에 들고 눈을 부릅뜨며 옷소매를 걷어올려 보는 사람들은 다 두려워하였다.

많은 중생들이 남의 물건을 훔치거나 살생을 하였으면 오랏줄에 묶여 왕에게 끌려와 범죄에 따라서 처벌되었다. 손발을 자르기도 하고 귀와 코를 베기도 하였다. 눈을 뽑거나 머리를 베며, 살가죽을 벗기고 신체를 토막 내기도 했다. 끓는 물에 삶거나 타는 불에 지지고, 산에 끌고 올라가서 추락시키기도 하였다. 이렇게 한없는 고통에 부르짖고 통곡하는 모습이 중합 지옥과 같았다.

선재가 보고는 이렇게 생각하였다.

'나는 많은 중생을 이롭게 하려고 보살행을 구하고 보살도를 닦는다. 그런데 이 왕은 선한 법은 없애고 악업을 지어 중생을 괴롭게 하여 죽이면서도 미래의 나쁜 길을 겁내고 반성하지 않는구나. 내 어찌 이런 데서 법을 구하고 대비심을 내어 중생을 건지겠는가.'

이렇게 생각하다가 공중에서 보안 장자 선지식의 가르침을 기억하라는 어떤 하늘의 말씀을 듣고는 곧 왕에게 가서 절하고 보살도를 여쭈었다.

'아나라' 왕은 일을 마치자 선재의 손을 잡고 궁중으로 들어가서 자리에 같이 앉아 말씀하셨다.

"나는 보살의 환술과 같은 해탈을 얻었다. 나라의 중생들이 살생과 도둑질과 부정한 생각을 많이 하여 다른 방편으로는 그들의 악업을 버리게 할 수 없다. 나는 저런 중생을 다루기 위해 악역을 맡아 온갖 죄악을 짓고 많은 괴로움을 받는다. 또 저 나쁜 일만 일삼는 중생들이 보고서 몹시 두려워 싫어하고 멀리하여 그들이 지은 온갖 악업을 끊고 보리심을 내게 한다.

나의 몸이나 말과 뜻으로 짓는 일은 일찍이 한 중생도 협박한 일이 없다. 내 마음으로는 차라리 미래에 무간 지옥의 고통을 받을지언정 잠깐이라도 모기나 개미 한 마리도 괴롭히려는 생각을 내지 않는데, 하물며 사람이겠는가? 사람은 복전이니 온갖 선한 법을 잘 내기 때문이다.

나는 다만 이 환상 같은 해탈을 얻었다. 그러나 저 보살마하살들은 모든 것이 생함이 없음을 인지하는 지혜를 얻고 막힘 없는 지혜로 경계에 행하고 널리 모두가 평등한 삼매에 들어가서 다라니에 자재하다. 그러니 그 공덕행을 내가 어떻게 알고 말하겠는가."

19. 대광왕 : 제8. 얻기 어려운 행〔難得行〕 선지식

선재는 일심으로 저 왕이 얻은 환술과 같은 지혜 법문을 유념하면서 점점 남으로 갔다. 세상의 도시와 마을에 이르기도 하고 황무지와 절벽과 험한 길을 거치면서도 싫증이 없이 쉬지도 않았다. 그러다가 묘광성에 들어가 대광 왕 앞에서 절하고 공경히 오른쪽으로 무한히 돌며 합장하여 서서 보살도를 여쭈었다.

왕이 말씀하셨다.

"선남자여, 나는 보살의 크게 인자한 깃발의 행을 닦고 이 법으로 왕이 되어 가르치고 거두며 중생들의 괴로움을 없애기에 쉬려는 마음이 없다.

중생들을 결국에는 기쁘게 하고 몸에는 괴로움이 없으며 마음은 맑게 한다. 또 생사의 애착을 끊고 정법의 즐거움을 좋아하며, 번뇌의 더러움을 씻고 악업의 장애를 깨뜨리게 한다. 나는 이 크게 인자한 깃발의 행에 머물러 정법으로써 세상을 교화한다.

누군가 빈궁하고 궁핍하여 내게 와서 구걸하면 창고 문을 열어 마음 내키는 대로 가져가게 하고 말한다.

'모든 악을 짓지 말고 중생을 해치지 말며 부정한 생각을 일으키지 말고 집착하지 말라. 너희들이 가난하여 혹 필요한 것이 있으면 온갖 물건이 갖추어져 있으니 마음껏 가져가고 조금도 의심하지 말라'고 한다.

이 묘광성의 중생들은 다 보살로서 대승의 뜻을 내었지만 마음의 바람을 따라서 소견이 같지 않다.

나는 다만 이 보살의 크게 인자함이 으뜸이 되어 세상을 따르는 삼매문을 안다. 그러나 저 보살들은 높은 일산이 되어 중생들을 두루 그늘지어 주고, 여의주가 되어 중생들의 소원을 다 만족케 한다. 그러니 내가 어떻게 그 행을 알고 덕을 말하겠는가."

20. 부동 우바이 : 제9. 법을 잘 말하는 행〔善法行〕 선지식

선재는 묘광 성에서 나와 길을 여기저기 돌아다니면서 대광 왕의 가르침을 유념하면서, 점점 가다가 안주성에 이르러 부동 우바이의 집에 들어섰다. 그 집에서는 금색 광명이 두루 비치어 심신이 맑아지는데 선재도 광명이 몸에 비침에 곧 오백 삼매문을 얻었다.

선재가 공경히 합장하고 일심으로 살펴보았다. 용모가 단정하고 아주 뛰어나 시방 세계의 여인들로는 미칠 수도 없는데 하물며 더 뛰어남이겠는가. 다만 부처님과 모든 관정식을 받은 보살은 제외된다.

시방 세계의 모든 중생이 이 우바이에게는 집착심을 일으키는 이가 없으며, 잠깐

보기만 하여도 있던 번뇌가 저절로 없어진다. 마치 백만의 대범천 왕은 결정코 욕계의 번뇌가 생기지 않듯이 이 우바이를 보는 이의 번뇌도 마찬가지다. 중생들이 이 여인을 보고는 싫증을 내지 않는데 다만 대 지혜를 갖춘 이는 제외된다.

선재가 보살도를 여쭙자 부동 우바이는 부드럽고 마음 편한 말로 선재를 위로하며 말씀하셨다.

"훌륭하구나. 선남자여, 그대가 보리심을 잘 내었구나. 나는 보살의 꺾을 수 없는 지혜의 광 해탈문을 얻었으며, '온갖 법을 구함에 싫증 없는 삼매문'을 얻었다.

과거 '더러움이 없는' 겁의 수비 부처님 때에, '전수'라는 국왕이 외동딸을 두었으니 바로 나다. 음악이 그친 한밤중에 부모 형제와 오백의 동녀들이 모두 자고 있었다. 내가 누각 위에서 별을 우러러보고 있다가 허공의 부처님을 친견하니 보배산과 같았고 무한한 하늘과 용 등의 팔부중7)과 보살 대중이 둘러 모시고 있었다. 부처님 몸에서 대 광명 망을 놓아 시방세계에 두루함에 장애가 없었고 털구멍마다 나오는 미묘한 향에 몸이 부드러워지고 마음이 기뻤다.

선남자여, 나는 그 부처님 처소에서 법을 듣고 온갖 것을 아는 지혜를 구하며 법을 구함에 싫증 없는 장엄문을 얻었다. 그대는 보겠는가?"

선재는 보기를 원한다고 말씀드렸다.

부동 우바이는 용장 사자좌에 앉아서, 온갖 법을 구함에 싫증 없는 장엄 삼매문에 들어갔다. 이 때 시방세계가 여섯 가지로 진동하는데 다 청정한 유리로 이루어졌다. 낱낱 세계의 무수한 부처님들께서 각기 광명 그물을 놓아 법계에 두루하게 미묘한 법륜을 굴려 중생들을 깨우쳤다.

이 때 부동 우바이께서 삼매에서 나와 이러한 것을 다 보고 난 선재에게 말씀하셨다.

"나는 다만 이 '온갖 법을 구함에 싫증 없는 삼매의 광명문'을 얻고, 여러 중생에게 미묘한 법을 말하여 기쁘게 한다. 그런데 저 보살마하살들은 금시조처럼 허공을 여기저기 돌아다니다가 막힘 없이 중생 바다에 들어가서 선근이 성숙한 이를 보고는 들어다가 깨달음의 저 언덕에 둔다. 그러니 그 공덕 행을 내가 어떻게 알고 말하겠는가."

---

7) 천·용·야차·건달바·아수라·가루라·긴나라·마후라가로 불법을 지킨다.

21. 변행 외도 : 제10. 진실한 행[眞實行] 선지식

선재는 부동 우바이께 법을 듣고 가르침을 일심으로 기억하며 다 받아들여 사유 관찰하면서 점점 나아가 여러 나라와 도시를 지나 도살라 성에 이르렀다. 해 저뭄에 성에 들어가서 상점과 동네의 네거리로 다니면서 변행 외도를 찾았다.

한밤중에 성 동쪽으로 선덕산의 정상을 보니 이 외도가 산 위의 넓고 평평한 곳에서 천천히 거닐고 있었다. 모습이 원만하고 위세가 빛나서 대범천왕이 미칠 수 없으며, 일만의 범천들이 둘러싸고 있었다.

선재는 그 앞에 나아가 엎드려 절하고 무한히 돌며 합장하여 서서 보살도를 여쭈었다.

변행 외도께서 대답하셨다.

"훌륭하구나. 선남자여, 나는 모든 곳에 이르는 보살행에 안주하였고 세간을 널리 관찰하는 삼매문을 이루었다.

나는 넓은 세간에서 다양한 장소와 용모와 행과 이해로 온갖 세계에서 나고 죽었다. 이른바 하늘·용·야차·건달바·아수라·지옥·축생의 세계며 염라왕 세계와 사람인 듯 아닌 듯8)한 이들의 모든 세계다. 여러 가지 소견에 머물고 이승을 믿고 대승을 좋아하는 이러한 중생들 가운데서 나는 다양한 방편과 지혜의 문으로 이롭게 한다.

나는 다만 이 모든 곳에 이르는 보살행을 안다. 그러나 저 보살들은 몸이 중생들 수와 같아서 많은 중생을 항상 이롭게 하고 늘 함께 머물면서도 집착이 없다. 또 삼세에 두루 다 평등하여 '내'가 없는 지혜로 널리 비추고 대 자비의 장으로 온갖 것을 관찰하니, 그 공덕 행을 내가 어떻게 알고 말하겠는가."

---

8) 사람이라고도 아니라고도 할 수 있는데 천룡팔부 중의 긴나라와 동일하다.

십회향 선지식

22. 육향 장자 : 제1. 여러 중생을 구호하되 중생이라는 상을 여읜 회향
〔救護一切衆生離衆生相廻向〕 선지식

선재는 선지식의 가르침을 인해 신명도 돌보지 않고 오욕락을 탐내지도 않으며 권속을 그리워하지도 않았다. 오직 많은 중생을 교화하고 법의 본성을 알며 공덕을 닦아 물러나지 않고 온갖 법의 지혜 광명을 얻어서 불법을 지키길 원하였다. 이러한 모든 불보살의 공덕을 일심으로 구하면서 점점 여기저기 돌아다니다가 광대국에 이르러서는 장자의 앞에 절하고 무한히 돌며 합장하여 서서 보살도를 여쭈었다.

육향 장자가 말씀하셨다.

"훌륭하구나. 선남자여, 그대가 보리심을 잘 내었구나. 나는 온갖 향을 잘 분별하여 알고 향의 제조법을 안다. 이른바 사르는 향·바르는 향·가루 향이며, 이런 향들의 출처도 안다. 또 병을 고치는 향·온갖 악을 끊는 향·기쁨을 내는 향·번뇌를 키우거나 없애는 향·온갖 뽐냄을 버리는 향·발심9)하여 염불하는 향·법문을 알고 깨치는 향들을 잘 분별하여 안다. 이러한 향의 모양과 생기는 것과 나타나고 이루는 모든 것을 다 통달했다.

나는 다만 향의 제조법을 알거니와, 저 보살들은 온갖 나쁜 습관을 버려 세상의 욕심에 물들지 않는다. 또 번뇌 마의 오랏줄을 길이 끊어 모든 갈래를 초월하니 그 묘한 행을 내가 어떻게 알고 공덕을 설하겠는가."

23. 바시라 선사 : 제2. 멸하지 않는 회향〔不壞廻向〕 선지식

선재가 점점 여기저기 돌아다니다가 누각성에 이르니 그 뱃사공은 성문 밖의 해안가에 있으면서 많은 상인들과 대중에게 둘러싸여 그들에게 큰 바다의 법을 말하고 있었다. 부처님 공덕의 바다를 방편으로 가르쳐 보임을 보고 앞에 나아가 절하고 무한히 돌며 합장하여 보살도를 여쭈었다.

---

9) 발보리심으로 구도의 생각을 일으키는 것이다.

뱃사공이 말씀하셨다.

"선남자여, 나는 이 성의 해안 도로에서 보살의 크게 가엾이 여기는 깃발의 행을 깨끗이 닦았다. 염부제에 있는 가난한 중생들을 보고 그들을 이롭게 하려고 온갖 고행을 닦아 소원대로 다 만족케 한다. 먼저 세속의 재물을 주어 마음을 충족시키고 다시 불법의 가르침을 베풀어 기쁘게 하며 선근력을 늘리고 보리심을 일으키게 한다.

바다에 있는 온갖 보배섬과 종류와 종자를 알며 보배를 깨끗이 연마하여 만들 줄을 안다. 또 소용돌이치거나 깊고 얕음과 파도가 멀고 가까움과 물빛의 좋고 나쁨을 잘 분별하여 안다. 또한 해와 달과 별들이 운행하는 도수와 밤과 낮과 새벽과 썰물의 빠르고 늦음을 잘 분별하여 안다. 또 배의 쇠와 나무가 굳고 연함과 기관이 녹슬거나 매끄러움과 물이 많고 적음과 순풍과 역풍을 안다. 모든 안전과 위험을 분명히 알아 갈 만하면 가고 그렇지 않으면 안 간다.

나는 좋은 배로 상인들을 태우고 안전한 길을 가게 하여 다니면서 한 번도 침몰된 일이 없다. 누군가 내 몸이나 법을 보고 들으면 길이 생사의 바다를 두려워하지 않게 한다. 온갖 것을 아는 지혜에 들어가서 애욕의 바다를 말리고 지혜의 광명으로 삼세를 비추며 괴로움을 다하게 한다.

나는 다만 크게 가엾이 여기는 깃발의 행을 얻었기에 혹 나를 보고 듣거나 함께 머물거나 기억하는 이는 다 헛되지 않게 한다. 그런데 저 보살들은 생사의 바다에 다니면서도 온갖 번뇌에 물들지 않고 잘못된 생각을 버리며, 같은 시간에 있으면서 신통으로 중생들을 건져서 때맞춰 조복한다. 그러니 그 공덕 행을 내가 어떻게 알고 말하겠는가."

24. 무상승 장자 : 제3. 모든 부처님과 평등한 회향〔等一切佛廻向〕 선지식

선재는 크게 인자하게 널리 미치는 마음과 연민하여 윤택한 마음을 일으켜 끊임없이 계속하여 보살도를 구하면서 점점 지나가 그 성에 이르렀다.

무상승 장자께서 성 동쪽의 크게 장엄한 깃발의 '근심 없는 숲10)' 속에 계신데 무한한 상인들과 백천 거사들이 둘러쌌다.

---

10) 빨간 꽃이 피는 무우수로 칠불 중 비바시불께서 이 나무 밑에서 성도하셨다.

선재는 그 장자께서 대중을 위해 설법하심을 보았다. 그리고는 절하고 잠시 있다가 일어나서 보살도를 여쭈었다.

장자께서 선재에게 말씀하셨다.

"훌륭하구나. 선남자여, 그대가 보리심을 내었구나. 나는 온갖 곳에 이르는 보살행의 문과 의지함이 없고 지음이 없는 신력을 이루고 삼천대천세계 욕계의 많은 중생들 가운데서 설법한다.

지옥을 말하고 지옥의 중생들을 말하며 지옥으로 향하는 길을 말한다. 축생을 말하고 축생의 차별을 말하며 축생의 고통을 말하고 축생으로 향하는 길을 말한다. 염라왕의 세계를 말하고 염라왕 세계의 고통을 말하며 염라왕 세계로 향하는 길을 말한다. 하늘 세계를 말하고 하늘 세계의 즐거움을 말하며 하늘 세계로 향하는 길을 말한다. 인간을 말하고 인간의 희로애락을 말하며 인간으로 향하는 길을 말한다.

나는 다만 온갖 곳에 이르는 보살행의 청정한 법문인 의지함이 없고 지음이 없는 신통력을 알지만 저 보살들은 온갖 자재한 신통을 갖추고 불국토에 두루 이른다. 그리고 넓은 눈의 지위를 얻어 모든 음성과 말을 다 들으니, 그 공덕 행을 내가 어떻게 알고 말하겠는가."

25. 사자빈신 비구니 : 제4. 온갖 곳에 이르는 회향[至一切處廻向] 선지식

선재는 점점 다니다가 저 나라에 이르러 사자빈신 비구니를 두루 찾았다. 많은 사람들이 말하기를, "그 비구니는 승광왕이 보시한 '해 비치는 동산'에서 설법으로 무한한 중생을 이롭게 한다"고 하였다.

그 동산에 가서 두루 살펴보니 사자빈신 비구니가 보배나무 아래 놓인 사자좌에 앉아 있음을 보았다. 자태가 우아하고 위의가 평안하며 모든 감관이 조화되어 큰 코끼리 같고 마음에 때가 없음이 맑은 호수와 같았다.

이미 성숙된 이와 조복된 이와 법 그릇이 될 만한 이들은 다 이 동산에 들어와서 제각기 둘러앉았다. 사자빈신 비구니는 그들의 욕구와 이해가 뛰어나거나 못함을 따라서 설법하여 최상의 깨달음에서 물러나지 않게 하였다.

선재는 부사의한 법문을 듣고 광대한 법 구름으로 마음을 윤택하게 하여 무한히 돌고 합장하여 서서 보살도를 여쭈었다.

비구니께서 말씀하셨다.

"선남자여, 나는 온갖 것을 아는 지혜를 이루는 해탈을 얻었다. 모든 중생을 보아도 중생이란 상에 분별하지 않으니 지혜의 눈으로 보는 때문이요, 온갖 말을 들어도 말이란 상에 분별하지 않으니 마음에 집착이 없는 때문이다. 모든 부처님을 친견하여도 부처님이라는 상에 분별하지 않으니 법신을 깨친 때문이요, 한 생각에 온갖 법을 두루 알면서도 법이란 상에 분별하지 않으니 법이 환상과 같음을 아는 때문이다.

나는 다만 온갖 것을 아는 지혜를 이루는 해탈만을 아는데 저 보살들은 마음에 분별이 없어 모든 법을 널리 알며, 한 몸이 단정하게 앉아서도 법계에 가득하다. 그러니 그 공덕 행을 내가 어떻게 알고 말하겠는가."

26. 바수밀다 여인 : 제5. 다함이 없는 공덕장 회향〔無盡功德藏廻向〕 선지식

선재는 대 지혜의 광명으로 마음을 비추어 열었다. 그리고 사유 관찰하여 법의 성품을 보고, 모든 세계를 두루 장엄하는 자재력을 얻었다. 모든 보살의 업을 널리 일으키는 원만한 서원을 얻고서 점점 가다가 험난국의 보배로 장엄된 성에 이르러 여기저기 바수밀다 여인을 찾았다.

성 중의 사람들은 이 여인의 공덕과 지혜를 알지 못하고 이런 생각을 하였다.

'이 동자는 여러 감관이 평안하고 지혜가 명철하며 미혹하지도 혼란스럽지도 않다. 눈을 깜박이지도 마음이 동요되지도 않으며, 큰 바다 같이 매우 깊고 넓어 바수밀다 여인을 탐하거나 뒤바뀐 마음이 없을 것인데 무슨 뜻으로 이 여인을 구하는가?'

그 중에 누군가 이 여인이 지혜가 있는 줄을 알고 선재에게 "바수밀다 여인은 이 성 안에 있는 상가 북쪽의 자택에 있다"고 말하였다.

선재가 듣고는 뛸 듯이 기뻐하면서 그 집 문까지 도달했다. 집을 보니 넓고 아름답게 장엄되었으며 보배 담장과 나무와 해자가 하나하나 열 겹으로 둘러싸여 있었다. 여인을 뵈니 용모는 우아하고 모습이 원만하며, 피부는 금색이요, 눈과 머리카락이 감청색이며 길지도 짧지도 않았다. 크지도 작지도 않아서 욕계의 사람이나 하늘로는 비길 수도 없었다. 음성이 미묘하여 범천보다도 뛰어나며 많은 중생들의 차별한 음색을 모두 다 갖추어 이해하지 못함이 없었다. 또한 글과 뜻을 잘 알고 언론이 정교하며 환상과 같은 지혜를 얻어 방편문에 들어갔다. 보배 영락과 장엄구로 몸을 단정하고 여의주로 보관을 만들어 머리에 썼다.

또 무한한 권속들이 둘러 모였으니, 선근이 같고 행원이 같으며 복덕의 큰 광이 다함없이 갖추어졌다.

그 때 바수밀다 여인이 몸에서 광대한 광명을 놓으니, 다들 몸이 맑아졌다. 선재는 그 앞에 나아가 절하고 합장하여 서서 보살도를 여쭈었다.

그녀가 말씀하셨다.

"선남자여, 나는 보살의 해탈을 얻었으니 '탐욕의 경계를 떠남'이다. 그들의 바람에 따라 몸을 나타내니, 하늘이 나를 볼 적에 나는 천녀가 되어 용모의 광명이 뛰어나 비길 데 없다. 그와 같이 사람이나 사람 아닌 이가 볼 적에 나도 사람이나 사람 아닌 이의 여인이 되어 그들의 바람대로 나를 보게 한다.

누군가 애욕에 얽매여 나에게 와 내가 설법해주면 탐욕이 없어지고 보살의 집착 없는 경계의 삼매를 얻는다. 누군가 잠깐만 나를 보아도 탐욕이 없어지며 보살의 기뻐하는 삼매를 얻고, 잠깐만 대화를 해도 탐욕이 없어져 보살의 막힘 없는 음성 삼매를 얻는다.

누군가 잠깐 내 손을 잡으면 탐욕이 없어지면서 모든 부처님 세계에 두루 가는 삼매를 얻고, 포옹하면 탐욕이 없어지며 많은 중생을 거두어 주고 항상 멀리하지 않는 삼매를 얻는다. 누군가 입맞춤을 하면 탐욕이 없어지고 모든 중생의 복덕을 키우는 삼매를 얻는다. 나를 가까이 하면 온갖 탐욕을 떠나는 경계에 머물러 보살의 온갖 것을 아는 지혜가 앞에 드러나는 막힘 없는 해탈에 들어간다.

나는 다만 보살의 탐욕의 경계를 여읜 해탈을 얻었다. 그러나 저 보살들은 끝없이 정교한 방편의 지혜를 이루어 갖춘 것이 광대하여 경계가 비길 데 없다. 그러니 그 공덕 행을 내가 어떻게 알고 말하겠는가."

27. 비실지라 거사 : 제6. 견고한 온갖 선근을 따르는 회향

〔隨順堅固一切善根廻向〕 선지식

선재는 점점 여기저기 돌아다니다가 선도성에 이르러 거사의 집에 나아가 절하고 합장하여 서서 보살도를 여쭈었다.

거사께서 말씀하셨다.

"선남자여, 나는 보살의 '열반에 들지 않는 해탈'을 얻었다. 부처님께서 이미 열반에 드셨거나, 지금 열반에 드시거나, 장차 열반에 드시리라는 생각을 하지 않는다. 시방 모든 세계의 부처님들께서 궁극에 열반에 드시는 이가 없는 줄을 알지만, 중생을 조복하기 위하여 일부러 보임은 제외된다.

나는 다만 이 보살의 '열반에 들지 않는 해탈'을 얻었거니와, 저 보살들은 한 생각의 지혜로 삼세를 널리 안다. 그러니 그 공덕 행을 내가 어떻게 알고 말하겠는가."

28. 관자재 보살 : 제7. 여러 중생을 평등하게 따라주는 회향

〔等隨順一切衆生廻向〕 선지식

선재는 일심으로 저 비실지라 거사의 가르침을 생각하며 점점 여기저기 돌아다니다가 보타낙가산에 이르러 이 대 보살을 찾았다.

문득 바라보니, 서쪽 골짜기에 샘이 흘러 굽이치고 수목은 우거져 있으며 향내가 나는 풀이 부드럽게 오른쪽으로 돌듯이 땅에 깔려 있었다. 관자재 보살께서 금강보석 위에서 결가부좌하고 계셨다. 무한한 보살들이 보석에 앉아서 공경히 에워쌌는데, 대자비의 법을 설하여 그들로 하여금 많은 중생을 거두어들이게 하고 계셨다.

선재가 이를 보고는 뛸 듯이 기뻐하면서 대 보살이 계신 데로 나아가 관자재 보살께 절하고 수없이 돌며 합장하여 서서 보살도를 여쭈었다.

관자재 보살께서 말씀하셨다.

"훌륭하구나. 선남자여, 그대가 보리심을 내었구나. 나는 보살의 대비행의 해탈문을 이루고 이로써 많은 중생들을 평등하게 교화하여 끊이지 않게 한다. 또 모든 부처님의 처소에 늘 있으며 많은 중생들의 앞에 널리 나타난다. 그러고는 베품으로써 중생을 거두기도 하고, 친절한 말로써 하기도 한다. 선행으로써 하기도 하고, 동고동락을 함으로써 중생을 거두어 주기도 한다. 그의 마음을 깨쳐 성숙케 하기도 하며, 같은 종류의 모습으로 변화하여 함께 있으면서 성숙케 하기도 한다. 또 여러 중생이 나를 생각하거나 이름을 부르거나 몸을 보면, 다 모든 두려움을 벗어나길 원한다.

나는 다만 이 보살의 대비행의 문을 얻었거니와, 저 보살들은 여러 중생들의 선을 항상 늘린다. 그러니 그 공덕 행을 내가 어떻게 알고 말하겠는가."

29. 정취 보살 : 제8. 진정한 모습의 회향〔眞如相廻向〕 선지식

선재는 가르침을 공경히 받들고 바로 보살의 거처에 도달하여 절하고 합장하여서서 보살도를 여쭈었다.

정취 보살께서 말씀하셨다.

"선남자여, 나는 보살의 '널리 문호를 열고 빨리 행하는 해탈'을 얻었다. 동방 묘장 세계의 보승생 부처님 계신 곳으로부터 이 땅에 왔고, 그 부처님 처소에서 이 법문을 들었다. 낱낱 불국토마다 다 들어가서 부처님께 미묘한 공양구로 공양하였으니, 모두 지고한 마음으로 이루어진 것이고 모든 부처님께서 인가하신 것이다.

또 저 세계의 중생들을 보아 그 마음과 근기를 다 알고, 그들의 욕구와 이해를 따라서 몸을 나타내어 설법하였다. 광명을 놓기도 하고 보배로운 재물을 베풀기도 하여 다양한 방편으로 교화하고 조복하여 조금도 쉬지 않았으며 시방에서도 다 마찬가지다.

나는 다만 이 보살의 '널리 문호를 열고 빨리 행하는 해탈'을 얻었으므로 빨리 온갖 곳에 도달한다. 그러나 저 보살들은 시방에 두루하여 이르지 못함이 없다. 몸을 잘 나투어 법계에 두루하며 모든 길에 이르고 온갖 곳에 막힘이 없으니 그 공덕 행을 내가 어떻게 알고 말하겠는가."

30. 대천신 : 제9. 속박도 없고 집착도 없는 해탈의 회향〔無縛無着解脫廻向〕 선지식

선재는 보살의 지혜를 구하면서, 대천신께 절하고 앞에서 합장하여 보살도를 여쭈었다.

대천신은 황금 연꽃을 선재에게 뿌리고 말씀하셨다.

"선남자여, 나는 보살의 '구름 그물' 해탈을 이루었다."

선재가 말씀드렸다.

"거룩하신 이여, 구름 그물 해탈의 경계가 어떻습니까?"

이 때 대천은 선재의 앞에서 금은 더미와 여러 가지의 마니 보배 더미·꽃·화만과 향을 산더미같이 나타내었다. 또 무수한 백 천만 억 동녀들을 나타내며, 선재에게 말씀하셨다.

"선남자여, 이 물건들을 가져다가 부처님께 공양하여 복덕을 닦아라. 그리고 모든 것을 다 베풀어 중생을 거두고 그들로 하여금 보시바라밀을 배워 버리기 어려운 것들을 버리게 하라.

내가 그대를 위해 이런 물건을 보여 보시를 행하게 하듯이 많은 중생을 위해서도 마찬가지로 한다. 이 선근으로써 습관 들게 하며 삼보와 선지식께 공경히 공양하고 위없는 보리심을 내게 한다.

누군가 오욕락을 탐하여 스스로 방일하면 부정한 경계를 보인다. 혹 성 잘내고 교만하여 언쟁을 일삼으면 나찰 등이 피를 마시고 살을 먹음을 보여서 놀래고 두려워 원한을 버리게 한다. 누군가 혼미하고 게으르면 중병을 보여서 두려운 마음을 내고 고통을 알아서 스스로 힘쓰게 한다.

나는 다만 이 구름 그물 해탈을 안다. 그러나 저 보살들은 큰 물과 같이 많은 중생들의 번뇌의 불을 끄며, 맹렬한 불과 같이 애욕의 물을 말린다. 또 금강과 같이 '나'라는 산을 꺾어 부수니 그 공덕 행을 내가 어떻게 알고 말하겠는가."

31. 안주신 : **제10. 법계와 동등하여 무한한 회향〔等法界無量廻向〕 선지식**

선재가 점점 여기저기 돌아다니다가 마갈타국의 보리장에 있는 안주신의 처소에 가니, 백만의 땅 맡은 신들이 함께 있었다. 선재는 땅 맡은 신께 절하고 수없이 돌며 합장하여 서서 보살도를 여쭈었다.

안주신은 발로 땅을 눌러서 백 천 억의 아승지 보배 광이 저절로 땅에서 나게 하고 말씀하셨다.

"선남자여, 이 보배광은 그대를 항상 따라다니는 것인데, 그대의 옛 선근의 과보며 그대의 복력으로 거둔 것이니 생각대로 자재하게 활용하라.

나는 보살의 해탈을 얻었으니 파괴할 수 없는 지혜 광이요, 항상 이 법으로 중생들을 이룬다. 이 법문에서 들고나면서 수습하여 키웠으며, 항상 여러 부처님을 친견하여 멀리하지 않았다. 이 법문을 처음 얻음으로 현 겁에 이르기까지 그 중간에 말로 할 수 없이 말로 할 수 없는 부처님을 만나 시중들고 공경히 공양하였다.

나는 다만 이 파괴할 수 없는 지혜의 광 법문을 안다. 그러나 저 보살들은 늘 부처님을 따라다니면서 모든 부처님의 말씀을 잘 지니고, 부처님의 몸과 같고 부처님의 마음을 내며 부처님의 법을 갖추고 불사를 한다. 그러니 그 공덕 행을 내가 어떻게 알고 말하겠는가."

십지 지위 선지식

32. 바산바연저 주야신 : 제1.[비로소 법의 맛을 알아]환희심을 내는 지
[歡喜地] 선지식

선재는 일심으로 안주신의 가르침을 생각하고 보살의 무너뜨릴 수 없는 지혜의 광 해탈을 기억하며, 점점 여기저기 돌아다니다가 가비라성에 이르렀다. 동문으로 들어가서 오래 서 있지 않아 해 저묾이 되었다.

마음으로 보살의 가르침을 따르면서 저 밤의 신을 보려 하며 선지식께 부처님 생각을 내었다. 또 지혜의 눈을 얻어 시방세계를 밝게 비추어 보리라고 생각하였다.

이런 중에 그 밤의 신이 허공에 있는 '보배 누각의 향기로운 연화장 사자좌'에 앉은 것을 보았다. 그리고는 매우 기뻐서 절하고 수없이 돌며 합장하여 보살도를 여쭈었다.

밤의 신께서 선재에게 말씀하셨다.

"훌륭하구나. 선남자여, 그대가 깊은 마음으로 선지식을 공경하여 가르침을 수행하니, 결정코 최상의 깨달음을 얻으리다.

나는 '모든 중생들의 어리석은 어두움을 깨뜨리는 법 광명의 해탈'을 얻었다. 나쁜 꾀를 가진 중생에게는 크게 인자한 마음을 일으키게 하고, 불선한 업을 짓는 중생에게는 크게 가엾이 여기는 마음을 일으키게 한다. 선한 업을 짓는 중생에게는 기쁜 마음을 일으키게 하고, 더러워진 중생에게는 깨끗하게 하는 마음을 일으키게 한다. 부정한 길로 가는 중생에게는 바르게 행하는 마음을 일으키고, 우둔한 중생에게는 크게 이해하는 마음을 일으키게 한다.

나는 이 해탈을 얻었으므로 늘 이런 마음과 함께 상응한다. 악천후나 해와 달과 별빛이 어두워 사물을 식별 못할 때에, 누군가 방향감각을 잃고 길을 헤매는 이를 보고는 다양한 방편으로 건져 준다. 바다에서 조난된 이에게는 뱃사공이 되고 큰 고기와 거북이 혹은 바다의 신이 되어, 폭풍우가 멎고 파도가 그치게 한다. 길을 인도하여 섬이나 언덕을 보여 두려움을 벗어나 안락케 한다. 또 생각하기를 '이 선근을 중생에게 회향하여 온갖 괴로움을 멀리하게 하여지이다'고 한다.

여러 중생으로서 목숨을 아끼거나 명성을 좋아하며 보배로운 재물을 탐하고 이성에게 애착하거나, 구하는 것이 맞지 않아 근심하고 두려워하면 다 건져 괴로움을 멀리하게 한다. 험한 산행의 조난자에게는 선신이 되어 나타나서 가까이하기도 하고 아름다운 새가 되어 듣기 좋은 소리로 위로하기도 한다. 신약이 되어 빛을 내어 비추기도 하고 과일 나무와 옹달샘·가까운 길·평탄한 땅을 보여 주어 온갖 괴로운 액난을 면하게 한다.

또 생각하기를 '많은 중생이 삿된 소견의 무성한 숲을 베며 애욕의 그물을 찢고 생사의 벌판을 벗어나지이다. 또 번뇌의 어둠을 없애고, 온갖 것을 아는 지혜의 평탄한 정도에 들어서서 두려움이 없는 곳에 이르러 끝까지 안락케 하여지이다' 한다.

나는 다만 이 보살의 '많은 중생들의 어둠을 깨뜨리는 법 광명 해탈'을 안다. 그러나 저 보살들은 청정한 음성으로 온갖 생사의 집착을 끊으며 지혜의 눈이 청정하여 삼세를 평등하게 본다. 그러니 그 미묘한 행을 내가 어떻게 알고 공덕을 말하며 경계에 들어가서 자재함을 보이겠는가."

33. 보덕정광 주야신 : 제2. 계를 범한 더러움을 멀리 여읜 지〔離垢地〕 선지식

선재는 보덕정광 밤의 신에게 이르러 절하고 무수히 돌며 합장하여 서서 보살도를 여쭈었다.

밤의 신께서 대답하셨다.

"선남자여, 나는 보살의 해탈을 얻었으니 '고요한 선정의 즐거움으로 여기저기 두루 돌아다님'이다. 삼세의 모든 부처님을 널리 친견하고 그 부처님들의 청정한 국토와 도량에 모인 대중을 본다. 수명과 음색과 자태가 여러 가지로 같지 않음을 다 밝게 보면서도 집착함이 없다.

왜냐하면 모든 부처님은 가고 옴이 없으시니 세간에서 나아감이 길이 없어진 때문이고 본성이 남이 없는 때문이다. 진실하지 않으니 환상 같은 법에 머무는 때문이고 헛되지 않으니 중생을 이롭게 하기 때문이다. 내가 이렇게 모든 부처님을 확실히 아는 때에 보살의 고요한 선정의 즐거움으로 두루 다니는 해탈문도 분명히 알고 이루어 자라게 하였다.

나는 다만 이 보살의 고요한 선정의 즐거움으로 널리 여기저기 돌아다니는 해탈문을 얻었다. 그러나 저 보살들은 생사의 대단히 어두운 밤중에 온갖 지혜의 광명을 낸다. 그러니 그 공덕 행을 내가 어떻게 알고 말하겠는가."

34. 희목관찰중생 주야신 : 제3. 지혜의 광명을 내는 지〔發光地〕 선지식

선재는 선지식의 가르침을 공경히 행하면서 '기쁜 눈으로 중생을 관찰하는 밤의 신'에게 가고자 보리심을 내었다. 그 신은 부처님의 도량에서 연화장 사자좌에 앉아 큰 힘으로 널리 기쁘게 하는 깃발 해탈에 들어갔다. 그리고는 몸에 있는 털구멍마다 무한히 변신한 몸 구름을 내어 알맞고 미묘한 음색으로 설법하여 많은 중생들을 널리 거두어 다 기쁘고 이롭게 하였다. 이른바 중생 수와 같이 변신한 몸 구름을 내어 온갖 괴로움을 참도록 하였다. 또 때리고 업신여겨도 태연하게 흔들리지 말며 아만심을 내지 않게 하니, 이런 방편으로 중생들을 성숙케 하였다.

보살도를 여쭙는 선재에게, 기쁜 눈으로 중생을 관찰하는 밤의 신께서 대답하셨다.

"나는 수많은 겁이 지나도록 악도에는 떨어지지 않고 항상 인천에 태어나 온갖 곳에서 늘 부처님을 친견하였다. 그러다가 '묘한 등불 공덕의 깃발' 부처님 처소에서 '큰 힘으로 두루 기쁘게 하는 깃발' 보살 해탈을 얻어 이같이 많은 중생을 이롭게 하였다.

나는 다만 이 큰 힘으로 널리 기쁘게 하는 깃발 해탈문을 얻었다. 그러나 저 보살들은 시시각각 모든 부처님의 처소에 널리 나아가서 온갖 것을 아는 지혜에 빨리 들어간다. 그러니 그 공덕 행을 내가 어떻게 알고 말하겠는가."

35. 보구중생묘덕 주야신 : 제4. 번뇌의 땔나무를 지혜의 불로 태우는 지
[焰慧地] 선지식

그 때 선재는 기쁜 눈으로 중생을 관찰하는 밤의 신에게서 '중생을 널리 건지는 뛰어난 덕 밤의 신'이 있는 데로 나아갔다. 그 밤의 신이 양미간에서 대 광명을 놓으시니 '지혜의 등불로 널리 비추는 청정한 깃발'이다. 무한한 광명으로 권속을 삼아 모든 세간을 비추고 선재의 머리 위로 들어가서 몸에 가득하였다.

"선남자여, 나는 다만 보살이 널리 온갖 세간에 나타나서 중생을 다루는 해탈을 알 뿐이다. 그런데 저 모든 보살은 다양한 지혜의 문에 들어가니 그 공덕 행을 내가 어떻게 알고 말하겠는가."

36. 적정음해 주야신 : 제5.[지혜가 지극하여]더 수승하기가 어려운 지
[難勝地] 선지식

선재는 중생을 널리 건지는 뛰어난 덕 밤의 신에게서 보살이 온갖 세간에 널리 나타나서 중생을 다루는 해탈문을 들었다. 그리고는 '고요한 소리의 바다' 밤의 신께 가서 절하고 무수히 돌며 앞에서 합장하여 보살도를 여쭈었다.

밤의 신께서 대답하셨다.

"선남자여, 나는 모든 중생들이 고민의 광야를 뛰어넘게 하려는 마음을 내었고 부처님의 위없는 법의 즐거움을 이루게 하려는 마음을 내었다.

이런 마음을 내고는 누군가 처자에 집착함을 보면 생사의 애착을 멀리하고 가엾이 여기는 마음을 내어 여러 사람을 똑같이 대하게 한다. 누군가 성을 많이 내면 부처님의 인욕바라밀에 머물게 하고 게으르면 청정한 정진바라밀을 얻게 한다.

나는 다만 시시각각 광대한 기쁨으로 장엄한 해탈을 안다. 그러나 저 보살들은 모든 법계에 깊이 들어가서 온갖 겁의 수를 다 알고 세계의 이루어지고 무너짐을 본다. 그러니 그 공덕 행을 내가 어떻게 알고 말하겠는가."

　세상은 다 꿈과 같으며
　모든 부처님은 그림자와 같고
　온갖 법은 메아리와 같은 줄 알아
　중생들의 집착을 없애게 하네.

37. 수호일체성 주야신 : 제6.〔진리를 관하는 지혜가〕 앞에 나타나는 지〔現前地〕 선지식

선재는 고요한 소리 바다 밤의 신의 가르침을 따르면서 사유 관찰하고 모든 성을 지키는 밤의 신이 있는 곳을 방문했다.

그 밤의 신은 온갖 보배 광명 마니 왕으로 된 사자좌에 앉아 있었다. 무수한 밤의 신들이 둘러쌌는데 많은 중생을 널리 대하는 몸을 나타냄을 보았다. 뛸 듯이 기뻐하면서 절하고 무수히 돌고는 앞에 서서 합장하여 보살도를 여쭈었다.

그 밤의 신께서 선재에게 말씀하셨다.

"선남자여, 나는 보살의 매우 깊고 자재하며 절묘한 음성의 해탈을 얻었고 대 법사가 되어 막힘 없이 모든 불법을 잘 열어 보인다. 중생을 이롭게 하는 온갖 일을 하면서 선근을 쌓아 쉬지 않는다.

선남자여, 나는 지나간 옛적 오랫 동안 세상에 나타나신 수많은 부처님들께 다 공양하고 그 법을 수행하였다. 나는 그 때부터 생사의 밤 어두운 무명에서 어리석어 사리를 잘 모르는 중생들 가운데 홀로 깨었다. 그리하여 그들로 하여금 마음의 성을 지키고 삼계의 성을 버리게 하며 온갖 것을 아는 지혜의 위없는 법의 성에 머물게 하였다.

나는 다만 이 매우 깊이 자재하고 절묘한 음성의 해탈을 안다. 그리고는 세간 사람들로 하여금 무의미한 말을 여의고 이간질을 못하게 하며, 늘 진실한 말과 청정한 말을 하게 할 뿐이다. 그런데 저 보살들은 모든 말의 본성을 알아 시시각각 많은 중생을 자재하게 깨닫게 한다. 그러니 그 공덕 행을 내가 어떻게 알고 말하겠는가."

38. 개부일체수화 주야신 : 제7. 원대하게 수행하는 지〔遠行地〕선지식

이 때 선재는 보살의 매우 깊고 자재하며 절묘한 음성의 해탈문에 들어가서 수행이 진전되고 모든 나무의 꽃을 피게 하는 밤의 신께 이르렀다. 그 몸이 온갖 보배 향나무 누각 안의 절묘한 보배 사자좌에 앉았는데, 백만 밤의 신이 함께 둘러싸고 있었다.

선재는 절하고 앞에 서서 합장하여 보살도를 여쭈었다.

밤의 신께서 말씀하셨다.

"선남자여, 나는 이 사바세계에서 해가져 연꽃이 다물고 산천과 들판 등지의 유람객들이 거처로 가고자 하면 은밀히 보호하여 바른 길을 찾게 하고 처소에 도달하여 밤새도록 안락케 한다.

누군가 한창 나이에 보기 좋은 성년기에 교만하고 나태하여 오욕락에 방자하면, 늙고 병들어 죽는 모습을 보여 공포를 내어 온갖 악을 멀리하게 한다. 그리고 다시 여러 가지 선근을 칭찬하여 닦아 익히게 한다.

세존께서 옛날 보살로 계실 때에 모든 중생들이 '나'와 '내 것'에 집착하여 무명의 암실에 머물며 생사에 윤회하고 가난에 쪼들려 불보살들을 만나지 못함을 보셨다. 이같음을 보시고는 가엾이 여기는 마음을 내어 중생을 이롭게 하셨다. 이른바 모든 것에 집착을 떠나게 하려는 마음과 경계에 물들지 않는 마음과 모든 인연에 미혹하지 않는 마음이다.

이런 마음을 내고는 보살력을 얻어서 대 신통 변화를 나타내어, 법계와 허공계에 두루하여 여러 중생들의 앞에 생필품을 널리 비 내리듯했다. 그들의 바람대로 뜻을 만족시키고 기쁘게 하며 뉘우치지도 인색치도 않고 끊어짐이 없었다. 이러한 방편으로 널리 중생들을 거두어 교화하여 성숙시키고 생사의 고난에서 벗어나게 하면서도 대가를 바라지 않았다.

나는 다만 이 보살의 광대하게 기쁜 광명을 내는 해탈문을 안다. 그러나 저 보살들은 용맹한 지혜를 얻어 한 보살의 지위에서 모든 보살의 지위에 들어가니 그 공덕행을 내가 어떻게 알고 말하겠는가."

39. 대원정진력 주야신 : 제8. 온갖 번뇌의 행에 움직이지 않는 지〔不動地〕선지식

선재는 '대원정진력으로 많은 중생을 건지는 밤의 신'께 나아가 보살도를 여쭈었다. 그 신께서 대답하셨다.

"옛날 수많은 겁 전에 한 겁이 있었으니, '선한 빛'이요, 세계의 이름은 '보배 광명'이었다. 그 겁에 일만 부처님께서 세상에 나셨으니 처음은 '법륜의 소리 허공의 등불왕' 부처님으로 십호가 원만하셨다.

그 때 나는 태자로 있으면서 크게 가엾이 여기는 마음을 내어 신명과 재물을 버려 괴로운 중생들을 건지고 크게 베푸는 문을 열어 부처님께 공양하여 이 해탈을 얻었다.

나는 그 때 다만 많은 중생을 이롭게 했을 뿐이고 삼계에 집착하지도 않고 과보를 구하지도 않으며 명성을 탐하지도 않았다. 나를 칭찬하고 남을 멸시하여 욕하지도 않았으며, 모든 경계에 물들지도 않고 두려움도 없었다. 다만 대승의 생사윤회를 벗어나는 길을 장엄하고 늘 온갖 것을 아는 지혜의 문을 관찰하기를 좋아하면서 고행을 닦아 이 해탈문을 얻었다.

나는 다만 중생을 교화하여 선근을 내게 하는 해탈문을 안다. 그러나 저 보살들은 머무름 없이 반연하여 막힘 없고 온갖 법의 본성을 깨달으며, 많은 중생을 교화하고 조복하되 늘 쉬지 않는다. 또 마음은 항상 불이11)의 이치를 나타내는 법문에 안주하고 모든 언어에 널리 들어간다. 그러니 저의 공덕과 용맹한 지혜와 마음씀과 삼매의 경계와 해탈력을 내가 지금 어떻게 알고 말하겠는가."

40. 룸비니림 신 : 제9. 최고 수승한 지혜지〔善慧地〕선지식

선재는 대 서원과 정진력으로 '많은 중생을 건지는 밤의 신'께 해탈을 얻고는 점점 여기저기 돌아다니다가 룸비니 숲에 이르러 '뛰어난 덕의 신'을 두루 찾았다.

그는 온갖 보배 나무로 장엄한 누각의 보배 연꽃 사자좌에 앉아 있었다. 그리고는 이십 억 나유타 하늘들에게 '보살이 생을 받는 경'을 말씀하여 불가에 태어나 보살의 대 공덕을 키우게 하심을 보았다.

선재가 보고는 절하고 합장하여 서서 보살도를 여쭈었다.

---

11) 상대의 차별을 초월한 절대 평등의 경지이다.

그 신께서 대답하셨다.

"선남자여, 나는 먼저 발원하되 '모든 보살이 태어날 때에 다 가까이 하여지이다. 비로자나불의 무한히 태어나는 바다에 들어가지이다'고 하였다. 이런 원력으로 이 세계의 염부제에 있는 룸비니 숲에 나서 '보살이 언제 내려오시겠는가?'고 생각하였다.

나는 다만 이 보살의 무한한 겁의 온갖 곳에서 두루 태어나는 자재한 해탈을 안다. 그러나 저 보살들은 한 생각에 중생을 건지는 때를 알고 짐짓 태어나서 방편으로 다루고 모든 국토에서 신통 변화를 영상과 같이 나타낸다. 그러니 그 공덕 행을 내가 어떻게 알고 말하겠는가."

41. 구바 여인 : 제10. 〔허공처럼 광대한 장애를 덮는〕법 구름 지 〔法雲地〕 선지식

선재는 가비라 성을 향하여 생을 받는 해탈을 생각하고 닦으면서, 점점 여기저기 돌아다니다가 보살들의 집회인 '법계에 널리 나타내는 광명 강당'에 이르렀다.

법계에 널리 나타내는 광명 강당에 들어가 석씨 여인을 두루 찾다가 강당의 보배 연꽃 사자좌에 앉으신 것을 보았는데 팔만 사천의 시녀들이 둘러쌌다. 시녀들도 모두 왕족 출신으로 과거에 보살행을 닦으며 선근을 함께 심고 보시와 친절한 말로 중생들을 거두어주길 외아들같이 하였다.

보살도에 대해 여쭙는 선재에게 구바 아가씨께서 말씀하셨다.

"선남자여, 나는 '모든 보살의 삼매를 관찰하는 해탈문'을 이루었다. 이 해탈문에 들어가 사바 세계에서 무수한 겁 동안 중생들이 육도에서 헤매면서 여기서 죽어 저기 서 태어남과 선과 악을 지어 받는 과보를 다 안다. 또 저 겁에 계시던 부처님의 명호 와 차례를 다 확실히 알고, 대 신통을 나투어 중생들을 건지시던 것을 모두 안다.

지난 옛날 수많은 겁 전에 '수승한 행'이라는 겁의 '두려움 없음' 세계에 '안락'이란 사천하가 있었는데, 그 나라의 '재물 주' 임금께 육만 시녀와 오백 대신과 오백 왕자가 있었다. 그 왕의 태자는 '위덕'이시니, 단정하고 뛰어나 사람들이 호기심을 가졌다. 마침 부왕의 명령을 받고 일만 시녀와 함께 향아원에 가서 놀면서 구경하고 즐겼다. 그 때 선현이라는 어머니에게 한 동녀가 있었으니 '뛰어난 덕을 갖춘 이'로 얼굴이 단정하고 모습이 깔끔했다. 보배 수레를 타고 시녀들에게 둘러싸여 어머니와 같이 왕성에서 나와 태자 앞에 가다가 태자의 말씨와 노랫소리를 듣고는 마음이 끌려 어머니께 말씀드렸다.

'저는 저 분을 공경히 섬기고자 합니다. 만약 이루어지지 않으면 자살이라도 하겠습니다.'

어머니가 딸에게 이르셨다.

'그런 생각을 하지 마라. 왜냐하면 이는 매우 어려운 일이다. 저이는 전륜왕의 상호를 갖추었는데 뒷날 왕위를 이어 전륜왕이 되면 보녀가 생겨서 하늘 높이 올라 자재하게 다니게 된다. 우리는 비천하여 그의 짝이 될 수 없다.'

그러나 뛰어난 덕을 갖춘 처녀는 꿈에 부처님을 친견하고 마음이 안락하여 두려움 없이 태자께 청혼을 하였다.

이 때 태자는 향아원에 들어가서 뛰어난 덕을 갖춘 아가씨와 선현 여인에게 말씀하셨다.

'선여인이여, 나는 최상의 깨달음을 구하므로 끝없는 보살행을 닦고 온갖 것을 버려서 미래가 다하도록 보시바라밀을 행하여 많은 중생을 만족케 한다. 이러한 때에 그대가 나의 일을 방해하여 재물을 베풀 때 아끼며, 자녀를 내어줄 때에 괴로워하고, 온 몸을 찢을 때에 번민하며, 그대를 버리고 출가할 때에 한을 품을 것이다.'

태자는 뛰어난 덕을 갖춘 이에게 게송으로 말씀하셨다.

자녀와 애지중지하는 물건
온갖 것 다 베풀 것이니
그대 내 마음 따르면
나도 그대의 뜻 이루어주리.

아가씨는 태자께 '삼가 말씀대로 받자오리다'고 하고 게송으로 말씀드렸다.

무한한 겁에
지옥 불로 몸을 태우더라도

　저를 살펴 받아 주시면
　그런 고통 감수하겠나이다.

　중생들의 괴로움 불쌍히 여겨
　보리심 내셨으니
　이왕 중생을 거두신다면
　저도 마땅히 받아들이소서.

　태자는 승일신 부처님의 명호를 듣고 매우 기뻐서 부처님을 친견하고자 그 아가씨에게 오백 마니 보배를 뿌렸다. 절묘하게 갈무리한 광명관을 씌우고, 불꽃 마니 옷을 입혔다. 그녀는 마음이 동요되지 않고 희색도 없이 다만 합장하고 공경히 태자를 우러러보면서 잠깐도 한눈 팔지 않았다.

　태자는 묘한 덕 갖춘 아가씨와 일만 시녀와 그 권속들과 함께 향아원에서 나와 법운 광명 도량으로 나아갔다. 도착해서는 수레에서 내려 부처님 계신데 걸어가 친견하고 각각 오백의 보배 연꽃을 뿌리며 공양하였다. 태자는 부처님을 위하여 오백 절을 지었는데, 하나하나 향나무로 짓고 많은 보배로 장엄하였으며 오백의 마니 보배로 사이사이를 꾸몄다.

　이 때 부처님께서는 ‘널리 관하는 등불 문 경’을 말씀하셨는데 이 경을 듣고 온갖 법 가운데서 삼매의 바다를 얻었다.

　태자는 묘한 덕 갖춘 아가씨와 권속들과 함께 부처님께 절하고 수없이 돌며 작별 인사를 드렸다. 그리고는 궁으로 돌아와 부왕께 절하고 여쭈었다.

　왕이 듣고는 마치 가난한 사람이 숨겨진 보배를 얻은 듯 무한히 기뻐하면서 생각하였다.

　‘부처님은 뛰어난 의사와 같아서 온갖 번뇌의 병을 치료하시고 모든 생사의 고통을 구원하신다. 부처님은 지도자와 같아서 중생들을 궁극에 안락한 곳으로 이르게 할 것이다.’

　이렇게 생각하고 나서는 성주와 뭇 신하·권속·찰제리·바라문의 모든 대중을 모아 놓고, 왕위를 태자에게 물려주면서 관정식을 하였다. 그리고 일만 인과 함께 부처님 계신데 나아가 절하고 수없이 돌며, 권속들과 함께 물러나 앉았다.

그 때 태자는 전륜왕이 되어 정법으로 세상을 다스리니 백성들이 즐거워하였다.

불자여 어떠한가? 그 때 태자로서 전륜왕이 되어 부처님께 공양한 이는 지금의 석가모니불이시고 재물 주인 왕은 보화불이시다.

그 때 아가씨의 어머니 선현은 지금 나의 어머니 '어진 눈'이시고 그 왕의 권속들은 지금 부처님 회상에 모인 대중이다. 다들 보현행을 닦아 대원을 이루었다. 또 뛰어난 덕을 갖춘 아가씨와 위덕 전륜왕이 네 가지로 승일신 부처님께 공양한 이는 바로 나다.

그 부처님께서 열반하신 뒤에 육십억 백 천 나유타 부처님께서 세상에 나타나심을 내가 왕과 더불어 시중하고 공양하였다.

나는 다만 이 보살의 삼매를 관찰하는 해탈만을 얻었다. 그러나 저 보살들은 모든 중생을 위하여 안락함을 따르는 행을 말씀하시니 그 공덕 행을 내가 어떻게 알고 말하겠는가."

42. 마야 부인 : 마야 부인 한 분이 전체적인 뜻이요, 아래 열 사람은 별도의 뜻이 된다

선재는 일심으로 마야 부인 계신 데 나아가 마야 부인께서 무수한 방편문을 나타내심을 보았다. 그런 것을 보고는 마야 부인께서 나타내시는 몸의 수와 같은 몸을 나타내어 모든 마야 부인의 앞에 공경히 예배하였다. 즉시에 무한한 삼매문을 얻어 관찰하고 수행하여 깨쳐 들어갔고, 삼매에서 나와서는 마야 부인과 그 권속들을 오른쪽으로 돌고 합장하여 서서 보살도를 여쭈었다.

마야 부인께서 대답하셨다.

"나는 보살의 '대원과 지혜가 환상과 같은 해탈문'을 이루었으므로, 늘 모든 보살의 어머니가 된다. 염부제 가비라 성의 정반 왕가에 오른쪽 옆구리로 싯다르타 태자를 낳아 부사의하고 자재한 신통 변화를 나타내듯이, 이 세계의 모든 비로자나불께서 다 내 몸에 들어왔다가 탄생하시면서도 자재한 신통 변화를 나타내신다.

선남자여, 내가 지금 세존께 어머니가 되듯이 옛날의 무한한 모든 부처님들께도

어머니가 되었다. 내가 옛적에 연못을 주관하는 신으로 있을 때에 보살이 연꽃에서 뜻하지 않게 변화로 나시는 것을 받들어 나와서 보살피고 길렀다. 그랬더니 세상에서 나를 보살의 어머니라 불렀다. 또 옛적에 내가 보리장의 신이 되었을 때에 보살이 나의 품에서 홀연히 변화하여 나셨는데 세상에서는 나를 보살의 어머니라고 하였다.

선남자여, 지나간 옛날 '마지막 몸 받은 보살'12)의 신통한 도의 눈으로도 헤아릴 수 없는 겁을 뛰어넘어 '깨끗한 빛'이란 겁에 수미덕(須彌德) 세계가 있었다.

나는 그 때 발원한 이래로, 부처님께서 시방세계 온갖 갈래에서 여기저기 탄생하시어 선근을 심고 보살행을 닦아 중생들을 교화하여 이루며, 내지 마지막 몸 받은 보살에 머물러 시시각각 모든 세계에서 보살로 태어나는 신통 변화를 나타내실 적마다 능 모자지간이 되었다.

나는 다만 이 보살의 대원과 지혜가 환상과 같은 해탈문을 안다. 그러나 저 보살들은 중생을 교화하기에 싫증낼 줄을 모르고 자재력으로 털구멍마다 무한한 부처님의 신통 변화를 나타낸다. 그러니 그 공덕 행을 내가 어떻게 알고 말하겠는가."

43. 천주 광녀

선재는 천궁에 가서 그 천녀께 절하고 돌며 합장하여 서서 보살도를 여쭈었다. 하늘 아씨께서 대답하셨다.

"선남자여, 나는 보살의 '막힘 없는 생각으로 깨끗이 장엄하는 해탈'을 얻었으니, 이 해탈력으로 과거를 기억한다. 과거에 '푸른 연꽃'이란 이름의 가장 뛰어난 겁이 있었는데 나는 그 겁에서 갠지스강의 모래처럼 많은 부처님께 공양하였다. 그 부처님들께서 처음 출가하실 때부터 받들어 지키고 공양하여 절을 짓고 모든 집기를 마련하였다.

또 저 부처님들께서 보살로서 모태에 계신 때와, 탄생하신 때와 일곱 걸음을 걸으신 때를 기억한다. 크게 사자후하신 때와 동자의 지위에 머물러 궁중에 계신 때를 기억한다. 보리수에서 정각을 이루신 때와 가르침을 설하시며 부처님의 신통 변화를 나투어 중생들을 교화하여 다루실 때에 이루시던 일을, 초발심부터 법이 다할 때까지

---

12) 다음에 태어날 때는 부처님이 된다고 하는 위치로 일생보처 보살과 같다.

남김없이 다 분명히 기억한다.

나는 다만 막힘 없는 생각으로 깨끗이 장엄하는 해탈을 알 뿐이다. 그런데 저 보살들은 생사의 밤중에 나서도 명철하고 어리석음을 제거하여 잠깐도 혼미하지 않다. 또 십력을 이루어 중생들을 깨우치니 그 공덕 행을 내가 어떻게 알고 말하겠는가.”

44. 동자사 변우 : 모든 이의 벗 꼬마 선생을 찾다

선재는 천궁13)에서 내려와 가비라성의 변우 동자에게 나아가 절하고 두루 돌며 공경히 합장하고 한 곁에 서서 보살도를 여쭈었다.

변우께서 대답하셨다.

“선남자여, 여기 온갖 예술에 밝은 동자께서 계신다. 보살의 글자 지혜를 배웠으니 가서 여쭈면 마땅히 말씀하여 주리다.”

45. 선지중예 동자

선재는 곧 그 곳에 가서 절하고 한 곁에 서서 보살도를 여쭈었다.

동자께서 선재에게 말씀하셨다.

“선남자여, 나는 보살의 ‘온갖 예술에 밝은 해탈’을 얻어 늘 이 자모(字母)를 읊조린다.

아(A 阿)자를 읊조릴 때 반야바라밀 문에 들어가니, ‘보살의 위력으로 차별이 없는 경계에 들어감’이다.

타(Ta 多)자를 읊조릴 때 반야바라밀 문에 들어가니, ‘끝없이 차별한 문’이다.

파(Pa 波)자를 읊조릴 때 반야바라밀 문에 들어가니, ‘법계에 두루 비침’ 등이다. ……

내가 이런 자모를 읊조릴 때에 반야바라밀 문을 머리로 삼아 무수한 반야바라밀 문에 들어간다.

나는 다만 ‘온갖 예술에 밝은 해탈’을 안다. 그런데 저 보살들은 문자와 산수를 깊이 이해하고 의술과 주문으로 온갖 병을 잘 치료한다. 또 천문·지리와 관상의 길흉과 새와 짐승의 소리를 잘 관찰하고 구름과 안개와 기후로 한 해 곡물 수확의 풍작·흉작과 국토의 안위를 짐작한다. 그러니 그 공덕행을 내가 어떻게 알고 말하겠는가.”

---

13) 선재는 43번째 천주광녀께 보살도를 여쭈기 위해 33천인 도리천궁을 방문했었다.

46. 현승 우바이

선재는 바저나성을 향하면서 현승 우바이께 이르러 절하고 두루 돌아 공경히 합장하여 한 곁에 서서 보살도를 여쭈었다.

현승 우바이께서 대답하셨다.

"선남자여, 나는 보살의 '구애됨이 없는 도량' 해탈을 얻어 스스로 깨우쳐 알고 또 남을 위해 말한다. 또한 다함없는 삼매를 얻었으니 저 삼매의 법이 다함이 있고 없는 것이 아니라, 온갖 것을 아는 지혜 성품의 눈을 냄이 다함없다.

나는 다만 이 구애됨이 없는 도량 해탈을 알 뿐이다. 그러니 저 보살들의 온갖 것에 집착이 없는 공덕 행을 내가 어떻게 다 알고 말하겠는가."

47. 견고 장자

그 성에 이르러서는 장자께 나아가 절하고 두루 돌며 합장하여 공경히 한 곁에 서서 보살도를 여쭈었다.

장자께서 대답하셨다.

"선남자여, 나는 보살의 '집착함이 없이 청정히 장엄하는 해탈'을 얻었다. 이 해탈을 얻고 부터는 시방의 부처님 처소에서 정법을 쉬지 않고 부지런히 구하였다.

나는 다만 집착함이 없이 청정히 장엄하는 해탈을 알 뿐이다. 그런데 저 보살들은 두려움 없이 크게 사자후를 하며 광대한 복과 지혜 더미에 안주하니 그 공덕 행을 내가 어떻게 알고 말하겠는가."

48. 묘월 장자

미묘한 달 장자의 처소를 찾아가서 절하고 두루 돌며 공경히 합장하고 한 곁에 서서 보살도를 여쭈었다.

미묘한 달 장자께서 대답하셨다.

"선남자여, 나는 보살의 '청정한 지혜 광명' 해탈을 얻었다."

나는 다만 이 지혜 광명 해탈을 알 뿐이고 저 보살들은 무한한 해탈 법문을 얻었으니 그 공덕 행을 내가 어떻게 알고 말하겠는가."

49. 무승군 장자

점점 그 성에 나아가 장자의 처소에 이르러 절하고 두루 돌며 공경히 합장하여 한 곁에 서서 보살도를 여쭈었다.

장자께서 대답하셨다.

"선남자여, 나는 보살의 '다함없는 모습의 해탈을 얻었다. 이 해탈을 얻어 무한한 부처님을 친견하고 무진장을 얻었다.

나는 다만 이 다함없는 모습의 해탈을 알 뿐인데, 저 보살들은 무한한 지혜와 막힘없는 변재를 얻었으니 그 공덕 행을 내가 어떻게 알고 말하겠는가."

50. 적정 바라문

점점 남으로 가다가 그 촌락에 이르러 아주 평안함 바라문을 뵙고는 절하고 두루 돌아 공경히 합장하여 한 곁에 서서 보살도를 여쭈었다.

바라문께서 대답하셨다.

"선남자여, 나는 보살의 해탈을 얻었으니 '성실히 원하는 말'이다. 과거·현재·미래 보살들이 이 말로 최상의 깨달음에서 물러나지 않으니 이미 물러남도 없었고 지금 물러남도 없으며 장차 물러남도 없으리라.

성실히 원하는 말에 머물렀으므로 뜻대로 하는 일에 만족하지 못함이 없다.

나는 다만 이 성실히 원하는 말의 해탈을 알 뿐이다. 그런데 저 보살들은 성실히 원하는 말과 더불어 행함에 어김이 없으며 말은 필히 성실하여 허망함이 없어서 이로 인해 무한한 공덕이 난다. 그러니 내가 어떻게 알고 말하겠는가."

51. 덕생 동자와 유덕 동녀

선재는 점점 남으로 가다가 '깊은 뜻의 꽃 문' 성에 이르렀다. 덕생 동자와 유덕 동녀를 보고는 절하고 오른쪽으로 돌아 앞에서 합장하여 보살도를 여쭈었다.

이 때 동자와 동녀께서 선재에게 말씀하셨다.

"선남자여, 우리는 보살의 '환상처럼 머무르는 해탈'을 얻어 모든 세계가 다 환상처럼 머무름을 보니 인연으로 생긴 때문이다. 모든 중생들이 다 환상처럼 머무니 업과 번뇌로 일어난 때문이다. 모든 중생들의 생김과 없어짐, 태어남과 늙음과 병과 죽음14)과 근심과 슬픔과 괴로움이 다 환상처럼 머무니 허망한 분별로 생긴 때문이다.

선남자여, 환상 같은 경계의 본성은 불가사의하다.

우리 두 사람은 다만 환상처럼 머무는 해탈을 안다. 그런데 저 보살은 끝없는 온갖 일의 환상 그물에 잘 들어가니 저 공덕행을 우리가 어떻게 알고 말하겠는가."

동자와 동녀가 자기들의 해탈을 설하고는 부사의한 선근력으로써 선재의 몸을 윤이 나고 부드럽게 하여 말씀하셨다.

"선남자여, 이 남쪽 해안국의 대장엄 동산에 '비로자나 장엄장'이라는 광대한 누각이 있다. 미륵보살께서 그 가운데 편안히 거처하시니 본래 태어났던 곳의 부모와 권속과 백성들을 거두어 성숙케 하려는 때문이다. 또 함께 태어나 같이 수행하던 중생들을 대승 가운데서 견고하게 하려는 때문이다.

그대는 그에게 가서 '보살이 어떻게 보살행을 하고, 보살도를 닦으며, 계를 배웁니까? 어떻게 마음을 깨끗이 하고, 발원하며, 보살이 머무는 지위에 들어갑니까? 어떻게 바라밀을 원만히 하고, 불생의 진리를 깨달아 알며, 공덕 법을 갖추고, 선지식을 섬깁니까?'하고 여쭈어라.

그대는 한 가지 선한 일을 닦고, 한 가지 법을 비추어 알고, 한 가지 행을 행하고, 한 가지 원을 내고, 한 가지 수기를 얻고, 한 가지 지혜에 머무름으로써 다했다는 생각을 내지 말라. 마땅히 한정된 마음으로 육바라밀을 행하거나, 십지에 머물며, 불국토를 깨끗이 하고, 선지식을 섬기지 말아야 한다.

왜 그런가 하면 보살은 무한한 선근을 심어야 하고, 무한한 보리의 인행을 닦아야 하며, 무한히 정교한 회향을 배워야 하고, 무한한 중생 세계를 교화해야 한다.

요점을 들어 말하면 모든 보살행을 널리 닦아야 하고, 중생 세계를 두루 교화해야 하며, 국토를 널리 깨끗이 해야 한다. 모든 소원을 널리 원만케 하여야 하고, 모든 부처님께 널리 공양해야 하며, 모든 선지식을 두루 섬겨야 한다.

선남자여, 선지식은 동정심 깊은 어머니와 같으시니 부처님의 종자를 내기 때문이요, 동정심 깊은 아버지와 같으니 널리 이롭도록 하기 때문이다. 스승과 같으니 보살

---

14) 인생 고뇌의 근본원인인 생·노·병·사의 네 가지 괴로움이다.

의 배울 것을 보여주는 때문이요, 선도자와 같으니 바라밀도를 보여주기 때문이다. 훌륭한 의사와 같으니 번뇌의 온갖 병을 치료하기 때문이다. 늘 이렇게 유념하여 선지식을 생각해야 한다.

또 모든 선지식을 섬김에는 대지와 같은 마음을 내야 하니 무거운 짐을 짊어져도 싫증을 내지 않기 때문이다. 금강과 같은 마음을 내야 하니 서원이 견고하여 깰 수 없기 때문이요, 제자와 같은 마음을 내야 하니 훈계를 어기지 않기 때문이다.

어머니 봉양함과 같은 마음을 내야 하니 갖가지 괴로움을 받아도 고달퍼 하지 않기 때문이며, 청소부와 같은 마음을 내야 하니 교만을 버리기 때문이다. 잘 여문 곡식과 같은 마음을 내야 하니 낮추기 때문이며, 준마와 같은 마음을 내야 하니 악을 여의기 때문이다. 큰 수레와 같은 마음을 내야 하니 무거운 짐을 옮기기 때문이며, 얌전히 따르는 코끼리 같은 마음을 내야 하니 항상 복종하기 때문이다. 수미산 같은 마음을 내야 하니 움직이지 않기 때문이요, 거세한 소와 같은 마음을 내야 하니 성내어 위협함이 없기 때문이다.

또 그대는 병 때문에 괴롭게 산다고 생각하고 선지식은 뛰어난 의사와 같이 생각하라. 설법은 특효약과 같이 생각하고 수행은 병을 없애는 것같이 생각하라. 자신은 먼 길 떠난 것같이 생각하고 선지식은 지도자같이 생각하라. 설법은 올바른 길같이 생각하고 수행은 생멸을 떠나는 것같이 생각하라.

또 자신은 아들같이 생각하고 선지식은 부모같이 생각하라. 설법은 가업같이 생각하고 수행은 가업을 이어받음과 같이 생각하라.

그대는 마땅히 이러한 마음과 뜻으로 선지식을 가까이 해야 한다. 왜냐하면 이러한 마음으로 선지식을 가까이 하면 서원이 길이 청정하리다.

또 선지식은 선근을 자라게 하니 마치 설산에서 약초가 자라는 것 같고, 불법의 그릇이니 마치 바다가 많은 강물을 받아들이는 것 같다. 선지식은 공덕이 나는 곳이니 마치 큰 바다에서 온갖 보배가 나는 것 같고, 보리심을 깨끗이 하니 마치 세차게 타오르는 불이 진금을 단련함과 같다. 선지식은 세간 법에 물들지 않으니 마치 연꽃이 물 묻지 않음과 같고, 온갖 악을 받지 않으니 마치 큰 바다가 시체를 남기지 않음과 같다. 선지식은 법계를 밝게 비추니 마치 밝은 태양이 사천하를 비춤과 같고, 보살의 몸을 자라게 하니 마치 부모가 아이들을 양육함과 같다."

52. 미륵 보살

선재는 선지식의 가르침을 듣고 마음이 윤택하여 온갖 보살행을 유념하면서 해안 국으로 향하였다.

과거에 예경하지 않은 것과 심신이 부정하고 온갖 악업을 지은 것을 생각하고 즉시 뜻을 내어 스스로 끊었다. 망상을 일으킨 것과 닦아온 온갖 행이 자신만을 위한 것을 생각하고 즉시 뜻을 내어 마음을 넓게 가지고 남에게까지 미치게 하였다. 욕심의 대상을 추구하여 스스로 이롭지 못하게 소모하던 일과 과거에 밤낮 힘쓰던 나쁜 짓을 생각하고 즉시 뜻을 내어 크게 정진하여 불법을 이루고자 하였다.

선재는 이러한 존중과 공양·관찰·원력과 무한한 지혜의 경계로써 비로자나 장 엄장의 큰 누각 앞에서 절하니 부사의한 선근이 심신에 흘러들어서 맑고 윤이 났다.

땅에서 일어나 일심으로 우러러보아 잠깐도 한눈 팔지 않고 합장하여 무한히 돌고 이렇게 생각하였다.

'이 큰 누각은 모든 세간에 집착하지 않는 이가 머무는 곳이고 온갖 생각을 떠난 이가 머무는 곳이리다. 모든 법이 자성이 없음을 아는 이가 머무는 곳이고 온갖 분별 업을 끊은 이가 머무는 곳이리다. 모든 번뇌의 불을 끈 이가 머무는 곳이며, 마음에 늘 세간을 이롭게 하는 이가 머무는 곳이리다. 비록 세간을 이미 벗어났으나 중생을 교화하기 위해 늘 그 가운데 몸을 나타내는 이가 머무는 곳이리다. 비록 중생 속에 몸을 나타내나 나와 남에게 둘이란 생각을 내지 않는 이가 머무는 곳이리다. 털끝 만한 곳도 여의지 않으면서 모든 세계에 널리 몸을 나타내는 이가 머무는 곳이요, 만나기 어려운 법을 잘 연설하는 이가 머무는 곳이리다.

공함을 관하나 공의 소견을 내지 않고, 모습 없음을 아나 늘 모습에 집착하는 중생 을 교화하고, 원을 갖지 않음을 아나 보리행의 원을 버리지 않는 이가 머무는 곳이리 다. 이는 비록 생사가 없으나 중생을 교화하기 위하여 생사를 받고, 온갖 길을 떠나고 도 중생을 교화하기 위하여 모든 길에 일부러 들어가는 이가 머무는 곳이리다.

선재가 게송을 설해 말씀드렸다.

온갖 법이 성품 없고 남도 없으며
의지할 데 없음을 통달하여
허공에 새가 날 듯 자재한
대 지혜 인이 머무시는 곳.

중생들이 올바른 길을 잃어 버린 것
맹인이 험한 길 걷는 듯한데
그들을 인도하여 해탈성에 들게 하는
대 도사의 머무시는 곳.

선재가 비로자나장엄장 큰 누각의 보살들을 찬탄하고는, 허리 굽혀 합장하고 공경히 예배하여 일심으로 미륵 보살을 뵙고 가까이 공양하기를 원하였다. 미륵 보살께서 무한한 대중들에게 앞뒤로 둘러싸여 장엄장 누각으로 향하심을 선재가 보고는 뛸 듯이 기뻐하면서 절하였다.
　미륵 보살께서는 선재를 살펴보고 대중에게 그의 공덕을 찬탄하며 게송으로 말씀하셨다.

온갖 공덕행
다 원으로 나거늘
선재 동자 밝게 깨달아
늘 부지런히 닦네.

선재가 듣고는 뛸 듯이 기뻐하면서 흐느껴 울고 일어서서 합장하여 공경히 우러러 보며 무한히 돌았다. 그 때 문수 보살의 염력으로 온갖 꽃과 보배 영락이 갑자기 손에 가득하거늘 기쁘게 미륵 보살께 받들어 흩었다.
　선재는 공경히 합장하고 다시 미륵 보살께 여쭈었다.
　"거룩하신 이여, 제가 보리심을 내었으나 보살이 어떻게 보살행을 배우며 보살도를 닦는지 알지 못합니다. 부디 말씀하여 주소서."

미륵 보살께서 도량의 대중을 살펴보고 선재를 지시하면서 말씀하셨다.

"여러 어지신 이들이여, 그대들은 이 장자의 아들이 지금 나에게 보살행과 공덕을 묻는 것을 보는가? 이자는 용맹정진하여 서원이 잡스럽지 않으며 깊이 믿는 마음이 견고하여 항상 물러나지 않는다. 수승한 희망을 갖추어 머리에 불붙은 것을 끄듯이 싫증낼 줄 모르고 선지식을 좋아하여 가까이 공양하며 가는 곳마다 찾아다니면서 법을 구한다.

이자는 지난날 복성에서 문수 보살의 가르침을 받아 점점 남으로 오면서 선지식을 구하여 백 열 선지식15)을 경유한 뒤에 내게 왔는데 한 생각도 게으름을 내지 않았다. 다른 보살들은 무한한 백천 만 억 나유타 겁을 지나야 비로소 보살의 행원을 만족하고 부처님의 깨달음에 다가간다. 그런데 이자는 일 생만에 불국토를 청정히 했다. 또 지혜로써 법계에 깊이 들고, 모든 바라밀을 이루었으며, 온갖 행원을 원만히 하고 선지식을 섬겨 보살도를 깨끗이 하였다."

미륵 보살은 이같이 선재의 갖가지 공덕을 칭찬하여 한없는 중생들이 발심하게 하고 선재에게 말씀하셨다.

"훌륭하구나. 선남자여, 그대가 모든 세간을 이롭게 하고 많은 중생을 건지며 불법을 부지런히 구하려고 보리심을 내었구나. 좋은 이익을 얻었으며, 사람의 몸을 잘 얻었다. 여래께서 나타나심을 만났고, 대 선지식이신 문수를 뵈었으니 그대의 몸이 좋은 그릇이다. 온갖 선근으로 윤택해졌으며 선지식들께서 함께 거두어 주심이 되었다.

왜 그런가 하면 보리심은 마치 종자와 같으니 모든 불법을 내며, 기름진 논밭과 같으니 중생들의 희고 깨끗한 법을 자라게 한다. 대지와 같으니 모든 세간을 유지하

---

15) 51번째(덕생 동자와 유덕 동녀 2인) 선지식까지는 각각 주도자(교관)와 동반(조교) 선
지식을 갖추니 102인이다. 여기다 동반 선지식 일곱 명을 더하면 110이다. 〔변우(한마
디 가르침도 없이 중예 동자를 소개만 하니 동반 선지식 한 명으로만 친다)·무염족왕처
에서 공중의 어떤 하늘·석녀 구바처소에서 무덕신·마야 부인 처소에서 연화법덕 신중
신·묘화광명 신중신·법당을 지키는 나찰 귀왕·부동 우바이 처소에서 깨우침의 보살·
여래의 하늘 심부름꾼) 110이란 수를 지났다고 함은 부처님 지위를 제하고 십지와 등각
에 깨달아 들어감을 취한 것이니 1에 10을 갖추어 110이 된다.

고, 청정수와 같으니 온갖 번뇌의 더러움을 씻는다. 태풍과 같으니 세간에 두루 함에 막힘 없으며, 활활 타는 불과 같으니 온갖 소견의 땔나무를 불사른다. 밝은 해와 같으니 모든 세간을 널리 비추며, 동산과 같으니 그 가운데 노닐면서 법의 즐거움을 받는다.

집과 같으니 많은 중생을 안락케 하고, 동정심 많은 아버지와 같으니 여러 보살을 가르치고 인도한다. 인자하신 어머니와 같으니 보살을 키우고, 연꽃과 같으니 모든 세간법에 물들지 않는다. 잘 길들인 코끼리 같으니 거칠지 않고 유순하며, 특효약과 같으니 모든 번뇌의 병을 치료한다. 예리한 톱과 같으니 온갖 무명의 나무를 절단하고, 보배와 같으니 가난을 없앤다. 대 도사와 같으니 생사를 벗어나는 길을 잘 알고, 때맞게 오는 비와 같으니 번뇌의 먼지를 없앤다.

보리심은 이같이 무한한 공덕을 이루니, 요점을 들면 일체 불법의 모든 공덕과 같다. 왜냐하면 보리심을 인해 온갖 보살행이 나오니 삼세 부처님께서 보리심으로부터 나타나시기 때문이다. 그러므로 만약 보리심을 내면 무한한 공덕을 내어서 온갖 것을 아는 지혜를 거두어들인다.

선남자여, '생김이 없는 뿌리'라는 약 나무가 있는데 그 힘으로 모든 염부제의 나무를 번성시킨다. 보살의 보리심 나무도 마찬가지로 그 힘으로 배우거나 배울 것 없는 이와 보살들의 선한 법을 향상시킨다. 누군가 기억력 증진 약을 먹으면 한 번 들은 것을 기억하여 잊지 않으니 보살이 보리심으로 기억하는 묘약도 불법을 다 듣고서 기억하여 잊지 않는다.

마치 사람이 몸 가리는 약을 쥐면 사람과 사람 아닌 이들이 다 보지 못하는 것 같이 보살도 마찬가지로 보리심의 몸 가리는 묘약을 잡으면 악마들이 볼 수가 없다. 마치 물 맑히는 구슬이 흐린 물을 맑히듯이 보리심의 구슬도 마찬가지로 온갖 번뇌의 더러움을 맑힌다.

유리 보배는 백 천년 동안을 진흙탕에 있되 더러워지지 않으니 성품이 원래 깨끗한 때문이다. 보리심의 보배도 마찬가지로 백 천 겁을 욕계에 있어도 허물에 물들지 않으니 법계와 같아 성품이 청정한 때문이다. 마치 약한 불이 타는 대로 불꽃이 점점 번지니 보리심의 불도 마찬가지로 반연하는 대로 지혜의 불꽃이 크게 타오른다.

마치 등불이 암실에 들어가면 백 천 년 된 어둠이 다 없어진다. 보리심의 등불도 마찬가지로 중생들의 마음 방에 들어가면 무한한 겁의 묵은 업과 번뇌의 갖가지 어둠이 사라진다.

마치 등잔 심지의 크기대로 빛을 낼 때에 기름을 계속 부으면 밝기가 다하지 않는다. 보리심의 등불도 마찬가지로 대원으로 심지를 삼아 빛으로 법계를 비추니 대비의 기름을 더하면 중생을 교화하고 국토를 장엄하는 불사를 쉬지 않고 한다.

누군가 소나 양 등의 다양한 젖을 모아서 큰 바다를 이루었더라도 사자 젖을 한 방울 떨어뜨리면 다 허물어져 막힘 없이 바로 통과하게 된다. 보살도 마찬가지로 부처님이신 사자의 보리심 젖을 무한한 겁의 업과 번뇌의 젖 바다에 두면 다 파괴시켜 막힘 없이 바로 통과하고 끝까지 이승의 해탈에 머물지 않는다. 마치 사람이 목숨이 끊어지면 부모와 친족을 돕지 못하듯 보살도 마찬가지로 보리심을 버리면 많은 중생을 이롭게 하지 못하며 부처님의 공덕도 이루지 못한다.

마치 왕자가 유치해도 대신들이 다 공경히 예를 하듯 보살도 마찬가지로 초발심으로 보살행을 닦아도 이승의 고승들이 다 예경한다. 마치 왕자가 신하들 가운데서 자재하지는 못하나 왕의 형상을 갖추었기에 여러 신하들과 같지 않으니 태생이 높기 때문이다. 보살도 마찬가지로 온갖 업과 번뇌 가운데서 자재하진 못하나 보리의 모습을 갖추어 모든 이승들과 같지 않으니 혈통이 제일인 때문이다.

마치 금강은 모든 불이 태우지 못하고 달구지도 못하니, 보리심도 마찬가지로 생사 번뇌의 불이 태우지 못하고 달구지도 못한다. 마치 삼천대천세계에서 금강좌만이 부처님께서 도량에 앉으시어 악마를 항복받고 등정각을 이루심을 유지하지 다른 자리로는 지킬 수 없다. 보리심의 자리도 마찬가지로 모든 보살의 행원과 바라밀과 부처님께 공양하고 법을 듣고 행함을 돕지 다른 마음으로는 지키지 못한다.

보리심은 이렇게 한없이 수승한 공덕을 이루니 누군가 보리심을 내면 곧 이렇게 뛰어난 공덕 법을 얻는다.

선남자여, 그대가 묻기를 보살이 어떻게 보살행을 배우며 보살도를 닦느냐고 하니, 이 비로자나 장엄장 큰 누각에 들어가서 널리 관찰하면 보살행을 배움을 확실히 알 것이고 무한한 공덕을 이루리다.

선재가 누각에 들어가 보니 무한히 크고 넓어 허공과 같고 아승지 보배들로 장엄되었다. 또 그 가운데에도 무한한 백 천의 절묘한 누각이 있는데 서로 걸리지 않았다. 선재가 한 곳에서 온갖 곳을 보듯이 모든 곳에서도 다 이렇게 보았다.

선재는 비로자나 장엄장 누각의 부사의하게 자재한 경계를 보고 뛸 듯이 기뻐하였다. 심신이 부드러워져서 온갖 상념을 떠나고 장애를 제거하며 미혹을 없앴다. 또 본 것은 잊지 않고 들은 것은 기억하여 생각이 산란하지 않게 막힘 없는 해탈문에 들어가서 두루 예경하였다.

잠깐 머리를 조아림에 미륵 보살의 위신력으로 자신을 보니, 자신이 모든 누각 속에 두루 있으면서 갖가지로 불가사의하게 자재한 경계를 다 보고 있었다.

이른바 미륵 보살께서 처음에 위없는 보리심을 낼 때 이러한 이름과 이러한 종족과 이러한 선지식으로 인해 깨우침과 이러한 선근을 심던 일을 보았다. 이른바 미륵 보살께서 최초에 자비로운 삼매를 얻으신 이래로 '자씨'라고 하던 일과 미륵 보살이 절묘한 행을 닦으며 모든 바라밀을 원만히 하던 일을 보기도 하고 땅에 머물러 청정한 국토를 이룸을 보기도 하였다.

불법을 지키며 대 법사가 되어 불생의 이치를 인지하여 어느 때 아무 곳의 모 부처님 처소에서 위없는 보리의·수기를 받음을 보기도 하였다. 또 누각 안에 있는 온갖 보배 그물과 풍경과 악기에서 불가사의하게 미묘한 법음을 내어 갖가지로 설법함을 들었다. 이른바 어느 곳 아무 보살은 누구의 법문을 듣고 어느 선지식의 인도로 보리심을 내었다. 또 어느 곳에 아무 보살이 법을 구하고자 왕위와 온갖 보배와 처자와 권속과 신체발부를 아끼지 않는다는 말을 들었다.

또한 모든 누각의 사방 벽은 온갖 보배로 장엄하였다. 낱낱 보배가 나타내는 것을 모두 보니, 미륵 보살께서 지난 옛날 보살도를 수행하실 때 신체발부를 다 보시하고 처자와 왕위를 바라는 대로 주기도 하였다. 수감자는 풀리게 하며 환자는 치료하여 주고 잘못된 길을 든 이에게는 바른 길을 보여 주었다.

마치 누군가 꿈속에서 갖가지 물건을 보는 것과 같았다. 이른바 자신의 부모 형제와 친인척을 보기도 하며, 하늘궁전과 염부제 등 사천하의 일을 보다가 깨고는 꿈인 줄 아나 본 일을 확실히 기억한다. 마찬가지로 선재도 또한 미륵 보살의 가피력으로 이러한 자재한 경계를 보았다.

마치 누군가 명이 마칠 때 업의 과보를 받는 모습을 보니 못된 업을 지은 자는 지옥·아귀·축생들의 온갖 괴로운 경계를 본다. 이른바 옥졸이 병장기를 들고 성내어 잡아가고 부르짖고 슬피 탄식하며, 잿물 강과 끓는 가마와 칼 산과 갖은 핍박으로 온갖 고통을 받음을 본다. 착한 업을 지은 이는 모든 하늘의 궁전과 대중과 채녀와 갖가지 옷과 장엄과 동산이 다 절묘하고 아름다움을 보니, 아직 죽지 않아도 업력으로 이런 것을 본다. 선재도 마찬가지로 보살 업의 부사의력으로 온갖 장엄한 경계를 보는 것이다.

마치 누군가 신이 내리면 갖가지 일을 보기도 하고 묻는 대로 대답한다. 선재도 마찬가지로 보살의 지혜로 온갖 장엄한 일을 보기도 하고 누군가 물어도 대답치 못함이 없는 것이다.

그 때 미륵 보살께서 위신력을 거두고 누각으로 들어가 손가락을 튕겨 소리를 내고 선재에게 말씀하셨다.

선남자여, 일어나라. 법의 성품이 이러한 것이니, 이는 보살의 온갖 법을 아는 지혜로 인연이 모여서 나타나는 모습이다. 이러한 자성이 환상과 꿈·그림자·영상 같아서 다 이루지 못한다.

선재가 손가락 튕기는 소리를 듣고 삼매에서 나오니 미륵 보살께서 말씀하셨다.

"이 해탈문은 '삼세의 모든 경계에 들어가서 잊지 않는 지혜로 장엄한 광'으로 이 해탈문에 말로 할 수 없이 말로 할 수 없는 해탈문이 있으니, 일생보처 보살이라야 얻을 수 있다."

선재가 여쭈었다.

"이 장엄한 것이 어디로 갔습니까?"

미륵 보살께서 대답하셨다.

"온 데로 갔다."

"어디서 왔습니까?"

"보살 지혜의 신력으로부터 와서 보살 지혜의 신력에 의해 머무나 간 곳도 머문 곳도 없고 모인 것도 항상한 것도 아니어서 온갖 것을 멀리 떠났다.

비유하면 마술사가 마술을 할 때 오고 감이 없다. 비록 오고 감이 없으나 마술의 힘으로 분명히 본다. 저 장엄한 일도 마찬가지로 오고 감이 없다. 비록 오고 감이 없으나 관습으로 불가사의한 환상 같은 지혜의 힘과 옛 대원력으로 이렇게 나타난 다."

선재가 여쭈었다.

"성인께서는 어디로부터 오셨습니까?"

미륵 보살께서 대답하셨다.

"보살은 오고 감이 없이 오며, 다니고 머물고 함이 없이 온다.

나는 옛날 함께 수행하다가 지금은 보리심에서 물러난 이를 제도하고 또 부모와 친속들을 교화하고 불가에 태어나게 하기 위하여 이 염부제의 말라제국 구타 마을 바라문가에 태어났다.

나는 이 큰 누각에 머물러 중생들의 좋아함을 따라 다양한 방편으로 교화하고 조복시킨다. 나의 원이 만족하여 온갖 것을 아는 지혜를 이루어 보리를 얻을 때에는 그대와 문수 보살이 같이 나를 보게 되리다.

그대는 문수사리16) 선지식께 가서 '보살이 어떻게 보살행을 배우며, 어떻게 보현행문에 들어가며, 어떻게 이루며, 어떻게 광대하게 하며, 어떻게 따르며, 어떻게 청정하게 하며, 어떻게 원만케 합니까?'라고 여쭈어라.

왜냐하면 문수의 대원을 다른 수많은 보살들은 갖지 못하였다. 문수 동자는 그 행이 광대하며 원이 끝없어서 모든 보살 공덕을 쉬지 않고 낸다.

문수는 늘 무한한 백천 억 나유타 부처님의 어머니가 되시고, 보살의 스승이 되시며, 여러 중생을 교화 성숙시켜 명칭이 널리 시방세계에 알려졌다.

문수 동자는 그대의 선지식이시니 그대를 불가에 태어나게 하였고 모든 선근을 증대시켰으며 진실한 선지식을 만나게 하였다.

그러므로 그대는 마땅히 문수 보살께 가야 할지니 싫증을 내지 말라. 문수는 마땅히 그대에게 모든 공덕을 말할 것이다. 왜냐하면 그대가 먼저 선지식을 만나 보살행을 듣고 해탈문에 들어가 대원을 만족한 것이 다 문수의 위신력이다. 문수는 온갖 곳에서 다 끝까지 얻게 하신다."

---

16) 문수 보살로 문수는 묘(妙)의 뜻이고, 사리는 덕(德)이나 길상의 뜻이다.

○ 문수 보살

선재는 미륵보살의 가르침에 의지하여 점점 나아가 백십여 성을 경유하였다. 보문 국의 소마나성에 도달하여 문수를 생각하고 두루 찾아 뵙기를 바랐다.

이 때 문수는 멀리서 오른손을 펴서17) 백 십 유순을 지나와 선재의 머리 위를 만지면서 말씀하셨다.

"훌륭하구나. 선남자여, 만약 믿음의 뿌리를 여의었던들 못난 마음에 근심하고 후 회하며, 정근에서 물러나고, 한 선근과 적은 공덕에도 만족하며, 선지식의 거두어 주심이 되지 못하였을 것이다."

문수는 이 법을 보여 가르쳐서 기쁘게 하며 보현 도량에 들어가게 하였다가 선재를 도로 자기가 있는 곳에 두고는 더 이상 나타나지 않았다.

이에 선재는 사유하고 관찰하면서 일심으로 문수를 뵈려고 원하였다. 그러다가 수많은 선지식을 보고 다 가까이하여 공경히 받들어 섬기며 그들의 가르침을 받아 거역하지 않았다. 온갖 장애를 꺾고, 막힘 없는 법에 들어가며, 법계의 평등한 경지 에 머무르며, 보현의 해탈 경계를 관찰하였다.

곧 보현 보살의 이름자와 행원을 듣고 흠모하여 보현 보살을 뵈려 하였다.

53. 보현 보살

선재는 이렇게 생각하였다.

'나는 지금 반드시 보현 보살을 뵈어서 선근을 증가시킬 것이다. 모든 부처님을 친견하고 여러 보살의 광대한 경계에 결정한 이해를 내어 온갖 것을 아는 지혜를 얻을 것이다.'

이 때 선재는 모든 감관을 거두어 일심으로 보현 보살을 뵈려고 크게 정진하여

---

17) ~오른손을 펴서~ : 백십유순을 지났다는 것은 앞의 지위를 다 통과했다는 것이요, 처음 의 믿음이 불과를 갖추었기에 멀리 폈다는 것이며, 수순하여 행을 이룬 때문에 오른손이 다. 110 성을 지났다는 것은 봉역(封域)을 초과한데 의한 것이고, 110 유순(由旬)은 수 량을 초과함을 밝힌 것이다. 정수리를 어루만짐은 거두어 줌을 나타낸 것이요, 또한 보편 적인 법으로써 마음의 정수리에 도달한 것이며, 믿음이 극에 이른 것이다.

물러나지 않았다. 곧 널리 관하는 눈으로 시방의 모든 불보살을 관찰하면서 보이는 것마다 보현 보살을 뵙는 생각을 내었다. 지혜의 눈으로 보현의 도를 보니 마음이 넓기가 허공과 같았다. 대자비가 금강과 같이 견고하고 미래가 다하도록 보현 보살을 따라다니면서 시시각각 보현행을 따르면서 닦으려 하였다.

선재가 보니, 보현 보살이 부처님 회상의 보배연꽃 사자좌에 앉았는데 많은 보살들이 함께·둘러 모셨다. 보현 보살의 몸의 부분 하나하나와 털구멍 하나하나에, 다 큰 바다와 강과 온갖 보배산인 수미산과 철위산, 욕심 세계·형상 세계·무형 세계와, 해·달·별 등이 있음을 거듭 보았으며, 낮과 밤과 달과 시간과, 해와 겁과 부처님의 출현과 보살의 회상과 도량의 장엄과 같은 일들을 모두 다 분명하게 보았다.

이 세계를 보는 것처럼 시방의 모든 세계도 다 그렇게 보고, 현재 시방 세계를 보는 것처럼 과거와 미래의 모든 세계도 또한 그렇게 보는데, 각각 차별한 것들이 서로 얽혀 헝클어지지 않았다.

이 비로자나 여래의 처소에서 이러한 신통력을 나타내는 것같이 동방 연화덕 세계의 현수 부처님 처소에서 신통력을 나타내는 것도 또한 그랬으며, 현수 부처님의 처소에서와 같이 동방의 모든 세계와 동방과 같이 남방·서방·북방과 네 간방과 상방·하방 모든 세계의 여래의 처소에서 신통력을 나타내는 것도 다 그러한 줄을 마땅히 알 것이다.

이 때 보현 보살께서 선재에게 말씀하셨다.

"선남자여, 선근을 심지 못했거나 선근이 적은 성문이나 보살들로는 나의 이름도 듣지 못하는데 하물며 몸을 볼 수 있겠는가.

만약 누군가 내 이름을 들으면 최상의 깨달음에서 다시는 물러나지 않는다. 보거나 접촉하거나 마중하거나 배웅하거나 잠깐 따르거나 꿈에서 나를 보거나 들은 이도 다 마찬가지다."

이 때 선재 동자가 보현 보살의 몸을 보니 상호와 사지 골절의 하나하나 털구멍에 말로 할 수 없이 말로 할 수 없는 불국토가 있고 낱낱 불국토에 다 부처님께서 세상에 나타나시는데 대 보살들이 둘러 모셨다.

또다시 보니, 모든 불국토가 갖가지로 건립되고 갖가지 형상과 장엄과 큰 산들이 두루 에워쌌다. 다양한 색의 구름이 허공에 두루 덮이고 여러 부처님께서 나시어 갖가지 법을 연설하시는 이같은 일들이 각기 같지 않았다.

또 보니 보현 보살께서 낱낱 불국토에서 모든 불국토의 무수한 변화신의 구름을 내어 시방 세계에 두루하고 중생들을 교화하여 최상의 깨달음으로 향하게 하셨다. 이 때에 선재 동자는 또 자신이 보현 보살의 몸 안에 있는 시방 세계에 있으면서 중생을 교화함을 보았다.

세계의 먼지 수 같은 마음 헤아려 알고
큰 바다 물이라도 다 마시며
허공을 헤아리고 바람을 맬지라도
부처님의 공덕은 다 설할 수 없네.

제40. 보현행원품(普賢行願品)

Ⅰ. 보현행원품의 이름 풀이
　　【청량소】

Ⅱ. 보현행원품을 설하는 까닭
　　【청량소】

Ⅲ. 보현행원품의 주제와 취지
　　【청량소】

Ⅳ. 보현행원품의 간추린 경문

Ⅰ. 보현행원품의 이름 풀이

【청량소】 略爲三節. 一不思議解脫境界 卽所入也. 二普賢行願爲能入也. 三入之一字 通能所也. 第一釋所入者. 何名不思議. 心言罔及故. 何法不思議. 謂卽解脫境界. 解脫有二. 一作用解脫. 作用自在 脫拘礙故. 二離障解脫. 具足二智 脫二障故. 由內離障 外用無羈. 二義相成. 總名解脫. 境界有二. 一分齊境. 如國彊域 各有分齊. 佛及普賢德用分齊 無能及故. 二所知境. 事理無邊 唯佛普賢方究盡故. 由證所知無邊之境 故成德用無有邊涯. 二亦相成. 總爲境界. 卽於二境 得二解脫. 此二不二 故不思議. 何故不思議. 略有四義. 一事無邊故. 二理深遠故. 三此二無礙故. 四以性融相 重重無盡故. 何用不思議. 顯法超情 令亡言故. 已知所入. 第二釋能入者. 總卽普賢行願也. 略有此二. 行之與願 如鳥二翼 如車二輪 具足方能翔致遠. 然人與法俱稱普賢. 若約人者 普賢菩薩之行願故. 若約法者. 是普法故. 賢謂至順調善故. 又賢謂眞善 善契理故. 法界之善 爲普賢法故. 若別說者 略有十普. 一所求普. 謂要求一切諸佛所證故. 二所化普. 要化無盡衆生界故. 三所斷普. 無邊煩惱 一斷便能一切斷故. 四事行普. 入萬度門 無邊行海 無不行故. 五理行普. 隨所修行 深入無際 徹理原故. 六無礙行普. 事理二行相交徹故. 七融通行普. 隨一一行 攝一切故. 八所起大用普. 無有一用不周徧故. 九所行處

普. 上之八門 徧帝網刹而修行故. 十修行時普. 窮三際時 念念圓融 無竟期故. 上之十
普 參而不雜 爲普賢行. 文皆具之. 第三釋入者. 卽能所契合 泯絶無寄 方爲眞入. 廣如
宗中. 然此一品 卽是一經. 亦猶楞伽佛語心品.[1] 又於一品之內 分之別行. 故無次第之異.

 간략하게 세 항목으로 하는데, 첫째, 부사의한 해탈경계는 바로 들어가는 대상
이요 둘째, 보현행원은 들어가는 주체이며 셋째, 입(入) 한 자는 들어가는 주체와
들어가는 대상에 통한다.

  1. 들어가는 대상을 풀이한다.

    (1) 어째서 '부사의'라고 이름했는가?

    생각과 말로는 미칠 수 없기 때문이다.

    (2) 무슨 법이 부사의한가?

    바로 해탈과 경계이다.

    1) 해탈에 둘이 있다.

      ① 작용 해탈이니 작용이 자재하여 구애를 벗어났다.

      ② 장애를 떠난 해탈이니 두 가지 지혜를 갖추어 두 가지 장애를 벗어났
        다. 안으로 장애를 떠남을 말미암아 밖으로 나타난 작용이 굴레가
        없으니 두 뜻이 서로 이루어지기에 전체적으로 해탈이라 이름했다.

    2) 경계에 둘이 있다.

      ① 분제(分齊) 경계이니 나라의 강역이 각각 분제가 있는 것과 같아서
        부처님과 보현의 덕용 분제에 미칠 수 없다.

      ② 알아야 할 경계이니 끝없는 현상과 이치를 오직 부처님과 보현만이
        비로소 다하시는데 알아야 할 끝없는 경계를 깨침을 말미암아 끝없
        는 덕용을 이루니 둘이 또한 서로 이루어야 전부 경계가 된다. 곧
        두 경계에서 두 해탈을 얻어 이 둘이 둘 아니기에 부사의한 것이다.

    (3) 무슨 까닭으로 부사의한가에 간략히 네 뜻이 있다.

    1) 현상이 끝없기 때문이다.

    2) 이치가 심원하기 때문이다.

3) 이 둘이 막힘 없기 때문이다.

4) 성(性)으로써 상(相)을 융합하여 중중무진하기 때문이다.

(4) 어떻게 부사의를 쓰는가?

법이 생각을 초월함을 나타내어 말을 잊게 한 때문이다.

2. 이미 들어가는 대상을 알았으면 둘째로 들어가는 주체를 푸는데, 총(總)은 곧 보현행원이요, 약(略)은 행과 원 둘이 있으니 새의 두 날개와 같고 수레의 두 바퀴와 같이 갖추어야 비로소 멀리 날아갈 수 있다. 이러한 사람과 법을 다 보현이라고 일컬으니 만일 사람에 의하면 보현 보살의 행원이요, 법에 의하면 보편적인 법이다.

(1) '현(賢)'은 지극히 순하고 유연함을 이른다. 또 현은 진선(眞善)을 말하니 진리에 잘 부합한 때문이요, 법계의 선(善)이 보현법(普賢法)이 되기 때문이다.

(2) 만일 따로 설한다면 간략히 열 가지 '두루함〔普〕'이 있다.

1) 구하는 것이 두루함〔普〕이니, 모든 부처님께서 증득하신 것을 구하길 요하기 때문이다.

2) 교화 대상이 두루함〔普〕이니, 다함없는 중생계를 교화하길 요하기 때문이다.

3) 끊는 것이 두루함〔普〕이니, 끝없는 번뇌를 한 번 끊음에 바로 일체를 다 끊기 때문이다.

4) 사행(事行)이 두루함〔普〕이니, 팔만 바라밀문과 끝없는 행을 행치 않음이 없기 때문이다.

5) 이행(理行)이 두루함〔普〕이니, 수행하는 바를 따라서 깊이 무제(無際)에 들어가 이치의 근원을 꿰뚫기 때문이다.

6) 걸림 없는 행이 두루함〔普〕이니, 현상과 이치의 두 행이 서로 관통하기 때문이다.

7) 융통행이 두루함〔普〕이니, 하나하나의 행을 따라 일체를 거두기 때문이다.

8) 일어난 큰 작용이 두루함[普]이니, 한 작용도 두루하지 않음이 없기
   때문이다.

9) 행하는 처소가 두루함[普]이니, 위의 여덟 부문을 제망찰(帝網刹)에
   두루하게 수행하기 때문이다.

10) 수행 시간이 두루함[普]이니, 삼제시(三際時)가 다하도록 시시각각
    원융하여 마칠 기약이 없기 때문이다. 위의 열 가지 두루함[普]이 섞
    이되 난잡하지 않게 보현행이 되니 문에 모두 갖추었다.

3. 셋째로 '입(入)'을 푼다는 것은 곧 들어가는 주체와 들어가는 대상이 부합하고
   다 끊어져 의탁할 것이 없음이 바야흐로 참된 입(入)이 되니 자세히는 주제와
   같다. 이러한 한 품이 바로 한 경이니 또한 능가아발다라보경의 일체불어심품
   과 같다. 또 한 품에서 나누어 별행(別行)하기에 차례가 다름이 없다.

【주】────────────────

1. 능가불어심품(楞伽佛語心品) : 구나발타라 번역의 능가아발다라보경(楞伽阿跋
   多羅寶經) 4권 전체가 바로 일체불어심품(一切佛語心品) 한 품이다. (㊅ 16권
   670 上)

Ⅱ. 보현행원품을 설하는 까닭

【청량소】 夫法無言象 非離言象. 離言象而倒惑. 執言象而迷眞. 故聖人利見 垂象設
敎 必有由矣. 因緣不同 略明十義. 一法爾常規. 二酬昔行願. 三遂通物惑. 四明示眞
門. 五開物性原. 六宣說勝行. 七令知位次. 八顯果難思. 九示其終歸. 十廣利今後. 此
初法爾常規者. 一切諸佛 法爾皆現無盡身雲 說斯圓教故. 二酬昔行願者. 昔在因中 願
周法界. 依願起行 但爲衆生. 故今酬之 徧說徧益. 三遂通物惑者 謂佛證涅槃 寂然不
動. 機宜叩聖 感而遂通. 若無感緣 佛說何益. 四明示眞門者. 衆生流轉 總爲迷眞. 故
示眞門 令其返本. 眞原之要 卽下所宗. 五開物性原者. 良以衆生 性含智海 識洞眞空.

但衣蔽明珠 室埋秘藏. 要假開示 令其悟入. 六宣說勝行者. 欲契眞性 非行不階. 故說
普賢無方勝行. 七令知位次者. 行則頓修. 位分因果. 因有階降. 果無差別 因果圓融 是
此行位. 八顯果難思者. 旣修勝行 必有所趣. 頓證法界 成大菩提 得涅槃故. 九示其終
歸者. 終歸法界. 若因若果 若境若心 一以貫之 法界究竟. 十廣利今後者. 聖人設教 祗
在益生. 現益當機 流芳萬古矣. 略此十義 故斯教興. 廣說因緣 備於大疏.

칭 대저 법은 언상(言象)이 없으나 언상을 떠나지 않는데, 언상을 떠남에 미혹에
전도되며, 언상에 집착함에 진리에 미혹되니 성인이 살펴보고 상을 드리워 교를 베풂
이 반드시 연유가 있다. 인연이 같지 않음을 간략히 열 가지로 밝히리니 첫째는 법이
그러하니 상규(常規)요, 둘째는 옛 행원을 갚음이며, 셋째는 대중의 미혹을 통하게
함이요, 넷째는 진실한 법문을 명시함이며, 다섯째는 중생들 성품의 근원을 열어 줌
이요, 여섯째는 수승한 행을 선설함이며, 일곱째는 지위의 차례를 알게 함이요, 여덟
째는 생각키 어려운 과를 나타냄이며, 아홉째는 최후에 돌아갈 곳을 보임이요, 열째
는 금후를 널리 이롭게 함이다.

1. 법이 그러한 상규(常規)라는 것은, 일체 부처님께서 법이 그러하여 모두 다함
   없는 몸을 나투어 이 원교를 설하신 때문이다.

2. 옛 행원을 갚음이라는 것은, 옛날 인행 중에 계실 때 서원이 법계에 두루하여
   원에 의해 행을 일으킴이 다만 중생을 위한 것이기에 지금 갚아서 두루 설하고
   두루 이익케 한다.

3. 대중의 미혹을 통하게 한다는 것은, 부처님께서 열반을 증득하시어 적연히 움
   직이지 않으시나 중생들이 마땅히 성인께 자문을 구해 감하면 통하니 만일 감
   하는 연이 없으면 부처님께서 설하신들 무엇이 이롭겠는가?

4. 진실한 법문을 명시한다는 것은, 중생들의 미혹이 계속됨〔流轉〕이 전부 진리에
   미혹한 것이 되기에 진실한 법문을 보여서 그들로 하여금 반본환원케 하니 진
   원(眞原)의 요체는 다음에서 주제로 삼는 바다.

5. 중생들 성품의 근원을 열어 준다는 것은, 진실로 중생들의 성품이 지혜를 머금
   고 식이 진공을 통찰하나, 단지 밝은 구슬이 옷에 가려져 있고 비장(秘藏)이

집에 파묻혀 있기에 임시로 열어 보여서 그들로 하여금 깨닫게 하는 것이다.

6. 수승한 행을 선설함이란 것은, 진여에 부합코자 하자면 행이 아니면 오르지 못하기에 보현의 제한 없는 수승한 행을 설했다.

7. 지위의 차례를 알게 한다는 것은, 행은 몰록 닦으나 지위는 인과로 나누는데 인은 순서가 있으나 과는 차별이 없다. 인과가 원융한 것이 바로 이행의 지위다.

8. 생각키 어려운 과를 나타낸다는 것은, 이미 수승한 행을 닦은 뒤에는 반드시 나아갈 바가 있으니 몰록 법계를 깨달아 대보리를 이루고 열반을 얻는다.

9. 최후에 돌아갈 곳을 보인다는 것은, 최후에 법계로 돌아가니 인·과·심·경을 하나로 꿰어 법계를 구경케 한다.

10. 금후를 널리 이롭게 한다는 것은 성인의 교를 베푸심이 다만 중생을 이롭게 함에 있으니 대상이 되는 중생을 현세에 이롭게 하고 만고에 명성을 전한다.

간략한 이런 열 가지 뜻으로써 이 교가 일어났는데 자세한 인연을 설함은 대소(大疏)에 구비되어 있다.

Ⅲ. 보현행원품의 주제와 취지

【청량소】 辨敎宗旨者. 統論佛敎 二諦因緣. 隨經不同 所宗各異. 雖無生之理 實無所宗. 無宗之宗 則宗說兼暢. 今此卽以入法界緣起普賢行願爲宗. 法界緣起 卽所入也. 普賢行願 爲能入也. 入通能所. 今釋此義 卽爲三門. 一明所入. 二辨能入. 三能所契合. 今第一明所入者. 統唯一眞法界. 謂寂寥虛曠. 沖深包博. 總該萬有 卽是一心. 體絶有無 相非生滅. 莫尋其始. 寧見中邊. 迷之則生死無窮. 解之則廓爾大悟. 諸佛證此. 妙覺圓明. 現成菩提. 爲物開示. 不知何以名目. 强分理事二門. 而理事渾融 無有障碍 略爲三門. 第一事法界. 第二理法界. 第三無障礙法界. 第一事法界者. 不出色心. 萬象森羅. 依正境智. 相用顯然. 皆曰事也. 第二理法界者. 體性空寂. 頓絶百非. 略有二門. 一性淨門 在纏不染 性恒淸淨. 雖徧一切 不同一切. 如濕之性 徧於動靜. 凝流不易. 淸淨恒常. 二離垢門. 謂由對治 障盡淨顯. 隨位淺深 分十眞如. 體雖湛然 隨緣有異. 如

陶冶塵滓鍊磨眞金. 第三無障礙法界 略有三門. 一相卽無礙門. 二形奪無寄門. 三雙融
俱離 性相渾然門. 今初一心法界 含眞如生滅二門. 互相交徹. 不壞性相. 其猶攝水之
波非靜 攝波之水非動故. 二形奪無寄門者. 謂無事非理 故事非事也. 無理非事 故理非
理也. 三雙融俱離 性相渾然門者. 曲有十門. 一由離相故. 事壞而卽理. 二由離性故.
理泯而卽事 三由離相不壞相故. 事卽理而事存. 以非事爲事也. 四由離性不泯性故. 理
卽事而理存. 以非理爲理也. 五由離相不異離性故. 事理雙奪. 迥超言念. 六由不壞不
異不泯故 有初事理二界俱存 現前爛然可見. 七由不壞不泯不異離相離性故 爲一事理
無礙法界. 使超視聽之妙法 無不恒通於見聞. 絕思議之深義 未曾礙於言念. 八由以理
融事 令無分齊. 如理之徧 一入一切. 如理之包 一切入一. 故緣起之法 一一各攝法界無
盡. 九由因果法界各全攝故. 令普賢身中 佛佛無盡. 佛毛孔內菩薩重重. 十由因果法界
差別之法無不恒攝法界無遺. 故隨一一門 一一行位 各攝重重. 故廣刹大身 輕塵毛孔
皆無有盡. 以其後一 總融前九. 爲第三渾融門也. 亦融前二. 不離此門. 第二明能入者.
總卽普賢行願. 若別說者 略有二種. 一者身入. 二者心入. 身由心證 故廣辨心入 心入
有三. 一者正信 二者正解 三者正行 此三無礙. 謂於此行門 深忍樂欲 淨信不逾. 於斯
行門 曉了性相. 依之起行 一一眞修. 解行相扶 自然契合. 第三能所契合者. 正顯入義.
入者了達證悟之名. 略有二門. 一者果海 離於說相. 二者因門 可寄言說. 今且略明無
分別智 證理法界 以爲五門. 一能所歷然. 二能所無二. 三能所俱泯. 四存亡無礙. 五擧
一全收. 第一能所歷然者. 謂以無分別智 證無差別理. 心與境冥. 智與神會. 成能證智
證所證理. 如日合空. 雖不可分. 而日光非空 空非日光. 第二能所無二者. 以知一切法
卽心自性. 以卽體之智 還照心體. 擧一全收. 擧理收智 智非理外. 擧智收理 智體卽寂.
如一明珠. 珠自有光 還照珠矣. 第三能所俱泯者. 由智卽理 故智非智 以全同理 無自體
故. 由理卽智 故理非理 以全同智 無自立故. 如波卽水 動相便虛. 水卽波故 靜相亦隱.
動靜兩亡 性相齊離. 第四存泯無礙者. 以前三門說有前後. 體無二故. 離相離性 則能
所雙泯. 不壞性相 則能所歷然. 正離性相 卽不壞故 存亡無礙. 如波與水 雖動靜兩亡
不壞波溼. 第五擧一全收者. 上列四門 欲彰義異. 理旣融攝 曾何二源. 如海一滴 具百
川味. 上但約無分別智 證於眞理 有此五門. 若以無障礙智 證無障礙境. 境智圓融 難可
言盡 總爲能所契合. 上之三門 以後契合 但合前二. 故三門一揆. 爲入法界緣起普賢行願

之宗矣. 其行願別相 文中具之.

[청] 교의 종지를 말한다는 것은, 불교를 총괄적으로 논할진댄〔眞俗〕이제(二諦)의 인연이 경을 따라 같지 않아 주제로 삼는 것이 각각 다르니 비록 무생(無生)의 이치는 주제로 삼을 것이 없으나 주제 없는 가운데 주제는 종통과 설통을 겸하여 진술한다.

지금 이는 곧 법계연기에 드는 보현행원으로써 주제를 삼는데 법계연기는 바로 들어가는 대상이요, 보현행원은 들어가는 주체이며, 입(入)은 들어가는 주체와 들어가는 대상에 통한다.

이제 이 뜻을 풀이하여 세 부문으로 하는데 첫째는 들어가는 대상을 밝히고, 둘째는 들어가는 주체를 말하며, 셋째는 들어가는 주체와 들어가는 대상을 부합시킨다.

1. 지금 첫째 들어가는 대상을 밝힘은 총괄적으로 오직 일진법계인데 고요하고, 광활하며, 비고, 깊으며, 싸고, 넓어〔沖深包博〕만유를 다 거두니 바로 일심이다. 체(體)는 유무가 끊어졌으며 상(相)은 생멸이 아니라 그 시점을 찾을 수 없는데 어찌 가운데나 양극단을 보겠는가. 미하면 생사가 끝이 없지만 알고 나면 곧 확연히 크게 깨칠 것이다. 모든 부처님께서 이를 증득하시어 묘각이 원명하여 보리를 완전하게 이루고 중생을 위해 열어 보이셨는데 어떤 명목으로 이사(理事)의 두 부문을 억지로 나누는지 알지 못한다. 이사가 혼융(渾融)하여 장애가 없음을 간략히 세 부문으로 하면 첫째는 사법계(事法界)요, 둘째는 이법계(理法界)며, 셋째는 무장애법계(無障礙法界)이다.

(1) 사법계(事法界)란, 색·심(色心)에서 벗어나지 않으니 삼라만상과 의보·정보·경계·지혜와 상(相)의 작용이 명확함을 다 사(事)라고 한다.

(2) 이법계(理法界)란, 체성이 공적하여 많은 부정〔百非〕이 몰록 끊어진 것인데 간략히 두 부문이 있다.

1) 성품이 청정한 부문이니, 번뇌에 있되 물들지 않아서 성품이 늘 청정하다. 비록 일체에 두루하나 일체와 같지 않으니 습한 성품이 동정에 두루하여 엉기고 흐름에 달라지지 않아 항상 청정함과 같다.

2) 번뇌를 떠난 부문이니, 대치를 말미암아 장애를 다하고 깨끗함이 나타

남을 이른다. 지위가 얕거나 깊음을 따라서 십진여로 나누고 체는 비록 담연하나 연을 따라 다르니 자질구레한 먼지를 갈고 닦아 진금을 연마함과 같다.

(3) 무장애법계(無障礙法界)이니 간략히 세 부문이 있다.

첫째는 상즉무애문(相卽無礙門)이요, 둘째는 형탈무기문(形奪無寄門)이며, 셋째는 쌍융구리성상혼연문(雙融俱離性相渾然門)이다.

1) 처음이니 일심(一心) 법계가 진여와 생멸 두 부문을 포함하여 서로 교철(交徹)해서 성상을 무너뜨리지 않음이 물에 쓸린 파도가 고요한 것이 아니요, 파도에 휩쓸린 물이 움직이는 것이 아님과 같다.

2) 형탈무기문(形奪無寄門)이란 현상마다 이치가 아님이 없는 까닭에 현상이 현상이 아니요, 이치마다 현상 아님이 없기에 이치도 이치가 아닌 것이다.

3) 쌍융구리성상혼연문(雙融俱離性相渾然門)

자세히 열 부문이 있다.

① 상(相)을 떠남을 말미암기에 현상이 무너져 이치에 걸맞다.

② 성(性)을 떠남을 말미암기에 이치가 없어져 현상에 걸맞다.

③ 상(相)을 떠나나 상을 무너뜨리지 않음을 말미암는 까닭에 현상이 이치에 걸맞되 현상이 있고 현상 아님으로써 현상을 삼는다.

④ 성품을 떠나나 성품을 없애지 않는 까닭에 이치가 현상에 걸맞되 이치는 있고, 이치 아님으로써 이치를 삼는다.

⑤ 상(相)을 떠남이 성품을 떠남과 다르지 않음을 말미암기에 사리(事理)를 같이 없애 말과 생각을 초월한다.

⑥ 무너뜨리지 않음이 없애지 않음과 다르지 않기에 처음에 사리(事理) 둘이 다 있으면서 뚜렷하여 볼 수 있다.

⑦ 무너뜨리지 않음이나 없애지 않음이 상(相)을 떠남이나 성품을 떠남과 다르지 않음을 말미암기에 하나의 사리(事理)가 걸림 없는 법계가 된다. 그래서 보고 들음을 초월한 묘법으로 하여금 늘 보고 들음에

통하지 않음이 없으며 말과 생각이 끊어진 깊은 뜻으로써 일찍이 말과 생각에 걸리지 않는다.

⑧ 이치로써 현상을 융섭함을 말미암아 분제가 없게끔 하니 이치의 두루함과 같아서 하나가 온갖 것에 들고, 이치의 포함함과 같아서 온갖 것이 하나에 들어간다. 그러기에 연기의 법이 하나하나가 각기 다함없는 법계를 거둔다.

⑨ 인과 법계가 각기 전부 거둠을 말미암기에 보현의 몸 가운데 부처님들이 다함이 없으며 부처님 털구멍에 보살들이 중중무진하다.

⑩ 인과 법계 차별법이 법계를 늘 남김 없이 거두기에 낱낱의 부문과 낱낱의 행위를 따라서 각기 다함없음을 거둔다. 그러므로 광대한 국토와 같은 큰 몸이나 가벼운 먼지와 털구멍이 모두 다함이 없으니 그 뒤의 하나로써 앞의 아홉을 전부 융섭하여 제3의 혼융문이 되며, 또한 앞의 둘을 융섭하여 이 부문을 떠나지 않는다.

2. 둘째로 들어가는 주체와 들어가는 대상을 밝힘은 전체적인 것은 곧 보현행원이나 만일 개별적으로 설한다면 간략히 두 종류가 있으니 첫째는 몸이 들어감이요, 둘째는 마음이 들어감이다.

몸은 마음의 깨침을 말미암기에 마음이 들어감을 자세히 말하겠다.

마음이 들어감에 세 가지가 있으니 첫째는 바른 믿음이요, 둘째는 바른 이해며, 셋째는 바른 행이다. 이 셋이 걸림 없는데 이 수행문에 하고자 함을 깊이 알고 청정한 믿음이 넘지 않으며 이 행문에 성상을 깨닫고 의지해 행을 일으키면 낱낱이 진실한 수행이니 해와 행이 서로 도와 자연히 부합한다.

3. 셋째로 들어가는 주체와 들어가는 대상이 부합한다는 것은 '입(入)'의 뜻을 바로 나타내는 것이다. '입'은 깨닫고 몸에 익히는 이름으로 간략히 두 부문이 있다.

(1) 과로 설하는 상(相)을 떠났다.

(2) 인의 부문으로 언설에 기탁하는데 지금 또 무분별지로 이법계를 증득함을 간략히 밝히면 다섯 부문이 된다. 첫째는 주체와 대상이 분명하고, 둘째는

주체와 대상이 둘이 없으며, 셋째는 주체와 대상을 다 없애고, 넷째는 있고 없음에 걸림 없으며, 다섯째는 하나를 들어 전부 거두는 것이다.

1) 들어가는 주체와 들어가는 대상이 분명하다는 것은, 무분별 지혜로써 차별 없는 이치를 증득하여 마음과 경계가 그윽이 부합하며 지혜와 정신이 합하여 능히 깨달음의 지혜를 이루고 깨닫는 이치를 증득한다. 마치 태양이 허공에 합한 것과 같은데 비록 가히 나누진 못하나 햇빛이 허공이 아니요, 허공이 햇빛은 아닌 것이다.

2) 들어가는 주체와 들어가는 대상이 둘이 없다는 것은, 일체 법이 곧 마음의 자성임을 알아서 체에 걸맞는 지혜로써 심체를 되비추어서 하나를 들어 전부를 거두니 이치를 들어 지혜를 거둠에 지혜가 이치 밖의 것이 아니요, 지혜를 들어 이치를 거둠에 지체(智體)가 곧 고요한 것이다. 마치 하나의 밝은 구슬이 구슬 스스로 빛이 있어 구슬을 되비춤과 같다.

3) 들어가는 주체와 들어가는 대상을 다 없앰은, 지혜가 이치에 부합함을 말미암아 지혜가 지혜 아니니 이치와 전부 같아서 자체가 없고, 이치도 지혜에 부합함을 말미암기에 이치가 이치 아니니 전부 지혜와 같아서 자립이 없다. 마치 파도가 물에 부합하니 움직이는 모습이 문득 허하고, 물이 파도에 부합하니 고요한 모습도 또한 숨은 것과 같아서 움직임과 고요함이 같이 없어져서 모습과 성품을 가지런히 떠났다.

4) 있고 없음에 걸림 없다는 것은, 앞의 세 부문이 설은 앞뒤가 있으나 체는 둘이 없기 때문이다. 모습을 떠나고 성품을 떠난 즉 주체와 대상이 같이 없어지고, 모습과 성품을 무너뜨리지 않은 즉 주체와 대상이 분명하다. 바로 모습과 성품을 떠나되 곧 무너뜨리지 않기에, 있고 없음에 걸림이 없다. 마치 파도와 물이 비록 움직임과 고요함이 같이 없으나 파도와 습기를 무너뜨리지 않는 것과 같다.

5) 하나를 들어 전부를 거둔다는 것은, 위에 나열한 네 부문은 뜻이 다름을 나타내고자 하나 이치가 이미 융섭했거니 어찌 일찍이 두 근원이

있겠는가? 마치 바다의 한 방울 물이 백천 강의 맛을 갖춤과 같다.
위는 다만 무분별의 지혜로써 진리를 증득함에 의했는데 이에 다섯
부문이 있거니와 만일 무장애 지혜로써 무장애 경계를 깨칠진댄 경계
와 지혜가 원융하여 말로 다하기가 어려우니 총체적으로 들어가는 주체
와 들어가는 대상이 다 부합한다.

위의 세 부문은 뒤로써 부합하고 다만 앞의 둘을 합하기에 세 부문이 한 이치요,
법계연기에 들어가는 보현행원이 주제가 되니 행원의 별상은 문 가운데 갖추었다.

Ⅳ. 보현행원품의 간추린 경문

보현 보살께서 부처님의 수승한 공덕을 찬탄하시고는 여러 보살과 선재에게 말씀
하셨다.

"선남자여, 부처님의 공덕은 가령 시방 모든 부처님들께서 무수한 겁 동안 계속
연설하셔도 다할 수 없다. 만약 이러한 공덕을 이루고자 하면 마땅히 열 가지 광대한
행원을 닦아야 한다.

그 열 가지는, 첫째, 모든 부처님께 예경함이요 둘째, 부처님을 칭송함이며 셋째,
널리 공양함이다. 넷째, 업장을 참회함이며 다섯째, 남의 공덕을 따라 기뻐함이요
여섯째, 법륜을 굴리시길 청함이다. 일곱째, 부처님께서 세상에 머무르시길 청함이
요 여덟째, 늘 부처님을 따라 배움이다. 아홉째, 항상 중생을 따름이요 열째, 두루
다 회향하는 것이다."

선재가 여쭈었다.

"거룩하신이여, 어떻게 예경하며 내지 회향합니까?"

보현 보살께서 선재에게 말씀하셨다.

"선남자여, 첫째, '부처님께 예경함'은 보현행과 원력으로 깊이 믿고 이해하여 목전
에 대한 듯이 하고 청정한 몸과 말과 뜻으로 항상 예경하는 것이다. 한 분 한 분의
부처님께 수많은 몸을 나타내어 그 낱낱의 몸이 무수한 부처님께 두루 절하는 것이다.

허공계가 다하면 나의 예경도 다할 것이지만, 허공계가 다할 수 없기에 나의 예경도 다함이 없다. 이 같이 중생계가 다하고 중생들의 업이 다하고 중생들의 번뇌가 다하면 나의 예경도 다할 것이나, 중생계와 내지 번뇌가 다할 수 없기에 나의 예경도 다함이 없다. 이는 시시각각 끊임없이 계속하여도 몸과 말과 뜻에 싫증이 없다.

선남자여, 둘째, '부처님을 칭송함'은 시방 삼세 모든 불국토의 부처님 처소마다 보살 대중이 둘러싸 모시는 것이다. 마땅히 깊고 수승한 이해로 눈앞에 나타나신 듯 알아보며 변재 천녀[1])의 미묘한 혀보다 더 뛰어난 혀로 부처님들의 공덕을 찬탄하는 것이다. 이를 미래가 다하도록 끊어지지 않고 계속하며 법계가 다하도록 두루 하지 않음이 없다.

이 같이 허공계와 중생계가 다하여야 나의 찬탄도 끝날 것이지만 다할 수 없기에 나의 찬탄도 다함이 없다. 이는 시시각각 끊임없이 계속하여도 몸과 말과 뜻에 싫증이 없다.

선남자여, 셋째, '널리 공양함'은 수많은 부처님 회상에 나의 보현행과 원력으로 깊이 믿고 이해하여 눈앞에 나타나듯 알아보며 미묘한 공양구로 공양하는 것이다. 이른바 꽃과 하늘의 음악과 옷·향 등이 산더미와 같다. 갖가지 켜는 등불은 우유등·기름등·향유등 같은 것이 심지는 수미산이요, 기름은 바닷물 같은 온갖 공양구로 항상 공양한다.

선남자여, 모든 공양 가운데는 법 공양이 최고다. 부처님 말씀같이 수행하는 공양과 중생에게 유익한 공양과 중생들의 괴로움을 대신하는 공양과 보살의 할 일과 보리심을 떠나지 않는 공양이 그것이다.

선남자여, 앞서 공양의 무한한 공덕으로 일념의 법 공양 공덕에 비하면, 그 백분의 일 내지 ……우바니사타분의 일에도 못 미친다. 왜 그런가 하면 말씀대로 수행하면 부처님을 내기 때문이다. 만약 보살들이 법 공양을 하면 이것이 바로 부처님께 공양함이니 이같은 수행이 참다운 공양이다.

이는 광대하고 최고 수승한 공양이니 허공계와 중생계가 다하면 나의 공양도 끝날

---

1) 베다에서 숭배되던 강의 여신으로 음악과 변재·재복·지혜의 덕이 있다. 불교에 들어와 금강명최승왕경 대변재천녀품에 상술되어 온다.

것이지만, 다할 수 없기에 나의 공양도 다함이 없다. 이는 시시각각 끊임없이 계속하여도 몸과 말과 뜻에 싫증이 없다.

선남자여, 넷째, '업장을 참회함'은 보살이 스스로 생각하되 '내가 과거에 탐내고 성내며 어리석어 몸과 말과 뜻으로 악업을 지은 것이 무한하다. 만약 이 악업이 본체가 있다면 온 허공계로도 다 수용할 수 없을 것이다. 내 이제 청정한 삼업으로 모든 불보살 앞에 성심으로 참회하고 다시는 짓지 않으며, 청정한 계율의 공덕에 항상 머물겠습니다'고 하는 마음이다.

이같이 허공계와 중생계가 다하여야 나의 참회도 다하지만, 다할 수 없기에 나의 참회도 다함이 없다. 이는 시시각각 끊임없이 계속하여도 몸과 말과 뜻에 싫증이 없다.

선남자여, 다섯째, '남의 공덕을 따라 기뻐함'은 모든 부처님들께서 초발심으로부터 모든 지혜를 위해 복덕을 부지런히 닦아 신명을 아끼지 않고 무수한 겁을 지나는 동안 셀 수 없는 신체발부를 버리셨다. 이같이 온갖 행하기 어려운 고행으로 갖가지 바라밀문을 원만히 하시고 보살의 지혜 경지에 깨쳐 들어가 모든 부처님의 위없는 보리를 이루었다. 열반에 드신 뒤에는 사리를 분포한 선근을 나도 따라 기뻐한다. 또 시방 세계의 생명들이 갖고 있는 공덕의 한 먼지만큼이라도 내가 다 따라서 기뻐한다. 시방 삼세 모든 성문과 벽지불의 배우는 이와 배울 것 없는 이의 공덕을 한 먼지만큼이라도 내가 다 따라서 기뻐한다. 모든 보살들이 무한히 행하기 어려운 고행을 닦으면서 최상의 보리를 구하던 광대한 공덕을 내가 다 따라서 기뻐한다.

이같이 허공계와 중생계가 다하여도 나의 따라 기뻐함은 다함이 없다. 이는 시시각각 끊임없이 계속하여도 몸과 말과 뜻에 싫증이 없다.

선남자여, 여섯째, '법륜을 굴리시길 청함'은 수많은 부처님 회상에서 내가 몸과 말과 뜻으로 하는 여러 가지의 방편으로써 부처님의 설법을 은근히 권청하는 것이다.

이 같이 허공계와 중생계가 다하여도 내가 늘 모든 부처님께 법륜을 굴리시길 권청함은 다함이 없다. 이는 시시각각 끊임없이 계속하여도 몸과 말과 뜻에 싫증이 없다.

선남자여, 일곱째, '부처님께서 세상에 머무시길 청함'은 수많은 부처님과 보살·성문·연각의 배우는 이와 배울 것 없는 이와 모든 선지식들에게 내가 다 권청하여 열반에 들지 말고 무수한 겁을 지나도록 많은 중생을 유익하게 해 달라고 청하는 것이다.

이같이 허공계와 중생계가 다하여도 나의 권청은 다함이 없다. 이는 시시각각 끊임 없이 계속하여도 몸과 말과 뜻에 싫증이 없다.

선남자여, 여덟째, '늘 부처님을 따라서 배움'은 비로자나불께서 초발심부터 정진 하여 물러섬이 없으시고 말로 할 수 없이 말로 할 수 없는 신명으로 보시하셨다. 가죽으로 종이를 삼고 뼈로 붓을 삼으며, 피로 먹물을 삼아서 사경을 수미산같이 쌓아 올려 법을 존중하여 신명도 아끼지 않으셨다. 하물며 왕위나 온갖 물건과 행하 기 어려운 고행이겠는가. 보리수 아래서 큰 깨달음을 이루시어 여러 가지 신통 변화 를 일으키며, 갖가지 부처님 몸을 나타내어 많은 대중들이 모인 곳에 계실 적에 원만 한 음성을 우렛소리같이 하여 그들이 하고자 함에 따라 중생들을 성숙시키던 일과 내지는 열반을 보이신, 이같은 일체를 내가 다 따라 배운다. 지금의 비로자나불과 같이 일체 불국토의 부처님들께도 다 마찬가지로 하여 시시각각 내가 모두 따라 배우 는 것이다.

이 같이 하여 허공계와 중생계가 다하여도 나의 따라 배움은 다함이 없다. 이는 시시각각 끊임없이 계속하여도 몸과 말과 뜻에 싫증이 없다.

선남자여, 아홉째, '항상 중생들에 따름'은 시방 세계의 중생들이 다양한 차별이 있어 알에서 나고, 태에서 나고, 습기로 나고 변화로 나기도 한다. 땅과 물과 불과 바람을 의지하여 존재하고 허공이나 초목을 의지하여 존재하기도 한다. 여러 가지 종류와 몸·형상·수명·종족·이름·성질·소견·욕망·뜻·위의·옷과 음식으 로 다양하게 촌 마을이나 도심지 대궐 같은 집에 사는 온갖 중생들에게 수순하여 갖가지로 시봉들며 공양한다. 부모같이 공경하고 스승과 아라한과 내지 부처님께나 다름없이 받든다. 병자에게는 좋은 의사가 되고, 길 잃은 이에게는 바른 길을 보이 며, 캄캄한 밤에는 광명이 되고, 가난한 이에게는 숨긴 재물을 얻게 하니 보살이 이같 이 여러 중생을 평등히 이롭게 함을 말한다. 왜냐하면 보살이 중생을 따라줌은 곧 부처님을 따르고 공양함이 되고, 중생을 존중하여 섬김은 곧 부처님을 존중하여 시중 드는 것이기 때문이다. 그 까닭은 부처님은 대비심으로 몸을 삼으시기 때문이다. 중생을 인해 대비심을 일으키고 대비로 인해 보리심을 내며 보리심을 인해 정각을 이루신다. 마치 광야에 있는 큰 나무의 뿌리가 물을 얻으면 가지와 잎과 꽃과 열매가 다 무성해짐과 같이, 생사의 광야 보리수도 마찬가지다. 일체 중생은 나무뿌리가 되고 불보살들은 꽃과 열매가 되어, 대비의 물로 중생들을 유익하게 하면 모든 불보살들의 지혜의 꽃과 열매를 이룬다. 왜 그런가 하면 보살들이 대비의 물로 중생들을 이롭게 하면 최상의 깨달음을 이룰 수 있기 때문이다. 이 때문에 보리는 중생에게 속하니 중생이 없으면 모든 보살들이 끝내 최상의 깨달음을 이루지 못한다.

선남자여, 그대는 이 뜻을 마땅히 이같이 알 것이다. '중생에게 마음을 평등히 함으로써 원만한 대비를 이루고 대비심으로 중생들을 따라줌으로써 부처님께 공양함을 이루는 것이다'고 알 것이다.

보살은 이 같이 중생을 따라 주니 허공계와 중생계가 다하여도 나의 따라 줌은 다함이 없다. 이는 시시각각 끊임없이 계속하여도 몸과 말과 뜻에 싫증이 없다.

선남자여, 열째, '두루 다 회향함'은 처음 예경함으로부터 따라 줌에 이르기까지, 공덕을 다 모든 중생에게 회향하여 중생들이 항상 안락하여 병고가 없게 하기를 원한다. 하고자 하는 잘못된 생활은 다 이루지 못하고 착한 행위는 빨리 이루어지며, 온갖 나쁜 곳의 문은 닫고 인천과 열반에 이르는 바른 길은 열어 보이길 원한다. 중생들이 쌓은 온갖 악업으로 인하여 받게 되는 극심한 고초의 과보를 내가 대신 받아, 중생들이 다 해탈하게 하고 끝내는 최상의 깨달음을 이루기를 원하는 것이다.

보살은 이같이 회향하니 허공계와 중생계가 다하여도 나의 이 회향은 다함이 없다. 이는 시시각각 끊임없이 계속하여도 몸과 말과 뜻에 싫증이 없다.

선남자여, 이것이 보살의 열 가지 대원이 원만히 갖추어진 것이다. 만약 모든 보살들이 이 대원을 따라 들어가면 능히 중생을 성숙시키고 최상의 깨달음을 수순하게 하며, 보현 보살행과 원력을 원만히 하게 될 것이다. 그러므로 선남자여, 그대는 이 뜻을 마땅히 이같이 알아야 할 것이다.

만약 선남자 선여인이 시방에 가득히 무한하고 끝없으며 이루 다 말로 할 수 없이 말로 할 수 없는 불국토에서 최상의 칠보와 또 인천의 최고 수승한 안락으로써 이러한 모든 세계의 중생들에게 보시한다 하자. 또 불보살들께 공양하되 수많은 겁 동안 끊임없이 계속한 공덕을 누군가 이 열 가지 원을 한번 들은 공덕과 비교하면, 앞의 공덕은 백분의 일 내지 우바니사타분의 일에도 미치지 못한다.

또 누군가 깊은 신심으로 이 대원을 수지 독송하거나 사구게 만이라도 옮겨 쓴다면 오무간 지옥의 업이라도 속히 없어진다. 또 세간에서 얻은 심신의 병이나 온갖 고뇌 내지 수많은 악업이 다 제거될 것이며, 모든 악귀가 모두 멀리 떠나거나, 혹은 발심하여 가까이서 지킬 것이다.

그러므로 이 원을 암송하는 이는 세간에 다니되 공중의 달이 구름의 가림을 벗어나듯 장애가 없을 것이며, 불보살들이 칭찬하고 모든 인천이 다 예경하고 공양한다. 이 선남자는 사람의 몸을 잘 얻어 보현 보살의 공덕을 원만히 하여 오래지 않아 보현 보살과 같이 미묘한 몸을 이루어 32대장부상을 갖출 것이다. 인천에 나면 있는 곳마다 항상 명가에 태어나, 악한 곳을 깨뜨리고 나쁜 친구를 끊는다. 또 외도를 누르고 온갖 번뇌에서 다 해탈하여 마치 사자 우두머리가 뭇 짐승들을 굴복시키듯하여 많은 중생들의 공양을 받을 것이다.

또 이 사람이 임종하는 최후 찰나에 육신은 모두 다 여기저기 흩어지고 어느 하나도 따라오지 않되 이 열 가지 원은 서로 멀리하지 않고 아무 때에나 선도하여 순간에 극락 세계에 왕생한다. 도달하고는 곧 아미타불과 문수·보현·관자재·미륵 보살 등을 친견하리니 이 보살들은 모습이 우아하고 공덕을 갖추어 함께 둘러앉을 것이다. 그 사람은 스스로 연꽃 가운데 나서 부처님의 수기 받음을 볼 것이다. 수기를 받고는 무수한 백 천 만 억 나유타 겁을 지나도록 두루 시방의 말로 할 수 없이 말로 할 수 없는 세계에 지혜의 힘으로 중생심을 따라 유익하게 할 것이다. 오래지 않아서 보리 도량에 앉아 악마를 항복 받고 정각을 이루며, 가르침을 설해 능히 수많은 중생들로 하여금 보리심을 내게 한다. 그 근기에 따라 교화하여 성숙시키며, 미래가 다하도록 일체 중생을 널리 유익하게 할 것이다.

선남자여, 저 중생들이 이 열 가지 원을 듣고는 믿고 수지 독송하여 남을 위해 연설하면 그 공덕이 부처님을 제하고는 알 이가 없다. 그러므로 그대들은 이 원을 듣거든 의심하지 말고 마땅히 자세히 받고, 받아서는 읽고, 읽고는 외우며, 외우고는 능히 지니며, 내지 옮겨 쓰고, 널리 남을 위해 설할 것이다. 이런 자는 일념에 소유한 행원을 다 이룰 것이며 얻는 복덕은 무한하고 끝이 없어 번뇌의 괴로움에서 중생들을 건져서 벗어나게 하고는 다 아미타불의 극락 세계에 왕생할 것이다.”

이 때 보현 보살께서 이 뜻을 다시 펴고자 하여 시방을 두루 살피시고는 게송으로 설하셨다.

보현행원의 신력으로
모든 부처님 앞에 나타나니
한 몸으로 수많은 몸을 나타내
무수한 부처님께 낱낱이 두루 예배합니다.

지난날 지은 모든 악업
성내고 욕심 부려 어리석은 탓
몸과 말과 뜻으로 지었으니
제가 지금 다 참회합니다.

부처님께 공양하고 예찬한 것과
머무시어 설법하시길 청한 것과
함께 기뻐하고 참회한 모든 선근
중생과 불도에 회향합니다.

온갖 번뇌와 악마의 경지와
세간사에 해탈 얻어
마치 연꽃이 물들지 않듯
또한 해와 달이 허공에 머물지 않듯 하네.

저의 명이 다할 때에
온갖 장애 다 없애고

아미타불 친견하여
그대로 극락 정토 태어나길 원합니다.

지난날 지혜의 힘이 없어서
극악한 오무간죄를 지었더라도
보현 보살 서원을 외우면
일념에 속히 소멸되리.

날 적마다 가문과 용모가 좋고
상호와 지혜가 다 원만하며
악마와 외도가 꺾을 수 없어
삼계의 공양을 받으리.

혹 누군가 보현 보살 서원
수지 독송하고 연설하면
부처님께서 그 과보 아시리니
결정코 수승한 보리도 얻으리.

혹 누군가 보현행원을 외우면
그 선근의 일부조차도
일념에 온갖 것을 다 원만히 하며
중생들의 청정한 원 이루리.

바라건대 보현 보살 수승한 행의
끝없이 뛰어난 공덕 다 회향하여
미혹에 빠진 모든 중생들
아미타불 극락 세계로 어서 가지이다.

  이 때 보현 보살께서 부처님 전에서 이 보현의 광대한 원과 청정한 게송을 설하자 선재는 무한히 뛸 듯이 기뻐했다. 보살들도 크게 환희했으며 부처님께서는 "훌륭하도다"하며 찬탄하셨다.

  부처님께서 이같이 불가사의한 해탈 경계의 수승한 법문을 연설하실 때, 모든 대중들은 부처님의 설하심을 듣고 다 기뻐하여 믿고 받아들여 행하였다.

<부 록>

각 십회향 지위의 이름 풀이

1. 여러 중생을 구호하되 중생이라는 상을 떠난 회향
　　〔救護一切衆生離衆生相廻向〕

【청량소】本業云. 常以無相心中 常行六道 而入果報. 不受而受諸受. 廻易轉化. 故名救護等.

［청］ 보살영락본업경〔상권 3〕에, "항상 집착을 벗어난 마음〔無相心〕으로써 늘 육도를 다니고 과보에 듦에, 받지 않되 온갖 받을 것을 받아 바꾸어 변화하기에 '여러 중생을 구호하되 중생이라는 상을 떠난 회향〔救護等〕'이라고 이름한다"고 하였다.

2. 깨뜨릴 수 없는 회향〔不壞廻向〕

【청량소】謂於諦寶等 十種勝境 深信堅固 得不壞名. 然十表無盡 信通事理. 故本業云. 觀一切法 但有用但有名 念念不住 故名不壞是知. 善根廻向 皆通事事無礙 方眞不壞耳.

［청］ 진리의 보배 등 열 가지 최고의 진리에 깊은 믿음이 견고하기 때문에 '깨뜨릴 수 없는'이란 이름을 얻었다. 이 열 가지는 다함없음을 나타내고 믿음은 현상과 이치에 통한다. 보살영락본업경에 "온갖 법이 〔오로지 받음이 있던가〕 다만 작용이 있거나 단지 이름이 있음을 관하여 시시각각 머무르지 않기 때문에 '깨뜨릴 수 없는 〔회향〕'이라 이름한다"고 했으니 알 것이다. 선근회향이 모두 사사무애에 통하여야 비로소 진실한 '깨뜨릴 수 없음'이다.

3. 모든 부처님과 평등한 회향〔等一切佛廻向〕

【청량소】若準次文 但等三世諸佛 廻向之道. 準下亦等善根. 故文云 如過去佛 所行一切善根 我亦如是. 故本業亦云. 三世諸佛法 一切時行. 兼顯無間. 故下文云. 與妻子

俱 未曾暫捨 菩提之心. 此從所等立名. 卽等一切佛之廻向. 以深入法性行普門善而爲
其性.

[청] 만약 다음 글에 준하면 다만 삼세 모든 부처님의 회향 도와 평등하고 아래에
준하면 또한 선근도 같다. 그러므로 [십회향품] 경문에, "과거 부처님께서 행하신
온갖 선근과 같아 나도 또한 이와 같이 [회향] 한다"라고 했다. 보살영락본업경에 또
한, "삼세 일체 불법을 온갖 때에 행하기 때문 [에 모든 부처님과 평등한 회향]"이라고
하니 끊어짐 없음을 겸하여 나타낸 것이다. 그러므로 다음 [십회향품] 경문에, "[집
에서] 처자와 함께 하여도, 일찍이 잠깐도 보리심을 버리지 않는다"고 하였는데 이는
평등한 것으로부터 명명한 것이요, 모든 부처님의 회향과 같으니 깊이 법성에 들어가
보문선을 행함으로써 그 성품을 삼는다.

4. 온갖 곳에 이르는 회향 [至一切處廻向]

【청량소】 至是能至善根 及其供具. 一切處 卽所至供境. 謂以大願 令此善根供具 徧
至一切時處. 隨所應供 供諸福田. 本業云. 以大願力 入一切佛國中 供養一切佛故. 然
準下文 若因若果 皆至一切. 略擧十事. 一法身至一切處. 如來藏身 普周徧故. 二法身
至 故智身至. 三智身至 故大願至. 四大願至 故供具善根至. 五則見佛聽聞至. 六則現
身開悟至. 七則無來無去至. 八則不出一毛孔而能至. 九則一身一毛 等一切身毛至. 十
則一念 等一切劫至. 若剋陣別體 則以供佛善根 及勝解心爲體. 通則該於法界.

[청] '지'는 능히 이르는 선근과 그 공양구요, '일체 처'는 도달처의 공양 경계인데
대원으로써 선근과 공양구를 온갖 때와 장소에 두루 이르게 하여 응해지는 공양을
따라서 온갖 복전에 공양한다. 보살영락본업경에는, "대원력으로써 모든 불국토에
들어가 일체 부처님께 공양하기 때문에 [온갖 곳에 이르는 회향]"라고 하였다. 그러
나 다음 경문에 준하면 인·과가 다 온갖 곳에 이르는데 간략히 열 가지 일을 든다.
   (1) 한 법신이 온갖 곳에 이르니 여래장신이 널리 두루한 때문이다.
   (2) 법신이 이르기 때문에 지혜의 몸에 이른다.

(3) 지혜의 몸이 이르기 때문에 큰 원에 이른다,

(4) 큰 원이 이르기 때문에 공양구와 선근이 이른다.

(5) 부처님을 친견하고 가르침을 들음에 이른다.

(6) 몸을 나투어 깨달음에 이른다.

(7) 오고 감이 없이 이른다.

(8) 한 털구멍에서 벗어나지 않고 능히 다다른다.

(9) 한 몸과 한 털구멍이 온갖 몸의 털구멍과 같이 도달한다.

(10) 일념이 일체 겁과 같이 도달한다.

만약 각각의 것을 잘 진술하면 부처님께 공양하는 선근과 뛰어나게 이해하는 마음으로써 본체를 삼고 통하면 법계를 감싼다.

5. 다함이 없는 공덕장 회향〔無盡功德藏廻向〕

【청량소】由緣無盡境 行廻向故 成無盡善根 功德之行. 得十無盡藏之果. 從能廻及果行受名. 或無盡功德之藏 或卽藏通二釋. 以廻向望行廻向爲能藏. 無盡功德是所藏. 以因望果亦然. 並有財釋. 本業云. 常以三寶 授與前人 故名無盡功德藏. 此義亦通所廻善根. 卽以五門善根廻向而爲其性.

〔청〕 다함없는 경계를 반연하여 회향을 행함을 말미암기에 다함없는 선근 공덕 행을 이루고 십무진장 과를 얻어 능회(能廻)와 과행(果行)으로부터 이름을 받았다. '무진 공덕의 장'이거나, '장'이 두 가지 해석에 통하니 회향으로써 행에 비교하면 '회향'은 능히 저장하는 것이 되고, '무진공덕'은 저장되는 것이며, 인(因)으로써 과(果)에 비교해도 역시 그러니 다 유재석이다. 보살영락본업경에, "늘 삼보로써 앞사람에게 주기 때문에 다함이 없는 공덕장〔회향〕이라 이름한다"고 했는데 이 뜻도 또한 회향되는 선근에 통하니 오문의 선근회향으로써 그 성품을 삼는다.

6. 견고한 온갖 선근을 따르는 회향〔隨順堅固一切善根廻向〕

【청량소】謂所修事善 皆悉順入 堅固法性. 故下文云. 則爲隨順眞實住. 本分名入一

切 平等善根. 入卽隨順. 平等卽堅固. 平等之理 不可壞故. 若順等理 則順諸善根. 故
下文云. 則爲隨順佛住等. 又本業云. 習行相善 無漏善而不二. 故名隨順平等 一切善
根. 此則不唯事順於理. 理事相順 受平等名. 如此平等 方名堅固. 此約所廻善根 及所
向實際 以立斯名. 亦可名爲堅固之善根. 堅固卽善根. 若以隨順望堅固 善根亦通二義.
卽以無礙善根而爲其性.

[청] 닦은 선이 모두 견고한 법성에 수순하여 들어감을 이르기에 다음〔십회향품〕
경문에, "〔보살이 이렇게 회향할 때에〕 진실함을 따라 머문다"고 하였다. 〔십회향품〕
본분에서는 "온갖 평등한 선근에 들어가는〔회향〕"이라 이름하니 들어가는 것이 따르
는 것이요, 평등이 견고함이니 평등의 이치는 깨뜨릴 수 없기 때문이다. 만약 이치대
로 수순하면 온갖 선근을 따르기에 다음〔십회향품〕경문에, "부처님을 따라 머문다"
고 하였다. 또 보살영락본업경에, "유루선〔相善〕과 무루선을 습관적으로 행하되 둘
이 아니기에 '평등한 온갖 선근을 따르는〔회향〕'이라고 이름한다"고 하니 이는 오직
현상이 이치에 수순할 뿐 아니라 이치와 현상이 서로 따르기에 평등이란 이름을 받은
것이니 이같이 평등하여야 비로소 견고하다고 이름한다. 이는 돌이킨 선근과 나아가
는 실제에 의하여 이름을 지어 붙인 것이며 또한 견고한 선근이라 하니 견고함이
바로 선근이다. 만약 수순하는 것으로써 견고함에 비교하면 선근 또한 두 뜻에 통하
니 걸림 없는 선근으로써 그 성품을 삼는다.

7. 여러 중생을 평등하게 따라주는 회향〔等隨順一切衆生廻向〕

【청량소】謂以善根 等心順益故. 等卽平等. 通於能所. 所順衆生 無相平等. 能隨順
心 智照平等 此從廻向受名. 等卽隨順. 故本業云. 以觀善惡父母 無二相一合相故. 名
隨順觀一切衆生廻向. 名無等字. 釋有等義. 有云. 善惡卽怨親. 此二平等 俱生法身.
皆明父母. 應云. 善父母者 方便般若也. 惡父母者 無明貪愛也 不滅癡愛 起於明脫[1] 故
無二相. 智契無二 名一合相. 卽以無貪等善根而爲其性.

[청] 선근으로써 평등한 마음을 가지고 가르쳐 이익을 줌〔等心順益〕을 이르는데 '등'

은 평등으로 주체와 대상에 통한다. 따르는 중생은 차별 상을 떠나 평등하고 수순하는 마음은 지혜로 비추어 평등하니 이는 회향으로부터 이름을 받은 것이요, '등'이 바로 '수순'이다. 그러므로 보살영락본업경에, "좋거나 나쁜 부모의 두 모습이 없이 융합한 하나의 형상을 관하기에 '여러 중생을 따라 관하는 회향'이라고 이름한다"고 했으니 이름엔 '등'자가 없지만 풀면 '등'의 뜻이 있다. 혹자가 이르되 선악은 자신을 사랑하거나 해치는 것이니 이 둘이 평등하여 같이 법신을 내기에 다 부모라 밝혔다. 응당 좋은 부모란 방편과 반야요 나쁜 부모는 무명과 탐욕이라 할 것이다. 우치와 탐애를 멸하지 않고 명탈을 일으키기에 두 형상이 없고 지혜로 둘이 없음에 부합하기에 융합한 하나의 형상이라 하니 탐욕이 없는 등 선근으로써 그 성품을 삼는다.

【주】 ━━━━━━━━━━

1. 명탈(明脫) : 어리석음을 떠남을 명이라 하고, 탐애를 떠남을 탈이라고 한다.

8. 진여의 모습인 회향〔眞如相廻向〕

【청량소】 善根合如 以成廻向. 從所依立名. 義通能所. 故本業云. 常照有無二諦. 一切法一合相故. 若梵本中 具名眞如相自性廻向. 相卽德相. 性卽體性. 以二非卽離 所以雙擧. 多說德相 唐本單名 卽以法界印而爲其性. 此與前後異者 謂第七明會事向理 故云平等. 此明事盡理現 故行等同如. 第九明從體起用. 第十明用同體 同體而用 餘如第四廻向會釋.

〔청〕 선근이 진여에 합하여 회향을 이루는데 의지되는 것으로부터 이름을 세웠으나 뜻은 주체와 대상에 통한다. 그러므로 보살영락본업경에, "늘 유·무의 두 가지 진리를 비추어 온갖 법이 융합한 하나의 모습이기 때문에 〔진여상회향이라고 이름한다〕"고 하였다. 혹 범본이라면 갖추어 '진여상자성회향'이라 이름하니 '상'은 부처님의 뛰어난 형상〔德相〕이요, 성은 실체의 본성이니 둘은 즉(卽)·리(離)가 아닌데 이 때문에 쌍으로 들었으니 다분히 덕상을 설한다. 당본〔신역〕에서는 홀로 이름하니 법계인(法界印)으로써 그 성품을 삼았다. 이 것이 앞뒤로 차이가 남은 제7에서 현상을 회통

하여 이치에 나아감을 밝히기 때문에 평등이라 했고, 이엔 현상이 다하고 이치가 나타남을 밝히기 때문에 행이 평등해 진여와 같다. 제9는 본체로부터 작용을 일으킴을 명시하고 제10은 작용이 본체와 같음을 밝히니 본체와 같은 작용이다. 나머지는 제4 회향의 회석과 같다.

9. 집착도 없고 속박도 없는 해탈의 회향〔無着無縛解脫廻向〕

【청량소】謂理智無依 不爲能所見著 相惑所縛. 由此卽名解脫 此約行體釋之. 故本業云. 以諸法無二 般若無生 二諦平等 三世一合相故. 又解脫者 亦作用自在 如不思議等. 此約行用. 由攝善根 皆用廻向 普賢三業 無邊自在德用故. 於何無縛著耶. 謂心等十. 以自身有業果 及所作佛事 有世界佛刹 衆生法智等故. 不爲何等 所縛著耶. 略如上說. 別有十事五對. 一由離凡故 不縛生死. 以出小乘 不著二乘. 二離六識取 不縛外境. 離第七執 不著於內. 三離現行縛. 無種子著. 四不取有縛. 不執空著. 五無惑障縛. 無智障著. 皆縛粗著細. 若約一事 由著故縛. 義如總中. 或縛著一義. 此約無礙 大用受名. 通能所廻向. 約脫惑障 無縛無著 卽是解脫. 約用解脫 乃無縛著之解脫. 若望心等 亦是無縛著之心. 卽上體用 並爲其性.

[청] 이지(理智)는 의지가 없이 능·소견의 집착과 서로 미혹하여 얽매이지 않는데 이로 말미암아 해탈이라 이름하니 이는 행체에 의하여 푼 것이다. 그러므로 보살영락본업경에, "온갖 법이 둘이 없으며 반야는 공〔無生〕하고 〔진·속〕두 가지 진리는 평등하며, 〔과거·현재·미래〕삼세가 융합한 하나의 모습인 때문에 〔집착도 속박도 없는 해탈의 회향〕……"라고 했다. 또 해탈은 작용이 자재하여 부사의 등과 같다고 하니 이는 〔중생 제도〕행의 작용〔行用〕에 의한 것인데 선근을 거두어 온갖 작용이 다 보현 삼업의 끝없이 자재한 덕용에 회향하기 때문이다. 어디에 속박이 없는가는 마음 등 열 가지를 이르니 자신〔心·身·口〕에게 업과와 불사를 한 것이 있으며 세계와 불국토·중생·법·지혜 등이 있기 때문이다. 어떤 것의 속박이 되지 않는가 하면 간략히 위의 설과 같으며 별도로 다섯 가지 대구로 열 가지가 있다.

(1) 범부를 떠남을 말미암기 때문에 생사에 속박되지 않고, 소승에서 벗어났기에

이승에 집착하지 않는다.

(2) 육식의 취함을 떠났기에 바깥 경계에 속박되지 않고, 제7의 집착을 떠났기에 안으로 집착하지 않는다.

(3) 현행의 속박을 떠났고 종자의 집착이 없다.

(4) 유의 속박을 취하지 않고 공의 사로잡힘에 집착하지 않는다.

(5) 미혹의 장애에 속박되지 않고 지혜의 장애에 집착하지 않는다.

모두 속박은 굵직하고, 집착은 잔잔한 것이다. 혹 한 현상에 의하면 집착으로 말미암아 속박되니 뜻이 전부 같고 혹은 속박과 집착이 한 뜻이다. 이는 거리낌없는 큰 작용에 의하여 이름을 받은 것이니 능·소에 통하는 회향이다. 미혹의 장애를 벗어난 것에 의하면 속박과 집착 없음이 바로 해탈이고, 해탈의 작용에 의하면 속박과 집착이 없는 해탈이며, 만약 마음에 비교하면 또한 속박과 집착이 없는 마음이니 위의 본체와 작용을 아울러 그 성품으로 삼는다.

10. 법계와 동등하여 한량없는 회향〔等法界無量廻向〕

【청량소】謂稱法界 起大用故. 然等者入義. 故本分中 名入法界. 法界無量 卽是所入. 何法能入. 略有其四. 一所廻行法. 謂法施之行 稱法界施故. 二所行行體. 廣大無邊故. 三能廻之智. 四所向之德. 謂以稱法界之大智 廻等法界之善根 向同法界之大用 成法界之行體. 此則位滿至極 故標法界之名. 當法受稱. 等何法界. 此通四義. 一等理法界. 故經云. 如法界一性. 如法界自性淸淨. 善根廻向 亦復如是. 其文非一. 二等事法界. 經云. 欲見等法界 無量諸佛. 調伏等法界 無量衆生. 或願起等法界無量行. 或願成等法界無量德. 或願得等法界無量果. 皆卽理之事也. 三等理事無礙法界. 經云. 願一切衆生 作修行無相道法師. 以諸妙相 而自莊嚴. 則相無相無礙. 皆其類也. 四等事事無礙法界. 故經云. 一佛刹中 現一切佛刹等. 然其四事 全等四種法界 融而無二. 故此能等 卽是所等. 非有二物 而可依之. 故上稱入 入無所入. 本業但云法界. 無等入言. 卽斯意也. 彼釋云. 覺一切法 第一義諦 中道無相. 一切法皆一相照故. 第一中道 卽是所入. 皆一相照 卽是能入. 此二無二 卽是法界. 故不可但以事法界爲名. 言無量者 亦有二義. 一無分量. 卽理法界. 二無數量. 卽事法界. 前廻向 明依體起用. 此明體用無礙

圓極自在. 卽以法施及諸相應普賢自在大善巧德爲其位體.

[청] 법계에 부합해서 큰 작용을 일으키기 때문인데 이러한 '등'은 들어가는 뜻이다. 그러므로 본분에는 '입법계'라 이름하니 한량없는 법계가 바로 들어가는 곳이다. 어떤 법으로 들어가는지 간략히 네 가지가 있다.

(1) 돌이키는 행법이니 가르침을 베푸는 행이 법계에 부합하여 베풀기 때문이다.

(2) 행하는 행체가 광대하여 끝이 없기 때문이다.

(3) 능히 돌이키는 지혜다.

(4) 향하는 덕이다.

　　법계에 부합한 큰 지혜로써 법계와 동등한 선근을 되돌려 법계와 같은 큰 작용에 향해 법계의 행체를 이룬다. 이는 지위가 원만 지극하기 때문에 법계의 이름을 나타낸 것이요, 법에 해당해 명칭을 받은 것이다.

　　'어떤 법계와 동등한가'라는 것은 네 가지 뜻에 통한다.

① 이법계와 같기에 경[십회향품]에, "법계가 한 성품인 것과 같고 법계의 자성청정과 같아서 선근 회향도 또한 다시 이와 같다"라고 하니 그런 글이 하나가 아니다.

② 사법계와 같으니 [십회향품] 경문에, "한량없는 모든 부처님을 친견하고자 하며, 법계와 같이 한량없는 중생을 조복하고자 한다. 혹 법계와 동등하게 한량없는 행을 일으키길 원하며, 혹은 법계와 같이 한량없는 덕을 이루길 원한다. 혹 법계와 같이 한량없는 불과를 얻기를 원한다"라고 하니 모두 이치에 걸맞는 현상이다.

③ 이사무애법계와 같으니 [십회향품] 경에, "일체 중생이 차별 상을 떠난 도를 수행하는 법사가 되어 온갖 뛰어난 특상으로써 스스로 장엄하길 원한다"라고 하니 형상이 있고 없음에 걸림 없음이 다 그 유형이다.

④ 사사무애법계와 같기에 [십회향품] 경문에, "한 불국토에 모든 불국토를 나타내는 등"이라고 했다. 그러나 그 네 가지 일이 전부 4종 법계와 같아 융섭하여 둘이 없으므로 능등(能等)이 바로 소등(所等)이니 둘이 의지할

게 있음이 아니다. 그러므로 위에서 들어간다고 일컬었으니 들어가되 들어감이 없는 것이다. 보살본업경에는 다만 법계라 하고 '등입'이란 말이 없는 것이 이 뜻이다. 저 〔보살영락본업경〕에 해석해, "온갖 법의 제일의제인 중도실상〔中道無相〕을 깨달아 모든 법을 다 한 형상으로 비추기 때문에 〔법계와 동등하여 한량없는 회향이라고 이름한다〕"라고 하므로, 제일 중도는 들어가는 대상이요 모두 한 형상으로 비춤은 바로 들어가는 주체이니 이 둘의 둘 없음이 법계이다. 그러므로 다만 사법계로써 이름하지 못하는 것이다.

'한량없다'는 것에도 또한 두 뜻이 있다.

① 분량이 없으니 바로 이법계다.

② 수량이 없으니 바로 사법계다.

앞의 회향은 본체에 의지하여 작용을 일으킴을 밝혔고, 이는 본체와 작용이 걸림 없이 완전무결〔圓極自在〕 함을 밝힌다. 즉 가르침을 베푸는 것과 온갖 형상으로써 보현의 자재한 대 선교방편의 덕에 응하여 그 지위의 본체를 삼는다.

각 십지 지위의 이름 풀이

1. [비로소 법의 맛을 알아] 환희심을 내는 지 [歡喜地]

【청량소】 此論所釋 已見本分. 當經有釋 備於下文 今引他部 成立正義. 唯識第九 云. 初獲聖性 具證二空. 能益自他 生大喜故. 此有三義. 一得位. 二證理. 三成行. 由 此三故 名極歡喜. 攝大乘論第七云. 由此最初得 能成辦自他義利 勝功德故. 此唯依第 三 成行義說. 十住毘婆沙云. 始得法味 生大歡喜故. 此唯約證理義說. 瑜伽七十八 引 深蜜經云. 成就大義 得未曾有 出世間心 生大歡喜故. 此約二義. 大義卽是 二利行成. 出世間心 是得聖位. 此同本論 本分中釋.

[청] 이 논에서 풀이한 것은 이미 본분에 나타났고 해당 경에 풀이가 있는데 다음 글에 갖추고 지금 다른 부분을 인용하여 정식 뜻을 세운다.

성유식론 제9에, "처음 성스런 성품을 얻어 [아·법] 이공(二空)을 갖추어 증득하고 능히 나와 남을 이롭게 하여 큰 기쁨을 내게 하기 때문이다"라고 하였다. 이에 세 뜻이 있으니 첫째는 지위를 얻고, 둘째는 이치를 증득하며, 셋째는 행을 이루는 이 셋을 말미암기 때문에 '극환희'라 이름한다.

섭대승론석 제7 [섭대승론본 하권]에, "이는 최초에 자타의 이익을 이루는 수승한 공덕을 얻음을 말미암는 때문이다"라고 하니 오직 제3의 행을 이루는 뜻에 의하여 설한 것이요, 십주비바사론에 "비로소 법의 맛을 알아 큰 환희를 내는 때문이다"라고 했는데 이는 오직 이치를 증득한 뜻에 의해 설한 것이다.

유가사지론 78권에는 해심밀경을 인용하여, "큰 뜻을 이루어 일찍이 없던 출세간 의 마음을 얻어 큰 환희를 내기 때문에 [최초에 극희지라 이름한다]"라고 하니 이는 두 뜻에 의한 것이다. 대의는 두 가지 이로운 행 [자리·이타]으로 이루는 것이다. 출세간심은 성스런 지위를 얻는 것인데 이는 본론 본분의 해석과 같다.

【통현론】有十種歡喜 明自知得佛智慧 永離苦源 此一段入法故 生歡喜分 如文自具
不煩更釋.

통 열 가지 환희가 있음은 스스로 부처님의 지혜를 얻어서 괴로움의 근원을 길이
멀리할 줄 앎을 밝히는 것이다. 이 일단은 법에 들어가기 때문에 환희를 내는 부분인
데 경문과 같이 스스로 갖추고 번거롭게 다시 밝히진 않는다.

〔經文〕我轉離一切 世間境界故 生歡喜 親近一切佛故 生歡喜 遠離凡地故 生歡喜
近智慧地故 生歡喜 永斷一切惡趣故 生歡喜 與一切衆生 作依止處故 生歡喜 見一切如
來故 生歡喜 生佛境界中故 生歡喜 入一切菩薩 平等性中故 生歡喜 遠離一切怖畏 毛
竪等事故 生歡喜

〔경문(십지품 제1 환희지)〕 나는 온갖 세간의 경계를 점점 떠났기에 환희하고,
모든 부처님을 가까이 하므로 환희하며, 범부지를 멀리 떠났기에 환희한다. 지혜의
지에 가까이 하므로 환희하며, 온갖 나쁜 갈래를 길이 끊었기에 환희하고, 일체 중생
의 의지처가 되기에 환희한다. 모든 여래를 친견하므로 환희하며, 부처님 경계에 났
기에 환희한다. 여러 보살의 평등한 성품에 들어갔기에 환희하며 온갖 두려움과 몸의
털이 곤두섬〔毛竪〕을 멀리 떠나 환희한다.

【탐현기 1】就列名中 且依地論 略釋別名. 餘論釋名 及十障等義 竝如下廣釋中辨
故論云 成就無上 自利利他行. 初證聖處 多生歡喜故 名歡喜地. 解有三義. 一二利創成
故. 二眞理初證故. 三聖位新得故. 遂本期心 故生歡喜.

탐 이름을 거론한 가운데에도 또 십지경론에 의해서 간략하게 별도의 이름을 해석
했으며, 여타의 논에서는 이름과 열 가지 장애 등의 뜻을 풀이했는데, 이는 모두 다음
에 자세히 풀이한 중에 드러난 것과 같다. 그러므로 십지경론 제1권에, "위없는 자
리·이타의 행을 이루고 처음 성인의 경지를 깨달아 다분히 환희심을 낸 때문에 '환

희지'라고 이름한다"고 하였다.

풀이하면 여기에 세 가지 뜻이 있다.

(1) 두 가지 이로움을 비로소 이룬 때문이다.

(2) 진리를 처음 깨달았기 때문이다.

(3) 성인의 지위를 새롭게 얻은 때문인데 근본을 이루어 마음을 정했기에 환희하
   는 것이다.

【탐현기 2】 唯識論第九云. 一極喜地 初獲聖性 具證二空. 能益自他 生大喜故 解云
此有三義. 一得位. 二證理. 三成行. 皆初獲得故 生歡喜也. 攝論中唯依第三 成行義釋
故. 無性及世親 各第七卷云. 由此最初得 能成辨自他義利 勝功能故. 謂如菩薩 入現觀[1]
時. 得成辨自他義利 最勝功能 生極歡喜. 非聲聞等 入現觀時 唯得成辨 自利功能 生如
是喜. 故不說彼 名極喜地. 依十住毗婆娑論 唯約證理釋 彼論云. 始得法味 生大歡喜.
依瑜伽七十八 及解深密經第四 同約二義釋. 彼云成就大義 得未曾得 出世間心 生大歡
喜故. 解云大義 卽是二利行成. 出世間心 是得聖位. 同十地論 成就二行 及得聖位. 如
本分中釋 餘義如下 釋名分辨.

[탐] 성유식론 제9권에, "첫째로 '지극히 환희로운 지'이니 최초로 성스러운 성품을
획득하여 아공·법공〔二空〕을 다 깨달아 나와 남을 잘 이롭게 하여 큰 기쁨을 내기
때문이다"라고 했으니 풀이하면 이에 세 가지 뜻이 있다.

(1) 지위를 얻고

(2) 진리를 깨닫고

(3) 행을 이루는 것이니 모두 처음 얻은 때문에 환희한다.

섭대승론석에서는 오직 세 번째의 '행을 이루는 뜻'에 의해서만 풀이하고 있는데
무성과 세친은 각각 제7권에서 "이는 최초에 자타의 이익을 이루는 수승한 공능을
얻음을 말미암기 때문이다"라고 했다. 보살이 현관(現觀)에 들어갈 때에 자타의 이
익을 이루는 최고 수승한 공능을 얻음으로 지극한 환희를 내지만, 성문 등이 현관에
들 때는 오직 자기 이익만 이루는 공능을 얻어 이와 같은 기쁨을 내지 않기에 저〔성

문]를 설해서 '극희지'라고 이름하지는 않는다.

십주비바사론에 의하면 오직 이치를 깨달음에 의해서 풀이했는데 저 논에서는, "비로소 진리의 맛을 알아 큰 기쁨을 낸다"고 했다. 유가사지론 제78권과 해심밀경 제4권에 의하면 같이 두 가지 뜻에 의해서 풀이했는데 저에는 "큰 뜻을 이루어 일찍이 얻지 못했던 출세간의 마음을 얻고 큰 기쁨을 내기 때문이다"고 했는데 해석하면 큰 뜻은 두 가지 이로운 행을 이루는 것이요, 출세간의 마음이란 성인의 지위를 얻은 것인데, 십지론에서 두 가지 행을 이루고 성인의 지위를 얻음과 같으니 본분의 풀이와 같다. 여타의 뜻은 다음의 이름을 해석한 부분에서 밝힘과 같다.

【주】————————————

　　1. 현관(現觀) : 현전에 명료하게 진리를 관찰하는 것, 앞에 있는 경계를 관하는 뜻이다.

2. 계를 범한 더러움을 멀리 떠난 지〔離垢地〕

【청량소】 言離垢者. 慈氏云. 由極遠離 犯戒垢故. 謂性戒成就 非如初地 思擇護戒. 唯識[1]亦云. 具淨尸羅 遠離微細毀犯 煩惱垢故. 十住毘婆沙 雖云行十善道 離諸垢故. 亦不異戒. 瑜伽亦名 增上戒住. 故此地中 斷邪行障 證最勝眞如 皆約戒明.

🄒 '이구'라고 함은 자씨가 이르길 "계를 범한 더러움을 극히 멀리 떠남을 말미암기 때문이다"고 했는데 본성상 청정한 그대로의 계〔性戒〕를 이루니 초지가 심사숙고하여 계를 지키는 것과는 같지 않다. 성유식론〔9권〕에는 또한, "청정한 계를 갖추어 미세하게 훼범한 번뇌의 더러움도 멀리 떠난 때문"이라고 했다.

십주비바사론에는, "모름지기 십선도를 행하여 온갖 더러움을 떠난 때문이다"라고 하니 또한 계와 다르지 않다. 유가사지론〔48권〕에는 또한 '증상계주'라 이름한다. 그러므로 이 지에서 삿된 행의 장애를 끊고 최고 수승한 진여를 증득하니 모두 계에 의해 밝힌 것이다.

1. 유식(唯識) : 〈⑦ 31권 51 上〉

【통현론】 爲此位治上上十善戒. 上上十善戒 卽法身性戒 能自體無垢故. 故名離垢地也.

⑧ 이 지위에서 최상의 십선계를 다스리니 최상의 십선계는 법신의 성계여서 자체의 더러움이 없기 때문에 '이구지'라고 이름한 것이다.

【탐현기 1】 二離能起悔心 犯戒煩惱垢 淸淨戒具足故 名離垢地. 此亦有三義. 一離煩惱 卽因離. 謂能起悔心等. 二離惡業 卽果行離. 謂犯戒等. 三對治離. 謂淸深戒具足也. 此中悔犯尙離 故卽亡言.

2. 〔십지경론 제1권에〕 "그릇된 마음을 일으킴으로 계를 범하는 번뇌의 더러움을 떠나 청정한 계를 갖춘 때문에 '이구지'라 이름한다"고 했는데 이 또한 세 가지 뜻이 있다.
   (1) 번뇌를 떠남은 그릇된 마음을 일으키는 등의 인을 떠난 것이다.
   (2) 악업을 떠남은 계를 범한 등 과행(果行)을 떠난 것이다.
   (3) 번뇌를 끊어〔對治〕 떠나니 청정한 계를 갖춤을 이르는데 이 중에 과실로 범함〔悔犯〕을 힘써 떠났기 때문에 말할 것이 없다.

【탐현기 2】 依唯識第九. 具淨尸羅 遠離微細 犯戒垢故. 十住論云 行十善道 離諸垢故. 攝大乘云. 由極遠離犯戒垢 世親釋云. 性戒成就 非如初地 思擇護戒 無性亦同. 瑜伽深密 金光明等 竝同此說 地論釋名 如前本分.

⑧ 성유식론 제9권에, "청정한 계율을 갖추어 미세하게 계를 범한 허물까지도 멀리 떠난 때문이다"고 했으며, 십주비바사론에서는 "십선도를 행하여 온갖 허물을 떠

난 때문이다"고 하였다. 섭대승론본 하권에서는 "계를 범한 허물을 아주 멀리 떠남을 말미암기 때문"이라고 하는데, 세친의 섭대승론석〔제7권〕은, "본성상 청정한 그대로의 계를 이룬 때문이니 초지에서 계를 지키길 심사숙고함과는 같지 않다"고 하였고, 무성〔섭대승론석〕도 또한 같다. 유가사지론·해심밀경·금광명경 등이 다 이 설과 같으며, 십지경론의 이름 풀이도 앞의 본분과 같다.

3. 지혜의 광명을 내는 지〔發光地 - 구역 : 明地〕

【청량소】言發光者. 智論四十九 名爲光地. 本論及金光明 十住婆沙等 皆名明地. 光之與明. 眼目殊稱. 皆略無發字. 仁王名明慧. 慧亦是明 義旨皆同. 今統收下經 及諸經論 總有三義. 立發光名. 一以初住地十種淨心爲能發. 勝定聞持 爲所發光. 以安住地竟 方始聞法 修得定故. 故瑜伽四十八云. 由聞行正法光明 等持光明之所顯示 故名發光地. 由內心淨 能發光明 是故說名增上心住. 旣言由內心淨能發 明知以十淨心爲能發也. 攝論金光明經 意皆同此. 二以聞持爲能發. 勝定爲所發. 以聞法竟 靜處修行 方發定故. 瑜伽亦說 等持爲光明故. 此約地中釋之. 三以勝定總持並爲能發. 彼四地證光明相 以爲所發. 故下論云. 彼無生慧 此名光明. 依此光明 故名明地. 此約地滿釋. 唯識亦云. 成就勝定 大法總持 能發無邊 妙慧光故. 謂由得勝定 發修慧光. 由得總持教法 發聞思光. 彼無邊慧 卽是三慧. 故上本分論云. 隨聞思修 照法顯現. 謂就此慧中 四地證法爲所照. 三慧光明爲能照. 三慧是彼證智 光明之相. 餘諸經論 言雖少異 並不出此. 故十淨心 唯是能發. 證光明相 唯是所發 勝定一種 通能所發. 是以此地 偏得增上心名.

〔청〕'발광'이라 함은 대지도론 49권에 '광지'라 이름하고, 본론과 금광명경·십주비바사론 등에는 모두 '명지'라 이름했는데 '광'과 '명'은 '안(眼)'과 '목(目)'을 다르게 일컫는 것이니 모두 생략하여 '발'자가 없다. 인왕경에는 '명혜'라 이름하는데 '혜'는 또한 '명'으로 뜻이 다 같다.

지금 다음 경문과 여러 경론을 전부 거두면 다 세 뜻으로 '발광'의 이름을 지어 붙였다.

1. 처음 지에 머물러 열 가지 깨끗한 마음으로써 능동적으로 발생함을 삼고 수승한
   선정과 가르침을 듣고 기억하여 잊지 않음으로써 발생된 광명을 삼으니, 지에
   안주하여 마치고 비로소 처음 법을 듣고 선정을 닦기 때문이다.

   그러므로 유가사지론 48권에서는, "정법을 듣고 행하는 광명과 삼매〔等持〕
   의 광명을〔내어〕나타내 보임을 말미암기 때문에 '발광지'라 이름하고, 안으로
   마음이 깨끗함을 말미암아 능동적으로 광명을 내니 이 때문에 설하여 '증상심
   주'라 이름한다"고 하였다. 이미 안으로 마음이 깨끗함을 말미암아 발생함을
   말하니 열 가지 깨끗한 마음으로써 발생함을 삼음을 분명히 알 것이다. 섭론과
   금광명경의 뜻이 모두 이와 같다.

2. 가르침을 듣고 기억하여 잊지 않음으로써 발생함을 삼고 수승한 선정으로써
   발생됨을 삼는데 법을 들어 마치고 고요한 곳에서 수행하여 비로소 선정을 내
   기 때문이다.

   유가사지론〔48권〕에는 또한 "삼매〔等持〕로써 광명을 삼는다"고 했으니 이는
   지에 의해 풀이한 것이다.

3. 수승한 선정과 총지로써 같이 발생함을 삼고 저 4지에서 광명상을 증득함으로
   발생된 것을 삼는다. 그러므로 다음 십지경론〔5권〕에, "저 생하지 않는 지혜를
   '광명'이라 하고, 이 광명에 의지하기 때문에 '명지'라고 이름한다"고 하였으니
   이는 십지 수행이 완료된 상태에 의해 풀이한 것이다.

   성유식론〔제9권〕에 또한, "수승한 선정과 큰 교법의 총지를 이루어 끝없이
   묘한 지혜의 광명을 내기 때문이다"고 했다. 수승한 선정을 얻어 수습하여 얻은
   바른 지혜 광명을 냄을 말미암아 총지 교법을 얻어 듣고 생각하는 광명을 내니
   저 끝없는 지혜는 바로 삼혜(三慧)이다. 그러므로 위 〔성유식론〕의 본분에,
   "문·사·수를 따라 법을 비추어 나타낸다"고 했다. 이 지혜에 나아가 4지가
   법을 증득하여 비춰지는 것으로 삼고 세 지혜의 광명으로 비춤을 삼으니 세
   지혜는 저 지혜를 증득한 광명의 형상이다. 나머지 여러 경론에서 말이 비록
   조금 다르나 다 여기서 벗어나지는 않는다. 그러므로 십정심에서 오직 발생하
   니 광명을 증득한 형상이요, 오직 발생되는 것이니 수승한 선정의 일종이며

발생하거나 발생되는 것에 통하니 이것이 이 지로써 '증상심'의 이름을 얻은
것이다.

【통현론】明此地修色 無色界八禪定. 善達色無色界. 世間禪體 識相對治. 明達三界
障惑分. 明益令智慧明淨故. 故名發光地. 爲從初地二地 以善達欲界中 隨纏法 於三地
善達色無色界 四禪八定法門. 得出三界 智慧光明現前故. 故名發光地. 若但修治欲界
煩惱. 不修八定 達色無色界. 由有上二界障在 不名發光. 爲此地 修三界業障盡故. 故
名發光地. 以定能發慧光故.

통 이 지에서 색·무색계의 8선정을 닦기 때문에 색·무색계의 세간 선체(禪體)
를 잘 통달하여 형상을 인식해 대치함을 밝힌다. 삼계의 미혹한 장애의 부분을 통달
함이 분명하고 더욱 지혜를 해맑게 하도록 밝히기 때문에 '발광지'라고 이름했다. 초
지와 2지를 좇아 욕계의 속박에 따르는 법을 잘 통달했고, 3지에서는 색·무색계의
4선 팔정 법문을 잘 통달하여 삼계를 벗어나는 지혜 광명이 앞에 드러나게 되기 때문
에 '발광지'라고 이름했다.

만약 다만 욕계 번뇌만 닦아 깨끗이 하고 팔정을 닦아서 색·무색계를 통달하지
못하면 오히려 이 〔색·무색〕 두 세계의 장애가 있음을 말미암아 '발광'이라 하지
못하는데, 이 지는 삼계의 업을 닦아 장애가 다한 때문에 발광지라 이름하니, 선정으
로 지혜의 광명을 내기 때문이다.

〔구역 : 3. 明地〕
【탐현기 1】三隨聞思修等 照法顯現 故名明地. 此亦有三義. 一以此地 得四地智慧
光明相 故如明得定等故. 下論云 彼無行無生慧 此名光明. 依是光明 故名明地. 二依此
地禪 發起後地 慧光明故 如大乘光明三昧等. 餘論名發光地故. 地持云 三昧照明 故名
明地. 地論云 三昧地故 定慧合說. 三得三慧照法 故名明地. 此約當地 加行等釋. 地論
唯就此門釋.

㈈ 3. 〔십지경론 제1권〕에, "듣고, 생각하며, 닦는 등을 따라서 법을 비추어 나타
내기 때문에 '명지'라고 이름한다"고 했는데 이 또한 세 가지 뜻이 있다.

(1) 이 지로써 '4지'의 지혜의 광명상을 얻기 때문이니 '명'이 선정 등을 얻
음과 같다. 그러므로 다음 십지경론〔5권〕에, "저 행하지 않고 나지도 않는
지혜를 '광명'이라 이름하니 광명에 의한 때문에 '명지'라 이름한다"고 했
다.

(2) 이 지의 선정에 의해서 뒤의 지의 지혜광명을 일으키니 '대승광명삼매'등과
같다. 여타 논에서는 발광지라 이름한다.

그러므로 보살지지경에는, "삼매가 나타나기〔照明〕 때문에 명지라고 이름
한다"고 했고, 십지경론에는, "삼매지이기 때문에 정·혜를 합하여 말한
것이다"고 했다.

(3) 세 가지 지혜로 법을 비추기 때문에 명지라 했으니, 이는 해당 지의 가행
등에 의해서 풀이한 것이다. 십지경론은 오직 이 부문에 나아가 해석했다.

【탐현기 2】 唯識第九云. 成就勝定 大法總持. 能發無邊妙慧光 故名發光地. 解云.
由得勝定 發修慧光. 由得總持 發聞慧光. 金光明經云. 無量智慧 光明三昧 不可傾動.
無能摧伏. 聞持陀羅尼爲作本 故名明地. 攝論云. 由無退轉等持 等至所依止故. 大法
光明 所依止故 名發光地. 世親釋云. 由此地中 與三摩地 三摩鉢底 常不相離 無退轉
故. 於大乘法 能作光明 名發光地. 無性釋云. 靜慮名等持. 無色名等至. 或等持者 心
一境相. 等至正受現前. 大法光明 所依止者 於大乘教 得智光明. 此地是彼 所依因故
名爲發光. 解云. 地從所發 果法爲名. 解深密經 及瑜伽論 意同攝論. 顯揚論云. 證得
靜慮三摩地蘊 大智光明之所依止. 智論四十九 名爲光地. 十住論云. 廣博多學 爲衆說
法 能作照明 故名明地. 仁王經名明慧地. 地論等并如前辨.

㈈ 성유식론 제9권에서, "수승한 선정과 대법의 총지를 이루어 끝없이 묘한 지혜
의 빛을 내기에 발광지라 이름한다"고 하였다. 풀이하면, 수승한 선정을 얻음을 말미
암아서 닦아 얻은 바른 지혜〔修慧〕의 빛을 내고, 총지를 얻음을 말미암아서 가르침을

듣고 깨달아 아는 지혜[聞慧]의 빛을 낸다는 것이다. 금광명경에서는, "한량없는 지혜의 광명삼매는 움직일 수 없으며, 굴복시킬 수 없어서 가르침을 듣고 기억하여 잊지 않는[聞持] 다라니가 근본이 되므로 '명지'라고 이름한다"고 하였다. 섭대승론본[하권]에서는 "퇴전치 않는 삼매[等持]와 선정[等至]의 의지가 되고, 큰 법 광명이 의지함이 됨을 말미암아 '발광지'라 이름한다"고 했다. 세친의 섭대승론석[7권]은, "이 지에서 삼마지·삼마발저가 늘 서로 떠나지 않고 퇴전치 않아 대승법에서 광명을 냄을 말미암아 '발광지'라 이름한다"고 했다. 무성의 섭대승론석[7권]은, "퇴전치 않는 정려[定]를 삼매[等持]라 하고, 무색(無色)[定]을 선정[等至]이라고 이름한다. 혹 삼매[等持]는 마음과 대상이 하나가 되는 모습이며, 선정[等至]은 삼매[正受]가 앞에 나타나는 것이다. '큰 법 광명의 의지함이 됨'은 [이 지에서 선정과 상응하여 퇴전치 않으니] 대승의 가르침에서 지혜광명을 얻는 것이다. 이 지는 저의 의지되는 인이 되기에 '발광'이라고 이름한다"고 했다. 풀이하면, 이 지는 발생되는 과법으로부터 이름한 것인데 해심밀경과 유가사지론의 의미가 섭대승론과 같다. 현양성교론[제16권]에는, "[성문과 독각의 경지를 초월하여 깨끗한 근본] 선정과 [세간·출세간] 삼매 무더기를 증득하니 큰 지혜 광명의 의지함이 된다"고 하였고, 대지도론 제49권에서는 '광지'라고 이름했다. 십주비바사론에서는 "넓고 풍부하게 많이 배워서 중생을 위해 설법하여 밝게 비추기에 명지라고 이름한다"고 하고, 인왕호국반야바라밀다경에서는 '명혜지'라고 이름했다. 십지경론 등은 모두 앞서 밝힌 것과 같다.

4. 번뇌의 땔나무를 지혜의 불로 태우는 지[焰慧地 - 구역 : 燄地]

【청량소】言焰慧者. 法喩雙擧. 亦有三義. 一約初入地釋. 初入證智 能燒前地 解法慢薪故 本分云不忘煩惱薪 智火能燒故. 二約地中釋. 成唯識云. 安住最勝菩提分法 燒煩惱薪 慧焰增故. 由住第四地竟 方修菩提分法 明是地中. 若唯取此 而爲慧者 未修道品 應非焰地. 以此地 正明菩提分法中 該初後. 諸論多依此釋. 攝論云. 由諸菩提分法 焚燒一切障故. 障卽二障. 莊嚴論云. 以菩提分慧爲焰自性. 以惑智二障爲薪自性. 此地菩薩 能起焰慧 燒二障薪 名焰慧地. 瑜伽七十八 引深密經. 大同此說. 彼云. 所得菩

提分法 能燒煩惱 智火如焰. 金光明經 顯揚論 不殊此意. 三約地滿. 從證智摩尼 放阿
含光 故名爲焰. 下論具之.

[청] '염혜'라고 말함은 법과 비유를 쌍으로 든 것이니 역시 세 가지 뜻이 있다.

(1) 처음 지에 들어감에 의해 해석하는데 처음 지혜를 증득하여 앞 지에서 법을
푸는 게으름의 땔나무를 불사르기 때문이다. 본분에는, "버리지 못하는 번뇌
의 땔나무를 지혜의 불로 불태우는 까닭"이라고 했다.

(2) 지 가운데 의해 푼다. 성유식론에는, "최고 수승한 보리분법에 안주하여 번뇌
의 땔나무를 불사르는 지혜의 불꽃이 더욱 증장하는 까닭이다"라고 했다. 제4
지에 머물러 마치고는 곧바로 보리분법을 닦음을 말미암아 이 지를 밝힌다.
만약 오직 이를 취하여 지혜를 삼는다면, [37]도품을 닦지 못하니 응당 염지
라 하지 못한다. 이 지에서 정식으로 보리분법을 밝히는 중 처음과 뒤를 모두
모아 놓으니 여러 논이 다분히 이 해석에 의한다.

섭대승론[하권]에, "보리분법이 온갖 장애를 불태움을 말미암기 때문"이라
고 하니 장애는 [번뇌장·소지장] 둘이다. 대승장엄경론 13권에는, "[4지에
서] 보리분의 지혜로써 불꽃의 자성을 삼고, 번뇌장과 소지장의 두 가지 장애
로써 땔나무의 자성을 삼는다"고 했는데 이 지 보살이 불꽃 같은 지혜를 일으
켜 두 가지 장애의 땔나무를 태우니 염혜지라 한 것이다. 유가사지론 78권에
해심밀경을 인용한 것이 크게 이 설과 같은데 저에는 "얻은 보리분법으로 번뇌
를 불사르니 지혜의 불이 불꽃과 같다"고 하였고 금광명경·현양성교론이 이
뜻과 다르지 않다.

(3) 십지 수행이 완료된 상태에 의한다. 지혜를 증득한 마니로부터 아함광을 놓기
때문에 '염'이라 하는데 다음 논에 그것을 갖추었다.

【통현론】前地修上界八禪. 得出三界智慧故. 名發光地. 此修三十七助道觀門. 觀身
受心法 轉加明淨. 故名爲燄慧地 前地因定發故 名發光地. 此地以三十七助道觀門 觀
身受心法. 自性無依 慧加明淨 故名燄慧.

 앞〔發光〕지는 상계의 8선을 닦아서 삼계를 벗어나는 지혜를 얻기 때문에 발광지라 이름했고, 이〔焰慧〕는 37조도관문을 닦아서 몸・감수작용・마음・대상〔身受心法〕을 관함이 더욱더 해맑기 때문에 '염혜지'라고 이름한다. 앞 지는 선정을 인해 발하기 때문에 발광지라 했고, 이 지는 37조도관문으로써 몸・감수작용・마음・대상이 의지함이 없음을 관하여 지혜가 더 해맑아지기 때문에 '염혜'라고 이름한다.

〔구역 : 4. 燄地〕

【탐현기 1】四不忘煩惱薪 智火能燒 故名焰地. 此有二義. 一內證之智 焚燒惑薪 故名爲焰. 卽前地聞持 名爲不忘. 恃此起慢 名爲煩惱. 爲是所燒 從喩名薪. 卽是解法慢障. 能燒之智. 就喩名焰. 問前後諸地 豈不燒惑. 何故獨此稱焰. 釋有二義. 一就寄位 言此地 寄當出世間無流故. 二以三學寄此地 當慧初得故也. 二就後智起用故. 下論云 彼證智法明 摩尼寶光中 放阿含光明. 入無量法門義 光明智處 普照示現. 以此義故此地釋名爲焰.

 4.〔십지경론 제1권〕에, "버리지 못하는 번뇌의 땔나무를 지혜의 불로 태우기 때문에 '염지'라 이름한다"고 했는데, 이에 두 가지 뜻이 있다.

(1) 안으로 깨달은 지혜가 미혹의 땔나무를 불태우기 때문에 '염'이라 했다. 곧 앞 지에서 듣고 기억한 것을 '버리지 못함'이라고 했는데, 이를 믿고 거만을 일으킴을 번뇌라 하고 이것이 불태울 대상이므로 비유를 좇아 땔나무라 이름했으니 바로 법을 풀이하는 아만의 장애요, 불태우는 지혜는 비유에 나아가 '염'이라 이름했다.

문 : 앞뒤의 여러 지는 왜 미혹을 불사르지 못하는가. 무엇 때문에 유독 여기서만 불꽃이라 일컫는가?

답 : 풀면 두 가지 뜻이 있다.

① 지위에 의해 나아가면 이 지는 마땅히 출세간의 번뇌가 없는〔無流〕데 맡긴다.

② 삼학으로써 이 지에 의하면 마땅히 지혜를 처음 얻은데 해당한다.

(2) 후득지로 그 작용을 일으키는데 나아가니, 다음 십지경론〔제6권〕에, "저
깨달음의 법명(法明)이 마니보주의 빛 가운데 아함광명을 놓아서 한량없
는 법문의 뜻과 광명의 지혜에 들어가 두루 비추어 나타냈는데 이런 뜻으
로써 이 지를 '염지'라고 이름한다"고 하였다.

【탐현기 2】唯識第九云. 安住最勝 菩提分法 燒煩惱薪. 慧焰增故 名燄慧地. 攝論
云. 由諸菩提分法 焚燒一切障故. 無性釋云. 此地中有燄慧故 名爲焰地. 世親釋云. 能
燒一切 根本煩惱 及隨煩惱 皆爲灰燼 名燄慧地. 莊嚴論云. 以菩提分慧爲焰自性. 以惑
智二障云薪自性 此地菩薩 能起燄慧 燒二障薪 名燄慧地. 金光明云. 能燒煩惱. 以智慧
火 增長光明. 修行道品 依故名爲燄 深密經第四 及瑜伽七十八 及顯揚論 大同此說 智
論名增妙地. 如十住論云. 施戒多聞 威儀熾盛 故名燄地.

탐 성유식론 제9권에서는, "최고 수승한 보리분법에 안주하여 번뇌의 땔나무를
불사르는 지혜의 불꽃이 더욱 늘어나기에 '염혜지'라 이름한다"고 하였다. 섭대승론
〔하권〕에서는 "모든 보리분법이 온갖 장애를 불태움을 말미암기 때문"이라고 하고,
무성의 섭대승론석〔7권〕은 "이 지는 지혜의 불꽃이 있기에 '염지'라고 한다.〔이는
모든 보리분법을 다 불꽃이라고 이름하는데 온갖 장애를 불사르기 때문이다〕"고 했
다. 세친의 섭대승론석은 "〔이 지에서 모든 보리분법에 안주함을 말미암아〕온갖 근
본번뇌와 수번뇌를 태워서 다 재가 되게 하기에 염혜지라고 한다"고 했다. 대승장엄
경론에서는, "보리분의 지혜로써 불꽃의 자성을 삼고, 번뇌장과 소지장의 두 가지
장애를 땔나무의 자성이라 하니, 이 지의 보살이 불꽃 같은 지혜를 일으켜서 두 가지
장애의 땔나무를 불사르기에 '염혜지'라고 한다"고 했다. 금광명경에서는 "번뇌를 불
태우는데 지혜의 불로써 광명을 증장하고 도품을 닦는 의지처가 되기 때문에 '염(燄)'
이라 이름한다"고 말하니, 해심밀경 제4권·유가론 제78권·현양성교론이 크게 이
설과 같다. 대지도론은 '증묘지'라고 하며, 십주비바사론은, "보시·지계·다문·위
의가 치성하기 때문에 '염지'라고 이름한다"고 했다.

5.〔지혜가 지극하여〕더 수승하기가 어려운 지〔難勝地〕

【청량소】 言難勝者 解深密云.[1] 卽由於彼菩提分法 方便修習 最極艱難 名極難勝.
此從初說故. 初分經云.[2] 善修菩提分法故等. 攝大乘云. 由眞諦智 與世間智 更互相違.
合此難合 令相應故. 唯識同此. 世親釋云. 由此地中 知眞諦智 是無分別. 知世間工巧
等智 是有分別. 此二相違 應修令合. 能合難合 令相應故. 名極難勝. 此通初中後. 瑜
伽云. 今此地中 顯示菩薩 於諸聖諦 決定妙智 極難可勝 名難勝地. 唯約地中. 莊嚴論
云. 於此五地 有二種難. 一勸化無惱難. 二生不從 心無惱難. 此地菩薩 能退二難 於難
得勝. 此多約地滿. 顯揚論云.[3] 證得極淨 緣諦所知 諸微妙慧 成極難成 不住流轉 寂靜
聖道 名極難勝. 此大同本分. 上諸經論 多擧難勝之法. 未知何等 無能勝耶. 十住論云.
功德力成 一切諸魔 不能壞故. 此對人顯勝. 亦兼於惑 煩惱魔故. 然諸經論 言異意同
皆辨眞俗無礙. 若據實位 約仁王經 初地菩薩四天王 卽雙照二諦平等道. 今約寄位. 前
寄出世. 此方却入.[4] 故云無礙.

〔청〕 '난승'이라 함은 해심밀경에, "저 보리분법에 대하여 방편으로 닦는 것이 극히
어려움〔에 바야흐로 자재함〕을 '극난승'이라고 이름한다"고 했는데 이는 처음 설을
따른 것이니 경문〔5지〕의 처음 부분에, "보리분법을 잘 닦기 때문에〔물러가지 않는
마음을 얻는다〕"는 등이다. 섭대승론에, "진제 지혜가 세간 지혜로 더불어 번갈아
어긋나니 이 합하기 어려운 것을 합하여 상응케 함을 말미암기 때문이다"고 했는데
유식이 이와 같다. 세친의 섭대승론석에는, "이 지에서 진제의 무분별 지혜와 세간의
공교한 유분별 지혜의 둘이 서로 어긋남을 마땅히 닦아서 합하게 하니, 합하기 어려
움을 화합하여 상응케 하기에 '극난승'이라 이름한다"고 하니 이는 초·중·후에 통한다.

유가사지론 48에, "지금 이 지의 보살로서 온갖 거룩한 진리에 대해 결정하는 묘한
지혜는 지극하여 보다 더 빼어나기 어려움을 나타내 보이기에 '난승지'라 이름한다"고
하니 오직 지에 의한 것이다.

장엄론에 5지에 두 가지의 어려움이 있는데, 첫째는 교화를 권하여 어려움이 없기
어려우며, 둘째는 중생들이 따르지 않아 마음에 괴로움이 없기 어렵다. 이 지 보살은
두 가지 난관에서 물러나 어려움을 이기니 이는 다분히 십지 수행이 완료된 상태에

의한 것이다.

현양성교론〔3권〕에, "지극히 청정하게 진리와 알아야 할 것의 반연인 온갖 미묘한〔삼학 등〕지혜를 증득하여 극히 이루기 어려움을 이루어서 윤회〔流轉〕에 머물지 않는 적정한 성도이기에 '극난승'이라 이름한다"고 하니 본분과 크게 같다. 여러 경론에 다분히 난승의 법을 드니 무엇이 이길 수 없는 것인지 알지 못한다. 십주비바사론에는, "공덕력으로 이루어 온갖 마장이 무너뜨릴 수 없는 까닭"이라 했는데 이는 사람을 대하여 수승함을 나타낸 것이니 또한 미혹을 겸한 번뇌마인 때문이다. 이러한 여러 경론이 말은 다르나 뜻은 같으니 모두가 진·속이 걸림 없음을 말한 것이다.

혹 지위를 사실대로 논하면, 인왕호국반야바라밀다경에 의해 초지 보살 사천왕은 두 가지 진리의 평등도를 쌍으로 비추고, 지금 지위에 기탁함에 의하면 앞은 세간을 벗어남에 의지했고, 이는 비로소 생사의 세계에 들어가기에 무애라 한다.

1. 해심밀운(解深密云) : 〈해심밀경, ㉼ 16권 704 上〉
2. 경운(經云) : 〈십지품 제5 난승지, ㉼ 10권 191 中〉
3. 현양론운(顯揚論云) : 〈현양성교론 3권, ㉼ 31권 491 下〉
4. 각입(却入) : 각입생사(却入生死)로 보살이 생사의 세계에 들어와 중생을 구하는 것이다.

【통현론】爲以禪波羅蜜 發起善根 慈悲喜捨. 通達世法. 下地不如. 故名難勝地.

통 선바라밀로써 선근의 자·비·희·사를 일으켜서 세간 법을 통달함이 아래의 지와 같지 않기 때문에 '난승지'라고 이름한다.

【탐현기 1】五得出世間智 方便善巧 能度難度 故名難勝地. 此亦二義. 一得出世等釋勝義. 能度等釋難義. 又對前三地 得出世難故. 下論言十平等心 甚難得故. 故云得出世間智也. 二對前四地 能隨世間難故. 下論言[1] 又現世間 最難得故. 故云方便善巧也. 卽下五地中 十平等心 及諦觀等 是初義也. 慈悲利生 及五明處等 是後義也. 此二

相遠 難以相到. 於此地中 能令相到 故以爲難. 故云能度難度. 度猶到也. 後諸地 亦有
此義 何獨此耶. 釋以初得在此 是故得名.

탐 5. 〔십지경론 제1권〕에, "출세간의 지혜를 얻어 정교한 방편으로 제도하기 어
　　려운 중생을 건지기 때문에 '난승지'라 이름한다"고 했는데 이에 두 가지 뜻
　　이 있다.

　　(1) 출세간 등을 얻었다 함은 '승'의 뜻을 풀이한 것이고, 제도했다는 등은 '난'
　　　　의 뜻을 해석한 것이다. 또 앞의 3지를 대하면 세간을 벗어나기 어려운데
　　　　다음 십지경론 〔제7권〕에서, "열 가지 평등심은 아주 얻기 어렵다"고 했다.
　　　　그러므로 '출세간의 지혜를 얻었다'고 한 것이다.

　　(2) 앞의 4지에 대해 능히 세간을 따르기 어렵기에 다음 십지경론 〔제1권〕에
　　　　서 또 나타내길, "세간에서 가장 증득하여 믿기 어렵기 〔最難得〕 때문에
　　　　〔내가 설하지 않음을 보인다〕"고 했다. 그러므로 정교한 방편이라고 한 것
　　　　이다. 다음 5지에 십평등심과 사제관 등은 바로 처음의 뜻이고, 자비로
　　　　중생을 이롭게 함과 오명처(五明處) 등은 뒤의 뜻이다.

이 둘은 서로 멀어서 이르기가 어려운데 이 〔제5〕지에서 서로 도달케 하기 때문에
'난'이라고 했다. 그러므로 '제도하기 어려운 것을 건진다'고 한 것인데 제도란 도달시
킨다는 뜻이다. 뒤의 여러 지에서도 역시 이런 뜻이 있는데 왜 여기만 유독 그런가?
풀이하면 처음 얻은 것이 여기기 때문에 이름한 것이다.

【주】————————————

　　1. 하논언(下論言) : 〈십지경론 1권, ㉐ 26권 129 上〉

【탐현기 2】 唯識云. 眞俗兩智行相互違 合令相應 極難勝故. 攝大乘云. 由眞諦智
與世間智. 更互相違合 此難合令相應故. 世親釋云. 由此地中 知眞諦智 是無分別. 知
世間工巧等智 是有分別. 此二相違 應修令合. 能合難合 令相應故. 故名極難勝. 無性
釋及梁論並同此. 瑜伽論云. 今此地中 顯示菩薩 於諸聖諦 決定妙智 極難可勝 名難勝

地. 深密云. 由卽於彼菩提分法 方便修習 最極艱難 名極難勝地. 金光明云. 是修行方便 勝智自在難得故. 見思煩惱 不能伏故 名難勝地. 莊嚴論云. 於五地有二種難. 一勸化無惱難. 二生不從 心無惱難. 此地菩薩 能退二難. 於難得勝 故名難勝. 顯揚論云. 證得極淨緣諦 所知諸法 微妙慧蘊. 成極難成. 不住流轉 寂靜聖道 名極難勝. 十住論云. 第五地中 功德力成. 一切諸魔 不能壞故 名難勝地. 仁王經名勝慧地 諸餘經論 多分皆同. 問仁王經 初地菩薩 四天王. 雙照二諦 平等道. 如何諸論 唯說五地. 答三藏云. 據實初地 二智雙照 而約任運 故說五地. 今釋此是 寄法顯位. 前地出世. 此地却入實爲難故.

[탐] 성유식론에서는 "진제와 속제의 두 가지 지혜의 행이 상위함을 합하여 상응케 함이 매우 이기기 어려운 때문이다"고 했고, 섭대승론본〔하권〕은 "진제의 지혜가 세간의 지혜와 상위한데, 이 합하기 어려운 것을 모아 상응케 함을 말미암는 때문이다"고 하였다. 세친의 섭대승론석은, "이 지에서 진제의 무분별 지혜와 세간의 공교한 등의 유분별 지혜의 둘이 서로 어긋나니 마땅히 닦아 합하도록 하여, 화합하기 어려움을 잘 부합토록 하고 상응케 하기에 '극난승'이라 이름한다"고 했는데 무성의 섭대승론석과 양역 섭대승론석도 다 이와 같다. 유가사지론〔48권〕에서는 "지금 이 지의 보살로서 온갖 거룩한 진리에 결정하는 묘한 지혜는 지극하여 보다 더 수승하기가 어려움을 나타내 보이기에 '난승지'라 이름한다"라고 하였다. 해심밀경〔제4권〕에서는 "저 보리분법에 대하여 방편으로 닦기가 극히 어려움〔에 바야흐로 자재함〕을 말미암아서 극난승지라고 이름한다"고 하였다. 금광명경에서는 "수행방편과 수승한 지혜가 자유로워 얻기 어렵기 때문이요, 견혹과 사혹의 번뇌를 잘 굴복할 수 없기에 '난승지'라 이름한다"고 한다. 대승장엄경론에서는 "5지에 두 가지 어려움이 있는데 첫째는 말로 권유해서〔불교에 귀의시키되〕괴로움이 없기 어려우며, 둘째는 중생이〔교화에〕따르지 않아서 마음에 괴로움이 없기 어렵다. 이 지의 보살은 이 두 가지 어려움을 물리칠 수 있으며 어려움을 이기기 때문에 난승이라 이름한다"고 하였다. 현양성교론〔3권〕에서는 "지극히 청정하게 진리와 알아야 할 모든 법의 반연인 미묘한〔삼학 등〕지혜를 증득하여 극히 이루기 어려움을 이루어서 윤회〔流轉〕에 머물지

않는 적정한 성도이기에 '극난승'이라 이름한다"고 했다. 십주비바사론에서는 "제5지에서 공덕의 힘이 이루어져서 온갖 마가 무너뜨릴 수 없기에 난승지라 이름한다"고 하였고, 인왕호국반야바라밀다경에서는 '승혜지'라 이름하고, 여타의 경론이 다분히 모두 같다.

> 문 : 인왕호국반야바라밀다경에서 초지 보살이 사천왕으로 두 가지 진리〔진제·속제〕의 평등 도를 함께 비추고 있는 것으로 설하는데, 어째서 여러 논에서 유독 5지만 설했는가?

> 답 : 삼장이 "사실을 논하면 초지에서 두 가지 진리를 함께 비추면서도 자연스럽게 하므로 5지를 설한다"고 하였다. 지금 풀이하면 이는 법에 의하여 지위를 나타내니, 앞 지는 세간을 벗어난 것이요, 이 지에서는 생사의 세계에 들어가니 실로 어려운 것이다.

6.〔진리를 관하는 지혜가〕앞에 나타나는 지〔現前地〕

【청량소】名現前者. 莊嚴論云. 不住生死涅槃 觀慧現前故. 此約初住地. 以前五地雙觀故 今得現前. 十住論云. 降魔事已 菩薩道法 皆現在前. 亦約初說. 瑜伽引深密經云. 現前觀察諸行流轉 又於無相 多修作意 方得現前者. 多修無相 此約地初. 觀十平等故 觀察流轉 此約地中. 已入地竟 方觀緣起故. 攝論云. 由緣起智 能令般若波羅密多現在前故. 此釋正順今經 約地中說. 無性釋云. 謂此地中 住緣起智. 由此智力 令無分別智 而得現前. 悟一切法 無染無淨. 唯識同於攝論. 上本分云 有間般若現前者 揀後地故.

［청］'현전'이라고 이름한 것은 대승장엄경론에, "생사와 열반에 머물지 않고 진리를 관하는 지혜가 현전하는 까닭"이라고 했으니 이는 처음 지에 머무름에 의해 앞의 5지를 쌍으로 관한 때문에 지금 현전한 것이다. 십주비바사론에, "악마의 짓을 항복 받아 마치고 보살도법이 모두 앞에 나타나는 까닭"이라고 한다. 또한 초설에 의하면 유가사지론〔78권〕에 해심밀경을 인용하여, "현전에 온갖 행이 유전함을 관찰하고 또 차별 상을 떠나 다분히 수행하여 의지를 움직임이 비로소 현전하니〔이 때문에 제6을 현전지라 한다.〕"라고 했다. 다분히 무상(無相)을 수행함은 이것이 지의 초에 의

한 것이요, 십평등을 관하기 때문에 유전을 관찰하니 이는 지 가운데에 의거한 것이며, 이미 지에 들어가 마치고 나서는 비로소 연기를 관찰한다. 섭대승론본〔하권〕에는, "연기 지혜를〔의지처로 삼아〕반야바라밀다를 앞에 드러냄을 말미암는 때문이다"고 했다. 이에서 정식으로 지금 경을 따라 풀이하면 지에 의하여 설한다. 무성의 섭대승론석〔7권〕에는, "이 지에서 연기 지혜에 머물러 이 지혜의 힘으로 무분별지를 앞에 드러나게 하여 온갖 법이 더러움도 깨끗함도 없음을 깨치게 함을 말미암는다"고 하였다. 유식도 섭대승론본과 같다. 위의 본분에는, "끊어짐이 있는 반야가 앞에 드러남은 뒤의 지와 구별하는 때문이다"고 한다.

【통현론】爲明此地 世間出世間 一切智慧 皆悉現前. 爲善觀十二緣生故. 爲得十三昧故.

통 이 지에서 세간과 출세간의 온갖 지혜가 다 앞에 나타남을 밝혔으니, 십이연생을 잘 관찰하기 때문이요, 열 가지 삼매를 얻는 때문이다.

【탐현기 1】六般若波羅蜜 有間大智現前 故名現前地. 此有二義. 一對後彰劣. 謂證空實慧 名爲般若. 七地已上 念念常現. 今此未能 故名有間. 二對前顯勝 目前般若 名爲大智. 此智現故 名爲現前. 此地就後義立名. 若前義應名有間地.

탐 6. 〔십지경론 제1권에〕"반야바라밀〔行〕에 '끊어짐이 있는' 대지혜가 나타내기에 '현전지'라 이름한다"고 하니 이에 두 가지 뜻이 있다.

  (1) 뒤를 대하여 못함을 나타내니, 공을 깨친 실다운 지혜를 반야라고 이름하는데 7지 이상은 시시각각 항상 나타나나 지금 이에서는 아직 그렇지 못하기 때문에 '끊어짐이 있다'고 한 것이다.

  (2) 앞에 대해서 뛰어남을 나타내니 목전의 반야를 대 지혜라 하는데 이 지혜를 나타내기 때문에 '현전'이라 이름했다. 이 지는 뒤의 뜻에 나아가 이름을 지어 붙인 것이니, 만약 앞의 뜻이라면 마땅히 '끊어짐이 있는 지'라

할 것이다.

【탐현기 2】攝大乘云. 由緣起智. 能令般若波羅蜜多 能現在前故 名現前地. 世親釋
云. 謂此地中 住緣起智. 由此智力 令無分別智 而得現前 悟一切法 無染無淨. 無性釋
意 及梁論等 並同此說. 解云由加行智 引根本智. 證於眞如 無染淨法界 令現前故. 解
深密經 現前觀察 諸行流轉. 又於無相 多修作意. 方現前名現前地. 解云此皆二義. 一
現前觀察 諸行流轉. 二由多作意 令無相觀 方得現前. 莊嚴論云. 不住生死涅槃 觀慧現
前. 名現前地. 十住論云 除魔事已 菩薩道法 皆現在前. 仁王經名爲法現 成唯識同攝
論. 瑜伽同深密 金光明等 更無異說. 十地論等 如前已辨.

🅣 섭대승론본〔하권〕에서, "연기 지혜로〔의지처를 삼아〕 반야바라밀다를 앞에 드
러냄을 말미암아 '현전지'라 이름한다"고 하였다. 세친의 섭대승론석〔7권〕에서는
"이 지에서 연기의 지혜에 머물러 무분별 반야바라밀다〔智〕가 앞에 드러나게 하여
온갖 법이 더럽고 깨끗함이 없음을 깨달음을 말미암는다"고 하였다. 무성의 섭대승
론석의 뜻과 양역 섭대승론석이 다 이 설과 같은데 풀이하면, 가행지가 근본지를
이끎을 말미암아서 진여의 더럽거나 깨끗함이 없는 법계를 증득하여 앞에 드러나게
한다. 해심밀경에서는 "현전에 온갖 행이 유전함을 관찰한다"고 했으며, 또한 "차별
상을 떠남에 다분히 작의(作意)를 닦아서 비로소 앞에 나타나게 되므로 현전지라
이름한다"고 하였다. 풀이하면, 이에 모두 두 뜻이 있으니, 첫째는 현전에 온갖 행이
유전함을 관찰하는 것이요, 둘째는 많은 작의로 말미암아서 무상관을 비로소 앞에
드러내는 것이다. 대승장엄경론에서는 "생사와 열반에 머물지 않고〔진리를〕관하는
지혜가 앞에 드러남을 '현전지'라 이름한다"고 하였고, 십주비바사론에서는 "악마의
짓을 항복시켰기에 보살도법이 모두 현전한다"고 했으며, 인왕반야바라밀경에서는
'법현(法現)'이라고 이름했다. 성유식론은 섭대승론과 같으며, 유가사지론은 해심밀
경·금광명경 등과 같고, 다시 이설이 없다. 십지경론 등은 앞서 이미 밝힌 것과 같다.

7. 원대하게 수행하는 지〔遠行地〕[1]

【청량소】言遠行者 通有四義. 成唯識云. 至無相住 功用後邊 出過世間 二乘道故.
此有三義[2] 同於本分 已如前釋. 解深密云. 能願證入無缺 無間無相作意. 與清淨地 共
相鄰接. 故名遠行. 此有二義. 初義卽三中無相. 揀異前地 云無間缺. 後義由鄰後地 卽
能遠去故. 故下經云. 二界中間 此能過故. 亦是前行後遠. 攝大乘云. 至功用行 最後邊
者. 但是一義. 世親釋云. 雖一切相 不能動搖 而於無相 猶名有行者. 此解功用之言.
謂起功用 住無相故. 金光明經 同深密初義. 莊嚴論中 同深密後義. 雖有四義. 然通有
二意 立遠行名. 一從前遠來 至功用邊. 二此功用行邊 能遠去後位. 故十住論云. 去三
界遠. 近法王位. 故名遠地. 仁王[3]名遠達地者 亦通二義.

청 '원행'이라 한 것에는 전부 네 뜻이 있다.

성유식론〔제9권〕에, "무상(無相)에 머무는 공용의 최후점에 이르러 세간과 이승
도를 벗어난 때문이다"고 하니 이에 세 뜻이 있어 본분과 같고, 앞서의 풀이와 같다.

해심밀경〔제4권, 7 지바라밀다품〕에는, "멀리 결함 없고, 끊어짐 없으며, 무상 작
의에 깨달아 들어가 청정지와 서로 인접하기에 '원행'이라 한다"고 하니 이에 두 뜻이
있다. 처음 뜻은 셋 중에 차별 상을 떠남으로 앞 지와 달리 구분하는데 끊어짐이
없고 결함이 없으며, 뒤의 뜻은 뒤의 지를 인접함을 말미암아 능히 멀리하는 때문이
다. 그러므로 〔십지품〕 경문에, "물든 세계와 청정한 세계〔二界〕 중간을 이〔큰 방편
과 신통력과 원력이 있는 보살〕 만이 지나갈 수 있다"고 했으니 역시 앞은 행이요,
뒤는 원이다.

섭대승론에, "〔이 지에서〕 공용행의 최후 점에 이르렀다"는 것은 다만 한 뜻이다.
세친의 섭대승론석 〔7권〕은, "비록 온갖 형상이 동요시킬 수 없으나, 무상에선 아직
행이 있다고 이름한다"고 하니 이는 공용의 말을 풀이한 것으로 의식적인 노력을 하
여 무상에 머무는 때문이다. 금광명경이 해심밀경 처음의 뜻과 같고, 대승장엄경론
은 해심밀경 뒤의 뜻과 같다.

비록 네 뜻이 있으나 전부 두 가지 의미로 원행의 이름을 지어 붙였다.

첫째는 앞으로부터 멀리 와 공용의 끝에 이르고, 둘째는 이 공용행 끝이 뒤의 지위

를 멀리한다. 그러므로 십주비바사론에, "삼계에서 멀리 벗어나 법왕의 지위에 가까이 이르기 때문에 원지라 이름한다"고 했고, 인왕호국반야바라밀다경에서 원달지라 이름함은 또한 두 가지 뜻에 통한다.

【주】────────────────

  1. 원행지(遠行地) : 화엄경〔십지품〕에, "제7지의 공용행이 원만하여서 지혜가 자재한 행에 들어간다.……〔제7지에서〕모든 불법을 일으킨 연고로 모든 보리분법을 만족한다. 또 초지로부터 제7지까지는 지혜의 공용을 이루는 것이며, 〔이 공용의 힘으로〕제8지에 들어가서 10지까지는 공용이 없는 행을 모두 이룬다"고 하니, 제7지 이전은 다 유공용이요, 8지 이후는 무공용을 얻음을 밝힌다. 〈신화엄경론 제7 원행지, ㉼ 36권 900 上〉

  2. 삼의(三義) : ① 실체적 모습이 없음을 닦아 차별상을 떠난〔無相〕 끝에 이르기 때문에 '원행'이라 이름한다. ② 공용이 지극하기 때문에 '원행'이라 한다. ③ 앞〔제6 현전지〕에 비교해 초과하기에 '원행'이라 이름한다. 〈㊉ 51권 2〉

  3. 인왕(仁王) : 인왕호국반야바라밀다경 하권 봉지품(奉持品) 〈㊉ 51권 2〉

【통현론】 以此地 行方便波羅蜜. 以六地之中 三空三昧.[1] 現無量無作智慧門. 能入無量衆生界. 入無量教化衆生業. 入無量世界綱. 以無作智慧 入一切世間. 等衆生行普令遍周 故名遠行地. 爲入世間行 遍周廣大故. 名遠行地.

⓪ 이 지에서 방편바라밀을 행하여 6지 가운데 〔三空〕 삼매로써 무량한 무위의 지혜 문을 나타내 능히 한량없는 중생계에 들어가는데 한량없이 중생의 업을 교화함에 들어가고, 한량없는 세계의 그물 망에 들어가며, 무위의 지혜로써 온갖 세간에 들어가 중생의 행과 같이 해서 널리 두루하게 하기 때문에 '원행지'라고 했다. 세간에 들어가는 행이 두루하고 광대하기 때문에 원행지라고 이름한 것이다.

【주】────────────────

  1. 삼공 삼매(三空三昧) : → 부록 법수 참조.

【탐현기 1】七善修無相行 功用究竟 能過世間 二乘出世間道 故名遠行地. 此亦二義. 一此位之中 善修行離有相 現無相行 故云善修無相行. 此釋行字也. 二功用究竟等釋遠也. 於中有三義. 一有功用行位 至窮滿最爲後邊 故云究竟. 二望前三地 隨有之行相同世間. 今此望彼 已爲懸遠 故云能過世間也. 三望四五六地 修習道品 諦觀緣起相同二乘出世間位. 今此過彼 故云能過二乘 出世間道 故名遠行地.

템 7. 〔십지경론 제1권〕에, "차별상을 떠난〔無相〕행을 잘 닦아 공용의 최후점으로 세간과 이승의 출세간 도를 초과하기에 '원행지'라 이름한다"고 했는데 이에 역시 두 가지 뜻이 있다.

(1) 이 지에서는 잘 수행하여 유상을 떠나 무상행을 나타내기에 '무상행을 잘 닦는다'고 한 것이니 이는 '행'자를 푼 것이다.

(2) '공용의 최후 점' 등은 '원'을 푼 것인데 이에 세 뜻이 있다.

① 공용행의 지위가 다 가득찬데 이르러 최고 뒤 끝이 되기 때문에 '구경'이라 한 것이다.

② 앞의 3지에 비교하면 유를 따르는 마음 작용〔行相〕이 세간과 같으나 지금 이에서 저에 비교하면 자신과 현격히 떨어졌기에 '능히 세간을 초월했다'고 한 것이다.

③ 제4·5·6지의 도품·사제관·연기를 수습하는 모습이 이승의 출세간 지위와 같음에 비교하면, 지금 이는 저를 초과하니 이승의 출세간도를 초월했다고 하기에 '원행지'라 한 것이다.

【탐현기 2】釋名有三. 一約功用後邊. 攝大乘云 至功用行 最後邊故. 世親釋云. 謂此地中 於功用行 得至究竟. 雖一切相 不能動搖 而於無相 猶名有行. 二約二義. 解深密云. 能遠證入 無缺無間 無相作意 與清淨地 共相隣接 故名遠行. 解云無缺無間 遠於前六 隣接淨地 近後第八. 三約三義. 成唯識論 至無相住 功用後邊 出過世間 二乘道故 故名遠行地. 此同十地論. 金光明云. 無漏無間 無相思惟 解脱三昧 遠修行故. 是地清淨 無障無礙 名遠行地. 莊嚴論云. 菩薩於七地中 近一乘道 名爲遠行. 問誰是遠去. 答

功用方便 究竟此遠能去. 由此遠去故 名遠行地. 十住論云. 去三界遠. 近法王位故 名身遠地. 仁王經名遠達地.

㈜ 이름을 풀이함에 세 가지가 있다.

(1) 공용의 끝에 의하는데 섭대승론에서는 "공용행의 최후 점에 도달한 때문이다" 고 하였다. 세친의 섭대승론석〔7권〕에서는 "이 지에서 공용행의 구경에 이른 다. 비록 온갖 형상이 동요시키지 못하나 형상이 없는데서는 아직 의식적인 노력이 있다"고 하였다.

(2) 두 가지 뜻에 의하는데 해심밀경에서는 "멀리 결함 없고, 끊어짐 없는 무상 작의(無相作意)에 깨달아 들어가 청정지와 더불어 서로 인접하기에 '원행'이 라 이름한다"고 하였다. 풀이하면, 결함 없고 끊어짐이 없으므로 앞의 6지에 서 멀고 정지(淨地)와 인접하며 뒤의 제8지에 가깝다.

(3) 세 가지 뜻에 의하는데 성유식론에서는 "형상이 없는데 머무는 공용의 끝에 도달하여 세간과 이승도를 벗어나기 때문에 '원행지'라 이름한다"고 했으니 이 는 십지경론과 같다. 금광명경에서는 "번뇌가 없고, 끊어짐이 없으며, 무상 (無相) 사유와 해탈 삼매를 원대하게 수행하여 이 지가 청정하고 장애가 없으 므로 원행지라 한다"고 하였다.

　대승장엄경론〔제13〕에서는, "보살이 7지에서 일승 도에 근접하므로 '원행' 이라 한다. 묻기를 무엇이 멀리 가는가? 답하길 공용의 방편이 구경이므로 이에서 멀리 간다. 이에서 멀리 감으로 말미암아 원행지라 한다"고 하였다. 십주비바사론에서는 "삼계에서 멀고 법왕위에 가깝기에 '신원지'라 한다"고 했 으며, 인왕호국반야바라밀다경은 '원달지'라고 했다.

8. 온갖 번뇌의 행에 움직이지 않는 지〔不動地〕

【청량소】言不動者 總有三義故. 成唯識云. 無分別智 任運相續. 相用煩惱 不能動 故. 謂任運故 功用不能動. 相續故 相不能動. 總由上二 煩惱不動. 與本分大同.[1] 而金 光明云. 無相正思惟修得自在 諸煩惱行 不能令動. 但有二義 由相於前 已不動故 行卽

功用. 攝論云 由一切相 有功用行 不能動故. 此則略無煩惱. 無性釋意云. 第七地 行動
相不動. 此中行相俱不動. 世親同此. 解深密云. 由於無相 得無功用. 於諸法中 不爲現
前 煩惱所動. 此但約煩惱 不動上二. 十住論云. 若天魔梵 沙門波羅門 無能動其願故.
此卽約人不能動. 人亦是相. 仁王名等觀地者 上皆對他立名. 此約當體受稱. 卽無相觀.
下經自有釋名. 至彼當知. 若不動名 諸論雖異 並不出前三.

[청] '부동'이라 함에 전체적으로 세 뜻이 있는데 성유식론〔제9권〕에, "무분별지가
자연히 상속하여 형상·작용·번뇌에 흔들리지 않기 때문이다"고 했다. 자연스러운
때문에 공용에 움직이지 않고, 상속하기에 형상에 움직이지 않는데 다 위의 둘을
말미암아 번뇌가 움직일 수 없으며, 본분과 더불어 크게 같다. 금광명최승왕경(金光
明最勝王經)〔제4권〕에는, "무상(無相)의 바른 선정이 자재하여 온갖 번뇌 행이 움직
이게 할 수 없다"고 했다. 이는 단지 두 뜻이니 형상에 앞서 이미 움직이지 않았고,
행은 바로 공용이다.

섭대승론본〔하권〕에, "온갖 형상과 의식적 노력의 행이 움직이게 할 수 없음을
말미암는 때문이다"고 했는데 이는 간략히 번뇌가 없는 것이다. 무성의 섭대승론석
은, "제7지에서 행은 움직이나 형상은 움직이지 않는데, 이는 행과 형상이 다〔쉬어
저 마음을〕움직이지 않는다"고 하였고, 세친〔섭대승론석〕도 이와 같다. 해심밀경에
는, "무상(無相)에서 무공용을 얻으며, 온갖 법에 대해 앞에 드러나는 번뇌에 흔들리
지 않는다"고 하니 이는 다만 번뇌가 위의 둘을 움직일 수 없는데 의한 것이다.

십주비바사론에, "천마·범천·사문·바라문이 그 원을 움직일 수 없는 까닭이다"
라고 했는데 이는 사람이 움직일 수 없음에 의한 것으로 사람 또한 형상이다. 인왕에
'등관지'라 이름함은 위가 모두 타를 대하여 이름을 지어 붙인 것인데 이는 본체에
해당하여 명칭을 받은 것으로 무상관이다. 다음 경에 본래 이름 풀이가 있으니 저에
이르러 마땅히 알 것이다. 저 '부동'의 이름이 여러 논에서 비록 다르지만 다 앞의
셋에서 벗어나지 않는다.

1. 여본분대동(與本分大同) : 과보의 행이 순수하게 성숙되어 실체적 모습이 없고
   끊어짐이 없기 때문에 '부동'이라 이름하며, 과보의 행이 순수하게 익음이 수행의
   공이 움직이지 않는 것〔功用不動〕이다. 〈⊕ 52권 2〉

【통현론】 明此位菩薩 於處世間智. 不須功用. 神智思量 不思不爲 而智隨萬有 通
化無方. 名爲不動地.

囲 이 지위의 보살이 세간에 처하는 지혜에 공용을 마땅히 구하지 않고, 신기한
지혜로 사고하여, 생각지도 않고 하지도 않되 지혜가 삼라만상〔萬有〕을 따라 제한
없이 교화를 널리 폄을 '부동지'라고 함을 밝힌 것이다.

【탐현기 1】 八報行純熟 無相無間 故云不動地. 此亦二義. 一報行純熟故 不爲功用
所動. 以由修起名爲報行成熟. 在此無功 任運成諸勝行 故云純熟. 下經釋名中 名無功
用地 善起先導也. 二無相者 不爲相所動也. 無間者 以無相觀 常現前故 不爲煩惱所動
也. 下經釋名爲加地 他不動故.

囲 8. 〔십지경론 제1권〕에, "과보의 행이 숙달되어 차별 상을 떠났고, 끊어짐이
   없기에 '부동지'라 한다"고 하니 이에 역시 두 가지 뜻이 있다.
   (1) 과보의 행이 숙달되었기 때문에 공용(功用)으로 움직이지 않으며, 수행을
      일으킴을 말미암아 '과보의 행이 성숙하다'고 한 것이다. 무공용에 있어서
      는 자연스럽게 온갖 수승한 행을 이루기 때문에 숙달되었다고 했다. 다음
      경의 이름을 해석한 중에 '무공용지는 선도함을 잘 일으킨다'고 이름했다.
   (2) 무상이란 형상에 의해 흔들리지 않는 것이요, 간단이 없다고 함은 무상관
      이 항상 현전하기 때문에 번뇌에 동요되지 않는 것이다. 다음의 경문에서
      풀이하여 "가행지라 하니 다른 것이 움직이지 못하는 때문이다"고 했다.

【탐현기 2】 不動名亦有三義. 一約一義. 攝論云. 由一切相 有功用行 不能動故 名

不動地. 無性世親 並同此釋. 無性釋意. 第七地中 行動相不動. 此中行相俱不動. 二約
二義. 金光明云. 無相正思惟修得自在. 諸煩惱行 不能令動 故名不動. 三約三義. 成唯
識云. 無分別智 任運相續. 相用煩惱 不能動故. 染論三義[1] 亦同此說. 解深密經 由於
無相 得無功用. 於諸行中 不爲現前 煩惱所動 故名不動. 十住論云. 若天魔梵 沙門婆
羅門 無能動其願故 名不動地. 仁王經名等觀地.

탐 부동이라는 이름에 또한 세 뜻이 있다.

(1) 첫째 뜻에 의하면, 섭대승론에서는 "온갖 형상과 공용행으로 움직이게 할 수
없기에 부동지라고 이름한다"고 했다. 무성과 세친도 다 이 풀이와 같은데,
무성의 섭대승론석은, "제7지에서 행은 움직여도 형상은 움직이지 않았는데
이는 행과 형상이 모두 〔쉬어 저 마음을〕 움직이지 않는다"고 했다.

(2) 둘째 뜻에 의하면, 금광명최승왕경 〔제4권〕에서는 "집착 없는 바른 선정이
자재하여 온갖 번뇌의 행이 움직이게 하지 못하므로 '부동'이라고 한다"고 했다.

(3) 셋째 뜻에 의하면, 성유식론 〔제9권〕에서는 "분별함이 없는 지혜가 자연스럽
게 상속하여 형상·작용·번뇌에 움직이지 않는 때문이다"고 하였는데 양역
섭대승론석의 세 가지 뜻 또한 이 설과 같다.
해심밀경 〔제4권〕에서는 "무상(無相)에서 무공용을 얻으며, 온갖 행에 대해
앞에 드러나는 번뇌에 흔들리지 않기에 '부동'이라 이름한다"고 하였다. 십주
비바사론에서는 "천마·범·사문·바라문이 그 서원을 움직일 수 없기에 '부
동지'라고 한다"고 하였고, 인왕경에서는 '등관지'라고 이름했다.

【주】────────────────

1. 삼의(三義) : 온갖 법·형상·공용이 보살의 무분별심을 변화시킬 수 없음을 말
한다.

9. 최고 수승한 지혜 지〔善慧地〕

【청량소】言善慧者. 攝大乘云. 由得最勝 無礙智故. 無性釋云. 謂得最勝 四無礙解.
無礙解智 於諸智中 最爲殊勝. 智卽是慧 故名善慧. 卽下文中 十種四無礙是也. 莊嚴論

云. 於九地中 四無礙慧 最爲殊勝. 云何勝耶. 於一刹那 三千世界 所有人天 異類異音 異義問. 此菩薩能以一音 普答衆問 徧斷衆疑故. 此同下文. 金光明云. 說法自在 無患累故 增長智慧 自在無礙者. 此兼顯離障名勝. 深密意亦同此. 瑜伽住品十住論 成唯識 等 文辭小異 義旨無殊. 仁王名爲慧光[1]者 言兼法喩. 智論名善相 從所了得名. 能所雖 殊 皆明說法之慧.

[청] '선혜'라 한 것은 섭대승론본〔하권〕에, "최고 수승하고 걸림 없는 지혜를 얻음을 말미암는다"고 했다. 무성의 섭대승론석은, "최고 수승한 사무애해를 얻으니 사무애지는 모든 지혜 가운데 가장 빼어난데 '지'가 바로 '혜'이기 때문에 '선혜'라 이름한다"라고 하니 다음 글 가운데 열 가지 사무애가 이것이다. 대승장엄경론〔13권〕에는, "9지에서 사무애혜가 가장 뛰어나다"고 했는데 어떻게 수승한가? 일찰나에 삼천 세계에 있는 인천의 다른 종류·다른 소리·다른 뜻의 물음을 이 보살이 한 음성으로써 많은 물음에 널리 답하여 두루 뭇 의심을 끊기 때문이니 이는 다음의 경문과도 같다. 금광명경에서는, "설법에 자재하여 근심이 없기 때문이며, 지혜를 키워 걸림 없이 자재한 때문이다"고 하였다. 이는 겸하여 장애를 떠남을 나타내어 '승'이라 이름한 것이니 해심밀경의 뜻이 또한 이와 같다. 유가사지론〔48권〕의 주품(住品)·십주론 〔제1〕·성유식론〔제9〕 등의 글이 조금 다르나 뜻은 다름이 없다. 인왕경〔하권〕에 '혜광'이라 이름함은 법과 비유를 겸하여 말한 것이다. 대지도론에 '좋은 형상'이라 이름함은 깨달은 것으로부터 이름한 것이니 능·소가 비록 다르나 모두 설법의 지혜를 밝힌다.

【주】————————————————

1. 인왕명위혜광(仁王名爲慧光) : 인왕호국반야바라밀다경 하권의 제3 발광지에서 무명의 어둠을 깨는 혜광(慧光)이 나온다. 〈인왕호국반야바라밀다경 하권, ⑩ 8권 842, 下〉

【통현론】 爲此第九地行 同十住中 第九法王子住. 每與五位中第九位 並同法師位. 善知衆法 故名善慧地.

[통] 제9지의 행이 십주 중 제9 법왕자주와 같고 매양 5위 중 제9 위와 더불어 법사
위와 같으니, 많은 법을 잘 알기에 '선혜지'라고 한 것이다.

【탐현기 1】九無礙力 說法成就利他行故 名善慧地. 此亦二義. 一得四十無礙辯 名
無礙力. 此釋慧. 二巧說益生 名說法成利他等 此釋善. 此義如下文當辨.

[탐] 9. 〔십지경론 제1권〕에, "막힘 없는 힘으로 설법하여 이타행을 이루기에 '선혜
　　　지'라 이름한다"고 하니 이에 역시 두 가지 뜻이 있다.
　　(1) 마흔 가지 걸림 없는 변재를 얻음을 '막힘 없는 힘'이라 이름하였으니 이는
　　　　지혜를 풀이한 것이다.
　　(2) 솜씨 있게 설하여 중생을 이롭게 함을 설법으로 이타행을 이룬다는 등으로
　　　　이름한 것이니 이는 '선(善)'을 풀이한 것이다. 이 뜻은 다음 경문에서 나
　　　　타난 것과 같다.

【탐현기 2】攝大乘云. 由得最勝 無礙智故. 世親釋云. 由無礙解智 說名爲慧. 此慧
妙善 故名善慧. 無性釋云. 謂得最勝 四無礙解. 無礙解智 於諸智中 最爲殊勝. 智卽是
慧 故名善慧. 四無礙者 法義詞辯. 由法無礙自在 了知一切名句. 由義無礙自在 通達一
切義理. 由詞無礙自在 分別一切言詞. 由辯無礙 遍於十方 隨其所宜 自在辯說. 於此地
中 最初證得 先未曾得 無礙解智 故名善慧. 莊嚴論云. 於九地中 四無礙慧 最爲殊勝.
於一刹那 三千世界 所有人天 異類異音 異義問此. 菩薩能以一音 普答衆問 遍斷衆疑.
由此說言 名爲善慧. 金光明云. 說法自在 無患累故. 增長智慧 自在無礙. 解深密經 於
一切種 說法自在. 獲得無礙 廣大智慧 故名善慧. 瑜伽住品云. 由此地中 一切有情 利
益安樂 意樂淸淨 逮得菩薩 無礙解慧. 由此善能宣說正法. 是故此地 名善慧地. 十住論
云. 其慧轉明 調柔增上 名善慧地. 成唯識論 成就微妙 四無礙解. 能遍十方 善說法故.
仁王經中 名爲慧光地. 智度論中 名善相地.

[탐] 섭대승론에서, "최고 수승하고 걸림 없는 변재를 얻기 때문이다"고 하였고, 세

친의 섭대승론석〔제10권〕은, "네 가지 걸림 없는 변재를 '혜'라고 하며 이 혜가 묘선(妙善)하기에 '선혜'라 이름한다"고 하였다.

무성의 섭대승론석도, "최고 수승한 네 가지 걸림 없는 변재를 얻었는데, 걸림 없는 변재는 모든 지혜 중에서 가장 **빼어난** 것이고, '지'가 바로 '혜'이므로 선혜라고 이름했다. 네 가지 걸림 없음은 가르침·뜻·언어·능변이다. 막힘 없는 가르침에 자재하여 온갖 명·구를 잘 알고, 막힘 없는 뜻에 자재하여 일체 의의〔義理〕에 통달한다. 막힘 없는 언어에 자재하여 온갖 언사를 분별하고, 막힘 없는 능변으로 시방에 두루하여 그 편의에 맞추어 자재하게 말한다. 이 지에서 먼저 얻지 못하였던 네 가지 걸림 없는 변재를 최초로 증득하였기에 '선혜'라고 이름한다"고 하였다. 대승장엄경론〔13권〕에서, "9지에서 네 가지 걸림 없는 변재가 최고 수승하여 일찰나에 삼천세계에 있는 사람과 하늘이 다른 종류·음성·뜻으로 이를 묻더라도 보살은 한 소리로써 많은 물음에 널리 답하여 온갖 의심을 끊으니 이런 언설로 말미암아 '선혜'라 이름한다"고 했다. 금광명경에서는 "설법에 자재하여 근심이 없기 때문이며, 지혜를 키워 걸림 없이 자재하기 때문이다"고 하였다. 해심밀경〔제4권〕에서는 "온갖 종류에 설법이 자재하여 걸림 없이 광대한 지혜를 얻으므로 '선혜'라고 이름한다"고 하였다. 유가사지론〔48권 持隨法瑜伽處〕의 주품(住品)은, "이 지에서 일체 유정을 이익되고 안락케 하는 의향〔意樂〕이 청정함을 말미암아 보살의 걸림 없는 변재를 빨리 얻는다. 이로 말미암아서 정법을 잘 펴서 설하니, 이 때문에 이 지를 '선혜지'라고 이름한다"고 하였다. 십주비바사론에서는, "그 지혜가 더욱 밝아져서 유연히 증상됨을 '선혜지'라 이름한다"고 하였다. 성유식론은 "미묘한 네 가지 걸림 없는 변재를 이루어 시방에 두루하여 법을 잘 설하는 때문이다"고 하였다. 인왕호국반야바라밀다경에서는 '혜광지'라 하고, 대지도론에서는 '선상지'라 이름한다.

10.〔허공처럼 광대한 장애를 덮는〕법 구름 지〔法雲地〕

【청량소】 次釋名下 自有釋名分. 今且略解. 雲者是喩 略有三義. 一含水義. 二覆空義. 三霔雨義. 約法就喩 則有多義. 雲有四義. 一喩智慧. 二喩法身. 三喩應身. 四喩多聞熏因. 空亦四義. 一喩眞如. 二喩粗重. 三喩法身. 四喩梨耶. 攝大乘論云. 由得總緣

一切法智 含藏一切 陀羅尼門 三摩地門. 此喩含水義. 總緣一切法 契經等智 不離眞如.
如雲合空. 總持三昧 卽是水也. 又云. 譬如大雲 能覆如空 廣大障故. 此喩覆空義. 卽
以前智 能覆惑智二障. 又云. 又於法身能圓滿故. 此有二義. 一喩霆雨義. 卽上之智 出
生功德 充滿所依法身故. 二喩徧滿. 卽前之智 自滿法身耳. 故金光明云. 法身如虛空.
智慧如大雲. 成唯識中 亦有三義. 全同攝論. 而瑜伽云. 粗重之身 廣如虛空. 法身圓滿
譬如大雲 皆能徧覆. 此同攝論第二義. 而無性釋 以智覆空 此以法身者 智滿則法身圓
滿. 起信論云. 顯現法身[1] 智純淨故. 本分云. 得大法身 具足自在. 亦以法身喩雲. 眞諦
三藏 釋金光明經云. 虛空喩三法身. 雲喩三道之智. 此法喩亦齊. 似非經意. 此喩位極
非道前故. 莊嚴論第十三云. 於第十地中 由三昧門 及陀羅尼門 攝一切聞熏習因 徧滿
阿黎耶識中. 譬如浮雲 徧滿虛空. 能以此聞熏習雲 於一一刹那 於一一相 於一一好 於
一一毛孔 雨無量無邊法雨. 充足一切 所化衆生. 由能如雲 雨法雨故. 故名法雲. 此從
法身 未及佛故 立賴耶名. 十住論云 於無佛世界 能雨法雨故. 瑜伽又意云. 言大雲者
未現等覺. 若現等覺 能雨大雨 作利益故. 是則密雲不雨 含德而已. 然諸釋雖衆 不出三
義. 謂以智慧含德 徧斷諸障 徧證法身故.

[청] 차례로 석명 아래로 본래 석명분이 있는데, 지금 그 위에 간략히 풀이하면 '운'
은 비유로 간략히 세 뜻이 있다.

(1) 물을 머금은 뜻이요 (2) 허공을 덮는 뜻이며 (3) 비를 대는 뜻이다.

법에 의해 비유에 나아가면 많은 뜻이 있는데 '운'에 네 뜻이 있으니

(1) 지혜에 비유하고 (2) 법신에 비유하며 (3) 응신에 비유하고 (4) 다문훈인에
비유한다.

공에 또한 네 뜻이 있다.

(1) 진여에 비유하며 (2) 번뇌에 비유하고 (3) 법신에 비유하며 (4) 아뢰야식에
비유한다.

섭대승론본[하권]에, "전체적으로 온갖 법을 반연하는 지혜를 얻고, 여러 다라니
문과 삼매문을 함축한다"고 하니, 이는 물을 머금은 데 비유한 뜻이다. 전체적으로
온갖 법과 다라니 등을 반연하는 지혜가 진여를 떠나지 않는 것은 구름이 허공과

짝함과 같고, 총지 삼매는 바로 물이다.

또, "비유하면 큰 구름과 같으니, 허공처럼 광대한 장애를 능히 덮어버리는 때문이다"고 하니 이는 허공을 덮은 것에 비유한 뜻인데 곧 앞의 지혜로써 번뇌장과 소지장의 두 가지 장애를 덮는 것이다. 또, "법신에 대해서 능히 원만한 때문이다"고 하니 이에 두 뜻이 있다.

(1) 비를 대는 데 비유하는 뜻이니 위의 지혜는 공덕을 내어 의지되는 법신에 충만케 한 때문이다.

(2) 두루 원만함에 비유하니 앞의 지혜는 스스로 법신을 원만히 할 뿐인데 금광명경에, "법신은 허공과 같고 지혜는 큰 구름과 같다"고 했다. 성유식론에 또한 세 뜻이 있으니 전부 섭대승론과 같고 유가사지론〔28권〕에, "번뇌의 몸은 넓기가 허공과 같은데, 법신이 원만함은 비유하자면 큰 구름이 모두 다 두루 덮어버린 것과 같다"고 하니 이는 섭대승론 제2의 뜻과 같다.

무성의 섭대승론석은, "지혜로써 허공을 덮는데 이 법신은 지혜가 충만하면 법신도 원만한 것이다"고 했고, 대승기신론〔상권〕에는, "〔화합한 아뢰야식의 상(相)을 깨뜨리고 물든 마음의 상속하는 상을 없애〕법신을 나타내어 지혜가 맑고 깨끗하게 되기 때문이다"고 하였다. 본분에는, "대법신을 얻어 자유로움을 갖춘다"고 하니 또한 법신으로써 구름에 비유한 것이다.

진제 삼장이 금광명경을 풀이하여, "허공은 법화(法化)·오분(五分)·실상법신(實相法身)〔三法身〕에 비유된다"고 하니, '운'은 혹(惑)·업(業)·고(苦)〔三道〕의 지혜에 비유되고, 이 법과 비유가 또한 가지런하여 비슷한 듯하나 경의 뜻은 아니다. 이는 지위가 극한데 비유되니 진실한 도를 깨닫기 이전은 아닌 때문이다.

대승장엄경론 제13에, "제10지에서 삼매문과 다라니문을 말미암아 듣고 훈습된 인(因)을 거두어 아뢰야식 중에 두루함이 비유하면 뜬구름이 허공에 가득찬 것과 같다. 이 듣고 훈습된 구름이 낱낱의 찰나·낱낱의 상·낱낱의 호와 모공에 한량없고 끝없는 법의 비를 내려 모든 교화할 중생을 충족시키니 구름과 같이 법의 비를 내림을 말미암아 법운이라 이름한다"고 하니 이는 법신을 좇아 부처에는 미치지 못하기 때문에 '아뢰야식'의 이름을 지어 붙인 것이다. 십주론에는, "부처님께서 안 계시는 세계에 능히 법의 비를 내리는 까닭"이라고 했다.

유가사지론[48권]에 또 뜻하여, "[이 보살을] 큰 구름이라 함은 [위없는 깨달음에] 등각하지 못했거나, [위없는 깨달음에] 등각 했거나 간에 [한량없고 끝없는 유정들을 위해 평등히 비할 수 없고 미묘한 법의] 많은 비를 내려 유익 [온갖 번뇌의 티끌을 없애버리며, 갖가지 선근의 곡식들이 자라고 성숙]하게 하는 까닭이다"고 한다. 두껍게 낀 짙은 구름은 비를 내리지 못하고 덕만 머금을 뿐인데 이러한 여러 해석이 비록 많으나 세 뜻에서 벗어나지 않으니 지혜로써 덕을 머금고, 온갖 장애를 두루 끊으며 법신을 고르게 증득했다.

【주】 ————————————

1. 법신(法身) : 금광명최승왕경 2권과 섭대승론석 13권에서는 오직 진여[如如]와 여여지(如如智)가 독존함을 법신이라고 했다. 〈⊕ 41권 12〉, (⦻ 16권 408 中, ⦻ 31권 249 下)

【통현론】 明此菩薩 登法王位. 智滿行周. 以大慈悲雲 於諸生死海. 普降法雨 灌一切衆生心田. 令一切衆生 發善心菩提之芽 無有休息. 以此名爲法雲地. 明此地從初發心 入此智地 而生佛家. 昇進修行 至此地. 大悲願力功 終行滿故. 常雨法雨故.

통 이 보살이 법왕의 지위에 올라 지혜가 원만하고 행이 두루하여 대자비의 구름으로써 온갖 생사 바다에 널리 법의 비를 내려서 일체 중생의 마음 밭에 물을 대어 중생들로 하여금 착한 마음과 깨달음의 싹을 키워서 쉬지 않기 하는 때문에 '법운지'라고 함을 밝혔다. 이 지는 초발심으로부터 이 지혜의 지에 들어가 불가에 나서 승진 수행하여 이 지에 도달했으니 대비원력의 공이 끝나고 행이 원만한 때문에 늘 법의 비를 내림을 밝힌 것이다.

【탐현기 1】 十得大法身 具足自在故 名法雲地. 此亦二義. 一爲法器之身 名曰法身.

然能普周法界 故名爲大 能受諸佛 雲雨說法 名具足自在 二爲出法之身 名曰法身 普遍
一切 名之爲大. 能降注法雨 滅塵生善 故云自在. 下釋名分中 具廣分釋. 故名法雲地

圐 10. 〔십지경론 제1권〕에, "큰 법신을 얻어서 자재함을 갖추었기에 '법운지'라
　　　이름한다"고 하였으니 이에 또한 두 가지 뜻이 있다.

　　(1) 법 그릇이 되는 몸이기에 '법신'이라 했고, 법계에 널리 두루하기 때문에
　　　　'대'라고 이름한 것이다. 모든 부처님의 비를 내리듯〔雲雨〕한 설법을 잘
　　　　받음을 '자재함을 갖추었다'고 명명했다.

　　(2) 법을 내는 몸이기에 '법신'이라고 하고, 널리 온갖 것에 두루하기에 '대'라고
　　　　이름하였고, 법의 비를 내려서 번뇌를 없애고 선을 내기 때문에 자재하다고
　　　　했다. 다음 이름을 풀이한 중에 구체적으로 자세히 분석한다. 그러므로 '법
　　　　운지'라고 이름한 것이다.

【탐현기 2】釋有三義. 攝大乘[1]云. 大法智雲 含衆德水. 譬如大雲. 無性釋云. 由得
總緣 一切法智. 總緣一切 契經法等. 不離眞如. 此一切法 共相境智 譬如大雲. 陀羅尼
門 三摩地門 譬如淸水. 智能藏彼 如雲含水. 有能生彼 勝功能故. 二蔽如空麤重 猶如
大雲. 無性釋云. 又如大雲 覆隱虛空. 如是總緣 一切法智 覆隱如空廣大 無邊惑智二
障. 言覆隱者 隔義斷義. 三充滿法身 猶如大雲. 無性釋云. 又如大雲 注淸冷水 充滿虛
空. 如是總緣一切法智 出生無量 殊勝功德 充滿所證 所依法身. 唯識論云. 大法智雲
含衆德水 蔽如空麤重 充滿法身 故名法雲. 此中三義 同於攝論. 金光明云. 法身如虛
空. 智慧如大雲 遍覆一切 故名法雲. 眞諦釋云. 如虛空者 譬三如如也. 虛空有三義.
一容受義. 譬自性法身 不礙生死. 二無邊義. 譬顯了法身. 雖得顯了 猶未究竟 如空有
淸淨處 有塵霧處. 如道內法身 通惑解中道也. 三淸淨無塵霧 譬聖果法身. 智慧如雲者
譬如如智有三. 一道前性得. 二道內修得. 三道後至得. 文言遍者 性得如如智 遍如如
理. 滿者修得如如智 滿如如理. 覆者至得如如智 覆如如理. 境智相稱. 雲卽是雨. 雨有
三義. 一能除塵. 道前自性智 淸淨無染義. 二能洗垢. 道內滅惑除惡業. 三能生萌芽.
道後能生如萌芽. 又空如法身 雲如應身. 莊嚴論云. 於第十地中 由三昧門 及陀羅尼

門. 攝一切聞薰習因. 遍滿阿黎耶識中. 譬如浮雲 遍滿虛空. 能以此聞薰智雲. 於一一
刹那 於一一相 於一一好 於毛孔. 雨無量無邊法雨. 充足一切 所化衆生. 由能如雲雨法
雨故 故名法雲. 仁王經名爲灌頂. 十住論 無佛世界 能雨法雨 名法雲地. 解深密云. 麤
重之身 廣如虛空. 法身圓滿 譬如大雲. 皆能遍覆 故名法雲. 解云謂我法執 所薰種子
無堪任故 名爲麤重. 遍障二空 無我理故. 是故經云 廣如虛空. 其第十地 十種法界 法
身圓滿. 喻如大雲. 證法界時 由圓滿法身 及修生法身. 覆隱如空 廣大麤重 故名法雲.
餘義如下 釋名分中說.

탐 풀이하면 세 뜻이 있다.

(1) 성유식론 제9권〔攝大乘〕에서, "광대한 법의 지혜 구름이 많은 덕의 물을 머금
    은 것이 비유하면 큰 구름과 같다"고 하였다. 무성의 섭대승론석 〔9권〕에서는
    "전부 온갖 법을 반연하는 지혜를 얻고, 총괄적으로 여러 계경 등의 법에 인연
    하여 진여를 떠나지 않는다. 이 온갖 법의 공상(共相)의 경계 지혜는 비유하
    면 큰 구름과 같고, 다라니문과 삼매문은 깨끗한 물과 같다. 지혜가 저를 저장
    함이 마치 구름이 물을 머금고 있는 것과 같아서 저 수승한 공능을 낼 수 있음
    을 말미암는다"고 하였다.

(2) 허공과 같은 번뇌를 덮음이 마치 큰 구름과 같은데 무성의 섭대승론석에서는
    "또한 큰 구름이 허공을 덮어 가림과 같으니, 이와 같이 전부 온갖 법을 반연하
    는 지혜가 허공과 같이 광대하여 끝없이 번뇌장과 소지장의 두 가지 장애를
    덮어 가린다. '덮어 가린다'고 말함은 격리하고 단절하는 뜻이다"라고 하였다.

(3) 법신에 가득함이 마치 큰 구름과 같은데 무성의 섭대승론석에서는 "또한 큰
    구름이 맑은 냉수를 대어 허공에 가득 함과 같다. 이와 같이 전부 온갖 법에
    반연하는 지혜가 한량없이 수승한 공덕을 내어 증득되거나 의지되는 법신을
    충만케 한다"고 하였다. 성유식론〔제9권〕에서는 "큰 법의 지혜 구름이 많은
    덕의 물을 머금어서, 허공 같은 번뇌를 덮고 법신에 가득하기에 법운이라 이
    름한다"고 하였다. 이 중의 세 뜻은 섭대승론과 같다. 금광명경에서는 "법신이
    허공과 같고 지혜는 큰 구름이 온갖 것을 두루 덮음과 같아서 '법운'이라 이름

한다"고 하였다.

진제의 섭대승론석은, "허공과 같다는 것은 세 가지 여여와 같음을 비유하니, 허공에 세 뜻이 있다. 첫째는 수용의 뜻으로 비유하면 자성 법신이 생사에 걸림 없고, 둘째는 끝없는 뜻이니 비유하면 법신을 요달하여, 비록 깨치더라도 아직 구경은 아닌데 허공에 청정한 곳이 있으나 먼지와 안개가 있는 곳과 같으니 마치 도 안의 법신이 미혹을 푸는 가운데의 길에 통함과 같다. 셋째는 깨끗하여 먼지와 안개가 없으니, 성스러운 과인 법신에 비유한다. '지혜가 구름과 같다'는 것은 여여지에 비유하니 세 가지가 있다. 첫째는 도 앞의 성득이고, 둘째는 도 안의 수득이며, 셋째는 도 뒤의 지득이다. 문에 '변'이라 말한 것은 성득의 여여지가 여여리에 두루한 것이고, '만'은 수득 여여지가 여여리에 가득한 것이며, '부(覆)'는 지득 여여지가 여여리를 덮어서 경계와 지혜가 서로 걸맞는 것이다.

'운'은 비로 비에 세 가지 뜻이 있는데 첫째는 먼지를 없애니 도 앞의 자성 지혜가 깨끗하여 물들지 않은 뜻이요, 둘째는 더러움을 씻는 것이니 도 안에서 미혹을 멸하고 악업을 없애며, 셋째는 싹을 내니 도 이후에 여여지의 싹을 낸다. 또 허공은 법신과 같고, 구름은 응신과 같다"고 했다.

대승장엄경론〔13〕에서는 "제10지에서 삼매문과 다라니문으로 말미암아서 온갖 부처님의 가르침을 듣고 후에 진실에 눈뜨는〔聞薰習〕인을 거두어 아뢰야식 중에 두루하게 함이 비유하면 뜬구름이 허공에 가득 참과 같다. 듣고 훈습된 지혜의 구름으로써 낱낱의 찰나·낱낱의 상·낱낱의 호와 모공에 한량없고 끝없는 법우를 비 내려 여러 교화받을 중생을 충족케 하니 구름이 법의 비를 내림을 말미암아 법운이라 이름하는 것이다"라 했다.

인왕호국반야바라밀다경에서는 '관정'이라 하고, 십주비바사론에서는 "부처님께서 안 계시는 세계에서 법우를 내리게 하므로 '법운지'라고 이름한다"고 하였다. 해심밀경에서는 "번뇌의 몸이 넓기가 허공과 같으며, 법신은 원만하기가 비유하면 큰 구름과 같으니 다 두루 덮을 수 있기 때문에 '법운'이라 이름한다"라고 하였다. 풀이하면, 아·법의 집착에 훈습된 종자가 감당할 수 없으므로 번뇌라고 이름한 것이며, 두루 이공과 무아의 이치를 장애하기 때문에 경에서는 '광대하기가 허공과 같다'고 한 것이다. 제10지의 열 가지 법계의 법신이 원만함이 비유하면 큰 구름과 같은데 법계를 증득할 때 법신과 수생 법신을 원만케 함을 말미암음이 허공과 같이 광대한 번뇌를 뒤덮기 때문에 '법운'이라 이름한 것이다. 다른 뜻은 다음의 석명분 중의 설과 같다.

【주】 ——————————————————

  1. 섭대승(攝大乘) : 성유식론 제9권에서 나온다. 〈⑳ 31권 51 中〉

【탐현기 3】 此十地得名有四對. 一約法喩者 或唯就法立名 如歡喜等. 或唯約喩如焰地. 或法喩合目 如法雲地. 二約體用者 如歡喜善慧 約體立名. 所餘就用爲目. 三約無他自義者 如離垢不動 約無他立名. 所餘約自義爲稱. 四約當位相形者 如難勝遠行相形爲號. 所餘約當位立名.

탐 이 십지가 이름을 얻는데 네 가지 상대〔四對〕가 있다.

1. 법과 비유에 의한다. 법에만 나아가 이름을 지어 붙이면 마치 '환희' 등과 같고, 비유에만 의하자면 '염지' 등과 같으며, 법과 비유를 합하면 '법운지'와 같다.
2. 본체와 작용에 의한다. 환희지와 선혜지는 본체에 의해서 명명했고, 나머지는 작용에 나아가 이름한 것이다.
3. 나와 남이 없는 뜻에 의한다. 이구지와 부동지는 남이 없는 데 의해서 이름을 지어 붙인 것이고, 나머지는 '나'에 의한 뜻으로 일컫는 것이다.
4. 그 해당 지위와 형상에 의한다. 마치 난승지와 원행지같이 형상으로 호를 삼았고, 그 나머지는 해당 지위에 의해 이름을 지어 붙였다.

각 십지를 설하는 까닭

1.〔비로소 법의 맛을 알아〕환희심을 내는 지〔歡喜地〕

【청량소】十地之中 最初斷障證理 得聖性故.

[청] 십지 중 최초로 장애를 끊고 이치를 증득하여 성스런 성품을 얻기 때문이다.

【탐현기】謂先地前 加行功力 無間發起 本性無漏功能 令生現行 初無漏智 證見眞理 滅惑成行故 先明此.

[탐] 먼저 초지 아래서 공력을 더해서 행함으로 끊어짐 없이 본래 성품의 번뇌를 떠난 공능을 일으킨다. 현행의 처음 번뇌를 떠난 지혜가 진리를 깨쳐 봄으로 미혹을 없애고 행을 이루기 때문에 먼저 이를 밝혔다.

2. 계를 범한 더러움을 멀리 떠난 지〔離垢地〕

【청량소】論云. 如是已證正位 依出世間道 因淸淨戒 說第二菩薩離垢地. 言正位者 卽初地見道 是出世間. 依此修於三學. 戒最在初. 故先來也. 前地雖證眞有戒 未能無誤. 又以十度明義 前施此戒. 故次明之. 下之八地 依十度次 以辨來意. 準此可知.

[청] 십지경론〔제4권〕에서, "이와 같이 이미 정식 지위를 증득하고 출세간도의 인(因)인 청정한 계에 의지하여 보살의 제2 이구지를 설한다"고 하였는데 정식 지위라 함은 초지는 견도로 출세간이요, 이에 의지하여 삼학을 닦는데는 계가 최초로 있기에 먼저 온 것이다. 앞의 초지도 비록 진리를 증득하여 계가 있으나 오류가 없을 수가 없다.

또 십바라밀로써 뜻을 밝히니 앞서 이 계를 베풀었기에 다음으로 그것을 밝히는 것이요, 다음 여덟 지는 십바라밀의 차례에 의하니 이어진 까닭을 밝힘은 이에 준해 알 것이다.

【탐현기】有三 一地論云. 如是已證正位. 依出世間道 因淸淨戒. 說第二菩薩離垢地. 解云. 已證正位 是前初地. 依此出世 修三學行. 戒最居先. 故此來也. 二前地創證眞如. 猶有微細 誤犯戒障. 不能性自不待思擇 護持淨戒. 故有此地 成斯戒行. 三前施此戒. 義次第故.

탐 세 가지가 있다.

(1) 십지경론〔제4권〕에서, "이와 같이 이미 정식 지위를 증득하고 출세간도의 인(因)인 청정한 계에 의지하여 제2 보살 이구지를 설한다"고 하였다. 풀이하면 '이미 정식 지위를 깨쳤다'는 것은 앞의 초지이고, 이 출세간에 의해 삼학의 행을 수행함에는 계가 최초로 놓이기에 여기에 이어진 것이다.

(2) 앞 지에서 비로소 진여를 증득하였으나, 아직 미세하게 무심코 계를 범하는 장애가 있어 성품이 스스로 심사숙고하기를 기다릴 수 없고 청정한 계율을 보호해 지닐 수 없기에 이 지에서 이러한 계행을 이룸이 있는 것이다.

(3) 앞은 보시고 이는 지계이니, 뜻의 차례이다.

3. 지혜의 광명을 내는 지〔發光地 - 구역 : 明地〕

【청량소】前戒此定 義次第故.[1] 又前三地[2] 寄同世間 施戒修法. 前二施戒竟. 今此顯修. 故深密云. 前位能持微細戒品 未得圓滿世間 等持等至 及圓滿聞法總持[3]. 爲令得此 因說此地 令勤修學. 此則具前二意.

청 앞은 계이고 이는 선정이니 뜻의 차례이다. 또 이전 세 지는 같은 세간으로 보시·지계·수행 법에 기탁하는데 앞의 둘에서 보시와 지계는 마쳤고, 지금 이는 수행을 나타낸다. 그러므로 해심밀경〔제4권〕에, "앞의 지위는 미세한 계품을 잘 지녔지만 세간의 삼매〔等持〕·선정〔等至〕을 원만히 하거나 문법총지를 원만히 하진 못했기에, 이를 얻게끔 하고 이 지를 설함을 인해 부지런히 수학케 한다"고 하니,

이는 앞의 두 뜻을 갖춘 것이다.

1. 의차제고(義次第故) : 초지는 계·정·혜 삼학에 나아갔고, 2지는 계이며, 3지
   는 정이요, 4지 이상은 모두 혜에 속하기 때문에 차례가 된다. 〈⊕ 46권 1〉
2. 전삼지(前三地) : 지위에 의하니 초지는 보시고, 2지는 지계며, 3지는 수행이 된다.
   이 셋을 세간이라 함은 세간의 유정물이 행이 다분한 때문이다. 〈⊕ 46권 1〉
3. 문법총지(聞法總持) : 부처님의 가르침을 듣고 잊지 않는 것이다.

【탐현기】 有三. 一前戒次定. 義次第故. 是故須來. 二前位能持微細戒品. 未淨圓滿
世間等持等至 及圓滿聞法總持. 爲令得此因. 說此地令勤修學. 此依深密經. 三者初之
三地 總寄世間 施戒修法. 前二施戒. 今此顯修. 是故來耳.

탐 세 가지가 있다.

(1) 앞은 지계요, 다음으로 선정이니 뜻의 순서로 마땅히 이어졌다.
(2) 앞의 지위는 미세한 계품을 잘 지녔지만 세간의 삼매〔等持〕와 선정〔等至〕을
    원만히 하고 문법총지를 원만히 하여 청정하게 하지 못했다. 이러한 인을 얻
    게 하여 이 지를 설해 부지런히 수학토록 하는데 이는 해심밀경에 의한다.
(3) 처음 세 지는 모두 세간의 보시·지계·수행 법에 의지함인데, 앞의 둘은 보시
    와 지계였고, 지금 이는 수행을 나타내려고 이어진 것이다.

4. 번뇌의 땔나무를 지혜의 불로 태우는 지〔焰慧地 - 구역 : 燄地〕

【청량소】 瑜伽七十八[1] 引解深密 明四種淸淨 能攝諸地. 前三卽意樂 戒定增上 三淸
淨訖. 此下第四 訖於佛地 明慧增上 故此來也. 又慧有多種. 四地正明覺分相應 增上慧
住. 故次來也. 又前地雖得 世定總持. 而未能得 菩提分法 捨於定愛 及與法愛. 今修證
彼行 故次來也. 若依本論 前三寄世間. 今此出世. 次第故來. 若近望前地 因前定聞 發
此證智. 故次來也. 故論云. 依彼淨三昧聞持. 如實智淨顯示故.

청 유가사지론 78권에 해심밀경을 인용하여, "네 가지의 청정함이 모든 지를 거둠을 밝힌다. 앞의 세〔지〕는 뛰어난 원〔意樂〕·계율·선정의 세 가지 청정에 미치고, 이 다음 제4지로부터 불지에 이르기까지는 뛰어난 지혜〔의 청정함〕를 밝힌다"고 하기 때문에 이어졌다. 또 지혜에는 여러 종류가 있으니 4지는 보리분이 상응하여 뛰어난 지혜가 머묾을 바로 밝히기 때문에 이어진 것이다. 또 앞 지는 비록 세정 총지를 얻었으나 보리분법은 얻지 못하여 선정과 법에 대한 애착을 버리고 지금 저 행을 증득하여 닦기 때문에 이어진 것이다.

만약 본론에 의지하면 앞의 셋은 세간에 의지하고 지금 이는 출세간이기에 이어졌다. 만약 가까이 앞 지에 비교하면 앞의 정문(定聞)을 인하여 깨달음〔證智〕을 내기에 이어졌다. 그러므로 논에, "저 청정한 삼매에 의지하여 여실한 지혜로 깨끗이 나타내 보이는 까닭"이라고 했다.

【주】 ────────────────

1. 유가칠십팔(瑜伽七十八) : "뛰어난 원의 청정은 초지를 거두고, 수승한 계율의 청정은 제2지를 거두며, 수승한 마음의 청정은 제3지를 거두고, 수승한 지혜의 청정은 뒤의 지로 갈수록 더더욱 훌륭하고 미묘하기에 제4지로부터 불지까지 다 거둔다"고 한다. 〈유가사지론 ㊛ 30권 729 上〉

【탐현기】 亦有三義. 一前地明定. 自下諸地 明所發慧. 依定發慧 義次第故. 此依解深密經. 二前之三地 寄在世間. 今此出世. 義次第故次來. 此依十地論辨. 三前三地 雖得世定總持 而未能得 菩提分法. 捨於定愛 及法愛故. 是故此地 修證彼行 故次來也. 此亦依深密經.

탐 또한 세 가지 뜻이 있다.

(1) 앞의 지는 선정을 밝혔고, 이 다음 여러 지는 발생되는 지혜를 밝히니, 선정에 의해 지혜를 냄이 뜻의 순서인 때문이다. 이는 해심밀경에 의한 것이다.

(2) 앞의 세 지는 세간에 의한 것이었고 지금 이는 출세간이니, 뜻의 차례로 이어진 것이다. 이는 십지경론에 의하여 밝힌 것이다.

(3) 앞의 세 지에서 비록 세정과 총지를 얻었으나 아직 보리분법을 얻어서 선정과 법에 대한 애착을 버리지는 못하였다. 이 때문에 이 지에서 저 행을 닦아 증득한 때문에 이어진 것이다. 이 또한 해심밀경에 의한 것이다.

5. 〔지혜가 지극하여〕 더 수승하기가 어려운 지〔難勝地〕

【청량소】 略有四義. 一約寄位. 四五六地 寄出世間. 前寄初果[1] 此寄羅漢 義次第故. 雖有四果 舉於始終 以攝中間. 此依本論. 約所觀行相. 以後六地 旣觀緣起 寄同緣覺. 故但二地 寄於聲聞 仁王下卷 瓔珞上卷 約人配位. 以七地未離分段故 四五六七 寄同聲聞. 二前明覺分相應慧. 今辨諸諦 相應慧故. 三前得出世 未能順世. 今能五明[2]攝化. 故次明之. 四前得三十七菩提分. 今辨方便 所攝菩提故. 此後三意 出於瑜伽.

[청] 간략히 네 가지 뜻이 있다.

(1) 지위에 기탁함에 의하니 4·5·6지는 출세간에 의하는데 앞은 수다원과〔初果〕에 맡겼고 이는 아라한과에 의하니 뜻의 순서인 때문이다. 비록 〔성문〕4과가 있으나 처음과 끝을 들어 중간 〔사다함과와 아나함과〕을 거둔다. 이는 본론에 의하고 관찰되는 마음 작용 〔行相〕에 의한 것이다. 뒤의 6지는 이미 연기를 관하여 같은 연각승에 의하기에 다만 두 지만 성문에 맡긴다. 인왕호국반야바라밀다경 하권과 보살영락본업경 상권에는 사람에 의해 지위를 배치 〔約人配位〕하여 7지가 분단을 떠나지 못함으로써 4·5·6·7지를 같이 성문에 기탁했다.

(2) 앞서는 37도품 〔覺分〕에 상응하는 지혜를 밝혔고, 지금은 사성제 〔諸諦〕에 상응하는 지혜를 말하기 때문이다.

(3) 앞서는 세간을 벗어났지만 세간을 따르지는 못했는데, 지금은 오명(五明)으로 거두어 교화하는 때문에 차례로 밝힌 것이다.

(4) 앞은 37도품을 얻었고, 지금은 방편으로 거둔 보리를 말한다. 〔네 가지 중〕이 뒤의 세 뜻은 유가사지론에서 나왔다.

　　1. 초과(初果) : 성문승 사과(四果) 중 첫째인 수다원과(須陀洹果 : 豫流果)를 말한다.

　　2. 오명(五明) : → 부록 법수 참조.

【탐현기】亦有三義. 一四五六地 總寄二乘. 第四寄當初果. 第五寄當羅漢. 第六獨覺. 前地預流. 此名羅漢 義次第故. 是故次來. 以預流創故. 羅漢終故. 用寄四五 二地差別. 中間二果 略不寄顯. 此依地論等. 問若爾何故 仁王經第七地 得羅漢果. 答此二文各別. 地論約所觀行相 以配二乘. 道品四諦 俱聲聞行. 第六緣生 是緣覺行. 第七十度 是菩薩行 故非二乘. 仁王下卷 瓔珞上卷 約人配位 前之三地相 同凡夫故. 後四地配於四果[1] 以顯地別. 良由第七 未離分段 故寄同下位. 二者二乘行中. 道品居先 四諦居後. 義次第故. 三者前地 雖得出世. 而未能隨順世間 五明攝化. 今此地中 修證彼法. 是故次來.

탐 또한 세 가지 뜻이 있다.

(1) 4·5·6지는 모두 이승에 의하는데, 제4지는 초과에 기탁하고, 제5지는 아라한과에 맡기며, 제6지는 독각에 의한다. 앞 지는 예류과이고, 이는 아라한과이니, 뜻의 순서인 때문에 이어진 것이다. 예류과로 비롯하고 아라한과로 마치기에 4·5 두 지의 차별에 맡겼고, 중간의 두 과는 생략하여 나타내지 않았는데 이는 십지경론 등에 의한 것이다.

문 : 그러면 무엇 때문에 인왕호국반야바라밀다경에서는 제7지에서 아라한과를 얻었다고 했는가?

답 : 이 두 글은 각기 다르니 십지경론은 관찰되는 마음 작용〔行相〕에 의하므로 이승에 배대하는데〔37〕도품·사제는 모두 성문행이고, 제6지의 연기〔연생〕는 연각행이며, 제7지의 십바라밀은 보살행이다. 그러므로 이승은 아닌 것이다. 인왕호국반야바라밀다경 하권과 보살영락본업경 상권은 사람에 의해 지위를 배대하니 앞의 세 지의 형상은 범부와 같고, 뒤의 네 지는 〔성문〕사과(四果)에 배대하니, 지의 차별을 나타낸 것이다. 진실로 제7은 분단을 떠나지

못했기에 같은 하위에 맡겼다.

(2) 이승의 행 중에서는 〔37〕도품이 먼저 있고, 사제가 뒤에 있는 것이 뜻의 차례
이다.

(3) 앞의 지에서 비록 세간을 벗어났으나 세간을 따라 오명(五明)으로 잘 교화해
거두지 못했는데 지금 이 지에서 저 법을 닦아 증득하기에 이어진 것이다.

【주】————————————

　　1. 사과(四果) : → 부록 법수 참조.

6.〔진리를 관하는 지혜가〕앞에 나타나는 지〔現前地〕

【청량소】已說諸諦相應慧. 次說緣起 流轉止息相應慧. 寄緣覺地. 故次來也. 又四
地出世 未能隨世. 五地能隨 而不能破染淨之見. 此地觀察 無染淨法界 破彼見故. 故瑜
伽云. 前地雖能於生死涅槃 棄捨一向背趣作意 而未能於生死流轉 如實觀察. 又由於彼
多生厭故 未能多住 無相作意. 爲令此分 得圓滿故 精勤修習 令得圓滿. 故次來也.

🈂 이미 사성제에 상응하는 지혜를 설했고, 다음으로 연기하여 미혹이 없어짐〔流
轉止息〕에 상응하는 지혜를 설하여 연각지에 의지하기 때문에 이어진 것이다. 또
4지는 세간에서 벗어났으나 세간을 따르지는 못하고, 5지는 따르나 더럽거나 깨끗함
의 견해를 깨뜨리지 못했는데 이 지는 더럽거나 깨끗함이 없는 법계를 관찰하여 저
견해를 깨뜨린다. 그러므로 유가사지론〔78권〕에는, "앞 지는 비록 생사와 열반에서
한결같이 저버리거나 나아가는 의지의 움직임을 버렸으나, 생사유전을 여실히 관찰
하지 못했다. 또 저에 다분히 싫어함을 내기 때문에 아직은 무상 작의(無相作意)에
머물지 못하니 이 부분을 원만케 하고자 부지런히 힘써 닦아 원만케 하기 위해 이어
진 것이다"고 했다.

【탐현기】次第者 亦有三義. 一前位寄聲聞. 此明緣覺. 寄法過前. 是故次來. 二四地
雖出世 不能隨. 五地能隨世間 而不能破染淨見. 此地觀察 無染淨法界 破彼見故. 是故
來也. 三唯識論云. 前五地中 有相觀多 無相觀少. 第六地中 無相觀多 有相觀少. 第七

地去 純無相觀. 今此地於無相觀 退少入多 是故須來.

[탐] 순서에 또한 세 뜻이 있다.

(1) 앞의 지위는 성문에 의했고, 여기서는 연각을 밝힌다. 법에 기탁해 앞을 초과
하기에 이어진 것이다.

(2) 4지는 비록 세간을 벗어났지만 〔세간을〕 따르지 못하고, 5지는 세간을 잘 따
르나 더럽거나 깨끗함의 소견을 깨뜨릴 수 없다. 이 지는 더럽거나 깨끗함이
없는 법계를 관찰하여 저 소견을 타파하기 때문에 이어진 것이다.

(3) 성유식론에, "앞의 다섯 지는 유상관이 많으나 무상관은 적고, 제6지는 무상관
이 다분하고 유상관이 희소한데 제7지 이상은 순전히 무상관이다"고 한다. 지
금 이 지는 무상관에서 물러남은 적고 들어감이 많기 때문에 이어진 것이다.

7. 원대하게 수행하는 지〔遠行地〕

【청량소】 已說緣起 相應慧住 寄於緣覺. 次說有加行 有功用無相住 寄菩薩地. 故次
來也. 瑜伽云. 前地雖能多住無相作意. 而未能令無相作意 無間無缺. 多修習住. 爲令
滿故 次有此來. 又前功用未滿 今令滿故.

[청] 이미 연기에 상응하는 지혜에 머무름을 설하여 연각에 의지했다. 차례로 공용
을 가하여 행함〔有加行有功用〕과 차별 상이 없는 머무름을 설하고, 보살지에 의지하
는 때문에 이어진 것이다. 유가사지론〔78〕에, "앞 지는 비록 다분히 무상 작의에
머무르나 무상 작의로 하여금 끊어지지 않고 결함이 없게 하지는 못하니, 다분히
닦아 익히면서 머물러 원만케 하기 때문에 이어진 것이다. 또 앞은 공용이 원만하지
못했는데 지금 원만케 하기 때문이다"고 했다.

【탐현기】 亦有三義. 一前寄二乘 今顯菩薩 次第轉勝. 是故須來. 二於無相觀 前地
未純. 今此進入純無相 是故須來. 三前功用未滿. 此地中滿. 是故來也.

｜탐｜ 또한 세 가지 뜻이 있다.

(1) 앞은 이승에 의했고, 지금은 보살이 순서대로 더욱 수승함을 나타내기에 마땅
    히 왔다.

(2) 무상관에서, 앞 지는 순수하지 못한데 지금 이는 순일한 무상에 들어가기에
    마땅히 왔다.

(3) 앞은 공용이 충만하지 못했지만, 이 지는 원만하기 때문에 이어졌다.

8. 온갖 번뇌의 행에 움직이지 않는 지〔不動地〕

【청량소】瑜伽云. 雖於無相作意 無缺無間 多修習住. 而未能於無相住中 捨離功用.
又未能得於相自在. 修習得滿. 故次來也. 又約寄位. 初之三地 寄同世間. 次有四地 寄
三乘法. 第八已去 寄顯一乘故. 莊嚴論[1] 釋第七地云. 近一乘故. 梁論亦說八地已上 以
爲一乘. 是知從前差別 進入一乘. 故次來也.

｜청｜ 유가사지론〔제78권〕에, "비록 무상 작의에 결함없고 끊어짐 없이 다분히 수습
하여 머물지만 차별 상을 떠난 머무름에서 공용을 버리지 못하고, 또 형상에서 자재
하지 못하니, 수습하여 원만케 하기 위하여 이어진 것이다"고 하였다. 또 지위에 기탁
함에 의하면 초에서 3지까지는 세간과 동일함에 의하고, 차례로 네 지는 삼승법에
의하며, 제8지 이상은 일승에 의함을 나타낸다. 대승장엄경론에는, "〔보살이〕제7지
에서 일승 도에 근접하기에〔遠去라고 한다〕"고 했고, 양역 섭대승론석도 또한 8지
이상을 설하여 일승으로 삼으니, 앞의 차별로부터 일승에 진입하기에 이어진 것임을
알 것이다.

【주】────────────────

　　1. 장엄론(莊嚴論) : 〈대승장엄경론 제13권 행주품(行住品), ㉑ 31권 659 中〉

【탐현기】亦有三義. 一前之三地 寄同世間. 後之四地 寄三乘法. 第八以去 寄顯一
乘. 莊嚴論 釋第七地云 近一乘故. 梁論亦說八地已上 以爲一乘. 解云從前三乘 差別之

位 進入一乘. 是故來也. 二前位 雖得純無相觀. 要待加行 作意方證. 今此純熟 不待加行. 任運現前 故次明也. 三前通分段 此唯變易. 是故來也.

[탐] 또한 세 가지 뜻이 있다.

(1) 앞의 세 지는 세간과 동일함에 의하고, 뒤의 네 지는 삼승법에 기탁하며, 제8지 이상은 일승에 기탁함을 나타낸다. 대승장엄경론〔제13권〕에서 제7지를 풀이하길, "일승 도에 근접하기에〔遠去라고 한다〕"고 했고, 양역 섭대승론석 역시 8지 이상으로 일승을 삼는다고 설하니, 풀이하면 앞의 삼승의 차별 지위로부터 일승에 진입하므로 이어진 것이다.

(2) 앞 지에서 비록 순수한 무상관을 얻었더라도, 요지는 더하여 행하는〔加行〕의 지의 움직임〔作意〕을 기다려야 비로소 증득할 수 있다. 지금 이는 순숙하여 가행을 기다리지 않고서도 자연스럽게 앞에 드러나기 때문에, 다음으로 밝힌 것이다.

(3) 앞은 분단〔生死〕에 통하고 이는 오직 변역〔生死〕인 때문에 이어진 것이다.

9. 최고 수승한 지혜 지〔善慧地〕

【청량소】瑜伽意云. 前雖於無相住中 捨離功用 亦能於相自在. 而未能於 異名衆相 訓詞差別 一切品類 宣說法中 得大自在. 爲令此分 得圓滿故 次有此來.

[청] 유가사지론〔78권〕의 뜻에, "앞은 비록 차별 상을 떠난 머무름에 공용을 버려 능히 형상에 자재하였다. 그러나 아직 다른 이름과 형상과 말이 다른 온갖 품류의 설법을 베푸는 데는 크게 자재할 수 없었기에 이 부분을 원만케 하기 위하여 이어진 것이다"고 하였다.

【탐현기】亦三義. 一前地雖得 於無相中 無功用行. 而未能以無礙解 隨機說法. 今此進修 令證彼法 是故來. 餘二門可知.

[탐] 또한 세 뜻이 있는데 앞 지에서 비록 무상에서 공용이 없는 행을 얻었다고 하더라도 걸림 없는 지혜로써 근기를 따라 설법하지 못했다. 지금 여기서는 진보하여 저 법을 증득케 하기 때문에 이어진 것이다. 나머지 두 부분은 알 수 있다.

10. 〔허공처럼 광대한 장애를 덮는〕 법 구름 지〔法雲地〕

【청량소】瑜伽意云. 雖於一切品類 宣說法中 得大自在. 而未能得 圓滿法身. 現前 證受. 今精勤修習 已得圓滿. 故有此來. 論云.[1] 於九地中 已作淨佛國土 及化衆生. 第 十地中 修行令智覺滿. 此是勝故. 以八九二地 同無功用 故對之顯勝 有此地來. 又一乘 中 最居極故.

[청] 유가사지론 〔78권〕의 뜻에, "비록 온갖 품류에 법을 베푸는 데는 크게 자재하나 원만한 법신을 앞에 드러내어 증득하여 받지는 못하였기에 지금 부지런히 수습하여 이미 원만히 한 때문에 이어진 것이다"고 했다.

십지경론에는, "9지에서 이미 불국토를 청정히 하고 중생을 교화하는 일을 하고, 제10지에서는 수행하여 지혜와 깨달음이 원만케 하니 여기에서 수승한 것이다"고 했다. 8 · 9의 두 지가 무공용과 같기 때문에 대하여 수승함을 나타내기에 이 지가 이어진 것이다. 또 일승 중에 최고로 지극한 데 머문 때문이다.

【주】────────────────

1. 논운(論云) : 〈십지경론(十地經論) 12권 법운지(法雲地), ⑩ 26권 193 下〉

【탐현기】亦有三義. 一前雖得彼 辯才說法 未能圓滿 法身現前故. 今進令彼修證圓 滿 是故來也. 餘二門可知.[1] 又地論云. 於九地中 已作淨佛國土 及化衆生. 第十地中 修行令智覺滿足. 此是勝故.

[탐] 또한 세 가지 뜻이 있다. 첫째, 앞서 비록 저 설법의 변재를 얻었으나 아직 법신을 원만히 앞에 드러낼 수 없었는데 지금은 나아가 저를 원만히 수행하여 깨닫게

하므로 이어진 것이다. 나머지 두 부문은 알 수 있다.

또 십지경론〔제12권〕에서, "제9지에서 이미 불국토를 청정히 하여 중생을 교화하였고, 제10지에서는 수행하여 지혜와 깨달음을 만족케 하니 여기서 수승한 것이다"고 하였다.

【주】 ————————————————

　　1. 여이문가지(餘二門可知) : 지위와 과에 의해 설하는 까닭을 밝히는 것이다.

삼　매(三昧)

【청량소】諸會多明入定　爲說經緣.

【청】 모든 회상에서 다분히 선정에 들어가 경을 설하는 연을 밝힌다.

【鈔】九會說經 八會入三昧. 第二不入 故名爲多. 第一會普賢菩薩 入毘盧遮那如來藏身三昧. 第三會法慧菩薩 入菩薩無量方便三昧. 第四會功德林菩薩 入菩薩善思惟三昧. 第五會金剛幢菩薩 入智光三昧. 第六會金剛藏菩薩 入菩薩智慧光明三昧. 第七會如來 自住刹那際三昧.[1] 第八會普賢菩薩 入佛華嚴三昧. 第九會如來 自入師子頻申三昧. 第二不入者 未入位故. 有云. 蓋文漏耳. 說世間法 尙須入定. 況十信耶. 若約所表 前義無失.

【초】 9회에 경을 설함에 8회는 삼매에 들어가고 제2회는 들어가지 못한 때문에 '다분하다'고 이름했다. 제1회는 보현 보살이 비로자나여래장신 삼매에 들어가고, 제3회는 법혜 보살이 보살무량방편 삼매에 들어간다. 제4회는 공덕림 보살이 보살선사유 삼매에 들어가고, 제5회는 금강당 보살이 지광 삼매에 들어가며, 제6회는 금강장 보살이 보살지혜광명 삼매에 들어간다. 제7회는 여래께서 스스로 머무시는 찰나제 삼매에 들어가고, 제8회는 보현 보살이 불화엄 삼매에 들어간다. 제9회는 여래께서 스스로 사자빈신 삼매에 들어가신다. 제2회에서 들지 못함은 지위에 들지 못한 때문이다. 누가, "아마도 글에서 누락된 것이니 세간법을 설함에도 오히려 선정에 드는데 하물며 십신에 있어서랴"라고 하는데 나타난 것에 의해도 앞의 뜻을 잃을 것이 없다.

【주】────────────────────

1. 자주찰나제삼매(自住刹那際三昧) : 십정품 경문의 처음에 세존께서 찰나제제불 삼매(入刹那際諸佛三昧)에 드신다. 〈大 10권 211 上〉

광　명(光明)

【鈔】言十光者 第一會放於二光. 謂現相品初 於如來衆齒之間 放種種光. 二亦於此品 放眉間光. 第二會放足輪光. 第三會足指放光. 第四會足上放光. 第五會膝輪放光. 第六會亦眉間放光. 第七會初不放光 而出現品 放二種光. 謂放眉間光 加於妙德. 放口光加於普賢. 第八會總不放光. 第九會 亦放眉間 白毫光明. 初會七會各二光. 八會不放故. 故九會共有十也.

[초] 열 가지 광명이라고 말한 것은

1. 제1회에 두 광명을 놓으니〔여래〕현상품 처음에 여래의 여러 치아 사이에서 갖가지 광명을 놓으시고, 두 번째는 또한 이 품에서 미간광명을 놓으신 것이다.
2. 제2회에는 부처님 발 밑의 그물 무늬〔족륜〕에서 광명을 놓으신다.
3. 제3회에는 발가락에서 광명을 놓으신다.
4. 제4회는 발에서 광명을 놓으신다.
5. 제5회는 무릎의 바퀴 무늬에서 광명을 놓으신다.
6. 제6회는 또한 미간에서 광명을 놓으신다.
7. 제7회는 처음에는 방광하지 않으나, 여래출현품에서 두 가지 광명을 놓으시니 미간에서 광명을 놓아 묘덕에게 가피하고, 입으로 광명을 놓아 보현에게 가피하신다.
8. 제8회는 전체적으로 방광하지 않는다.
9. 제9회는 또한 미간에서 백호광명을 놓으신다. 1회와 7회는 각기 두 광명이요, 8회는 방광하지 않으니 9회에 모두 열 번이다.

【鈔】初面門衆齒放者 表敎道遲舒 金口所流 從佛口生 是眞佛子故. 以是光初故 於總處放也. 又表咀嚼法味 滋法身故等. 眉間放者 通表一乘中正之道. 足輪最下 表信四義. 一自下而上. 信最初故. 二最卑微故. 三爲行本故. 四信該果海 已滿足故. 足指安

住故. 足上依行故. 膝輪屈伸 可廻向故. 十地眉間 表所證十如 具足中道故. 出現眉間 表出現中道 不住生死 涅槃二邊故. 口放表佛口生 眞長子故. 第八會不放 行依解發 依解光故. 或略無故. 第九會眉間 表證窮法界之中道故. 廣如下疏 故云至文當知.

⟦초⟧ 처음에 입의 여러 치아에서 방광함은 교설이 멀리 퍼지는 것이 부처님 입에서 흘러나옴을 나타낸다. 부처님 입으로부터 나는 것이 참된 불자니 이 광명이 처음이기 때문에 모든 곳에서 방광한다. 또한 법의 뜻을 거듭 음미하여 법신을 자라게 함을 드러낸다.

미간에서 방광하는 것은 일승 가운데 정도를 전부 드러내는 것이다. 발 밑의 그물 무늬〔족륜〕는 최하인데 믿음을 나타내는데 네 가지 뜻이 있으니 처음은 아래로부터 위까지 믿음이 최초인 때문이요, 두 번째는 가장 낮고 미천한 때문이다. 세 번째는 행의 근본이 되는 때문이요, 네 번째는 믿음이 불과를 다 거두어 이미 만족한 때문이다.

발가락은 안주하기 때문이요, 발은 행을 의지한 때문이며, 무릎은 굽히고 펴고 해서 회향하기 때문이다. 십지에 미간은 증득된 십여(十如)가 중도를 갖춤을 표한 때문이요, 미간에서 나옴은 중도를 출현함이 생사와 열반 두 변에 머물지 않음을 표한 때문이며, 입의 방광은 부처님 입에서 나는 것이 참된 장자임을 표한 때문이다. 제8회에 방광하지 않음은 행이 이해에 의해 난 것이고, 이해에 의한 광명인 때문이며 혹 생략하여 없기 때문이다. 제9회에 미간은 법계의 중도를 궁구하여 증득함을 표한 때문이다. 자세한 것은 다음의 소와 같기에 경문에 이르러 마땅히 알 것이라고 했다.

법　수(法數)

　【일진법계一眞法界】 '일진법계'는 본래 안팎이 없어서 하나인 것과 많은 것에 속하지 않는다. 부처님께서 스스로 증득하시고는 중생도 평등히 가지고 있음을 아셨는데 중생으로 하여금 깨치게 하여 마음과 대상으로 뜻을 나누시니 대상은 증득되는 것이요 마음은 증득하는 것이 된다. 그러므로 다음에 유공이, "마음은 모든 부처님께서 증득하여 법신이 되고, 대상은 모든 부처님께서 깨달아 정토로 삼는다"고 하니 둘은 모두 증득되는 것이요, 지혜는 증득하는 것이 된다. 증득되는 대상은 '대방광'이요 증득하는 마음은 '불화엄'이니 경문에 자세히 말씀되어 있다. (謂一眞法界 本無內外 不屬一多 佛自證窮 知物等有 欲令物悟 義分心境 境爲所證 心爲能證 故下引裕公云 心則諸佛 證之爲法身 境則諸佛 證之爲淨土 則二皆所證 智爲能證 所證之境 卽大方廣 能證之心 卽佛華嚴也 文中廣說) 〈玄談〉

　'일'은 둘이 없는 것이요, '진'은 허망하지 않은 것으로 서로 사귀어 융합하기 때문에 '법계'라고 일컬으니 모든 부처님의 평등법신이시다. 본래부터 나지도 멸하지도 않으며, 공하지도 있지도 않아 이름을 떠나고 형상을 떠났다. 안도 밖도 없으며 하나의 진실이라 생각으로 헤아릴 수 없기 때문에 '일진법계'라고 일컫는다. ㉛

　【이량이지理量二智】 여리지(如理智)와 여량지(如量智)를 말한다.

　여리지(如理智) : 제일의제를 나타내는 진리의 지혜인데 이치에 맞는 절대의 지혜로 근본지, 근본 무분별지라고 한다.

　여량지(如量智) : 속제를 나타내는 삼라만상의 차별 지혜인데 온갖 현상의 작용에 응한 지혜, 경험적인 지혜를 말한다. ㉛

　【이명언二名言】 표의명언(表義名言)과 현경명언(顯境名言)인데 표의명언은 소리·단어·문장·음절 등에 의한 것이고, 현경명언은 의식이 대상에 연하여 종자를 훈습하는 것이다.

【이사二死】 분단생사와 변역생사이다.

【이장종현二障種現】 첫째는 분별이니 삿된 스승과 가르침과 생각으로, 초지에 들 때 영원히 끊을 수 있다. 둘째는 선천적인 번뇌〔俱生〕인데 날 때부터 있는 것으로 수도위에서 매지마다 끊게 되는데 이에 또 두 가지로 첫째는 현행이요, 둘째는 종자이다. 만일 구생에서 알게 된 종자와 현행이라면 매지마다 끊게 된다. 혹 번뇌장의 현행이라면 또한 지마다 끊을 것이요, 구생과 번뇌장의 종자라면 바로 금강무간도(金剛無間道[1])에서 끊게 된다. 〈㊥ 41권 9〉

  1. 금강무간도(金剛無間道) : 보살이 제10지에서 완료하는 최후 찰나에 불과의 장애를 끊어 없애고, 바른 자각의 깨달음에 들어가는 지위를 말한다.

【제이정진행승지第二精進行僧祇】 삼십삼아승지 중 두 번째 아승지이다. → 삼십삼아승지 참조.

【삼공三空】 공(空)·차별 상을 떠남〔無相〕·욕망을 이탈함〔無願〕의 삼해탈문(三解脫門)을 말하니 모두 공 도리를 명확하게 하고 있기 때문이다.
① 공(空) 삼매 : 나와 내 것이 공이라는 것을 관함
② 무상(無相) 삼매 : 공이므로 차별 상이 없다는 것을 관함
③ 무원(無願) 삼매 : 무작(無作) 또는 무기(無起) 삼매로 상(相)이 없으므로 원하고 구해야 할 것이 아무 것도 없다는 것을 관함

【삼명三明】 숙명(宿命)·천안(天眼)·누진(漏盡)을 삼명이라고 하는데 과거를 지혜로 증명하는 것이 숙명〔宿住智證明〕이요, 생사를 지혜로 증명하는 것이 천안명〔生死智證明〕이며, 누진을 지혜로 증명하는 것이 누진명〔漏盡智證明〕이다. 〈대지도론 2권, ㊛ 25권 71 下〉

"또 '명'은 삼명(三明)이라 이름하는데 보살의 명·부처님의 명·무명의 명이다.
보살의 명은 바로 반야바라밀이요, 부처님의 명은 곧 부처님의 눈이며, 무명의 명은
필경 공이다. '행'은 무량 겁에 중생을 위하여 온갖 선업을 닦는 것이요, '족'은 불성을
분명히 보는 것이니 이런 뜻으로 '명행족'이라 이름한다." (又復明者 名爲三明. 一菩
薩明. 二諸佛明. 三無明明. 菩薩明者 卽是般若波羅蜜. 諸佛明者 卽是佛眼. 無明明者
卽畢竟空. 行者於無量劫　爲衆生故 修諸善業. 足者明見佛性. 以是義故　名明行足.)
〈대반열반경(大般涅槃經) 16권, ㉼ 12권 711 中〉

【삼심三心】 신성취(信成就)·해행(解行)·증(證) 등의 세 가지 발심(發心) 중 신
성취발심에서 내는 세 가지 마음이다. 곧 십신을 이룬 보살이 내는 직심(直心)·심심
(深心)·대비심(大悲心)의 세 보리심인데 삼현(三賢)에서는 편중되어 있고, 십지에
서는 일제히 증득한다. 직심은 진여를 바르게 유염하는 마음이요, 심심은 온갖 선행
을 기꺼이 모으는 마음이며, 대비심은 중생의 고통을 뽑아내고자 하는 마음이다.
　대승기신론의 설에 연계되고 유마경 상권의 불국품에서 나오는 직심(直心)·심심
(深心)·대승심(大乘心)과 같다. 또한 정직과 깊이 헤아림·대비심의 세 보리심이
다. ㊖ (㊥ 41권 1~2)

【삼유三有】 욕유(欲有 ; 욕계의 생존)·색유(色有 ; 색계의 생존)·무색유(無色
有 ; 무색계의 생존)을 말한다. 이는 다 유위이다. ㊝

【삼종발심三種發心】 대승기신론(大乘起信論)에, "간략히 발심을 말하면 세 가지
가 있는데 무엇이 세 가지인가? 첫째는 신성취(信成就) 발심이요, 둘째는 해행(解
行) 발심이며, 셋째는 증(證) 발심이다"고 하였다. 〈㉼ 32권 580 中〉(鈔)

【삼종불성三種佛性】 자성주불성(自性住佛性)·인출불성(引出佛性)·득과불성
(得果佛性)이다.

【삼처三處】 보리·실제·중생회향이다.

【삼천하三天下】 사천하 중 북구로주가 제외된다.

【사과四果】 소승불교에서 네 단계의 수행목표〔四向〕와 그 도달경지〔四果〕를 가리킨 수다원(須陀洹:預流), 사다함(斯陀含:一來), 아나함(阿那含:不還), 아라한(阿羅漢:無學道)의 넷에 각각 과를 배정한 수다원과·사다함과·아나함과·아라한과의 넷이다.

【사덕四德】 상·락·아·정(常樂我淨)을 말한다.

【사무애변四無礙辯】 네 가지의 자유자재하게 막힘 없는 이해능력과 변재력을 가리킨다. 고른 지혜로써 본체를 삼기 때문에 사무애지, 이해능력에 나아가 말하기 때문에 사무애해라고도 하며, 언어 표현능력에 나아가 말하기 때문에 사무애변이라고 일컫는다. 또 이로써 중생을 교화하는 법이 되기 때문에 사화법(四化法)이라고도 한다.
　① 법무애(法無礙) : 법의 명구와 문장을 잘 전달하고 깨닫게 함에 장애가 없다.
　② 의무애(義無礙) : 법이 표현하는 뜻에 정통하여 막힘이 없다.
　③ 사무애(詞無礙) : 각 지방의 방언에 정통하여 막힘 없이 자재하다.
　④ 요설무애(樂說無礙) : 바른 이치에 수순하여 선양하는데 걸림 없다.
㊗ (구사론 27권)

【사인四人】 십신·십주·십행·십회향 등의 지위에 있는 자이다.

【사천하四天下】 수미산의 동쪽에 승신주(勝身洲), 남쪽에 섬부주(贍部洲), 서쪽에 우화주(牛貨洲), 북쪽에 구로주(瞿盧洲)가 있는데 이 가운데 인간이 사는 세계는 섬부주로서 염부제(閻浮提)라고도 부른다.

【오명五明】 다섯 가지 학문과 기예로 고대 인도의 학술 분류법이다.

① 성명(聲明) : 언어와 문법학을 말한다.

② 공교명(工巧明) : 공예와 기술·산력 등이다.

③ 의방명(醫方明) : 의학과 약학·주문 등이다.

④ 인명(因明) : 논리학을 말한다.

⑤ 내명(內明) : 전심으로 오승·인과·묘리를 사색하는 학문 또는 자기 종교의 취지를 표명하는 학문이다. ㉖

【오생五生】 보살이 몸을 받는 다섯 종류의 방법을 가리킨다.

① 식고생(息苦生) : 기근에 처한 세상에서 큰 고기 등의 몸을 받아 고기로써 일체 중생을 구제하고, 질병의 세상에서는 대의왕이 되어 온갖 병고를 치유하는 것이다.

② 수류생(隨類生) : 보살이 일체 중생의 유형에 따라 몸을 받아 저들을 건지는 것이다.

③ 승생(勝生) : 수승한 태생이니 보살의 성품으로 생을 받아 세간에서의 수명과 육신이 뛰어난 것이다.

④ 증상생(增上生) : 초지에서 십지까지 각기 왕이 된다.

⑤ 최후생(最後生) : 보살이 생사윤회에서 마지막 몸을 받는 것이다. ㉖

【오법五法】 명(名 : 사물의 가명)·상(相 : 사물의 색상)·망상(妄想 : 분별허망의 상념)·정지(正智 : 정견의 지혜)·여여(如如 : 불변불이의 진여)의 다섯이다. 입능가경(入楞伽經)에, "대혜여, 어떤 것이 오법인가? 첫째는 명이요, 둘째는 상이며, 셋째는 분별이요, 넷째는 정지며, 다섯째는 진여이다"고 했다. (大慧何等五法. 一者名二者相 三者分別 四者正智 五者眞如.)
〈入楞伽經 7권 오법문품(五法門品), ㉖ 16권 557 中〉

【오위五位】 십주·십행·십회향·십지·등각인데 혹 등각을 제외하고 십신을 포

함하기도 하며, 상현(上賢)인 십주 자체에 십신을 아우르는 경우도 있다.

【오인五忍】 인왕경에서 보살의 계위를 5종류로 나눈 것으로 복인(伏忍)·신인
(信忍)·순인(順忍)·무생인(無生忍)·적멸인(寂滅忍)을 말한다.
　① 복인 - 번뇌를 끊지는 못했으나 관해(觀解)를 익혀 굴복시키고 일어나지 못하
　　게 하는 지위로 삼현이 해당된다.
　② 신인 - 관하는 마음이 진전되어 증득할 법을 믿고 의심치 않는 지위로 초지·2
　　지·3지의 보살이 해당된다.
　③ 순인 - 앞의 믿음에 의해 다시 나은 지혜를 연마하여 무생 증과(證果)를 따르는
　　지위로 4·5·6지의 보살이 해당된다.
　④ 무생인 - 제법이 무생 무멸임을 인지하는 것으로 7·8·9지의 보살이 해당된다.
　⑤ 적멸인 - 갖가지 번뇌를 끊어버리고 청정무위 담연적정에 안주하는 지위로 10
　　지와 등·묘각이 해당된다.
　　⑬〈대승의장 12권, ㊛ 44권 701 中〉(인왕호국반야바라밀다경　상권)

【오종색五種色】　아비달마잡집론 제1권에 "무엇이 법계처에서 거두어지는 색인
가? 극략색(極略色)·극형색(極逈色)·수소인색(受所引色)·변계소기색(遍計所
起色)·정자재소생색(定自在所生色) 등 다섯 가지가 있음을 마땅히 알 것이다"고 했
다. 〈㉻ 70권 6〉(㊛ 31권 663 下〉

【오주인과五周因果】 소신인과(所信因果)·차별인과(差別因果)·평등인과(平等
因果)·성행인과(成行因果)·증입인과(證入因果)를 말한다. 〈탐현기 제1권〉

【열반오행涅槃五行】　열반경 제11권 성행품(聖行品)에, "보살은 대반열반경에 대
하여, 전일한 마음으로 다섯 가지 행을 생각하여야 한다. 첫째는 거룩한 행〔聖行〕이
요, 둘째는 범행(梵行)이며, 셋째는 천행(天行)이요, 넷째는 어린이의 행〔嬰兒行〕이
며, 다섯째는 병 고치는 행〔病行〕이다"고 했다. 〈㉻ 27권 3〉

【육결정六決定】 여섯 가지의 잘 결정하는 것이니 초지 이상의 보살이 성지(聖智)에 의하여 진리를 증득하고 이치를 따르는데 여섯 가지 잘 결정함이 있다.

① 관상선결정(觀相善決定) : 보살이 바른 지혜로 결정하여 진여의 이치를 관조하고 동일한 맛의 잡스럽지 않은 형상에 계합한다.

② 진실선결정(眞實善決定) : 보살의 실다운 지혜로 세간을 벗어나 전도된 미혹의 허물을 떠나 결정하고 이치를 증득하여 헛되지 않는다.

③ 승선결정(勝善決定) : 보살의 행이 광대하여 법계와 같으니 모든 부처님의 근본이 된다. 수승한 덕을 갖춤을 결정한다.

④ 인선결정(因善決定) : 보살의 인이 과를 이루는 공능이 있음을 결정한다.

⑤ 대선결정(大善決定) : 보살의 이타 행이 여러 중생계를 지키는 것을 결정하나 국한되지 않는다.

⑥ 불겁약선결정(不怯弱善決定) 보살의 불과를 증득한 덕이 모든 부처님의 지혜의 경지에 들어가 법에 대한 두려움이 없다. ㉦

또, 십지경론 제1권에서는, "십지 보살들의 서원은 선결정〔善決定〕이니 여섯 가지가 있다. ① 법상을 관찰함을 잘 결정〔觀相善決定〕 ② 진실대로 잘 결정〔眞實善決定〕 ③ 수승하게 잘 결정〔勝善決定〕 ④ 인(因)에 대해 잘 결정〔因善決定〕 ⑤ 크게 잘 결정함〔大善決定〕 ⑥ 두려워하지 않고 잘 결정〔不怯弱善決定〕 하는 등이다"고 했다. 〈십지경론 제1권, ㉺ 26권 126 下〉

【육상六相】 화엄경에서 설하는 만유의 모든 법에 갖추어진 여섯 가지 형상이다.

① 총상(總相) : 연기의 법은 온갖 본성〔德〕을 갖추니 인체가 눈·귀 등의 육근을 갖추어 한 몸을 이룸과 같다.

② 별상(別相) : 많은 본성 가운데 이것저것이 서로 의지하여 한 법을 합성하니 몸이 비록 하나나 다만 눈·귀·코 등 온갖 근이 서로 같지 않음과 같다.

③ 동상(同相) : 여러 덕상이 서로 화합하여 한 법을 이루면서 서로 위배하지 않는데 눈·귀 등이 각기 특성을 갖추어 각각 다른 작용이 있으나 다만 같은 마음으로 협력하고 분별 작용하여 서로 방해하지 않는 것이다.

④ 이상(異相) : 한 법을 구성하고 있는 온갖 본성의 상호 차이점이니 인체를 구성하는 눈·귀 등 육근이 각기 상이한 것이다.

⑤ 성상(成相) : 여러 본성이 서로 의지하여 한 법을 합성하니 육근이 서로서로 의지하여 한 몸을 이루는 것이다.

⑥ 괴상(壞相) : 육근이 각기 스스로 본법에 머물러 이동하지 않고 총상을 이루지 않으니 눈·귀 등 육근이 각기 자기 위치에 머물러 제각각 스스로 작용을 하고 한 몸을 이루지 않는 것이다. ⊛ (십지경론 1권)

【육성취六成就】 모든 경전의 머리에 '여시아문(如是我聞)' 등의 말이 육성취를 이룬다.

① 여시(如是) : 신성취(信成就)라고 하니 아난의 믿음을 가리킨다. 불법의 큰 바다는 오직 믿어야만 들어갈 수 있다. 이와 같은 법을 바로 부처님께서 설하신 것이라고 믿어 받아들이고 의심하지 않는 것이다.

② 아문(我聞) : 문성취(聞成就)라고 하니 아난이 스스로 부처님의 설법을 들은 것이다.

③ 일시(一時) : 시성취(時成就)라고 하니 설법시기를 가리킨다. 법왕께서 운을 열어주시는 절호의 기회에 중생들이 인연이 있어 감득하는 자는 부처님께서 몸을 나투어 응하신다. 중생의 감득과 부처님의 응하심이 소통하여 교차하면 그 때를 놓치지 않기에 시성취(時成就)라고 부른다.

④ 부처님〔佛〕: 주성취(主成就)라고 하니 설법주를 가리킨다. 부처님은 세간과 출세간을 이어 설법으로 중생을 인도하는 교화주이기에 주성취(主成就)라고 한다.

⑤ 모처〔在〕: 처성취(處成就)라고 하니 설법 장소를 가리킨다. 부처님께서 천상·인간·마갈타국·사위국 등의 처소에서 설법한 것을 처성취(處成就)라고 한다.

⑥ 대중〔衆〕: 대중들과 함께하시니 중성취(衆成就)라고 부른다. 법을 듣는 대중을 가리키니 보살·이승·천·인 등 여러 대중이 많이 모여 법을 듣기 때문에 중성취(衆成就)라고 한다.

위의 여섯 가지 조건이 다 갖추어지면 가르침이 일어나는 것이기에 육성취(六成就)라고 하는 것이다. ⑩

【육인六忍】 보살의 계위에 상응하는 여섯 종류의 법인(法忍)이다.
① 신인(信忍) : 별교 보살이 십주 지위에서 공관(空觀)을 수습하면서 온갖 법이 다 공적하다고 믿는 것이다.
② 법인(法忍) : 별교 보살이 십행 지위에서 가관(假觀)을 수습하면서 모든 법이 공하여 무소유임을 아나 일체 법을 거짓으로 세워 중생을 교화하니 가법(假法) 가운데서 확실히 인지하는 것이다.
③ 수인(修忍) : 별교 보살이 십회향 지위에서 중관(中觀)을 수습하면서 온갖 법의 현상과 이치가 융화된 것을 알아 중도 가운데서 확실히 인지하는 것이다.
④ 정인(正忍) : 별교 보살이 십지 지위에서 차례로 무명의 미혹 열 가지 품을 정식으로 파하여 중도의 이치를 확실히 인지하는 것이다.
⑤ 무구인(無垢忍) : 별교 보살이 등각 지위에서 더러운 무명의 미혹을 끊어 청정한 자성의 마음을 확실히 인지하는 것이다.
⑥ 일체지인(一切智忍) : 별교 묘각불이 십이품(十二品) 무명의 미혹을 다 끊고 일체 중도의 법을 두루 알아 이 법을 확실히 인지하는 것이다. ⑩

【육종성六種性】 육종성(六種性)은 보살을 행위에 의해 여섯 종류로 분류한 것이다.
① 습종성(習種性) : 십주위로써 공관을 닦아 견혹, 사혹을 깨뜨리는 성이다.
② 성종성(性種性) : 십행위로써 공에 머물지 않고, 나아가 거짓 성을 분별하는 성이다.
③ 도종성(道種性) : 십회향위로써 중도의 묘관을 닦아 온갖 불법을 통달하는 성이다.
④ 성종성(聖種性) : 십지위로써 중도의 묘관에 의해 무명의 일부분을 깨뜨리고 성위에 깨달아 들어가는 성이다.
⑤ 등각성(等覺性) : 다음의 묘각에 대하여 오직 한 등급의 차가 있을 뿐이므로

앞의 모든 지위보다 낫다.

⑥ 묘각성(妙覺性) : 단증(斷證)이 끝나고 삼각(三覺)이 원만한 최상의 깨달음 등이다. ㉻ 〈보살영락본업경 상권 ㉥ 24권 1012 中)

【육위六位】 십신·십주·십행·십회향·십지·구경

【육합석六合釋】 육리합석(六離合釋)이라고도 하는데 두 가지 말 이상을 연속해서 만든 합성어로 복합어를 구성하는 앞 뒤 부분의 관계를 해석하는 방법이다. 하는 법은 먼저 복합사를 가지고 따로 분별하여 해석하고, 재차 총합하여 그 뜻을 풀이한다. 범어(산스크리트)의 문전에 기원을 두는데, 중국에 들어가서 내용에 다소 변화가 생겼다.

① 상위석(相違釋) : 두 개 이상의 서로 상위한 단어를 연결하여 생기는 복합사를 일컫는데 대등한 관계에 있으며 독립하여 열거할 수 있다. 예를 들어 '교관(敎觀)'은 이론적 교상(敎相)과 실천적 관심(觀心)으로 본래 각기 다른 것인데 서로 다른 것을 합하여 새로운 말을 만든 것이다.

【예】 ─────────────
　·산천초목(山川草木) : 산·내·풀·나무의 뜻이 된다.
　·인차(人車) : 사람과 차, 마우(馬牛) : 말과 소.
　　또한 인천(人天)·자손(子孫)·부모(父母)·고락(苦樂)·선악(善惡)·시비(是非)·승패(勝敗) 등이 모두 이와 같다.

② 의주석(依主釋) : 의사석이라고도 하는데 격 한정 합성어로 복합어를 구성하는 전반의 말에 대해 격(格)의 관계에 있다. 앞부분이 뒷부분의 말을 한정하는데 복합사 중에 전반이 명사가 되거나 혹은 명사와 같이 보며, 후반에 대해 격의 관계에 있어 뒷부분이 앞부분에 제한된다. '중국인(中國人)'의 예와 같으니 앞부분의 '중국'은 뒷부분의 '인'의 범위를 한정한다. 유식종이 이에 준하여 논하길 '의'는 의지하는 것이고, '주'는 의지되는 법체(法體)인데 또한 의지되는 법체로

부터 의지하는 법의 이름이 세워진다고 했다.

【예】 ————————————

　　·왕신(王臣) : '왕'은 의지처요, '신'은 의지하는 것이 된다. 이 의주석의 규칙에 의하면
　　의지하는 신은 의지처인 왕에 의한다. '왕신'의 한 구절을 이루는 것이니 왕의 신하라는
　　뜻이다. 앞부분의 단어가 격이 되고 뒷부분의 단어가 소유격이 된다.
　　·왕자(王子) : 왕의 아들. 산사(山寺) : 산의 절. 물병 : 물에 의한 병이라는 식이다.

③ 지업석(持業釋) : 두 가지의 말이 합해져서 하나의 복합어를 만드는 경우에,
　 앞부분이 뒷부분에 대하여 형용사·부사, 혹은 동격 명사의 관계에 있다. 그러
　 므로 뒷부분의 말이 항상 명사나 혹은 형용사가 된다. 고산(高山)은 바로 매우
　 높은 산의 뜻이요, 극원(極遠)은 보통의 먼 것이 아닌 아주 먼 것이다.

【예】 ————————————

　　·심장(甚長) : 매우 길다. 금강견(金剛堅) : 금강처럼 굳셈. 사자인(獅子人) : 사
　　자와 같은 사람

④ 대수석(帶數釋) : 수사 한정복합어로 복합사의 앞부분이 수사가 된다. 대승법
　 원의림장(大乘法苑義林章) 1권에, "'수'는 일·십·백·천 등의 수이며, '대'는
　 끼워 넣는다는 뜻이니 법체가 수법을 끼워 넣는다는 뜻을 대수석이라고 한다"고
　 했다.

【예】 ————————————

　　·삼계(三界)·십계(十戒)·오근(五根)·사방(四方) 등과 같고 십명품의 십명은
　　'열 가지 명(明)'의 의미이다.

＊ 위에서 서술한 네 가지 해석은 명사상의 복합사 해석법에 관련된다.
⑤ 유재석(有財釋) : 복합사가 형용사의 작용을 갖추고 있는데 대승법원의림장
　 (大乘法苑義林章) 1권의 해석에 근거한다. 자기의 이름자를 내지 않고 자기

소유의 재료를 쓰니 이름자의 대용을 만드는 것이 된다. 예를 들면 '장신지인 (長身之人)'이 '장신(長身)'이 되는데 이 장신은 그 사람 대신 부르는 것이 된다. 위에 기재한 다섯 항의 복합사가 만일 형용사의 작용에 해당될 때 또한 해석하여 유재석이라 할 수 있다.

【예】 ────────────────

· 장수(長袖)는 지업석이나 장수적(長袖的)으로 해석할 수 있다. '긴 소매가 있는 것'의 뜻이다.
· 장비(長臂) : 긴 팔의.
· 유익(有翼) : 날개가 있다. '지니다', '있다'의 뜻을 나타낸다.

⑥ 인근석(鄰近釋) : 두 단어 이상으로 합성된 부사적 복합사이다. 원어에는 변화 하지 않는 뜻이 있는데 그 앞부분의 단어가 부사·관계사 등의 불변화사가 되 고, 뒷부분의 단어는 명사의 복합사가 된다. 화엄경수소연의초 38권의 해석에 인근석의 뜻이 있어 인근으로부터 이름을 지어 붙이니 실제로는 달라도 그것에 근접한 명칭을 사용하는 것이다. 금산 보리암을 흔히 남해 보리암이라 하든가 서울 근교 도시까지도 지방에서는 다 서울이라고 하는 것과 같다.

【예】 ────────────────

· 사념처(四念處)의 실체는 지혜이지만, 염(念)과 비슷한 것으로 염처(念處)라고 한다.
— 출처(出處) 불광사전(佛光辭典)

【육혜六慧】 보살의 계위에 따라서 그 지혜를 여섯 종류로 나눈 것이다.
① 문혜(聞慧) : 견문에서 온다.
② 사혜(思慧) : 사유에 의한다.
③ 수혜(修慧) : 수행에 의한 것이다.
④ 무상혜(無相慧) : 온갖 법이 공하고 자성이 없는 것을 깨닫는 데서 생긴다.
⑤ 조적혜(照寂慧) : 중도의 이치를 비추는 것이다.

⑥ 적조혜(寂照慧) : 적조와 정혜가 평등하여 둘이 아닌 것이다. ㉦

【칠선지七善知】 "선남자여, 무엇이 보살마하살의 범행인가? 선남자여, 보살마하
살이 대승의 대반열반에 주하여 칠선법에 머물면 범행을 갖추리니 무엇이 일곱인가?
저 문에 자세히 풀이했기에 여기서는 간략히 보이겠다.

① 지법(知法) : 십이부경(十二部經)을 아는 것이다.

② 지의(知義) : 온갖 언어 문자의 뜻을 잘 아는 것이다.

③ 지시(知時) : 이와 같은 때 가운데 선정(精慮)과 정진(精進)을 감수(堪修)하
는 등이다.

④ 지족(知足) : 음식·의복·약 등에 만족함을 아는 것이다.

⑤ 지자(知自) : 내가 이와 같은 신계(信戒) 등이 있음을 이르니, 스스로를 아는
것이다.

⑥ 지중(知衆) : 찰리와 바라문 등을 이르니, 대중을 아는 것이다.

⑦ 지존비(知尊卑) : 높고 낮음을 아는 것이다. 선남자여 두 종류의 사람이 있는데
첫째는 믿고, 둘째는 믿지 못함이니 보살은 마땅히 알 것이다. 믿음은 선이요,
믿지 못함은 선이 된다고 이름하지 못한다. 믿음에 또 두 종류가 있으니 첫째는
절에 가고 둘째는 가지 않는데, 가는 것은 선이요 가지 않는 것은 선이 된다고
이름하지 못한다. 이와 같이 예배하고 법을 들으며 지극한 마음으로 뜻을 생각
하고 말씀과 같이 수행하여 성문승을 구하며 대승에 회향한다"고 한 것이다.
순차적으로 다 처음 둘과 같기 때문에 뒤에 맺어 이르면, 대승에 회향하여 최상
이고 최선이나 존비의 이름에서 벗어나지 않는다. 뜻에 이르되 선함은 존귀함
이 되고, 불선함은 저속함이 되니 뒤로 갈수록 앞보다 존귀한 것이다. 〈㊥ 27권
4~5〉(열반경 제14권 범행품(梵行品), ㊛ 12권 693 中~694 中)

【칠지七支】 몸으로 짓는 살생·투도·사음 등 세 가지와 입으로 짓는 망어·기
어·악구·양설 등의 네 가지 악업을 말한다.

【팔무위八無爲】 선법진여·불선법진여·무기법진여·허공무위·택멸무위·비택멸무위·부동 및 상수멸인데 6가지에서 진여를 세 성품으로 더 세분한 것이다. 〈中 70권 6〉

【팔법부동八法不動】 사람의 마음을 동요시키는 8종의 행·불행의 상태로 물건을 움직이는 바람에 비유하여 팔풍(八風)이라고도 한다. 보살이 세간법의 청정하고 평등한 지혜의 힘을 얻어 이로움[利]·손실[衰]·비방[毁]·명예[譽]·칭찬[稱]·비난[譏]·괴로움[苦]·즐거움[樂] 등의 여덟 가지에 동요되지 않는 것이다. 光, 불

【팔성八聖】 성문승의 사향사과(四向四果)를 가리키는데 수다원향(須陀洹向)·수다원과(須陀洹果)·사다함향(斯陀含向)·사다함과(斯陀含果)·아나함향(阿那含向)·아나함과(阿那含果)·아라한향(阿羅漢向)·아라한과(阿羅漢果) 등이다. 光

【시왕十王】 초지는 흔히 염부제(남섬부주)의 왕이 되어 부귀영화를 마음대로 누리는데 항상 정법을 수호하고, 크게 보시하여 중생들을 거두어 보살피며 중생들의 인색과 탐욕과 질투 따위의 허물을 잘 제거하고, 언제나 끝없이 보시하여 선업을 짓고 사섭법을 행한다. 제2지는 전륜성왕, 제3지는 도리천왕(삼십삼천왕), 제4지는 수야마천왕, 제5지는 도솔타천왕, 제6지는 화락천왕(선화천왕), 제7지는 타화자재천왕, 제8지는 일천 세계를 주관하는 대범천왕이 되어 자재함이 가장 수승하다. 제9지는 이천 세계를 주관하는 대범천왕이 되어 자재한 가운데 자재함을 얻는다. 제10지는 마혜수라천왕(대자재천왕)이 된다. 〈화엄경 십지품〉, (십지경론 제3권)

【십승十乘】 일명 십승상(十乘床)이라고 하는데 십승 관법이 우리의 마음을 편히 머물게 하기에 앉는 상에 비유했다. 또 일명 십승풍(十乘風)이라고도 하니 관법의 미망을 제거함이 마치 바람이 먼지를 떨치는 것과 같기에 바람으로써 십승 관법을 비유했다. 또 일명 십승관(十乘觀)이니 삼제의 묘관(妙觀)이 바로 열반보소(涅槃寶所)의 대백우거(大白牛車)의 이름이 되기에 승(乘)이라 한다.

십승이라 함은 관법(觀法)이 십종이 있음이 아니라 관법은 오직 부사의한 경계를 관하는 하나로되 오직 관법자조(觀法資助)하는 법을 더하여 십승이 된 것이다. 십승의 명수(名數)는 이미 회석(會釋)에 나타났다. 〈통현론〉

【십신十身】 삼세간(三世間)을 융합하는 십신이니, 곧 화엄종에서 일컫는 해경십불(解境十佛)이다. 십지의 제8 부동지(不動地) 보살이 모든 중생들의 좋아함을 아시고 중생신(衆生身), 국토신(國土身), 업보신(業報身), 성문신(聲聞身), 독각신(獨覺身), 보살신(菩薩身), 여래신(如來身), 지신(智身), 법신(法身), 허공신(虛空身)으로 자기 몸을 바꾸어 만든 것이다. 이 십신 가운데 두 번째 국토신은 기세간(器世間)이 되고, 첫 번째 중생신과 세 번째 업보신 내지 여섯 번째 보살신은 유정세간(有情世間)이 되며, 일곱 번째 여래신에서 열 번째 허공신까지는 정각세간(正覺世間)이 된다. 곧 이 십신으로 삼세간의 모든 법을 융섭한다. 光

【십인十忍】 음성인(音聲忍, 隨順音聲忍)·순인(順忍)·무생법인(無生法忍)·여환인(如幻忍)·여염인(如焰忍)·여몽인(如夢忍)·여향인(如響忍)·여영인(如影忍, 如電忍)·여화인(如化忍)·여공인(如空忍, 如虛空忍)이다. 괄호 뒤에 표기되어 있는 것은 구역의 이명이다. 〈십인품 (신역), 大 10권 232 中 / (구역), 大 9권 580 下〉

【십진여十眞如】 십지에서 각기 증득한 십진여(十眞如)이다.
① 변행진여(遍行眞如) : 만유에 두루하는 아공·법공의 이치이다.
② 최승진여(最勝眞如) : 몸에 완전히 구족계를 수지하여 깨닫는 진여, 한량없는 공덕을 갖추기에 최승이라 한 것이다.
③ 승류진여(勝流眞如) : 진여로부터 유출된 가르침이 다른 것에 비해 수승한 뜻인데 그 가르침의 근본이 바로 진여다.
④ 무섭수진여(無攝受眞如) : 대상에 집착하지 않는 뜻이다.
⑤ 유무별진여(類無別眞如) : 생사와 열반이 둘이 아니니, 곧 미혹과 깨달음이 일여인 뜻이다.

⑥ 무염정진여(無染淨眞如) : 곧 진여가 더러움과 깨끗함을 초월한 뜻이다.

⑦ 법무별진여(法無別眞如) : 진여가 이미 생멸 상을 떠난 것이다.

⑧ 부증감진여(不增減眞如) : 번뇌의 더러움을 끊어 이미 줄지 않고, 청정법을 닦아 또한 늘지 않으니 바로 증감의 집착을 떠난 뜻이다. 일단 진여를 깨치면 바로 각종 형상과 국토로 자재롭게 변현하기 때문에 또한 상토자재소의진여(相土自在所依眞如)라고도 한다.

⑨ 지자재소의진여(智自在所依眞如) : 사무애지에 자재한 뜻이다.

⑩ 업자재등소의진여(業自在等所依眞如) : 곧 일체의 신통·총지·선정 등 신·구·의 삼업에 자재함을 얻는 뜻이다.

이상의 열 가지가 초지로부터 십지까지 순차적으로 십바라밀을 행하고 열 가지 장애를 끊어 보리에 이른다. 이밖에 인무아지진여(人無我之眞如, 人空眞如)와 법무아지진여(法無我之眞如, 法空眞如)가 있으니 합해서 이공진여(二空眞如)라고 한다. 그 가운데서 이승은 단지 인공진여를 깨치고, 보살은 곧 능히 이공진여를 다 깨친다. ⑯

혜원의 속화엄경약소간정기 제9권에는 "이 천상에서 십지를 설함은 참된 지혜가 진여를 깨달음으로 현상과 이치가 둘이 아님〔卽〕과 차별 있음〔離〕이 없지 않음을 나타낸 것이다"고 했다. 〈續 3권 725〉

【십행十行】 보살의 열 가지 수행이다.

① 신(信) : 부처님과 법을 신앙하는 것이다.

② 비(悲) : 중생의 고통을 구원하는 것이다.

③ 자(慈) : 중생에게 기쁨을 주는 것이다.

④ 사(捨) : 안팎으로 두 가지 보시를 하여 중생들의 마음을 편하게 하는 것이다.

⑤ 불피권(不疲倦) : 싫증내지 않는다.

⑥ 지제경론(知諸經論) : 오명(五明)을 잘 아는 것을 가리킨다.

⑦ 지세지(知世智) : 세간사를 잘 아는 것이다.

⑧ 참괴(慚愧) : 죄를 부끄러워하는 것이다.

⑨ 견고력(堅固力) : 스스로 불도를 지키고 물러나지 않으며, 다시 향상하여 더
　　나아가는 것이다.
⑩ 공양(供養) : 여러 부처님을 공양하고 가르침대로 수행하는 등이다. ⑪

【십현문十玄門】 화엄종에서 말하는 10가지 중요한 교의(敎義)로 네 가지 법계
중, 사사무애법계(事事無礙法界)의 특징을 10가지 측면에서 설명한 내용이다. 이
뜻에 통달하면 화엄경의 깊은 의미에 들어갈 수 있다고 하여 현문(玄門)이라고 하며,
또한 10가지 특징이 상호 연(緣)이 되어 일어나기 때문에 연기라고도 한다. 화엄종
의 제2 조 지엄(智儼)이 두순(杜順)의 뜻을 계승하여 이를 설했고, 제3 조 법장(法
藏)이 개작하였기 때문에 전자를 고십현(古十玄), 후자를 신십현(新十玄)이라고 한
다. 여기에서는 현담의 설을 중심으로 하면서 불광대사전의 뜻을 첨가하였다.

〈疏〉광대함이 사이도 없는데 들어가고 먼지와 털이 밖이 없는 것을 거두어들인다.
환하게 가지런히 나타남은 마치 저 개자 병과 같고, 동시에 갖춤은 바다의 한 방울
물과 같으며, 하나와 많음이 걸림 없는 것은 빈방에 천 개의 등과 같다. 숨고 나타남
은 가을 하늘의 조각달과 같고, 겹겹이 그림자를 비춤은 제석궁의 구슬〔그물〕을
드리움과 같으며, 생각생각이 원융한 것은 저녁 꿈에 겪어 온 세상일과 같다. 법문이
거듭 겹침은 구름이 끝없이 길고도 먼 하늘에 일어남과 같으며, 만행을 향기롭게
폄은 꽃이 비단 위에 핀 것과 같다. (廣大卽入於無間. 塵毛包納而無外. 炳然齊現 猶
彼芥瓶. 具足同時 方之海滴. 一多無碍 等虛室之千燈. 隱顯俱成 似秋空之片月. 重重
交暎 若帝網之垂珠. 念念圓融 類夕夢中之經世. 法門重疊 若雲起長空. 萬行芬披 比花
開錦上.)

〈鈔〉

① 동시에 빠뜨림 없이 거두어 서로 응하는 부문〔同時具足相應門〕

저 큰 바다에 한 방울 물이 백 개의 강 맛과 열 가지 덕을 갖춤과 같다. 그러므로
한 법을 따라서 다함없는 법과 다음의 아홉 부문을 거두니 이 한 부문이 총이 된다.
'동시'는 선후가 없음을 밝히는 것이고 '구족'은 거두어져 남음이 없는 것이다. (如大
海一滴 卽具百川之味 十種之德. 故隨一法 攝無盡法 及下九門 以此一門爲其總故. 同

時則明無先後. 具足則所攝無遺.)

　모든 현상이 '동시'에 '상응'하고 '동시'에 '구족' 원만하며, 연기의 이치에 의하여 성립된다. 하나와 많음이 한 본체가 되고 선후의 차별이 없다.

　② 넓음과 좁음이 걸림 없이 자재한 부문〔廣狹自在無礙門〕

　윗 구는 큰 것이 작은 것에 들어가고, 아랫 구는 작은 것이 큰 것을 포함한다. 비록 그대로 들어감〔卽入〕이 있으나 뜻은 넓고 좁음을 취한다. 사이가 없는 것은 작은 것이니 작은 것은 속이 없고 속이 없기 때문에 중간이 없다. 밖이 없는 것은 큰 것이니 큰 것은 밖이 없는 것이며 밖이 없음은 바로 큰 몸의 국토로되 안이 없는 먼지와 털에 그대로 들어가기 때문에 '광협무애'라고 이름한다. 즉하거나 들어감에 다 광협무애를 얻는다. 진경(晉經)〔구역 제11 보살십주품〕에, "금강철위산의 수가 한량없음을 다 한 털끝에 안치하니 지극히 큰 것에 작은 형상이 있음을 알고자 하여 보살이 이로써 처음 발심한다"고 했다. 지극히 큰 것에 작은 형상이 있는 것이 바로 광협무애다. 또, "작은 세계로써 큰 세계를 삼고, 큰 세계로써 작은 세계를 삼는 등"이라 한다. (上句大能入於小. 下句小能含大. 雖有卽入. 意取廣狹. 無間謂小. 小之則無內. 以無內故 無有中間. 無外謂大. 大之則無外. 無外卽是廣大之身刹 卽入無內之塵毛 故名廣狹無碍. 若卽若入 皆得廣狹無碍. 晉經云 金剛圍山數無量 悉能安置一毛端 欲知至大有小相 菩薩以是初發心. 至大有小相 卽廣狹無碍也. 又云能以小世界 作大世界 以大世界 作小世界等.)

　고십현에서는 제장순잡구덕문(諸藏純雜具德門)이라고 했는데 공간의 넓고 좁은 대립이 상호 모순 같으나 그 대립의 모순은 바르게 상즉상입하는 매개가 되기 때문에 걸림 없이 원융자재하다.

　③ 하나와 많음이 서로 수용하되 서로의 형상을 무너뜨리지 않는 부문
　　〔一多相容不同門〕

　하나인 것과 많은 것이 서로 연기하여 작용이 서로 사귐을 말미암기 때문에 서로 스며들어가니 이를 '상용(相容)'이라고 하고, 그 형상을 무너뜨리지 않기 때문에 '부

동(不同)'이라고 했다. 마치 실내에 천 개의 등을 함께 비추면 등이 등잔의 다름을 따라서 하나하나 같지 않으나 등이 빛을 따라 두루 하여 빛마다 스며들어 항상 별개이고, 늘 스며든다.〔광명각품〕경문에, "하나 가운데 한량없음을 알고 많은 가운데서 하나를 알아 그것이 나란히 일어남을 깨치면 마땅히 두려움 없음을 이루리라"고 했다. 이는 등의 비유도 또한 상즉에 비유함이니 바로 빛에 나아가 보면 별다른 형상을 보지 못하니 오직 한 빛인 때문이다. (由一與多 互爲緣起 力用交徹. 故得互相涉入 是曰相容. 不壞其相 故云不同. 如一室內 千燈並照. 燈隨盞異 ——不同. 燈隨光徧 光光涉入. 常別常入. 經云. 一中解無量 無量中解一 了彼互生起 當成無所畏. 此之燈喻 亦喻相卽. 直就光看 不見別相 唯一光故.)

관련 있는 현상의 작용이 하나 가운데 많음이 있고, 많은 가운데 하나가 있는 상입(相入) 설이 있다. 하나가 많음을 갖추고, 많음이 하나를 수용하지만 하나와 많음이 서로 들어가는데 걸림 없다. 그러나 그 본체는 같지 않아 하나나 많은 형상을 잃지 않는다.

④ 온갖 것이 서로 부합하여 자유로운 부문〔諸法相卽[1]自在門〕

다른 것을 거둘 때 다른 것을 볼 수 있는 상입문이 있고, 또 다른 것을 거둘 때 다른 것의 본체가 없는 '상즉문'이 있으며, 다른 것을 거둠에 다른 것이 비록 있으나 볼 수 없는 '은현문'이 있으니 부문이 다르다. 그러므로 이 세 부문이 다 서로 거둠을 말미암아서 있으니 '상입'은 두 거울이 서로 비춤과 같고, '상즉'은 파도와 물이 서로 거둠과 같으며, '은현'은 조각달이 서로 비춤과 같다. (謂攝他時 他可見故 有相入門. 又攝他時 他無體故 有相卽門. 攝他他雖存 而不可見故 有隱顯門 以爲門別故. 故此三門 皆由相攝而有. 相入則如二鏡互照 相卽則如波水相收 隱顯則如片月相映.) 〈현담 제3 의리분제(義理分齊)〉

관계가 있는 현상의 본체가 하나와 함께 온갖 것이 서로 공(空)도 되고, 유(有)도 되니 둘이 하나의 본체가 되어 서로 융화하고 거둠에 자재하여 걸림 없다.

같은 몸의 부합과 다른 몸의 부합으로 나눌 수 있다.

ㄱ. 같은 몸의 부합은 하나가 온갖 것을 거두어 머금거나, 혹 온갖 것이 하나를

거둠에 다른 몸으로 인식하지 못하는 것이다. 마치 금과 금빛이 전부 부합하여 서로 떠나지 않는 것과 같다.

ㄴ. 다른 몸의 부합은 법 자체와 더불어 함께 존재하니 많음이 하나에 들어갈 때를 말미암아 온갖 것이 하나 가운데 나아가고, 하나가 많음에 들어갈 때 하나가 바로 많음 속에 나아가기 때문에 하나와 많음이 부합하여 겹겹이 다함없다고 한다.

하나를 이루고 온갖 것을 이루는데 원융하여 다함없다. 달이 허공에 떠 있음에 천개의 강에 그림자가 비춤과 같다. 달을 대하면 하나인데, 그림자를 대하면 많음이 되니 하나와 많음이 걸림 없이 부합하고 받아들인다. ㉕ (60권 화엄경 불부사의법품)

【주】 ────────────────

1. 상즉(相卽) : 우유가 물에 섞임에 자기의 효력이 없어지고 다른 것과 같이 되기 때문에 상즉이라고 이름하는 것과 같다. (如乳投水 廢己同他 故名相卽)

⑤ 은밀하고 명백히 나타남이 같이 이루어지는 부문〔隱密顯了俱成門〕

8・9일 밤의 달이 반은 나타나고 반은 숨은 것과 같아서 바로 나타나면 숨고 바로 숨으면 나타나는데, 그믐달이 숨을 때에 나타나지 않는 것과 다르고 보름달이 나타날 때에 숨지 않는 것과는 다른 것이다. 하나로써 많은 것을 거두면 하나는 나타나고 많은 것은 숨으며, 많은 것으로써 하나를 거두면 많은 것은 나타나고 하나는 숨는다. 털 하나에 법계를 거두면 다른 털과 법계가 다 숨으니 다른 낱낱의 털이 서로서로 거두어 들어가서 숨고 나타남이 또한 그렇다. 그러나 그 반달은 비단 밝음과 어두움이 함께할 뿐만 아니라 밝음 아래에 어두움이 있고, 어두움 아래에 밝음이 있다고 한다. (如八九夜月 半顯半隱. 正顯卽隱. 正隱卽顯. 不同晦月 隱時無顯. 不同望月 顯時無隱. 以一攝多 則一顯多隱. 以多攝一 則多顯一隱. 一毛攝法界 則餘毛法界皆隱. 餘一一毛 互相攝入 隱顯亦然. 然其半月 非但明與暗俱. 而明下有暗 暗下有明.)

〔열반경 제9권의 여래성품월유품〕"선남자야, 마치 이 보름달을 다른 곳에서는 반

달로 보게 되고, 여기서 반달을 다른 곳에서는 보름달로 보게 된다. 염부제 사람들이 그 첫 달을 보고는 모두 초하루라고 하여 초승달이란 생각을 가지고, 달이 가득 참을 보고는 보름이라 하여 보름달이란 생각을 내지만 달의 성질은 실로 줄거나 차는 것이 없다"고 했다. (善男子. 如此滿月 餘方見半 此方半月 餘方見滿. 閻浮提人 若見月初 皆謂一日 起初月想 見月盛滿 謂十五日 生盛滿想 而此月性 實無虧盈.)〈화엄일승십현문〉

고십현에서는 비밀은현구성문(秘密隱顯俱成門)이라고 한다. 관계가 있는 연기의 현상이 하나가 형상을 나타내는 때에 많음은 공이 되어 나타나지 않는다. 숨은 것과 나타나는 형상이 서로 일체가 되어 동시에 성립하며, 온갖 법과 한 법이 서로 잘 일체가 된다.

⑥ 미세하게 서로 수용하여 뒤섞이지 않는 부문〔微細相容安立門〕

하나가 많음을 포함하기에 '상용(相容)'이라 하고 하나와 많음이 서로 섞이지 않기 때문에 '안립'이라고 한다. 병(炳)은 밝음이다. 미세함에 세 가지가 있으니 첫째는 포함되어지는 미세함이니 유리병에 개자가 대단히 많아 분명하게 일제히 나타나되 서로 방해하지 않아서 앞도 뒤도 아님과 같으니 이것은 여래부사의경계경의 말씀이다. 둘째는 포함하는 미세함에 의하고, 셋째는 알기 어려운 미세함에 의한다.(一能含多 卽曰相容. 一多不雜 故云安立. 炳者明也. 微細有三. 一所含微細. 如瑠璃缾 盛多芥子. 炳然齊現. 不相妨碍. 非前非後. 此卽如來不思議境界經說. 二約能含微細. 三約難知微細.)

연기의 현상에 나아가 서로 들어가는 이치를 설할 때 특별히 무너뜨리지 않는 스스로의 형상에 착안점을 두니, 바로 매양 한 현상 중에 작은 것으로써 큰데 들어가고 하나로써 많음을 거둔다. 크고 작은 형상이 서로 불란치 않고 하나와 많은 형상을 무너뜨리지 않으나 질서정연하다.

유리병에 개자가 대단히 많아 병을 사이에 두고 단번에 보면 미세함에 세 가지 뜻이 있다. 첫째는 포함되어지는 미세함이니 개자 병에 포함되어지는 개자와 같다. 둘째는 포함하는 미세함이다. 한 털과 먼지도 또한 모두 잘 포함한다. 셋째 미세함은 알기 어려운데 미세한 먼지와 국토가 서로 잘 포용할 수 있으나 그 일이 알기 어렵다. 하나가 많음을 잘 포함하니, 법과 법이 모두 같아 서로 포용한다고 한다. 하나와 많은 법의 형상이 무너지지 않고 서로 뒤섞이지 않기에 '안립'이라고 했다.

작은 것이 큰 것을 포용하고 하나가 많음을 거둔다. 한 생각에 다겁을 거두고, 포함되어지는 큰 것이 작은 형상을 무너뜨리지 않고 하나가 많은 것의 얼굴 생김새를 고치지 않으면서, 각기 자기 형상을 지킨다. 동시에 나타나〔齊頭〕 중생의 '온갖 법이 이미 한때에 갖추어져 서로 거두어들일 때 응당 각기 그 본 형상을 잃는다'는데 집착한 의심을 깨뜨린다. ㉖ (구역 화엄경 노사나불품·신역 화엄경 십회향품)

⑦ 인다라 그물의 법계와 같은 부문〔因陀羅網法界門〕

제석천궁에 구슬 그물이 위를 덮되 하나의 밝은 구슬 안에 만상이 다 나타남과 같다. 모든 구슬이 다 그러하며 또 서로서로 그림자를 나타내고 그림자가 다시 그림자를 나타내어서 겹겹이 다함없다. 그러므로 천차만별의 빛과 색이 비록 겹겹이 서로 비추나 역력히 구분된다. 또한 두 거울이 서로 비춤에 겹겹이 속으로 스며들어가 빛남을 전하고 서로 비춰서 번갈아 나옴에 다함이 없다. (如天帝殿 珠網覆上. 一明珠內 萬象俱現. 諸珠盡然. 又互相現影. 影復現影. 重重無盡. 故千光萬色 雖重重交映 而歷歷區分. 亦如兩鏡互照 重重涉入. 傳曜相寫 遞出無窮.)

고십현에서는 인다라미세경계문(因陀羅微細境界門)이라고 했는데 삼라만상의 하나하나가 서로서로 나타냄이 겹겹이 다함없어 마치 인다라망에 달린 수많은 보배 구슬이 서로 그림자를 비추듯이 서로 포용함에 한이 없다.

⑧ 현상에 의탁해 법을 나타내어 이해를 내는 부문〔託事顯法生解門〕

'중첩'이라고 한 것은 뜻이 하나와 많음이 서로 장애되지 않음을 나타낸다. 그러므로 하나의 현상 법을 따라서 많은 법문이 있다. 한 현상이 바로 다함없는 법계니, 법계가 다함없기 때문에 현상도 또한 다함없다. 십회향품에, "이 꽃은 무생법인으로부터 생한 것이다"는 등은 일체 인이 일 과를 냄을 밝히니 일 과가 일체 인을 갖춘 때문이다. 이는 이에 의탁하여 따로 나타낼 것이 있는 것이 아니다. (言重疊者 意顯

一多不相碍. 故隨一事法 有多法門. 以隨一事 卽是無盡法界. 法界無盡. 故事亦無盡.
廻向品云. 此花卽從無生法忍之所生起等. 意明一切因生一果 一果卽具一切因故. 非
是託此 別有所表也.)

심묘한 이치를 비근한 현상법에 맡겨 나타내며, 가탁되어지는 현상과 나타나는
이치가 차별이 없고 둘이 없는데 현상계의 사물 그대로가 진리임을 가리킨다.

⑨ 십세의 각각의 법이 다르게 이루어지는 부문〔十世隔法異成門〕

이세간품에, "보살이 열 가지로 삼세를 설함이 있으니, 과거에 과거를 말하고, 과
거에 현재를 말하며, 과거에 미래를 말한다. 현재에 과거를 말하고, 현재에 평등을
말하며, 현재에 미래를 말한다. 미래에 과거를 말하고, 미래에 현재를 말하며, 미래
에 다함없음을 말하며, 삼세가 한 생각임을 설한다"고 하였다. 앞의 아홉은 개별이
되고 한 생각은 전체가 되기에 십세(十世)라 이름하니 삼세가 서로 인이 되고 서로
거두는 때문이요, 한 생각이 열 가지를 갖춤은 다함없음을 나타내기 때문이다. 한
생각이 한량없는 겁이요, 한량없는 겁이 한 생각이다.

보현행원품에, "한량없고 무수한 겁도 알고 보면 바로 한 생각이니 생각 또한 생각
이 없는 줄 알면 이와 같이 세간을 보리라"고 했는데, 하루 저녁 꿈에 여러 세상을
지낸 것과 같다. 섭론에는, "꿈을 꾸면서 한해를 보냈다고 했으나 깨고 나면 잠깐이
다. 그러므로 때가 비록 한량없으나 일찰나에 거두어져 있다"고 했고, 이세간품에는,
"사람이 꿈을 꾸면서 갖가지 일을 하여 비록 억천세가 경과 하나 하룻밤이 끝나지
않았다"고 했다. 그러므로 장주(莊周)가 하룻밤 꿈에 몸이 나비가 되었다 하니 주
(注)에, "세상 사는 것이 잠깐 잠이 들어 꿈에 백년을 지난 것"이라 하니 이러한 사례
가 많다.

(卽離世間品 菩薩有十種說三世. 謂過去說過去 過去說現在 過去說未來. 現在說過
去 現在說平等 現在說未來. 未來說過去 未來說現在 未來說無盡. 三世說一念. 前九爲
別 一念爲總 故名十世. 以三世相因 互相攝故. 一念具十 以顯無盡故. 一念卽無量劫.
無量劫卽一念. 普賢行品云. 無量無數劫 解之卽一念 知念亦無念 如是見世間. 如一夕
之夢 經於數世. 攝論云. 處夢謂經年 覺乃須臾頃 故時雖無量 攝在一刹那. 離世間品

云. 如人睡夢中. 造作種種事 雖經億千歲 一夜未終盡. 故莊生一夢 身爲蝴蝶. 注云.
世有假寐 而夢經百年者. 然事類廣矣.）

과거·현재·미래의 3세에 또 각각 3세가 있어 9세가 되며, 이 9세에 일념을 거두
어들여 10세가 된다. 이 십세가 비록 시간 간격이 있으나 서로 상즉상입하여 먼저와
뒤, 길고 짧음이 동시에 갖추어져 나타나니 시간과 법이 서로 떠나지 않는다.

⑩ 서로 주도자와 동반대중이 되어 훌륭하고 완전하게 덕을 갖추고 있는 부문
　〔主伴圓明具德門〕

하나를 들어 주도자가 됨에 시방은 동반대중이 된다. 모든 불보살이 다 주도자와
동반대중이 있으니 번갈아 서로 비교하면 온 시방에서 하나가 주도자가 됨을 따라서
〔나머지〕 시방은 동반대중이 된다. （擧一爲主 十方爲伴 諸佛菩薩 皆有主伴 遞互相望
盡於十方 隨一爲主 十方爲伴）

이는 과에 나아가 말한 것인데, 모든 법 가운데 한 법을 들어 주도자를 삼아 따르
면, 그 나머지 법은 동반대중이 되어 주위를 둘러싼다. 인도하고 따르는 주도자와
동반대중이 의지함에 장애가 없으니, 북극성이 자리하고 있는데 여러 별들이 에워싼
것과 같다. 비유하자면 여래께서 설하신 원교의 법에 이치가 홀로 일어나지 않아
반드시 권속들이 따라 남이 있다. 그러므로 시방의 모든 것이 주도자와 동반대중이
되어 겹겹이 서로 엇가른다. ㉾ （화엄경탐현기 1권·화엄경수소연의초10권）

고십현에서는 유심회전선성문(唯心廻轉善成門)이라고 했다. 연기의 모든 현상이
그 하나를 들어 주도자를 삼아 따른즉 기타 모든 현상은 동반대중이 된다. 이와 같이
서로 주도자와 동반대중이 되어 모든 덕을 갖추고 있다.

【십일식十一識】 본식(本識)이 능히 변이할 수 있음을 말미암아 십일식을 만드는
데 본식은 곧 십일식의 종자이다. 십일식은 곧 신식(身識), 신자식(身者識), 수자식
(受者識), 응수식(應受識), 정수식(正受識), 세식(世識), 수식(數識), 처식(處識),
언설식(言說識), 자타차별식(自他差別識), 선악양도생사식(善惡兩道生死識)을 말
한다. 〈섭대승론석 제5권, ㊅ 31권 181 下〉

【십이주十二住】 보살이 인행으로부터 불과에 이르기까지의 행위다.

① 종성주(種性住) : 습종성(習種性)과 성종성(性種性)의 보살을 가리킨다.

② 해행주(解行住) : 승해행주(勝解行住)라고 한다.

③ 극환희주(極歡喜住), ④ 증상계주(增上戒住), ⑤ 증상심주(增上心住)

⑥ 각분상응증상혜주(覺分相應增上慧住),

⑦ 제제상응증상혜주(諸諦相應增上慧住),

⑧ 연기유전지식상응증상혜주(緣起流轉止息相應增上慧住)

⑨ 유가행유공용무간결도운전무상주(有加行有功用無間缺道運轉無相住)

⑩ 무가행무공용무간결도운전무상주(無加行無功用無間缺道運轉無相住)

⑪ 무애해주(無礙解住), ⑫ 최상성만보살주(最上成滿菩薩住) 등이다.

이와 같은 보살의 열두 가지 머무름은 두루 모든 보살의 머무름을 거두며, 널리 온갖 보살행을 포섭한다. 여기다가 불과의 구경지인 여래주(如來住)를 더하면 십삼주가 된다. 〈유가사지론 47권, ㊛ 30권 552 下~553 上〉

【십오심十五心】 팔인(八忍)과 팔지(八智)의 16심 가운데 고법인으로부터 도류인의 15심으로 무루지를 가지고 사성제를 인지하는 것이다.

【십육심十六心】 견도에서 사성제를 관할 때 생기는 무루 인(忍)·지(智)에 각기 여덟 가지씩 있는 16심(心)인데 그 가운데 앞의 넷〔고법인(苦法忍)·집법인(集法忍)·멸법인(滅法忍)·도법인(道法忍)〕은 욕계의 사성제를 인지하고, 뒤의 넷〔고류인(苦類忍)·집류인(集類忍)·멸류인(滅類忍)·도류인(道類忍)〕은 색계·무색계의 사성제를 인지한다.

이 8인(忍)이 삼계의 견혹(見惑)을 바로 끊는 까닭에 무간도(無間道)가 되고, 견혹(見惑)을 이미 끊고 나서는 관조(觀照)가 분명하여 8지(智)가 되니, 즉 고법지(苦法智)·집법지(集法智)·멸법지(滅法智)·도법지(道法智)·고류지(苦類智)·집류지(集類智)·멸류지(滅類智)·도류지(道類智) 등이 해탈도(解脫道)가 된다. 인

(忍)은 지(智)의 인(因)이요, 지(智)는 인(忍)의 과(果)이다. 이는 불교의 최고 기본 교의다. 구사종에서는 앞의 15를 견도(見道), 맨 뒤를 수도(修道)라 한다. ⑨

【이십이근二十二根】 근(根)은 증상의 뜻이 있는데, 지배하는 힘으로 각종 기능을 말한다.

22근은 안(眼)·이(耳)·비(鼻)·설(舌)·신(身)·의(意) 등 육근(六根)과 남근(男根)·여근(女根)·명근(命根), 고(苦)·낙(樂)·희(喜)·우(憂)·사(捨) 등의 오수근(五受根), 신(信)·근(勤)·염(念)·정(定)·혜(慧)의 오선근(五善根), 아직 모르는 것을 알려고 하는 근〔未知當知〕·이지(已知)·구지(具知)의 삼무루근(三無漏根)을 말한다. ⑨

【삼십삼아승지三十三阿僧祇】 삼현(三賢)에 신행 아승지(信行阿僧祇)·정진행 아승지(精進行阿僧祇)·취향행 아승지(趣向行阿僧祇)가 있고, 십지의 각 지위마다 모두 3 아승지가 있으니 전부 33 아승지가 된다. ⑨

참 고 문 헌

구경일승보성론(究竟一乘寶性論) ⑪ 31권

금강경오가해(金剛經五家解), 한국불교전서(韓國佛敎全書) 7-15 中

금강반야바라밀경(金剛般若波羅蜜經) ⑪ 8권

금광명최승왕경(金光明最勝王經) ⑪ 16권

金芿石, 華嚴學槪論, 法輪社, 1986.

능가아발다라보경(楞伽阿跋多羅寶經) ⑪ 16권

능가아발다라보경(楞伽阿跋多羅寶經) ⑪ 16권

能盧譯, 大般涅槃經, 須彌山, 1999.

대반열반경(大般涅槃經) ⑪ 12권

대방광불화엄경(大方廣佛華嚴經 60권) ⑪ 9권

대방광불화엄경(大方廣佛華嚴經 80권) ⑪ 10권

대방광불화엄경수현분제통지방궤(大方廣佛華嚴經搜玄分齊通智方軌) ⑪ 35권

대방광여래장경(大方廣如來藏經) ⑪ 16권

대방등대집경(大方等大集經) ⑪ 13권

대승기신론(大乘起信論) ⑪ 32권

대승의장(大乘義章) ⑪ 44권

대승장엄경론(大乘莊嚴經論) ⑪ 31권

대지도론(大智度論) ⑪ 25권

대한화사전(大漢和辭典), 대수관서점(大修館書店), 소화(昭和) 59년

등목보살소문삼매경(等目菩薩所問三昧經) ⑪ 10권

마하반야바라밀경(摩訶般若波羅蜜經) ⑪ 8권

묘법연화경(妙法蓮華經) ⑪ 9권

無比, 華嚴經 懸吐科目, 서울 民族社, 1997.

無比, 화엄경, 민족사, 1998.

반야등론석(般若燈論釋) ⑪ 30권

범망경노사나불설보살심지계품제십(梵網經盧舍那佛說菩薩心地戒品第十) ⑪ 24권

변중변론(辨中邊論) ㊅ 31권
보살영락본업경(菩薩瓔珞本業經) ㊅ 24권
보살장경(菩薩藏經) ㊅ 24권
불광대사전, 불광출판사, 1989.
불교대사전, 홍법원, 1998.
불설관불삼매해경(佛說觀佛三昧海經) ㊅ 15권
불설보살본업경 ㊅ 10권
불설여래흥현경(佛說如來興顯經) ㊅ 10권
불설인왕반야바라밀경(佛說仁王般若波羅密經) ㊅ 8권
불성론(佛性論) ㊅ 31권
釋盤山譯, 화엄경청량소, 부흥기획, 1999.
섭대승론석(攝大乘論釋 無性, 世親) ㊅ 31권
성유식론(成唯識論) ㊅ 31권
속화엄경약소간정기(續華嚴經略疏刊定記) ㉈ 3권
신화엄경론(新華嚴經論) ㊅ 36권 ㉈ 4권
십지경론(十地經論) ㊅ 26권
아비달마구사론(阿毘達磨俱舍論) ㊅ 29권
아비달마구사석론(阿毘達磨俱舍釋論) ㊅ 29권
安德菴, 華嚴經 講義 上・中・下, 佛教通信教育院, 梨花文化史, 1993.
유가사지론(瑜伽師地論) ㊅ 30권
이지관, 가산학보 제3호 역주 화엄경 현담.
인왕호국반야바라밀다경(仁王護國般若波羅密多經) ㊅ 8권
입능가경(入楞伽經) ㊅ 16권
점비일체지덕경(漸備一切智德經) ㊅ 10권
중한사전(中韓辭典), 고대민족문화연구소, 1998.
한국불교전서, 동국대학교출판부, 1996.
해심밀경(解深密經) ㊅ 16권
해주, 지송한글화엄경, 불광출판부, 1993.
현석, 화엄경 독송, 우리출판사, 2001.

현양성교론(顯揚聖敎論) Ⓚ 31권

화엄경소초(華嚴經疏鈔), 대만(臺灣), 신문풍(新文豐)

화엄경소연의초(華嚴經疏演義鈔) Ⓢ 6권, 7권

화엄경소초현담(華嚴經疏鈔玄談) Ⓢ 5권

화엄경탐현기(華嚴經探玄記) Ⓚ 35권, Ⓢ 3권

〔한글화엄경〕

12. 불반니원경

13. 아라한구덕경(옥야녀경)

18. 현우경

20. 법구경(백유경)

41. 법화경·금광명최승왕경·금강삼매경

42~44. 화엄경 1~3 (60권본)

45~47. 화엄경 1~3 (80권본)

49~50. 열반경 1~2

51~52. 대방등대집경 1~2

57. 유마경·해심밀경

58. 입능가경·금광명경·수능엄삼매경

62~64. 사분율 1~3

66~67. 구사론 1~2

68. 중론·백론

69. 현양성교론

101~105. 대지도론 1~5

110~113. 유가사지론 1~4

114. 불성론

136~137. 해심밀경소 1~2

141~144. 화엄경탐현기 1~4

145~146. 근본설일체유부비나야잡사 1~2

147. 십주비바사론

148. 부자합집경

149. 무량청정평등각경

160. 보살영락경

193. 성유식론

205. 광찬경

206. 대승이취육바라밀다경

208. 대승아비달마잡집론

209. 대승장엄경론

210. 반야등론석

211~212. 신화엄경론 1~2

214. 십지경론

221. 계소재경(戒消灾經)(보살영락본업경)

233. 섭대승론석

234. 섭대승론석론

274. 화엄경수현기

284. 어제소요경

후   기

부처님은 제2의 석가라 일컫는 용수 보살에 의해 더욱 빛이 나셨듯이 화엄경도 화엄 조사들의 주석에 의해 그 가르침이 더욱더 진가를 발휘합니다. 화엄경의 태양이 바다 위로 불쑥 떠올랐으나 골짜기까지 미치지 못하고 높은 봉우리만 잠깐 비추고 말 뻔했던 것을 화엄 조사들이 爲法忘軀의 정신으로 베일을 풀고 환희 드러내 주셨으니 그 분들이 아니었으면 화엄의 깊은 뜻을 어떻게 헤아릴 수 있었겠습니까?

길을 갈 때 이정표가 필요하듯이 화엄의 세계로 들어가는 데는 조사들의 指針과 바른 마음으로 자성을 관조하여 부처의 지견을 내는 것이 關鍵일 것입니다.

화엄 조사들은 주석뿐만 아니라 살다 가신 모습도 우리의 師表가 되기에 충분하였으니 청량 국사는 일곱 황제를 위해 화엄경을 講하고도 당신은 옥이 선 듯이 몸을 다스렸고, 이통현 장자는 초야에 묻혀 초연하고 호방한 삶으로 대조적인 모습을 보이셨습니다. 한편, 지엄 스님은 27세에 화엄경수현기를 찬술하여 화엄종의 견본을 이루고, 현수 스님은 화엄을 조직화하여 화엄 세계를 구현코자 하셨습니다.

《華嚴經 槪要》는 애초에 80권 신역 화엄경 〈청량소〉와 〈통현론〉의 각품현담(各品玄談: 가칭으로 釋名·來意·宗趣) 부분을 묶고 〈화엄경 경문〉을 초역(抄譯)해서 엮었다가, 여천무비 스님의 勸諭로 60권 구역 화엄경 〈탐현기〉와 〈수현기〉의 각품현담을 넣고 별행본인 〈보현행원품〉을 추가하여 한 권으로 묶게 되었습니다. 지난 98년 10월에 은해사 승가대학원에 들어가서부터 작업을 하다가 이제서야 脫稿를 하게 되어 뒤늦은 감이 없지 않습니다. 그동안 누차 잘못된 점은 고치고 善知識의 助言을 구해 바로잡는다고 했으나 자못 그르친 부분이 적지 않을 것입니다.

화엄 조사들의 眞意를 失墜시킨 곳이 있으면 다 저의 不敏한 탓이니 先輩 諸賢의 叱正을 바라며, 끝으로 늘 자상하게 살펴주신 如天 無比 敎育院長 스님, 圓照 覺性 스님, 후원해주신 고마운 분들과 우리출판사에 감사의 마음을 표합니다.

2002년 1월 冬安居 中
桐華寺 僧伽大學에서
玄碩 焚香

색   인

덕수 보살 165
도솔천 37, 298, 463
도솔타천왕 353
도업 321
동시구족상응문 71, 728
동자 보살 63
동진주 218, 580
동행 363
두려움 없음 359
두타 366
등각 371
등각지(等覺地) 35
등목보살소문삼매경 375
등법계무량회향 321, 600
등불 33, 207
등수순일체중생회향 319, 598
등일체불회향 315, 594
등지(等持) 88

(ㄹ)
룸비니림신 607
륜자 장엄 법문 577

(ㅁ)
마갈타국 377
마니장사자좌 298
마음 165, 177, 258
마이(馬耳) 199
마이산 365
마정수기 34, 314, 363
마혜수라 천왕 364
마혜수라천(摩醯首羅天) 140
만(卍) 453
만행 51
많이 들은 것 167
맹인 619
메아리 36, 229, 401, 505
멸정 358
멸진정 360, 361
명철 366
명호 208

모래알 413
목수 보살 166
묘각 371
묘고(妙高) 199
묘고정 195
묘법장 361
묘불(妙佛) 126
묘승전 202
묘엄(妙嚴) 67
무굴요행 270, 586
무루법문(無漏法門) 327
무변불토경 416
무색계 215
무생법인 38, 217, 354,
  359, 464
무생인(無生忍) 394
무애지불 331
무여열반 269
무외신력 385
무위역행 270, 585
무진공덕장회향 317, 596
무진장 287
무차대회 318
무착무박해탈회향 320, 599
무착행 272, 588
무치란행 270, 586
문수 동자 573, 584, 625
문장 285
물은 한 맛 166
미간백호광명 38, 498, 708
미간백호상 85
미로 452
미세상용안립문 732
미숙한 이 272
믿음 184

(ㅂ)
바다 52
바라밀 배 358
바르게 마음을 챙긴 180
반야바라밀 271, 314, 355,

  357, 538
반연 229, 357
발광 482
발광지 351, 365, 603
발심 214, 593
방일 241, 242
방편 97, 164, 184
방편바라밀 272, 357, 358
백 열 선지식 620
백법 362
뱃사공 273, 602
번뇌 166
번뇌가 없는 이 358
번뇌가 있는 이 358
번뇌의 불 361
번뇌의 속박 166
번뇌장 337
범부 241
법비 391
법성 483
법수 보살 167
법안(法眼) 70
법약 184
법왕자주 218, 581
법운지 362, 364, 366, 608
법이 당연히 그러한 때문 97
법인(法忍) 396
법행 321
벽지불 360
변견(邊見) 175
변장 287
별상(別相) 716
보광명전회 114
보광명지 331
보리 134
보리분법 357
보리분행 337
보리심 38, 177, 184, 236,
  315, 537, 591, 625
보리장 74
보명(報命) 420

무비 스님은
1958년 범어사에서 여환(如幻) 스님을 은사로 출가,
해인사 강원을 졸업하였으며, 해인사·통도사 등
여러 선원에서 10여 년 동안 안거하였다.
그 후 오대산 월정사에서 탄허 스님을 모시고 경전을 공부한 스님은
탄허 스님의 법맥을 이은 강백으로 통도사·범어사 강주를 역임했으며,
최근에는 ≪화엄경≫을 완역해 내는 등 많은 집필 활동과 전국 각지의
법회 법사로 불자들의 눈을 열어 주고 있다.
현재는 범어사에서 수행 중이다.
저서와 역서로 ≪금강경강의≫(불광출판부),
≪보현행원품강의≫(민족사), ≪화엄경강의≫(불광출판부),
≪화엄경≫(민족사) 등이 있다.

현석 스님은
海印寺로 출가하여 宗眞 스님을 은사로 得道하고, 東國大學校(慶州)
佛敎學科와 同 大學院(서울) 佛敎學科(在), 華嚴學林,
曹溪宗 宗立 僧伽大學院에서 경전 硏鑽에 힘을 쏟았다.
화엄학림에서 화엄경 강의를 한 뒤,
현재는 팔공산 桐華寺 僧伽大學 강사로 있다.
번역서로 ≪화엄경 독송≫(우리출판사)이 있다.

華嚴經 槪要

초판 1쇄 발행 / 2002년 3월 2일
초판 2쇄 발행 / 2011년 9월 23일

감   수 / 여천 무비
역   주 / 현석
펴낸이 / 김 동 금
펴낸곳 / 우리출판사

등   록 / 제9-139호
주   소 / 서울특별시 서대문구 충정로 3가 1-38호
전   화 / (02)313-5047·5056
팩   스 / (02)393-9696
E-mail / wooribooks@wooribooks.com
www.wooribooks.co.kr

ISBN 89-7561-159-0   03220

값 40,000원

＊잘못 만들어진 책은 교환해 드립니다.